Carl Eduard Rainold

Erinnerungen an merkwürdige Gegenstände und Begebenheiten,

verbunden mit erheiternden Erzählungen

Carl Eduard Rainold

Erinnerungen an merkwürdige Gegenstände und Begebenheiten,
verbunden mit erheiternden Erzählungen

ISBN/EAN: 9783743630536

Hergestellt in Europa, USA, Kanada, Australien, Japan

Cover: Foto ©ninafisch / pixelio.de

Weitere Bücher finden Sie auf **www.hansebooks.com**

Inhalt.

	Seite.		Seite.
Der Jodeleiner. Erzählung von Alfred Ehrhardt		Die geheime Kaseg. Kleindeutsches Kulturbild von Ludwig Kogler	23
Alpstubete oder Sennerfest		Ritterstand mit Taufnamen	
Aus dem siebenbürgischen Sachsenlande, von F.	12	Berühmte Pferde und ein Schreibnadel	27
Skizzen aus Pest	16	**Feuilleton:**	
Eine altsächsische Natur, von F. G. Müller		Gemeinnütziges	29
Annaberg nächst Laer. Historische Skizze von Alois		Statistisches	
Görlich		Humoristisches	30
Zur Kenntniß der Ritter und Ritterzeiten	21	Vermischtes	

Mit 6 in den Text eingedruckten Xylographien.

Mit einer Separat-Beilage: „Alpstubete oder Sennerfest." (Xylographie mit Tondruck.)

Erinnerungen.
Illustrirte Blätter für Ernst und Humor.
82. Band. (Ein und vierzigster Jahrgang.) Heft I.

Der Jakobiner.
Erzählung von Alfred Assolant.
(Fortsetzung.)

Am Morgen darauf kaufte er sich das schönste Pferd, das in Koblenz aufzutreiben war, und beeilte sich, zur bestimmten Stunde bei Sara zu sein. Sie erwartete ihn schon in prächtigem Reitkleide, das ihr sehr gut stand. Sie galoppirten einige Zeit neben einander ohne ein Wort zu sagen. Sara brach zuerst das lästige Schweigen. „Wie ist die Natur so schön!" rief sie aus.

„Ach was würden Sie erst sagen," bemerkte Roland, „wenn Sie Versailles in all' seinem Glanze gesehen hätten. Da wurde die Natur geleitet, geregelt und verbessert durch das Genie des Menschen. Die Natur an diesen Rheinufern nimmt sich dagegen wie eine Landschöne gegen eine Dame von Bildung aus."

Er brach ab, denn er merkte, daß Fräulein von Kransberg etwas ganz anderes als ein Lob der Gärten in Versailles erwartet hatte. Sara wurde seine Verlegenheit inne und brachte ihn freundlich wieder auf den rechten Weg, indem sie sagte: „O, wenn Sie mich liebten, würden Sie für den alten Rhein, an dem meine Heimat liegt, ebenso eingenommen sein wie ich, und Sie sprächen mit mir die schönen Worte der Ruth zu Noemi:

Dein Gott wird mein Gott sein, Dein Fluß der meine und Dein Vaterland meine Heimat."

Roland erwiederte mit Wärme und betheuerte wieder seine Liebe. Er wurde beredt, leidenschaftlich und so überzeugend, daß er fast sich selbst geglaubt hätte. Sara sah ihn dabei mit vertrauenden Augen an, in denen die Rührung schimmerte. Da merkte Roland, daß er schon oder doch nahezu geliebt werde, und er beschloß, die Sache frisch zur Entscheidung zu führen. Als sie nach Koblenz zurückgekehrt und von den Pferden gestiegen waren, lud ihn Sara ein, sie in's Haus zu begleiten.

„Wollen Sie mich Ihrem Vater vorstellen?" fragte der Marquis.

„Mein Vater ist in Mainz, wo er Lieferungsgeschäfte hat," antwortete sie. „Ich bin allein zu Hause."

„Man muß gestehen," dachte sich Roland, „daß dieses Mädchen reizend ist. Weder Vater, noch Mutter, noch Bruder, noch Schwester, noch Mann — sie hat auch nicht einen Fehler."

Unglücklicher Weise wurde er beim Eintritt in den Salon sehr verstimmt. Lord Caglethorpe erwartete Sara. Diese, welche ganz den Engländer vergessen hatte, übersah mit einem Blicke die Gefahr und schritt mit besonderer Freundlichkeit auf ihn zu. „Welch angenehme Ueberraschung, Mylord!" sagte sie mit einschmeichelnder Stimme.

„Ueberraschungen sind meine Sache nicht," sagte der Lord mit grollendem Tone. „Ich kam wie gewöhnlich, um Sie zu einer Spazierfahrt abzuholen, aber ich traf Sie nicht mehr zu Hause."

Der schönen Sara trieb die Ungeduld das Blut in den Kopf; sie nahm sich indessen zusammen und stellte mit unbefangener Höflichkeit die Herren einander vor. Roland schien entzückt über die neue Bekanntschaft, Caglethorpe, der wie ein ergrimmter Bulldogg aussah, hielt nur mit Mühe seinen Zorn zurück.

„Ich bitte um Entschuldigung, Mylord," sagte Sara. „Eine wichtige Angelegenheit zwang mich vor Ihrer Ankunft aus dem Hause. Ei, da schlägt ja schon die Stunde, wo Sie gewöhnlich den Hofestiel zu besuchen pflegen. Ich wage nicht, Sie länger zurückzuhalten."

Der Engländer erhob sich ohne ein Wort zu sagen, schritt steif wie ein Automat nach der Thür und wandte sich auf der Schwelle mit den Worten um: „Herr Marquis, ich werde die Ehre haben, Sie morgen früh zu sehen."

„Zu jeder Zeit, wann es Ihnen gefällig ist, Mylord," sagte Roland mit dem verbindlichsten Ausdruck. „Es wird mir ein Vergnügen sein, die nähere Bekanntschaft Eurer Lordschaft zu machen."

Caglethorpe entfernte sich und die beiden Liebenden befanden sich allein. Ich überlasse es dem Leser, sich die nun folgende Scene mit ihrem süßen Geflüster und feurigen Liebesschwüren auszumalen. Roland war kein Neuling in solchen holden Verehrn. Er hatte schon so oft ewige Liebe geschworen, daß ihm die besten Phrasen so geläufig waren, wie einem Schüler das A-B-C.

Als er nach einer Stunde Sara's Wohnung verließ, stieß er auf der Straße auf den Engländer, der ihn hier voll Wuth und Eifersucht erwartete.

„Mein Herr!" rief ihn Caglethorpe an, „ich will mich mit Ihnen schlagen."

„Schön. Aber warum?"

„Sie lieben Fräulein von Kransperg?"

„Von ganzem Herzen; und Sie auch, wie ich glaube?"

„Ja, ich liebe sie, und ich will nicht, daß mir sie der Erste Beste abspänstig macht."

„Der Erste Beste — das ist nicht höflich, Mylord. Ich bin kein Erster Bester; ich bin der Marquis Roland von Dives. Morgen früh werde ich die Ehre haben, Sie am Ufer der Mosel zu treffen. Wenn wir dort einen Gang mit einander machen, wird sich hoffentlich Ihr Blut etwas abkühlen. Auf Wiedersehen, Mylord, und zum Abschiede den guten Rath: gebärden Sie sich nie so unwirsch wie heute, das kann Ihnen bei den Damen nur schaden."

Mit diesen Worten drehte sich der Marquis leicht und rasch auf der linken Ferse um und ging dem Prinzen von Condé seine Aufwartung zu machen.

10.

Tags darauf, am Morgen um acht Uhr begaben sich Roland und Herigny an's Moselufer nach einem für solche Bestellungen sehr geeigneten Wäldchen, und erwarteten dort Lord Caglethorpe, der bald nach ihnen mit einem Landsmann als Zeugen erschien. Das Duell ging mit scharfen Klingen nach der Regel vor sich und endigte damit, daß Caglethorpe an der Brust verwundet, zusammensank. Roland, über seinen Sieg etwas beunruhigt, rief einige Bauern vom nächsten Felde herbei und ließ den Verwundeten nach der Stadt tragen.

„Sobald ich geheilt bin, treffen wir uns wieder," sagte der Engländer.

„Mylord," erwiederte Roland höflich, „ich stehe jederzeit zu Ihren Diensten."

Und er eilte, Fräulein von Kransperg einen Morgenbesuch zu machen. Soll ich von dem beiderseitigen Entzücken des Wiedersehens erzählen und des Breiten berichten, wie die schöne Sara den Heroismus ihres Geliebten mit unbeschränkter Zärtlichkeit lohnte? Soll ich das volle Glück der folgenden Tage schildern, das in seiner Ueberschwenglichkeit für eine Ewigkeit zu reichen schien? Soll ich sagen, daß Roland nach und nach dieses leicht errungenen Glückes müde wurde, daß er Abends an ihrer Seite oft zu gähnen anfing, und daß sie, wenn sie es bemerkte, darüber sehr ungehalten wurde? Man erlasse es mir zu erzählen, wie sie schmollte, wie Beide sich entzweiten und wieder versöhnten, um sich wieder auf's neue zu entzweien. Als wiederum eine Aussöhnung gelungen war, fragte ihn Sara, ihr vollminniges Haupt an seine Brust lehnend: „Roland, liebst Du mich wirklich?"

„Kannst Du daran zweifeln, meine Süße! Ich liebe Dich zum Rasendwerden. Meine Liebe ist so unendlich wie der Himmel, tief wie der Ocean, und heiß wie der Vesuv. Was willst Du noch mehr?"

„Wenn Du mich liebst, so heirate mich."

„Was wandelt Dich an?" sagte Roland erstaunt. „Das war nicht verabredet, liebe Sara."

„Was liegt daran? Ich will es so."

„Laß es gut sein, mein Kind, und nimm Vernunft an. Der Ausmarsch des Heeres ist auf den 30. Juli festgesetzt. Wir haben also nur noch zwei Tage für uns; willst Du, daß wir sie uns mit Gezänke verderben? Bedenke auch, daß wir vielleicht von den Haufen der Jakobiner, die in ihrer Verzweiflung ihre Stärke finden, zurückgeschlagen werden und daß dann alle meine Güter für immer verloren sind?"

„Ich bin reich," sagte Sara.

„Ich erwartete diese Antwort. Aber höre mich weiter. Mein Leben ist so wenig sicher, wie mein Vermögen. Einmal auf französischem Boden mag ich nicht mehr in's Exil zurückkehren, Du weißt, was mir dort als Emigranten bevorsteht. Willst Du in einem Monate das Trauerkleid der Wittwe tragen? Das Schwarz steht zu Deinen schönen blauen Augen nicht gut. Wenn Du aber um jeden Preis heiraten willst, so nimm Dir den Caglethorpe. Er befindet sich auf dem Wege der Besserung und wird einen ganz anständigen Ehemann abgeben. Mit ihm läufst Du keine Gefahr. An seiner Seite wird Dein Leben sanft dahin fließen, wie ein Bach in der Ebene. Du wirst eine englische Lady sein und kleine Caglethorpes haben, die so schön sind wie ihre Mutter und so schlecht erzogen wie ihr Vater."

Diese Worte, welche der Marquis leicht und ruhig hinwarf, ließen Sara in lautes Schluchzen ausbrechen. Sie maß jetzt die Tiefe des Abgrundes, in den sie gerathen war. Die kalte Glätte Rolands beleidigte sie in innerster Seele.

„O, ich Unglückselige!" schrie sie und wurde ohnmächtig.

Roland war sehr erstaunt darüber. „Da begreife einer das Herz der Weiber!" sagte er sich. „Die Deutschen sind offenbar andere Naturen, als die Pariserinnen. Ich muß mir das notiren. Diese Bemerkung wird mir daheim einen Anstrich philosophischer Tiefe geben. Ja, Reisen bilden die Jugend."

Während er solche Reflexionen machte, war er bemüht, Sara wieder in's Leben zu rufen. Als sie die Augen aufschlug, wollte er sie mit einem Strome von Schmeichelworten wieder beruhigen; aber Sara hörte ihn kaum.

„Liebes Kind," sagte er, „ich verstehe Dich nicht mehr, Du bist ganz anders geworden. Es muß mich Jemand bei Dir angeschwärzt haben."

„Undankbarer!" rief Sara, „hast Du mir nicht vor vierzehn Tagen ewige Liebe geschworen?"

„Ich erinnere mich," sagte Roland. „Ich liebe Dich auch jetzt noch mehr als Alles, aber immer noch mehr liebe ich meine Freiheit!"

Mit diesen Worten war er, ohne eine Antwort zu erwarten, davongeeilt. Sara sah ihm sprachlos nach.

Zwei Tage nachher zog Roland, den der Prinz von Condé zum Lieutenant einer Kompagnie von Emigranten ernannt hatte, mit der preußischen Armee von dannen.

Wie unglücklich der Feldzug in der Champagne für die Preußen und Emigranten ausfiel, ist bekannt. Drei Wochen ungefähr nach dem Abzuge der Freiwilligen von Dives erhielt Louise von Reynier einen Brief, welcher also begann:

Valmy 21. September.

„Theure Louise!

Gott ist mit uns! Die Preußen bereiteten heute einen Angriff, wir aber trieben sie mit Kanonen in ihr Lager zurück. Ehe ein Monat vergeht, sind sie aus den Grenzen Frankreichs gedrängt. Schon spricht man davon, Deutschland zu revolutioniren und Belgien zu besetzen. Das wäre das Werk eines Vierteljahres. Dann wird man Frieden schließen und ich werde kommen, um bei Ihrem Vater um Ihre Hand anzuhalten."

Nach diesem kurzen Eingange betheuerte Reynier seine Liebe in so warmen und zärtlichen Ausdrücken, daß das härteste Herz davon wäre ergriffen gewesen. Das junge Mädchen schloß sich in dem Thurme ab, um ungestört weinen zu können, weinen vor Freude und Glück, denn weinen macht Frauen ein Vergnügen.

Auch Sara von Kransperg weinte, aber es waren Thränen des Schmerzes, denn sie konnte sich noch immer nicht über Rolands Abreise trösten. Melancholisch lehnte sie vor einem prächtigen venetianischen Spiegel, und fand trotz ihres tiefen Schmerzes, daß sie auch im Kummer schön sei.

Da trat Frau Pfeiffel bei ihrer Freundin ein.

„Meine gute Sara, umarme mich," rief sie aus. „Ich bringe Freude und Glück. Der Treulose ist zurückgekehrt."

„Welcher?"

„Roland doch, wie ich meine. Oder hast Du deren mehrere?"

„Meine Gute, jetzt ist es nicht Zeit zu lachen. Sage mir, wo er ist."

„In Mainz. Man hat ihn dorthin geschafft, nachdem man ihn früher in Stücke gehauen."

„O, mein Gott!"

„Beruhige Dich, die Stücke sind noch gut. Herigny schreibt mir, daß sie bereits auf Paris los marschirten, daß sie nicht mehr weit von Montmartre waren, daß sie zwei- oder dreihunderttausend Jakobiner vor sich herjagten, und daß sie schon im Begriffe standen, Paris einzunehmen, als auf einmal der Herzog von Braunschweig zum Rückzuge blasen ließ. Roland und Herigny haben sich durch Tapferkeit ausgezeichnet. Roland hat einen Bombensplitter im Schenkel, Herigny einen Bajonnetstich im Arme. Die Preußen haben Beide nach Mainz transportirt und dort schmachteten nun die Armen hilflos und ohne einen Pfennig Geld in der Tasche."

Sara zog die Glocke. Die Kammerfrau erschien.

„Ida," sagte sie, „laß meine Koffer packen und bestelle Postpferde."

„Du reisest nach Mainz?" fragte Charlotte.

„Ich will meinen Vater aufsuchen."

„Glückliche Tochter, die ihren Vater in Mainz hat. Zärtliches Kind, das den Vater nicht lange entbehren kann!"

II.

Zwei Tage später befand sich Fräulein von Kransperg in Mainz. Ihr Vater, der die raschen Entschlüsse seiner Tochter aus Gewohnheit kannte, war nicht allzu überrascht, sie wieder zu sehen.

Eleazar, Baron von Kransperg war ein schöner Greis mit weißem Barte und ehrwürdigem Aeußern, das an den Erzvater Abraham erinnerte. Das hinderte jedoch nicht, daß er ein vollendeter Schurke war. Er umarmte seine Tochter mit Würde und Zärtlichkeit und fragte sie: „Was willst Du, mein Kind?"

„Könntest Du mir nicht, lieber Vater, eine Geldanweisung geben? Die Lebensmittel sind jetzt in Koblenz so theuer und die Kleiderstoffe haben einen solchen Preis, daß es kaum glaublich ist."

„Wo sind denn die zweitausend Gulden hingekommen, die ich Dir vor zwei Monaten schickte?"

„Wo ist der Schnee des vorigen Jahres? sage ich mit dem Dichter."

„Schön, liebe Sara? Ich will nicht zu Deinem Ruin durch Nachgiebigkeit mitwirken. Bleibe bei mir in Mainz und Du brauchst dann für Dich kein Geld."

„Das möchte ich wohl, lieber Vater; aber es handelt sich hier um Schulden."

„Schicke mir Deine Gläubiger. Ich werde die Rechnungen durchsehen. Sie haben Dich, armes Kind, sicher übervortheilt."

„Vater," sagte Sara mit einschmeichelndem Tone, „baares Geld wäre mir lieber."

Der Baron zog die Stirne kraus und sagte trocken: „Meine Kasse ist verschlossen."

„Aber," sagte Sara, „wenn ich das Geld zu großen Interessen anlegte?"

„Du?" rief Eleazar vor Freude. „Du leihest Geld aus? Komm und küsse mich, daran erkenne ich mein Blut wieder. Aber nein, es ist unmöglich," setzte er nach einer kurzen Reflexion hinzu.

„Lieber Vater," drängte Sara, „ich schwöre, daß ich keinen andern Plan habe, als das Geld zu leihen."

„Auf Hypothek?"

„Nein, auf Edelmannswort."

Der Baron von Kransperg lachte verächtlich und wiederholte: „Meine Kasse ist verschlossen."

„Wenn Du mir kein Geld geben willst, Vater, so muß ich mir selber helfen. Seit sechs Monaten bin ich großjährig. Ich kann von Dir das Erbtheil, welches ich von der Mutter habe, fordern."

„Undankbares Kind!" fuhr der Baron auf. „Du willst mich also ruiniren?"

„Nicht im Geringsten, Vater, aber ich brauche nothwendig hunderttausend Gulden."

„Gut, Du sollst sie haben. Nun sag' aber, welchem Edelmanne Du helfen willst. Er scheint Dich sehr zu interessiren."

Sara wurde roth bis unter die Haarwurzeln.

„Höre, lieber Vater," sagte sie nach einem kurzen Schweigen. Es ist der Marquis von Dives, mein Verlobter."

„Dein Verlobter? Was redest Du da. Die Verlobung ist ohne meine Einwilligung geschehen, sie ist null und nichtig."

„Ich kann nicht mehr zurück," sagte Sara mit niedergeschlagenen Augen, aus denen die Thränen stürzten.

Eleazar begriff nun alles und gerieth in furchtbaren Zorn. Er raufte sich die Haare, schrie und schluchzte, stieß die Tochter von sich und zog sie bald wieder an's Herz, denn der tiefe Schmerz, der sich auf ihrem Gesichte malte, stimmte ihn wieder milder. „Entehrt!" rief er. „Du armes Opfer! Aber ich habe in meinen Händen die Rache."

„O, mein Vater, tödte ihn nicht," schrie Sara auf die Knie stürzend.

„Ihn tödten?" sagte Eleazar. „Ich will, daß er Dich heirathet. Nachher werden wir sehen."

Mittlerweile saß Roland mit seinem Freunde Herigny ganz ruhig an einem Fenster des Hôtels zu den fünf Kaisern, und frühstückte. Er war ein wenig blaß und das Gehen machte ihm noch Mühe, übrigens aber befand er sich wohl und in fröhlicher Laune. Die Zahl und die Etiquetten der Flaschen auf dem Tische zeigten, daß die beiden Edelleute noch immer Kredit beim Wirthe hatten. Aber die schöne Zeit war bereits um, denn eben erschien der Zahlkellner mit einer langen Rechnung in der Hand.

„Meine Herren," sagte er bedeutungsvoll, indem er mit tiefem Bückling die Karte überreichte.

„Lieber Freund," sagte Herigny, „wir haben nichts bestellt; wenn ich etwas brauche, werde ich schon läuten."

Der Kellner ließ sich nicht irre machen. Ohne Zweifel schien ihm bereits die Zahlungsfähigkeit der Beiden fraglich und so wollte er sich noch bei Zeiten in Gewißheit setzen.

„Meine Herren," sagte er, indem er sich nochmals tief verbeugte, „ich bitte um Entschuldigung, daß ich mir die Freiheit nehme..."

„Was wollen Sie?" rief Roland ungeduldig.

„Herr Marquis, ich habe die Ehre Ihnen die Rechnung zu überreichen und Sie um die Begleichung derselben zu ersuchen."

„Schön," sagte Herigny stolz, „legen Sie das Papier dort auf den Kamin, wir zahlen morgen."

„Aber Herr Marquis, mit Ihrer Erlaubniß..."

„Mein Lieber, ich erlaube nichts. Lassen Sie uns in Frieden und machen Sie die Thür zu, wenn Sie fortgehn."

„Aber..."

„Roland," sagte Herigny, „ich bitte Dich, reiche mir dort die Feuerzange her."

„Was willst Du damit?"

„Um den ungezogenen Schlingel die Treppe hinunter zu jagen."

In demselben Augenblicke sprang Herigny mit einer so heftigen Bewegung auf, daß der gute Kellner erschrocken aus dem Zimmer stürzte. Als er die Thür schloß und sah, daß man ihn nicht mehr verfolge, faßte er wieder Muth und rief: „Auf Wiedersehen, ihr Herren, ich hole die Wache."

Die beiden Freunde lachten; aber nach einer Viertelstunde stand die Mainzer Polizei in leibhaftiger Gestalt vor ihrer Thür und forderte die Herren auf, zu zahlen, oder ihnen zu folgen. Jetzt wurde die Sache kritisch, gar als der kommandirende Feldwebel Befehl gab, die Widerspänstigen mit Gewalt fortzuführen. Wer weiß, welcher Kampf sich entsponnen hätte, wenn nicht in diesem Augenblicke Fräulein von Kransperg erschienen wäre. Sie stürzte sich auf Roland, der schon den Degen gezogen hatte, und schloß ihn in die Arme. Sie hatte mit richtigem Blicke sofort die Angelegenheit durchschaut, und um der unangenehmen Scene ein Ende zu machen, wandte sie sich mit der Majestät einer Königin an den Kellner und sagte: „Herr Baron Kransperg, mein Vater, bürgt für die Schulden dieser Herren. Geben Sie mir die Rechnung."

Bei diesem Namen verbeugte der Kellner sich tief und bat um Entschuldigung für sein rauhes Vorgehen.

„Schon gut," sagte Sara, ihm den Rücken zukehrend. „Was Euch betrifft, Feldwebel, so habt Ihr hier nichts mehr zu schaffen. Hier sind fünf Gulden für Euch und Eure Leute."

Die Wache zog ab; Herigny folgte ihr, um rücksichtsvoll die Liebenden allein zu lassen.

Roland, dem Sara wie ein Engel vom Himmel zur Stunde der Noth erschienen war, überbot sich an Liebenswürdigkeit. Diese Stunde des Wiedersehens hatte das Feuer der ersten Liebeszeit.

Als sich in der Stadt die Kunde verbreitete, daß Baron Kransperg die Schulden der beiden Emigranten zahle, kamen die Gläubiger von allen Seiten, um ihr Geld zu verlangen. Der alte Cleazar befriedigte sie alle, und Roland, der auf die Bitten Sara's ihn besuchte, hatte nur die Wechsel dafür zu unterzeichnen. Roland in seinem Vertrauen ahnte keine Schlinge und unterschrieb ohne zu lesen. Gleich das erste Blatt hob Cleazar sorgfältig auf und verschloß es in seinem Schreibtisch.

„Nun, mein Herr Marquis," sagte der Alte mit liebenswürdigem Lächeln, „bedienen Sie sich meines Hauses, als wäre es das Ihre. Meine Tochter wird erfreut sein, Ihnen die gastliche Aufnahme zu gewähren."

Der Marquis machte große Augen und ahnte nicht, daß er bereits gefangen sei.

Als der Baron von Kransperg wenige Tage darauf die Gefälligkeit hatte, nach Wien zu reisen, gingen für den Marquis die glücklichsten Zeiten an. Er genoß Liebe und Leben, ohne daß es ihm in den Sinn kam, über die Zukunft sich eine Sorge zu machen. Sara war die Hingebung selbst und Roland kein schüchterner Liebhaber. Da traf es sich, daß Cleazar, welcher unvermuthet von seiner Reise zurückgekehrt war, in frühester Morgenstunde den Marquis traf, da dieser eben aus Sara's Zimmer schlich. Der Alte faßte ihn sofort bei der Hand und sagte mit zitternder Stimme: „Herr Marquis, Sie haben die Ehre meines Hauses gekränkt; was denken Sie zu thun?"

Roland, der auf die heftigsten Vorwürfe gefaßt war, wurde von der düstern aber ruhigen Haltung des Greises ganz verwirrt. „Herr Baron," sagte er, ohne nach Entschuldigungen zu suchen, „ich glaube, daß es vor allem nöthig ist, das tiefste Stillschweigen zu bewahren. Von meiner Seite, das schwöre ich Ihnen, können Sie auf die größte Diskretion rechnen."

„Lieben Sie Sara?" fragte Cleazar mit vor Zorn erstickter Stimme.

„Ich werde sie mein Leben lang lieben," rief Roland feurig.

„Wohlan, so heiraten Sie sie. Freilich sind Sie der Schwiegersohn nicht, wie ich mir ihn dachte, aber das Uebel ist einmal geschehen und es bleibt kein anderer Weg übrig."

Bei diesem Antrage blieb Roland wie versteint stehen, die Zunge versagte ihm den Dienst.

„Beruhigen Sie sich," fuhr Cleazar fort, „meine Tochter ist nicht ohne Mitgift. Sie hat von ihrer Mutter drei Millionen geerbt."

„Das ist ein schönes Geld," sagte der Marquis, der an etwas ganz anderes dachte.

„Nicht wahr, mein Herr," sagte Cleazar mit vor Zorn und Verachtung funkelnden Augen. „Drei Millionen dafür, daß Sie die Güte hatten, mein Haus zu entehren!"

„Herr Baron," erwiederte Roland, „der Schmerz giebt Ihnen unpassende Worte ein. Was liegt mir an Ihren drei Millionen! Ich liebe Sara leidenschaftlich, leider aber verspüre ich keinen Beruf zur Ehe. Es fällt mir schwer, Ihnen eine Sache abzuschlagen, die für den ersten Augenblick so natürlich scheint, aber . . ."

„Arme Sara!" schrie der Greis unter Thränen. Das Schluchzen des Alten rührte tief Roland's Herz. „Wenn ich noch fünf Minuten dableibe," dachte er, „lasse ich mich erweichen und heirate die Sara. Dann kann ich mein ganzes Leben hindurch meine Gutmüthigkeit bereuen."

„War das Ihr letztes Wort?" fragte der Baron.

„Mein lieber alter Herr," antwortete Roland ernst, „ich finde Ihren Schmerz begreiflich, aber es thut mir leid, daß ich nicht helfen kann. Ich bin daheim mit meiner Cousine verlobt. Ich habe mein Wort gegeben, sie zu heiraten, und ein Edelmann meines Stammes hat noch nie das Wort gebrochen." — Mit diesen Worten griff er nach dem Hute, um sich zu entfernen.

„Den Fluch über Dich, Verräther!" schrie ihm Cleazar nach. „Der Himmel wird meine Bitte erhören, und meine Rache übernehmen."

Roland zuckte die Schultern, wie ein Mann, der nicht sehr an die Einmengung des Himmels in seine Tagesangelegenheiten glaubt, und schritt leichten Ganges in sein Hôtel zurück.

Eine Stunde darauf erschien bei ihm ein Mann, „dessen dunkles Kleid schwarz wie sein Vorsatz war", und präsentirte ihm einen Wechsel.

„Schon Verfallzeit?" fragte Roland erstaunt.

„Sehen Sie selbst, Herr Marquis, der Wechsel lautet fünfzehn Tage à dato, und heute ist der sechzehnte."

„Das ist ein Streich des Barons!" dachte sich Roland. „Da konnte er gut mit der Strafe des Himmels drohen, wenn er solche Beschwörungsformeln besitzt. Was ist jetzt zu thun? an wen soll ich mich wenden? Sara wird wohl kaum aus den Klauen ihres Vaters befreien. O, entsetzliche Unbesonnenheit!"

„Herr Marquis," sagte der Mann mit dem Wechsel in aller Höflichkeit, „wenn Sie jetzt nicht den Wechsel bereit haben, werde ich zu Mittag wiederkommen."

„Gut. Kommen Sie wann Sie wollen," sagte Roland, der Zeit zum Nachdenken gewinnen wollte. Nach langem Ueberlegen hielt er es endlich für das Beste, Mainz zu verlassen, ohne sich Jemandem zu empfehlen.

Als er seinen Vorsatz ausführte und um die Ecke der ersten Straße bog, faßten ihn vier Gerichtsdiener und bemächtigten sich seiner Person.

„Was wollen die Schlingel?" rief Roland erbost.

Da trat der schwarze Mann mit dem Wechsel vor und zeigte einen Haftsbefehl, den Baron Kranperg vom Gouverneur zu Mainz erwirkt hatte. „Mein Herr," sagte er höflich, „wollen Sie mir, anstatt sich auf die Flucht zu begeben, gefälligst in den Schuldthurm folgen!"

Roland dachte sich zu vertheidigen, allein bei der Anstrengung, sich los zu machen, riß sein schön gestickter Rock, der sein Stolz und für Sara ein Gegenstand der Bewunderung war, vom Kragen bis nahe an die Schöße. Der Marquis erbebte vor dem Gedanken, lächerlich zu werden und gab den Widerstand auf. Nach wenigen Minuten saß er bei Wasser und Brod in einer Zelle des Stadtgefängnisses.

Als es zu dunkeln begann, trat Cleazar zu ihm in die Zelle. „Herr Marquis," sagte er, „hatte ich Unrecht, Ihnen mit der Strafe des Himmels zu drohen? Sie werden nicht eher über diese Schwelle treten, bevor Sie nicht versprochen haben, Sara's Ehre durch Ihre Vermälung wieder herzustellen."

„Sie sind in Ihrem Rechte, Herr," erwiederte Roland, „aber ich würde Sara nicht heirathen, und wenn ich mich damit von dem Galgen loskaufen könnte."

„Der Galgen steht Ihnen näher, als Sie glauben," sagte der Greis. „Die Franzosen sind nur zwei Tagreisen noch von Mainz entfernt und die Stadt ist außer Stand, sich zu vertheidigen. Die Republikaner werden erfreut sein, einen Emigranten Ihres Standes hier zu finden. Sie kennen das Gesetz und wissen, was Ihnen bevorsteht."

„Sei es. Man kann mich erschießen, aber nicht zwingen, Sie zum Schwiegervater zu nehmen."

„Guter Rath kommt über Nacht. Leben Sie wohl und wählen Sie zwischen der Kugel und der Ehe."

Mit diesen Worten entfernte sich Cleazar.

„Ei was," dachte sich Roland, „man stirbt nur einmal. Der Gewalt nachgeben, wo ich Sara's Bitten widerstand, hieße mich entehren. Potius mori quam foedari lautet der Wahlspruch meiner Ahnen."

Mit diesem Entschlusse, der mehr Muth als rechtlichen Sinn und Klugheit verrieth, schlief er ruhig ein.

Drei Tage nachher vernahm Roland in seinem Gefängnisse den Schall von Trommeln und Trompeten. Die französischen Republikaner rückten in Mainz ein. Die Bewohner, welche längst von Freiheitsideen bewegt waren, zogen ihnen entgegen und begrüßten sie als ihre Befreier. Nur Roland theilte diese allgemeine Freude nicht, denn er hatte guten Grund zu fürchten, daß seine Landsleute mit aller Strenge der republikanischen Gesetze verfahren werden. Den Tag nach der Ankunft der Franzosen fand sich Cleazar bei ihm im Gefängnisse ein.

„Mein Herr," sagte er, „Sie haben nur noch einen Augenblick Bedenkzeit. Wählen Sie zwischen der Vermälung mit Sara und dem Tode durch Pulver und Blei."

Roland wandte ihm ohne Antwort den Rücken.

„So fahre denn in Dein Verderben!" rief der Greis ergrimmt. — Wenige Stunden darauf ließ sich ein Geräusch von nahenden Schritten und das Geklinke von Waffen auf dem Gange vernehmen. Man machte vor Rolands Thüre Halt. Diesem fing nun doch das Herz heftig zu schlagen an.

„Da ist der Feind," dachte er, und seine Unruhe wuchs, als er eine starke Stimme in französischer Sprache rufen hörte: „Aufgemacht!"

Ein Korporal mit vier Mann trat in den Kerker, um den Gefangenen abzuholen.

„Diese Patrioten machen kurzen Proceß," dachte sich Roland. „Sie erschießen mich ohne Verhör."

Man führte ihn in das Zimmer des Gefängnißaufsehers. Der Korporal stellte eine Schildwache vor die Thür, und Roland befand sich allein mit einem republikanischen Officier, welcher, den Rücken ihm zugewendet, mit den Fingern einen Marsch auf den Fensterscheiben trommelte. Als die Thür sich geschlossen hatte, kehrte der Officier sich um und Roland erkannte mit ebensoviel Freude als Ueberraschung seinen Freund Reynier, der ihm mit offenen Armen entgegen trat.

„Gestehe," sagte er, „daß Du mich hier nicht erwartet hättest."

„Das ist wahr," sagte der Emigrant, „aber Du kommst mir gerade gelegen. Ich war der Meinung, meinen letzten Gang zu thun."

Das Gesicht des Republikaners verdunkelte sich. „Du hast nicht so ganz Unrecht," sagte er, „denn Du befindest Dich wirklich in offener Gefahr. Unser General, Custine, bei dem Dich ein Jude denuncirt hat, verlangt, daß Du vorgeführt werdest. Ich habe mir den

Dienst ausgebeten, Dich dahin zu begleiten. Jetzt sage doch an, wie Du hinter Schloß und Riegel gerathen bist."

Roland erzählte nun seinem Freunde die Geschichte seiner Liebe und seiner Schulden.

Reynier lachte. „Heirate sie doch," sagte er. „Ihr Vermögen kann Dir wieder aufhelfen, denn Deine Güter sind unter Sequester und in einem halben Jahr sicher als Nationaleigenthum verkauft."

„Das ist es ja eben, was mich ärgert. Wenn ich sie heirate, mache ich ein gutes Geschäft und begehe zugleich eine Feigheit."

„Aber auch eine gute Handlung," setzte Reynier ernst hinzu. „Was soll das arme Mädchen anfangen?"

„Alles, was sie will. Ich habe sie nicht betrogen, denn ich habe ihr nichts versprochen. Uebrigens würde mich diese Heirat auch nicht mehr aus den Krallen des Kriegsgerichtes retten können."

Der Republikaner schwieg. Er dachte über ein Mittel nach, seinen Freund zu retten.

„Wie schade ist es, daß ich nicht in Dives geblieben bin und meine Cousine geheirathet habe!" warf Roland hin.

Der Republikaner erbebte, aber seine Verwirrung verbergend sagte er: „Folge mir nun vor das Kriegsgericht. Ich gelte etwas bei Custine und hoffe, Dich allen Juden der Welt gegenüber retten zu können."

In wenigen Augenblicken kamen sie auf dem Rathhause an, wo sich der Generalstab Custine's befand. Roland und die Soldaten, die ihn bewachten, blieben in einem der unteren Gemächer zurück und Reynier begab sich allein zum General.

„Du bringst den Emigranten?" fragte Custine.

„Ja, General. Es ist eine traurige Geschichte."

„Wie so? Du erscheinst mir so erregt!"

„Ohne Umschweife, General, ich bitte, ihn zu begnadigen."

„Den Emigranten? das ist ein giftig' Insekt, das Dich früher oder später noch stechen wird."

„Es ist mein Jugendfreund. Ich muß ihn retten."

„Parbleu, daß Du bei dieser Rettung nur nicht selbst um den Kopf kommst. Denke an den Konvent. Ich will bei der Sache nichts zu thun haben."

„Wohlan denn," sagte Reynier, der einige Hoffnung faßte. „So will ich Sie mit dieser Angelegenheit nicht weiter belästigen. Nur bitte ich Sie, unterzeichnen Sie mir diesen Paß."

„Für wen?" fragte Custine.

„Für Jakob Ferou."

„Meinetwegen. Aber sage Deinem Jakob Ferou, wenn er glücklich davon kommt, möge er sich ja nicht wieder auf meinem Wege finden lassen."

Reynier nahm den Paß und entfernte sich, die Mittel überlegend, wie er seinen Freund aus Mainz bringen könne. Als sein Auge auf den Paß fiel, schlug er sich vor den Kopf. „Unglück und Ungeschick!" rief er, „es ist ein Paß für Frankreich, das heißt ja, Roland in die Höhle des Löwen führen."

Er wollte zum General zurückkehren; aber eine Schildwache vertrat ihm den Weg mit dem Bedeuten, der General lasse jetzt Niemanden mehr vor. Traurig wandte sich Reynier wieder um. „Wohin soll ich ihn schicken?" dachte er. „Nach Dives, wo sein Onkel ihn erwartet, um ihn mit Louise zu vermälen? O Unbesonnenheit. Wenn er Louisens Liebe gewönne? Ach, soll ich denn meinen Freund oder meine Geliebte verlieren?"

Der arme Republikaner befand sich leichtbegreiflich in einer sehr schwierigen Lage. Indessen trug seine angeborne Großmuth den Sieg davon. „Ich muß ihn retten," sagte er sich, „und selbst auf die Gefahr hin, mein Lebensglück zu zertrümmern."

In diesem Augenblicke, da er eben zu Baron von Kransperg gehen wollte, hatte er eine sehr unerwartete Begegnung.

Sara hatte erfahren, daß Roland durch ihren Vater in die äußerste Gefahr gerathen sei und sie eilte nun herbei, um persönlich bei Custine sich für den Geliebten zu verwenden.

„Mein Herr, kann ich Ihren General sprechen?" wandte sie sich an Reynier, den sie beim Eintritte in das Rathhaus streifte.

Reynier sah mit verwunderten Blicken dieses schöne junge Mädchen an, welches sich kühn in ein Hauptquartier wagte.

„Mein Fräulein," sagte er höflich grüßend, „das ist unmöglich. Ich, der doch sein Adjutant bin, mußte mich eben von seiner Thür abgewiesen sehen."

„Ach, mein Herr, es handelt sich um das Leben eines Menschen."

„Wen soll ich also anmelden?" fragte er, noch mehr neugierig gemacht.

„Fräulein von Kransperg," antwortete sie nach kurzem Zögern.

„Sie kommen, um Roland zu retten?" sagte er. Sie erröthete und senkte die Augen.

„Entschuldigen Sie meine Zudringlichkeit, Fräulein. Ich heiße Heinrich Reynier und bin sein bester Freund, wie Sie das Mädchen sind, das er am meisten liebt. Wir können ihn retten. Den Paß für seine Flucht habe ich bereits verschafft, es fehlt uns weiter nichts als das Mittel, den Kerkermeister zu bestechen."

„Hier sind zwanzigtausend Francs, mein Herr; das ist alles, was ich heute besitze. Retten Sie ihn, im Namen des Himmels retten Sie ihn!"

Kaum hatte Reynier das Geld in der Hand, so flog er wie ein Pfeil nach dem Gefängnisse. Es machte ihm nicht viel Mühe, den Gefangenwärter, der Roland zu beaufsichtigen hatte, auf seine Seite zu bringen. Als er sein Anbot auf zehntausend Francs erhöht hatte, erhielt er den Schlüssel zu Rolands Zelle. Fast mehr Mühe hatte er mit Roland selbst, als er ihm Geld und Paß für die Flucht einhändigte. Zuerst fiel Roland seinem Freunde zärtlich um den Hals und rief: „Welch' ein Freund! Nur Schade, daß er Jakobiner ist!" Als er aber einen Blick auf den Paß warf, nahm er Anstand, unter dem plebejischen Namen Jakob Ferou zu reisen. „Ich werde mir Mühe geben, so auszusehen wie mein Bedienter," sagte er endlich, indem er sich entschloß, die Uniform eines Trainsoldaten anzuziehen, welche der bestochene Gefangenwärter verschaffte.

In dieser Verkleidung, die den Marquis ganz unkenntlich machte, kam er ohne Hinderniß nicht nur aus dem Gefängnisse, sondern selbst aus der Stadt. Erst in einem Wirthshause außerhalb der Mauern machte er Halt und erwartete hier seinen Freund Reynier, der sich nach kurzer Trennung wieder mit ihm vereinte. Erst hier erfuhr Roland, daß er Sara's Gelde seine Freiheit verdanke.

„Arme Sara," rief er, „soll ich denn ewig gegen dich undankbar sein? Warum ist sie nicht hieher gekommen?"

„Sie hat geschworen, Dich ewig zu hassen."

„Wirklich? Da kehre ich nach Mainz zurück und schwöre ihr ewige Liebe."

„Nimm Dich in Acht," mahnte Reynier. „Man sucht Dich nicht, aber hüte Dich doch, wieder den Republikanern in den Weg zu laufen."

„Wohlan denn, übergib ihr diesen Brief!" — Und er schrieb eilig diese Worte:

„Theure Sara, ich sehe mich genöthigt, zu fliehen. Um Sie ewig zu lieben, bedurfte es nicht, daß ich Ihnen auch noch das Leben danke. Sobald mich das Geschick wieder mit Ihnen zusammenführt, werde ich Sie bitten, Ihr Geschick mit dem meinen vor Gott zu vereinen. Adieu.

Der Sie über alles liebt, Ihr Roland, Marquis von Dives, den die feindlichen Geschicke zubenannt haben
Jakob Ferou."

„Hiermit ist sie Marquise geworden," sagte der Emigrant, das Briefchen faltend.

„Du gehst nach Dives?" fragte Reynier.

„Ich habe keine andere Zuflucht," antwortete der Marquis. „Ich freue mich, in meinem großen Unglück meine kleine Cousine wiederzusehen, so pedantisch sie auch ist."

Der Republikaner seufzte: „Ist das die Treue, die Du Sara geschworen hast?"

„Lieber Freund," sagte Roland, „Du hast hundert gute Eigenschaften; Du bist brav, hast Geist, liebst Deine Freunde; aber offen, Du sprichst mir zu viel von Tugend. Dadurch wirst Du langweilig."

„Gott geleite Dich," sagte Reynier ihn umarmend. „Hast Du Reisegeld?"

„Nicht einen Heller."

„So nimm diese Brieftasche. Sara schickt sie Dir."

Roland lehnte sie ab. „Es ist genug an einer Wohlthat. Gib ihr ihre Gulden zurück. Ich kann zu Fuß gehen."

„Ich billige Dein Benehmen," sagte kurz der Republikaner, „aber Du darfst nicht ganz entblößt vom Gelde sein. Hier sind hundert Francs in Assignaten, es ist mein Sold; freilich zu wenig für einen Marquis, aber genug für einen Trainsoldaten."

Roland umarmte ihn mit Thränen in den Augen und machte sich auf den Weg. Reynier erstattete dem Fräulein von Kransperg Bericht über das Geschehene. Es fehlte wenig, so hätte auch sie ihn in ihrer Freude umarmt. Das gute Kind konnte den Jubel des Herzens nicht unterdrücken. Hundertmal las sie Roland's Brief und wagte nicht an ihr Glück zu glauben.

12.

Roland zog mit leichten Schritten seines Weges. Wenn er müde war, nahmen gutmüthige Bauern, die des Weges fuhren, ihn eine Strecke mit, und er gelangte, einige kleine Abenteuer abgerechnet, ohne sonderliche Verzögerung und Hindernisse über die französische Grenze bis nach Moulin. Hier erst fing die Gefahr an, als Edelmann und Emigrant erkannt zu werden. Zum Unglück war ihm das Geld ausgegangen, denn an Sparsamkeit nicht gewöhnt, hatte er schon in den ersten Tagen seiner Rückreise die geringe Summe ausgegeben, welche ihm Reynier in die Hand gedrückt hatte. Kaum daß ihm noch ein Dreilivre-Stück geblieben war.

Als er über den Platz von Moulin schritt, sah er zwei Zigeuner, die sich vor der gaffenden Menge producirten. Der Mann verschlang seinen Säbel und spie ihn mit schrecklichen Grimassen wieder aus. Die Frau spielte dazu Guitarre und sang mit etwas scharfer Stimme melancholische Lieder. Von Zeit zu Zeit ging sie mit einem Teller unter dem Publikum herum, einige Sous als Lohn für die Production zu sammeln. Auch vor Roland machte sie mit ihrem Teller Halt. Dieser, nach der alten Gewohnheit des Reichthums, griff in die Tasche und reichte ihr sein letztes Silberstück. Bei diesem Anblick leuchteten die Augen der Zigeunerin vor Vergnügen. Sie nahm das Goldstück, warf Roland einen langen Blick zu, worin sich Freude, Dank oder wenn man will auch Liebe malte, ging zu dem Säbelverschlinger zurück, flüsterte ihm einige Worte zu, sprang dann wieder auf Roland zu und gab ihm ein Zeichen, ihr zu folgen.

Dieser, obwohl sehr erstaunt darüber, ließ sich nicht lange bitten. Die Zigeunerin war hübsch, lachte anmuthig und zeigte sehr hübsche Zähne. Hundert Schritte hinter der Stadt trat sie in eine Kneipe, wohin Roland ihr folgte. Sie bestellte Wein und zwei Gläser, machte dem Marquis ein Zeichen, sich zu setzen und setzte sich dann selbst dicht an seiner Seite nieder. Roland meinte nun, hier sei alle Zurückhaltung von Ueberfluß, und er legte mit verliebter Zudringlichkeit den Arm um ihre Taille. Die junge Zigeunerin lachte laut auf, befreite sich aus seinen Armen und sagte: „Mein lieber Marquis . . ."

Bei diesen Worten unterbrach sie Roland etwas verlegen: „Wie, Du lerntest also schon früher mich kennen?"

(Schluß folgt.)

Alpstubeten oder Älplerfest.

Alpstubete oder Aelplerfest *).

(Hierzu die Bilderbeilage.)

Das Volksfest! Dieses erinnerungs-heitere, freudeverhehlende Wort, an dem die Hoffnung von Tausenden fröhlich emporrankt, — dieses strahlende Gestirn im trüben Gedränge des einförmigen Alltagslebens! wie sehr entschwindet unter dem Einflusse der fortschreitenden, mächtig-umgestaltenden Zeit, immer mehr sein ursprüngliches, kindliches, harmloses Wesen! wie verliert es täglich mehr an frischem Geist und Gehalt, und bleicht zum blassen, mark- und körperlosen Schemen ab! Schon müssen sinnberauschendes Gepränge und eitler Tand jene Gemüths-Armuth und Blöße decken, die mit dem Ueberwuchern des Scheins, auch bei den Festen, wie eine böse Seuche immer schrecklicher um sich greift. Da tritt uns denn ein Aelplerfest in seiner ungesuchten Einfachheit, in seiner natürlich-sprudelnden Lust, als eine wohlthuende Erscheinung entgegen. Wie sich so Manches in Sitten und Gebräuchen noch rein und ungeschminkt beim Gebirgsvolke erhalten hat, gleich als ob der harte, feste Grund und Boden, auf dem es lebt, auch in sein Denken und Handeln übergegangen sei. So sehen wir noch heute den keck muskelstrammen Burschen auf der Alp die Spiele üben, an denen sich die Aeltervater vor Jahrhunderten ergötzten und ihrer Zeit ein kräftiges und unerschrockenes Geschlecht gaben.

Alpstubeten oder Dorfeten sind Hirtenfeste, die so alt sein mögen, als die Sennerei, die so lange bestehen, als die Herden zur Alp getrieben werden. Ihr Name ist ebenso naiv und an die Anfänglichkeit der Zustände erinnernd, wie ihr Wesen und Verlauf heute noch ist. In jenen zerstreuten Gebirgsdörfern, die aus den allmäligen Ansiedelungen und Familien-Erweiterungen entstanden, die abseits der großen Handelswege und Verkehrsstraßen lagen, gab es bis in die jüngste Zeit, und gibt's sogar heute noch in Savoyen, Wallis, Graubünden und Tirol keine Wirthshäuser mit großen Lokalitäten. Die Alpenbauern kannten das Bedürfniß nicht, zu einem ihrer Nachbarn zu gehen, um bei demselben für Geld zu speisen; Geld überhaupt kursirt in manchen Bergdörfern fast das ganze Jahr nicht, weil Jeder selbst erzeugt, was er für sein Haus bedarf. Wohl aber stellte sich bei ihnen das Bedürfniß geselligen Lebens, freundnachbarlichen Besuches zum Zweck der Unterhaltung ein, und da es, wie gesagt, keine Gesellschaftshäuser und kein Kasino in den Gebirgsorten gibt, so ging man in die Stube des Andern, und diese Visite wurde eine „Stuberta" genannt. Die Bezeichnung wurde aber auch ganz besonders auf jene Zusammenkünfte junger Leute angewendet, welche zu Spiel, Gesang und Tanz sich in der größten oder am bequemsten gelegenen Stube eines Nachbars zusammenfanden, und diese improvisirten Gesellschaften bestehen überall in den Alpen und im Schwarzwalde noch. Sie sind nun keineswegs immer so harmlosen, idyllischen Charakters, diese eigentlichen Stubenzusammenkünfte, wie man behaupten will, sondern sie sind vielseitig Ursache immer größerer Entsittlichung des Volkes.

Anders verhält sich's mit unseren Alpfesten, auf welche man, da es gleichfalls Besuche und Vergnügungs-Anlässe, wie die drunten im Dorfe, sind, auch den gleichen Namen übertrug. Der Tag ihrer Feier steht ebenso fest wie der eines Kalender-Heiligen, und fällt, wie schon bemerkt wurde, in den katholischen Gebirgsgegenden meist mit der Feier eines Patronatsfestes zusammen. Alles Bergvolk, das während des Sommers sich mehr vereinsamt fühlt als zu jeder anderen Jahreszeit, weil die Hälfte droben in den Alpen, die andere Hälfte drunten im Thale lebt, strömt nun mit Ungeduld dem allgemeinen Sammelplatze zu, hört Predigt und Messe herkömmlich an, und wenn dieser althergebrachten Sitte Genüge gethan ist, dann werden alle geistigen und geistlichen Gedanken für diesen Tag quittirt, — die kommenden Stunden gehören nur der ausgelassensten Freude. Alles Volk prangt im Sonntagsstaat, in hellen, leuchtenden Farben. Dazwischen mangelt's nicht, daß auch ein Senn im Ehrenkleid der Stall-Arbeit, wenn nicht zum Schmuck, doch zur malerischen Ergänzung der Gruppen, sich zwischen den Festgenossen bewegt. Unter lautem Jubelruf und johlenden Jauzen, und „Löcklen", daß die Bergwände es gellend wiederhallen und die Lüfte von klingender Freude erfüllt sind, springt nun jeder Sennbub mit dem Mädchen seiner Neigung zu den umliegenden Sennhütten. Hier ist schon Alles auf den Besuch vorbereitet; Krapfen und Küchli, Birnenweggen und geschwungener Nidel (zu Schaum geschlagener fetter Rahm), lockend feines, weißes Weizenbrod und Wein, genug, was die Alpensohnes Kunst vermag, hier ist in Menge zum fröhlichen Mahl aufgetischt. Das ist ein Scherzen und Kosen, ein Köppeln und Necken, mitunter weiblich derb und unglimpflich, wie's eben Sitte ist da droben.

Noch einmal trennt sich das junge Volk. Die Mädchen ziehen schaarenweise singend umher, suchen die bekannten Stellen auf und zwingen die Gnomen der Felsenwände, durch alle Tonarten hindurch ihnen als Echo zu sekundiren. Es ist der vollendetste Uebermuth, die auf's Aeußerste gespannte Elastizität des Humors und der Freudenbegierde, die sich zu entladen bestrebt und nun jeden Anlaß benutzt, um das Ueberselige der Stimmung zu bethätigen.

Die Sonne steht hoch! Der Himmel strotzt im tiefsten Blau des unendlichen Aethers! Da jauchzt's und rugghüfelt es aus jedem Winkel hervor, von allen Halden herab. Wo irgend eine Hütte hintern Tannenschopf verborgen liegt, oder wo es über einen Bühel hinaufführt in ein anderes Berggut, oder der schmale, schlängelnde Pfad hinüberläuft über's Tobel zur Nachbar-Alp, von allen Seiten strömt's herbei, das genußdurstige Volk, elektrische Freudenblitze durch die Lüfte schleudernd. Heil drunten auf dem Plan der Bergwiese, welch' ein Ge-

---

*) Aus den „Alpen in Natur- und Lebensbildern" von H. A. Berlepsch, Leipzig 1861, mit besonderer Erlaubniß des Verlegers Herrn Hermann Costenoble.

dränge, welch' wogendes, schwirrendes Durcheinander! Da ist das Fest im vollsten Gange schon. „Wer gerne tanzt, dem ist leicht gepfiffen!" Erhöht auf einem Felsenblock hat ein Orchester seine Kunstwerkstätte aufgeschlagen. Zwei Musikanten sind's, Autodidakten, die hemdärmelig dem Volke neckische Weisen aufspielen. Der eine hat das Hackbrett auf den Knieen, den Urgroßvater aller pianistischen Instrumente, dessen Saiten er mit dem Stahlstäbchen hellschwirrende Metalltöne in kecken, zuckenden Rhythmen entlockt. Sein Sekundant ist ein Geiger, ebenso ein origineller Kauz; voll Witz und sprudelndem Humor schmückt er die ohnehin schon herausfordernd muthwillige Melodie noch mit Schnickeln und Schnacken aus, lebt und zappelt am ganzen Körper, und stampft mit den Füßen meterisch den Takt zu seinen unsikalischen Arabesken. Der arme Narr schwißt über und über, und um bei seiner schweren Arbeit wenigstens einigen Schuß zu haben, so hat er den Baldachin eines großen, rothbaumwollenen Familien-Regenschirmes, an einen langen Stock gebunden, hinter sich aufgerichtet, in dessen leuchtendem Schatten er sein Tagewerk vollbringt.

Just so ist's dem Volke recht; das ist die Musik, die es sucht und haben will. Stellt ihm die Virtuosen einer fürstlichen Kapelle hin; mit aller ihrer Präcision und Glockeneinheit im Spiel vermögen sie es nicht, das sinnenberauschte Alpenvölklein so auf dieser zitternden Höhe der Glückseligkeit zu erhalten und zu balanciren, als der verschmitzte diabolisch-anspannende Dorfgeiger. Und nun der Reigentanz selbst, der uralte, den heute noch die Indianer und wildten Völker bei ihren Festen tanzen, der große, runde Ring von Menschen-Armen, die zu einer Kette verschlungen, den braunbemoosten Felsenkloß umjauchzen. Was ist das noch in primitives Springen und Bewegen im Vergleich mit dem ästhetisch-leerhaften Schweben der Kunsttänze auf unseren Soireen und Bällen! Und dennoch ist Grazie und Anmuth darin, voll Natürlichkeit aus jeder Körperwendung schaut. Die Buben haben sich bei den Händen gefaßt, und in jedem solchen männlichen Armsessel lehnt, sich sicher wiegend, die Sennerin, indem sie ihre Arme leicht und nachlässig auf die Schultern ihrer beiden Tanznachbarn legt. Es liegt eine schelmische Koketterie in diesem Geschlecht, die ungemeinen Reiz hat und wellenhaft schöne Formen darbietet. Daneben werden Extratouren gegeben. Ein Bursch, dem's in den Füßen zittert und zuckt, als ob ein galvanischer Strom ihn durchbrause, hat seine Tänzerin mit beiden Händen beim Mieder gefaßt, rundwirbelt sie kreiselartig auf einem Pläßchen, das eben groß genug ist, um vier menschlichen Füßen Raum zu gewähren, durchbohrt die Lüfte mit seinen malerischen Jauchzern und schwingt das lachende Alpenkind hoch über sich wie ein Spielzeug seiner rosigsten Laune.

Jeßt, als wollt' es mit Macht durchkreisen die Kette des Tanzes.
Schwingt sich ein muthiges Paar dort in den dichtesten Reih'n.
Schnell vor ihm her entsteht ihm die Bahn, die hinter ihm schwindet.
Wie durch magische Hand öffnet und schließt sich der Weg.
Schiller.

So gaukelt und braust es durcheinander, ein im Entstehen sich schon wieder verzehrendes Bild.

Das ist der innere Kern, das Centrum der Freude und Lust. Mit reichen, lebensvollen Gruppen, je wenig Menschen ein drastisches Genrebild aufstellend, ist diese große Scene eingefaßt. Auch die Kühe sind herzugekommen und starren mit verwunderten Augen hinein in das Gedränge, das ihrem stillen Tempo sonst so fremd ist. Durch lautes Blöken geben sie ihre Theilnahme zu erkennen; soll's ein Protest sein, daß man ihren kräuterreichen Futterboden so übermüthig zerstampft, oder sind's Beifallsbezeigungen in der Kuhsprache? Der Gauner, der sich an einem Glase Wein ergößt hatte, gestattet aber solche familiäre Einmischung der Hausthiere nicht und jagt die mit gestrecktem Schweif zurückgaloppirenden Thiere wieder auf das ihnen zur Weide angewiesene Terrain.

Endlich lechzt und schnauft und hebergluht der ganze Kreis unter dem Druck der sengenden Strahlen, — der Regenschirm-Geiger und der „Hackbrettli-Ma", die Buben und Mädchen müssen rasten vom Uebermaß der Lust.

Da zieht ein neuer Kreis, den wir bisher nicht beachtet hatten, unsere volle Aufmerksamkeit auf sich. Ein großer, schwerer Centnerstein fliegt durch die Luft und fällt dumpf dröhnend auf den Boden; gedehntes Gelächter folgt. Das sind die Kraftproben im Steinstoßen, dieses wiederum uralte Aelplerspiel, eine Mahnung an die rollenden Felsenblöcke in den Schlachten am Morgarten und am Stoß, wie man das böse Feind in die kampfgerüsteten Züge der Ritter und Reisigen schmetterten und sie zu Boden warfen. Hier ist's nur Scherz, fast nur ein Kinderspiel im Großen, und doch bekundet es den Streitbaren, männlich sich rüstenden Geist, der in diesem Bergvolke lebt und webt. Mit festen Händen umspannt der Senn den Laststein, hebt ihn scheinbar leicht sich auf die Schulter, während die innere Fläche der rechten Hand ihn eigentlich trägt. Das Ziel, das er im Wurfe erreichen will, ist etwa ein Dutzend Schritte vor ihm abgesteckt. Im wiegenden Schwanken des Oberkörpers sucht er den rechten Augenblick abzupassen, und plötzlich den Arm ausstoßend wirft er den Stein dem Ziele zu. Es gilt gewöhnlich eine Wette, die durch ein halbes Wein ausgeglichen wird.

Turnübungen wurden von den Aelplern naturalistisch schon Jahrhunderte lang exercirt, bevor der „Demagogen-Jahn" und Vater Maßmann auf der Hasenheide die ersten Lektionen gaben. Das Klettertalent der Geißbuben ist ebenso alt als ihr Stand, und von der Sicherheit des Schusses legte Wilhelm Tell schon vor mehr als 500 Jahren eine historisch gewordene Probe ab. Die unterhaltendste aber von allen Turnerfähigkeiten können wir auf unserem heutigen Aelplerfeste sehen; es ist das „Schwingen" oder der „Hosenlupf". Im Lande Appenzell sind sie unmittelbar im Gefolge einer Abstubete, in Entlibuch und Emmenthal, im Berner Oberlande und im Kanton Unterwalden bestehen sie als selbststeigende Volksfeste, die aber ebenso wie dort die Stubeten ihre unabänderlich festen Tage haben

So finden deren auf der Wengenalp und auf der Großen Scheideck am Fuße des Wetterhornes statt, — jenes von den Grindelwaldnern und Lauterbrunnern, dieses von den Grindelwaldnern und Bewohnern des Haslithales besucht. Gewöhnlich ist's auf einer Grenzalp, zu der von beiden Thalseiten die kampfeslustigen Jünglinge hinaufsteigen. Denn es kommt darauf an, daß zwischen den Parteien zweier Thalschaften die eine den Sieg über die andere erringe. Begreiflich ist's, daß die, welche das letztemal mit Ruhm gekrönt vom Platze ging, diesen Ruhm nun nicht einbüßen mag und alle ihre besten Kräfte aufbietet, das Aeußerste zu leisten, was immerhin nur möglich ist. Die jüngsthin überwundene Partei jedoch strebt diesmal die ihr angethane Schmach zu rächen und heute als Sieger den Platz zu verlassen.

So wie ein solches Schwingen an den Wege ist, ziehen sich die Bursche, welche mit zu kämpfen gedenken, von den strengsten Arbeiten zurück, pflegen den Körper und genießen kräftigende Speisen und Getränke. Ist nun der Schwingtag erschienen, so finden sich die Kämpen beider Seiten in einem Wirthshause ein. Jeder sucht sich von der Gegenpartei seinen Mann aus, mit dem er einen Gang zu unternehmen wünscht; in herzlichster Freundschaft und Eintracht zechen sie gemeinschaftlich, einander wacker zutrinkend. Die Stunde ruft. Arm in Arm, voraus Musik, ziehen die Gegner paarweise zum Zug gegen den Schwingplatz, wo ihrer schon ein großer Haufen Volkes wartet. Das Kampfgericht, von alten kundigen Vertrauensmännern gebildet, ist schon gewählt. All das übrige Volk kommt nun einen großen Ring, in dessen Mitte die Kämpfer stehen. Sie haben sich's bequem gemacht; das Hemd und die Schwinghose sind die einzigen Kleidungsstücke, welche sie auf dem Leibe tragen. Die Schwinghose besteht aus festem, derbem Drill, der dauerhaft genäht sein muß. Sie wird über die nackten Füße und Knie bis auf die halben Schenkel fest heraufgerollt, und hat am Gurt um die Taille einen Bulst zum Anfassen. So ausgerüstet treten die Ringer paarweise an. Der selbstgewählte Obmann ordnet die Reihenfolge an, in welcher die Paare mit einander zu kämpfen haben; — zuvörderst die Schwächeren und dann gradatim steigend, die Stärkeren, Robusteren. Allgemeine Schwingregeln bestehen bei allen Alpenbewohnern. Zuerst bieten beide Parteien treuherzig sich die Hand, um öffentlich zu bekunden, daß Keiner Haß und Groll gegen den Andern im Herzen trage, und daß das Schwingen ein freies, freundliches sein solle. Der Hemdenkragen ist geöffnet, damit dem Athem kein Hinderniß beschwerlich falle; die Hemdärmel sind bis über den Ellenbogen hinaufgerollt, so daß die Arme entblößt sich um so leichter bewegen können. An der ganzen Kleidung soll, altem Herkommen gemäß, nichts Geschnürtes bleiben, überhaupt der Eine wie der Andere im Anzuge sein, weil bei längerem, hartnäckigem Kampfe irgend eine Kleinigkeit durch früheres Ermüden den Ausschlag geben könnte. So vorbereitet tritt das erste Paar in den Kreis; Freude, Heiterkeit, Zuversicht, Kampfeslust leuchten aus den Augen. In aller Ruhe erfolgt das Zusammengreifen, d. h. ein Jeder schlägt seine rechte Hand fest in den Taillen-Gurt des Gegners, die linke in den aufgerollten Hosenwulst am rechten Schenkel des Andern, oder wie's im Entlibuch heißt „in's Gestöß". Alle falschen und betrügerischen Praktiken sind streng untersagt, wohin namentlich auch gehört, den Gurt mit Talg einzureiben, weil dann der Gegner keinen festen Halt hat. Das „Zusammengreifen" geschieht je nach Belieben stehend oder knieend, die Köpfe Beider je auf des Gegners rechter Schulter liegend. Sind's nun zwei recht geübte Ringer, so treiben sie, im taktmäßigen Hin- und Herwogen, sich mehrere Minuten lang im Kreise umher; Keiner von Beiden versucht den ersten Kunstgriff oder Schwung, bevor er nicht den rechten Moment gekommen glaubt. Weil ein Jeder sich auf der Defensive hält, so erwartet er von Augenblick zu Augenblick des Gegners unvermutheten Angriff und hat vorläufig seine ganze Aufmerksamkeit darauf gerichtet, fest zu stehen. Die kleinste Blöße, die geringste Schwäche vom Gegner wahrgenommen, benutzt dieser sofort zu einem energischen Schwung oder Zug. Es begegnet aber auch, daß Beide so lange auf einander „dusen" (wie es im Entlibuch heißt), daß sie ermattet voneinander ablassen, sich auf den kühlen Rasen werfen, um zu verschnaufen, brüderlich ein Glas Wein selbander trinken zur neuen Stärkung, die Hände mit Erde reiben, um die Haut rauher zu machen. Während des „Dusens" herrscht lautlose Stille im Kreise; Alle lauschen gespannt auf den ersten Schwung, und so wie dieser erfolgt und nun das verzweifelte Ringen, das Beinstellen und Anziehen, das Heben und Drängen beginnt, da folgen mit fieberhafter Hast, mit jagenden Blicken, mit klopfendem Herzen die Zuschauer beider Parteien allen Bewegungen. Halblaute Rufe, unterdrückte Interjektionen, Anfeuerungen begleiten den Kampf, bis plötzlich durch eine einzige Wendung, durch einen unvermutheten Griff und Zug der Eine des Andern Herr und Meister wird und ihn zu Boden wirft. Diese einmalige Ueberwindung entscheidet indessen den Sieg noch nicht. „Eines Mannes Red ist keine Red, man muß sie hören alle beid!" Nach diesem Grundsatz wird dem Ueberwundenen nochmals Gelegenheit gegeben, seine Ringer-Ehre zu retten, und nicht selten ist's der Fall, daß diesmal das Glück auf seiner Seite ist. Nur wer zweimal seinen Gegner auf den Rücken wirft, ist wirklich Sieger.

Kämpfen nun die Schwinger zweier Thalschaften mit einander für die Ehre ihrer Partei, z. B. die Unterwaldner und Haslithaler auf der Alp Breitenfeld ob Meyringen, oder die Entlibucher und Emmenthaler am Schüpferberg oder am Ennetegg, — so tritt aus der Partei des zuletzt Gefallenen der Ersatzmann heraus und versucht seine frischen Kräfte an dem, der im vorhergehenden Gange Sieger blieb, dessen Kräfte jedoch schon ziemlich angegriffen sind. Diese Reihenfolge wird besonders fest innegehalten, wenn um einen ausgesetzten Preis gekämpft wird. Ist's indessen nur ein Schwinget gewöhnlicher Art, so treten überhaupt nur eine beliebige Anzahl Ringer aus zwei verschiedenen Pfarrgemeinden auf, die ihre Kräfte mit einander messen.

Ist's jedoch der Fall, daß bei einem solennen

Schwinget die stärksten und gewandtesten Kämpfer beider Parteien die letzten sind und jede Thalschaft ihre endliche und entscheidende Siegeshoffnung auf ihren Mann setzt, es also gilt, die Ehre des Tages für eine ganze große Gemeinde zu retten, so entfaltet sich mitunter ein Schauspiel eigener Art. Beide Ringer einander fürchtend, suchen sich nur defensiv zu verhalten, jeder nur seinen Fall zu verhüten und dadurch den Sieg des Gegners unmöglich zu machen. Dann weichen beide in der Regel von der gewöhnlichen Schwingart ab. So wie die beiden Gymnasten sich ordnungsmäßig gefaßt haben, lassen sie sich, der eine genau die Stellung des andern abmessend, auf's rechte Knie nieder und entfernen sich mit dem ganzen Unterkörper, so weit es Griff und Muskelanspannung erlauben, von einander. Fürchtet der Eine auf diese Art von seinem Gegner mit übermächtiger Gewalt dennoch gelüpft zu werden, so legt er sich platt auf den Bauch, worin ihm dann auch der Mitkämpfer folgen muß. In solch' unnatürlicher Stellung martern beide einander oft eine halbe Stunde lang, winden sich am Boden wie kriechende Schlangen, und spannen Sehnen und Muskeln so übermäßig an, daß von dem furchtbaren Kraftaufwande das Antlitz braunroth erscheint. Vermag nun Keiner durch Ausdauer, Kraftübermaß oder List den Gegner zu bewältigen, so stehen sie endlich freiwillig, aber zum Tode erschöpft, vom Kampfplatz auf, bekennen einander mit traulichem Handschlag gegenseitig ihre Männerstärke, und keine Partei kann sich des Tagessieges rühmen. — Sie ist wild, ja fast barbarisch, diese Kundgebung der physischen Kraft; aber sie legt Zeugniß ab für ein männliches, kampfbereites Volk, für ein Geschlecht, das nicht verweichlicht ist und noch Muth und Ausdauer genug besitzt, für seine Ehre, seine Freiheit und sein Vaterland mit äußerster Entschlossenheit zu kämpfen.

Der originellste Lupf, so weit überhaupt diese Kraftprobe volksthümlich geübt wird, findet im Refektorium des Kapuzinerklosters zu Appenzell im Beisein der Mönche statt. Im Herbst nämlich bringen an einem bestimmten Tage junge kräftige Bursche von nah und fern Natural-Lieferungen an Wein, Früchten, Holz u. s. w. dem Kloster freiwillig dar. Für diese Geschenke nun lassen die Mönche den Lieferanten eine feste Mahlzeit verabfolgen, und als Dessert, wenn die Tische hinausgeräumt sind, wird zur Ergötzung der Konventualen im Refektorium von den Burschen ein Schwingen zum Besten gegeben. Die Mönche stehen auf Tischen und Stühlen, nehmen den lebhaftesten Antheil an dem Verlaufe des Zweikampfes und lachen oft so drastisch, daß die Schwinger über das Gelächter der Mönche selbst in's Lachen gerathen und kampfesunfähig werden. — Diese Kloster-Arena ist so landesbekannt, daß sich die Bursche das Jahr über nicht nur wegen Streitigkeiten auf den „Kloster-Lupf" laden, sondern recht herkulisch-starke junge Männer „Jedem im ganzen Lande ausbieten", d. h. einen Jeden, der sich mit ihnen messen will, einladen, im Kloster zu Appenzell am genannten Tage zu erscheinen.

Der Rest des Tages verläuft auf einer Alpstubete, wie er begonnen, nur daß die Freude, statt zu sinken sich noch steigert.

Bald verfinkt die Sonne; des Waldes Riesen
Heben höher sich in die Lüfte, um noch
Mit des Abends flüchtigen Rosen sich ihr
Haupt zu bekränzen.

In ungetrübter Glückseligkeit hüpft jedes Mädchen, an ihres Buben Hand, über Stock und Stein hinab in's Thal.

Aus dem siebenbürgischen Sachsenlande.
Von P. P.

(Schluß.)

Bei aller dem sächsischen Bauer nicht abzusprechenden Wohlhabenheit ist jeder Vater und jede Mutter froh, wenn ihre Kinder so weit gediehen, daß sie sich bald einen eigenen Herd gründen können. Ist die Tochter mit Gottes Hilfe bald „1000 Wochen alt" geworden und hat der Junge „lange genug die Beine unter der Eltern Tisch hängen lassen" (d. h. sich von ihrem Brode genährt), dann rückt die Zeit der Heirat raschen Schrittes an. Dieser sehen sie denn auch nicht mehr als das Elternpaar mit ungeduldigem Bangen entgegen; denn der Weg bis dahin ist ein weiter und sehr komplizierter.

Nachdem das Mädchen zur „Magd" geworden und in Folge dessen Borte, Mantel und Pelz zu tragen begonnen, der „Junge" aber zum „Knecht", d. h. in Hut, Gürtel und Pelz erscheinen darf, beginnt der erste Akt des Heiratsdramas: das „heimliche Liebetreiben". Man trifft sich bei Tanzbelustigungen und in den Spinnstuben zu geselligen Verkehren. Der Knecht zeichnet die „Seinige" an besonderen Tagen vor ihren Gespielen aus, steckt ihr z. B. am Palmsonntage Palmzweige auf oder in's Dachfenster ein Büschel Palmkäschen, am Pfingstmorgen Maibäume; am Namenstage oder sonstigen festlichen Gelegenheiten schenkt er ihr Bänder, Kleider, Tücher u. a. m. Dafür erhält der Knecht alle Sonn- und Feiertage die ganze Blumenzeit hindurch große Blumensträuße, die er sich unter dem Kirchenläuten abholt und ihn steckt.

Während man so „heimliche Liebe treibt", bestürmt die Magd fort und fort das Schicksal, um in der wichtigsten Lebensfrage sicheren Aufschluß zu bekommen. Die Wege, die dazu führen sollen, sind oft zahllos und mehren sich noch stets bei dem unausgesetzten Sinnen und Trachten des Menschen, den geheimnißvollen Schleier der Zukunft zu lüften. Hier mögen nur die allverbreitetsten „bedeutungsvollen Zeichen" ihre Stelle finden:

So viel Finger einem Mädchen knacken, soviel Schäfchen hat es.

Versalzt es die Suppe oder läßt es das Essen anbrennen, so ist es verliebt.

Kommt man von ungefähr zwischen zwei Schwestern oder unter den Spiegel (die gewöhnliche Stelle für ein städtisches Brautpaar) zu sitzen, so wird man Braut oder Bräutigam.

Reif zum Heiraten ist, wer einen Leib Brod gerade anschneiden kann.

Vierblätterigen Klee finden bedeutet Glück, doch darf er nicht über's Wasser getragen werden.

nacht. Vielverbreitet in diesen Nächten mit Ausnahme der Christnacht ist das Bleigießen, wobei in der Andreasnacht während dieses Aktes ein bloßer Fuß (hie und da in Teutschland die ganze Person nackt) auf die Bettstatt gesetzt wird unter den bekannten Worten:

Bettstatt, ich tritt dich.
Heiliger Andreas, ich bitt' dich.
Laß mir heint Nacht erscheinen,
Den Allerliebsten meinen!

Ledige Sachsen aus Siebenbürgen.

Wünscht man sich plötzlich etwas beim Fall einer Sternschnuppe, so geht es in Erfüllung.

Wer ein erloschenes Licht wieder anblasen kann, wird Pfarrer oder Pfarrerin.

Stellen sich derartige Vorbedeutungen nicht ein, so wird geradezu das Orakel befragt. Die hiebei bedeutungsvollsten Nächte sind: die des Andreas und Thomas, dann die Christnacht und Neujahrs-

In der Neujahrsnacht geht man zu einem Holzlager und nimmt, was man mit beiden Armen fassen kann, Holz aus demselben: sind die Scheite gepaart, so heirathet man nächstes Jahr, im Gegentheil nicht.

Auch gehen die Mädchen schweigend zu einem Brunnen, schöpfen Wasser, klopfen ein frisch gelegtes Ei in dasselbe und deuten aus den bis Morgen sich bildenden Figuren das Geräthe oder Geschäft des Zukünftigen.

Oder man wirft Nachts zwölf Uhr, mitten im Zimmer stehend, über sich den Kopf hin einen Schuh der Thüre zu; fällt derselbe mit der Spitze nach der Thür, so heiratet das Mädchen, sonst nicht.

Eine Hauptrolle spielt bei den Schicksalsbefragungen aber der Apfel, der schon im Alterthum der Liebesgöttin Venus heilig war.

Man schält einen Apfel, so daß die Schale ein ganzes Stück bildet, wirft sie über den Kopf hin und deutet aus dem Anfangsbuchstaben den Namen des Geliebten.

Man zerschneidet einen Apfel mitten durch und wünscht sich dabei etwas. Ward kein Kern mit zerschnitten, so geht der Wunsch in Erfüllung.

In den Spinnstuben machen die Mägde zwei Pyramiden von Werg, jede eine Person darstellend, stellen sie auf den Herd und zünden sie an; fallen sie gegen einander beim Abbrennen, so heiraten jene zwei Personen einander.

Auf Gängen im Freien ist allverbreitet nebst vielem Andern die Befragung der Wucherblume, an der man, um die Liebe und ihre Grade zu erforschen, je fünf Blättchen mit den Worten abpflückt:

Er liebt mich von Herzen,
Mit Schmerzen, — bisweilen
Ein wenig — oder gar nicht.

Ist nun eine Person so sehr stiefmütterlich bedacht von der Göttin der Liebe, daß auf alle Proben keine genügende Antwort erfolgt, so „übt man Liebeszauber". Da zwingt man eine Person zur Gegenliebe, wenn man in der Thomasnacht deren Fußsocken kocht (daher man von einem, der keine Ruhe findet und rastlos umhertreibt, sagt, dem hat man die Fußtücher gekocht, d. h. er ist bezaubert), oder man sucht von der geliebten Person ein Haar zu erlangen und streicht dies beim Bestreichen des Feuerherdes mit in den Lehm der Feuerstelle ein.

Nachdem man so eine Zeit lang „heimliche Liebe getrieben", folgt der zweite Akt: **der Handschlag und das Brautvertrinken.**

Das Werben geschieht gewöhnlich Abends und zwar selten durch den Burschen selbst, meist durch den „Brautwerber" (den Vater oder Brautknecht). Charakteristisch ist dabei folgende Formel. Der Vater des Bräutigams (natürlich nachdem Leßterer und die Braut sich schon geeinigt) spricht zu den Eltern der Braut:

„Es ist allbereits bewußt und bekannt, daß wir uns vor mehren Jahren in den heiligen Ehestand begeben haben und in demselben hat uns Gott nicht leer und ledig wissen wollen, sondern uns gesegnet nicht mit zeitlichem vergänglichem Gut, sondern mit edlen Leibesfrüchten, wie auch mit einem lieben Sohn, der nun soweit herangewachsen, nicht in den Rosengarten, sondern in vieler Müh' und Plage, bis daß er sich auch in den heiligen Ehestand zu sehen gedacht. Da hat er sich umgesehen in unseren christlichen Gemeinden, in Gassen und Spielhäusern, Spinnstuben und Gespielstuben und hat Gott den Herrn dabei angeflehet, er solle ihm einen

Weg zeigen, auf welchem er eine Gehilfin finde, die um ihn sei. Nun sehen wir, daß Gott ihn hat geleitet bis hierher zu Euch und hat die Erfahrung gemacht, daß Eure liebe Tochter Neigung zu ihm bekommen, sich mit ihm wechselseitig zu lieben. Demnach hat er bittlich angehalten sowohl mit heimlichen als mit offenbarlichen Worten, bis er endlich auch ein Jawort und einen Handschlag erhalten hat. Bei dem konnten wir es aber nicht bewenden lassen, sondern bin auch kommen zu der Ueberzeugung, eine Frage an Euch zu thun: ob Ihr unserm Sohn denn Eure Tochter zur Frau geben wollet oder unsere Bemühung vergeblich gewesen sei."

Der Vater des Mädchens erwiedert:

„Ja, es ist unser Wille und der Wille unserer Tochter. Eure Bitte soll Euch gewährt werden; und wir sagen sonst nichts dazu als: Gott der Herr wolle seinen Segen dazu geben, daß wir uns ihres Lebenswandels freuen können."

Der Vater des Burschen:

„Da wir nun hören, daß Ihr uns unsere Bitte nicht versagt, so sind wir dafür erstlich dankbar, erbitten uns aber zur Versicherung für die Zukunft noch einen „Handschlag"."

Vater und Tochter reichen nun unter vielen Segenswünschen dem Vater des Burschen die Hand. Sofort werden die beiderseitigen Verwandten berufen und gefragt, ob jeder Theil zufrieden sei mit dem projektirten Ehebund.

Billigen die Sippen das Vorhaben, so erwiedern sie:

„Wir können Eurem Geschäfte kein Hinderniß in den Weg legen, wir können der Person nichts als Redlichkeit nachsagen. Fahrt mit Gottes Hilfe fort in Eurem Geschäfte. Gott gebe, daß der Anfang glücklich und das Ende gesegnet sei."

Auf den Handschlag folgt gewöhnlich bald das „Brautvertrinken" (Verlobung), so genannt von dem Festmahl, welches am Schlusse der Verlobung stattfindet. Es werden nämlich auf dem Pfarrhofe (nicht nach städtischer Sitte im Hause der Braut) die Ringe gewechselt, wobei als Zeugen „Freimänner" oder die beiderseitigen Väter fungiren und die Worte gesprochen werden:

Hier geb' ich dir den Ring der Treu',
Gott geb', daß es dich nie bereu'!

Nachdem man dann den jungen Leutchen kleine Geschenkchen, „Händchen" genannt, gemacht, werden sie vom Geistlichen eingesegnet und dann eben folgt im Hause der Braut das Festmahl, das Brautvertrinken.

Ist so die „Braut vertrunken", so wird „zur Hochzeit gerüstet", d. h. von beiden Seiten die Zeit der Hochzeit bestimmt. Meistens fallen die Hochzeiten in den Fasching, zumal in die Woche der Hochzeit zu Kanaan oder in die Herbstzeit; sie finden aber auch zu anderen Zeiten statt, nur nicht zwischen Ostern und Pfingsten, denn „da heiraten die Unseligen" nach einem deutschen Sprichworte. Von den Wochentagen wird am liebsten der Mittwoch genommen.

Die Vorbereitungen zur Hochzeit (namentlich zum Festschmaus) nehmen mehrere Tage in Anspruch und waren ehedem Sache der ganzen Nachbarschaft und

Freundschaft, der sich keiner ungestraft entziehen konnte. Ein Jeder schickte eine „Ehrung" (Eier, Mehl, Butter, Schmalz, Geflügel ꝛc.) in's Hochzeitshaus und der Nachbar mußte auf Verlangen auch auf seinem Herde braten und wurde für jeden verbrannten Braten bestraft.

Natürlich sind in den Städten diese patriarchalischen Zustände der modernen Vornehmthuerei längst gewichen; man fürchtet durch eine kleine „Ehrengabe" zu beleidigen, begibt sich, um ein dem Zeitgeist entsprechendes Mahl zu haben, in's Gasthaus und zahlt dort per Couvert u. dgl. Auf den Dörfern dagegen hat auch in diesem Punkte „die alte gute Zeit" noch nicht aufgehört. Da wird Freitag und Samstag von den helfenden Frauen im Hochzeitshause Mehl gesiebt, erst Brod-, dann Milchrahmfladen-, zuletzt Striezelmehl. Sonntag wird Pfeffer gemahlen, Branntwein gesüßt und eine Kuh oder ein Schwein geschlachtet, während der „Bitterknecht" die Einladung der Hochzeitsgäste besorgt, im Kirchenanzug, in der Hand ein weißes Stäbchen mit rothem Bande und einem Sträußchen, auf dem Hut einen goldenen Strauß. Montag wird das nöthige Brod gebacken. Schon um zwei oder drei Uhr Nachts gehen daher die vom vorigen Abend beisammengebliebenen Weiber unter Lärm und Getöse, wobei Feuerschaufeln, Becken, kleine und große Schellen nicht fehlen dürfen, durch die Gassen und wecken die noch nöthigen Frauen, „die Gegenpart", zum Helfen. Gibt's dabei nicht gleich zu trinken, so wird unter ohrzerreißendem Getrommel angestimmt:

> Wach' auf, mein Herz und schinge
> Ein Glas voll Branntwein.
> Macht es nur gut süße,
> Daß es hinein fließe.

Erscheint eine Frau nicht rechtzeitig, so wird sie von den anderen geholt und in Ketten gebunden zur Stelle gebracht.

Inzwischen sind die Knechte zum Wald gefahren um's Hochzeitsholz. Da werden hin und wieder bis zwölf Ochsen an den Wagen gespannt, auf dem ein ganzer Baum, mit vielen Schellen behangen, im Triumph und unter Jubel eingebracht wird.

An den Montag reiht sich dann als zweiter für die feineren Backwerke, Striezel u. dgl. bestimmte Backtag der Dienstag an, der zugleich das Abschlachten des nöthigen Geflügels zur Aufgabe hat. Zugleich werden an diesem Vortage die zwei Hauptgerichte schon bereitet, die nie fehlen dürfen, nämlich das Kraut- und Darmgericht; letzteres besteht aus Bürsten von Eiern, Milch, Reis ꝛc. So rückt allmälig der „Hochzeitstag" heran.

Am frühen Morgen dieses Tages pflegt der Bräutigam einen jungen Knecht mit der Morgengabe zur Braut zu schicken, in deren Hause sich inzwischen schon die ihrerseits geladenen Gäste eingefunden. Gegenstände sind am gewöhnlichsten ein Paar neue Schuhe mit „Kreiselröhren", in denen die Braut getraut wird, ferner Taschentücher, Bänder, eine Haube, Äpfel, Nüsse und Geldstückchen. Gewöhnlich schickt die Braut ebenfalls eine Morgengabe durch einen verwandten jungen Knecht, etwa eine Unterhose, ein Halstuch, einen schönen „gol-

benen Strauß", vor allem aber ist die Krone der Gabe das Bräutigamhemd, worauf die Braut ihre ganze Kunst in Nähen und Sticken verwendet; da prangen auf der Brust Bäume und Kornähren und Blumen, vor allen die Nelke und Rose.

Die beiderseitigen Boten werden auf's Beste bewirthet und können sich in der Regel nur mit großer Mühe wieder losmachen, um Dank und Grüße an die neuen Freunde zu überbringen.

In den Städten schickt der Bräutigam der Braut am Hochzeitsmorgen gewöhnlich ein (seidenes) Brautkleid nebst Gesangbuch, oft auch Schmucksachen. Dafür erhält er wieder das Bräutigamshemd und die Bräutigamsweste. Ersteres wird dann aufgehoben zum einstigen Sterbehemd.

Haben die Gäste des Bräutigams in dessen Wohnung das Frühstück „Krautsuppenweichbrod" verzehrt, so geht der Zug zum Hause der Braut, um sie zur Trauung abzuholen. Der Zug geht zur Kirche unter Absingung eines Kirchenliedes, oft mit Musikbegleitung und bietet bisweilen einen sehr malerischen Anblick. In der Kirche angelangt, geht der Bräutigam inmitten seiner Brautführer und die Braut inmitten ihrer Brautfrauen um den Altar und legen jedes zwei Klötzchen auf denselben nieder. Dann, nachdem sie in den Kirchenbänken Alle Platz genommen, folgt ein Gottesdienst und an dessen Schluß die Trauung am Altar.

Nach der Rückkehr aus der Kirche beginnt dann das sogenannte „Gaben", Hochzeitsmahl und Tanz. Am üblichsten geht's dabei so zu: Vorn am Haustische, der mit einem weißen Laken bedeckt ist und auf dem sich eine zinnerne Schüssel befindet, steht zwischen ihren Brautfrauen die Braut und harrt gesenkten Hauptes der Dinge, die da kommen sollen; der Bräutigam steht mehr seitwärts. Unter „Aufspielung" einer Trauermusik naht bekümmerten Antlitzes der Vater des Bräutigams dem Tische, „gleich als wollte er sagen, daß ihm fortan ein Paar Hände fehlen würden" und überreicht unter Thränen dem Sohne eine Pflugschar mit warmen Segenswünschen. Nun folgt unter Weinen und Schluchzen die Mutter mit Bettzeug aller Art, Kleidern und Wäsche; dann folgt die ganze Verwandtschaft alt und jung, groß und klein und alle überreichen ebenfalls Geschenke. Nun werden die Gaben fortgetragen und es nahen dem Tische unter denselben Ceremonien die Verwandten der Braut mit ihren Gaben, der Vater mit einem Kessel die Mutter mit Bett- und Leibwäsche, vor allem aber auf einem Kissen darbringend den Kopfschmuck des Weibes „Schloder", d. h. Schleiertücher mit Bockelnadeln.

Die Eltern folgen den übrigen Gästen der Braut: die männlichen mit Eisenschienen, Hauen, Spaten u. dgl., die Kinder mit Spielzeug, Kannen ꝛc. Die Braut küßt jeden Geber und jede Geberin unter Thränen dankend.

Ist so der Akt des Gabens vorüber, so werden die hochzeitstische zurechtgesetzt, der Geistliche wird abgeholt und man schreitet sofort zum Mahle. Die Ausstattung des Tisches ist höchst einfach; das Tischtuch ist ein sauberes, von der Hausfrau gesponnenes und gewebles Laden; für jeden Gast ist ein irdener Teller bestimmt und hin und wieder stehen Maßkrüge mit Wein nebst den dazu gehörigen Gläsern und große Stücke Brod liegen bei jedem Teller. Das Eßzeug („Gewehr" genannt) bringt jeder Geladene mit; der Bauer greift rechts und links in die Stiefelröhren und holt Messer und Gabel hervor, der Löffel liegt in der Regel beigegeben; das Weib bringt sein Besteck in einem Tuche mit. Das Institut der Servietten kennt der Bauer nicht; eine solche wird höchstens für den Geistlichen beigeschafft, der auch sein „Gewehr" nicht mitzubringen braucht.

Der Mittel- und Angelpunkt der aufgetragenen Gerichte, die oft sehr zahlreich sind, bildet allüberall das „Sauerkraut mit Milchrahm und Schweinefleisch"; unter den Bratensorten das „Spanferkel mit Meerrettigsauce". Das Gebäck ist vorzüglich vertreten durch Kolatschen und Strißel.

Das Getränke bildet Wein, oder Branntwein versüßt mit Honig und Zucker oder auch eine Art selbstgebrannten Biers. Daß während einer echten siebenbürgischen Bauernhochzeit bis fünfzig Eimer Wein aufgehen, wird uns Wunder nehmen, wenn man bedenkt, daß eine solche acht Tage dauert, in denen jeder irgend bei den Vorbereitungen oder später Betheiligte nach Lust und Liebe zugreifen kann.

Getanzt wird an einem solchen Hochzeitstage in jeder dazu geeigneten Zwischenzeit; der Haupttanz aber folgt Abends und dauert dann die ganze Nacht hindurch.

Aehnlich, wenn auch mannigfach anders gestaltet, geht es auch am zweiten und dritten Tage zu. Von da ab geht dann „Alles wieder in's alte Geleise".

Dies ein ungefähres Bild einer ursächsischen Hochzeit, das freilich jetzt in seinen einzelnen Theilen oft vielfach modificirt sich dem Beobachter zeigt. Diese Modifikationen müssen wir natürlich hier unberührt lassen.

Skizzen aus Pest.

(Fortsetzung.)

6. Kettenbrücke und Tunnel.

Wem Pest trotz alledem nicht genug Vergnügen bringt, der wandert hinüber nach Ofen, um die malerischen Gebirge hinter der Stadt zu besuchen, auf deren Lehnen sich an gewissen Tagen ein heiteres Volksleben entfaltet, ungerechnet das Kirchweihfest, welches jeder der sieben Stadttheile mit Böllerschüssen ankündigt und festlich begeht.

Schon der Weg über die stattliche Kettenbrücke, welche in kühner Haltung sich 1200 Fuß lang über die majestätisch dahinfließende Donau wölbt und Dampfer unter sich dahinbrausen sieht, ist ein Genuß, denn diese Brücke, in welcher 30,000 Centner Eisen in der Schwebe gehalten und von zwei thurmhohen Pfeilern getragen werden, ist ein Prachtbau, welcher mehr der Schönheit als des Nutzens wegen ausgeführt zu sein scheint. Am Eingange jeder Seite steht rechts und links ein Häuschen für die Brückengeldeinnehmer. Schlanke Säulchen zieren die Vorhalle, so daß das Häuslein einem griechischen Tempel gleicht, neben welchem in einiger Entfernung die Eingangsgebäude zu den Docks liegen mit ihren gothischen Zacken und zinnenartigem Dachrande. Hinter dem Zollhause stehen kolossale Löwen auf granitnem Postament in ruhender Stellung und gähnen dem Wanderer mit weitgeöffnetem, zungenlosem Rachen entgegen. Dreihundert Fuß von jedem Ufer entfernt erheben sich wie altrömische Triumphthore die großartigen Brückenpfeiler, geschmückt mit einem Löwenkopfe und dem ungarischen Wappen. Prachtvoll wie der Bau ist auch die Aussicht von der Brücke, da man die Donau stundenweit hinauf und hinab übersieht mit ihren Inseln, Dampfern, schwerfälligen Theißschiffen, schwimmenden Slovakenflößen, Badeanstalten und den Kriegsdampfern der Marine. Da flattert und weht es von weißrothen und rothweißgrünen Nationalflaggen, da schallt das grelle Pfeifen des unermüdlichen Lokaldampfers, schreien und fluchen die Knechte der Schleppschiffe, welche von zwanzig bis dreißig Pferden am Ufer hinaufgezogen werden, da kommen scheunenartige Getreideschiffe quer gestellt sanft die Donau herabgeschwommen, gelenkt von einem langen Tannenbaum, den man als Ruder angehängt hat, und flüchtig schlüpfen die Karpathenbewohner mit ihren bretterbeladenen Flößen dahin, auf denen ihre Bretterhütten stehen. Der Strom aber scheint sich nach Norden und Süden hin zu einem See zu erweitern, an dessen fernen Ufern man blendend weiße Hausgiebel und kerzengrade Kirchthürme blinken sieht. Die beiden Städte aber, ihre Berge und Ebenen umrahmen dieses Panorama.

Ofens Straßen steigen zwischen Gärten und Weinbergen hinauf zur Festung, hinter Pest aber dehnt sich die Unermeßlichkeit der unabsehbaren Pußten aus. Ist man die Brücke passirt, so hat man vor sich die prachtvolle Façade des Tunnels; vier dorische Halbsäulen tragen den Bau und zwischen ihnen öffnet sich der sanfte Spitzbogen des Durchganges, an dessen 1200 Fuß fernem Ende man eine andere Welt zu sehen vermeint: kleine Häuser, dahinter sonnige Wein- und Waldberge.

Hat man die Mitte des Tunnels erreicht und wendet sich um, so hat man eine reizende Perspektive auf Pest, indem man durch das Rohr des Tunnels und die hohen Thore der beiden Brückenpfeiler auf die palastartige Donauzeil und das Menschengewimmel auf der Brücke sieht. Das andere Eingangsthor zum Tunnel wird im maurischen Styl ausgeführt. Man gelangt durch dasselbe in die Christinenstadt, deren ebenerdige Häuser sich behaglich über einen weiten Raum zerstreut haben und reihenweise zwischen Weingärten hügelauf und hügelab hinziehen.

7. Gebirgspartien.

Wer die Gebirge besuchen will, bestellt an der Kettenbrücke einen Omnibus, welcher bis an deren Fuß fährt, oder er steigt auf steinigen, steilen Wegen, die in

Regenschluchten oder neben ihnen in anderthalb bis zwei Stunden hinauf führen. Es gehören gute Füße und eine gute Lunge zu diesem Marsche, aber er bietet auch überreichen Genuß. Diese Schluchten sind von üppigem Gebüsch eingefaßt, laufen zwischen Weingärten hin und werden von grüngoldenen langen Eidechsen und Schlangen bewohnt. Vor sich hat man die sanft ansteigenden Bergzüge, deren oberer Theil Heidekraut trägt oder mit Eichenwald bedeckt ist. Bei jedem Schritt erweitert sich die Aussicht, wird sie mannigfaltiger und großartiger, denn man arbeitet sich in einem Bergkessel empor und gewinnt endlich die Aussicht schräg in romantische Thäler mit vielgestaltigen Bergzügen im Hintergrund, nach der andern Seite hin übersieht man Pest und Ofen, auch blitzt hier und da die Donau hervor und breitet sich hinter ihr die Ebene aus. Zunächst hinter Ofen dehnt sich der Bergzug des Schwabenberges aus, den zahlreiche Villen bedecken; nach Norden zu gipfelt er im Johannisberg, der etwa 1500 Fuß über dem Meere liegt, in den Thälern und an den untern Berglehnen im Eichenwald reizende Villen trägt und wo sich das romantische Kesselthal Auwinkel mit dem niedlichen Wirthshäuschen zum Saukopf oben am Rande befindet, von wo man eine unbeschreiblich schöne Aussicht hat. Da oben erholt man sich bei einem Seidel Ungarwein, der natürlich aus Biergläsern, aber stets mit Wasser gemischt, getrunken wird, lauscht dem Gesange der Vögel, labt sich an dem kräftigen Grün der Wiesen, welche die Hänge überziehen, und läßt sich von den schwermüthigen Melodien der Zigeuner in wundersame Träume einwiegen.

Des Sonntags sind diese Gebirgspartien stark besucht; der Pester fährt hinaus, speist Mittags nach hergebrachter Weise drei bis vier Gerichte, trinkt seinen Kaffee, macht eine kurze Promenade, nimmt eine Jause (Vesperbrod) zu sich, als ob er seit gestern nichts gegessen hätte, steigt den Berg hinab und fährt, um einige Gulden leichter, zu Hause.

Wie an den Osterfeiertagen auf den grasigen Hängen des Blocksberges, zu welchem halsbrechende Fußwege durch nur ellenbreite gewundene Gassen führen, ein heiteres Volksfest um die aufgeschlagene Seite der Pfefferkuchenhändler sich tummelt, so an den Pfingstfeiertagen auf den grünen Waldwiesen des Schwabenberges und in der niedrigen Thalebene des Leopoldifeldes, welche sich mit blumigen Wiesen zwischen dem buschigen Ufer eines tiefeingerissenen Wildbaches und steil ansteigenden Feldklippen ausdehnt, während am andern Ende unter schattigen Eichen und Ahorn Bänke und Tische zum Niedersitzen einladen. Zu Tausenden ziehen an diesen Tagen die Städtler mit Familien und Freunden hinaus in's Grüne, beladen mit tüchtigem Mundvorrath und der großen hölzernen Trinkflasche. Da tummelt sich Alt und Jung bunt durch einander. Kinder spielen und balgen sich, die jungen Leute tanzen nach einer Ziehharmonika oder einer Drehorgel, die Alten sehen zu oder liegen im Grase und schlafen. Denn das Schlafen scheint ein Volksvergnügen zu sein. Wohin man kommt, auf Straßenpflastern, Treppen, Karren,

Sand- und Düngerhaufen, selbst bei rauhem Wetter, von Vormittag bis Nachmittag findet man Schlafende ausgestreckt. Der Bauer kommt wöchentlich wenigstens einmal in die Stadt auf leichtem Wägelchen gefahren, sei es, daß seine Frau ein Körbchen Obst oder ein paar Hühner verkaufen will, sei es, daß er einige Fuß Brettholz braucht. Während er seinem Geschäft nachgeht oder im Weinhause die Verkäufe seiner Frau abwartet, liegt der Knecht auf dem Wagen in der Sonne und schläft, wird es ihm hier gar zu warm, so legt er sich unter den Wagen. Und wenn beim Ziehen der Schiffe die Pferde ein wenig rasten, weil sich etwa eine Leine verschlungen hat, so legt sich der Knecht da, wo er steht, auf den Boden, und sei er vom Regen durchnäßt, um ein Schläfchen zu halten. Warum sollte man also nicht auch im Grünen schlafen, besonders wenn der Wein müde gemacht hat?

8. Nationaltanz.

Der ungarische Nationaltanz csár dás (tschahrdahsch) ist ein ganz origineller, welcher viel Körperkraft und Gelenkigkeit erfordert. Trotzdem tanzt der ungarische Bauer seinen csár dás die ganze Nacht durch; er jauchzt laut auf, wo er ihn hört, und selbst ältere Personen fangen an sich im Takt zu wiegen, wenn der csár dás gespielt wird. Getanzt wird mit dem Hut auf dem Kopfe und in Hemdsärmeln, welche eine Elle lang als Riesenmanschetten von den Handknöcheln herabhängen. Auch stößt der Tänzer im Hochgefühl der Tanzlust ein grelles Kreischen aus, stampft den Boden, schlägt die Sporen klirrend zusammen und schiebt den Hut mit der schräg rückwärts zeigenden Trappen- oder Hahnenfeder auf's Ohr.

Dabei nimmt man es nicht genau, es tanzen Männer- und Frauenpaare, wenn sich kein regelrechtes Paar zusammenfindet, und die Bauernburschen in rothen Stiefeln mit hohen Absätzen amüsiren sich ebenso, wenn sie mit ihres Gleichen tanzen. Jedes Paar stellt sich für sich auf und braucht nur wenig Platz zum Hin- und Hergehen, denn der zweitaktige Tanz besteht aus einem hüpfenden Springen und Knixen, hat rasches Tempo und verlangt auf den Zweivierteltakt drei kurze schnelle Tritte.

Er beginnt mit einem langsamen, schnörkel- und trillerreichen Adagio (Lassu), welches die Zigeuner besonders seelenvoll vorzutragen und mit unendlichen Schnörkeln zu verbrämen wissen. Die Melodie ist etwas kraus, eintönig, voll schmerzlicher Melancholie und soll die Werbung um die Gunst der Dame ausdrücken. Die Paare fassen sich bei der Hand, das Gesicht gegen einander gekehrt, und schreiten dabei einige Schritte seitwärts zur Rechten und zurück. Andere Paare stehen, die Hände in die Seite gestemmt, einander gegenüber und machen nur mit den Füßen und dem Oberleibe taktanzeigende Bewegungen. Nach diesem grabliedartigen Vorspiele, welches oft von überwältigender Wehmuth ist, springt die Musik in grellem Uebergange in das stürmische Allegro des Friss über, welches voll Uebermuth, Jubel und ausgelassener Lustigkeit ist, in welche hinein aber von Zeit zu Zeit tief melancholische Akkorde klingen. Der Bursche umhüpft dabei seine Tänzerin, die ihm aber ausweicht, so daß die Tänzer einander umkreisen. Endlich geht die Musik in stürmischen Jubel über, der Tänzer umfaßt mit beiden Händen die Tänzerin, dreht sich auf der Stelle im Wirbel mehrmals mit ihr herum, hebt sie dann einigemal in die Höhe, wobei sie durch Aufspringen nachhilft, und das Kokettiren des Sichumtanzens beginnt von Neuem. Ein geschickter Tänzer schlägt von Zeit zu Zeit die Sporen zusammen, welche in Ungarn fast allgemein getragen werden und große klingende Räder haben, oder er klatscht nach dem Takte während des Tanzens auf den Schenkel, das Knie und an die Ferse, wobei er nicht aus dem Tritte kommen darf. Es hat fast jeder Tänzer seine eigene Art, den csár dás zu tanzen, seine eigenen Touren und Sprünge, denn auch hier herrscht die unbedingte Freiheit der Autonomie, wie in der Gemeindeverwaltung.

Außer dem csár dás tanzt man noch Polka, aber oft nach ungarischem Takt, Franzaise und andere französische Tänze, deutsche sind ganz ausgeschlossen. Wenn es ja eine Musikbande wagt, deutsche Tänze vorzutragen, weil sie gerade keine andere kann, so erhebt sich bald stürmisches Geschrei: „csár dás!" und bei den ersten Geigenstrichen ertönt ein nicht endendes „Eljen! eljen." Obschon ein csár dás fast wie der andere klingt, dieselben Uebergänge, Motive u. s. w. sich wiederholen, so will man doch nur ihn hören, gleich als ob er zur Eintönigkeit des Bauern- und Pußtenlebens paßte.

9. Die Nationaltracht.

Wie Ungarn zu den reichsten und schönsten Ländern Europa's gehört, ja zuweilen wohl gar das schönste und reichste genannt wird, so ist auch die ungarische Nationaltracht die theuerste und am meisten malerische. Das lebhafte Nationalgefühl, welches der Ungar besitzt, hat ihn auch abgehalten, europäische Kleidung, die er freilich irrthümlich für eine deutsche hält, anzunehmen; er betrachtet die Bauernkleidung als die eigentliche nationale. Den langen Stecken trägt der ungarische Dandy als Stock, so unschön diese lange Stange auch ist, da der dicke Knopf ihm über den Kopf reicht, so daß er dieselbe etwas über der Mitte fassen muß. Der Bauer hat aber noch einen kürzeren Stock, eine Art Streitaxt, mit welcher er beim Pflügen die Erdklöße zerschlägt; auch diesen führt der Städter, besonders junge Leute, da er als Waffe dienen kann, weßhalb er auch verboten wurde. Jetzt trägt man ihn im Knopfloch des Mantels eingehängt. Der Bauer trägt enge Beinkleider und hohe Sporenstiefel, denn er muß zur Regenzeit in seinem Dorfe durch tiefen Koth waten können, und dasselbe ist in den ungepflasterten Städten nothwendig. Der Dandy trägt hohe Stiefel aus Glanzleder, silberne Sporen mit thalergroßen Rädern, enge Hosen mit Borde an den Hüften hinab und arabeskenartiger Verschnürung vorn auf dem Oberschenkel. Der schmale Verschluß der Beinkleider, der auch verschnürt ist und ein Dreieck bildet, dient als Hosentasche, indem man wohl die Hände oder das Taschentuch hineinsteckt, so daß zu beiden Seiten die Zipfel herausstehen. Die Farbe der Beinkleider ist hellgrau, dunkelblau oder schwarz; herrschaftliche Diener tragen sie hochroth mit weißer oder blauer Verschnürung. Diese Beinkleider liegen wie Tricots ganz eng an und sind gewiß sehr unbequem. Selbst ältere Personen tragen Jacken mit zwei bis vier Reihen dicht nebeneinander stehender Knöpfe, mit einer Knopfeinfassung der Seitentaschen, des Aermelaufschlags und der Rückentaille. Die Westen haben einen Stehkragen, mehrere Reihen Knöpfe oder reiche Verschnürung, indem man mit Schlingen oder Silberschlössern die Weste schließt. Der Attila gleicht im Schnitt dem altdeutschen Rock, hat Stehkragen, auf der Brust reiche Verschnürung, ebenso auf den Aermelaufschlägen, am Kragen, am Rücken, an den Schulterblättern, vorn im Winkel der Schöße und an vier anderen Stellen am untern Saume. Aehnlich ist der paletotartige Mantel mit steifem Pelzkragen, Pelzaufschlägen und Pelzverbrämung. Er gleicht der Pelesche. Diese Schnüre hängen vom Halse hinab über den Rücken. Ein runder Hut mit senkrecht aufgeschlagener Krempe oder eine diademartige Sammtmütze bedecken den Kopf. Rückwärts hängen lange Bänder herab, eine gebogene Adlerfeder oder eine rückwärts stehende Trappenfeder, ein Büschel federartiges Gras schmücken malerisch diese Kopfbedeckung.

Reiche Herren tragen am Rock und Mantel runde Gold- und Silberknöpfe, welche mit Edelsteinen verziert und von der Größe einer Flinten- oder Kartätschenkugel sind. Auch auf dem Aermel und an den Rockschößen blitzen solche Kugelknöpfe. Die Magnaten erscheinen in gold- und silbergestickter, von Kleinodien schimmernder Kleidung und mit dem weißen Reiherbusch auf dem tschakoähnlichen Kalpak. Schön verziert mit Gold- und Silberborden sind die sammtenen und seidenen Leibchen der Damen, die auch von Knöpfen blitzen, sogar auf den Schultern und im Rücken. Weiße Bauschärmel, weiße Spitzenschürzen, eine tüchtige Krinoline, eine reichbeschnürte Mende (Mantel), deren zahlreiche Arabeskenfiguren aus blitzenden Glasperlen gemacht sind, ein kleiner Hut mit aufgeschlagener Krempe, oder à la Garibaldi mit langer weißer oder schwarzer Feder, vollenden den höchst malerischen Anzug. Dagegen tragen Bauermädchen rothe Kordnanstiefel mit hohen Absätzen, die Bauern im Sommer ellenbreite Leinwandhosen, die etwas bis über's Knie reichen und unten oft ausgefranst sind, einen eng anliegenden, knopfreichen blauen Tuchspenser, eine Tuchjacke mit steifem Kragen, die der Bauer gewöhnlich über die rechte Schulter wie einen Dolman hängt, ein Hütchen mit rundem Kopf und halb aufgestülpter Krempe. Ihr Winteranzug ist ein langer Schafpelz, dessen Wollseite bald innen, bald nach außen gekehrt ist. Figuren aus bunten Lederstückchen oder Seide schmücken Kragen, Schultern, Ellbogen, Rücken, Taille, Zipfel und Saum. Vom Kragen herab hängt ein schwarzes dreizipfliges Lammfell. Aermere werfen einen sackartigen Mantel derben Tuches um, der aber auch Stickerei hat und als Hängekragen ein viereckiges Stück Tuch mit runden Scheibchen an den Ecken. Slovaken tragen enge Hosen von grobem weißen Tuch, Sandalen, einen fußbreiten Ledergürtel um den Leib, ein Hemd, das bis an den Gürtel reicht, und einen kurzen Paletot von weißem Tuch.

Die ungarische Tracht ist außerordentlich malerisch an Schnitt und Farbe, denn man trägt dunkelviolette, hellblaue Kleider mit schwarzer oder weißer Verschnürung. Sie hebt die Gestalt vortheilhaft hervor, gibt der Person etwas Knappes, Fertiges, Kriegerisches, und entspricht daher ganz dem Nationalcharakter. Besonders reich und bunt sind die Uniformen der herrschaftlichen Diener und Kutscher. Wenn man die Straßen Pests durchwandert, hört man nicht auf, die vielen schönen Gestalten zu bewundern. Da ferner Jedermann einen Bart trägt, mindestens einen spitzgedrehten Schnurrbart, die Meisten aber starke Vollbärte, so steigert sich der kriegerische Ausdruck der Figuren, und bei Festlichkeiten fehlt auch in der That der krumme Türkensäbel nicht an der Seite. Der Ungar hat ein Recht, auf seine Nationaltracht stolz zu sein, obschon sie auch sehr theuer ist, und der Deutsche nimmt sie gern an, weil sie viel kleidsamer ist als Cylinder und Frack.

(Schluß folgt.)

Eine hiraldische Notiz.

Von A. G. Meyer.

Es dürfte nur Wenigen bekannt sein, wie die noch heute in dem Wappen der Grafen Forgách befindliche „gekrönte Jungfrau" in dasselbe gekommen. Wenn schon aus diesem Grunde eine betreffende Mittheilung von Interesse sein dürfte, so wird dasselbe gerade jetzt noch dadurch gesteigert, daß gegenwärtig der erste Vertreter Seiner Maj. des Kaisers in Böhmen, Se. Excellenz der Herr Statthalter, wie bekannt, jenem altberühmten Geschlechte der Forgách angehört.

Im Jahre 1383 war es, als die Mehrzahl der ungarischen Magnaten nach dem Tode ihres Königs Ludwig von Anjou, welcher, weil ohne männliche Erben, Reich und Krone der Prinzessin-Tochter Maria hinterlassen, unzufrieden mit der weiblichen Regierung, sich gegen ihre junge Königin, welche unter der Leitung des Reichspalatins Nikolaus Gara und ihre Mutter Elisabeth den Scepter führte und wenn auch geistvoll und liebenswürdig, in Folge des gutmüthigen weiblichen Charakters, der Führung des so unruhigen, thatendurstigen Magnatenvolkes nicht gewachsen war, auflehnten, den italienischen Fürsten Karl von Durazzo herbeiriefen, diesem das Reich und die Krone Ungarns übergaben und ihre jugendliche Königin ihrer angeerbten Bürde und Macht zu entsagen nöthigten. Nun wollte zwar Maria, um weiteren Streitigkeiten und deren blutigen Folgen vorzubeugen, freiwillig das Land meiden und sich in den Kreis ihrer Anverwandten zurückziehen, doch dieses lag keineswegs im Plane des neuen Herrschers, der verdrängten Königin Untergang war bei ihm und seinen Anhängern beschlossen, und Maria wurde sammt ihrer königlichen Mutter Elisabeth wohl anständig behandelt, aber dennoch in der Burg zu Ofen in enger Haft gehalten. Beider Verderben war unvermeidlich, wenn nicht schnelle und kräftige Anstalten zu ihrer Rettung getroffen wurden, da die Gefahr, welche ihnen drohte, nur zu nahe und ihnen genau bekannt war. Der Plan hiezu ward insbesondere von der alten Königin Elisabeth entworfen, ihre Anhänger in das Geheimniß gezogen, die Rollen von den der Königin zunächst stehenden Führern: dem Reichspalatin Nikolaus Gara und dem Obermundschenken Blasius Forgách vertheilt, und zur Ausführung des so gewagten Unternehmens ein Tag bestimmt, wo die Königin Mutter Elisabeth den König Karl zu einer wichtigen geheimen Unterredung in ihre Gemächer eingeladen hatte. Als nun bei dieser Zusammenkunft König Karl gegen Marie Drohworte fallen ließ und sich Aeußerungen erlaubte, die mit der ihr schuldigen Ehrerbietung durchaus nicht im Einklange standen, da erwachte der ganze Stolz des ungarischen Magnaten in dem dabei anwesenden Obermundschenken Forgách. Aufgestachelt durch den Haß gegen den hochmüthigen Fremdling und Bedränger seiner angestammten Königin, erhob er die scharfgeschliffene, in Bereitschaft gehaltene Streitaxt und schlug den zur jungfräulichen Herrscherin höhnenden Fürsten mit einem Hiebe nieder, ward aber selbst von dessen Gefolge, das nun ebenfalls hereinstürzte, schwer verwundet.

Die Königin Maria, welche durch den Tod ihres Gegners nun die Freiheit und die Krone wieder erhielt, lohnte ihren Retter auf's ehrenvollste. Forgách erhielt das Schloß und die Herrschaft „Ghum", weiters die ausdrückliche königliche Berechtigung: „von nun an statt des bisherigen weißen Wolfes eine gekrönte Jungfrau in seinem Wappenschilde als ewiges Zeichen der durch ihn gelungenen Rettung seiner Königin führen zu können."

Aber wenn auch der Königin Dank und Ehre die aufopfernde That des Grafen Forgách reichlich lohnte, die weiteren Schicksale und das Ende des treuen Dieners seiner Herrscherin waren traurig. Kaum fünf Monate nach seiner Genesung begleitete er mit Nikolaus Gara die junge Königin auf einer Reise in die Küstengegenden Dalmatiens. Johann Horwáth, der eifrigste Anhänger Karls von Durazzo, welcher dessen Tod zu rächen geschworen, überfiel bei Diakowár die Reisenden. Gara fiel im Handgemenge, Forgách aber ward lebendig gefangen und dann erst vor den Augen der um sein Leben bittenden Königin enthauptet; — die Königin Mutter Elisabeth selbst verlor bei diesem Ueberfall das Leben und Maria auf's Neue die vor Kurzem erst errungene Freiheit.

Annaberg nächst Eger.

Historische Skizze von Alois Gärtner.

Der Annaberg, eine Stunde nordwestlich von Eger, ist einer der längsten Ausläufer des Fichtelgebirges. Auf diesem Gebirgsarme finden wir die alte Pfarrkirche zu St. Anna, deren Entstehung ich hier sammt ihrer nächsten Umgebung mit Zugrundelegung authentischer Aktenstücke zu skizziren versuche.

Am tiefer gelegenen Theile des sogenannten Grünberges wurde zu Ehren der heiligen Mutter Anna im

präsentanten der Stadt gedrungen sahen, diese Kapelle in eine geräumige Kirche umzubauen, welche auch im Jahre 1691 (durch die Egerer Bürgermeister Herren Ignaz Maximilian Berndl von Lehenstein, Johann Adam Walter von Waldbach, Johann Thomas Reichel J. U. C. und Johann Philipp Martin von Bayrath) zur Vollendung kam.

Diese neugeschaffene Kirche (so wie die frühere Kapelle) war nun ein Asyl für die wenigen dem Glauben treu gebliebenen Katholiken, als in Eger und im Egerlande der Protestantismus tiefe Wurzeln geschlagen und als die Stadtpfarrkirche zum heiligen Niklas zu einer protestantischen Stadtkirche umgeschaffen worden

Annaberg nächst Eger.

Jahre 1518 von der Stadt Eger eine Kapelle erbaut, welche von frommen Egeranern öfter im Jahre, besonders aber am 26. Juli als am Gedächtnißtage dieser Heiligen, in einer feierlichen Procession besucht wurde.

Im Jahre 1561 sammelten die Egerer Rathsherren von allen Frauen, welche „Anna" hießen, Geld, und ließen davon dieses Bethaus verschönern und die unvollendeten Theile vollenden. Ein aus dem Egerer Franziskanerkloster entlassener Laienbruder übernahm die Obsorge über dieses Kirchlein, und bewohnte eine ihm am Grünberge erbaute Eremitage.

Von Jahr zu Jahr wuchs aber die Zahl der Verehrer der heiligen Anna, so daß sich die damaligen Re-

war. Damit nun in jener katholischen Zufluchtsstätte der Andacht in jeder Beziehung Rechnung getragen werde, wurde nach Abschaffung der lutherischen Lehre von der Stadt Eger (anno 1701) die Eremitage in eine ordentliche Priesterwohnung umgebaut, welche zwei Priester und zwei Laienbrüder aus dem Egerer Franziskanerkloster über Ansuchen des Magistrates und der hierauf erfolgten geistlichen Genehmigung bezogen. Diese Geistlichen hatten die Verpflichtung, täglich heilige Messe zu lesen und alle Sonn- und Feiertage eine Predigt für das Volk zu halten, welche Ordensverpflichtung durch den dasigen A. R. P. Provincial P. Marcellino Wedel schriftlich angelobt wurde.

Da nun in der Folge selbst jene neuen Baulichkeiten die erforderlichen Räumlichkeiten für die Geistlichen und deren Gehilfen nicht mehr boten, so machte der Egerer Magistrat zur Zeit, als ein Theil Böhmens und Baierns (1713) von einer fürchterlichen Pest heimgesucht wurde, der allerheiligsten Dreifaltigkeit zu Ehren das Gelöbnis, falls die Stadt und das Egerland von Verheerung verschont bliebe, statt, wie beschlossen, eine kostbare Pestsäule am Marktplatze zu errichten, für die hölzerne Priesterwohnung nächst der Annakirche zum größeren Seelennutzen der umliegenden Ortschaften eine reguläre, genügenden Raum bietende Wohnung von solidem Mauerwerk zu erbauen. Dieselbe gelangte auch wirklich am 11. Oktober 1718 zur Vollendung und wurde dem besagten Orden in perpetuum zur Behausung übergeben. Gleichzeitig ward das neue Pfarrhaus mittelst einer Mauer im Viereck eingefriedet und an der Südseite der Kirche ein vier Klafter hoher künstlicher Berg, Kalvarienberg genannt, mit zwei freien Aufgangstreppen zugebaut, auf dem das Kreuz, das Zeichen des Heiles, errichtet wurde, und welches heute noch da steht. Innerhalb dieses Kalvarienberges sind noch heute verschiedene Gruppen aus der Leidensgeschichte Jesu in kleinen Gewölben durch recht gelungene Holzfiguren dargestellt, welche durch sinnreiche, an der Kirche und der Pfarrhofmauer in seichten Nischen ausgehängte Oelbilder ergänzt und von Andächtigen unter Gebeten und Gesängen öfter im Jahre besucht werden.

Die Kirche an und für sich betrachtet berräth gleich beim ersten Anblicke sowohl von der äußern als von der innern Seite wenig künstlichen Baustyl und leidet durch ihre hohe Lage sehr viel durch die häufigen Nord- und Weststregen.

Das Innere weist außer einigen guten Oelgemälden drei alterthümliche Altäre und eine neue gute Orgel auf. Ueber dem Haupteingange ist die in Stein gehauene Gründungstafel mit dem Egerer Stadtwappen angebracht.

Dies von der Kirche.

Der Franziskanerorden blieb bis 1787 im ungestörten Besitze dieses Hospitiums, wo er dann dem Weltpriesterstande auf hohe Anordnung (wahrscheinlich auf die Anordnung Kaiser Josefs II., der auch die weiter oben am Grünberge bestandene Kapelle in eben diesem Jahre sperren, die Einrichtungsstücke und später das Mauerwerk selbst verkaufen ließ) weichen mußte. Von daher datirt die St. Annakirche Pfarrkirche*).

Unweit des Einganges zur Pfarrei ist das Schulhaus (1802 erbaut), in dem circa 80 Schulkinder beiderlei Geschlechts gemeinschaftlich unterrichtet werden. Wenig entfernt vom Schulhause stehen rechts und links zwei Chaluppen und 200 Schritte südwestlich tiefer das Wirthshaus, welches am Annatage von den eifrigen Wallfahrern und ganz besonders von den vielen Egerischen „Annen" stark besucht wird.

*) Eingepfarrt sind die Ortschaften Unter- und Oberpilmersreuth, Oberkunreuth, Kreutstein; die Kolonien Schwarzenteich, Siechenhaus, Nonnenhäuser; die Meiereien Nonnenhof und Hollerhof.

Wenig Bewohner dürfte Eger zählen, die noch nicht die Annakirche besucht, und wenig Kurgäste dürften Franzensbrunn verlassen, ohne den Annaberg erstiegen und ihr Auge an der seltenen schönen Fernsicht geweidet zu haben.

Ein Theil Baierns, das sogenannte Neubaiern (Bayreuthische), mit seinem vielarmigen und quellenreichen Fichtelgebirge, der südwestliche Theil des Königreiches Sachsen mit der mineralreichen Erzgebirgskette, die größten Parcellen der böhmischen waldreichen Bezirke Falkenau, Königswart, Plan und Tachau mit den angrenzenden bairischen Landgerichtssprengeln Tirschenreuth und Waldsassen und das Panorama universum vom schönen Egerlande mit der reizenden Egerthale und seiner uralten vielgeprüften Stadt, welche die Eger wie ein blaugrünes Band umschlängelt, alles dieses liegt im Kreise ausgebreitet zu den Füßen des Besuchers.

Schließlich muß ich, um ganz aufrichtig zu sein, noch erwähnen, daß mit dem Besuche des Annaberges und der Kirche von den biederen Egeranern meist ein Ausflug nach dem nahen Pächtnersreuth in Baiern arrangirt ist, um auch die stummen Zeugen, Magen und Gaumen, mit echt „Bairischem" zu entschädigen.

Wenn aber dort der Ton des ausländischen Abendglöckleins zum Gebete mahnt; wenn die Singdrossel im nahen Waldsaume den goldnen Himmelschäfer zu besingen beginnt; wenn das Vieh im Freudengebrüll von der Weide kömmt und dem Ortsbächlein zuläuft, um seinen gewohnten Abendtrank auszuschlürfen: dann zieht es den Pilger unwillkürlich heim, heim in die theure Vaterstadt.

„Ueberall ist's schön — in der Heimat und im traulichen Kreise der lieben Angehörigen aber denn doch am schönsten!"

Zur Kenntniß der Ritter und Ritterzeiten.

Bekanntlich sind jene berühmten Tage der Ritter-Romantik nur zu oft falsch verstanden worden. Man hat aber zur Ehre der Wahrheit nöthig, sich einen ganz andern Begriff von denselben zu machen, einen rohen und blutigen Begriff nämlich.

Meininger gibt darüber eine gute Schilderung, indem er im Nachfolgenden auf alte Burgverließe übergeht. Denken die Leser an irgend eine der alten Burgruinen, die sie auf ihren Reisen mit Begeisterung gesehen.

Bei der Betrachtung der Burgverließe in den alten Ritterschlössern, die sie oft ihren Platz im untersten Theile des Hauptthurmes fanden, drängen sich Einem traurige Erinnerungen auf über die Barbarei der sogenannten romantischen Zeit. Außer Missethätern oder widerspenstigen Leibeignen füllten die auf den Landstraßen Niedergeworfenen diese pestilenzialischen Räume, bis es ihnen gelang, durch Erlag von hohem Lösegeld diesem Elend zu entkommen.

So ließ Götz der Berlichinger den eingefangenen alten Grafen Philipp von Waldeck erst los, nachdem letzterer ihm die Summe von 8900 Dukaten erlegt hatte.

Nicht selten war aber dann des Gefangenen Gesundheit durch feuchte Moderluft und Exkrementenqualen so zerrüttet, daß er seine Befreiung nicht lange überlebte. In Zeiten der Gefahr, wenn feindliches Volk die Veste belagerte, wurden meistens die Gefangenen vergessen, wie auch den in den Zwingern eingesperrten Thieren keinerlei Nahrung gereicht.

Als die Berner 1333, so erzählt Justinger, das Schloß Schwanau im Elsaß belagerten und eroberten, fand man mehrere todte und halb verhungerte Kaufleute in den Kerkern.

Im Schloß Egg bei Deggendorf führt in einer Höhe von fünfzig Fuß eine Fallbrücke zu dem einzigen in der Nordwand des sonst ganz frei stehenden Burgthurmes angebrachten Eingange. Der ganze untere Theil des Thurmes vom Eingang abwärts ist ein leerer, noch nie von einem Strahle des rosigen Lichtes erhellter Raum. Ignaz Freiherr von Armansperg, der Großvater des letzten Grafen, bot um die Mitte des vorigen Jahrhunderts demjenigen einen Dukaten, der sich mit einem Lichte da hinab ließe. Ein junger Mann wagte es endlich, allein er kam nicht weit, als ihm schon das Licht erlosch und er schnell das Zeichen gab, ihn wieder herauf zu ziehen. Ein zweiter Versuch hatte dasselbe Schicksal. Ein dritter kam auf den Boden, aber wer beschreibt sein Entsetzen, als er, mit dem Lichte herumleuchtend, fand, daß er nur auf Menschenschädeln und Knochen stand! In einer Ecke saß auf einem hölzernen Stuhle ein Gerippe, das in demselben Augenblicke, da er ihm näher trat, zusammenstürzte. Freiherr von Armansperg ließ nun die Thurmmauer am Boden durchbrechen. Drei Maurer hatten sechs Tage daran zu arbeiten, und noch jetzt erkennt man die wieder vermauerte Oeffnung. Die Gebeine wurden herausgenommen, sie füllten einen großen Wagen und wurden zu dem Kirchhofe von Berg, wohin Egg damals eingepfarrt war, begraben. Die Phantasie weigert sich, darüber nachzudenken, wie diese Unglücklichen, von schlüpfrigen Kröten und Ratten umgeben, da verkamen. Noch ist die ganze Vorrichtung vorhanden, mittelst welcher die Armen auf einer hölzernen Platte, wie der Eimer auf einem Ziehbrunnen, hinabgelassen wurden, um hier an Hunger und Durst, an Schrecken und Ungeziefer aller Art auf den halbverwesten Kadavern anderer vor ihnen dem gleichen Loose Verfallener hinzusterben.

Auch die Burg Hornberg im Schwarzwalde enthält die Ruinen eines Verließes, Räume des Schanders und der Verzweiflung.

In Calw in Württemberg stand dereinst auf einem Hügel das Schloß des Grafen gleichen Namens, worin vier Gefängnisse waren. Das im Kesselthurm befindliche verengerte sich trichterförmig nach unten, daß sich Niemand legen konnte, und ein anderes war ohne Bedachung, daß es den Gefangenen auf die Köpfe schneite und regnete.

Zur Zeit des Konstanzer Konciliums legte man den unglücklichen Huß, bevor er auf dem Scheiterhaufen endete, in den sogenannten Keherkerker auf der Dominikaner-Insel. Dies Inquisitionsgefängniß des dortigen Predigerklosters war zwei Schuh acht Zoll breit, sechs Fuß hoch und sieben Schuh lang. In diesem feuchten, moderigen, ungesunden Loche brachte der unglückliche Huß, in Ketten auf Stroh liegend, 94 Tage zu.

Wie über alle Vorstellung gefühllos und roh endlich die Sitten auch der vornehmsten Leute und wie weit die Ritter des fünfzehnten Jahrhunderts von jener feinen und galanten Lebensart, von welcher die heutigen Rittergeschichten träumen, entfernt gewesen, bezeugen historische Thatsachen, welche beweisen, daß demselben die Beherrschung roher Gemüthsbewegungen, Bescheidenheit, Milde und Mäßigung ganz unbekannte Dinge waren, und daß die rohesten Ausbrüche ungebändigter Zügellosigkeit überall zum Vorschein kamen.

Drei kleine Stunden vom Benediktinerstift Melk in Oesterreich liegt das auf schwindelnder Höhe gleich einem Adlerhorst erbaute Aggstein. Einem Ritter auf Aggstein — nach seinem Thun der Schreckenwald genannt — genügte es nicht mehr, Vorüberlebende auszurauben oder einzusperren. Im höchsten nördlichsten Theile der Burg gelangte man durch ein Pförtchen auf ein schmales Felsenstück, kaum einem Einzelnen zur engen Schlafstatte genügend, von der Gestalt eines Söllers, über den unendlichen Abgrund hinaushängend. Auf diesen Fleck, in beängstigender Höhe, stieß der Schreckenwald seine Gefangenen hinaus um entsetzlichen Wahl, den langsamen Hungertod auf dem starren, kalten Felsen zu erwarten, oder ihm zuvor zu kommen durch einen freiwilligen Sprung in die unabsehbare Tiefe. „Er führe seine Gefangenen," so pflegte dieser Buschklepper zu sagen, „in Schreckenwald's Rosengärtlein."

Kaum war durch ganz Deutschland, um Jemandes rettungslosen Zustand zu beschreiben, das Sprichwort: „Nun, der sitzt in Schreckenwald's Rosengärtlein."

Einer dennoch von so vielen Unglücklichen erreichte wie durch ein Wunder unversehrt die ungeheure Tiefe, kam an dem Ufer der Donau fort und empörte Alles durch die Erzählung der überstandenen Schrecken. Aggstein ward überrumpelt, der Schreckenwald gefangen und dem Schwerte des Henkers überliefert.

Ueber dem dritten Thore von Aggstein ist eine Tafel aus rothem Marmor eingefügt mit der Inschrift: „Das purkstal hat angrangen tze pauen her Jorig der Schek von Wald, des nachsten Mantag nach ... frawtag nativitatis da von christ gepurd warn ergangen MCCXXVIII." Wieder ein Beweis, daß die Alten unter Burgstall nicht, wie wir jetzt, die Stelle einer ehemaligen Burg verstanden, sondern diese selbst.

Grabesstille herrscht in den öden Räumen, kaum unterbrochen durch das Brausen des tief unten fortfließenden Stromes. Zuweilen tönt vom jenseitigen Ufer das Geläute des uralten Kirchleins von Schwallenbach herauf.

Die weiblichen Bewohner, der Sitte der Zeit

gemäß, widmeten sich nicht nur der Aufsicht, sondern auch dem Betriebe der Landwirthschaft, und manches Ritterfräulein, das sich unsere Dichter sinnend auf dem hohen Söller denken, der ihren rosigen Fingern entgleitenden Laute verklingende, harmonische Töne entlockend, mochte sicherer im Kuhstall oder im Milchladen zu treffen gewesen sein, den Milcheimer in der braunen Hand.

Die Verfertigung der Kleider war fast ganz allein den Frauenzimmern aufgetragen, und hierzu mußte die Zeit, welche ihnen die Besorgung des Hauswesens übrig ließ, verwendet werden.

Die kleinsten Mädchen, und zwar nicht nur gemeiner, sondern die der ersten und vornehmsten Abkunft, wurden schon in zarter Jugend im Nähen, Spinnen, Weben und Kleidermachen unterrichtet.

Die Frau des Hauses übersah und vertheilte die häuslichen Arbeiten ihrer Töchter.

Zur Austheilung der Kleider unter die Hausgenossen wurden gewisse Zeiten, zumal große Feste, als Weihnachten, Ostern und Pfingsten festgesetzt, wovon noch die Spuren in manchem deutschen Land, als z. B. in Baiern, wo der Bauer dem Hausgesind zu den geheiligten Zeiten verschiedene Kleidungsstücke reichen muß, vorhanden sind. Unter den Hausgenossen wurden nicht blos die eigentlichen Hausdiener, sondern bei höheren Herren die Diener ihres Hofes, Räthe, Beamte und dergleichen verstanden. Wegen der gewöhnlichen Ablieferung wurde ein solches Kleid eine Livrée genannt.

Die Erziehung der Kinder, die Pflege der Kranken und Verwundeten füllte die Zeit aus, welche die anderen Wirthschaftssorgen leer ließen.

An sogenannter Unterhaltung war kein Ueberfluß, aber die Männer zerstreute die Jagd, die Weiber ihre Wirthschaft. Abwechslung brachten wohl Besuche von Nachbarn, reisende Musikanten, Pilger und Krämer.

Diese Reisenden waren in einer Zeit, welche keine Zeitungen, ja selbst äußerst beschränkte Kunde des Schreibens und nur kärgliche Verbindungsmittel besaß, sehr wichtige Personen und oft für lange Zeit, besonders in entlegenen Burgen, die einzigen Boten aus der Mitwelt und fernen Ländern.

Hauptsächlich das immer neu aufleb ende Geschlecht der Pilger zog Jahrhunderte lang nach und aus dem heiligen Lande, zudringlich bettelnd, unverschämt lügenhaft und doch erwünscht kommend, so oft auch unter dieser viel gebrauchten Maske Flüchtlinge, Landstreicher, Verräther und Räuber, ja selbst Mordbrenner, wie sie Venedigs ehrenhafte Signoria unter Max I. aussendete, das Land durchstreiften. Nachdem Richard Löwenherz zu Aquileja Schiffbruch gelitten, suchte er, als Pilgrim verkleidet, durch Oesterreich zu kommen, wurde jedoch in Erdberg bei Wien festgenommen, zuerst auf den Dürrenstein an der Donau und später auf den Trifels in sichere Haft gebracht, wo ihn der getreue Blondel, der auf der Reise von ihm getrennt worden war, durch seinen Gesang auskundschaftete.

Die wandernden Krämer müssen aller Kombination nach ein gar leckes, tropiges und nach Umständen schmiegsames, listiges Völklein gewesen sein, um in einem häufig von Kriegen und Privatfehden durchzuckten Lande mit ihrem oft werthvollen Kram einzeln oder höchstens in schwachen Karavanen umherzuziehen und besonders um in zweideutigen Löwenhöhlen, Ritterburgen genannt, ihre Waare auszubieten, wo so Viele waren, die gar zu gerne ohne Geld kauften und mit Eisen zahlten.

Der gordische Knoten.
Kleindeutsches Kulturbild von Ludwig Foglar.

„Was Gottes entschossen ist, sieht der Mensch nicht."
Theokrit.

1. Außerhalb der Strömung.

Dieses stille Dörfchen Schlensingen am Ried war noch vor zehn Jahren eine wahre Oase der Einsamkeit in der lärmenden Wüste des Weltlebens. Wer kannte Schlensingen? Wer mußte, wo ein so idyllisches Refuge so nahe dem lauten Markte gewerblicher Thätigkeit zu finden sei? Niemand sprach davon, kein Tourist schrieb darüber. Die Natur hatte Alles gethan, um hier so recht zur Isolirung einzuladen: abseits der großen Heerstraße umfing ein anmuthiges Waldgebirge wenige zerstreute Häuschen, malerische Felsgruppen begrenzten kurze aber fruchtbare Ebenen, die sammt Holzschlag und Wassergefälle friedliche zufriedene Menschen reichlich nährten. Selten nur sprach unterwegs der Feldmann oder ein verirrter Wanderer unter einem der stillen Dächer ein, die bis jetzt noch keinen idealisirenden Auerbach gefunden haben. Plötzlich aber war Alles verwandelt worden, durch den mächtigen Willen einer energischen Frau — der Fürstin Ruskia. Ein tiefer im Walde gelegenes verfallenes Herrenhaus war stattlich renovirt und zu einem bequemen wohnlichen Aufenthalt eingerichtet, der nächste Umkreis zu einem gediegenen Anwesen erweitert. Wirthschaftsgebäude umgaben das ansehnliche Schloß, das inmitten von geschmackvollen Gartenanlagen prangte, das sogar eine Hauskapelle umfing und von allen Attributen modernen Lebens strotzte. Das Dorf selbst besitzt nun eine steinerne Kirche, einen wohlgepflegten umfriedeten Leichenhof, ein Gemeindehaus, das Gastgebäude, das den Kasinoschild führt, eine geräumige Schule und eine Menge jener Häuschen, deren Styl und Einrichtung verrathen, daß ihre Bewohner nicht auf Pflug oder Holzaxt angewiesen sind. Kurz über die Gegend ist jener Hauch von Wohnlichkeit gebreitet, der die schöpferische Hand der Fürstin verräth. Diese selbst hatte einen ganz ungewöhnlichen Lebenslauf, ist ein ganz ungewöhnliches Menschenkind. In ihrer Jugend eine der trefflichsten dramatischen Künstlerinnen, ward sie später Vorleserin der regierenden Herrn, die geliebte Freundin alsbald zu sich erhob und, als er starb nach glücklich vollbrachter Lebens- und Strebenszeit, ihr das

Mißverständnisse.
1.

Lieutenant: „Wenzel, geh' zur Frau Baronin Tiefenthal; sage, ich ließe ihr die Hand küssen und vielmal um Vergebung bitten, daß ich heute wegen der angesagten Ausrückung nicht zum Speisen kommen kann; dann bringe mir das Essen."

Wenzel: „Sehr wohl, Herr Lieutenant."

Wohl seines Volkes an's Herz legte. „Alle Bildung ist Aristokratie," hatte er einst zu ihr gesagt, „jedoch nicht umgekehrt — das halte Dir gegenwärtig — und in diesem Sinne handle und herrsche!"

Die trotz vorgerückter Jahre noch immer schön zu nennende Witwe machte nun im kleinen Maßstabe den Versuch, ein vollkommen patriarchalisches Gemeinwesen herzustellen, an dem sich mit gleichen Ansprüchen und gleicher Befriedigung nach Maßgabe des Wirkens Alle betheiligen sollten. Wohl wußte sie mit ihrem reifen Verstande und an Wissen reichem Sinne die geschichtlichen Thatsachen auf sich wirken zu lassen und bedachte, wie oft im Großen derlei Probleme an den ersten Anläufen zur Lösung scheiterten, aber eben deßhalb hoffte sie nach nüßlicher Thätigkeit lechzende Frau, bei ganz enge gezogenen Grenzen auf einen, wenn nicht vollkommen genügenden, doch auch nicht unerfreulichen Erfolg. Frauen in solchen Situationen mögen gerne herrschen, eine zeugende Lust wandelt sie an, weil sie sich in einer dem Manne gebührenden Lage fühlen, und so mag wohl auch hier der verborgene Wunsch mitgewirkt haben zu dem Entschlusse, aus der passiven Rolle, die einem stillen Witwensitze angewiesen war, hervorzutreten.

Mit echtem Frauensinn hatte die Fürstin auch alsobald ihr Werk damit begonnen, womit es eigentlich hätte beschlossen werden sollen, nämlich mit einer Organisation von Oben herab. Ohne gerade auf den nakten Prunk es anzulegen, wollte sie doch dem Geschmack, dem Anstand, dem Komfort nirgend etwas vergeben, und so hielt bald das Ueberflüssige dem Nothwendigen unversehens die Wage.

Die Zahl und Art der Bedürfnisse, die mannigfaltige Vertretung nach außen, das Hereinragen mannigfacher näherer und entfernterer Beziehungen zu Menschen und Institutionen schufen unvermerkt einen kleinen Hofstaat, der sich ebenbürtig einrichtete und dadurch erwei-

Mißverständnisse.
2

Wenzel: "Frau Bar... ... ..."
Baronin: "Ah! das ist mir sehr leid."
Wenzel: Thut nichts, Frau Baronin, mein Herr hat gesagt, ich soll ihm das Essen nach Hause bringen."
Baronin: "So? — Nun gehen Sie also in die Küche, ich werde es Ihnen gleich mitgeben lassen."

terte. Dazu gesellten sich: der Förster mit seinem Personale, der Arzt, der Schloßvogt, Prediger, Schullehrer und Küster, die Wirthschafts- und Hüttenbeamten, so daß es von Dienstleuten wimmelte, die, wenn nicht an Zahl, doch gewiß an geräuschvoller Thätigkeit oder geschäftigem Müßiggange den Dorfbewohnern weit überlegen waren. Das gab nun ein buntes wunderliches Bild.

Der Kasinowirth stand unter seiner Hausthür, und indem er behaglich die Rauchwolken einer langen Tabakskopfpfeife von sich blies, schien er sich zu weiden an der ungewöhnlichen Bewegung und Aufregung, die sich am heutigen Sonntag nach der Predigt im Dorfe kund gab.

Der Amtmann trat auf ihn zu und redete ihn sogleich verständnißinnig an:

"Nun wird sich der Köhler Thomas doch endlich eines Bessern besinnen!"

"Was ist's mit dem Köhler Thomas?" fragte sich herzudrängend der breitschultrige Förster.

"So habt Ihr nicht gemerkt, wen der Herr Pastor heute gemeint hat mit seinem Strafsermon über die Nächstenliebe?" gab der Wirth zurück; "das galt dem Köhler Thomas, der sich noch immer eigensinnig weigert, der Fürstin das Wiesgehöfte für den Architekten Leberecht Flott abzutreten, obwohl sie ihm bereits das Doppelte des Werthes angeboten hat."

"Und da meint Ihr, er soll aus purer Nächstenliebe sein schönes Anwesen zerstückeln — auf dem er alt geworden? Der Köhler Thomas weiß was er thut. Und was die ‚Nächstenliebe' betrifft, so ist das eine christliche Redensart wie so viele, auf die wir uns erstaunlich was zu Gute thun: wer liebt denn seinen Nächsten? Mein Nächster ist jeder Mensch — kann ich nun alle Menschen lieben? Könnt Ihr es Einer? Was man so lieben nennt, das will sagen: Opfer bringen, sich selbst verläugnen für den A und B, der es Einem kaum Dank weiß! Heißt mit den Nachbarn sich vertragen, sie lieben? Und wenn mein Nächster ein Strolch ist, der eine rechts und jener links eine leere Büchse und der vorne ein Fuchs und jener hinten ein Spürköter — und so weiß es oder weiß es auch nicht — soll ich die auch lieben müssen? blos darum, weil sie eben meine Nächsten sind?"

„Der Herr Forstmeister sind niemals um einen Widerspruch verlegen," versetzte der Amtmann mit bittersüßer Miene, indeß dem Wirthe vor Nachdenklichkeit die Pfeife ausging, denn eine so kühne Stephs brachte ihn außer Fassung, um so mehr, als ihm jegliches Motiv zur Widerlegung fehlte. Der Förster aber fuhr fort:

„Ich habe gern gute Nachbarschaft mit aller Welt, aber ich rede mir nicht ein, das sei schon Nächstenliebe; auch gibt es „Nächste" auf der Welt, welche zu „lieben" eine Schande wäre! Wenn aber die heutige Sermon dem Köhler Thomas gegolten hat, wie Ihr sagt, dem es Jedermann verübelt, daß er der Fürstin mit seinem liebsten Eigenthum nicht zu Willen ist, so muß ich Euch nur sagen, daß der gute Alte in seinem Recht ist, vollkommen in seinem Recht, weil er sein liebes theures Anwesen nicht einem Neuling und Neuerer, wie der Architekt Leberecht Flott ist, zu Liebe preis und aus der Hand geben will, um sich, wenn auch mit Vortheil, auf einer neuen Erdscholle anzubauen und Bäume zu setzen, deren Schatten dieser Greis kaum mehr zu erleben hoffen darf. Uebrigens beweise mir Einer Eure sogenannte Nächstenliebe — und ich will daran glauben. Lebt wohl!"

Damit ging der Förster, um den sich noch ein ansehnlicher Hörerkreis gesammelt hatte, und ihm folgten Ausrufe des Erstaunens und der Entrüstung von allen jenen, die es nicht gewagt hatten, ihm persönlichen Widerspruch entgegenzusetzen. Andere ermannten sich und nahmen Partei gegen den Architekten, dessen schnelles Emporkommen in der Gunst der Fürstin ohnedies den Meisten ein Gräuel war, ohne daß es Einer unternommen hätte, diesen Gefühlen ohne ausdrückliche Gelegenheit Worte zu geben.

Es war über dieser unscheinbaren Veranlassung zu so lebhaften Debatten gekommen, daß der Wirth den Vorschlag machte, die Konferenz lieber in den Klubbsaal zu verlegen, wohin er mit gravität'scher Miene voran ging; tumultuarisch folgte ihm die Menge. Der Amtmann strahlte vor Vergnügen, denn er hatte soeben eine fulminante Rede über den fraglichen Gegenstand entworfen, während der Schulmeister und sein Freund, der Arzt, über sehr gewagten Oppositions-Versuchen brüteten, denn es dünkte ihnen dies ein willkommener Anlaß zu beweisen, daß sie ihren Nächsten, den Amtmann, keineswegs lieben. Die Forst- und Güterbeamten standen auf der Seite der „Nächstenliebe" im Sinne des Herrn Försters, während der Küster, Schloßinspektor und Gärtner die „Nächstenliebe" quand même vertraten — eigentlich aber waren dies nur Parteiungen pro und contra Leberecht Flott, die tendenzlose Devise diente nur zum Vorwand und Aushängschild.

Leberecht Flott hatte sich bisher eigentlich vorzugsweise durch seine Abwesenheit aus den geselligen Kreisen bemerkbar gemacht, indem er fast ausschließlich seinem Berufe und seiner Fürstin lebte, welche mit dem Gedanken umging, ihn zu ihrem Haushofmeister zu ernennen. Er theilte vollkommen ihre Absichten in Betreff der neuen Gemeinde und unterstützte die rüstig strebende Frau in ihren Humanisirungsversuchen; allein durch sein Fernbleiben von den engeren Beziehungen der Menschen gab er sich den Schein der Ausschließlichkeit und brachte sich dadurch um manchen Einblick in Menschen und Dinge. Kein Wunder also, daß es heute scharf über ihn herging, während man angeblich nur das Thema der „Nächstenliebe" abhandelte. Die Partei der absoluten Nächstenliebe entwickelte die meiste Heftigkeit und Unduldsamkeit, es fielen mitunter herbe Worte, und allgemach war man vom Hauptthema so ziemlich abgekommen und auf das gefährliche Terrain persönlicher Invektiven gerathen, woran namentlich die Rede des Amtmanns überreich erschien, während der Schulmeister durch einen Wust gelehrter Citate etwas Heiterkeit in die aufgeregte Stimmung brachte und der Arzt ihn dabei mit physiologischen Randglossen zu unterstützen bemüht war, welche der Mehrzahl ungeheuer imponirten, weil sie nichts davon verstanden. Der Küster hatte sich soeben zu einem Ausdruck hinreißen lassen, der offenbar der Fürstin selbst gelten sollte, und in diesem schlecht maskirten Angriff seinen ganzen Ingrimm gegen den Architekten an den Tag gelegt und dadurch einen unerhörten Tumult erregt, als plötzlich die Thür sich öffnete und Flott selbst ruhig und heiter hereintrat. Eine Pause verlegensten Schweigens reichte hin, um den Ankömmling über die Situation zu orientiren, denn der Gegenstand des heutigen Sermons war ihm durch den Förster freundschaftlich mitgetheilt worden. Sofort gab er mit frischem Humor dem Bilde eine andere Färbung, indem er für die nächste Versammlung im Klubb der „Ritter von Tragant" einen Vortrag ankündigte über „den Staat der Zukunft" und dadurch vorläufig die heftig debattirte „Nächstenliebe" gänzlich aus dem Felde schlug.

2. Die Ritter von Tragant.

Die stattliche Ruine, welche, oberhalb des Schulhauses malerisch anragend, einen mäßigen Hügelrücken krönte, soll einer alten aber unbeglaubigten Chronik zufolge einst der Sitz derer „von Tragant" gewesen sein. Die Sage will wissen, die Herren von Tragant seien weniger durch die Thaten des Schwertes, aber desto mehr durch geheime Wissenschaft und Eroberungen des Geistes berühmt gewesen. Fußend auf dieser gern geglaubten Tradition und dem historischen Interesse zu Ehren, hatte der Jude Schabsel, der einzige Krämer des Ortes, einen Klubb gegründet und ihn den „Verein der Ritter von Tragant" genannt, dessen Zweck neben dem geselligen Vergnügen ebenfalls geistige Eroberungszüge im Wege der Debatte in Schrift und Wort sein sollten. In Wahrheit aber thaten die Mitglieder des Klubbs nichts als Kannegießern, was ihnen allerdings Vergnügen machte; der Gründer und Vorstand aber, Herr Schabsel, eine gewandte, schlaue, bewegliche, unternehmende, vermittelnde, echt diplomatische Person, ersah darin ein Mittel, um die Bedürfnisse der lieben Gemeinde zu vermehren, und da die Befriedigung derselben natürlich nur durch ihn, den Allerweltsfactor geschehen konnte, so kam das seinem „Geschäfte" zu Statten. Er vermittelte auf seinen Einkaufsreisen ferner vollkommen zwischen Stadt und Dorf, er war in einer Person Telegraph, Zeitung, Post, Missionär, Kaufmann, Bibliothekarius, Modiste, er half Allen, rieth Allen, besorgte Alles, instruirte Alles, wußte Alles, kurz, er potenzirte sich in der öffentlichen Meinung von der bloßen Erscheinung zur Nützlichkeit, von der Nothwendigkeit zur Unentbehrlichkeit empor, zum Vademecum Aller für Alles.

Schabsel hatte es zum Heile seines Kramladens dahin gebracht, daß es zum guten Ton in Schleußingen gehörte, den industriellen Errungenschaften und Bestrebungen ein lebhaftes Interesse zu widmen, und da in diesen stillen Bergen weder von Dampfschifffahrt noch Eisenbahnen die Rede sein konnte, so begnügte man sich mit dem Vergnügen an physikalischen, chemischen und anderen Experimenten, zu denen die Ingredienzen schon namhafte Summe verschlungen hatten, ohne andere Resultate zu liefern als Schabsel's Profit. Daher kam die energische Propaganda für Flott's heutigen Vortrag.

(Fortsetzung folgt.)

Verschämte Liebe und ein — Leberknödel.

Sie hieß Theodelinde Knipperling und er hieß Anastasius Rebenwurz.

Wenn man Theodelinde Knipperling heißt, muß man Liebe kennen, und wer den Namen Anastasius Rebenwurz führt, muß zarter Regungen fähig sein.

Sie liebten sich!

Er liebte sie, denn sie war reich, — sie liebte ihn, denn er trug Uniform.

Aber sie sagten sich's nicht!

Liebe! Süße, gute, schöne Liebe!

Zuckerkandel des Lebens, Aepfelstrudel des Herzens, Paprikahuhn des Gemüthes, Kaviar der Seele!

Ich nehme an, daß wir Alle Freunde von Zuckerkandel, Aepfelstrudel, Paprikahuhn und Kaviar sind.

Und noch dazu verschämte Liebe!

Sie sah ihn an mit ihren jungfräulichen Pepitaaugen und dachte:

„Die Uniform steht ihm gut, es geht nichts über Uniform!"

Er sah sie an mit seinen schüchternen Feldwebelaugen und dachte:

„Sie bekommt dereinst das Wirthshaus, ich wäre ein gemachter Mann!"

Aber sie sagten sich's nicht!

Tage kamen, Tage gingen, sie sahen sich an, verdrehten die Augen, seufzten, stöhnten, — aber sie sagten sich's nicht!

Jugend von heutzutage, du bist nicht so wie Theodelinde Knipperling und Anastasius Rebenwurz! Du bist nicht so eine brave, bedächtige, schüchterne und sittsame Jugend mehr, — nein, du bist eine unartige, verderbte, naseweise Jugend, namentlich bist du eine rechte verliebte Katze geworden!

Das so nebenbei!

Warum sagten sie sich's nicht?

Er dachte: „Das Essen ist gut und billig, denn sie nimmt nie Zahlung. Wer weiß aber, was der Vater thäte, wenn er hinter ein Verhältniß käme?"

Zarte Sehnsucht, süßes Hoffen,
Der Hausknecht drault, die Thür' steht offen!

Sie dachte: „Er ist nichts und hat nichts. Feldwebel sein ist hübsch. — Frau Feldweblin heißen, nicht sehr."

Raum ist in der kleinsten Hütte,
Doch für Krinolinen gibt es Tritte!

Jugend von heutzutage, nimm dir ein Beispiel!
Und ein Sonntag war eingegangen in's Land mit seiner ganzen Herrlichkeit.

Leberknödel gab's heut und Anastasius Rebenwurz war noch immer nicht gekommen. Er weiß doch, daß es Sonntags immer Leberknödel gibt!

Knödel! Lieber, guter, treuherziger Knödel, nimm meinen Gruß! Edler Mehlpatriarch, wie erhaben bist du in deiner Einfachheit, wie kernig und kräftig in deinem Wesen! Reliquie echten Deutschthums, ewiges Einigkeitsband, das weder Franzose noch Däne je zerreißen wird, ich beuge mich vor dir! Wer seufzt nach Elsaß, wer weist auf Schleswig?

Was ist des deutschen Vaterland?
Dort, wo der Knödel ist bekannt!

Warum kam Anastasius Rebenwurz nicht? Das hatte seine triftige Ursache, oder besser, die triftige Ursache hatte ihn, nämlich: Arrest.

„Feldwebel!" hatte gestern Herr Lieutenant Blasedau gesagt: „Einer von uns Beiden ist ein Schafskopf — auf Hüfte!"

„Ich nicht, Herr Lieutenant!" hatte der Feldwebel in aller Submission replicirt; „ich erinnere mich sehr gut, daß mich der Schulmeister nie anders als „Esel" genannt hat!"

Zum Dank für seine naturhistorischen Berichtigungen saß er heute beim Profoßen, wo es gibt Heulen und Zähneklappern, aber seine Leberknödel, gefertigt von der kunstgeübten Hand Theodelindens, des „rothen Ochsen" süßen Töchterleins.

Die dritte Nachmittagsstunde tönte es von der Schloßthurmglocke, die heute wieder den Schnupfen hatte — und Anastasius war noch immer nicht gekommen.

Das Wirthslokale war bereits vollkommen leer und Hero-Knipperling wartete noch immer auf ihren Leander-Rebenwurz.

Und er kam!

„Dein Kühnen winkt das Glück!" hatte er sich gedacht, „und den Ausreißer lohnen Leberknödel!"

So hatte er denn das Mittagsschläfchen des Profosen zu einem Fluchtversuch benützt und eilte nun hin, wo Liebe auf ihn wartete und Leberknödel.

Die Liebe gab Lokomotivschnelligkeit; die Leberknödel verliehen Windesflügel.

Die Sonne schien so hell in's Zimmer, der Vogel im Käfig zwitscherte so fröhlich, die Leberknödel dampften so würzig und kein profaner Zeuge störte.

„Theodelinde!" seufzte er, und führte ein Stück Knödel in den Mund, zart und niedlich wie ein blondgelocktes Kinderköpfchen.

„Anastasius!" seufzte sie, und schleuderte einen Flammenblick, daß der Geliebte sich Gaumen und Zunge verbrannte.

„O, diese Gluth!" ächzte er und preßte die Hand gegen die dem Herzen zunächst liegende Magengegend.

„O, diese Hitze!" stöhnte sie und blies aus Leibeskräften auf die dampfenden Knödel.

Nun große Pause — ein bedeutungsvoller Wethemoment!

„Theodelinde!" seufzt Anastasius, schöpft tief Athem, knöpft die zu eng werdende Weste auf, schneidet das zweite Dutzend an, und schmachtet ihr einen Blick zu, einen Blick, daß vom langen Stehen geronnene Zeit zu schmelzen anfänge.

„Anastasius!" flötet Theodelinde, sucht sich ein gutes Stück heraus, und seufzt einen Seufzer, in dem ein ganzes „Julia und Romeo" liegt.

„Wünsch' guten Appetit!" ruft Lieutenant Blasedau, der eben vorübergeht, höhnisch durch's Fenster.

Böser Blasedau, kannst du verantworten, was du verschuldet hast?

Anastasius Rebenwurz, auf's Höchste entsetzt, daß ihn sein Lieutenant statt beim Profosen so disciplinarwidrig im Wirthshause überrascht hat, hält diese Thatsache für wichtig genug, vorläufig seinen Kauwerkzeugen Ferien zu ertheilen, dafür aber seine ganze Seelenthätigkeit auf den Mund und die Augen zu koncentriren, die er zur erstaunlichsten Ausdehnung aufreißt. Zwei Herren kann man aber nicht zugleich dienen, und Jemand, der seinen Mund dazu verwendet, den bekannten volksthümlichen Ausdruck „Maulaffen" auf's Herrlichste zu illustriren, ist nicht im Stande, einem in demselben Munde zur selben Zeit befindlichen Leberknödel von chimborassoartigen Dimensionen die gebührende Aufmerksamkeit zu widmen. Unser guter Leberknödel aber, über den plötzlichen Absprung von der schmeichelhaftesten Berücksichtigung bis zur beleidigendsten Nichtbeachtung mit vollem Rechte indignirt, verspürte durchaus keine Lust, in einer so peinlichen Situation lange zu verbleiben und machte sich aus eigener Machtvollkommenheit auf den Weg, was ihm aber viele Ungelegenheit bereiten sollte und noch größere unserem armen Feldwebel.

Dieser fuhr hastig gegen den Hals, riß den Mund noch um fünfzig Procent weiter auf, schnappte nach Athem, röchelte und fiel um. Dabei traten die Augen

so weit aus ihren Höhlungen, als wollten sie sich auch einmal nach Herzenslust in der Welt umsehen, und das Gesicht färbte sich in einer Weise himmelblau, wie man es auf Abbildungen von Gewitterstürmen nicht hübscher sehen kann.

„Anastasius! Mein Anastasius!" schluchzte Theodelinde, warf sich über den Erstickenden und bedeckte seine zuckenden Lippen mit den jungfräulichen Küssen liebender Verzweiflung.

Anastasius aber kümmerte sich wenig um diese hocherfreulichen Zärtlichkeitsbeweise, sondern zappelte und producirte die ausgezeichnetesten Froschgruppirungen.

„Nein, Geliebter meiner Seele, Flamme meines Herzens, Apfel meines Auges, Du darfst nicht sterben!" schrie Theodelinde, blickte einen Augenblick lang rathlos nach Hülfe, dann fuhr ein leuchtender Entschluß durch ihr Tiefinnerstes, gewaltig raffte sie sich auf, ballte die zarte Hand zur grimmig geschlossenen Faust und schmetterte sie mit der Kraft der Verzweiflung auf den Rücken des armen Anastasius, der sich eben mit einer Emsigkeit und Ausdauer auf dem Bauche wälzte, als würde er dafür bezahlt.

Das half!

Der Knödel erschrak über den unerwarteten Stoß, sprang aus der Speiseröhre um nachzusehen, was los sei — Anastasius Rebenwurz war gerettet!

Und als sie nun wieder beisammen saßen, — die drohende Lebensgefahr überwunden, durch die ausgestandene Angst sich nur noch werther geworden, die Hemmnisse schüchterner Verschämtheit übersprungen, — diesmal sagten sie sich's

⁂

Zehn Jahre später speiste ich im „rothen Ochsen".

„Könnte ich nicht Leberknödel haben, Herr Wirth?" fragte ich.

„Herr!" schnauzte dieser, „wollen Sie mich foppen?"

Ich sah ihn erstaunt an.

Er war ein hagerer, galliger Mann, sein ganzes Wesen gedrückt.

Ich sah auch auf seine Frau, die beim Schanktisch saß.

Ein kleines mageres Weib mit scharf gekanteten Zügen und verbissener Physiognomie, ein Symbol der Verneinung, eine Verkörperung des Protestes, eine zu Fleisch gewordene Eheseige.

Armer Anastasius Rebenwurz, bei die werden nimmermehr Leberknödel gekocht werden.

Es wäre denn, sie wollte essen, und Lieutenant Blasedau wäre bestellt, unvermuthet durch's offene Fenster: „Wünsch' guten Appetit!" zu rufen.

R. L. Kettler.

Feuilleton.

Gemeinnütziges.

Ueber Holzbearbeitung durch Maschinen. Kaum glaublich, aber doch thatsächlich wahr ist es, daß man in Teutschland eigentlich erst jetzt und zwar ganz plötzlich, das leicht verarbeitbare Holz mit Maschinen zu bearbeiten und zu verarbeiten beginnt, während Eisen, Stahl und andere Metalle, obwohl in der Bearbeitung um Vieles schwieriger, der Maschine schon längst unterthan gemacht sind. Daß dies so ist, scheint nur daraus erklärlich, daß die todte Hand des Zunftwesens leider allerwegen auf der Holzbearbeitung lastete, daß der Zimmermann, der Tischler, der Glaser ꝛc., in zünftige Schranken eingezwängt, nicht über Beil, Säge und Hobel hinaus kommen konnten, sich vom Handwerksbetrieb nicht bis zum Fabrikbetrieb emporzuheben vermochten. Mit dem Eintritt der Gewerbefreiheit ändert sich dies; deßhalb rüsten sich die unternehmenden Leute plötzlich mit Maschinen aus, um, dem alten Schlendrian entsagend, getrost der Konkurrenz entgegentreten zu können. Was aber mit Maschinen gegenüber der Handarbeit zu leisten ist, dies berechnete jüngst ein berühmter Werkzeugfabrikant, Herr Johann Zimmermann in Chemnitz, der gegenwärtig solche Maschinen in Menge liefert, in der Sächsischen Industriezeitung. Z. B. eine Dielenhobelmaschine, die 700 Thlr. kostet und in zwölf Arbeitsstunden etwa 10 Schock Bretter abhobelt, leistet für 4 Thlr. 5 Ngr., wofür bislang mindestens 11 Thlr. 10 Ngr. an Arbeitslohn bezahlt werden mußte. Eine derartige Maschine, die 1100 Thlr. kostet und ebenfalls in zwölf Arbeitsstunden 10 Schock Bretter, aber auf beiden Seiten abhobelt, fugt, nuthet ꝛc., leistet für 5 Thlr. 5 Ngr., was mit der Hand mindestens 27 Thlr. kostet. Bei weitem auffälliger noch erscheint die Leistung einer Maschine zum Aushobeln der Simsleisten, Thürenbekleidungen ꝛc., die bei einem Kostenpreise von etwa 850 Thlrn., in zwölf Arbeitsstunden 8600 laufende Fuß und dies für 4 Thlr. 7 Ngr. beschafft, was an Zimmermannsarbeit einen Werth von 286 Thlr. 20 Ngr. tragen würde!

Die Elektricität wird jetzt auch zum Fassen von Edelsteinen benutzt. Das Modell des Schmuckes wird genau in Wachs nachgebildet, hierauf werden die Edelsteine in das Modell eingesetzt, die Wachsoberfläche wird für den galvanischen Strom leitend gemacht und in Goldlösung gebracht. Es ist nun darauf zu sehen, daß sich eine genügend starke Goldschicht auf dem Wachse und um die Gemmen niederschlägt, wodurch bewirkt wird, daß letztere festsitzen. Gewöhnlich faßt ein guter Arbeiter per Tag sechzig Edelsteine, während in gleicher Zeit durch das neue Verfahren 150 bis 200 gefaßt werden können.

Ein vortreffliches Futter für Singvögel, als Kanarienvögel, Finken, Drosseln, Rothkehlchen, Lerchen, Hänflinge ꝛc., welches nicht nur ihre Kehle frisch erhält, sondern auch ihr Gefieder konservirt, besteht aus drei Pfund gestoßenen Erbsen, 1½ Pfund feinen Brodkrumen, ebensoviel klarem Zucker, den Dottern von sechs hartgekochten Eiern, sechs Unzen frischer Butter, alles wohl durchknetet und in einer Pfanne auf gelindem Feuer leicht gebräunt. Hierzu werden nun dem Erkalten noch sechs Unzen Mohnsamen und sechs Pfund gereinigter Hanfsamen gemischt.

In Amerika soll eine Vorrichtung erfunden worden sein, mittels welcher in dem Zeitraume einer Stunde von einer Matrize 4000 Abzüge positiver Photographien hergestellt werden können.

Statistisches.

Der Effektivstand der französischen Armee war zu Anfang dieses Jahres 615,465 Mann, wovon 308,559 in Frankreich, 83,782 in Algerien, 53,281 in Italien, 7904 speciell in Rom, 5408 in Syrien und die Uebrigen in Ost-Asien oder auf Urlaub waren.

Frankreich zählt jetzt 350,000 Freimaurer, theils dem großen Orient angehörend, theils dem schottischen Ritus. Die Zahl der Freimaurer auf der ganzen Erde wird auf 100 Millionen angegeben. Besonders zahlreich sind sie in Amerika und Indien vertreten.

Dieterici, Direktor des statistischen Bureau's in Berlin, berechnet die gegenwärtige Bevölkerung der Erde auf 1288 Millionen und veranschlagt die kaukasische Race auf 300 Mill., die mongolische auf 552 Mill., die äthiopische (Neger) auf 196 Mill., die amerikanische (Indianer) auf 1 Mill., die malaische auf 200 Mill. Nach dem Hauptreligionen vertheilte er die Gesammtbevölkerung der Erde in 335 Mill. Christen, 5 Mill. Juden, 600 Mill. Bekenner der asiatischen Religionen, 160 Mill. Mohamedaner und 200 Mill. Heiden.

Humoristisches.

Man erzählte sich, bei der königlichen Tafel in Turin habe Graf Cavour den Toast ausgebracht: „Gott erhalte unsere tapfere Armee!" — „Das wünsche ich auch." entgegnete der Finanzminister, „denn ich kann sie wahrhaftig nicht länger erhalten!"

Der Unterschied zwischen einem heldenmüthigen und einem um Gnade flehenden Soldaten ist nur gering; der Eine läßt sein Leben und den Andern läßt man sein Leben.

Lehrer: „Eduard, Du sollst zeigen, ob Du subtrahiren kannst. Ich habe fünf Tauben, davon schieße ich drei todt und zwei fliegen fort; wie viel bleiben da?" — Schüler: „Drei todte."

Bei Gelegenheit eines Freiwilligenaufgebots kam auch ein Lahmer herbeigehinkt, um Waffen zu tragen, und ward ausgelacht. „Warum lacht Ihr?" sprach er; „ich bin hier, um zu fechten, nicht um davonzulaufen."

„Niemand wird Sie für das nehmen, was Sie sind," sagte Jemand zu einem sehr einfältigen Dandy mit langen Haaren. — „Wie so?" fragte jener. — „Weil man Ihre Ohren nicht sehen kann."

Welcher Unterschied ist zwischen einer Uhr und einem Soldaten? — Jene schlägt, wenn sie läuft, dieser, wenn er steht. — Was macht das Glück des Kaufmanns und das Unglück des Soldaten? — Die volle Niederlage.

Scene aus dem Maskenballe. „Guten Abend, Herr Doktor!" — „Ah, woher kennst Du mich, schöne Maske? Sage mir, wer Du bist?" — „Rathen Sie." — „Vielleicht die junge Dame, welcher ich gestern Kuhbäder zuwarf." — „Falsch gerathen." — „Oder die liebenswürdige Kleine aus der Modewaarenhandlung am Markte?" — „Warum nicht gar!" — „Ah, Verzeihung! Ich mußte höher hinauf. Vielleicht die Frau Kommerzienrath Plusing, die köstliche Blume?" — „Nein, Herr Doktor, ich bin Ihre Wäscherin, der Sie noch dreizehn Wochen Wäschelohn schuldig sind."

Vermischtes.

Französische Anmaßung. Wie weit französische Arroganz geht, beweisen folgende dem „Journal pour tous" entnommene Worte: „Nichts steht fester, als daß wir allen Völkern voran sind ... wir sind unterrichteter, geistreicher, tapferer, liebenswürdiger, als Italiener, Spanier, Deutsche und Engländer zusammengenommen. Aber es genügt nicht, daß wir in allen Dingen die Ersten sind; wir müssen auch an allen Orten die Ersten sein" ꝛc.

Der Seiltänzer Blondin hat mit seinen halsbrecherischen Künsten Parlament und Regierung von England in Bewegung gesetzt. Am letzten Samstag trug nämlich Blondin sein siebenjähriges Töchterchen in einem Schiebkarren auf dem Seil von einem Ende des Krystallpalast-Transepts bis zum andern. Aus Anlaß dessen fragte am Montag Abends im Unterhause Sir Forster den Staatssekretär des Innern, ob die Regierung Schritte thun werde, um eine Wiederholung dieses erniedrigenden Spektakelstückes zu verhindern. Der Staatssekretär Sir Lewis erwiederte, er habe bereits an die Direktoren des Krystallpalastes ein warnendes Schreiben erlassen, welches sicherlich die fernere Gefährdung des Kindes verhindern werde.

Eine interessante Geschichte eines Brillanten wurde in der „Morgenpost" erzählt. Unter den Objekten, welche den Schwindeleien des vor Kurzem hier verhafteten Pferdesnorengeurs Ranzenhofer zur Beute fielen, nimmt dieser Brillant, ein prächtiger Stein von vier Karat, den ersten Rang ein. Das fragliche Juwel rührte aus dem bedeutenden Brillantenschmucke eines Fräuleins D. her; im J. 1836 wurde ihr der gesammte Schmuck (im Werthe von 20,000 fl.) von einem gewissen Götz, einem noblen Schwindler, der bei ihr als Monatspartei wohnte, gestohlen. Dieses Ereigniß machte ungeheures Aufsehen. Götz hatte das versiegelte Packet, in welchem sich der gesammte Schmuck befand, vor den Augen der Eigenthümerin mit einem Packet von ähnlichem Aussehen, welches statt der Brillanten Citronenkörner enthielt, vertauscht und war mittels einer Strickleiter auf die Straße entflohen. Im Jahre 1840 fand man Götz als falschen Spieler am grünen Tisch zu Wiesbaden, er besaß von dem Erlös seiner Beute nur mehr sechzig Thaler. Der Verbrecher wurde nach Wien abgeliefert und von da nach seiner Verurtheilung in's Provinzialstrafhaus zu Prag gebracht. Dort entdeckte er einem Mitgefangenen, daß er einen kostbaren Brillant im Werthe von 2000 fl. dadurch „vor den Klauen der Polizei" gerettet habe, indem er denselben mit Fischwachs umhüllt und statt des fehlenden rechten Stockzahnes mit Draht im Munde befestigte. Sein Mitgefangener verrieth dies an den Gefängnißdirektor, der Stein fand sich richtig bei dem Arrestanten vor und wurde nach der Haft geschickt, wo die Behörde ihn der Eigenthümerin zurückstellte. Diese verpfändete nach mehren Jahren den Stein um 1000 fl.; 900 fl. hatte sie bereits abgezahlt, als Ranzenhofer sich erbot, die noch fehlenden 100 fl. vorzustrecken und den Stein zu verkaufen. Weder der Brillant, noch das Geld kam dem Fräulein D., welches dies Anerbieten annahm, je wieder zu Gesichte.

Zur Zeit der Kriege zwischen Napoleon und den deutschen Fürsten hatte der Buchhändler F. A. Brockhaus sein Geschäft noch in Altenburg, woselbst er, kurz vor der Leipziger Schlacht, die „Deutschen Blätter" herausgab, welche bis zur Zeit der berüchtigten Karlsbader Beschlüsse bestanden. Die Konzession, welche der österreichische General Stadion, dessen Hauptquartier damals in Altenburg sich befand, Herrn Brockhaus ertheilte, lautete wie folgt: „Dem F. A. Brockhaus wird hiermit befohlen, ein Blatt herauszugeben. Stadion." Die Zeiten haben sich seitdem geändert. Es wird jetzt einem Buchhändler höchstens noch befohlen, ein Blatt eingehen zu lassen.

Im Tower zu London befindet sich eine Reihe von schrecklichen Folterwerkzeugen als Erinnerungszeichen an das Glück, das Philipp der Zweite von Spanien den Engländern bringen wollte. Sie wurden in den Trümmern der „großen Armada" erbeutet. Auf den Schiffen befanden sich damals bereits Inquisitionspriester, um sogleich in England den Protestantismus mit Feuer und Schwert auszurotten. Der Mensch denkt, Gott lenkt.

Eine Gerichtsscene in London. In englischen Blättern stößt man häufig auf folgende Anzeige: „Für Parlamentsmitglieder, öffentliche Redner, Prediger ꝛc. Ein geübter Literat verfaßt Staatsmänner-, Klubbredner-, Geistliche ꝛc. mit Reden, Predigten und Vorlesungen in jedem möglichen Style und über alle möglichen Gegenstände. Hierauf Reflektirende mögen sich wenden an das Bureau des Herrn N. N. ꝛc." Unsere Leser am Kontinente mögen geneigt sein, dergleichen für einen schlechten Spaß zu halten. Wie bei uns, wird man denken, gibt es auch dort Leute, die ihre Reden, Predigten ꝛc. nicht selbst machen, aber daß diese fabrikmäßig erzeugt werden, wird Niemandem einfallen. Und doch ist dem so. Der Gerichtssaal, dieser schonungslose Enthüller aller Wunden und Schwächen der Gesellschaft, konstatirte das Vorhandensein solch' einer Fabrik. — Vor Kurzem kam vor dem Sheriffs-Court zu London folgender „Fall" zur Verhandlung: Herr Rogers trat als Kläger gegen Herrn Havergal, einen Pfarrer in Redfordshire, auf, um eine Schuld von 2 Pfd. Sterl. 10 Schill. für 20 (sage zwanzig) gelieferte Predigten einzutreiben. Der Anwalt des Klägers gab an: „Am 28 April 1859 bestellte Herr Havergal bei meinem Klienten eine Predigt über „die glückliche Beendigung der indischen Meuterei." Sie wurde ihm zugeschickt und kurz darauf bestellte er 20 Predigten über die verschiedensten Gegenstände. Diese 20 Reden, die

2 Schilling 6 Pence (also noch nicht einen preußischen Thaler) das Stück kosten, bezahlte er nicht. Der Anwalt las hierauf den Brief vor, welcher die Bestellung enthält. Es heißt darin: „Senden Sie mir eine Portion der besten Predigten, die Sie im Vorrath haben." Richter: „Es scheint mir, Sie haben es hier mit einer förmlichen Predigtfabrik zu thun. (Gelächter.) Wie kommt es, daß die Predigten so billig sind?" Anwalt: „Sie werden ja nach der Nachfrage in mehr oder weniger Exemplaren lithographirt, und je mehr Abnehmer ein Artikel findet, desto billiger ist ein Exemplar davon." Richter: „Also die nämliche Predigt wird von vielen Geistlichen benutzt? Und wenn ich am Sonntage verschiedene Kirchen besuche, kann ich das Vergnügen haben, dieselbe Predigt mehrmals zu hören?" Anwalt: „Allerdings." Richter: „Was sind Ihre höchsten Preise?" Anwalt: „5 Guineen. Das ist der Preis für Bischöfe." Richter: „Ihr Klient macht also auch Predigten für Bischöfe?" Anwalt: „Gewiß!" (Gelächter.) Richter: „Was würde eine Predigt zur Erbauung des Lordmayors kosten?" Anwalt: „3 bis 5 Guineen." Richter: „Ich fürchte, nach dieser Eröffnung wird der Lordmayor nicht leicht zu erbauen sein." (Gelächter.) Das Resultat war: Der Verklagte, der persönlich zugegen war, aber sich durchaus nicht beschämt zeigte, wurde zur Bezahlung der Schuld und obendrein in die Kosten verurtheilt.

Auf den Antrag des Dr. Trittau hat die Bürgerschaft von Hamburg die vom Senat geforderten 20,000 Mark für die nächstjährige Weltausstellung in London nicht bewilligt, weil die englische Regierung und Presse in der schleswig-holsteinischen Sache und in der Macdonald-Geschichte eine feindliche Haltung gegen Preußen und Deutschland angenommen habe.

Den Haupttreffer der Kreditlose von 250,000 fl. im Januar vorigen Jahres hatte ein Kürschner in Krakau, Namens Rylkowsky gemacht. Im Besitz des vielen Geldes verlor der gute Mann jedoch alle Rast und Ruhe. Er sah stets nur Diebe und Räuber und die beständige Aufregung brachte ihn endlich dahin, daß er in ein Nervenfieber verfiel und starb. — Trotz dieses trüben Exempels glauben wir doch nicht, daß sich Viele abschrecken lassen werden, bei einer Kreditlosziehung den ersten Treffer für sich zu wünschen.

Aus Barzdorf (österr. Schlesien) schreibt man unterm 15. Juni, daß dort Tags vorher eine Heuschreckenwanderung begonnen habe. Der Zug dauerte bereits an zwanzig Stunden und bewegte sich von Süd nach Nord. Bis dahin hatten sich die Schaaren noch nicht niedergelassen.

John Hill, der im Rufe stand, der älteste Mann in England zu sein, ist kürzlich in Rochester gestorben. Er war in Sussex 1758 geboren und erfreute sich immer einer vortrefflichen Gesundheit. — In dem polnischen Städtchen Czenstochau lebt ein Mann, Namens Kanter, der 112. Lebensjahre zurückgelegt hat. Er ist noch so rüstig, daß er den ganzen winterlichen Holzbedarf für seine Familie aus dem Walde holt und das Holz ohne Mithilfe eines Andern auch klein spaltet. Sein ältester Sohn zählt gegenwärtig 75 Jahre.

Die unterbrochene Hochzeit. „Nenne Keiner einen Tag glücklich, bevor er seinen Abend gesehen, denn die Menschen-Geschicke sind unberechenbar!" — rief der weise Polizeidirektor von Worship-Street in London, Mr. Knox, am 20. Mai aus, als folgender Fall seiner Entscheidung harrte: Mr. Grosvenor machte an jenem Morgen eine sehr sorgfältige Toilette und wähnte sich auf dem Gipfel der Freude und des Glückes angekommen, die ganze Welt und das ganze Leben lag rosenfarben vor ihm; er wählte er auch zur sinnlichen Veranschaulichung seiner Gemüthsstimmung eine rosafarbige seidene Weste, die ihm 21 Schilling gekostet hatte, und verzierte sie mit einem lächelnden Blumenstrauß, der ihm 18 Pence zu stehen kam, denn es war heute sein Hochzeitstag und er war im Begriff, sich zur Trauung nach der St. Johns-Kirche zu begeben. So that er auch. Kaum war er jedoch aus dem Cab gesprungen, hatte seiner hoffnungstrahlenden Braut den Arm gereicht und war in die Vorhalle der Kirche getreten, so — wir lassen ihn nach dem Polizeiberichte selbst erzählen — so puffte plötzlich dieses Weib (die Angeklagte Mary Connor) auf mich ein, riß meine Hochzeitsweste entzwei und trat mich mehrmals schwer vor den Bauch, auch schlug sie mich auf die Nase, so daß Blut kam." Angeklagte: „Ich habe mit diesem Manne sechs Jahre lang auf sein Versprechen, ehrenvoll gegen mich zu handeln, gelebt, und nun fand ich ihn im Begriff, eine Andere zu heirathen, und in meiner Entrüstung zerriß ich ihm die Weste; er schlug mir darauf zwei Zähne ein (welche producirt werden) und ich trat ihn." Konstabler: „Als ich zur Kirche gerufen wurde, fand ich einen Zusammenlauf von wenigstens 200 Menschen und den Kläger, welcher seine Rosaweste in zwei Stücken über den Arm hängen hatte." Der Prediger weigerte sich unter diesen Umständen zu trauen, so befand sich denn die Gesellschaft statt beim Hochzeitsmahle vor dem Polizeirichter sammt den eingeschlagenen Zähnen, der zerrissenen Rosafarbigen und der blutigen Nase. Und der weise M. Knox that obigen Ausspruch.

Zu den vorzüglichsten aller Hühner gehören die andalusischen. Sie geben nicht nur ein ausgezeichnetes Fleisch, sondern sind auch die besten Leger, die man haben kann. Man rechnet fünf bis sechs Stück Eier pro Woche auf jedes Huhn. Die Eier sind größer als die aller anderen Hühner, selbst als die der gerühmten schwarzen Spanier, überaus wohlschmeckend und von Farbe lichtblau mit dunkleren Flecken.

Auch in Grund zum Stehlen. Man schreibt aus Wien: Das achtzehnjährige Stubenmädchen Karoline Friedreich hat aus dem Schreibtische ihres Herrn in zweimaligem Angriffe 35 Gulden entwendet. Auf die Frage des Vorsitzenden, was sie mit dem Gelde angefangen hätte, antwortete sie: „Ich habe es theils vernascht, theils verfahren." Präsident: „Wie, verfahren?" Angeklagte: „Nun, wenn mir die Gnädige einen Auftrag gegeben hat, so habe ich immer einen Wagen genommen, damit ich nicht zu Fuß gehen mußte." Der Gerichtshof verurtheilte die schwerfällige Karoline zu zwei Monaten Kerker und läßt sie abführen — aber zu Fuß.

Ein Leichenzug in Wien. Daß im Volke noch nicht die Poesie erstorben sei, hat ein ergreifender Vorgang in Wien bewiesen. Die entseelte Hülle eines Mädchens aus dem Volke, einer armen jungen Arbeiterin, ward zur Erde bestattet, doch nicht von prosaischen und theilnahmlosen Todtengräbern und Leichenbittern, sondern von den Genossinnen der Dahingeschiedenen. Sechs Mädchen in Trauerkleidern trugen die Bahre und voran schritt eine siebente, mit aufgelöstem Haar und eine zerbrochene Wachskerze in der Hand haltend. Das Aufsehen, welches diese Procession machte, war ungeheuer, der Eindruck überall ein stillernster, feierlicher.

Liszt soll in Paris zum Ober-Intendanten der kaiserlichen Kammermusik ernannt worden sein. Wahrscheinlich eine Erwiderung des Kompliments, welches neulich Liszt dem Kaiser gemacht, als er von diesem als „der Größen des Jahrhunderts" genannt, sich tief verbeugend sagte: „Und das Jahrhundert sind Sie, Sire."

Die Londoner Ausstellung. Die Kommissarien für die Ausstellung des kommenden Jahres halten jetzt wöchentlich mehre Sitzungen, um die ungeheure Arbeit zu bewältigen und das Urtheil Sachverständiger in allen Einzelheiten zu erörtern. Von Seiten des Kontinents liegen noch wenig Beweise allgemeiner Theilnahme an dem Unternehmen vor, was theilweise ohne Zweifel dem Mangel an Vertrauen in die friedliche Gestaltung der politischen Verhältnisse beizumessen ist. In England scheint man in dieser Beziehung minder ängstlich zu sein und die Anmeldungen um Ausstellungsraum sind jetzt schon bei Weitem größer, als vermuthet worden war. Trotzdem die eine Hälfte des Raumes, wie im Jahre 1851, ausschließlich englischen Ausstellungsgegenständen eingeräumt werden soll. Sind die Anmeldungen doch schon so zahlreich, daß, um ihnen zu genügen, das Gebäude drei Mal so groß angelegt werden müßte, als es ursprünglich im Plane liegt. Der Bau selbst schreitet rasch vorwärts. Schon sind die Fundamente fertig und die Seitenmauern der Gemäldegalerie 15 Fuß aus dem Boden heraus. Die Grundlagen haben bereits 100,000 Ctr. Cement verschlungen und werden bis zu ihrer Vollendung über 18 Millionen Ziegel erfordern, die ihrerseits 440,000 Ctr. Mörtel in Anspruch nehmen werden. Man hat die Masse des im ganzen Gebäude zu verwendenden Eisens auf 200,000 Ctr. veranschlagt und ebenso hoch die Masse des zu verwendenden Bauholzes. Die Belegung des Flurs allein erfordert 360 englische Meilen Bretter von 7 und 270 Meilen Bretter von 9 Zoll Breite. Die Fenster erfordern 600,000 Fuß Rahmen und 10,000 Ctr. Glas zu ihrer Ausfüllung. Zur Bedachung sind 600,000 Quadratfuß wasserdichten Filzes erforderlich. Zu den Veranschlägen untergeordneter Gegenstände gehören 2000 bis 4000 Ctr. Nägel, 12,000 Ctr. Oelfarbe zum Anstrich, 6000 Ctr. Dachrinnen und sonstige Röhren.

In Berlin ist dem Mohren, der vor mehren Jahren von Dr. Ritter als Sclave aus Brasilien mitgebracht worden war und in Berlin durch richterlichen Spruch seine Freiheit erlangte, auf sein Gesuch die Heimatsangehörigkeit von der Kommunalbehörde bewilligt worden.

John Murray, der einst so viel genannte Schmied von Gretna Green, der so viele englische Liebespärchen in Chefesseln schlug, ist 63 Jahre alt gestorben.

Aus Oberhollabrunn berichtet man der „Presse" folgende Geschichte: In Immendorf befindet sich außerhalb des Ortes ein Ziegelofen, Eigenthum des dortigen Bürgermeisters M. Leutner, welcher für heuer einen neuen Ziegelbrenner aufgenommen hatte. Dieser Ziegelbrenner wollte den durch längere Zeit außer Betrieb gestandenen Ofen reinigen und grub zu dem Ende den Schutt auf, bei welcher Arbeit er vom Bürgermeister getroffen und ihm ein ferneres Aufgraben verboten ward. Der Brenner aber grub dessenungeachtet und fand hiebei auf eine besonders nachgiebige Stelle, an welcher er beim Nachsuchen Weiberröcke fand, und auf Rippen, die theilweise mit Fleischtheilen umgeben waren, stieß, endlich einen menschlichen Schädel und die übrigen Knochen eines Menschenkörpers entdeckte. In der Nähe des Schädels lag ein kurzer schwarzer Zopf von Menschenhaaren. Als der Brenner hievon die Anzeige dem Bürgermeister machte, sagte dieser, er solle keinen Lärm machen, sonst bekämen sie beide unnöthige Lauferei zum Gerichte; die Knochen werden ja nur Thierknochen sein. Abends verfügte sich der Bürgermeister mit dem Ortswundarzte, einem sehr alten Manne, in den Ziegelofen, wo der Chirurg das Gerippe für Schafknochen erklärte. Ein mittlerweile durch das schnell verbreitete Gerücht herbeigekommener Schuhmachermeister besah sich das Skelett, überzeugte sich, daß es aus Menschenknochen bestehe und ermahnte den Bürgermeister, den Vorfall der Behörde zu melden, wurde jedoch von diesem barsch angelassen. Wie sich aber selten ein solches Ereigniß verheimlichen läßt, so auch in diesem Falle. Der Brenner meldete das Geschehene dem Gerichte, welches die Sache kommissionell erhob, aber die anfangs ganzen Knochen eines Menschen bereits total zerschlagen, die Kleidungsstücke klein zerstückelt vorfand. Die Erklärung dieses seltsamen Ereignisses bildete sich die Fama dadurch, indem vermuthet wurde, das gefundene Gerippe sei der Körper einer seit circa drei Jahren verschwundenen ledigen Hausfrauerin, welche mit Leinwand aus Schlesien, welche habe gewöhnlich bei dem jetzigen Bürgermeister übernachtet, wenn sie nach Immendorf kam; sie habe damals bei 500 fl.

in Baargeld bei sich gehabt. Thatsache ist, daß in Folge der fortschreitenden Untersuchung der Bürgermeister seit 15. Juni sich in gerichtlicher Haft zu Oberhollabrunn befindet.

Zu einem eigenthümlichen Patriotismus hat sich in New-York eine Gedamme verstiegen, welche durch die „Staatszeitung" bekannt macht, daß sie es sich zur Ehre anrechnen werde, den Frauen der in's Feld gerückten Krieger ihre Dienste unentgeltlich widmen zu dürfen. Eine solche Reklame ist gewiß neu.

Gefährlichkeit photographischer Porträts. Dieser Tage wurde in einem Münchner Gasthofe ein bedeutender Diebstahl an Geld, Uhren und Kleidern verübt; der Thäter wurde aber auf eine eigenthümliche Weise entdeckt. In der Eile hatte er seine Photographie verloren und so dem breiten Steckbrief selbst in die Hände der Polizei geliefert. Er mag es nun wohl bedauern, daß sie sich photographiren zu lassen, mitgemacht zu haben.

Das Vermögen des Hauses Rothschild, d. h. sämmtlicher Familien desselben in Frankfurt, Paris, London, Neapel und Wien, soll gegenwärtig mehr als 200 Millionen Thaler betragen, eine Summe, die in Gold fünfzig Pferde zur Fortschaffung erfordern würde.

Kaiser Rudolf der Habsburger kam einst in der Gegend von Basel durch einen Flecken, in welchem er einen Gerber seine stinkenden Felle aufhängen sah. „Du möchtest" wohl auch lieber hundert Mark Goldes und ein hübsches Weib haben, als dies schmutzige Gewerbe treiben?" sagte der Kaiser. „Was der Herr Kaiser mir da geben will, habe ich schon," erwiederte der Gerber und Rudolf erklärte, in seiner Herberge seinen und sich überzeugen zu wollen. Der Gerber ließ durch seine Frau Speisen und Wein in silbernen, vergoldeten Gefäßen auftragen und begrüßte bald darauf den Kaiser in einem brokatnen Rocke. „Aber warum treibt Ihr bei solchem Wohlstande ein so stinkendes Geschäft?" fragte Rudolf. „Weil all' diese schönen Sachen durch das stinkende Geschäft erworben worden sind," entgegnete der Gerber, „und bald fort sein würden, wenn ich es aufgeben wollte."

In Wien hat ein Husarenoffizier, Graf Szirmay, gewettet, vierzig deutsche Meilen in vierzig Stunden auf einem und demselben Pferde zurückzulegen und die Wette gewonnen. Der Gewinn beträgt 1000 Gulden.

Eine tragische Geschichte wird aus Wien gemeldet. In der Leopoldstadt wohnte seit einiger Zeit anspruchslos und eingezogen die Witwe eines Kaufmanns aus Preßburg, deren Mann sich aus Schmerz über seine unverschuldete Zahlungsunfähigkeit selbst entleibt hatte. Die Witwe hatte zwei Töchter, Zwillingsschwestern, die einander auf's Haar glichen und von solcher Schönheit waren, daß sie bald in der ganzen Leopoldstadt bekannte Persönlichkeiten waren. Die eine Schwester machte eine glänzende Heirat, die andere, Namens Regina, liebte einen jungen Mann aus Bukarest, der zu wiederholten Malen um ihre Hand anhielt, aber immer wieder abgewiesen wurde, weil er nicht hinlänglich reich war. Die Leidenschaft siegte; das unglückliche Mädchen fühlte sich Mutter und wußte ihren Zustand zu verheimlichen. Eines Abends gebar sie einen Knaben. In unseliger Verblendung und Verzweiflung warf sie das Kind in den Abort. Eine Dienerin hörte das Wimmern des Kindes in der Cloake und rief den Hausmeister herbei, welcher das Kind noch lebend aus dem Kanal herauszog. Nach einigen Stunden verschied es trotz der angewandten ärztlichen Hilfe. Die Verbrecherin war bald erforscht und wurde verhaftet. Sie wurde dem k. k. Landesgericht überliefert. Dort verfiel sie in verzweiflungsvolle Lethargie und, wie die „Oest. Ztg." meldet, ist sie in Folge des großen Seelenleidens bereits gestorben. Die Unglückliche war erst siebzehn Jahre alt.

Redigirt unter Verantwortlichkeit des Verlegers. — Papier und Druck des art.-typ. Instituts von Carl Bellmann in Prag.

Erinnerungen.

Illustrirte Blätter für Ernst und Humor.
82. Band. (Ein und vierzigster Jahrgang.) Heft II.

Der Jakobiner.

Erzählung von Alfred Affolant.

(Schluß.)

„Ei, so bist Du ein wirklicher Marquis?" entgegnete die Zigeunerin. „Nun ja, ich dachte mir es gleich. Gib mir die Hand, ich will Dir sagen, was Du bist, was Du warst und was Du sein wirst."

„Ei, das ist nicht schwer zu errathen. Ich war Marquis und Trainsoldat, ich bin in Dich verliebt und werde es ewig sein. Das ist meine Vergangenheit, meine Gegenwart und Zukunft. Jetzt aber, meine holde Taube, da Du meinen Stand und meine Liebe kennst, hoffe ich, daß Du nicht länger die Spröde spielen wirst."

Da er bei diesen Worten sie von Neuem umfing, wand sie sich wieder aus seiner Umarmung los und fragte rasch: „Lieben Sie mich?"

„Und wie ich Dich liebe! Schon seit einer Viertelstunde bist Du mein einziger Gedanke. Verlaß Deinen Begleiter, den Säbelfresser, und folge mir."

„Wozu doch? Wenn Sie Marquis sind, werden Sie meiner bald müde sein; sind Sie Trainsoldat, dann falle ich Ihnen nur zur Last; und sind Sie gar proskribirt, denn Sie sehen mir ganz darnach aus, als wollten Sie nicht erkannt werden, dann würde ich am Ende auch gegen meinen Willen nur zu Ihrer Entdeckung beitragen."

„Du sprichst so weise, wie die Königin von Saba. Liebe mich wenigstens so lange wir hier beisammen sind. Auch ich trage Bedenken, Dich in mein Mißgeschick zu verflechten."

„Was," sagte sie lebhaft, „Sie sind auch so arm wie ich?"

„Ich bin noch tausendmal ärmer als Du, denn ich habe rein nichts, aber tausend Bedürfnisse, die Du nie kennen lernen wirst. Einst war ich reich, jetzt sind meine Güter eingezogen, und ich selbst treibe mich wie ein verfolgtes Wild im Lande herum."

Sie erhob sich mit dem lautesten Freudenausbruche. Sie klatschte in die Hände und tanzte mit seltsamen Sprüngen um den Tisch. Roland sah sie mit sonderbarer Ueberraschung an.

„Mein lieber Marquis," sagte sie endlich, indem sie ihm um den Hals fiel, „Du gefällst mir und ich liebe Dich, Du hast nichts, komm mit uns und sei frei. Freiheit wiegt alles Geld auf. Kannst Du Guitarre spielen?"

„Ein wenig."

„Gut, das trifft sich vortrefflich. Wir suchen grade einen Spielmann, der mich begleitet, denn Rudolf ist ein Tölpel, der nur Centnergewichte mit den Zähnen aufheben, flammendes Werg essen und Hühnchen mit sammt den Federn verschlingen kann. Er besitzt keine Eleganz und feine Lebensart."

„Wer ist dieser Rudolf?"

„Nun, der Säbelfresser, der mich in seinen Schutz genommen hat."

„Du liebst ihn?"

„Ich gebe mir Mühe, ihn zu ertragen."

„Ist er eifersüchtig?"

„Selten; aber wenn er es ist, greift er gleich zum Messer."

„Und da soll ich bei der Gesellschaft sein?"

„Wir stecken Sie in eine Perücke und in einen bunten Rock; da wird Sie niemand erkennen."

Roland schüttelte bei diesen Worten der Zigeunerin den Kopf. Er sah sich schon als possenreißenden Bajazzo der Gesellschaft und diese Vorstellung erkältete die neu anstauchende Liebe seines Herzens.

„Werden Sie mich ohne Andenken an diese Stunde lassen?" fragte die Zigeunerin.

Roland griff traurig in die Taschen. Glücklicherweise hatte er noch eine Uhr von großem Werthe.

„Diese Uhr würde Sie nur verrathen," sagte sie, und mit einer schnellen Bewegung entwandte sie ihm den kostbaren Gegenstand.

Der Marquis bat sie dafür um ihre Guitarre. Die Zigeunerin bot sie ihm mit vieler Anmuth dar, umarmte ihn hastig und war im Augenblicke darauf durch die Thür verschwunden. Roland sah sie nach Moulin zu mit der Schnelligkeit eines Rehes laufen, dem die Jäger nachsetzen. Seufzend machte er sich selbst wieder auf den Weg nach dem Schlosse von Dives.

„Wie schade," sagte er sich, „daß eine so vollendete Schönheit auf den Märkten herumzieht. Die arme Sara, die in Mainz die Bewunderung aller sauerkrautessenden Deutschen war, ist nicht würdig, ihr die Schuhriemen aufzulösen. Und erst Louise! Welche traurige Figur muß sie in diesem düstern Schlosse spielen, wo der langweilige Onkel nichts anderes zu reden weiß, als von seinem Zipperlein und von den Tagen der Vorzeit. Ich werde ihr hoffentlich Unterhaltung bringen, und sie wird mir es nur Dank wissen, daß ich viel gelebt habe."

Dieser Gedanke machte ihn lächeln.

Ohne Hindernisse setzte er seine Reise fort. Ueberall traf er bei den fröhlichen Weisen, die er auf der Guitarre spielte, und bei seinen Schlachtberichten, die er hübsch auszuschmücken verstand, herzliche Aufnahme. Das Nomadenleben fing an, ihm zu gefallen und er vergaß nach und nach seine konfiscirten Güter, die eigene Lebensgefahr und fast selbst das Ziel seiner Reise.

Da er die Gegend um Dives sehr gut kannte, wich er der Stadt aus und gelangte auf einem wenig betretenen Fußsteige in die große Allee, die zum Schlosse führte. Die Sonne war schon untergegangen, als er unter den Fenstern des alten Ademar ankam.

Um nicht von den Dienern erkannt zu werden, drückte er den Hut tief in die Augen und öffnete mit demüthigem Wesen die Schloßthüre.

„Was wollen Sie?" fragte ihn barsch ein Diener.

„Ich bin ein armer Spielmann," sagte Roland, „und bitte um Herberge für diese Nacht, denn ich habe mich in dem Gebirge verirrt."

Man ließ ihn eintreten und führte ihn in die Küche, wo er sich, mit dem Rücken gegen die Flamme des Kamins gewendet, niederließ. Eine rauchige Lampe verbreitete ein nur schwaches Licht in dem düstern Raume, daß man ihn nur mit Mühe zu erkennen vermocht hätte.

„Wollen Sie einen Teller Suppe mit uns essen?" fragte einer der Bedienten, der ihn hereingeführt hatte.

Roland schüttelte den Kopf und sagte mit möglichst verstellter Stimme: „Ich habe schon zu Nacht gegessen, aber ich will Euch etwas aufspielen, daß Ihr tanzen könnt." Zugleich nahm er seine Guitarre zur Hand und griff einige Accorde.

„Woher kommen Sie denn?" fragte eine neugierige Magd.

„Von der deutschen Grenze, wo man sich schlägt."

„Sie waren bei den Schlachten zugegen?"

„Ich bin Soldat und bin im Felde verwundet worden. Man hat mir den Abschied gegeben und jetzt lebe ich vom Guitarrespiel."

Bei den Worten „Schlacht und deutsche Grenze" spitzte Alles die Ohren und bildete neugierig einen Kreis um den Fremden. Auf einmal aber öffnete sich der Kreis, um dem Fräulein von Dives Platz zu machen. Roland verneigte sich ehrfurchtsvoll.

„Da ist ein Soldat, welcher aus dem Kriege zurückkehrt," sagte die Magd, die schon gesprochen hatte.

Louise betrachtete den Marquis, ohne ihn jedoch bei der herrschenden Dunkelheit zu erkennen, und sagte ihm mit freundlicher Stimme: „Wollen Sie zu uns in den Salon kommen? Mein Vater wird sich freuen, Sie zu sehen und mit Ihnen zu speisen."

Roland folgte ihr ohne ein Wort zu sagen, trat in den Salon und schloß sorgfältig die Thür. Plötzlich warf er den Mantel ab und rief: „Mein lieber Onkel, meine schöne Cousine, erkennt Ihr mich nicht?"

Bei diesen Worten stürzten Beide auf ihn zu und bewillkommten ihn auf das Herzlichste.

„Wo in aller Welt kommst Du in diesem Aufzuge her?" fragte ihn der Graf.

„Vor allem, lieber Onkel, laßt mir zu trinken geben, denn mein Bericht wird lang sein."

Die Erzählung der überstandenen Abenteuer war in der That nicht kurz. Als sie beendet war rief Ademar aus: „Der Himmel führt Dich wieder zurück, aber das Land ist noch nicht sicher. Man könnte Dich denunciren. Du mußt diese Nacht in der Scheune schlafen. Du wirst ja an solche Lagerstätten in der letzten Zeit Dich gewöhnt haben. Morgen früh nimmst Du offen Abschied und Abends kehrst Du durch eine heimliche Thür wieder zurück. Hier kannst Du dann in der Verborgenheit bessere Zeiten erwarten. Die Republik wird nicht ewig dauern."

Unter lebhaftem Gespräch verstrich der Abend.

Roland konnte sich an seiner Cousine nicht satt sehen, welche, man muß es gestehen, eine der schönsten Republikanerinnen war, die man sich vorstellen kann. Schon nach der ersten halben Stunde liebte er sie leidenschaftlich. Gegen Mitternacht schlief Ademar in seinem Lehnstuhle ein. Roland neigte sich gegen seine Cousine und sagte ihr halblaut: „O, wie schön sind Sie doch!"

„Mein lieber Cousin," erwiederte sie lachend, „das bemerken Sie etwas spät. Gehen Sie schlafen." Zugleich erhob sie sich, weckte den Vater und zog sich in ihre Kammer zurück.

Roland wurde in die Scheune geführt.

Tags darauf stellte sich Roland, als ginge er nach Dives, strich aber die ganze Zeit in der Nähe des Schlosses herum und kehrte Abends durch eine geheime Thür, die er kannte, dahin zurück. Die Thür ging in ein Gewölbe eines unbewohnten Seitthurmes. Zwei Stühle, ein Tisch und ein Bett bildeten die ganze Ausstattung des Raumes, welcher als provisorische Wohnung Rolands bestimmt war.

„Hier," sagte der Graf, der ihn daselbst erwartete, „hast Du nichts zu fürchten, so lange nicht etwa unser guter Freund Barré eine strenge Hausuntersuchung anordnet."

„Wer ist dieser Barré?"

„Hast Du den frechen Jakobiner vergessen, der mein Schwiegersohn werden wollte? Er kann die Abweisung noch immer nicht vergessen, und er sinnt noch fort und fort auf Rache."

„Laß ihn nur kommen; ich will dem Sansculotten zeigen, daß seine Ohren nicht fest am Kopfe stehen."

„Gib Acht, daß er Dir nicht zeigt, wie wenig fest Dir der Kopf auf den Schultern steht. Dieser Teufel von einem Menschen hat überall seine Spione und herrscht in Dives wie der Großtürke in Konstantinopel. Ich bin nicht mehr Herr im eigenen Hause. Meine Freunde verlassen mich, meine Diener gehen in den Klubb und berichten dem Barré jedes Wort, das ich spreche. Ich hatte treffliche Pferde, man hat sie für die Kavallerie der Republik genommen; meine Ochsen ziehen die Bagage der Republik, mein Geld kleidet und verproviantirt die Soldaten der Republik, zu allen Requisitionen muß ich beisteuern. Mein Getreide ist um den Preis des Maximum verkauft und in Assignaten bezahlt, die auf fünfzig von hundert gefallen sind und in vier oder fünf Jahren keinen Sou mehr gelten werden. Oft sind die Assignaten noch zu gut für einen Edelmann und man zahlt mich blos mit Worten aus. Unterdessen sehe ich, wie aus Kommis der ordinärsten Art Armeelieferanten werden und zu ungemessenem Reichthume es bringen."

„Und Sie stürzen nicht mit dem Säbel in der Hand auf diese Schurken los?"

„Wer würde meine Tochter schützen?"

„Ich!"

Ademar blickte seinen Neffen lächelnd an.

„Du bist noch sehr jung für dieses Amt, das alle Umsicht erfordert," sagte er. „Ein Mann Deines Alters kann wohl seine Frau, aber nicht seine Cousine beschützen."

Hier zögerte Roland ein wenig. Er war in Louise sehr verliebt, aber er hatte Sara das Wort gegeben. Nichts destoweniger siegte der gegenwärtige Eindruck über die Erinnerung und er sagte: „Sie wissen, Onkel, daß ich ruinirt bin; würde mir ein Vater seine Tochter zum Weibe geben?"

„Parbleu!" rief der Onkel zornig. „Bist Du nicht ein Sprosse Gerards von Dives und der einzige männliche Repräsentant dieses großen uralten Geschlechtes? Das genügt. Wenn Du die Zustimmung Louisens hättest, dann sollte sofort die Hochzeit sein."

„Nun, dann werden wir sie bald haben," sagte Roland heiter.

Mehrere Monate verflossen jetzt in ungetrübter Ruhe. Roland, von seiner Cousine immer mit seinen Liebesbetheuerungen zurückgewiesen und durch den Widerstand nur um so mehr entflammt, fing an die Hoffnung, aber nicht den Appetit zu verlieren. Ademar sekundirte ihn nach Kräften, aber Louise interessirte sich nur für die Journale, wo sie in den Listen der Gefallenen und Verwundeten mit beklommener Aengstlichkeit den Namen ihres Geliebten suchte.

13.

Es war im Juni des Jahres 1793, da zog sich ein drohendes Gewitter, das jeden Augenblick mit Vernichtung drohte, über dem Schlosse von Dives zusammen. Die Uhr, welche Roland der Zigeunerin zum Andenken gegeben, war zum Verräther an ihm geworden. Rudolf hatte das kostbare Gedenkstück bei seiner Geliebten entdeckt und in dem goldenen Gehäuse den eingravirten Namen des Gebers gelesen. Von schrecklicher Eifersucht erfaßt, mißhandelte er das Mädchen so lange, bis sie ihm alles bekannte, was sie von Roland erfahren hatte, und er beschloß nun, die Spuren seines Feindes so lange zu verfolgen, bis er ihn erreicht und an ihm Rache genommen hätte. So war er bis in die Stadt Dives gekommen, wo er sich mit Barré in's Einvernehmen sehte. Sofort wurde allen Spionen der verschärfte Auftrag ertheilt, alle Vorgänge im Schlosse auszukundschaften und Gewißheit einzuziehen, ob der im Gewande eines Trainsoldaten angekommene Marquis sich auf dem Schlosse befände.

Es war zehn Uhr Abends. Die Dienstleute des Schlosses hatten sich der ländlichen Gewohnheit gemäß schon schlafen gelegt. Die Sommernacht entfaltete allen ihren Zauber. Der Himmel, wolkenlos rein und mit schimmernden Sternen besäet, erhellte matt das ruhende Land. Roland, den sein langer Aufenthalt zu Dives bereits einen großen Theil der Aengstlichkeit genommen hatte, spazierte ohne Vorsicht in dem Garten mit Fräulein von Dives. Sie sehten sich beide auf eine Rasenbank, die grottenartig von blühenden Schlingpflanzen überdacht war, und Roland erklärte ihr hier zum hundertstenmale, daß er sie liebe.

„Theure Louise," sagte er, „der Vorsehung selbst scheint es am Herzen zu liegen, uns von der Welt zu trennen, damit wir uns um so enger eins an das andere schließen. Lassen Sie mir wenigstens einige Hoffnung und stoßen Sie nicht einen Freund, der Sie leidenschaftlich liebt, von sich zurück."

„Ich stoße Sie nicht zurück, lieber Roland," sagte sie mit freundlicher aber fester Stimme, „aber ich kann Sie nicht lieben. Drängen Sie mich nicht weiter, wenn Ihnen meine Freundschaft werth ist ... Mein Herz gehört einem Andern," fügte sie mit einiger Anstrengung bei.

„Wem?" fragte Roland, ganz verblüfft von dieser ganz unerwarteten Mittheilung.

„Ihrem Freunde Reynier."

Zugleich erzählte sie ihm mit wenigen Worten die kurze Geschichte ihrer Liebe, und verhehlte auch nicht den Widerstand, den sie dabei von Seite des Vaters fand. „Sie sehen," schloß sie, „daß ich Sie nicht weiter hören darf. Sie sind es mir und Ihrem Freunde schuldig, mir kein Wort mehr von Liebe zu sagen."

Roland verstummte einige Augenblicke, ein wenig durch das Geständniß gedemüthigt. Da er indessen von Natur aus großherzig und leichten Gemüthes war, tröstete er sich sofort, daß die Liebe seiner Cousine nicht hatte erringen können, und er beschloß sogar, ein Mehreres zu thun und ihrem Glücke förderlich zu sein.

„Rechnen Sie auf mich, liebe Louise," sagte er endlich. „Ich werde nicht undankbar gegen Reynier sein und Ihnen nicht mehr mit meinen Liebesbetheuerungen zur Last fallen. Ich will selbst mit Ihrem Vater sprechen und Sie mit Ihrem Geliebten zu vereinen suchen."

In demselben Augenblicke trat Ademar zu ihnen.

„Lieber Onkel," wandte sich Roland an ihn, „ich habe die Ehre, Sie um die Hand meiner Cousine für ..."

„Dich zu bitten? Zugestanden, wenn Ihr einig seid."

„Nicht für mich, Onkel, sondern für einen meiner Freunde, den Sie so gut kennen, wie mich selbst; für Heinrich Reynier."

„In was mischest Du Dich?" fuhr der Graf zornig auf. „Heirate Louise oder heirate sie nicht, das ist Deine Sache, aber laß Dir nicht beikommen, sie ohne meine Zustimmung zu vermälen. Weißt Du, wer dieser Reynier ist? Ein kleiner Landarzt, welcher jetzt einige Flintenschüsse an der Grenze abseuern und dann mit Ruhm bedeckt zurückkehren wird, um mir die Tochter zu nehmen. Ist das nicht eine schöne Partie? Wenig Geld, dunkler Name, lächerliches Gewerbe, überspannte Einbildung, verrücktes Gehirn, pomphafte Reden, die, wenn man die Worte „Vaterland" und „Freiheit" ausstreicht, nicht zwei Ideen enthalten: das ist das Facit dieses großen Staatsbürgers."

„Er kann General werden," sagte Louise.

„Und wenn er Marschall würde, was liegt daran, bei seiner niedrigen Herkunft paßt er nun und nimmer in unser Geschlecht."

Louise sah ein, daß sie ihrem Vater nicht weiter widersprechen durfte und schwieg; Roland aber ergriff nun seinerseits das Wort zur Vertheidigung seines Freundes und verfocht die Sache desselben mit so viel Wärme, daß der Graf schon halb besiegt ausrief: „Lassen wir das jetzt. Später soll er zurückkommen, daß man ihn sehen kann. Dann werde ich wissen, was ich zu thun habe."

In diesem Augenblicke wurde ein dunkler Schatten am Ende des Gartens sichtbar und Schritte ließen sich vernehmen. Ademar schritt allein dem Ankommenden entgegen.

„Liebe Louise," sagte Roland mit leiser Stimme, „Sie wissen, bis zu welchem Grade ich Sie liebe."

Sie drückte ihm sanft die Hand und kehrte nach dem Thurme zurück, in dessen Nähe er sich hinter die Gebüsche verbarg, um nicht bemerkt zu werden.

„Mein Kind," sagte Ademar zu seiner Tochter, als er mit dem späten Gaste sich näherte, „hier ist Karl Reynier, Staatsanwalt zu Dives, der uns die Ehre seines Besuches gibt."

„Sprechen Sie nicht so laut," sagte der Staatsanwalt. „Man kann mir gefolgt sein und uns hören."

Er täuschte sich nicht. Oben auf der Gartenmauer erschien ein Schatten und vorgebeugt horchte er den Redenden zu, ohne gesehen zu werden. Fräulein von Dives erhob sich, um in's Schloß zurückzukehren.

„Was gibt es wieder?" fragte nun der Graf mit rauhem und gereiztem Tone.

„Mein Herr, ich bin nicht Ihr Feind, das wissen Sie," sagte der Staatsanwalt. „Ich komme, Sie auf eine große Gefahr, die Sie bedroht, aufmerksam zu machen. Sie sind verdächtig."

„Wer ist jetzt in Frankreich nicht verdächtig!"

„Man weiß, daß Ihr Neffe da ist."

„Wer hat Ihnen das gesagt."

„Barré, Ihr Feind, der Sie überwachen läßt."

„Er hat Ihnen davon Mittheilung gemacht?"

„Er mußte wohl. Mir kommt es zu, den Marquis,

und Sie selbst, wenn Sie den geringsten Widerstand leisten, arretiren zu lassen."

„Und Sie werden gehorchen?"

„Es ist meine Pflicht; aber ich möchte Ihnen nicht Kummer bereiten. Sagen Sie drum Ihrem Neffen, er möge während der Nacht fliehen und zu mir kommen, wo er ein sicheres Asyl finden wird, bis ich ihn mit einem Passe nach Spanien schicken kann. So geht alles gut und Barré kann Ihnen nichts anhaben."

„Ich danke Ihnen, Herr," sagte der Graf kalt. „Ihr Rath ist vortrefflich und ich würde ihn mit Vergnügen befolgen, wenn mein Neffe hier wäre; aber er befindet sich in Deutschland, wie Sie ja wohl wissen werden. Ich habe die Ehre, Ihnen gute Nacht zu wünschen."

„Sie verkennen mich," sagte der Staatsanwalt, der mit Mühe die Verstimmung niederkämpfte. „Lassen Sie sich wenigstens sagen, daß die Gendarmen übermorgen kommen werden."

„Gut, ich erwarte sie jede Stunde. Warum kommen sie nicht morgen?"

„Weil der Befehl von dem Revolutionskomité des Departements noch nicht unterzeichnet ist."

„Wohlan, mein Herr, so werde ich übermorgen das Vergnügen haben, Sie wiederzusehen."

Mit diesen Worten schritt der Graf aus dem Garten. Der Staatsanwalt folgte ihm.

Der Schatten, welcher halb über die Mauer gelehnt, sie belauscht hatte, verließ nun gleichfalls seinen unbequemen Posten und verschwand unbemerkt in der Richtung nach Dives.

Der Staatsanwalt entfernte sich langsam, und lenkte, über die Hartköpfigkeit des Alten brummend, in die Allee ein, als plötzlich eine kleine Hand auf seinen Arm sich lehnte und eine Stimme voll weicher Milde ihn anredete: „Herr Staatsanwalt, was haben Sie mit meinem Vater gesprochen?"

„Ich kam, um ihn zu retten, mein Fräulein," sagte der Beamte, der Louise von Dives erkannt hatte, und nun erklärte er ihr die Gefahr, in der die ganze Familie schwebt.

„Sie retten uns insgesammt, indem Sie unsern Cousin aus der Gefahr helfen," sagte Louise, von den Vorschlägen und Anerbietungen des Staatsanwalts gerührt.

„Ich gestehe, mein Fräulein," sagte dieser, „daß ich nicht sehr gern meinen eigenen Kopf aufs Spiel setze, um den Ihres Cousins zu retten, aber mein Bruder hat es so gewollt."

„Ihr Bruder?... Wie befindet er sich?" fragte sie zitternd.

Der Staatsanwalt lächelte. „O, vortrefflich. Er liebt Sie mehr als Himmel und Erde."

Das Dunkel der Nacht verhinderte, daß man die aufflammende Röthe auf dem Gesichte des jungen Mädchens gewahr werden konnte.

„Ich hoffe," sagte sie endlich, „daß er eines Tages zu seinen Freunden zurückkehren wird."

„Das ist sein innigster Wunsch, Fräulein. Doch, wenn ich nicht irre, habe ich ja seinen letzten Brief bei mir. Da ist er, lesen Sie selbst."

Und ohne Abschied zu nehmen und Louisen Zeit zur Ueberlegung zu lassen, drückte er ihr den Brief in die Hand und entfernte sich eilig.

Es muß bemerkt werden, daß sie sich nicht Mühe gab, ihn zurückzuhalten. Ihr Herz schlug vor Ungeduld, vor Verlangen und Furcht. Sie lief in's Schloß zurück, und kaum auf ihrem Zimmer angekommen, las sie die theuren Zeilen, die zuerst einen kriegerischen Bericht über die Blokade von Mainz, dann die feurige Liebesschwärmerei und zum Schlusse eine humoristische Darstellung von Rolands Verlobung mit der schönen Jüdin Sara enthielten.

Sie verschlang den Brief, und las ihn dann nochmals, jedes Wort erwägend. Oft drückte sie die lieben Zeilen an ihre Lippen. Drauf eilte sie zu ihrem Vater. Die Zeit drängte und Rolands Leben stand auf dem Spiele.

14.

Onkel und Neffe beriethen sich. Beide wollten, da sie Louise eintreten sahen, ihre Unruhe verbergen und geriethen in's Schweigen.

„Ich weiß alles," sagte sie, Roland die Hand reichend. „Im Verzuge liegt Gefahr. Sie müssen fliehen und sich diesem Ehrenmanne anvertrauen. Reisen Sie noch diese Nacht ab."

In einer Viertelstunde waren alle Vorbereitungen zur Abreise getroffen. Ademar gab seinem Neffen hundert Louisd'or, eine für die Zeit der Assignaten beträchtliche Summe, und sagte ihm bereits Lebewohl, als ein Mann von unheimlichem Aussehen geräuschlos in den Thurm trat. Bei seinem Anblick griff Roland nach einer geladenen Pistole, die auf dem Tische lag, und hielt sich bereit auf den Eintretenden loszudrücken.

„Wer seid Ihr?" fragte der Graf gebieterisch.

Rudolf, der Rolands Vorhaben bemerkt hatte, schien davon nicht eingeschüchtert. Mit gleichgiltiger, unerschrockener Miene trat er auf ihn zu und sagte: „Schießen Sie nicht, Freund! der Staatsanwalt von Dives schickt mich her."

Bei diesen Worten verschwand das Mißtrauen und Roland legte die Waffe nieder.

„Welches Zeichen können Sie uns geben, daß Sie im Auftrage kommen?" fragte der vorsichtige Ademar.

„Ich werde Ihnen, wenn Sie es wünschen, den Rath wiederholen, den er Ihnen vor zwei Stunden gegeben hat."

In der That wiederholte er ganz getreu das Gespräch, das er, auf der Gartenmauer liegend, belauscht hatte.

„Gut," sagte der Graf, „sprechen Sie jetzt."

„Der Staatsanwalt läßt Ihnen sagen, daß die Hausuntersuchung erst übermorgen stattfinden wird, und daß es darum nicht nothwendig ist, heute Nacht schon das Schloß zu verlassen. Seine Wohnung ist noch nicht auf Ihren Empfang hergerichtet. Er muß früher seine

Hausleute vorbereiten, daß sie ohne Arg den neuen Ankömmling aufnehmen. Morgen Abends wird er kommen, Sie abzuholen."

Das Alles schien dem Marquis und selbst dem Onkel ganz natürlich. Man dankte dem angeblichen Boten, drückte ihm einen Louisd'or in die Hand und schickte ihn wieder fort. Rudolf eilte mit schwunghaften Schritten nach Olves. Er hielt die Beute gefaßt. Obwohl es Ein Uhr Morgens war, so zögerte er doch nicht an Barré's Pforte zu klopfen. Es wurde ihm, als Einem, der wohl erwartet war, ohne Verzug aufgemacht. Jetzt erst erhielt Barré die vollständige Gewißheit von der Gegenwart des Emigranten und nun glaubte er, das Schicksal der gräflichen Familie vollständig in seiner Hand zu haben. Um den Marquis nicht entschlüpfen zu lassen, beschloß er, auf eigene Verantwortung bereits den nächsten Tag mit bewaffneter Macht auf das Schloß zu ziehen.

Die Morgenröthe streute kaum die ersten Rosen über die Gegend, als Louise wieder zu ihrem Vater eilte. Adémar, kaum angekleidet, empfing sie mit ruhigem Gesichte.

„Du hast schlecht geschlafen, liebes Kind," sagte er, sie küssend. „Ich sehe es Dir an den Augen an, die nicht so lebhaft sind wie gewöhnlich. Verbanne die bösen Träume. Roland ist bis morgen außer Gefahr und noch diesen Abend bringen wir ihn in Sicherheit."

Sie versuchte zu lächeln und Beide betrogen sich wechselseitig durch den Schein einer außergewöhnlichen Heiterkeit. Sie frühstückten mit Roland, welcher herzlich über die traurige Figur lachte, die morgen Barré mit seinen Gendarmen spielen würde.

Da auf einmal öffnete sich die Thür und eine junges Weib in bunter Tracht, wo Seide und Sammet den Abgang eines Hemdes ersetzten, stürzte in den Saal. Ohne Jemanden zu grüßen oder auch nur anzusehen, eilte sie geradeaus auf Roland zu. Es war die Zigeunerin.

„Retten Sie sich!" rief sie; „die Gendarmen sind da!"

Bei diesem Worte setzte der Marquis sein Glas auf den Tisch und erhob sich. „Das ist unmöglich!" rief er. Aber schon knöpfte er sich den Rock zusammen und suchte nach seinen Waffen. Adémar folgte seinem Beispiele.

„Fliehen Sie, Roland," rief Louise, „auf dem steilen Felsenpfade, der in's Thal hinabgeht, und Sie, mein Vater, lassen Sie um Gotteswillen die Pistolen liegen."

„Man wird mich nicht lebend in die Gewalt bekommen. Sind sie noch weit?"

„Hundert Schritte von da," sagte die Zigeunerin; „Rudolf führt sie."

„Welcher Rudolf?" fragte der Graf.

„Mein Liebhaber, ein Verräther, der den Herrn Marquis berabscheut und ihn umbringen will. Er hat Sie bei Barré denuncirt. Ich habe es erst diesen Morgen erfahren, als er seine Freude über seine gelungene Rache nicht verbergen konnte. Ich bin in einem Athem hieher gelaufen. Retten Sie sich!"

Während sie noch sprach, ergriff sie Roland beim Arme und zog ihn mit außergewöhnlicher Kraft fort. Er folgte ihr mechanisch, da er wohl fühlte, daß seine Gegenwart den Onkel wie die Cousine nur verderben könne. Sie schritten durch eine kleine, lange nicht mehr benützte Auslaßpforte in's Freie und gelangten auf den von Louise bezeichneten Felsenpfad, der sich jäh zur Thalsohle hinabzog. Sie waren noch nicht weit vorgeschritten, als sie vom Schlosse her zwei Schüsse vernahmen. Roland wandte den Kopf um und wollte rasch wieder in's Schloß zurückstürzen, aber seine Begleiterin hielt ihn mit Gewalt zurück und nöthigte ihn wieder den Pfad zu verfolgen.

Kaum hatten sie wieder einige Schritte vorwärts gethan, als ein wildes Geschrei, in dem sich Wuth und Freude vernehmen ließ, hinter ihrem Rücken ertönte.

„Da sind sie!" schrie Rudolf und stürzte den beiden Flüchtigen nach.

Roland sah ein, wie groß die Gefahr sei. Er konnte von hinten ohne Gegenwehr niedergestoßen werden. Er beschleunigte seine Schritte, indem er zwischen den Felsstücken sich hindurch wand, bald kühn über die klaffenden Spalten des Berges setzte, bald an herabhängenden Aesten des Strauchwerkes in die Tiefe sich gleiten ließ. Endlich gelangte er auf eine freie Plattform, wo er Halt machte, um sich dem nacheilenden Verfolger zu stellen. Die Zigeunerin merkte die Absicht des Marquis und blieb stehen, um den Ausgang des Kampfes zu erwarten und betrachtete sich schon im voraus als die Beute des Siegers, wer auch von den Beiden die Oberhand gewinnen sollte.

Als Rudolf sich erwartet sah, mäßigte er seine Hast. Es war ein Mann von dreißig Jahren, sonnverbrannt, muskulös und von einer unglaublichen Geschmeidigkeit des Körpers. Die Wuth des Landstreichers war Rolands einzige Hoffnung, den Vortheil über den Gegner zu erlangen.

Beide waren bewaffnet: Rudolf mit einem Säbel, Roland mit einem Dolche und einer Pistole. Der Säbelfresser fing, wie die Helden des Homer, den Kampf damit an, daß er den Gegner mit Worten insultirte.

„Hund von einem Aristokraten," rief er, „Deine letzte Stunde hat geschlagen." Zugleich führte er mit dem Säbel einen so gewaltigen Hieb gegen den Gegner, daß er denselben wohl tödtlich getroffen hätte, wenn Roland nicht rechtzeitig ausgewichen wäre und den Schlag mittelst des Pistolengriffes geschwächt hätte. Nichtsdestoweniger drang die Spitze des Säbels ihm in die Brust; aber gleich darauf knallte auch die Pistole und Rudolf stürzte getroffen auf den Boden. Ein Stoß mit dem Fuße genügte, den röchelnden Vagabunden über die Plattform hinab in die tief unten brausende Sorrille zu senden. Der Marquis folgte mit den Augen dem erschrecklichen Falle und schien bereit, sich dem sinkenden Körper nachzustürzen. Glücklicherweise erfaßte die Zigeunerin noch zu guter Zeit den Verwundeten.

„Sind Sie schwer verletzt?" fragte sie.

„Ich weiß es nicht," antwortete Roland; „ich halte mich mit vieler Mühe aufrecht."

„So stützen Sie sich auf mich und folgen Sie mir."

Mit großer Vorsicht stiegen sie den Felsen hinab, bis sie in eine Höhle gelangten, wo vor den überwuchernden Schlinggewächsen die Sonne kaum Zutritt fand. Hier legte sie den Verwundeten nieder.

„Bleiben Sie hier und rühren Sie sich nicht," sagte sie. „Ich will in's Schloß zurück und Eßwaare und Leinwand holen. Geben Sie nur Antwort, wenn ich Sie rufe. Ich werde Ihnen Nachricht von Ihrem Onkel und der Cousine bringen." Während sie so sprach, verband sie ihm mit Geschicklichkeit seine Wunde und eilte dann, aber auf einem andern Wege, als auf dem sie gekommen waren, dem Schlosse zu. Hier fand sie die größte Bestürzung unter den Dienern. Ademar, welcher die bewaffnete Menge trotzig empfangen und als man ihm auf den Leib rückte, sich mit den Waffen zur Wehr gesetzt hatte, war von einem der fallenden Flintenschüsse zu Boden gestreckt worden und Barré hatte die Tochter als seine Gefangene erklärt. In der Eile waren zwei Sänften fabriciert worden, auf deren einer man Ademars Leichnam, auf der andern die ohnmächtige Louise nach Dives hinabtrug. In Dives wurde das Fräulein in das Stadtgefängniß, einem alten Thurm aus der Sarazenenzeit, geschlossen.

Barré triumphirte nun ohne Hinderniß. Er glaubte an dem Ziele seiner Wünsche zu sein. Vergebens protestirte der Staatsanwalt gegen die Haftnahme; Barré wußte den redlichen, aber schüchternen Mann durch die Drohung, sein belauschtes Gespräch mit Ademar dem Revolutionscomité anzuzeigen, so in Furcht zu jagen, daß der gute Karl Reynier nichts Eiligeres zu thun hatte, als sein Amt niederzulegen, um sich dann durch die Flucht jeder Verantwortung zu entziehen. Nur weil sein Bruder Heinrich, der auf dem Rückzuge von Mainz in Metz aufhielt, setzte er einige Hoffnung, daß es diesem gelingen könnte, Louise zu retten. Unverzüglich eilte er, ohne Tag und Nacht sich Ruhe zu gönnen, zu demselben und schilderte ihm, wie Barré in Dives hauste und in welcher Gefahr Louise sich befinde. Dieser Bericht empörte den ebenso rechtlich denkenden, wie ausnehmend verliebten Kriegsmann auf das Höchste, und sofort führte er seinen Bruder zu dem Repräsentanten Merlin von Thionville, der sich bei der Armee befand.

Der ehemalige Staatsanwalt beglaubigte seine Aussagen durch überzeugende Belege und so fiel es nicht schwer, daß sich Merlin, der überdies dem jungen Reynier sehr zugethan war, bestimmen ließ, dem tapfern Freunde einen zweimonatlichen Urlaub zu gewähren und noch ein Blatt Papier folgenden Inhalts mit auf den Weg zu geben:

„Im Namen der Republik!

Befehl an das Revolutionskomité, auf der Stelle die Bürgerin Louise, ehemalige Gräfin von Dives, in Freiheit zu setzen und den Bürger Barré, Distriktsadministrator, in Haft zu nehmen.

Der Bürgerrepräsentant des Konventes in außerordentlicher Mission

Merlin von Thionville."

Diese Zeilen thaten Wunder. Kaum war Heinrich Reynier damit in Dives angelangt, thaten sich für Louise die Thüren des Kerkers auf. Barré aber wurde zum Jubel der Bürger, die seines tyrannischen und habgierigen Regimentes längst müde waren und es nur aus Furcht ertragen hatten, nach Paris in die Conciergerie geschafft.

Zwei Tage nach der Befreiung reichte Louise ihrem Heinrich die Hand. Die Verbindung erfolgte ohne Ceremonien, denn im Jahre 93 eilte man zu leben und zu genießen zu sein, da man eben des Lebens und Glückes nie recht gewiß war. Die Güter des Grafen von Dives, welche Louise erben sollte, waren zwar vom Staate konfiscirt worden und blieben es, aber die jungen Gatten verschmerzten in ihrem idealen Glücke gar leicht den materiellen Verlust.

„Ich habe hunderttausend Francs," sagte sich Reynier, „das ist genug für Louise und mich. Sie ist zwar eine geborene Gräfin, aber sie hat bürgerlichen Sinn und wird sich auch in kleiner Haushaltung behagen. Sobald ich als Soldat meinen Abschied habe, lasse ich mich als Arzt in der Provinz nieder. Das ist zwar keine glänzende Stellung, aber sie kann Brod und Zufriedenheit geben."

Auch Roland heiratete und zwar seine Verlobte, Sara von Kransperg, die ihm bis nach Dives nachreiste. Sie kam kurz nach Reyniers Ankunft in Dives an und traf den glücklichen Zeitpunkt, als Roland, den die Zigeunerin in ein Bauernhaus gebracht und bald darauf einem schmucken Reitersmanne zu Liebe verlassen hatte, sich entsetzlich langweilte. Um diesem peinlichen Zustande zu entgehen, nahm er die schöne Sara zum Weibe und reiste mit ihr nach Spanien. Unter dem Konsulate kehrte er wieder nach Frankreich zurück, wurde dort Senator Napoleons, Pair der Restauration und Julirevolution und diente so allen Regierungen der Reihe nach, die von Allen wegen seiner Geburt, seines Vermögens und seines glücklichen Charakters gern gesehen.

Der Moral zu Liebe sollten wir sagen, daß Barré auf der Guillotine den Kopf verlor; aber als Historiker müssen wir berichten, daß er bis zum 9. Thermidor im Gefängnisse blieb, dann sich für ein Opfer Robespierres ausgab, Präfekt und Freund von Cambacérès und Fouché wurde und als Pair von Frankreich starb, „reich an Jahren wie an Tugenden", wie ein hoher Kollege bei seiner Leichenrede sich ausdrückte.

Reynier allein kam nicht zu Reichthum und Ansehen. Der ehrliche Jakobiner war einer der tapfersten Soldaten der „unüberwindlichen Sambre- und Maasarmee", nahm seine Entlassung beim Frieden zu Amiens, wurde wieder Arzt und beschäftigte sich einzig mit seinen Kranken, seiner Frau, die er anbetete, und der Erziehung seiner Kinder. Er bewarb sich um keinen Platz, verwaltete kein Amt und begnügte sich einzig damit, glücklich zu sein. Möchten wir Alle in Letzterem ihm gleichen!

Holzschläger und Flößer*).
(Hiezu die Bilderbeilage.)

"Cinque! sette! tre! Cinque! quatter! due! Hahahaha!" schallt brüllendes, heiseres Geschrei aus der Osteria von Cremaglia. Die souveränen Bauern dieses, auf hoher Berg-Terrasse liegenden, tessinischen Dörfchens sitzen beim vollen Boccale des feurigen Weines von Rugnasko und spielen, die Finger auf dem Tische beinahe sich wund schlagend und Tollhäuslern gleich einander gegenseitig anschreiend, mit leidenschaftlicher Lebhaftigkeit das beliebte Mora-Spiel. In Deutschland und diesseits der Alpen würde man die Gesellschaft für Wahnsinnige halten, so geberden sie sich in aller Liebe und Freundschaft; das ist eben italienisches Blut. — Der leventiner Telpier, oder der aus der Tiefe des Val Maggia ist ein ganz gelassener Mann, so lange die Leidenschaften ihn nicht aufregen; Streit, Gesellschaft, ein fröhlicher Trunk gestalten ihn völlig um, und machen aus dem sonst so besonnenen, ruhigen Menschen einen hitzigen, tobenden Poltron. Was aber regt heute, an einem Werktage diese Handvoll Leute, so auf?

Die ganze Gemeinde von Cremaglia ist officiell beisammen. Gianella, der Holzspekulant von Comprovasco im Blenio-Thale, hat wieder einen großen Wald der Gemeinde abgekauft und gibt einen Trunk obendrein. Die Ratifikation des Kaufes wird soeben von der Municipalità ausgefertigt und die baare, klingende Kaufsumme für dieses veräußerte Gemeinde-Gut kommt nicht etwa in die Kasse des Patriciato, um daraus Straßen zu bauen, Schulen und Almosen-Bedürftige zu unterstützen, sondern die Vicini oder Gemeinde-Nachbarn vertheilen den Betrag unter sich, so daß ein Jeder mehrere hundert Lire bekommt. Darum sind heute die Confederati von Cremaglia so heiterer Humors.

Ein jeder ehrsame, wackere schweizerische Bürger, der mit Stolz auf den „Gemeinde-Säckel" und das „Stockamt" blickt, der etwas auf den ökonomischen Stand seines Orts-Haushaltes gibt, oder ein jeder andere civilisirte Mensch, der überhaupt kultivirte Begriffe von den geordneten Verhältnissen sorgsam-verwalteter Kommunal-Güter hat, wird vor solch' einer urgemüthlichen Handhabung der Verwendung von Genossame-Gütern zurückschrecken, — der tessinische Bauer nicht. Er hat keinen Begriff von der Nothwendigkeit eines geregelten, staatlich-beaufsichtigten Forsthaushaltes. Seine Berge

---

*) Aus den „Alpen in Natur- und Lebensbildern" von H. A. Berlepsch. Leipzig 1861, mit besonderer Erlaubniß des Verlegers Herrn Hermann Costenoble.

---

sind noch reich an Hochwäldern, wenigstens seiner Meinung nach, die ihn und seine Kindeskinder überdauern, — und bis dahin, wo Holznoth eintreten könne, wachsen neue Waldungen an Stelle der abgeholzten. So räsonnirt der Bauer. Früher gab's allerdings meilengroße Forste, die seit Jahrhunderten unbenutzt geblieben waren. Als dann in der benachbarten Lombardei die Holzpreise stiegen, kamen italienische Spekulanten in die Schweiz, unterhandelten, kauften um Spottpreise, und ganze Gebirge wurden ihres kostbaren Schmuckes beraubt.

Jetzt soll auch wieder ein großer, schöner Hochwald, tief in den hintersten, geschluchteten Thälern, am Fuße des Rheinwaldhornes, unter dem Beile der Borratori fallen. Die Waldung liegt weit von der Straße ab und wohl einige Tagereisen entfernt von dem lombardischen Orte, wo das Holz an den Sägemüller verkauft wird. Durch den Transport auf der Achse würde das Holz zu einem enormen Preise hinaufgetrieben werden, den Niemand zahlte; deshalb müssen andere Transportmittel ersonnen werden, — namentlich auch schon, um nur das Holz aus den tiefverstockten, einsamen Gebirgswinkeln erst in die Nähe menschlicher Kommunikation zu bringen.

Ueberall, wo große Bergströme von den Alpen herabkommen, sind auch die Thalwände sehr von Waldungen entblößt. Das Holz, welches nach Gewicht und Volumen in keinem Verhältniß zu seinem Werthe steht, ist, bei nur einiger Entfernung, ein undankbar zu transportirendes Naturprodukt. Darum nahm man die Flüsse für den Transport des Holzes in Anspruch, und deshalb griff die Axt zunächst diejenigen Forste an, welche in der Nähe kräftiger Wasseradern lagen. Auffallend entwaldeter ist die Südseite der Alpen als die nördliche. Das stark bevölkerte Italien erzeugte von jeher nicht seinen Bedarf an Hölzern; deshalb griff es in die Alpenwälder und rückte, Schritt für Schritt, immer weiter gegen den Kern der Forstschätze emporsteigend, mit seiner Plünderungsspekulation vor, bis jene auffallende Entblößung an den Südhängen entstand, welche uns bei jedem Bergübergange so sehr auffällt. Die leicht und frei gelegenen Forste fielen zuerst, und als diese gelichtet waren, drang der Wälderhandel immer tiefer in die Seitenthäler und die holzreichen, verwinkelten Gebirgsschluchten ein, die früher selten eines Menschen Fuß betrat. Hier wächst, mit dem Näher-Eindringen an den Gebirgskern, auch die Böschung, die Zerklüftung des Bodens. An stotzigen Bergwänden, die gar oft der Abdachung eines Kirchthurmhelmes wenig nachstehen, klettern die Lärchen und Rothtannen wie rechte Sturmbäume muthig hinan, daß einer dem andern immer weit über die Wipfelkrone hinwegschaut. Dann aber gibt's da drin in den Winkelmysterien der großen Gebirgsfalten isolirte Kegel, rings von Abgründen umgeben, die prächtige Wälderkapuzen auf ihren Felsenschädeln tragen. Wie eine Gruppe von Baumschildwachen oder wie die kleine, muthige Besatzung einer Festung stehen sie da droben unantastbar, weil Niemand, so lange es noch bequemer zu fällendes Holz gab, auf den übermüthigen Gedanken kam, die Exklusiven da droben anzugreifen. Freilich

Holzflösser.

modert, wie im Bannwalde, manch' blitzzerspälter Urstamm auf diesem Scheitel, mancher ästeloser Schaft leuchtet wie ein Ruinen-Splitter silberfarben aus dem Dunkel hervor, indessen die Nachkommenschaft frisch und stark, eine neue Generation, die Alten überholt. — Jetzt, wo in den Vorbergen Alles schon unter dem Beil der Holzknechte gefallen ist, wird dieses bisher wenig geachtete Reserve-Kapital auch angegriffen. Die Wälderspekulanten bieten, und mit dem Handschlag, mit der Namens-Unterschrift des Podestat, mit der Aufzählung der blanken baaren Kaufsumme sind alle die verwegenen Trupbäume zu Todeskandidaten gestempelt, und über's Jahr grinst eine kahle Felsenglatze in die Einsamkeit hernieder.

Solch' einen versteckten Wälderkomplex haben die Bauern von Cremaglia soeben verkauft und freuen sich des Geschäftes. Denn sie selbst als Korporation hätten all' ihr Lebtag das Holz aus den verborgenen Winkeln nicht hervorgeholt; dazu gehört ein fester spekulativer Wille, dazu sind kostspielige Vorkehrungen, Ausbeutungsbauten und disponible Kapitalien nöthig; — und an alle dem fehlt's dem Sign. Gianella nicht. — Heute kreist noch der Boccale in lärmender Gesellschaft, heute freut sich noch Jeder des Lebens. Morgen beginnt die Gefahr drohende Arbeit; wer weiß, ob er den letzten Stamm fallen sieht, — ob er nicht früher selbst mit zerschellten Gebeinen am Fuße der Felsenwand ruht.

Der Licinese (Bewohner des Kanton Tessin) ist ganz ein anderer Mensch, als der deutschredende Urälpler. In ihm vereint sich die kalte Entschlossenheit, das an harte Strapazen und Entbehrungen gewöhnte Leben des Gebirgsbewohners mit der drängenden Unruhe, dem heißblütigen, raschhandelnden Element des Italieners. Er ist ein vortrefflicher Arbeiter, umsichtig, scharfblickend, veränderlich und nicht verlegen, wo es gilt, geschickte Handgriffe, kleine Hilfsmittel rasch zu ersinnen, die ihm sein Vorhaben praktisch erleichtern; dabei ausdauernd, fleißig und sparsam. Darum beschäftigt man ihn diesseit der Berge gern bei Straßenbauten. Einige Zoll Ingenieur-Fähigkeit bringt jeder als Natur-Geschenk mit auf die Welt, — und diese wendet er mit wunderbarer Gewandtheit ganz besonders bei der Ausbeutung der Wälder an.

Während alljährlich Tausende den Sommer über in der Fremde als Gypser, Glaser, Steinbrecher und Erdarbeiter ihr Brod suchen, und von dem zurückgelegten Gelde den Winter hindurch mit Frau und Kindern spärlich in dem versteckten Alpendorfe leben, — beschäftigen abermals Tausende sich daheim als „Tagliatori di selva" und „Borratori". Erstere sind die eigentlichen Holzfäller, die Männer mit Säge und Axt, die dem Baum den Todesstreich versetzen; letztere (oft Bergamasken) sind diejenigen, welche durch erfinderische Vorkehrungen die Stämme aus dem Labyrinth der Bergwildniß hinab zum Fluß befördern, der dann auf seinem Rücken die Blöcke spielend weiter trägt.

Haben wir die Klettertalente der Gelzbuben bewundert, so finden wir hier würdige Genossen, Naturturner, die ihres Gleichen suchen. Wie Spechte laufen sie mit ihren Klettereisen-Krallen an den Stämmen empor, hängen schwindelfrei über tiefen Abgründen und hauen mit wuchtiger Faust die Aeste ab, so daß der schlanke Schaft wie eine Kerze, nur noch mit der Krone geschmückt, dasteht. Jetzt bekommt das Mordbeil Arbeit. Dort, wo das Moos am üppigsten den Stamm umspinnt, da ist der saftigste Zellenbau im Holzgewebe, da bringt die Axt den Ausgiebigsten hinein. Wie dem Verbrecher, ehe der Henker seinen Schwertstreich führt, das Haar aus dem Nacken geschoren wird, so entblößt auch hier des Holzers Hand den Stamm von den Epheu-Fesseln oder dicken Moospolstern, die an dem starken Baum ihr kleines, ärmliches Schmarozerleben fristeten. Jetzt blitzt es hell im Sonnenschein! Hieb um Hieb durchhallt den weiten, stillen Wald, und immer tiefer dringt die Mordaxt ein. Zischend fliegen die Spähne durch die Luft, immer größer wird die Wunde, immer näher kommt sie dem innersten gesunden Kern des Stammes. Nun reicht das Beil nicht mehr. Nach kurzer Rast greifen die Holzknechte zur Säge. Es ist ein gefährlicher Stand, den sie einnehmen, denn vor ihren Blicken geht's jäh hinab. Am Wurzelgeflecht des Baumes, den sie tödten, wühlt sich ihr Absatz in die Erde. Nun Riß um Riß und Schnitt um Schnitt geht's immer tiefer von der anderen, gesunden Seite her, der Hiebwunde entgegen, bis auch hier die schwache Menschenkraft erlahmt und das Mordinstrument den Dienst versagt. Da kommt das letzte Martermittel für den schönen, resignirt seinem Ende entgegensehenden Baum: der breite Keil muß die klaffende Spalte erweitern, und leichter arbeitet dann der fressende Zahn der Säge fort. Jetzt stöhnt's wie Todesschauern aus dem Baum; der Wipfel zittert, leise schwankend wogt er hin und her; noch wehrt er sich, noch will die urgesunde, feste, stramme Kraft, die in ihm wohnt, ihn halten. — Da reißt der letzte Lebensfaden, ein knatterndes Zerbersten, und gebrochen sinkt die Säule des Waldes in sausendem Sturze jach hinab, bis liegend an einer anderen Stamm, ein hervorragendem Felsenzahn seine wilde Flucht aufhält. Schon mancher Holzer wurde von den Aesten des gegen den Berg stürzenden Baumes, wenn sie nicht genügend abgeschlagen waren, von seinem Posten hinweggefegt und in die Tiefe geschleudert.

So geht das Schlachten fort. So oft eine Partie am Boden liegt, beginnt das Zertheilen des Stammes in Blöcke oder „borre" von gewisser Länge und das Abschälen der Rinde oder „strapina". Bis hieher hat das Fällen des Baumes, die Gefährlichkeit des Standortes abgerechnet, wenig Eigenthümliches; so ähnlich kommt's auch in anderen Wäldern vor. Nun aber kommt die Arbeit der Borratori. Die schweren, festen Balzen würden nur mit außergewöhnlichem Kraft-Aufwande stundenweit bis an den Fluß geschafft werden können, wenn nicht der Scharfsinn ein anderes, viel leichteres Transportmittel erfunden hätte. Dies sind die „Soveden" oder „Seguenden" d. h. Holzleitungen, die in Kühnheit ihrer Bauart den antiken Wasserleitungen nicht nur gleichkommen, sondern dieselben noch übertreffen. Mit vortrefflich ausgebildetem Orientirungs-Sinn, mit richtig tarirendem Augenmaß, und mit einem Scharfblick, der manchem Ingenieur zu wünschen wäre, erspähen sie, ohne Hilfe von Kompaß oder Situationsplänen, ohne Berechnungstafeln und hypsometrische Angaben, stundenweite, ideale Linien über Abgründe, durch Wälder, an Felsenwänden hin, bald in gerader Flucht, bald in einer Menge von Wendungen, die immer das richtige Fall-Verhältniß einhaltend, endlich im Hauptthale auslaufen. Dabei benutzen sie jeden kleinen sich darbietenden Vortheil; ein einzelner, weit hervorragender Baum, eine überhängende Steinwand, ja sogar die Dächer von Senuhütten müssen ihren Konstruktionen als Stützpunkte dienen. Diese Strusone oder Holzrinnen werden ungemein präcis aus je sechs bis sieben glatten Baum-Stämmen gebaut; sie sind drei bis fünf Fuß breit, muldenförmig, also an den beiden Seiten mit aufstehenden Rändern versehen und müssen immer ein Abdachungsverhältniß von mindestens zehn Procent einhalten. So lange es möglich ist, laufen sie auf festem Boden, über den Rücken der Berge; wo dann die Richtung dem Borratore nicht mehr konvenirt, verläßt er die sichere Unterlage und hängt seine Bahn an die nackten Gneis- oder Granitwände, gleich wie die Regenrinne unter der Traufe eines Daches schwebt, und wo auch dies nicht mehr thunlich ist, da spannt er in verwegenem Wurfe sein Geleise, thurmhoch durch die Lüfte, von einer Schluchtseite zur anderen, Seitenstücke zu den kühnsten Brückenbauten. Ueberall aber reservirt er sich dabei möglichst bequeme Zugänge, die freilich mitunter zu Standpunkten führen, auf denen nur der an schwindelnde Tiefen gewöhnte Gebirgsbauer zu arbeiten vermag.

Ist nun dieses ingeniöse, gefährliche und kostspielige Bauwerk hergestellt, das in den östlichen Alpen, in Tirol und Steiermark „Las" oder „Laaß" genannt wird, so warten die Borratori und ihre Knechte den Winter ab. So wie der erste feste Frost eintritt, eilen sie hinauf zu ihren Holzrinnen, begießen sie fleißig mit Wasser, daß die Klunsen und Spalten sich mit Eis ausfüllen, und die ganze innere Fläche des Leitungskanales mit einer glatten Eisrinde überzogen wird. Oft, wenn der Föhn unvermuthet eintritt, schmilzt über Nacht die ganze, sorgsam erzeugte Spiegelfläche wieder hinweg, und die Arbeit muß von Neuem wiederholt werden. Ist nun Alles in dieser Weise vorbereitet, so beginnt endlich der Transport. Abgehärtet, den eisigen Winden, den wildesten Wettern trotzend, klimmt er an den steilen Schneehalden empor bis zur Lagerstätte der Blöcke. Der Winter hat sein weißes Flockenkleid darüber geworfen, und nur undeutliche Umrisse verrathen die Tiefvergrabenen. Das erste Geschäft ist nun der „portarum", d. h. das Herbeischaffen des Holzes zur Gleite. Dies geschieht auf verschiedene Weise. Entweder, wenn der Schnee eine glatte, gefrorene Oberfläche hat, genügt es, die Blöcke in Bewegung zu setzen, die dann über die winterliche Rutschbahn hinabgleiten bis zur Stelle, wo sie auf die „Strusone" gebracht werden, oder ein Knecht kuppelt deren einige in Form eines Triangels aneinander, setzt sich auf die Spitze, und mit den Füßen steuernd fährt er herab, oder es werden, wie in den übrigen Alpen beim winterlichen Herniederschlitten des Heues oder Holzes, kleine Schlitten benutzt. Es muß diese Arbeit des Herbeischaffens an die Bahnlinie meist für den Winter aufgespart werden, weil die Blöcke als schwere, rauhe Körper bei nicht mit Schnee bedecktem Boden viel mühsamer zu transportiren sind.

Soll dann die eigentliche Thalfahrt beginnen, so vertheilen sich die Borratori in gemessenen Entfernungen, wie die Wärter einer Eisenbahn, längs der ganzen Sovenda als Wacht-Posten in sicherm Hinterhalt, mit langen, starken Sperren bewaffnet; besonders an solchen Orten stellen sie sich auf, wo in Folge der Rinnen-Wendungen die hinabgleitenden Blöcke leicht in's Stocken gerathen könnten. An solchen Stellen haben überdies die „Eisriesen" (so werden die Rinnen in Nieder-Oesterreich genannt) an der äußern Seite eine Schöhung, um das Ausspringen der Balken bei ihrer raschen Bewegung zu verhindern. Jetzt werden die Holzstämme, einer nach dem anderen, eingeworfen und, in besonder Hast, die Geschwindigkeit einer Lokomotive weit überholend, saust Stück für Stück hernieder, binnen wenig Minuten einen mehrere Stunden langen Weg über Abgründe zurücklegend. Es wird in der Regel sorgfältig vermieden, krumme Stämme einzuwerfen, weil solche leicht Sperrungen verursachen oder über die Rinne hinausspringen. Entsteht eine solche Störung, so zeigt der Borratore mit gellendem Pfiff dem nächsten Posten die Hemmung an, und das Signal geht von Mann zu Mann, bis hinauf zur Einwurfstelle, wo so lange paussirt wird, bis die Hemmung beseitiget ist. Ein neues Signal gibt Ordre zur Fortsetzung. Wenn mehrere, recht trockenfrostige, klingend kalte Tage mit mondhellen Nächten auf einander folgen, so begegnet es, daß ohne Unterbrechung fortgearbeitet wird, um die Vortheile dieser so trefflich geeigneten Witterung ökonomisch zu benutzen. Nur unter den freiwillig auferlegten, härtesten Entbehrungen, und durch Anstrengungen, die fast zur Erschöpfung führen, wird es möglich, die Arbeit ununterbrochen fortzusetzen. Ihre Lebensweise während des Dienstes ist auffallend einfach und nüchtern; Polenta (Brei von Maismehl) und etwas Käse bildet die ganze Nahrung. Geistige Getränke, um durch dieselben sich anzuregen, muß er gänzlich ausschließen; denn bei dem oft stundenlangen Stillstehen in bedeutender Kälte möchte ihn leicht Schlaf anwandeln, wenn er Branntwein genöße, und der Tod des Erfrierens wäre sein trauriges Loos. Aber auch die Gefahr, durch Sturz oder plötzliches Ausgleiten sein Leben zu verlieren, umgibt ihn ununterbrochen. Trotz der stachelbewaffneten Fußeisen an den Schuhen ist der Stand des Borratore auf vereister Felsenklippe oft ein höchst unsicherer. Haben sich Blöcke festgeklemmt in der Rinne, dann bedarf es nicht selten recht energischer Kraftanstrengung, um sie wieder flott zu machen; der erste, zweite, dritte Stoß wollen nicht helfen, — die Blöcke sind in einander verkeilt, daß es größerer Gewalt bedarf, um sie zu lösen. Der Borratore tritt auf den glatten Rand der Rinne und sucht mit seiner Art nachzuhelfen, — aber die Klemmung wird nicht gehoben. Da wagt sich der Unbesonnene auf einen der Blöcke, um einen tieferliegenden ein wenig aufzulodern — und siehe, anders als er es vermuthet, geräth die ganze Ladung wieder in's Gleiten. Gelingt es ihm, so rettet ein augenblicklicher Rück-Sprung sein Leben; — aber ach! wie Viele verloren es schon, indem der Sprung mißglückte, oder indem sie von den hinabjagenden Hölzern fortgerissen, besinnungslos in die Tiefe geschleudert, elend umkamen. Es gibt wenig „Holzer", die im Alter nicht mit erfrorenen Füßen oder sonst verstümmeltem Körper umherhinken. Und nichts desto weniger fehlt's nie an jungem Nachwuchs, die ihr Los im Alter kennend, dennoch dem lebensgefährlichen Berufe sich widmen.

Dort, wo der Waldhang unmittelbar sich zu den großen Wasserrinnen der Alpen, zu den lebendig strömenden Flüssen und kräftigen Bergbächen absenkt, bedarf es freilich keiner Bauten, um Bau- und Brennholz weiter zu befördern; dort muß das Wasser seine alten Transportdienste verrichten. Das kommt nun zwar in allen Berg-Gegenden vor; aber die Alpen haben auch hier wieder ihre romantische und großartige Eigenthümlichkeit. Unbekümmert um den Wasserstand, wird Holz gefällt und in die oft halb trocken liegenden Flußbetten geworfen. Kommt Zeit, kommt Rath. Steigt nun durch Regen oder Schneeschmelze der Bach, dann räumt er selbst das ihm zur Spedition anvertraute Gut auf, und dies ist der Moment, der neue, unbekannte Bilder komponirt. Bei Beschreibung der Küse wurde gezeigt, zu welchen furchtbaren Verheerungen das Wildwasser führen kann, wenn sich's verstopft und plötzlich mit Uebermacht sich neue Wege bahnt. Wie dort der Anwohner, so muß jetzt der Holzflößer den Augenblick wahrnehmen und helfen, wo eine Stockung einzutreten droht.

Da donnert das Wasser, da schäumt es vor Wuth.
Sich freien Lauf zu erkämpfen!
Da sträubelt und wirbelt die stürzende Fluth
In zischenden, siedenden Dämpfen.

Und mitten hinein in das aufgeregte Element, wo die Wellen mit zorniger Schleuderlust ihn umjagen, wagt sich der Flößer mit seinem Haken und öffnet hier, und lenkt dort, daß die viele Centner schweren Blöcke gaukelnd an ihm vorübertanzen. In dichten Strömen gießt der Regen herab, — ihn kümmert's nicht! Es ist ja sein Beruf, er kennt's nicht anders. Und zwängt der Strom sich durch ein schwarzes Felsenthor, in welchem grobe Gesteinstrümmer den freien Ausgang versperren, da läßt der unerschrockene Bergbewohner an dickem Tau sich in die grausige Tiefe hinab, und halb schwebend über den wildbebenden Wogen, vielleicht mit einem Fuße nur sich an die Felswand stemmend, arbeitet er mit rastlosem Eifer, um ein armselig Tagelohn zu verdienen.

Beim Flößen in den durch starken Fall wild einherströmenden Gebirgswassern kommen beim Hochgang des Flusses auch häufig Felsenquadern mit aus den Alpen herunter, die ein Dutzend Pferde nicht würden vom Platze schaffen können. Diese versperren begreiflich das freie Flußbett und hindern den ungestörten Fortgang des Holzes. In solchen Fällen müssen die Flößer mit Schlägel und Meißel mitten in die Brandung des Stromes hinein und in die herabgeschwommenen Gebirgs-Ruderа Bohrlöcher eintreiben, um mit Pulver die unwillkommenen Gäste zu sprengen. Hierbei begeben sich oft Unglücksfälle, die den Arbeitern das Leben kosten. Aber auch bei dem Flottmachen des verschlagenen, sich aufdämmenden Holzes, wenn die Flößer sich an Seilen (wie erwähnt) in tiefe Schluchten hinablassen müssen, werden sie gar oft eine Beute ihres Berufes. So war's am 2. Oktober 1860 der Fall. Im Schanfigg, einige Stunden von Chur (Graubünden), waren vier Flößer in der Plessur-Schlucht beschäftigt, verstecktes Holz in Gang zu bringen. Ein sehr gewandter Flößer Namens Christian Jäger hing wie eine webende Spinne am Seil und begann mit der Axt zu arbeiten, während die Anderen ihn hielten, als ein warnender Signal-Ruf der aufgestellten Wache ertönte. Aber im gleichen Augenblicke prasselte auch eine Masse abgebröckelten Gesteines von der Wand hernieder und begrub alle Viere in des Flusses Tiefe unter seinem Schutt.

Ungleich vertheilt sind des Lebens Güter
Unter der Menschen flücht'gem Geschlecht.
Aber die Natur, sie ist ewig gerecht.

Schiller.

Skizzen aus Pest.

(Schluß.)

10. Wein und Weinhäuser.

Ungarn ist nächst Frankreich als das einträglichste Weinland überall wohlbekannt, obschon man sich die Sache in rosigerem Lichte vorstellt, als sie wirklich ist. Man bilde sich z. B. nicht ein, Tokaier im Auslande trinken zu können, denn den kennen wir in Ungarn auch nur dem Namen nach. Die Tokaier Weinberge bedecken zwar einen Raum von zwölf Quadratmeilen, aber diejenigen, welche den echten Tokaier tragen, sind Eigenthum der Magnaten und geistlichen Würdenträger, welche nur an ihres Gleichen gewisse Quantitäten ablassen. Nur wer einen herrschaftlichen Kellermeister kennt, erhält für zwei bis drei Dukaten ein niedliches Fläschchen Tokaier, welcher freilich auch, wie Balsam wirkt, wie Oel fließt und ein eigenthümliches Feuer hat, das den ganzen Körper angenehm erwärmt. Im Lande hier genießt man ihn als Medicin, trinkt überhaupt die edlen Weine, zu denen auch der zimmtbraune Menescher gehört, aus kleinen Liqueurgläschen, die Tischweine aus Biergläsern, aber stets mit Wasser vermischt, da sie Hitze verursachen.

Ungarn erzeugt 20—30 Millionen Eimer Wein, Frankreich 50—70 Millionen; aber dieses verbraucht im Lande nur 3—7 Millionen Eimer, Ungarn verkauft nur 3—5 Millionen Eimer. Die ganze Donau hinab, auf den Vorhöhen der Karpathen und des Bakonyer, an den Seeufern, an der Theiß und Marosch, selbst in sandiger Ebene, wie bei Kecskemet, Debreczin, im Steinbruch bei Pest und im Banat gedeiht der Wein, am trefflichsten auf vulkanischen Boden, wie ihn Tokay in der Hedjalja (Hegyallya) und das Veßprimer Komitat im Schomljo (Somlyo) besitzt. An Feuer und Kraft übertrifft der Ungarwein den französischen, und rothen Ofener kann man sehr wohl neben Burgunder stellen. Aber während der Franzose seinen Wein sorgsam behandelt, vernachlässigt der Ungar die chemische Kultur ganz. Man trinkt daher überall schlechten Wein, da das Mischen arg getrieben wird. Man rühmt es dem Weinhändler Jalics nach, daß er allein in Pest reinen, echten Wein verkauft. Pest erzeugt in guten Jahren 50,000 Eimer Steinbruch, Ofen 200,000 Eimer. Die Weingärten gehören Kapitalisten, so daß die Winzer, wie überall, ein kärgliches Leben führen. Man zieht die Rebe an Stäben und schneidet sie im Herbst alljährlich über den Wurzelknollen ab. Das Jäten und Hacken der Weingärten, in denen zugleich Obstbäume, besonders Aprikosen, Pfirsiche und Kirschen gezogen werden, macht viel Arbeit. Millionen von Grillen leben in den Weingebirgen, die sich stundenweit ausdehnen, so daß es an Sommertagen bis in die Nacht hinein schwirrt und klingt von den zahllosen Thierchen. Tief eingerissene Schluchten ziehen sich wie Runzeln die Berge hinab, umblüht von üppigem, duftigem Gebüsch.

Wein ist der einzige billige Artikel im Lande, denn Bier und Kaffee sind theurer. Der gemeine Mann trinkt daher nur Wein und ißt dazu ein Stück trockenes Brod, wenn er es nicht mit Salz würzt. In manchen Gassen ist jedes vierte, fünfte Haus eine Weinschenke, kenntlich an verdorrten Wachholderbusch oder am Büschel langer Lockenspäne, die als Aushängeschild dienen. Wer für eine anständige Person gelten will, besucht keine Weinschenke, sondern trinkt im Bierhaus oder Hôtel schlechtern theuren Wein. Merkwürdig ist, daß es in Pest und Ofen kein anständiges Wirthshaus gibt, sondern nur Bierhäuser, die Weinschenken sind schmutzige, finstere Räume, um den rohen unlackirten Holztisch stehen hochbeinige schmale Stühle mit Strohsitz, denn nur Arbeiter und kleine Meister kehren hier ein. Man trinkt den Wein aus Biergläsern und verlangt ein Seidel, welches etwa soviel enthält, als drei kleine Weingläser. Es werden aber auch halbe Seidel gegeben. In den Bierhäusern ist das Essen die Hauptsache, auch in einigen Weinhäusern erhält man kalte Küche, in den meisten aber nur ein Stück Brod, dazu Wurst oder Käse, Butter ausnahmsweise. An Sonn- und Festtagen kommen Familien, das Abendbrod in Tragtaschen, und verzehren es zum Wein. Das hat für manchen Gast sein Uebles, denn der gemeine Mann weiß mit Messer und Gabel nicht recht umzugehen und verläßt sich lieber auf die Finger, und da er beim Kauen den ganzen Mund öffnet, so entsteht ein ekelhaftes Schmatzen und zugleich öffnet sich eine unappetitliche Perspektive auf den Zermalmungsproceß des offenen Mundes. Auch ist die Situation beim Essen eben nicht malerisch. Der Essende stützt sich mit beiden Ellbogen auf, nimmt Messer und Gabel in die volle Faust, die innere Hand dem Gesicht zugekehrt, zerlegt auf diese Weise, dreht die Hand mit der Gabel etwas, so daß deren Spitze sich etwas hebt, fährt dann mit dem Kopfe nieder und schnappt den Bissen einige Zoll über dem Teller weg. Raucht er, so speit er alle vier bis fünf Sekunden rechts und links um sich herum, daß Einem der Appetit vergeht.

Die Mehrzahl der Arbeiter und Bauern lebt von Wein, Speck und Brod. Gesang oder lautes Gespräch hört man selten, selbst Trunkene findet man wenig. Häufig hört man im Weinhause mehrere Sprachen, mitunter zwei oder drei an einem Tische. In den Häusern der Kaufleute und vornehmen Personen wird wenig Wein getrunken und eine gesellige Unterhaltung beim Glase Wein ist ein unbekanntes Ding, denn nur bei Tische wird Wein vorgesetzt.

11. Die Tyrannen Pests.

Ungarn rühmt sich mit Recht, die persönliche Freiheit im weitesten Umfange staatsrechtlich zu besitzen, weshalb es sich auch gegen die engbemessene Konstitution des Gesammtreiches sträubt. Diese Autonomie kommt aber auch jenen Volksklassen zu Gute, welche davon einen bösen Gebrauch machen und sich weder durch Stockschläge noch Standrecht abhalten lassen. Noch ist die Romantik der „armen Burschen", wie man euphemistisch die Betyaren oder Straßenräuber nennt, nicht ausgestorben, da die unabsehbaren Pußten meilenweit den nichtsblinkenden Helm der Gensdarmen erblicken lassen und ein Versteck in dem Schilfgebüsch, den Furchen, Getreideschobern und den einzelnen im Felde liegenden Meiereien (Tanyas, sprich Tanjas) leicht gefunden ist. Man hört häufig von Mordthaten; Diebstähle sind etwas Alltägliches. In den Vorstädten Pests, selbst auf offener Straße in beliebten Stadttheilen wird man angefallen, und der Börse und des Stocks entledigt; vor den Thoren ist es des Abends stets unsicher. Von Taschendieben scheint Pest zu wimmeln, so daß selbst der Stadthauptmann klagte, mit der vorhandenen Mannschaft an Trabanten und Panduren nicht mehr auskommen zu können, indem das Volk durch das letzte Regierungssystem demoralisirt sei. Diese Behauptung wäre kein gutes Zeugniß für Ungarns moralische Kraft, indem zwölf Jahre hinreichten, es zu entsittlichen. Der Grund dieser Demoralisation liegt vielmehr in der großen Genußsucht und Arbeitsscheu der untern Klassen der Bevölkerung. Ungarn war förmlich berüchtigt wegen der beispiellosen Billigkeit seiner Lebensmittel; aber die Revolution und die neuen Regierungssysteme haben den Wohlstand des Landes untergraben, so daß Pest jetzt zu den theuersten Städten des Kontinents gehört. Nun will man aber das gewohnte Leben fortführen und sucht das Fehlende durch Betrügerei und Diebstahl zu ersetzen, denen man überall ausgesetzt ist. Auch sammelt sich in der großen Handelsstadt Gauner und Abenteurer in

Menge, welche die öffentliche Sicherheit gefährden. Aber dies sind nicht die Tyrannen, indem man sich durch Eisengitter vor den Fenstern, große Hunde und zeitigen Schluß des Hausthores sichert. Es sind dies vielmehr die Dienstleute und Hauseigenthümer.

In Pest sind die Wohnungen im Allgemeinen elegant, lustig und solid, aber auch übermäßig theuer. Die Hausherren vermiethen nur den Raum, das Zurechtmachen, Malen, Bohnen ꝛc. ist Sache der Miether; diese müssen beim Ausziehen alles Schadhafte ersetzen, sei es ein gesprungener Ofen, zerbrochene Küchenfliesen, abgenutzte Dielen und Schlösser. Ihnen ist die ganze Erhaltung der Wohnungen als Pflicht überwiesen. Trotzdem pflegt der Hausherr von Zeit zu Zeit den Miethzins beträchtlich zu steigern. Um gesichert zu sein, läßt man sich das Versprechen geben, weitere Steigerung zu unterlassen. Der Wirth verspricht dies, kündigt aber bald die Wohnung, denn er hat sie um höhern Zins vermiethet, und man hat von Glück zu sagen, wenn man gegen Erlegung des Mehrbetrages sich von den Kosten des Umzugs und der Herrichtung der neuen Wohnung loskaufen kann. In keinem der hiesigen Blätter findet man Wohnungsanzeigen, sondern man muß, wenn man eine neue Wohnung sucht, von Haus zu Haus gehen, um an den Thoren die ausgehängten Wohnungsanzeigen zu lesen. Zur Zeit der Wohnungskündigung gibt es daher ein Hetzen und Rennen in den Straßen nach Wohnungen, welches sehr viel Zeit kostet.

Große Häuser stehen unter der Aufsicht von Hausmeistern, welche freie Wohnung haben, Treppen, Höfe und Straße in Ordnung halten und im Namen der Hausherren mit den Miethsparteien verkehren. Sie schließen und öffnen zu einer bestimmten Zeit das Haus, und wer außer derselben herein oder heraus will, muß Sperrgeld (einen Neugroschen) zahlen. Da nun die Uhr des Abends stets vorgeht, so wird das Aufmachen für die Einwohner kostspielig. Denn will man sich Verdrießlichkeiten ersparen, so muß man dem Hausmeister gute Trinkgelder zahlen, auch zum Neujahr nicht unter fünf Gulden geben, und wenn er den Miethzins abholt, verlangt er auch noch ein Trinkgeld. Ueberhaupt ist das Trinkgeldfordern Sitte; nicht jeder Kellner beansprucht es für eine Tasse Kaffee oder ein Glas Bier, sondern auch zu Neujahr stellen sich noch Briefträger, Lehrjungen und sonstige Leute, denen man einmal eine Arbeit übertrug, zum Gratuliren ein, so daß einige Großhändler über 1000 Gulden brauchen, um alle Hände zu füllen, alle Beamtenfedern zu schmieren und sich von Scherereien loszukaufen.

Die ärgsten Tyrannen Pests sind aber die Dienstboten. Nirgends sind sie anspruchsvoller, gröber, träger und fecker als in Pest, so daß man den Dienstboten wieder Dienstboten halten muß. Wo es ihnen nicht gefällt, laufen sie ohne Weiteres davon, denn ein gutes Zeugniß darf man ihnen nur dann versagen, wenn man sie wegen Diebstahls angeklagt hat, den sie häufig begehen. Haben Sie Kinder? fragt das Dienstmädchen. — Ja. — Dann danke ich schön. — Wie viel Treppen hoch wohnen Sie? fragt die Zweite. — Drei Stiegen! — So hoch kann ich nicht steigen. — Wasser, Holz und Marktwaaren müssen Sie tragen lassen, sagt die Dritte, auch besucht mich Abends mein Geliebter, mit dem ich alle Sonntage zu Tanze gehe! Die Herrschaft willigt gern ein, denn sie weiß, eine ist wie die andere. Tadel vertragen nur wenige dieser Dirnen, und hat einmal eine seine Lust, irgend etwas zu machen, so erklärt sie: das thue ich nicht, befehlen lasse ich mir nichts! Will man ihre Unterschleife nicht dulden, so geht sie aus dem Dienst der „lumpigen Herrschaft". Allgemein ist daher die Klage über die Unverschämtheit und Faulheit der Dienstboten.

Die Gesellschaft der fahrenden Ritter, der Betyaren, besucht reiche Leute mitten auf Marktplätzen, kommt zu Roß und Wagen, fordert Lebensmittel, Geld und Wein, droht mit geladenem Gewehr, erhält das Verlangte und zieht wieder ab. Knechte und Hirten sind ihre Bundesgenossen. Pferde, Schweine u. s. w. betrachten sie als Gemeingut der Menschheit, und wer sie anzeigt oder verräth, dem schwören sie Tod und Brandlegung, denn ihr Geheimbund reicht über das ganze Land. Der Gutsbesitzer kauft sich los und wagt es nicht, Hirten deshalb fortzujagen, weil sie mit den Betyaren im Einverständniß sind.

12. Ein Gang an der Donau entlang.

Will man die Kehrseite von dem glänzenden Luxusleben in Pest kennen lernen, so muß man die Donauzeile entlang gehen, freilich eine Strecke von einer starken Stunde, obschon man auch dann noch lange nicht die beiden Enden der Stadt erreicht hat, und doch ist Ofen noch länger. Dieses zieht sich am schmalen Donauufer hin, wo Kehricht- und Düngerhaufen abgeladen werden. Oft ist nur zu einer Reihe Häuser Raum gewesen, und am Blocksberg sind Ställe und Kammern in den Fels hineingeschoben. Hier und da schlüpft ein Straßenzipfel in eine Thalspalte hinein oder sammelt sich in einem breiteren Kessel eine größere Gruppe wirr und dorfartig durcheinander liegender Häuslein an, aus denen hier und da ein plumpes Kirchendach und schwerfällige Thürme sich erheben. Das Straßenpflaster dieser Haupt- und Residenzstadt ist halsbrechend, in vielen Nebengassen voll Löcher, Pfützen, Tümpel und Düngerhaufen, zuletzt verschwindet es ganz.

Doch wandern wir vom Salzamt, dem Blocksberg gegenüber, die Donau aufwärts, wobei wir tausend reizende Aussichten auf Ofen und seine vielgestaltigen Gebirge vor Augen haben. Eine Stunde lang liegen Fahrzeuge und Flöße aller Art am Ufer, die aus aufgeschüttetem Kehricht und Lohe bestehen. Auf den Flößen halten Weiber Wäsche, Sackträger laufen schwerbeladen in treppenlosen Stiegen auf und nieder. Schwerfällige Schiffe sind mit Millionen von Töpferwaaren beladen, die an Ufer zu hohen Wällen aufgeschichtet werden. Getreideschiffe mit breitem Bauch und schindelgedecktem Dach kommen aus dem Banat, gewaltige Dampfer von

Galacz, hochbordige Schiffe mit Lattenverschlägen bringen Schweine aus Serbien und der Walachei. Ueberfahrtsboote schießen behend von Pest nach Ofen und zurück, in den zahlreichen Weinschenken lärmt es und spielen zerlumpte Zigeuner den Radoczy, auf dem Steinpflaster der schönen Trottoirs liegen Schlafende.

Weiter hinauf kommen wir an den Bauernmarkt, da stehen Wagen neben und hinter Wagen. Die Pferde fressen, der Knecht schläft, und vom Wagen herab verkauft der Bauer Brod, Gemüse, Obst, Hühner, Enten und Truthühner. Wie Kanonenkugeln liegen Tausende von Melonen aufgehäuft, Zwiebeln auf Laken ausgebreitet, und dazwischen stehen Naschbuden, Kleinhändler mit Band, Pfeifenköpfen und Spielwaaren, Obsthändlerinnen, Garköche, und um diese Altoren herum schiebt und treibt sich eine bunte Volksmenge. Denn hier gibt es fast einen stehenden Jahrmarkt. Hat der Bauer nicht alles verkauft, so schlägt er auf oder unter dem Wagen sein Nachtlager auf, um den Verkauf am andern Tage fortzusetzen. Noch tumultuarischer geht es am Donauufer zu, wo die Obstschiffe von Waizen herab landen. Da sitzt auf dem Dache des Schiffes ein halbes Dorf, erwartet von tausend Käufern. Welches Schreien und Schelten, wenn die Bauern ausladen und die Spekulanten große Massen ankaufen wollen, wogegen das übrige Publikum protestirt. Denn als Südländer kann Käufer und Verkäufer ohne Lärmen und Schelten nicht fertig werden. Von dem höheren Ufer herab kann man diesem Treiben, dieser Welt im Kleinen, stundenlang zusehen und wird immer neue Scenen bemerken.

Von hier ab beginnen die Landungsplätze der Dampfschifffahrtsgesellschaft und die Quais der Kaufleute. Ein großer Platz trennt sie von der Häuserreihe, und an dem letzten großen Hause hören Pflaster und Civilisation auf; schon der Platz und die unmittelbaren Donauufer sind ungepflastert und unendlich staubig, nach jedem Regen und bis der Schneeschmelze von zollhohem Koth bedeckt. Ist man weiter hinauf an einigen Holzniederlagen und der Marine vorüber, so beginnt die Region der Flöße und die Lager der Holzhändler, die sich fast eine halbe Stunde lang am Ufer hinaufziehen. An diesem wechseln Bretterzäune mit kleinen Häuschen, und in dieser Gegend entwickelt der Slovake sein Nomadenleben. Am Uferabhange sieht man kleine Bretterbuden, gerade groß genug, daß man hineintreten und sich legen kann. Hier, in Holzschuppen, wohnen Slovakenfamilien, welche Thürme von Birkenbesen aufgespeichert haben, die sie häufigsten Lebensartikel, oder von niedriger Handarbeit leben. Was Niemand thun will, das verrichtet der Slovak. In seiner Hütte bewahrt er Weib, Kinder und Besitzthum, nämlich ein Lager aus Hobelspänen, eine Holzkiste und einige Kochtöpfe. Gekocht wird vor der Bude, gegessen mit hölzernen Löffeln aus dem Topf. Diogenes könnte sich nicht einfacher einrichten als der genügsame Slovake. An Sonntagen waschen Männer und Frauen, bessern Kleider aus, schmieren das lange Haar tüchtig mit Fett, sitzen auf den Holzstämmen in brüderlicher Eintracht und üben gewisse Jagdrechte aus vor den Augen des Publikums. Dazwischen laufen ganz- oder halbnackte Kinder umher, singt eine Gruppe unter Leitung eines Vorsängers fromme Lieder, andere spielen auf einer dünnbesaiteten Geige, den Abend aber bringt man in der Branntweinschenke zu, wo man dichtgedrängt steht oder auch sitzt, singt, lärmt und trunken zur Schlafstelle taumelt. Da in der Nähe eine Dampfmaschine heißes Wasser in einen Kanal zur Donau leitet, so ist dessen Mündung zum Waschplatz ausersehen, und im Kanale selbst sollen Slovaken den Winter zubringen, da es dort recht hübsch warm ist. Andere Slovaken haben sich im Winkel der Pferdeställe, Remisen und Böden eine Schlafstelle gemiethet, d. h. sie zahlen nichts, sondern leisten dafür dem Hausmeister Dienste, tragen den Herrschaften ins Hause Holz und Wasser zu und vertreten die Stelle der Kobolde. Allgemein rühmt man dem Slovaken Arbeitslust, Ehrlichkeit und Genügsamkeit nach; trotzdem behandelt ihn der Ungar verächtlich und Slovak ist ein Schimpfwort. Er ist der Paria, den Jeder schlagen, schelten und verachten darf.

13. Bäder und Wallfahrten.

Zu den Volksvergnügungen gehören der Gebrauch der warmen Bäder und Theilnahme an der Wallfahrt nach Maria Einsiedel, einige Stunden von Pest in einem Walde gelegen. Ofen besitzt mehrere heiße Bäder, welche schon von den Römern, noch mehr aber von den Türken zur Zeit ihrer Herrschaft benutzt wurden. Zwar befinden sich im Sommer schwimmende Badeanstalten auf der Donau, aber diese sind theuer, und für den gemeinen Mann ist das warme billige Bad am Schluß der Woche ein beliebtes Reinigungsmittel. In jedem großen Bade befindet sich in einem dämmerigen, dunsterfüllten Gewölbe ein viereckiges Bassin als allgemeines Bad, welches ohne Unterschied dem Publikum gegen eine Kleinigkeit zum Gebrauch offen steht und wo es ziemlich bunt und ungenirt hergeht. Badegäste benutzen abgesonderte Badezimmer.

Die Wallfahrt nach Maria Einsiedel fällt in den Spätsommer und ist für Tausende ein heiteres Fest, welches mit Tanz und oft mit Prügelei gefeiert wird. Die eigentliche Procession bricht früh auf, die Zuschauer etwas später; Fiaker reichen für diesen Tag nicht aus, daher halten Bauern mit Leiterwagen, um schlechte Fußgänger fortzuschaffen. Den ganzen Weg entlang stehen Bettler, Betende und Verkrüppelte, von denen einer entsetzlicher verstümmelt ist als der andere, und die aus dem Betteln auf Wallfahrten einen Broderwerb machen. Ja das Volk behauptet, sie würden in der Jugend absichtlich verstümmelt. Da sieht man diese Unglücklichen ohne Arme, ohne Hände, ohne Füße, ja ohne Füße und Arme; mit großem Geschrei rufen sie schon von weitem das Mitleid an, halten den Kommenden ihre Arm- und Fußstummel entgegen und wälzen sich an der Erde, daß man sich entsetzen könnte über all das Elend.

Während die Procession im Waldkirchlein singt und betet, wogt durch die Budenreihen vor und um dieselbe ein geräuschvolles Jahrmarktsgetümmel. Da kann man kaufen, was man wünscht, Schmuck, Kleider, Rasch- und Spielwaaren, Wein, Wurst, Brod, Gläser, Flaschen und Wasser; die Bauern halten in großen Fässern Wein und Wasser, Bier und Branntwein feil. Unter den Bäumen lagern essende, trinkende, singende und scherzende Gruppen, Drehorgeln ziehen von Gruppe zu Gruppe, Bettler halten Nachlese, Gaukler zeigen Kunststücke.

Das eigentliche Festleben aber entfaltet sich in den Wirthshäusern, welche näher an Pest liegen, besonders auf der Wiese des Leopoldifeldes, wo Tausende sich durcheinander drängen, im Grase lagern, tanzen, spielen, oder sich am Zuschauen vergnügen; Zigeunerbanden spielen und laben sich hier und da zu Gast, denn sie sind an jedem Tische willkommen. Tausende strömen ab und zu, wogen in den Baumgängen auf und nieder. Wirth und Kellner sind betäubt von dem Lärm und Trubel, werden betrogen und betrügen, um den Schaden einzubringen. Hausirer aller Art durchstreifen die Reihen der Tische, Lotteriespiele werden arrangirt, Händel brechen aus und werden geschlichtet, und dieses Treiben dauert bis in den späten Abend hinein.

Hier in dem sonnigen Süden lebt der Mensch gern im Freien, ist heiter und guter Dinge, da ihm so viele Herrlichkeiten zuwachsen, um welche der Landesbewohner von anderen Völkern beneidet wird. Aber allgemein hört man die Klage, daß die frühere Heiterkeit und Lebenslust, Geselligkeit und Offenheit verschwunden sind.

(Enr.)

Die Tataren der Dobrudscha.

Die Auswanderung der muhamedanischen Tataren aus der Krim ist gegenwärtig eine vollendete Thatsache. Sie war bekanntlich die Folge des letzten orientalischen Krieges. Bei ihrem Einmarsch in die Krim hatten die Führer des französisch-englischen Heeres einen Aufruf an die Tataren erlassen, sich ihnen anzuschließen, und dies war denn auch allgemein geschehen. Beim Friedensschlusse hatte man sich dieser Bundesgenossen annehmen müssen und ihnen Freiheit der Auswanderung ausbedungen. Viele waren noch während der Belagerung von Sebastopol fortgezogen, die übrigen folgten im Laufe der nächsten Jahre. Ihren Höhepunkt erreichte diese Wanderung eines ganzen Volkes im vorigen Sommer. Die Russen berechnen die Zahl der Tataren, die 1860 in ihre neuen Wohnsitze übersiedelten, auf 230,000 Köpfe. Allein im Hafen Eupatoria schifften sich 81,000 Männer, Frauen und Kinder ein und nahmen 13,700 Kinder, Pferde, Kameele und Schafe mit an Bord. „Volksmassen," schreibt ein Augenzeuge, dessen Bericht die Bestermann'sche Zeitschrift „Unsere Tage" aufgenommen hat, „welche auf Nimmerwiedersehen ihre Geburtsstätten verließen und einem ungewissen Schicksal in der Ferne entgegengingen, zogen von allen Seiten durch die Thore der Stadt; sie erschienen mit allerlei Arten von Transportmitteln und Zugvieh. So drängten sie sich durch die engen Straßen von Eupatoria dem Hafen zu. Diese Karawanen zeigten eine ganze Bevölkerung in Bewegung, wie sie alle Habe der häuslichen Einrichtung, ihr Ackergeräth, ihre Vorräthe, ihr Geflügel, das nöthige Zugvieh u. s. w. mitnahmen. Mit einem Worte, es war wie zu den Zeiten der Scythen." Der kleine Rest der Tataren, der im vorigen Sommer wegen Mangels an Schiffen zurückbleiben mußte, hat in diesem Frühling die Heimat auch verlassen. Rußland ist durch diese Auswanderung um 321,000 Menschen ärmer, die Türkei um eben so viele reicher geworden.

Die Dobrudscha, in der die fortgezogenen Tataren jetzt wohnen, ist nicht die Wüste, für die sie bei dem klimalosen und darum schrecklich verunglückten Zuge des Generals Espinasse in der ersten Zeit des orientalischen Krieges galt. Sie ist verwahrlost, enthält aber fruchtbare Gefilde genug, denen nur die fleißige Hand des Menschen fehlt. Ob die Tataren die rechten Leute für die Urbarmachung eines solchen Gebietes seien, möchten wir bezweifeln. Eine auf eigener Anschauung beruhende Charakteristik dieses Volksstammes, die wir in dem zweiten Bande von Buger's „Reise in den Orient Europa's und einen Theil Westasiens" (Elberfeld, in der Bädeker'schen Buch- und Kunsthandlung) finden, bestätigt die ungünstigen Urtheile, welche frühere Schriftsteller über die Tataren gefällt haben. Der Verfasser, dessen gediegenes Werk die weiteste Verbreitung verdient und in den Händen eines Jeden sein sollte, dem es um eine genaue Kenntniß der wirklichen Zustände des Orients zu thun ist, verkehrte mit den Tataren längere Zeit. Was er über sie sagt, theilen wir in dem Folgenden mit.

Die Tataren bilden in der Gegenwart einen Menschenstamm, in welchem häßliche Körperformen die seltenere Ausnahme machen. Sie sind meistens hoch und schlank gewachsen. In ihrer Haltung zeigt sich eine Art von Selbstbewußtsein, die auf Ueberschätzung ihrer eigenen Person hindeutet. Ein großes, schwarzes Auge, eine lange, schwach gebogene Nase, starker Bart an der Oberlippe, glattes Kinn, bilden eine vortheilhafte äußere Erscheinung. Aber der Tatar ist unreinlich und unordentlich. Ein tatarisches Dorf läßt sich von ferne her durch den Geruch erkennen. Die Fortschaffung von Thierleichen, die auf der Straße herumliegen, wird den Hunden und Raubthieren überlassen.

Die Trägheit der Tataren ist in Rußland sprichwörtlich. Sie sind unsäglich faul. Der arme Tatar arbeitet nie für Tagelohn. Leibeigenschaft existirt bei den russischen Tataren nicht. Außer den vorgeschriebenen Gebeten in der Moschee besorgen sie nur den Viehstand. Bodenkultur liegt ihnen sehr fern. Die Steppe gewährt Viehfutter ohne sie. Getreide, Reis, Tabak und Kleider kaufen sie wohlfeil. Sie sind also von der Urzeit her ein Hirtenvolk geblieben, obgleich sie doch längst schon die herumziehende Lebensweise mit festen Ansiedelungen vertauscht haben. Dem Schulunterrichte sind sie bis jetzt sehr abhold gewesen. Fürst Woronzoff hatte in Baktschi-Serai ein tatarisches Schullehrer-Seminar anlegen lassen, jedoch mit sehr geringem Erfolge. Man würde sie zur Schule zwingen müssen. Ebenso wie der Schule, sind sie auch jeder Neuerung entgegen.

Die Kleidung der Männer besteht in einer Jacke mit langen Aermeln und einer kurzen Hose, entweder aus Kameelhaartuch oder Seide mit lebhaften Farben, gelbledernen Strümpfen und schwarzen oder rothen Lederschuhen.

Die Mädchen sind vom zehnten Jahre an mit einem weißen Tuche verschleiert, welches nur das rechte Auge freiläßt. Sie tragen das Haar in langen Flechten; junge Weiber und Mädchen färben sie roth, alte zeigen sie dunkelbraun oder schwarz; dasselbe geschieht mit den Nägeln.

Vom vierzehnten Jahre ab strebt man das junge Mädchen zu verheiraten oder — zu verhandeln. Sie darf das Gesicht von da ab nur Weibern, etwa Tanten und Basen, später dem Gatten zeigen. Sie tragen oft rothe Käppchen, mit Tressen besetzt, auf dem Kopfe.

Die Frauen tragen ärmellose Jacken und weitfaltige Beinkleider mit trefflichbesetztem Gürtel. Sie zeichnen sich durch große, schwarze Augen und kleine Füße vortheilhaft aus. Letztere stecken in gelbledernen Strümpfen.

Amulets werden von Allen am Halse getragen. Tabak wird von Männern, Frauen und Kindern, sobald diese ihn ertragen können, fast ununterbrochen geraucht.

Ihr Vieh behandeln die Tataren milde; sie schlagen es nicht, strengen es auch nicht übermäßig an. Ich begegnete langen Zügen von Wagen, die durch Ochsen gezogen wurden. Ihre tatarischen Begleiter schritten mit unverwüstlicher Ruhe nebenher, ohne die langsamen Thiere auf irgend eine Weise anzutreiben; schon das abscheuliche Knarren der Räder auf Achsen, die niemals geschmiert werden, würde mich haben zur Verzweiflung bringen können. — Ihre Kinder füttern sie mit Wassermelonen und kaltem Hammelfleisch auf, sobald sie zu kauen im Stande sind.

Ihre Häuser legen sie gern am Abhange von Höhenzügen so an, daß die hintere Wand vom Berge selbst gebildet wird und man also nur drei Wände zu bauen braucht. Das flache Dach verstehen sie für den Regen undurchdringlich zu machen. Auf ihm versammelt sich die Familie und dort werden die Früchte getrocknet.

Die meisten Tataren leben vom Handel mit Vieh und Häuten. Ihre Schafspelze sind selbst in Deutschland unter dem Namen der Baranken allgemein bekannt. Diese werden von neugebornen oder ungebornen Schafen entnommen.

Im Handel schlägt der Tatar nie vor, sondern bleibt, wie der Türke, bei seinem Preise.

Die Tataren leben unter einander sehr friedlich und verträglich. Von Streit, Zank, Trunksucht, Ehebruch hört man unter ihnen niemals; auch betrügen sie nicht. Abgaben bezahlen sie pünktlich. Gastfrei sind sie nur gegen Glaubensgenossen. Mit Schiffahrt befassen sie sich nicht. — Sie beherrschten ehedem Südrußland und die Krim. In letzterer waren sie bis vor Kurzem der überwiegend vertretene Stamm.

Die tatarischen Hunde bilden eine nicht zu unterschätzende Macht. Sie sind so groß wie ein ausgewachsener Neufoundländer, zeigen ein schmutzig grau oder röthliches, langes, zottiges Haar, spitzige Schnauze, kleine Augen, scharfes Gebiß, verbunden mit einem kräftigen Baue. — In jedem tatarischen Dorfe sind sie häufig, besonders nach Untergang der Sonne, denn am Tage jagen sie in der Steppe nach Kaninchen und Hasen. — Der Wohnung ihres Herrn sind sie treu, nicht aber ihm selbst (also wie in der Türkei). Stets mürrisch, können diese Hunde dem Reisenden eben so gefährlich als dem Wolfe werden.

Die zähe Ausdauer der Tataren bei ihrem Hirtenleben, so wie ihr angeborner Widerwille gegen jede Veredelung durch geistige Kultur, lassen nicht annehmen, daß sie berufen sein könnten, dereinst wieder eine hervorragende Rolle unter den Völkern zu spielen. Wo dies in früher Zeit geschah, als sie zuerst von den Hochebenen Asiens herabstiegen, verdankten sie die Erfolge stets nur der erdrückenden Gewalt ihrer unzählbaren Schwärme, die gleich Heuschrecken vor sich her, gleichsam durch das Gewicht der Masse, alles Lebende verzehrten, zerstörten, oder sich dienstbar machten. Der einzige Weg zu ihrer Erhebung würde durch die Schule gehen müssen, zu der sie durch Gewaltmaßregeln heranzutreiben wären. An dergleichen ist im Orient nicht wohl zu denken, so lange es dort zahlreiche Stämme gibt, die für den Unterricht im hohen Grade dankbar sein würden, wenn man ihnen denselben schaffen wollte. Hinter diesen werden die Tataren von Rechts wegen zurückstehen müssen, obgleich sich ihre Sprache in mehreren Gegenden Kleinasiens eine hervorragende Geltung erworben hat.

Außer den Tataren der Krim nimmt die Türkei noch andere Einwanderer in ihre dünnbevölkerten Gebiete auf. Es sind Tscherkessen, die nach der Gefangennehmung Schamyl's die Hoffnungslosigkeit eines ferneren Kampfes erkannt und den Kaukasus verlassen haben, um nicht dem verhaßten Christen dienstbar zu werden. Ihnen wie den Tataren in der Dobrudscha wird kein anderes Los fallen, als in den Todeskampf des osmanischen Reiches verwickelt zu werden.

Sommernacht.

Kein Windeshauch bewegt der Bäume Zweige,
Als ob sie zu den Wipfeln niedersteige,
Hat sich die Wolke tief herabgeneigt.
Kein milder Lufthauch weht ersehnte Kühle,
So drückt die sommernächt'ge Regenschwüle
Die Welt, die bange in Erwartung schweigt.

Die Blumen duften stark im vollsten Blühen;
Am fernen Himmel Wetterblitze sprühen,
Und Wolken stehen vor des Mondes Strahl.
Ich lehn' am Fenster, lausche auf das Schlagen
Der letzten Nachtigall, die ihre Klagen
Der Nacht vertraut, verzehrt von Liebesqual.

Ich schau' hinaus, versunken in Gedanken;
Durch meinen Sinn verworr'ne Träume schwanken,
Wie diese Sommernacht ist jetzt mein Herz.
Beschwert, ermattet ruht all' mein Empfinden,
Nur manchmal zuckt's empor, wie Blitze schwinden
Und klaget, wie die Nachtigall, voll Schmerz.

Und eine Trauer, wie die Wolke trübe,
Umschattet mich, die kaum der Strahl der Liebe
Mit fernem, mattem Dämmerschein durchbricht.
Kein Hauch, der meine heiße Stirne kühle;
Es lastet auf mir wie Gewitterschwüle,
Und weinen möcht' ich, doch ich kann es nicht.

Ihr Wolken, düster, wie in schwerer Trauer,
O löst in thränenheiße Regenschauer
Die dumpfe Schwüle brütend auf der Welt.
O Mond, durchbrich, die finster dich umhüllen,
Die Wolken, laß dein Licht den Himmel füllen,
Und throne klar am reinen Himmelszelt.

Der gordische Knoten.

Kleindeutsches Kulturbild von Ludwig Foglar.

(Fortsetzung.)

Die Versammlung war überreich besucht, ja man hatte auch die Bauern und Hinterwäldler dazu eingeladen, da es sich um etwas allgemein Nützliches handeln sollte. Und Leberecht las wirklich der erstaunten Versammlung über nichts Geringeres als zwei Unmöglichkeiten. Erstens: Einführung des „lenkbaren Luftballons" als Reise- und Transportmittel und zweitens: Verwendung „des tragbaren Leuchtgases" zur Unsichtbarmachung des Trägers, respektive Blendung des Feindes. Der Vortrag erging sich keineswegs in technischen Beweisführungen, sondern ließ die Ausführbarkeit als etwas Unzweifelhaftes bei Seite und beschränkte sich blos auf die Darstellung der beglückenden Vortheile, welche der ganzen Welt eine neue Richtung, einen wunderbaren Aufschwung geben müßten und welch' ewiger Ruhm daraus für Schleusingen entstehen würde, wenn einst die Weltgeschichte bezeugte, hier war es, wo der fruchtbare Keim Wurzel faßte, von hier aus ging die Strömung des neuen Segens durch alle Lande, hier, in Schleusingen, ward die Welt der Intelligenz noch einmal erschaffen — durch die „Ritter von Tragant". Schabsel pflegte bei derlei gewagten Versuchen jedesmal einen Zweiten oder Dritten vorzuschieben, dem er Triumph oder Niederlage gleich gerne gönnte, sich selbst mit den weniger eklatanten, aber desto mehr rein praktischen Konsequenzen begnügend. Diesmal hatte er um so lieber seinen Freund und Miethsmann Flott auserkoren, als dieser eine nach oben beliebte Persönlichkeit war und andererseits genug mephistophelischen Humor in sich trug, um mit vollem Behagen das „geehrte Publikum" einmal „steigen" zu lassen, wie man zu sagen pflegte.

Bei der Beschreibung des lenkbaren Luftballons und dem dazu geknüpften Aufrufe zu einem Versuche auf Gemeindekosten berechnete Schabsel bereits im Stillen die Summen, welche für ihn bei Anschaffung von Leinwand, Stricken, Seidenstoff rc., sowie der Materialien zur Gasbereitung abfallen werden. Aller Augen waren auf sein pfiffig bewegliches Gesicht und auf seine Schreibtafel gerichtet. Flott fuhr fort:

„Erschreckt nur nicht darüber, daß aller staatliche Organismus von heute nicht mehr passen wird auf diesen Staat der Zukunft — alle Grenzunterschiede hören auf mit der Unmöglichkeit einer Kontrole, da man in der Luft keine Schranken und Pfähle, keine Festungen und Stationen errichten kann; es wird hinfort mehr keine Nationen, sondern nur Eine Menschheit geben, Eine Erdenfamilie, Einen Weltball des ewigen Friedens geben, die Besitznahme des Luftreiches ist die letzte Eroberung der armen Sterblichen. In höheren Sphären wohnen ist fortan keine bloße Redensart, denn wir theilen diese Sphären mit dem Adler und überbieten seinen Flug, sind so frei wie er. Freilich müssen wir auch wie er der Nahrung wegen zuweilen zur Erde niedersteigen, aber wir thun dieses nur dort, wo unseren Flügeln keine Gefahr droht, und wo man uns diese zeigen möchte, dort kann auf die Dauer keine Macht bestehen, sie würde isolirt aussterben, weil kein Luftbeherrscher sich dort mehr niederlassen wird. Die Ideen der Menschen finden ihren Weg allenthalben mit Blindesschnelle und es kann nur eine Gesetzgebung des schrankenlosen Willens, durch Sitte gemildert und geregelt, möglich gedacht werden; denn der Staat ist in den Lüften, das Volk ist unzählbar, untheilbar, unhaltbar, das Volk ist die Menschheit, ist ein ungreifbarer Begriff! Dieser Begriff beherrscht die Arbeit, das Eigenthum, die Sicherheit, gewährleistet Ordnung und Ruhe für alle Zeiten. Und wer an der Scholle kleben will und keines Aufschwunges fähig ist nach Oben, der ist sicher vor jedem Angriff auf Erden, denn seine Tarnkappe aus tragbarem Leuchtgase macht ihn unsichtbar und unzugänglich jedem Feinde!"

Hier notirte Schabsel abermals den Gewinn, welchen ihm der Leuchtgas-Konto abwerfen müsse, und weidete sich an der freudigen Aufregung, der die Versammlung sich taumelnd im Rausche dieser unerhörten Vorstellungen hingab. Flott redete weiter:

„Polizei und Steueramt, die nunmehr abgesondert nicht füglich gedacht werden können, muß Jeder in sich tragen, und nachdem somit Jeder König sein muß und Unterthan zugleich, so ist das Königthum fortan: die höchste Moralität! Allerdings wird eine Zeit lang die Jugend mit dem Laster im Kriege stehen, und mag vielleicht zu Schlachten kommen, welche Luftflotten einander liefern — doch welches große Prinzip kann sich dem Kampfe entschlagen? Allein es siegt — durch Geist und Jugend!"

Die Aufregung hatte jetzt einen Grad erreicht, welcher den Eintritt heftiger Debatten ankündigte. Einige Leichtgläubige wollten sofort den Redner im Triumphe umhertragen, indessen Andere mit Plänen zur Ausführung angerückt kamen und den Allieferanten Schabsel mit Fragen und Aufträgen bestürmten, schließlich aber sich beeilten, den bereit gehaltenen Subskriptionsbogen zu unterzeichnen, worin sich die Versammlung zur Bestellung der Kosten zu den Experimenten verpflichtete. Einige Zweifler und Spötter wurden alsbald überschrieen, nicht aus Furcht vor ihren kühnen Argumenten, sondern aus Entrüstung über den Frevel an der unantastbaren „guten Sache". Man schwamm in einer Fluth von Projekten und erbaulichen Widersprüchen. Einreden und Ueberbietungen die Gemüther erhitzen sich, Leuchter flogen durch den Saal, Stühle krachten, Stöcke schwangen sich drohend, Fensterscheiben klirrten und die Scene der „Nächstenliebe" endigte mit einem ganz entsetzlichen Tumult.

Durch eine geschickte Wendung gelang es Schabsel einigermaßen wieder Ruhe und Besonnenheit herzustellen, er beantragte nämlich die Wahl eines Komité zur Leitung der Experimente, respektive zur Eintreibung der dazu nöthigen Gelder und es verstand sich wie von selbst, daß der Antragsteller zum Präses dieses Ausschusses ernannt wurde, mit der Vollmacht, seine Kollegen vorzuschlagen, deren Bestätigung sofort in verschiedenen Wahlgruppen vor sich ging.

Flott machte demnächst die eindringliche Motion, die Fürstin auf eine passende Weise in's Interesse zu ziehen, um der Unternehmung dadurch eine Art Sanktion zu verleihen und zugleich derselben eine namhafte Unterstützung zu sichern. Es wurde darüber abgestimmt und kein Widerspruch ergab sich, außer dem einzigen — Köhler Thomas, der diesmal ausnahmsweise zur Theilnehmung an einer Klubbberathung sich hatte bereden lassen und bis nun ganz beobachtend und schweigend dagesessen war. Er stand jetzt auf.

„Unsinn!" rief er, „mit dem sollet Ihr nicht heran an unsere Durchlaucht! Bartel's ab, prüfet's, probirt's, und wenn's was Rechtes ist, dann gehet hin zur Durchlaucht und leget's ihr zu Füßen. Vor derweilen haltet's bei Euch und machet Euch ganz allein lächerlich, dazu braucht Ihr keine Durchlaucht nicht. Es kommt mir nicht an auf mein Geldstück, wenn die Mehrzahl glaubt, daß was Gescheites geschafft werden kann — ich glaub's derweil noch nicht — aber unsere Durchlaucht lasset uns dem Spiel — und wollet Ihr hingehen und die gute Frau bemolestiren, so sag' ich es nun und nimmermehr Ja dazu!"

Mit diesen Worten verließ der Greis seinen Platz und schritt würdevoll hinaus. Man war erstaunt, überrascht, verwirrt — denn niemals überhaupt hatte der Alte sich öffentlich ausgesprochen, noch weniger als väterlichen Anwalt einer Persönlichkeit, von der er sich eben so fern hielt wie von ihrer Umgebung hielt. Sein Einsiedlerthum, obschon durch seinen kargen harten Beruf genug bedingt, war dennoch sprichwörtlich geworden. Außer zum Kirchengang sah man ihn nur selten seine Waldeinsamkeit verlassen und die Wenigsten der „neuen Leute", wie er die An- und Inwohner des Schlosses nannte, hatten ihn jemals gesprochen — um so tiefer wirkte seine unerwartete und energische Einrede, und die Pause, welche nach seinem Fortgehen entstand, war genug peinlich. Aber Schabsel ließ der Versammlung keine Zeit, darüber nachzudenken, er formulirte die Motion neuerdings und nahm auf das Veto des alten Zweiflers weiter keine Rücksicht. Er setzte den Beschluss durch, daß der Ausschuß in corpore die Fürstin zur Theilnehmung an dem neuen Projekt einlade und seinem Antrage schlossen sich Pastor, Amtmann, Schulmeister und was sonst durch Rang und Besitz ausgezeichnet war, mit Feierlichkeit an. Um diese so entscheidende Sitzung würdig zu krönen, proponirte der Wirth ein feierliches Banquet zum Gedächtnis dieses historischen Tages und erlebte zu seiner großen Genugthuung eine ungetheilte Zustimmung, deren Resultat er im vorhinein mit einem Gewinn von anständigen Belange abschätzen konnte. Er drückte Schabsel heimlich die Hand zum Zeichen des innigsten Seelenbundes und Flott flüsterte dazwischen ein segnendes lächelndes Amen.

Die im Kasinosaale kaum beschwichtigte Aufregung pflanzte sich fortzitternd in die Familienkreise weiter. Der stille häusliche Herd verwandelte sich sofort in ein kleines Parlament, worin man neuerdings und ebenso heftig Alles diskutirte, was draußen im Großen verhandelt worden war. Die welterlösenden Projekte, die nahen Experimente dazu, sodann die Wahlen des Ausschusses, die erstaunliche Scene mit dem schweigsamen Köhler Thomas, der sich zum Vormund der Fürstin aufgeworfen, welcher er doch hartnäckig einen lieben Plan vereitelte durch die starre Weigerung, ihr ein Grundstück zu verkaufen, das für ihn nur ganz untergeordneten Werth haben konnte — endlich die nahe Vorstellung bei der Fürstin und nun gar das historische Banquet — alles das vibrirte so gewaltig in den stillen Räumen, als stünde man an der Schwelle einer Katastrophe. Hierauf ein Gerenne, eine Geschäftigkeit, eine Wichtigkeit, eine Schiebung — daß Herd und Kinderstube darunter empfindlich zu leiden hatten. Die Frau Pastorin rannte zur Frau Amtmannin, diese aber war längst bei der Frau Forstmeisterin, welche hinwiederum soeben die Frau Schloßinspektorin ganz eilig und nur „auf zwei Worte" aufsuchte, die aber zwei Stunden dauerten, die Frau Küsterin umarmte die Frau Gärtnerin auf offener Gasse, worüber nicht genug des Staunens, dann begegneten alle diese Frauen einander hin und wider rennend, sprachen weiter und betraten Zimmer, die sie nie sonst betreten hatten, alte Feindschaften erloschen, neue loderten auf, Bünde für Zeit und Ewigkeit wurden geschlossen auf drei Stunden, dann die Kleiderfrage, das Banquet, wieder das Banquet, der Neid der Nicht-Ausschußmitgliederinnen, der Stolz der Mitgliederinnen, dazwischen etwas Moral und Nächstenliebe seitens der Pastorin — das Chaos war fertig.

3. Der Rattenkönig der Geselligkeit.

In einem großen „ästhetischen Thee" bei Amtmanns waren alle Elemente zusammengeronnen, welche das künftige luftreinigende Gewitter bilden helfen sollten. Man überbot sich hier an Artigkeit, an Liebenswürdigkeit, man nahm und gab Einladungen zu neuen oder neu aufzunehmenden, stets bevorstehenden „jours fixes", man bewarb sich gegenseitig um einander, bloß in der Absicht, sich auszuforschen und wo möglich sich den Rang abzulaufen. Amtmanns aber hatten diesmal um so mehr Alles aufgeboten, um sich allenthalben rosig zu machen, weil es ja doch noch möglich war, die noch unbesetzte und meist ambitionirte Stelle eines Haushofmeisters der Fürstin zu erringen. Dazu mußte vor Allem Popularität gesucht werden, denn die Fürstin hörte gerne fremdes Urtheil — und wie schön war diese jetzige Gelegenheit, um auf Kosten der Zukunft viel von sich reden zu machen!

Die geräumige Wohnung des Amtmanns war in allen Theilen der Benützung des sehr zahlreichen Publikums preisgegeben, sogar die sonst unnahbare Kanzleistube blieb nicht verrichtet, sondern wurde zu einem Trink- und Tabakrauchlokale herabgewürdigt. Die Entweihung vollkommen zu machen, wurde hier auch die

Umkleidung bei dem später aufzuführenden Haustheater vorgenommen. Den Beginn der Unterhaltung machte der übliche Friedensthee, in trefflicher Sorte von Schabsel geliefert, das Backwerk dazu hatte die Form von Luftballons und Tarnkappen, entsprechende Embleme prangten auf den riesigen Kuchen, die Torten aber trugen die Namen der Komité-Mitglieder in sinnigen Arabesken und die größte von ihnen das Wappen der Ritter von Tragant, ein rothes Fragezeichen im uebelgrauen Felde. Hieran hatten sich die Archäologen manchen Zahn vergeblich ausgebissen, besser ging es mit der Verdauung der schmackhaften Torten, welche allmälig lautlos verschwanden. Ein Männerchor, ausgeführt von den jüngeren Berg- und Hüttenbeamten, machte die musikalische Ouverture. Die trefflichen Sänger hatten einer Melodie von Franz Schubert einen Huldigungstext untergelegt, der auf Amtmanns und deren neue Bürde im Komité zart anspielen sollte, wovon man aber leider kein Wort verstand, denn auch hier gehörte es zu den Kennzeichen stimmbegabter Sänger, keine Sylben auszusprechen, sondern unartikulirte Laute zu lallen. Der Beifall war trotzdem enorm, so zwar, daß der Verfasser des Textes, den Niemand verstanden hatte, verlangt wurde — erröthend trat der Schulmeister vor, beugte sich möglichst tief und verbarg in seliger Rührung und schüchterner Bescheidenheit sein siegverklärtes Thränenlächeln hinter den Schutzflügeln seiner Vatermörder.

Des Amtmanns Frau, obwohl gesegneten Leibes und jeden Tag der Erlösung von einer jetzt so störsamen Bürde gewärtig, hatte nebst den erschöpfenden Pflichten einer gastlichen Hausfrau auch noch eine künstlerische Rolle übernommen, indem sie den Klavierpart zu einer Violinsonate von Beethoven spielte. Der erste Satz ging auch ganz leidlich vorüber, weil das vorwaltende Pianoforte, meisterlich behandelt, alle Schwächen des Streichinstrumentes mitleidig deckte. Nun aber kam das Adagio, ein langes Violinsolo — und der Küster holte unter Schweiß und Zittern dazu aus. — Lieblich entwickelten sich die ersten Takte des Thema's, die Köpfe der Damen wogten schon verständnißinnig hin und her, Schabsel lächelte ein verzückter Nußknacker, der Wirth umarmte den Amtmann vor Wonne und der knochenderbe Förster trat Flott bedeutungsvoll auf den Fuß, daß dieser zusammenknickte, die Schloßinspektorin lächerte sich kokett und sang leise mit — als plötzlich die Violine die Fassung verlor, nebenbei auch aus dem Zeitmaße kam, das Stück von vorne begann, indessen das Piano fortsetzte, die Saiten scharrten kläglich auf dem Holze, das Instrument verstimmte sich durch die ihm angethane Gewalt — alle Gesichter wurden um $1^1/_2$ Zoll länger. Den Küster faßte jetzt grimmige Verzweiflung, er geigte mit dem Muthe eines Aufgegebenen sich wüthend in's Allegro hinein und achtete nicht der bittenden Augenwinke seiner vor Angst und Verlegenheit leichenbleichen Partnerin — geigte fort und fort — plötzlich ein Schrei — ein Ruf des Entsetzens — die Amtmännin sank ohnmächtig in den Sessel zurück. Der Küster stürzte von dannen. Beruhigend führte der anwesende Arzt die Dame aus dem Salon — während der Amtmann Anstalt traf, durch eine neue Production den fatalen Eindruck der letzten Scene zu verwischen; er konnte das ruhig thun, denn der Arzt zerstreute jegliche Besorgniß in Bezug auf die Frau Gemalin. Es wurde demnach sofort eine der Töchter mit einer Deklamation angekündigt und Schabsel hatte die Ehre, das liebliche Fräulein dem schwer geprüften Publikum vorzustellen. Im Eifer, des Guten recht viel zu thun, hatte man das holde Kind zu einer wahren Atlasarbeit verurtheilt und die Hörer dazu: es war ein ganzer Gesang aus Virgils Aeneide zum Vortrag gewählt.

Alles seufzte und stöhnte unter dem Eindrucke einer grausamen Langweile, indessen, man tröstete sich mit der Hoffnung auf die zugesagte theatralische Vorstellung, welche am Schlusse in Aussicht stand. Der Pastor, welcher das Fräulein im Vortrage dieses Gedichtes unterwiesen hatte, war in geringer Entfernung von seiner bangen Schülerin postirt, in seinen Gesichtszügen malte sich die volle Befriedigung über den sehr gelungenen pathetischen Schwung, er nickte gelegentlich beifällig und begleitete die leidenschaftlichen Stellen mit einer lebhaften Bewegung seiner Gesichtsmuskeln — auf der andern Seite stand der glückliche Vater, dessen ganze Wesenheit in verschiedene Existenz-Partikeln zerrissen schien, seine volle Persönlichkeit war im Geiste bei dem vom Arzte betreuten noch halb ohnmächtigen Gattin, während die zitternde Sorge um das Amusement der Gäste, um den deklamatorischen Erfolg der Tochter, um den Bestand der neuen Projekte und seiner damit verbundenen Würde sich hundertarmig an sein Herz klammerte und seinem Antlitz den Ausdruck eines kochenden Wassertopfes gab. Seine prickelnde Unruhe steigerte sich mit jeder Strophe des langen Gedichtes und er überhörte vollkommen, daß eine Muhme an ihn heranschlich und ihn mit den Worten: „schnell zur Frau" abrief; eine zweite Botin kam bald darauf und wiederholte die Meldung, die aber wegen des Affektes, in den sich das Fräulein über Dido und Aeneas hineindeklamirt hatte, ebenfalls unberücksichtigt blieb. Eben sollte die Beschreibung des Meersturmes beginnen, als der Arzt verwirrt und verstört hereinstürzte, den unschlüssigen Amtmann am Arme faßte und ihn fortzog mit den laut genug erhobenen Worten: „Um Gotteswillen, kommen Sie doch, Ihre Frau hat einen Buben bekommen!"

Die Verwirrung hatte nun ihren Höhepunkt erreicht. Eine tragikomische Stimmung bemächtigte sich der durcheinander schwätzenden und rennenden Gesellschaft, in deren Mitte das weißgekleidete Mädchen stand wie eine übergossene Alpe, noch unschlüssig, wohin sich wenden, verblüfft ihr schön gebundenes Buch an den Busen gedrückt, wie im Gefühle einer Last, wegen der unterdrückten noch rückständigen Strophen des Aeneas. Die Frauen kristallisirten sich in summende Gruppen, denn das ging erstaunliche Ereigniß doch zunächst an, ebenso sonderten sich die Herren in einen Kreis und sie schienen die Sache heiterer aufzufassen und ein Unbehagen überkam sie nur in dem Gedanken an die nun hoffnungslos zerstörten Aussichten auf das köstliche Nachtessen. Man beschloß in Eile eine Glückwunschdeputation abzurichten; aber wer sollte der Redner empfangen? Endlich verfiel man darauf, diese mündliche Adresse der noch immer rathlos dastehenden Tochter des Hauses darzubringen, die von dem Zusammenhang der Dinge hier kaum einen dunklen Begriff hatte und nahe daran war, aus Verlegenheit zu weinen, als plötzlich aus einem Nebenzimmer die bereits kostümirten Mitglieder der beabsichtigten theatralischen Scene hervorstürzten und sich wie rasend geberdeten darüber, daß nun all ihre schweren Mühen und schönen Triumphe zu eitel Nichts geworden. Der Prologus, als Hans Sachs, und in Wirklichkeit Bürger Schuster, obwohl keineswegs Poete dazu — zerknitterte seine schön geschriebenen Verse, während sich ein Falstaff voll Unmuth in eine Schinkenkeule verbiß, die er an einem Seitentische aufgestöbert hatte. Heinrich der IV. maß mit Desdemona ingrimmig die ganze Länge des Zimmers und der Kaufmann von Venedig erstickte seinen Zorn in einem heßlauten Toastttrunke auf den Neugebornen. Natürlich Alles unter Lärm und Tumult — worin am rücksichtslosesten die immer geschwätziger austobenden Frauen sich auszeichneten — diese stürzten auf den endlich eintretenden Arzt los mit hundert Fragen und Aufträgen, und als er die Versicherung gab, daß Alles erwünscht wohl gehe, daß die verzweifelte Violinstimme einer glücklichen Entbindung als Herold und Propeller gedient habe, daß aber nur vor Allem vollkommene Ruhe im Hause dringend nöthig sei — da gelang es der Frau Pastorin, die Gesellschaft zum schleunigen Aufbruch zu veranlassen, indem sie die tröstliche Hoffnung einigermaßen durchschimmern ließ, daß alle Freuden der unterbrochenen Festlichkeit sich recht bald bei dem bevorstehenden Tauffchmause werden einbringen lassen; und daran konnte wohl Niemand zweifeln, daß Amtmanns die guten Freunde und Nachbarn für den Ausfall des heutigen Vergnügens schadlos halten werden, und welche Gelegenheit dazu könnte naheliegender und passender erscheinen, als — die feierliche Taufhandlung, zu deren Verherrlichung sich die Frauen auf dem Heimwege bereits in Auffindung glorreicher Namen abmühten und sich in Vermuthungen über die Wahl des Pathen erschöpften. Wie ein Phönix verjüngt aus seiner Asche stiegen also neue Vergnügenskeime aus der Brandstätte der alten. Aber freilich hatten die ehrsamen Leute diesmal die Rechnung ohne den Wirth gemacht. Die Taufe mußte innerhalb der gesetzmäßigen Frist stattfinden, die Wöchnerin bedurfte völlige Ungestörtheit im Hause und der tumultuöse Abschied von neulich hatte den Amtmann zu dem heroischen Entschlusse aufgestachelt, die schlechtbewährte Nächstenliebe seiner trauten Umgebung nicht ein zweites Mal auf die Probe zu stellen und die Taufe ohne Gast und Festlichkeit stille zu begehen. Nur der Pastor und der Förster als Pathe, also strenge blos die officiellen Personen waren zugegen, es war absolut gar keine Einladung ergangen — und wie zum Denkmal dieser muthigen That erhielt das Söhnlein den Namen Bictor! Sieger — über das Vorurtheil.

Arzt, Pastor und Förster billigten vollkommen diese Rücksicht und Vorsicht für die zarte, ruhebedürftige Wehemutter — aber nicht so deren Frauen, welche eine Art Rachebund stifteten gegen Amtmanns, die übrigen Frauen wurden durch eine eifrige Propaganda gewonnen, an deren Spitze Schabsel stand, dessen tiefstes Interesse durch das Unterlassen des Tauffchmauses und der dazu nöthigen Proviant-Lieferungen verletzt war. Er stellte diesen Akt der Feindseligkeit als einen entschiedenen Bruch mit der Gesellschaft dar und legte der „stillen Familie" als Hauptmotiv zum Hasse den Umstand unter, daß die gute Tochter mit ihrer Deklamations-Probe keinen aufmunternden Erfolge begegnet sei. Arzt, Pastor und Förster wurden halbwegs durch ihre berufsgemäßen Funktionen entschuldigt dafür, daß sie jenes verpönte Haus noch betraten, allein da deren Frauen so ganz und gar nicht zur Raison zu bringen waren und sich immer entschiedener der Partei des Rachebundes anschlossen, so klafften die Spaltungen in den Familien täglich drohender und das scheinbar so fest gefügte Gebäude der Schleußnger Geselligkeit neigte dem raschen Verfalle zu. Schabsel unterminirte fleißig — aber er lockerte dadurch nur vollständig den Baugrund seines eigenen Vortheils, denn die nächste Folge dieses Taufzwistes, wie man den Casus nannte, war eine Zersetzung des Luftschifffahrt- und Tarnkappen-Experiment-Komité's, hieraus neue Wahlen, neue Parteiungen, neue Umtriebe, Ausbleiben jeglichen Fonds und ein so gründlicher und allgemeiner moralischer Katzenjammer, wie er nur jemals den vernunftlos sanguinischen Erwartungen auf die Ferse treten kann. Schabsel sah plötzlich nicht nur seinen persönlichen Einfluß erschüttert, sondern auch sein Geschäfts-Monopol, denn die Familien, welche seiner Richtung fern standen, versagten ihm die Befriedigung aller Bedürfnisse oder sahen sich nach direkten Bezugsquellen um — und es war nachgerade unvermeidlich Partei zu ergreifen, um nicht unter dem Bestreben allezeit möglich zu bleiben, für geraume Zeit gänzlich unmöglich zu werden. Die politische Schlauheit des Krämers reichte hier nicht aus, er schloß sich der Majorität an, nämlich der Anti-Amtmann-Partei, und nur ganz geheime zarte Beziehungen suchte er zu dem feindlichen Lager herzustellen. Diese Doppelrolle jedoch brachte ihn erst recht in gefährlichen Konflikt mit dem klugen geradherzigen Förster, der ihn eines Tages in seinem eigenen Kramladen in ein peinliches Verhör nahm, welches damit endigte, daß Schabsel, dem noch niemals eine Menschenseele so scharf zugesetzt hatte und der jeden Augenblick gefaßt war, seine Ueberzeugung auf dem Altar ihres direkten Gegentheils abzuschlachten, in seinem eigenen Kellerraume so lange zwischen Oelfässern gefangen und eingesperrt gehalten wurde, bis er schriftlich eine ihm freigestellte Erklärung abgab, daß es Menschen gebe, welche gar keine andere Ueberzeugung im Busen tragen, als die von der Alleinberechtigung des eigenen Ich und das Schabsel nur Einem Gott glaube — der da heißet — Profitchen!

4. Stille Wege.

Der Architekt begleitete die Fürstin auf einem Ritt durch Wald und Thal, tief ins Gebirge, unternommen zu dem Zwecke, den unbeugsamen Köhler Thomas aufzusuchen, ihm durch die Macht der Persönlichkeit zu imponiren und ihn vielleicht so zur Abtretung des gewünschten Grundstückes zu bewegen. Klarer, tief blauer Himmel überwölbte die starre Winterlandschaft, überheller Schnee- und Sonnentag sättigte mit Licht die fernste Niederung. Die Bäume ragten wie Kristallgruppen mit ihren weißen Reifrinden empor, ein Schimmern und Glitzern allenthalben, daß das ermüdete Auge an den hier und dort überragenden Felsenhängen einen dunklern Ruhepunkt suchte, um sich zu erholen vor dem Schauer all' der Pracht und Herrlichkeit und wieder zu stärken für neue liebgewordene Eindrücke. Die erhaben feierliche Stille, kaum durch die knisternden Huftritte im weichen Schnee gestört, erhöhte den Reiz der Gegend. Die Fürstin hielt ihr Pferd an. Ihr Blick weilte mit ruhigem Behagen auf dem Bilde, ihre Seele schien ganz von dem Augenblick gefangen und diese Stimmung lieh ihrem Antlitz, ihrem ganzen Wesen die rührende Anmuth und Schönheit, wodurch sie unbewußt die widerstrebendsten Elemente ihrer Umgebung vollständig beherrschte. „Es ist doch nicht gleichgiltig," sagte sie zu Flott nach einer Pause, während welcher dieser in ihrem Anschauen versunken war, „es ist nicht gleichgiltig, wie wir eine Landschaft ansehen und welche Stimmung wir für sie mitbringen; hundertmal gehen wir theilnahmlos und stumpfsinnig vorüber an den lieblichsten Gaben der Schöpfung, die Natur spricht vergebens zu uns mit allen Zeichen wohlthätiger Segnung — dann kommt oft spät ein Tag, eine Stunde, ein Augenblick, und wir staunen ob der Fülle des Lebens und der Schönheit, für die wir so lange zu unserem eigenen Schaden die Sinne verleugneten!"

„Fürstin, geht es uns nicht ebenso mit Menschen?" erwiederte Flott.

Rustika blieb eine Weile in Nachdenken versunken, dann brachte sie ihr Pferd in leichten Schritt, und wie um einer Gedankenwendung zu begegnen, sagte sie: „Welch' ein Bild des Friedens! Jene blauen Rauchsäulen aus den Schloten der Köhlerhütten, es sind fast ebenso viele Opferaltäre der Zufriedenheit, der Beschränkung, des Genügens. Wie so anders unten in unserem Dorfe! Warum habe ich es nicht erreicht, daß die Menschen sich ertragen lernen? Ihre Schilderung der letzten Vorgänge hat mich tief betrübt und beinahe entmuthigt; ich werde nicht verstanden oder, was schlimmer, mißverstanden."

(Schluß folgt.)

Vom Kaffee.

Mitgetheilt von Dr. Wilhelm Sommerried.

Nichts ist seltsamer in der Geschichte Europa's, als die völlige Umgestaltung seiner Verhältnisse und Gewohnheiten, ja fast seiner ganzen Kultur, durch Vermischung mit seinen anderer Völker. Daß dieser von Haus aus kleine und ärmste Welttheil zu der gegenwärtigen Macht und Geistesgröße gelangen konnte, verdankt er fast durchaus der Fremde. Syrien mußte ihm seine Religion betreben; auf den Schultern des Griechen- und Römerthums hat er seine Kunst und Wissenschaft erobert; aus Asien übersiedelte er seinen ausgedehnten Obstbau, seine Rebe, seine Seidenzucht, seine Baumwollenindustrie; Amerika entriß er seine Kartoffel, seinen Mais, den Tabak; China seinen Thee; Afrika seinen Kaffee; dem stillen Ocean seinen Zucker u. s. w. Man erstaunt, wenn man das ganze große Register der europäischen Industrie und des europäischen Handels durchschwelft: das Meiste ist der Fremde entwendet.

Ein tieferer Blick enthüllt uns hierin einen merkwürdigen Gang der Weltgeschichte. Fast immer war es die Noth, welche den von Haus aus so bequemen Menschen in die Ferne, auf neue Bahnen trieb, seine Verhältnisse zu verbessern. Mit jedem Schritte vorwärts erweiterte er unbewußt seine Heimat, die Erde, Menschen und Völker mit einander verbindend, die früher kaum von einander wußten. Diese Aufgabe übernahm Europa in einem Grade, wie kein anderer Welttheil. Zwar übernahm es dieselbe zunächst um seiner selbst willen, zwar rettete es sich dadurch allein aus seiner eigenen Armuth und der damit eng verbundenen Barbarei seiner Kultur; allein es trug hiermit den Geist des wahren Evangeliums über die Erde, an welchem alle civilisirten Völker, alle geoffenbarten Religionen bisher bauten: die Erde als einen gemeinschaftlichen Wohnsitz der Menschheit und diese als eine Familie zu betrachten, in welcher Weisheit, Friede, Gesetz und Sitte herrschen soll, daß also Einer des Andern Nächster und Gott der rechte Vater ist über Alles, was da Kinder heißet im Himmel und auf Erden.

Hat auch der „Kaffee" das Seine dazu beigetragen, unsere Lebensweise, den Handel und die Schiffahrt, wie die Kulturverhältnisse der Länder, die ihn erzeugen, zu verändern, hat er sich außerdem nach und nach zum Volksbedürfniß ersten Ranges erhoben, so ist es wohl gerechtfertigt, ihn einer näheren Betrachtung in diesen Blättern zu würdigen.

Die Heimat des Kaffee's suchte man lange Zeit ausschließlich in Jemen, dem besten Theile des glücklichen Arabiens. Der Sommer ist dort regenlos, nur in der Zeit vom Oktober bis März regnet es drei bis viermal des Monats, wodurch sich die Wadys der Gebirgsgegend mit laufendem Wasser füllen und reizende Vegetation sich verbreitet. Da die Kaffeepflanze zu ihrem Gedeihen ein warmes Klima erfordert, wo die mittlere Temperatur nicht unter 16—17° R. und die Lufttemperatur im Winter nicht unter 10° sinkt und dabei hinreichenden Regens oder künstlicher Bewässerung bedarf, so sind diese örtlichen Wärme- und Feuchtigkeitsverhältnisse für ihr Fortkommen allerdings außerordentlich günstig und man trifft hier deshalb den Kaffee in den Thälern und auf den terrassenförmigen Anhöhen in einer Seehöhe von 1500—2000 Fuß überall an, indeß nur in Pflanzungen.

Einen wilden Kaffeebaum oder irgend ein wildes Kaffeegehölz hat man aber bis auf den heutigen Tag in Arabien nicht gefunden, und es ist darum wohl schon die Urheimat des Kaffee's hier nicht zu suchen. Nun weiß man nach neueren Forschungen, daß er nicht allein seit der ältesten Zeit als angebauter Baum in Abessinien vorkommt, sondern daß er auch in den hiervon südlich liegenden Ländern Enarea und Kafa angebaut wird und in größter Fülle schattenreicher Wälder daselbst wild wächst. Als Quellenland des östlichen Nil und der vielen Zuflüsse desselben, stellt sich Abessinien von selbst als kulturfähig dar, und da es zugleich völlig in der Zone der tropischen Regen liegt, so übertrifft seine Productenfülle bei weitem die des benachbarten glücklichen Arabiens. Man hat dort schon über 1000 neue Pflanzen gefunden, und was die Zoologie hier entdecken kann, davon liefert unter andern das Senkenbergische Museum zu Frankfurt, das der bekannte Reisende Rüppel mit vielen Seltenheiten bereichert hat, den glänzendsten Beweis. Es sind also wohl die letztgenannten Länder als die eigentliche Heimat der Kaffeepflanze anzusehen, von der wurde sie vermuthlich erst gegen das fünfzehnte Jahrhundert in Arabien eingeführt, so daß Jemen höchstens als die erste Kulturheimat des Kaffeebaumes gelten kann.

Woher der Gebrauch, Kaffee zu trinken, stammt, wer den köstlichen Stoff entdeckte, ist unbekannt; indessen scheint in Abessinien der Gebrauch des Kaffeetrinkens eine über die Zeit der historischen Erinnerung hinaus liegende uralte Sitte zu sein, die erst spät und noch auch im arabischen Volksleben Eingang gefunden hat. Die seit 1838 den Briten gehörende Hafenstadt Aden war wohl der erste arabische Ort, in dem Kaffee getrunken und wohin er durch einen türkischen Oberpriester, der denselben in Abessinien hatte kennen gelernt, etwa in der Mitte des 15. Jahrhunderts, wie bereits erwähnt, eingeführt worden ist. Schon zu Ende des 16. Jahrhunderts war der Kaffeetrank in das Genußleben aller Araber und Muhammedaner übergegangen, man trank aber damals ebensowohl die Abkochung des die Bohnen einschließenden wilderichten Fleisches, als der Bohnen. Und heut zu Tage ist es in Arabien hierin nicht viel anders! Gerade dort, wo sie den edelsten Kaffee haben und in der größten Menge selber anbauen, trinken die meisten Leute den schlechtesten Kaffee in der ganzen Welt: ein aus dem gerösteten Fruchtkelche bereitetes dünnes warmes Getränk. So genießen Die, welche diese Naturgabe am leichtesten haben könnten, sie am wenigsten, vielleicht aus ähnlichem Grunde, aus welchem unsere armen Winzer gewöhnlich nur Biere trinken, und die Bergleute, die das schönste Silber herausgraben, oft kaum Kupfergeld im Hause haben — nämlich aus Armuth, vielleicht auch deswegen, weil Die, welche den Kaffee so nahe haben, ihn am wenigsten achten.

Bald jedoch entbrannte ein großer Streit für und wider den Kaffeegenuß. Schon zu Anfang des 16. Jahrhunderts traf ihn zu Mekka der erste Fluch: er wurde nämlich als für Leib und Seele gefährlich, als größter Frevel gegen den Koran förmlich verdammt. In Kairo dagegen hielt man das excommunicirte schwarze Kindlein für weniger abscheulich, man wollte es erst an seinen Früchten kennen lernen, deshalb wurde jenes mekkaische Verdammungsurtheil hier nicht bestätigt und die schon geschlossenen Kaffeeschenken wurden wieder geöffnet. Auch erschöpften sich die Gegner des Kaffee's bald in ihrem Hasse gegen das verurtheilte Getränk, sie gingen nämlich selbst so weit, zu behaupten, daß die Gesichter Derer, welche Kaffee getrunken, am Tage der Auferstehung noch schwärzer als der Kaffeesatz erscheinen würden.

Indessen verbreitete sich die Sitte des Kaffeetrinkens doch immer mehr und weiter, Anfangs zwar langsamen Schrittes, später aber mit einer ungeheuren Schnelligkeit, selbst trotz der hohen Abgaben, die der Sultan auf die „Schulen der Erkenntniß", wie die Türken die Kaffeehäuser nannten, legte; bald war auch der ganze Westen und das mittlere Europa mit dem Kaffee bekannt geworden, namentlich seitdem nach der Mitte des 17. Jahrhunderts in den beiden Weltstädten Paris und London öffentliche Kaffeeschenken entstanden waren. Zu dieser Zeit, wohl auch noch etwas später, hatte der Kaffee nur noch die Aerzte zu seinen hauptsächlichsten Widersachern; allein das „schwarze Kesselchen" wußte sich zur Geltung zu bringen, wo es einmal gebuftet hatte, da war ihm das Hausrecht gesichert.

In England war der Kaffee schon zu Anfang des achtzehnten Jahrhunderts bis zu den untersten Volksschichten allgemein gedrungen, wurde aber durch den Thee bald wieder verdrängt; immerhin führte dieses Land im Jahre 1847 für 150,332.992 Pfd. St. Kaffee ein, so daß dort ungefähr 1 ¼ Pfd. auf den Kopf gerechnet werden. Die Zollkasse des Zollvereins hatte im Jahre 1852 vom Kaffee eine Einnahme von 6,141.876 Thlr. oder den vierten Theil der Gesammt-Zollsumme, und es wurden in den deutschen Zollvereinsstaaten schon 1840 2 Pfd. und 11 Lth. auf den Kopf jährlich gerechnet. Von den fünf Millionen Centner Kaffee, die jährlich producirt werden, verbraucht Europa gegenwärtig allein drei Millionen Centner; in dem Maße ist der Gebrauch eines Getränkes gestiegen, welches vor noch nicht zwölfhundert Jahren in den meisten Erdtheil ganz unbekannt war! Es sind diese Zahlen aber unumstößliche Belege für die großartigen Wechselverhältnisse der Völker und ihrer Geschichte, die sich in allen wichtigen Handelsartikeln abspiegeln. Sie ist noch in steter Entwicklung begriffen, aber wo sie auch noch hinführen möge, sie wird kein anderes Ziel kennen, als die große Verbrüderung des Menschengeschlechts fördern zu helfen.

Nachdem einmal der Kaffee sich in Europa zu einem allgemeinen Volksbedürfniß erhoben hatte und der Verbrauch von Jahr zu Jahr stieg, wurde er nicht nur ein wichtiger Handelsartikel, sondern auch Gegenstand der Spekulation; es war daher natürlich, daß man daran dachte, die kostbare Pflanze auch in den europäischen Besitzungen der heißen Länder anzupflanzen. So wurde denn im Jahre 1718 von dem holländischen Generalgouverneur Zwaerdekroon die erste Kaffeepflanze aus Arabien nach Java gebracht, das dadurch die zweite oder, wenn man will, die dritte Heimat des Kaffee's geworden ist, jetzt aber schon jährlich gegen 50 Millionen Pfd. ausführt. Von hier aus wurde der Baum bald auf die umliegenden Inseln übersiedelt. Die holländische Regierung hat daher die alte Krämerpolitik, den Gewürzbau, damit die Preise nicht sinken, auf gewisse Orte (z. B. die Gewürznelke auf Amboina, die Muskatnuß auf Banda) zu beschränken, rechtzeitig aufgegeben und in ihren ostindischen Kolonien fremde Produkte, denen das Klima zusagt, mit dem besten Erfolg eingeführt. Außer dem Kaffee von Java und Sumatra gewinnt Holland jetzt Zimmt auf Borneo, an andern Orten Zucker, Indigo, Baumwolle, und selbst den Theestrauch läßt die Regierung nunmehr durch Chinesen kultiviren.

Bald kamen auch einige Kaffeepflanzen in den botanischen Garten von Amsterdam, von da in den Pariser Garten, und von hier wurde im Jahre 1722 eine junge Pflanze, die man aus Samen gezogen hatte, durch einen Reisenden, Namens Declieur, nach den Antillen übergeführt. Die Hinüberreise war beschwerlich und langwierig, man litt Mangel an Wasser; aber der Mann, der die Pflanze der neuen Welt schenken sollte, kargte mit seinem eignen Wasservorrath, um seinen jungen Kaffeebaum wässern zu können. Auf diese Erzählung gestützt, behauptet man, daß von diesem Einen Kaffeebaume alle Kaffeebäume Westindiens und Brasiliens abstammen sollen.

Bald erhielt die Kaffeepflanze in der neuen Welt einen noch ausgedehnteren Verbreitungsbezirk als in der alten: über die großen und kleinen Antillen, Guiana, Brasilien, Mexiko und über die südlichen Theile der Vereinigten Staaten. So hatte man nun auch westindischen Kaffee, und schon im Jahr 1756 kamen 18 Millionen Pfd. aus Westindien nach Frankreich zurück.

Wenden wir uns nun zu einer kurzen Betrachtung der Pflanze selbst.

Der Kaffeebaum, ein Habitus einem mäßigen Kirschbaum ähnlich und stets grün, erreicht in seiner Heimat bei einem 4 bis 6 Zoll dicken Stamme eine Höhe von 30 bis 40 Fuß, wird dagegen in unseren Gewächshäusern nicht über 15 Fuß hoch und höchstens 15 Jahre alt. In den Plantagen wird er meist, wenn er 4—5 Fuß hoch ist, beschnitten, damit die Krone sich ausbreiten kann und die Pflanze dadurch mehr und leichter zu erreichende Früchte giebt.

Aus den Winkeln der gegenüberstehenden lorbeerähnlichen Blätter kommen fast in jeder Jahreszeit wohlriechende jasminartige Blüthen hervor, und der Baum soll dann, mit diesem schneeigen Schmucke bedeckt, einen Anblick gewähren, der den unserer blühenden Obstbäume weit übertrifft. Ebenso findet man immer gleichzeitig unreife, grünliche, unserer Kornelkirsche ähnliche Beeren, die später scharlachroth, zur Zeit der Reife aber dunkelviolett gefärbt sind. In dem reif widerlich süß schmeckenden Fleische, das (später vertrocknet, enthalten die Beeren die bekannten zwei Samen, die von einer ganz dünnen, pergamentartigen Samenhaut umhüllt sind, bei der Reife erhärten und dann hellgrün oder gelblich werden; mit der flachen Seite liegen sie aufeinander, sind daselbst mit einer Mittelfurche versehen und bestehen fast ganz aus einem hornartigen Eiweißkörper, in dessen Grunde der Embryo eingeschlossen ist. Mit unseren Bohnensamen haben die Kaffeebohnen somit keine Aehnlichkeit, der Name „Bohnen" stammt vielmehr aus dem Arabischen, wo die Samen des Kaffeebaumes Buun genannt werden.

Die Kaffeepflanzungen werden fast überall auf gleiche Weise angelegt, es passen dazu enge, schattige und doch heiße, gegen Nordwind geschützte Thalschluchten, die terrassenförmig emporsteigen und reichlich bewässert werden können. Zur Fortpflanzung bedient man sich junger Sämlinge, die auf besonderen Beeten gezogen werden, oder man steckt den frischen Samen sogleich an Ort und Stelle; da letzterer schon in drei bis vier Wochen nach der Ernte seine Keimkraft verliert, so ist es unmöglich, die käuflichen Kaffeebohnen bei uns zum Keimen zu bringen. Gewöhnlich pflanzt man die Sämlinge in den Schatten anderer großen Bäume; haben die jungen Stämmchen eine Höhe von 2 Fuß erreicht, so werden sie 7 bis 8 Fuß in 6 Quadrat versetzt, das Unkraut wird sorgfältig entfernt, die Wurzelschößlinge werden abgeschnitten und nun ist die Hauptsorge: das Führen von Rinnen und Gräben, um die Pflanze Morgens und Abends bewässern zu können.

Schon im zweiten Jahre hat der Strauch eine beträchtliche Höhe erreicht, im dritten Jahre trägt er seine ersten spärlichen Früchte, im fünften und sechsten Jahre wird die Ernte vorzüglich, die gewöhnlich jährlich zweimal vorgenommen wird; für die erste und reichlichste Ernte, die im Mai und Juni erfolgt, beginnt die Blüthe im November und währt bis December, für die zweite vom September bis November dagegen blüht der Baum von Ende März bis Ende April. Zum Zwecke des Einsammelns der Beeren breitet man in Arabien Tücher unter die Bäume und schüttelt die reifen Früchte herab, in Amerika dagegen werden sie von dem Negern in Säcke abgepflückt. Vom fünften Jahre an beträgt die Ernte von einem Baume im Durchschnitt 10 Pfund, oft aber werden die Hoffnungen des Pflanzers durch Nordwinde und Sonnenbrand, vorzüglich zur Blüthezeit, gänzlich vernichtet. Die eingesammelten Früchte werden nun an der Sonne getrocknet, die Samen alsdann mittelst einer Walze aus dem dürren Fleische herausgerollt, nochmals im Schatten getrocknet, und nachdem sie durch Schwingen von fremden Beimischungen befreit worden sind, werden sie in lockeren Säcken an luftigen Orten für den Handel aufbewahrt. In Amerika hat man zum Entfleischen und Reinigen der Samen eigene kleine Mühlen. Obgleich der Kaffeebaum auf passendem Boden 20 bis 25 Jahre dauert, so läßt man ihn doch kaum nur die Hälfte dieser Zeit stehen, den freigewordenen Platz nehmen sofort junge Stämme ein.

Die Güte der im Handel vorkommenden Kaffeesorten ist abhängig von der Verschiedenheit des Bodens und Klima's, in welchem die Samen gewonnen wurden, von der größeren oder geringeren Sorgfalt beim Anbau, von der Ernte und endlich von der Art der Reinigung. Die vorzüglichste von allen, der Mokkakaffee, hat kleine, dunkelgelbe Bohnen, kommt aber wohl nicht zu uns; was in Europa unter dem Namen Mokka verkauft wird, sind vielmehr die kleinsten ausgesuchten Javabohnen, die größer und von bräunlich gelber Farbe sind. Diesem folgt in der Güte der Kaffee von Bourbon mit größerem, länglichem, weißlichem Samen; die amerikanischen Sorten sind alle mehr grünlich oder bläulich grau und bilden als die geringste Sorte den größten Theil des nach Europa kommenden Kaffee's.

Während vor etwa hundert Jahren die Gesammtproduktion des Kaffee's nur 10 bis 12 Millionen Pfd. betrug, beläuft sie sich jetzt, wie bereits erwähnt, auf fast 5 Millionen Centner (im Werthe von 50 bis 70 Millionen Thaler), wozu Brasilien allein 1³/₄, Java 1¹/₂ Millionen Centner, Jemen dagegen unter allen Ländern den geringsten Theil, etwa 1 Million Pfd. liefert. Aus der Urheimat Enarea und Kafa hat der Kaffee bis jetzt noch keine Wichtigkeit für den Welthandel gewonnen.

Vor der Einführung des Kaffee's, Thee's und der Cichorie fand man hier zu Lande in fast jedem Hause liegend ein Gewächs aufbewahrt, um das Bedürfniß nach einem aromatischen warmen Getränke befriedigen zu können. Meist war es die Kamille oder die Hollunderblüthe, an andern Orten Melisse, Obermenning, Pfefferund Krausemünze, oder irgend eine andere Pflanze, und es ist komisch genug, wenn man noch heute in den niederen Ständen einmal die ganze Familie bei einer Tasse Kamillen- oder Hollunderthee's beisammen findet. Ein derartiges Getränk ersetzte indeß niemals eine Mahlzeit, was der Kaffee nunmehr sehr oft sein muß; unsere Voreltern, denen er so unbekannt war, genossen statt seiner ein Süpplein, welcher Sitte wir noch immer in vielen Oekonomien begegnen, hier aber hauptsächlich der Broderparniß wegen beibehalten wird.

Die Bestandtheile der Kaffeebohnen sind Fett, eiweißartige Körper, eine eigenthümliche Gerbsäure (Kaffeesäure), Zucker, Pflanzenfaser oder Cellulose, ein ätherisches Oel, das die Ursache des eigenthümlichen Geruchs des rohen Kaffee's ist, unorganische Bestandtheile und Kaffein, letzteres reich an Stickstoff und der wirksamste Bestandtheil der Kaffeebohnen.

Dem Gebrauche frischer Bohnen steht ihr zusammenziehender herber Geschmack und ihre hornartige Beschaffenheit entgegen, welche letztere die vollständige Extraktion der löslichen Bestandtheile verhindert. Aus diesem Grunde pflegt man die Bohnen zu rösten, wobei in ihren Bestandtheilen eine wesentliche Veränderung vor sich geht: das Fett wird zum größten Theile zerstört, die Gerbsäure und die Pflanzenfaser erleiden eine beginnende Zersetzung und der Zucker verwandelt sich

in Karamel; nur das Kaffein wird nicht zersetzt, es geht als solches in den Auszug der gerösteten Bohnen über; die bräunlichen Stoffe, die sich dabei erzeugen, bedingen die braunrothe bis schwarzbraune Farbe. Der angenehme charakteristische Geruch der Bohnen gehört nicht einem einzigen Körper, sondern einem Gemenge der Produkte der trocknen Destillation mehrerer Bestandtheile der Kaffeebohnen an.

Daß das Rösten des Kaffee's einige Sorgfalt und Uebung erfordert, ist bekannt. Bei zu hoher Temperatur, wobei die Bohnen mehr verbrennen als rösten, geht der größte Theil des feinen aromatischen Geschmackes verloren und das Kaffein wird ausgetrieben, wodurch solcher Kaffee einen unangenehmen, bittern Geschmack bekommt. Am besten geschieht das Rösten in verschließbaren Brennern; bis zur rothbraunen Farbe erhitzt, verliert der Kaffee 15 pCt. an Gewicht, aber 100 Theile Kaffee nehmen, obwohl sie nach dem Rösten nur noch 85 wiegen, den Raum von 130 Theilen Kaffee ein. Beim Rösten bis zur kastanienbraunen Farbe verlieren 100 Theile Kaffee 20 pCt.; das Volumen beträgt in diesem Falle das von 150 Theilen ungebrannten Kaffee, und es lassen sich hieraus beachtenswerthe Regeln für den Verkauf ziehen.

Da der Kaffee nicht selten gefärbt ist, so sollte man ihn vor dem Rösten waschen; man liest nämlich zuvor alle schlechten Bohnen, Steinchen ꝛc. sorgfältig aus, dann wird er zweimal in lauwarmem Wasser abgewaschen und endlich auf einem ausgebreiteten Tuche abgetrocknet. Gewaschener Kaffee darf aber nicht zu braun geröstet werden.

An der Luft, besonders bei warmer Witterung verliert der gebrannte Kaffee einen großen Theil seines flüchtigen Oels und er muß deßhalb gleich nach dem Brennen und Abkühlen in luftdicht verschlossene Blechbüchsen oder Glasflaschen gefüllt werden.

Daß der Kaffee sein Aroma verliert, wenn man ihn nach der älteren Methode kocht, ist nach dem Vorausgegangenen klar: man will alle Kraft ausziehen und zerstört sein aromatisches Oel und somit den Wohlgeschmack; der Aufguß von kochendem Wasser kann allein einen schmackhaften Kaffee liefern. In neuerer Zeit hat man den Zusatz einer kleinen Menge verwitterten kohlensauren Natrons (43 Gran auf 1 Pfund gerösteten Kaffee) zum Kaffeewasser als eine Verbesserung im Kaffeekochen wiederholt vorgeschlagen und angepriesen.

Wie der Thee, so erregt auch der Kaffee die Thätigkeit des Gehirns, der Nerven und der Verdauungsorgane. „Während der Thee vorzugsweise die Urtheilskraft erweckt," sagt Moleschott, „und dieser Thätigkeit ein Gefühl von Heiterkeit zugesellt, wirkt der Kaffee zwar auch auf das Denkvermögen erregend, jedoch nicht ohne zugleich der Einbildungskraft eine viel größere Lebhaftigkeit zu ertheilen. Die Empfänglichkeit für Sinneseindrücke wird durch den Kaffee erhöht, daher einerseits die Beobachtung gesteigert, auf der andern Seite aber auch die Urtheilskraft geschärft, und die belebte Einbildungskraft läßt sinnliche Wahrnehmungen durch Schlußfolgerungen rascher bestimmten Gestalten annehmen. Es entsteht ein Drang zum Schaffen, ein Treiben der Gedanken und Vorstellungen, eine Beweglichkeit und eine Gluth in den Wünschen und Idealen, welche mehr der Gestaltung bereits durchdachter Ideen, als der ruhigen Prüfung entstandener Gedanken günstig ist."

Der übermäßige Genuß des Kaffee's hat einen starken Blutandrang nach dem Kopfe, Stockungen im Unterleibe, Schwächungen des Darmkanals, Schlaflosigkeit und einen rauschartigen Zustand von Aufregung zur Folge. Es entsteht ein Gefühl von Unruhe und Hitze, Angst und Schwindel, Zittern der Glieder, ein Drang in's Freie zu kommen, und die frische Luft ist gewöhnlich das beste Mittel zur Aufhebung eines Zustandes, dessen Fortdauer eine wahrhaft aufreibende Gewalt über den Menschen ausübt. Bei leichten Unpäßlichkeiten, als Kopfweh, Hartleibigkeit, Verdauungsschwäche, Trägheit der Hautausdünstung, leistet der Kaffee unverkennbare Hilfe, indessen ist durch den häufigen Gebrauch seine medicinische Wichtigkeit und Wirksamkeit sehr beschränkt. Die gerösteten Kaffeebohnen dienen aber immer noch als wirksames Gegenmittel bei Opium- und anderen narkotischen Vergiftungen, desgleichen auch bei Berauschung.

Die Gerbsäure in Kaffee und Thee schlägt die eiweißartigen Körper aus ihren Lösungen leicht nieder, darum ist Milch in diesen Getränken schwerer verdaulich, als wenn sie allein getrunken wird. Und so ist nur schwarzer Kaffee wirklich im Stande, nach Tisch die Verdauung zu fördern, indem er die Absonderung der lösenden Säfte vermehrt. Kein Italiener trinkt nach Tisch Milch in seinem Kaffee.

Die besonders seit der Zeit der napoleonischen Kontinentalsperre bei uns gebräuchlichen Surrogate, wie Cichorie, Gerste, Roggen, Runkelrübe, Möhre, Eichel u. s. w., sind mit wenigen Ausnahmen weder der Gesundheit sehr zuträglich, noch bewecken sie eine begründete Geldersparniß; in letzter Beziehung verhalten sie sich zu gutem Kaffee noch nicht einmal wie altes Kuhfleisch zu Ochsenfleisch. Da alle diese Stoffe den charakteristischen Bestandtheil des Kaffee's, das Kaffein nämlich, nicht enthalten, so ist der Genuß des Surrogatkaffee's ein Selbstbetrug, der die Farbe für den Gehalt nimmt.

Die wandernden Erdbeeren.
Humoreske.

In einem kleinen, eleganten Salon war eine aus zwei Damen und drei Herren bestehende Gesellschaft versammelt. Mit erstarrendem Hauche blies draußen ein eisiger Nordwind, denn es war um die Weihnachtszeit; aber im Innern des Zimmers herrschte Licht, Wärme und Behaglichkeit. Ein lustiges Feuer flackerte traulich im Kamin, ein weicher Teppich, herabgelassene Vorhänge von schwerem Seidenzeuge hielten jedes Eindringen der Kälte zurück; exotische Pflanzen dufteten in kostbaren Gefäßen. Heiter, geistreich, von übersprudelnder Laune war die kleine Gesellschaft,

und wie konnte es anders sein! War sie doch um die gefeierte Schauspielerin S... versammelt, die in jungfräulicher, sittiger Anmuth die liebenswürdige Wirthin machte, den Thee bereitete und von den Herren bald mit einer das heilige Feuer hütenden Bestalin, bald mit einer den Nektar reichenden Hebe verglichen wurde.

„Schmeicheleien, nichts als Schmeicheleien," rief sie lächelnd, „die nur dazu dienen, mich meine Ohnmacht recht fühlen zu lassen. Wäre ich eine Göttin, so könnte ich über Erde und Himmel, Frost und Hitze gebieten und brauchte mir nicht einen Wunsch zu versagen, den ich schon seit mehren Tagen hege und dessen Erfüllung mich mehr, als alle empfangenen reichen Weihnachtsgeschenke erfreut hätte.

„Ein Wunsch," rief Graf P..., ein Kavallerie-Officier, „nennen Sie ihn, ich fliege, ich eile, und sollte ich drei meiner besten Pferde zu Tode jagen."

„Ein Wunsch?" fragte Banquier R... „ist es eine Spende zu einer Sammlung für die Armen? Reden, gebieten Sie!"

„Ein Wunsch," sagte Eugen A..., der junge Schriftsteller, „o, daß ich die Sterne für Sie zum strahlenden Diadem vom Himmel herabholen, Ihren Namen mit Flammenzügen an das Firmament zeichnen könnte, wie er bereits am Himmel der Kunst glänzt. Was wünschen Sie?"

„Ich glaube nicht, daß meine Tochter so überschwängliche Wünsche hegt," lächelte Frau S..., eine freundliche, würdige Matrone.

„Mama beurtheilt mich sehr richtig. Sie sind sehr gütig, meine Herren; aber nichts von allem, was Sie mir so freigebig zur Verfügung stellen, ist mein Wunsch, denn leider können Sie, Herr A..., die Macht, welcher Sie sich gestreht, nur im Reiche der Poesie erlangen; ich aber sehne mich nach etwas Wirklichem, und zwar — nach frischen Erdbeeren. Wer von Ihnen vermag mir diese jetzt unter Eis und Schnee emporwachsen zu lassen?"

Die Herren verstummten einen Augenblick. Die Aufgabe schien nicht ganz leicht. Vielleicht mochte sich der Eine oder der Andere aus seiner Jugend des Märchens von den wunderthätigen Zwergen erinnern, die dem armen, von der Stiefmutter im harten Winter nach Erdbeeren ausgeschickten Kinde die ersehnten Früchte verschafften. Vielleicht sehnten sie sich nach ihrem Beistande; unsere Zeit ist jedoch zu materiell geworden, der Wunderglaube ist entflohen und mit ihm Elfen, Feen und Zauberer. Nur zwei mächtige Zaubergewalten gibt es heute — die Dampfkraft und das Geld. Zu beiden mußten die Herren ihre Zuflucht nehmen; da aber die letztere dem Banquier R... im reichsten Maße zu Gebote stand, so ist es natürlich, daß er auch über die erstere unumschränkt gebot und seinen Nebenbuhlern den Rang ablief. Telegraphische Depeschen flogen an alle Kunstgärtner nah und fern, und wirklich war er so glücklich, die um einen enormen Preis erkauften Erdbeeren in einem zierlichen Körbchen am Neujahrsmorgen der Künstlerin zuzuschicken.

Der Wunsch, Erdbeeren zu essen, war nur eine Eingebung des Augenblicks gewesen, hervorgerufen durch die Lust, ihren Verehrern eine kleine Verlegenheit zu bereiten. Jetzt, da sie die köstlich duftenden, mit der rauhen Winter so seltsam kontrastirenden Kinder des Lenzes in Händen hielt, kam es ihr fast wie ein Unrecht vor, sie ohne weiteres zu verzehren, und ihrem guten, wohlwollenden Herzen folgend, sandte sie dieselben einer schon seit mehren Wochen kranken Kollegin.

Die Mutter der Kranken, welche das Geschenk in Empfang nahm, war eine praktische, sparsame Hausfrau und berechnete sehr richtig, daß aus dem Erlös der jetzt sehr kostbaren Früchte ihrer Tochter gewiß ein größerer Nutzen erwachsen dürfte, als aus dem Genusse derselben. In eigener Person begab sie sich daher sogleich zu einem ihr bekannten Fruchthändler, bot diesem die Erdbeeren zum Verkauf an und erhielt, da derselbe mehre male in diesen Tagen um die Herbeischaffung von Erdbeeren angegangen, einen ziemlich hohen Preis dafür, da er hoffen durfte, immer noch ein gutes Geschäft damit zu machen. Er hatte sich nicht getäuscht. Graf P..., dem er die Erdbeeren brachte, zahlte voll Freude, sie jetzt, wo er jede Hoffnung sie zu erlangen aufgegeben hatte, noch zu bekommen, die dafür geforderte Summe und sandte mit einem Billet, worin er schrieb, daß ihm die Früchte erst in diesem Augenblicke durch einen Courier überbracht worden, dieselben an Fräulein S...

Auch jetzt konnte sich die Künstlerin nicht entschließen, die Erdbeeren selbst zu verzehren. Frau von R..., eine Freundin und Gönnerin, hatte ihr soeben einen prächtigen Blumenstrauß als Neujahrsgruß gesandt, sie erwiederte denselben durch das Körbchen mit Erdbeeren. Der Zufall wollte, daß Eugen F..., der junge Schriftsteller, zu dem Bekanntenkreise der Frau von R... gehörte, in den jüngstverflossenen Tagen mehrmals ihr Haus besucht und dort wiederholt den Wunsch geäußert hatte, Erdbeeren zu erlangen, ohne einen Grund für dieses Verlangen anzugeben. Frau von R... hielt den Wunsch für eine phantastische poetische Laune, war liebenswürdig genug, sie ihm zu erfüllen, und schickte ihm das Körbchen mit Erdbeeren zu.

Der kurze Wintertag neigte sich bereits seinem Ende zu, als Eugen F... sich selbst zu Fräulein S... begab, ihr die Erdbeeren als soeben angekommen zu überreichen. War der Künstlerin schon, als ihr die Früchte vom Grafen P... zugeschickt worden, eine Ahnung des eigentlichen Sachverhaltes aufgegangen, so blieb ihr jetzt kein Zweifel, daß dieselben Erdbeeren gleich den Pantoffeln des Kasem, wenn auch weniger unheilbringend, immer wieder zu ihr zurückgekehrt seien. Schalkhaft lächelnd empfing sie die Gabe und ihre Mutter lud Eugen F... zum Thee, eine Einladung, welche sie auch an die beiden anderen Herren ergehen ließ.

Wieder waren die fünf Personen in den eleganten Räumen der Schauspielerin versammelt. Auf der Mitte des Theetisches prangte das Körbchen mit Erdbeeren, als dessen Geber sich jeder der drei Herren stolz betrachtete. Die Theestunde ging sehr heiter vorüber, denn jeder entfaltete im Bewußtsein, der Held des Tages zu sein und seine Rivalen gedemüthigt zu haben, die glänzendste Laune. Die Künstlerin dankte dem freundlichen Geber der herrlichen Früchte und bat die Herren, welche Zeugen ihres Wunsches gewesen, jetzt sich der Erfüllung desselben mit ihr zu freuen, indem sie die Erdbeeren gemeinschaftlich verzehrten. Das Körbchen war bald geleert. Wer aber beschreibt das Erstaunen des Grafen und des Dichters, als ein auf dem Boden des Körbchens liegendes Bild Talma's in zierlicher Goldeinfassung zum Vorschein kam, für den Fräulein S... stets eine schwärmerische Verehrung gezeigt. Die bestürzten Gesichter der beiden Herren, das triumphirende des Banquiers waren so komisch, daß sich die Künstlerin, obgleich auch sie sehr überrascht war, von einer unwiderstehlichen Lachlust ergriffen fühlte. Sie erzählte den Herren, wie es den Früchten bei ihr ergangen; wohl oder übel mußte jetzt Jeder seinen Antheil an der Begebenheit der Wahrheit gemäß berichten, und so erfuhr man denn zum größten Ergötzen die Geschichte der wandernden Erdbeeren.

Der Bote Allah's.

Persische Erzählung.

Ein Derwisch ging eines Tages nach dem Bazar, dort einige Strähne Baumwolle, die seine Frau gesponnen, zu verkaufen. Er erhielt einen Direm (ungefähr 1 1/2 Sgr.) dafür und war eben im Begriffe, denselben gegen Lebensmittel umzutauschen, die er seiner harrenden Familie als Mittagsmahl heimbringen wollte, als er zwei Männer unter heftigen Scheltworten mit großen Stöcken so wüthend aufeinander eindringen sah, daß er für ihr Leben fürchtete. Der Derwisch erkundigte sich nach der Ursache des Streites und erfuhr, daß derselbe um einen Direm entstanden sei, den der Eine dem Andern nicht bezahlen wolle.

„Ich habe soeben einen Direm erhalten," überlegte der Derwisch; „wäre es nicht meine Pflicht, diesen den Streitenden zu geben und auf diese Weise Blutvergießen, ja vielleicht den Tod meines Nächsten zu verhüten?" Gedacht, gethan. Er näherte sich den feindlichen Parteien, gab ihnen den Direm und hatte die Genugthuung, den Kampf augenblicklich enden zu sehen.

Mit leeren Händen und sorgenschwerem Herzen kehrte er nach Hause zurück und gestand aufrichtig seiner Frau, was sich zugetragen und wie er gehandelt habe. Als würdige Gattin eines solchen Mannes machte sie ihm nicht den leisesten Vorwurf darüber und suchte, da die Mittagsstunde längst vorüber und die Kinder nach Brod weinten, auf andere Weise Rath zu schaffen und irgend etwas Verkäufliches aufzufinden. Sie suchte lange vergeblich; endlich fiel ihr ein Gewand von verblichenem Seidenstoff in die Hände.

„Nimm dies, mein Freund," sagte sie, „und siehe, daß Du es verkaufst; beeile Dich aber, denn die Kinder haben heute noch nichts gegessen."

Der Derwisch durchlief die Stadt von einem Ende zum andern, konnte aber nirgends einen Käufer finden. Mehrere Stunden waren im fruchtlosen Bemühen dahingegangen, als ihm ein Mann begegnete, der einen großen Fisch zum Verkauf ausbot, aber keinen Abneh-

Mißverständniſſe.

3.

Lieutenant: „Iſt denn heute die Wirthin närriſch geworden, ſo ein delikates Eſſen um 30 Kreuzer zu ſchicken?"
Wenzel (ſchmunzelnd): „Es iſt nicht von der Wirthin; ich habe der gnädigen Frau geſagt, ſie ſoll das Eſſen ſchicken, wie Herr Lieutenant befohlen haben."
Lieutenant: „O Du Eſel, jetzt gehſt Du gleich wieder hin, kaufſt unterwegs eine Torte um drei Gulden C. M. und bringſt ſie der Frau Baronin."

mer finden konnte, da derſelbe todt war und die Luft bereits mit einem üblen Geruch erfüllte.

„Das iſt mein Mann," dachte der Derwiſch, näherte ſich dem Fiſchhändler und ſagte ohne weitere Vorrede:

„Kamerad, willſt Du Deinen Fiſch gegen mein Gewand vertauſchen? Niemand will uns unſere Waare abkaufen, es iſt alſo am beſten, wir ſchließen den Handel ab."

Der Andere war damit zufrieden und der Derwiſch eilte mit dem Fiſche nach Hauſe und übergab ihn ſeiner Frau, die ſich ſogleich anſchickte, ihn zu öffnen und zu zerlegen. Zu ihrem großen Erſtaunen fand ſie im Innern des Fiſches eine köſtliche Perle, mit welcher ſie hocherfreut zu ihrem Manne lief und ihn bat, dieſelbe ſogleich zu verkaufen. Der gute Derwiſch hatte keine Ahnung von dem Werthe des Kleinodes, holte deshalb den Rath eines bewährten Freundes ein und ging von dieſem begleitet nach dem Bazar der Juweliere, wo die Perle von Kennern als eine der ſchönſten erkannt wurde, welche je zu Ormus gefunden wurde. Er erhielt 120.000 Direm dafür und eilte mit dieſem Schatze ſeiner Wohnung zu.

Im Begriffe, die Schwelle derſelben zu überſchreiten, wurde er von einem Bettler angeredet:

„Allah hat Dir eine große Summe beſchert, gib mir den zehnten Theil davon, der nach den Geboten des Koran den Armen zukommt!"

Der Derwiſch erkannte die Gerechtigkeit der Forderung und übergab dem Bettler 12.000 Direm, als den vom Propheten gebotenen Theil für die Armen. Dankend entfernte ſich der Bettler, kehrte jedoch nach wenigen Schritten wieder um, indem er ſagte: „Siehe mich recht an, erkennſt Du mich nicht?"

Der Derwiſch betrachtete ihn genauer und ſah, daß es derſelbe Mann ſei, der ihm den Fiſch verkauft hatte.

„Du biſt gekommen, Dein früheres Recht auf die Perle geltend zu machen," ſprach er, ohne nur einen Augenblick zu zögern oder ſich auf ſein Recht als Käufer zu berufen, „ich erkenne es an, nimm hin die Geldſumme, ſie gehört Dir zu."

„Nicht alſo," erwiederte Jener. „Ich bin weder ein Bettler, noch ein Fiſchhändler, ſondern der Bote Allah's. Er hat mich zu Dir geſandt, Dir zu verkünden, daß, weil Du Deinen letzten Direm hingegeben, Unfrieden zwiſchen Deinen Brüdern zu verhindern, Dir auf Erden ein frohes glückliches Leben, nach Deinem Tode aber der Genuß der höchſter Glückſeligkeit beſchieden iſt."

F.

Feuilleton.

Gemeinnütziges.

Die bekannte Handlung von Jules Le Clerc in Berlin läßt jetzt Stahlfedern verfertigen, deren gespaltener Schnabel aus Glas besteht (Krystallfedern), und eine andere Sorte, deren Spitze mit einem Diamantsplitter besetzt ist (Goldfedern). Letztere Feder kann durch einen Regulator weicher und härter gemacht werden.

In der Schuhmacherei wendet man jetzt statt der Holznägel mit einer Schraube versehene Messingstifte an, um die Sohle mit dem Oberleder fest zu verbinden. Die Arbeit wird durch eine Maschine besorgt, welche so viel leistet, wie drei bis vier tüchtige Arbeiter. Ein Stück kostet bei Lemercier in Paris 1000 Francs. Derselbe hat binnen zwölf Monaten 178 Stück verkauft. Die Schräubchen stehen in so vielfacher Verbindung mit dem Leder, daß sie nie herausfallen können.

Ein Schutzmittel gegen Ameisen. In den heißen Sommermonaten sind die Ameisen, vorzüglich auf dem Lande, den Hausfrauen um so unwillkommenere Gäste, da sie sich besonders dort einfinden, wo Eßwaaren, namentlich Süßigkeiten, aufbewahrt werden. Sie erscheinen oft in solcher Menge, daß die Speisen verderben. Um diese Thierchen von den Speisen fern zu halten, setzt man das Gefäß, in welchem sich die Speise befindet, auf Asche und bestreut noch ringsumher den Tisch mit etwas Asche. Gebraucht man diese Vorsicht, so wird keine Ameise der Speise sich nähern. Worin die Schutzkraft der Asche besteht, hat man bis jetzt noch nicht ermittelt.

Einen sehr guten Porcellankitt erhält man, wenn man 20 Theile gebrannten Gyps mit 5 Theilen arabischen Gummi's mengt und dieses mit Wasser zu einem steifen Brei anrührt. Will man den Kitt von irgend einer Farbe haben, so kann man den gewünschten Farbestoff dem Brei zufügen.

Um alter Seide Glanz zu geben, lasse man Kaffeesatz mit Wasser aufkochen, gieße es durch ein Tuch und löse darin ein wenig arabisches Gummi auf. In diese Mischung tauche man die Seide, trage sie aus und bügelt sie auf der umgekehrten Seite. Natürlich eignet sich für dieses Verfahren nur dunkle Farben. Helle Farben behandelt man auf dieselbe Weise mit reinem Gummiwasser.

Statistisches.

Das älteste Kaffeehaus Wien's hat aufgehört zu sein. Dasselbe, in der Nähe der Ferdinandsbrücke, rechts, gelegen und den älteren Bewohnern Wien's als Hungelmann'sches, den jüngeren als Moser'sches und endlich Römer'sches Kaffeehaus bekannt, befand sich in demselben Lokale seit 1703, also fast ununterbrochen 150 Jahre. Zur Zeit seiner Begründung hieß es „Kaffeebüttel."

Die „Austria" gibt eine Uebersicht der Brennstoff- und Taglohnpreise an verschiedenen Orten des österreichischen Kaiserstaates zu Anfang des Monats Juni 1851. Hiernach kostete die Wiener Klafter hartes Brennholz zu 36 Zoll Länge in Wien 26 fl., in Prag 19 fl., in Bozen 18 fl., in Krakau 16 fl., in Brünn 16 fl., in Triest 15½ fl., in Olmütz 13½ fl., dagegen in Laibach nicht ganz 10 fl., in Graz 10½ fl., in Hermannstadt 9½ fl., in Ragusa 8 fl., in Reutte (Tirol) 6 fl., in Teschen 5¾ fl., in Radautz (Bukowina) gar nur 3½ fl. Der höchste Preis des weichen Brennholzes stellt sich abermals in Wien heraus, mit 17 fl., der niedrigste wieder in Radautz mit 3 fl. (Aus Böhmen erscheinen folgende Holzpreise notirt: Hartes Holz, Prag 19 fl., Elbekosteletz 15 fl., Leitmeritz 14 fl. 84 kr., Pisek 12 fl. 96 kr., Klattau 9 fl. 60 kr.; weiches Holz, Prag 13 fl. 86 kr., Elbekosteletz 13 fl. 50 kr., Leitmeritz 12 fl. 40 kr., Pisek 10 fl. 8 kr., Klattau 8 fl. 40 kr.) — Der Taglohn eines gewöhnlichen Arbeiters ohne Verköstigung ist am höchsten notirt bei Fiume, nämlich 1 fl. 10 kr. — 1 fl. 50 kr., sodann kommt Bozen mit 1 fl. 5 kr., Wien mit 70 kr. — 1 fl., Prag mit 63—84 kr., Roštajnica (Militärgrenze) 75—85 kr., Reutte 70—80 kr., Triest 80 kr., Ragusa 87 kr., Villach 70—75 kr. Im Uebrigen variiren die Taglöhne zumeist zwischen 30—60 kr. (Aus Ungarn und der Wojwodina sind die betreffenden Eingaben nicht nach Wien gelangt.)

Lebensmittelverbrauch in Wien. Nach einer vor Kurzem gemachten statistischen Berechnung verzehren die Bewohner Wiens jährlich im Durchschnitt 350,000 Eimer Wein, 1 Million Eimer Bier, 58,000 Stück Rindvieh, 140,000 Kälber, 100,000 Schafe, Hammel, Ziegen, Lämmer, Spanferkel und Frischlinge, 100,000 Schweine, 330,000 Gänse, Kapaune, Enten, Truthühner, 1,300,000 Paar Hühner und Tauben, 6000 Hirsche, Wildschweine, Rehe und Gemsen, 180,000 Hasen, 50,000 Fasanen, Schnepfen und Birkhühner, 70,000 Rebhühner und Wildtauben, 20,000 Centner Fische aller Art, 16,000 Centner Reis, 1,200,000 Centner Mehl, 280,000 Centner Brod, 300,000 Centner Obst, 55,000 Centner Fett und 60 Millionen Stück Eier.

Das Bier in Baiern. Folgende Nachweise gibt ein Ministerialbeamter in München über das Bier, „das fünfte Element in Baiern." Mehr als die Hälfte der jährlichen Gerstenernte, 1,200,000 Scheffel, und 50,000 Centner Hopfen werden in Baiern jährlich zur Bierfabrikation verwendet. Dies Material kostet circa 15 Millionen Gulden. Die Kosten der Bereitung, Kapitalinteressen ꝛc. eingerechnet, sind 12,600,000 Gulden, die Steuern 8 Millionen; den Baiern kommt also der Bier alljährlich auf 35 Millionen Gulden zu stehen, etwa so viel, wie die Staatseinnahmen im Ganzen betragen. Nimmt man den jetzigen Bierpreis an, so steigern sie sich auf 50 Millionen Gulden. Die Zahl der Brauereien ist 4858, das Bierquantum jährlich beträgt 8,400,000 Eimer. Der Export desselben ist dagegen verhältnißmäßig gering; er belief sich 1856 auf 165,236 Eimer, also nicht ganz 2 Proc. des gebrauten Gerstensaftes.

Die Straßen Londons haben die Gesammtlänge von 1750 Meilen und deren Pflasterung kostete extra 44 Mill. Pfund Sterling.

Humoristisches.

Ein Landpfarrer begegnete einem seiner Bauern, welcher einen Sack Mehl trug. — „Nun, wohinaus, lieber Matz?" fragte der Ehrwürdige. — „Ich will einer armen Frau das Mehl bringen." — „Sehr edel, lieber Matz, sehr christlich! Wird ihm noch angerechnet werden. Wer ist denn die arme Hilfsbedürftige?" — „Na, meine Frau, Herr Pfarrer," erwiederte der pfiffige Bauer.

Heinrich IV. wandelte einst in seinem Lustgarten zu Fontainebleau, als der Gärtner ihm eine Stelle bezeichnete, auf welcher durchaus nichts wachsen wollte. — „Pflanze Advokaten hierher, die gedeihen gewiß," sagte der König.

Ein Polizeibeamter, welcher einem einäugigen vornehmen Herrn einen Paß auszustellen hatte, schrieb, um ihn nicht zu beleidigen, in's Signalement: Schwarze Augen, von denen das eine abwesend ist.

Warum fressen weiße Schafe mehr als schwarze? — Weil es deren mehr gibt als schwarze.

Ein Maler malte die Fußbekleidungen seiner Porträts so täuschend, daß er von der Schuhmacherinnung wegen unbefugter Ausübung ihres Handwerks denuncirt ward.

Ein Geck tadelte im Koncert eine Sängerin, indem er sagte, daß sie viel zu hoch singe. — „Das hängt ganz von persönlicher Auffassung ab," sagte sein Nachbar, „vielleicht sind Ihre Ohren zu hoch."

Welcher Unterschied ist zwischen einem Fünfzig-Thalerscheine und einer fünfzigjährigen Frau? — Der erstere kann gewechselt werden, die zweite nicht.

Zwei Männer kamen aus einem Dilettantenkoncert. — „Was halten Sie von der heutigen Aufführung?" fragte der Eine. — „Den Mund," antwortete der Andere.

Frauen mit Krinolinen sind gefährliche Personen, — sie stahlen ihre Röcke, um Herzen zu stehlen, und sind weit mehr darum besorgt, daß kein Reifen, als daß ein Herz bricht.

„Er ist angeklagt, sich ohne Arbeit umhergetrieben zu haben," sagte ein Polizeirichter zum Vagabonden; „warum arbeitet Er nicht?" — „Weil ich dann Einkommensteuer bezahlen müßte, Herr Polizei."

Vermischtes.

Von New-York aus wird die gesammte deutsche Presse dringend an die Erfüllung der Pflicht gemahnt, mit allen ihr zu Gebote stehenden Mitteln vor der Auswanderung nach Amerika, so lange die jetzigen Verhältnisse andauern, nachdrücklich zu warnen. Arbeit gibt es nicht, desto mehr Arbeitslose.

Am 9. Juni ging ein Leipziger Bürger und Kaufmann mit zwei unerwachsenen Söhnen in ein Bad. Er kam, seiner eigenen Aussage nach, fast unmittelbar vom Mittagessen und wurde deßhalb vom Badebesitzer ermahnt von dem Gebrauche des Bades noch einige Zeit abzustehen. Dessenungeachtet sprang derselbe, nachdem er sich in seiner Zelle entkleidet, sogleich in's Wasser und kam nicht wieder zum Vorschein: ein Blutschlag hatte dem Leben des Unvorsichtigen ein Ende gemacht.

Von der Beredsamkeit amerikanischer Advokaten gibt folgende vor der Jury in Wisconsin für einen Mörder gehaltene Bertheidigungsrede eines Advokaten Zeugniß: „Gentlemen der Jury! Die Schrift sagt: Du sollst nicht tödten; wenn Sie also meinen Klienten hängen lassen, so machen Sie sich einer Verletzung des göttlichen Gebotes schuldig. Ich bestreite nicht, daß mein Klient einen Menschen getödtet hat, aber ist das ein Grund, daß Sie eben so handeln dürfen? — Sie meinen vielleicht, nicht die Jury, sondern der Henker vollziehe den Mord; aber der Henker ist nur das Beil. Sie sind der Arm und der Kopf. Sie werden Alle als Mörder gelten. Ich verpfände mein Wort, Gentlemen, daß keiner von Ihnen ein Bowiemesser oder Pistol in der Tasche hat, nein, Gentlemen, Ihre Taschen sind durchduftet vom Parfum des Tabaks und der Cigarren. Sie können fürder in Frieden die blauen Wölkchen auf die Nase blasen, aber wenn Sie meinen Klienten verurtheilen, so wird der schuppige Alligator der Reue Ihnen durch's Rückenmark sausen und Ihre Brust wird sich in eine Eisenbahn des Grimmes und der Verzweiflung verwandeln. Gentlemen, hüten Sie sich vor der Betheiligung an einem Morde! Hüten Sie sich, die Initiative des Ewigen zu ergreifen! Ich beschwöre Sie bei den Namen Ihrer Frauen, bei dem Topmast Ihrer inneren Zufriedenheit, bei Ihrer Liebe für unsere nationalen Kürbisse, bei den Sternen, die im Banner unseres freien und großen Vaterlandes flattern, werden Sie keine Mörder! Nein, Gentlemen, Der ist ein Schurke, welcher so Arges von Ihnen denkt. Ich will mit Jedem schießen, welcher behauptet, daß Sie sich mit einem Bluturtheile beladen würden ꝛc." Der Angeklagte ward wirklich freigesprochen.

In neuester Zeit sind in Berlin in zwei Fällen Schutzmänner wegen Mißhandlung von Menschen in Ausübung ihres Berufes zu 9, resp. 4 Monaten Gefängniß verurtheilt worden. Dieselben wurden zugleich auf 1 Jahr für unfähig zu öffentlichen Aemtern erklärt.

Eine arge Betrügerei wurde kürzlich in Nußloch bei Heidelberg von einigen herumziehenden, sich für reisende Schauspieler ausgebenden Industrierittern verübt. Dieselben spiegelten nämlich dem Wirthe, in dessen Hause sie sich aufhielten, vor, daß im Keller ein Schatz verborgen sei, zu dessen Hebung sie sich anheischig machten, wenn er ihnen die Summe von 2000 Fl. überließe. Der Hauseigenthümer war einfältig genug, dies zu thun. Die angeblichen Schatzgräber begaben sich hierauf in den Keller, stellten eine Beschwörung an und brachten in der That drei Säcke zum Vorschein, welche sie Jenem übergaben, mit der Weisung, sie erst in acht Tagen zu öffnen. Als der Getäuschte dieses Letztere nach Ablauf der bestimmten Frist nun gewechselt, fand er in den Säcken statt des gehofften Schatzes nur völlig werthlose Gegenstände. Die Gauner aber waren mit den 2000 Fl. längst verschwunden. Eine gerichtliche Untersuchung ist über diesen großartigen Betrug eingeleitet worden.

In der kleinen französischen Stadt Bouin hat der Blitz während der Schulzeit in das Schulgebäude ge-

Feuilleton.

schlagen. Die Kinder waren gerade zum Gebet niedergekniet, als sie plötzlich Steine, Holzsplitter und Kalk auf sich niederfallen und eine kleine feurige Kugel mit außerordentlicher Schnelligkeit durch ihre Reihen fliegen sahen. Mehrere Kinder wurden theils stark verbrannt, theils von den herabfallenden Steinen schwer verwundet. Ein Knabe wurde vom Blitz getödtet.

Das größte Buch, das je gedruckt worden, befindet sich in einem Exemplar in der k. k. Hofbibliothek zu Wien. Es führt den Titel „Pantheon der Helden Englands" und ist vier Klafter hoch und zwei Klafter breit. Die Buchstaben haben die Höhe eines halben Schuhes. Das Buch wurde auf einer Londoner Dampfpresse gedruckt und die Stelle der Druckerschwärze vertrat Goldfirniß. Es sind von diesem typographischen Riesen nur 100 Exemplare für die bedeutendsten Sammlungen abgezogen worden.

Aus Corfu, 28. Juni wird der „Times" geschrieben: „Dieses kleine Eiland, das Hauptquartier der vom Admiral Dorres befehligten Flotte, ist nun mit der Anwesenheit Ihrer Majestät der Kaiserin von Oesterreich beehrt. Vergangene Woche brachte ein Wiener Telegramm die unerwartete Nachricht, daß die Kaiserin, für die sich das Wiener Klima abermals als nicht zusagend erwies, Corfu zum Aufenthalt gewählt habe; am nächstfolgenden Tage traf die österreichische Fregatte „Adria" hier ein, an deren Bord sich ein Hofbeamte befand, der in aller Eile Vorkehrungen für den Empfang treffen sollte. Man schickte sofort ein Boot nach dem auf einer Inspectionsreise nach den südlichen Inseln abwesenden Lord-Oberkommissär, um ihn von dem Ereigniß in Kenntniß zu setzen, er kehrte sogleich nach Corfu zum Empfang des erhabenen kaiserlichen Gastes ab. Am Montag traf der kais. Kriegsdampfer „Elisabeth" mit einem Theile des kaiserlichen Gefolges, am Dienstag der österreichische Dampfer „Greif" und die Dampfyacht „Phantasie" ein; am Bord der letzteren befand sich Se. k. Hoheit der durchl. Herr Erzherzog Ferdinand Max. Die Kaiserin traf im strengsten Incognito an demselben Abend ein. Auf Ihren ausdrücklichen Wunsch waren Begrüßungssalven und Ehrenwachen unterblieben. Sie bezog gestern ein Landhaus, das der Lord-Oberkommissär der hohen Frau zur Verfügung gestellt hatte. Dieses, unter der Bezeichnung „Kasino" bekannte Landhaus liegt auf einer lieblichen Anhöhe, gewährt die Aussicht auf das Meer und ist etwa eine Viertelstunde von der Stadt Corfu entfernt. Von Sir Frederick Adam gebaut, hat es eine sehr hübsche Umgebung, war aber nie regelmäßig bewohnt und bedarf daher sehr der Ausbesserung. Da es nicht möblirt ist und das Ameublement Ihrer Majestät erst gegen Ende der Woche hier ankömmt, so wurde es zeitweilig mit den Möbeln der österreichischen Dampfer versehen; das sieht daselbst viel von dem Komfort eines gewöhnlichen englischen Landhauses und es muß als ein sehr bescheidener Aufenthalt für eine Kaiserin bezeichnet werden. Für Ihre Majestät gibt sich hier eine allgemeine sympathische Theilnahme kund und ich kann mit Vergnügen berichten, daß das milde hiesige Klima ihrem Zustand bereits gebessert hat."

Als König Eduard der Dritte von England Calais belagerte und die Bürger mit ihm wegen der Uebergabe der Stadt verhandelten, forderte er, daß sechs der vornehmsten Bürger, über deren Schicksal er später entscheiden wolle, ihm barfuß und barhäuptig, mit Stricken um den Hals, zum Zeichen, daß sie dem Henker verfallen seien, die Schlüssel der Stadt überbringen sollten. Nach langer Berathung der Bürgerschaft trat einer der reichsten und wackersten Bürger, Eustache de St. Pierre, hervor und erbot sich zum Henkersgange bereit; fünf andere Bürger folgten. Sie gingen, wie Eduard es verlangt, in's Lager, wo der König sie heftig schalt und ihre sofortige Hinrichtung befahl. Alle Bitten für sie waren vergebens. Selbst der Prinz von Wales bat umsonst. Da fiel die Königin, die kurz vorher im Lager angekommen war und dem Könige die frohe Hoffnung auf einen Erben gegeben hatte, zu Füßen des strengen Gemals und bat

für die sechs Bürger. — „Ach," sprach Eduard, „ich wollte, Du wärest jetzt wo anders gewesen, Philippa, denn Dir kann ich keinen Wunsch abschlagen. Nimm diese Menschen und thue mit ihnen wie Dir beliebt."—Die Königin ließ die Geretteten sicher nach der Stadt zurückgeleiten.

Kürzlich ereignete sich in der Nähe von Paris auf der Westbahn bei Asnières ein Eisenbahnunglück, das leicht eines der furchtbarsten hätte werden können. Ein sehr langer Zug, in dem sich ungefähr 2000 Personen befanden, kam, als er den Bahnhof verließ, in ein unrechtes Schienengeleise, das nur als Nothgeleise im Bahnhof selbst diente und dicht an der Seine mit einem Hügel endigte. An dem Hügel angekommen, stürzte die Lokomotive nebst Tender und einem Packwagen den Abhang hinab, und die übrigen Wagen wären alle mit hinuntergezogen worden, wenn nicht die Kette, welche sie mit dem Packwagen verband, gerissen wäre. Der Heizer wurde tödtlich verwundet und von den Passagieren erhielten viele mehr oder minder schwere Verletzungen. Ein Glück war es, daß der Zug, da er direkt aus dem Bahnhofe kam, noch nicht mit voller Dampfkraft fuhr, denn sonst wären sämmtliche Wagen unfehlbar in die Seine hinabgestürzt.

Der spanische Guerillaführer San Martino, welcher Jahre lang für Don Carlos focht, führte eine neue Kavalleriefechtart ein, die er „den Rosenkranz beten" nannte. Da San Martino mit seinen Leuten stets gut beritten war, indem sie die besten Pferde in dem Lande des Königs wegnahmen, wo sie solche fanden, so ergriff er vor den feindlichen, schlechter berittenen Kavallerie in der Regel scheinbar die Flucht, bis die feindlichen Reiter ermattet waren und sich zerstreut hatten. Nun ließ er plötzlich Kehrt machen und die Reiter einzeln niederhauen, wie Perlen des Rosenkranzes eine nach der andern abgebetet werden.

Die Japanesen haben entdeckt, daß wenige Sekunden vor einem Erdbeben der Magnet zeitweilig seine Kraft verliert, und scharfsinnig ein leichtes Gerüst gebaut, das einen Hufeisenmagnet trägt, unter welchem sich ein Becher von Glockenmetall befindet. An der Armatur hängt ein Gewicht, so daß, wenn der Magnet paralysirt wird, das Gewicht den Becher schlägt und ein Alarmzeichen gibt. Jedermann im Hause sucht dann, um sich zu retten, das Freie zu gewinnen.

Ein Engländer hat eine Kanone erfunden, die durch Dampf geladen, gereinigt und abgefeuert wird. Das Laden geschieht von hinten. Es wäre gut, wenn mit der Zeit selbstthätige Maschinen in's Felde zögen und sich mit den Maschinen des Feindes schlügen.

Die letzte Session des preußischen Landtages. Die stenographischen Berichte der letzten Session des preußischen Abgeordnetenhauses umfassen 1666 große Quartseiten. Kurze Bemerkungen zur Fragstellung etc. abgerechnet, haben das Wort genommen: 10 Minister zusammen 336, 47 Regierungskommissäre zusammen 149 und 181 Abgeordnete zusammen 2150 Mal. Es haben gesprochen: Minister: der Fürst Hohenzollern 2, der Finanzminister Freiherr v. Patow 92, der Minister des Innern Graf Schwerin 73, der Handelsminister v. Heydt 49, der Justizminister v. Bernuth 30, der Kriegsminister General von Roon 29, der Kultusminister von Bethmann-Hollweg 25, der Minister des auswärtigen Angelegenheiten Freiherr v. Schleinitz 20, der Minister für die landwirthschaftlichen Angelegenheiten Graf Pückler 14, der Staatsminister v. Auerswald 2 Mal. Von den Regierungskommissären hat Meinecke 33, v. Kehler 9, Delbrück 8, Scheele 7, die übrigen durchschnittlich 2 bis 3 Mal gesprochen. Von den Abgeordneten haben gesprochen: v. Vincke (Hagen) 180, Reichensperger (Köln) 63, Waldeck 82, Wagener (Regenwalde) 75, Harkort 60, v. Unruh 54, 5 zwischen 40 und 50 Mal; 10 zwischen 20 und 30 Mal; 25 zwischen 10 und 20 Mal; 28 zwischen 5 und 10 Mal; 97 von 1 bis 5 Mal. Im Herrenhause füllen die stenographischen Berichte 730 Quartseiten aus. Es sind in nachstehender Aufzählung kurze Bemerkungen von

Berichterstattern ic. nicht in Anrechnung gebracht. Es haben gesprochen 8 Minister 116, 11 Regierungskommissäre 42 und 69 Mitglieder 761 Mal. Summa 88 Redner 919 Mal. Minister: der Fürst Hohenzollern 1, Freiherr v. Beust 33, Graf Schwerin 32, v. Bernuth 19, Graf Pückler 16, v. d. Heydt 13, General v. Roon 1 v. Bethmann-Hollweg 2 Mal. Regierungskommissäre: Meincke 11, v. Sinter 9, Delbrück 6, die übrigen durchschnittlich 2 Mal. Mitglieder: 10 über 20 Mal; 14 zwischen 10 und 20 Mal; 30 weniger als 11 und mehr als 1 Mal und 15 nur 1 Mal.

Der große Löwe in der Schönbrunner Menagerie ist dieser Tage verschieden. Da der seit längerer Zeit kranke Löwe die Annahme von Medikamenten hartnäckig verweigerte, wollte man ihm dieselben durch folgende List beibringen. Man gab die für den Löwen bestimmte Medicin einem Kaninchen ein und schob das Thier dem Patienten zu. Aber dieser spann, anstatt es zu verzehren, ein freundschaftliches Verhältniß mit dem Kaninchen an und sah mit wehmüthigen Blicken auf dessen Sprünge und die wahrscheinlich durch die Medicin hervorgerufenen Grimassen. Der Löwe starb, das Kaninchen aber hat sowohl die gefährliche Gesellschaft, als auch die ihm beigebrachte Löwenmedicin glücklich überstanden.

Eine unerhörte literarische Mystifikation. Schon oft ist die gelehrte Welt durch kolossale Mystifikationen getäuscht oder in Aufregung versetzt worden, noch nie aber trugen sie so das Gepräge der Lächerlichkeit, als die Täuschung mit der behaftet ist, welche diesen Augenblick großes Aufsehen macht. Der bekannte Bücherschreiber Lacroix in Paris findet in einer Staatsbibliothek, der Bibliothèque de l'arsenal, ein Heft in einer Pappkapsel, das im Katalog „Buch der Wilden" heißt. Es enthält Figuren und Hieroglyphen, die mit sehr roh und naiv gehaltenen Buchstaben und Chiffern abwechseln, mit großen Bleistift und Röthel auf dickem Papier gezeichnet sind. Dies Heft nun gab den Stoff zu einem prachtvoll ausgestatteten Werk in groß Octav mit 119 Seiten Text und 228 Kupfertafeln unter einem pomphaften Titel. Was aber stellt sich nun heraus? Das mit ein Schmierheft eines 5—7jährigen Kindes vor uns haben, welches lächerliche Figuren kleckst und deutsche Namen darunter setzte. Hiervon hatte der gelehrte Herausgeber keine Ahnung. So steht unter zwei rothen Linien, die der Verfasser „Embleme des Blitzes, Symbol der göttlichen Züchtigung" nennt, das Wort „Wurst" u. s. w. Und das Alles soll ein für die Kulturgeschichte der wilden Rothhäute bedeutsames Werk bilden, — das Geschmier eines Schuljungen! Thränen erpreßt das Lachen über die Auslegungen, die den einzelnen Worten gegeben werden, und hätte, während des Druckes, nur zufällig einmal ein deutscher Setzer einen Blick auf die Tafeln gethan, er hätte dem kaiserlichen Hausminister, der die erforderlichen Geldmittel zur Herausgabe bewilligte, und dem ganzen gelehrten Frankreich diesen unauslöschlichen Skandal erspart.

Der Kaiser Napoleon ward kürzlich von seinem Sohne über den Unterschied zwischen den Worten „accident" und „malheur" gefragt. Nach einigem Nachdenken sagte der Kaiser: „Ich will Dir den genauen Unterschied sagen. Es würde ein accident sein, wenn unser Vetter, Prinz Napoleon, in die Seine stürzte; aber es wäre ein malheur, wenn ihn Jemand wieder herausheifern wollte." So erzählt man sich in pariser Klubbs.

In Pirna läutete am 22. Mai Abends neun Uhr der Thurmwächter der Hauptkirche durch bengalisches Feuer das dreihundertjährige Jubiläum des ersten Glockenschlages der Kirche. Ohne die Schaltjahre zu rechnen, hat diese Glocke im Verlauf der 300 Jahre ungefähr 17,082,000 Schläge gethan.

Auf dem Polizeibureau zu New-York befindet sich eine eigenthümliche Gemäldegalerie, zu welcher die Por'rits ehrlicher Leute unzulässlich sind. Diese Galerie ist seit Kurzem um zwei Bilder vermehrt worden. Die Porträts Jefferson Davis' und Floyd's (Kriegsministers unter Buchanan) sind nämlich derselben einverleibt worden. Zur Information der Galeriebesucher ist das eine Porträt mit „Jefferson Davis, der Verräther" und das andere mit „John B. Floyd, der Räuber" unterzeichnet.

Der Polizeibericht irgend einer Stadt, die sich durch „Intelligenz" auszeichnet, hat die Entdeckung gemacht, daß auch Todte noch geben können. Es heißt nämlich wörtlich in dem Bericht: „Man führte den Mann nach einem andern Zimmer, und hier gewahrten die Umstehenden, daß er kein Lebenszeichen mehr von sich gab und erblich war."

Der Mannheimer Anzeiger theilt ein volksgerichtliches Urtheil mit, das für die Presse insofern Bedeutung hat, als darin entschieden ist, der Redakteur einer Zeitung sei nicht schuldig, sich als Zeuge darüber vernehmen zu lassen, wer der Verfasser eines Artikels seiner Zeitung ist, ohne daß diesen Schutz wäre das Redaktionsgeheimnis in Frage gestellt. Bravo!

Die Seidenfabrikanten in Crefeld haben einen Verein zur Verhütung des Seidendiebstahls gegründet und auf die Entdeckung von Dieben namhafte Belohnungen gesetzt. Das Mittel ist wenigstens praktisch.

Vor einiger Zeit waren in Straßburg 200 ungarische Ochsen versammelt und harrten der Stunde der Abfahrt nach Paris. Einem derselben gelang es, dem Wagen zu entspringen. Auf der Eisenbahn fortstürzend, stieß er einen Bahnwärter, der sich ihm entgegenstellte, zu Boden und brach dann abseits in's freie Feld aus, wo er vielleicht noch manchem der Kirchenbau-Arbeiter hinausgestoßen haben würde, wenn er nicht, durch das Gerassel eines daherkommenden Zuges aufmerksam gemacht, auf die Schienen zurückgekehrt wäre und nun in voller Wuth der Lokomotive, die er vermuthlich auch für ein Hornvieh ansah, entgegengestürzt wäre. Der Zusammenstoß war fürchterlich. Mit seinen Hörnern zerbrach der Ochse das aus dickem Eisenblech gemachte und mit starken Bolzen befestigte Vorderblatt der Maschine; aber alsbald ergriff ihn auch einer der Puffer, warf ihn zu Boden, und im Nu hatten ihn die Räder das gewaltige Haupt vom Rumpfe getrennt.

Ein echt priesterliches Testament hat der am 4. Mai 1861 in Paris verstorbene Bischof von Montpellier, Monseigneur Thomas Thibault, hinterlassen. Er sagt darin: „Ich will und verordne, daß alle Papiere verbrannt werden, die man in meinem Hause findet und die meine Handlungen dadurch rechtfertigen könnten, daß dritte Personen angeschuldigt würden. Ich will lieber auch nach meinem Tode Verleumdung erleiden, als über meine Gegner Recht behalten, indem ich ihnen oder ihrem Rufe schade. Das Maß der Verzeihung, das uns werden wird, ist dasselbe, nach welchem wir Anderen verzeihen. Zu meinem Universalerben ernenne ich mein großes Seminar und die Armen in Montpellier." Der Bischof war im Jahre 1796 geboren und wird als Muster von Gelehrsamkeit und frommer Mäßigung gerühmt.

Die Folgen des Zunftzwanges und der Realrechte treten nirgend greller hervor, als in der Bierbrauerei. In England hat die einige mehr bestehende Realrecht für Wirthshäuser die Folge gehabt, daß das ganze Brauer- und Schankgewerbe in die Hände weniger Brauer kam. Dasselbe ist in Frankfurt und München der Fall. In Ersterem gab es 1830 noch 187 Braumeister, 1858 nur noch 83, die brauten; in München war nun die Zahl der Brauereien über 70, jetzt gibt es noch 53 Braugerechte, wovon nur noch 19 ausgeübt werden. Deutlicher kann wohl nichts dafür sprechen, daß das Zunftwesen den Handwerkern selbst zum Schaden gereicht.

Redigirt unter Verantwortlichkeit des Verlegers. — Papier und Druck des art. typ. Instituts von Carl Bellmann in Prag.

1861. Musikalisches Album der „Erinnerungen." Nr. 7.
Impromptu pour le Piano par F. Michel.

Erinnerungen.

Illustrirte Blätter für Ernst und Humor.

82. Band. (Ein und vierzigster Jahrgang.) Heft III.

Louise Mennier.

Von P. P.

Die Obernormandie, diese unabsehbare Ebene mit ihren tiefen Thälern, mit ihrer üppigen Vegetation, mit ihrem azurnen ewig lachenden Himmel ist eine von jenen Gegenden, die in den rauheren Jahreszeiten durch ihren Zauber und ihre Herrlichkeit so schmeichlerisch zum Besuche einladen.

Der schönste Tag in der Normandie ist der Tag nach einem Regen.

Es war eine finstere Nacht; der Regen goß in Strömen herab, aber bald fing der Tag an anzubrechen und die Morgensonne brach sich, wenn auch mit Mühe, endlich doch durch die herbstlichen Nebel Bahn. Die Grashalmen beugten sich unter der Last der schimmernden Wassertropfen. Die Laubmassen, die man in der Ferne gruppirt sah, waren in jene bläulich schwarzen Dünste gehüllt, die den Zauber der Fernsicht von Watteau bilden, während die ersten Flächen sich schmückten mit den reichsten und verschiedensten Farben und das Auge blendeten.

Eine tiefe süße Stille lag über der ganzen Gegend und machte es möglich, selbst das leiseste Pipsen der Vögel zu vernehmen, die längst die schmetternden Frühlingsgesänge vergessen. Man glaubte sogar den Flügelschlag der weißen Schmetterlinge zu vernehmen, die sich auf die duftenden, goldenen Blumen flatternd niederließen.

Die Felder waren ganz vereinsamt; der in der Normandie so thätige Pflug genoß die Tage seiner Ruhe.

Nur ein junges Mädchen belebte durch ihre Anwesenheit die fruchtbare Einöde; sie schritt auf einem breiten Fußpfade auf ein Schloß zu, welches zwar bescheidene Dimensionen hatte, aber in einem höchst nobeln wenn auch einfachen Style aufgeführt war.

Vor dieser herrschaftlichen Wohnung, welche die junge hübsche Fußgängerin aus der Ferne forschend betrachtete, dehnte sich ein ungeheurer Rasenplatz aus, dessen zahlreichen kahlen Stellen nur zu deutlich verriethen, daß hier Treibvieh in großen Schaaren und oft und lange herumgewirthschaftet hatte.

An der äußersten Südseite des Schlosses lief rechts und links ein Blumengarten, dessen zahlreichen bunten Beete mehr den genialen als den praktischen Gärtner verriethen. Um diesen Garten herum zog sich ein ungeheurer Park aus dichtem Gehölz, welcher wieder quer durchschnitten wurde von stolzen prachtvollen Fichten-, Cypern-, Buchen- und Eichen-Alleen; selbst aus Akazien und Plantanen waren einige gebildet.

Diese Alleen stiegen wellenförmig an einem Hügel empor. Die kreisförmige Perspektive, das prächtige Lichtspiel in den bald dichteren, bald minder dichten Belaubungen übten einen Zauber auf den Beobachter aus, als hätte er die Gärten der Armida vor sich gehabt.

Der Rasenplatz war eingeschlossen von zwei Reihen hoher, dichter Linden, die trotz ihres hohen Alters noch immer in frischem, kräftigem Grün prangten. Ein großes eisernes Gitter, in dessen Mitte oben ein großes Schild angebracht war, trennte den Platz von der vorbeigehenden Straße und den umliegenden Feldern. Die ganze sonstige Umgebung war vertheidigt durch eine Wolfsgrube.

Als das junge Mädchen sich dem Gitter näherte, öffnete sie, sich ängstlich nach allen Seiten umsehend, ob sie etwa bemerkt würde, eine kleine ziemlich versteckte Seitenthür und huschte, so schnell sie konnte, hinter das Gehölz. Als sie dann eine der Lindenalleen gewonnen, fing sie an langsamer und bequemer ihren Weg fortzusetzen.

Wer die jugendliche Schönheit so in der Einsamkeit beobachten konnte, den mußten trotz der schlaffen Haltung die Würde und die Feinheit aller ihrer Bewegungen in nicht geringes Erstaunen setzen.

Obgleich es kaum neun Uhr früh war, war sie doch schon in einem echt ländlichen, im Ganzen wie im Detail höchst geschmackvollen Regligée. Sie war sehr hübsch, ja allerliebst — wenn auch nicht gerade eine plastische Schönheit. Ihre Nase war echt römisch, ihre Züge sehr sprechend wie sein. Lange, dichte, braune Haarflechten faßten eine schöne Stirn und ein graziöses Gesichtchen ein. Nur ihre Augen waren etwas klein; aber die regelmäßigen scharf hervortretenden schwarzen Augenbrauen bewirkten, daß man diesen etwaigen kleinen Fehler wenig oder gar nicht bemerkte.

Auch von ihrem Munde hätte man beinahe sagen können, er sei zu groß; aber auch das ward verdeckt durch die stolze Ironie, mit welcher sich die Lippen um den Mund bogen, so zwar, daß er dem kleinsten niedlichsten Mündchen glich.

Wenn endlich kein jugendliches Feuer aus den matten bleichen Wangen sprühte, so sprach doch aus ihrem ganzen Gesichte eine tiefe Innerlichkeit, welche dann und wann so hell und durchdringend strahlte, daß sie dem Beobachter tief in die Seele drang.

Sie näherte sich langsamen gemessenen Schrittes einer Holzbank, die sich im Schatten einer dichten Buche befand. In der Hand hielt sie ein Buch geöffnet, aber lesen konnte sie nicht. Die kleine Aufregung, welche sich in Folge des zurückgelegten Weges auf ihrem Gesichte zeigte, zerstreute sich plötzlich; Unruhe, Mißbehagen und eine persönliche Melancholie zeigten sich in all' ihren Zügen. In Nachdenken versunken stand sie da.

Plötzlich hörte sie einen Flintenschuß; ein Hagel von Schrotkörnern prasselte quer durch die Buche. Sie stieß einen Schrei der Ueberraschung und des Schmerzes aus, ihr Kopf senkte sich nach hinten, ihre Augen schlossen sich.

Als sie dieselben wieder öffnete, erblickte sie einen jungen Mann in Jagdkostüme, der sich über sie bog und sie ängstlich beobachtete. Ein neuer Schrecken schnürte ihr das Herz zusammen und abermals verlor sie die Besinnung.

Der junge Jäger hob sogleich den schönen stummen Kopf des reizenden Kindes mit der einen Hand und führte mit der andern ein kleines Fläschchen, welches er aus seiner Tasche zog, zu den Lippen der Unbekannten.

„Ich bitte, Fräulein," begann er, „trinken Sie einige Tropfen von diesem Liqueur; der wird Ihnen die Besinnung wiedergeben; sind Sie vielleicht gar verwundet?"

Das Mädchen gehorchte und nahm unter einem leisen Schauer einen Schluck zu sich; es war Zuckerwasser mit Rum.

„Ich glaube," sagte sie, „daß die Schrotkörner in meinen Arm gedrungen sind."

In der That war der Aermel des zierlich aufgeputzten Kleides von blaugrünem Mousseline an mehreren Stellen durchlöchert.

Der junge Mann wagte es nicht, sie zu bitten, ihm die Wunden zu zeigen, als deren Urheber er sich fühlte; er bot ihr an, er wolle sie in's Schloß bringen.

„Meine Mutter wird Ihnen die sorgfamste Pflege angedeihen lassen," sagte er.

„Nein," erwiderte sie, „die Gräfin soll nicht wissen, daß ich mich heimlich hierhin gestohlen habe; das war eine Unbedachtsamkeit, der ich mich schäme; aber dieser Ort gefiel mir zu gut zu meiner Morgenpromenade, ich gehe jeden Tag hierhin."

„Jeden Tag? ich begegnete Ihnen doch noch nie!"

„Auch ich gewahrte Sie nie!"

Mit diesen Worten wechselten sie einen Blick, der Beide überraschte; sie lasen darin gegenseitig einen stillen Vorwurf. Warum?

„Wohnen Sie schon längere Zeit in dieser Gegend?" fragte der junge Mann.

„Seit zwei Monaten."

Dann fuhr sie fort:

„Sie sind erst seit vierzehn Tagen wieder hier?"

„Ja! ich komme aus dem Badeorte, wohin ich meine Mutter begleitete. Kommen Sie mit zu meiner Mutter," bat er zum zweitenmale inständigst.

„Nein, nein," erwiederte sie, „ich kehre jetzt zu meinem Onkel zurück; dem Herrn Meunier," setzte sie mit ganz leiser Stimme hinzu.

„Nicht doch, Sie erlauben mir, daß ich Sie zurückbegleite?"

Mit diesen Worten nahm er den Arm der jungen Dame in den seinigen und so schlugen sie denselben Weg ein, den dieselbe eine Stunde zuvor genommen. Sie gingen bis zu den ersten Häusern des Dorfes, welches man von dem Gitter des Parks aus bemerkte; da blieb sie plötzlich stehen.

„Gehen wir nicht weiter," sagte sie, „ich will beim Herrn Doktor Renoult einsprechen; ich bin ein wenig leidend, ich will ihm meinen Unfall mittheilen."

„Ich kenn' auch den Herrn Doktor, darf ich mit Ihnen gehen?"

„Sie werden mich sehr verbinden, wenn Sie das nicht thun."

„Aber ich werde wenigstens morgen mich Ihrem Herrn Onkel vorstellen dürfen, um Ihnen meine Aufwartung zu machen und mich nach Ihrem Befinden zu erkundigen?"

„Sie werden mich vielleicht wunderlich nennen; aber ich wünsche nicht, daß der kleine Unfall, der mich heute getroffen, der Anfang von näheren Beziehungen zwischen uns werde."

Diese Worte trugen so sehr den Stempel der Aufrichtigkeit und Natürlichkeit, daß man darin unmöglich eine Sprödigkeit oder Prüderie finden konnte. Der junge Mann machte eine achtungsvolle kalte Verbeugung und empfahl sich; sie aber ging in das Haus des Herrn Doktors hinein.

Zwei Tage später saß sie zu Hause vor einem kleinen Schreibpulte, welches alle ihre Geheimnisse enthielt und schrieb folgenden Brief:

„Liebes Klärchen!

„Ich habe in der That Lust, die Freundschaft zu lästern, mich über sie lustig zu machen; man überschätzt sie, wenn man sie gar so hoch preist. Ich bin überzeugt, daß im Allgemeinen nur Egoismus dahinter steckt. Man macht Freundschaften, weil sie zu Wenigem verpflichten und Vieles ersetzen; weil man sie sich leicht wieder abthun kann und Niemand ernst an die Pflichten denkt, die sie auferlegt. Ich weiß nicht, welcher Art die Tröstungen sind, die sie dem Alter bringen; aber der Jugend bilden sie die liebenswürdigsten Nothbehelfe, Lückenbüßer. Da hast Du in kurzen Worten die Wahrheit.

„Du wirst mich verstehen, aber mich der Lüge zeihen; denn es gibt in der That nichts Ungenirteres, nichts Keckeres als Dein Leichtsinn. Das Ganze läuft darauf hinaus, daß Du seit vierzehn Tagen fort bist und Dich amüsirst, während ich mich langweile. Warum aber mich so ganz mir selber überlassen? Eine Hochzeit, eine Taufe und das Vergnügen mit seinen Vettern, Halbvettern, Viertelsvettern ꝛc. zu tanzen. —

„Das sage ich, Vergnügen? Arge Täuschung. Das ist höhere Diplomatie; eine besondere Art von Jagd auf Männer! Gut' Glück!

„Ich sehne mich nach unseren langen Plaudereien, darum beantworte ich Deinen Brief von diesem Morgen. Du fragst, warum ich Herrn René nicht gestattet habe, mich zu seiner Mutter zu führen, warum ich mich ferner geweigert, ihn mit in's Haus meines Onkels zu nehmen und ob diese Weigerung ernstlich gemeint war?

„Diese Frage setzte mich in der That in Erstaunen; Du kennst mich doch so gut. Wenn ich mich entschließe, einige Monate in diesem Dorfe zu wohnen, wo ich ohne Dich wie in einsamer Verbannung lebe, wo nicht ein Wesen meine Sprache kennt, geschieht das nicht, um für meinen Körper und meine Seele Ruhe und Erholung zu suchen? Und woher kommt diese Ermüdung, diese Mattigkeit, die mir alle Gliedmaßen, ich möchte sagen, zerschlagen hat? Du weißt es, es ist der Druck, der von Oben auf mich systematisch geübt wird. Auf dem Lande wird jede zufällige Begegnung zu einem Liebesverhältniß. Frau von Bourgueville hätte mich nächstens für eine jener Personen gehalten, die sich der Erheiterung eines Cirkels widmen, für eine Gesellschaftsdame oder gar eine Hofmeisterin. Sie hätte mich vermuthlich aufgefordert, sie zu besuchen. Aber in ihrer Gegenwart wäre ich noch beherrscht gewesen von der unwiderstehlichen Gewalt des Namens, der Geburt, des Glückes und des Alters. Ich hätte mich wieder all' jenen Unarten der Gefallsucht, der zärtlichen Schonung, des delikaten Benehmens, des Heuchelns und Schmeichelns in die Arme werfen müssen, durch die mein Stolz und mein Muth schließlich so ermüdet würden, daß sie die ganze Kraft meiner Jugend mit in ihren Abgrund rissen.

„Was René betrifft, so geschieht es nicht aus ähnlichen Gründen, wenn ich ihm ausweiche. Ich werde mir nimmer vor einem Manne etwas vergeben, mich nie niedriger dünken als er steht. Aber woher kommt Du dazu; ich soll den so eleganten aristokratischen jungen Grafen zu meinem Onkel in's Haus kommen lassen. Du kennst unsere Residenz, den Luxus unseres Empfangssaales: eine Granittapete so grob wie grobe Leinwand, das Tafelwerk aus Tannenholz ohne Firnißanstrich, mit ungeheuren Knoten im Holze, ein Tisch aus Nußbaum, Stühle aus Kirschbaum, die Sitze aus Stroh geflochten, Blumen in Muschelschalen unter einer Glocke, und eine Pendeluhr von vergoldetem Kupfer. Ein hübsches Gemisch das! Aber alles das wäre noch erträglich! Was mich aber geradezu anekelt, was ich unausstehlich finde, das sind die geschmacklosen dummen Kupferstiche in ihren ehedem einmal vergoldeten Rahmen, lauter Episoden aus der Geschichte der großen Armee darstellend, z. B. der Tod des Marschalls Lannes, der Tag von Austerlitz, die Zusammenkunft Napoleons mit Alexander an den Ufern des Niemen. So entsetzliches Alltagszeug! das doch nur die berühmte Epoche des Kaiserreichs schändet, statt sie zu verherrlichen. Da sind mir, weiß Gott, die simplen Bildchen lieber, die hier die Strohhütten der Bauern zieren.

9*

„Und Du glaubst, ich würde mich dazu verstehen, auch in Mitten einer solchen Umgebung zu zeigen? Welche Dame würde Selbstverläugnung genug besitzen, einzugestehen, daß sie sich in solcher Umgebung heimisch fühle? Ich weiß, Du wirst mir wieder Uebertreibung vorwerfen. Den Vorwurf aber weise ich auf's entschiedenste von mir: unser Charakter und unsere sociale Stellung oder vielmehr unsere Persönlichkeiten und das, was unser Leben ausmacht, sind grundverschieden.

„Dieser Brief ist ziemlich lang ausgefallen; beantworte ihn nicht und komme recht bald lieber zu mir. Ich bin Deine alte Freundin, Du bist das einzige Wesen, durch welches ich liebe und lebe. Leb' wohl.

Louise Meunier."

Am folgenden Tage ergriff Louise abermals die Feder und schrieb bei so schwachem Lampenlicht, wie es eben nur für die Augen der Jugend ausreicht.

„Was sind wir doch für schwache erbärmliche Geschöpfe, liebes Klärchen! Wenn wenigstens Du es wärst mit Deiner schneeweißen Haut, Deinen rosenrothen Wangen, blauen Augen, goldenen Locken, mit Deinem niedlichen Gesichtchen, mit Deinen allerliebsten Händchen und Deinen auswettirten Schultern, wenn Du es wärst, so ein feines zartes Wesen, würde man eine Aenderung in den einmal gefaßten Beschlüssen begreiflich finden; man würde Dir einen Wechsel in Deinen Grundsätzen verzeihen. Aber wie ist es erklärlich, daß ich, die ich durch die Kälte und den Ernst meines Benehmens oft alles, was sich mir nähert, abstoße — daß ich mich von einem Blicke magnetisiren, von einem stummen Winke leiten lasse!

„Ja! er kam trotz meines Verbotes; ging unter dem Fenster unseres Hauses auf und ab — einmal — auch im zweiten Mal. Ich saß auf dem Plätzchen, welches Du sehr gut kennst, das Gesicht gegen das Fenster gewendet und stickte wie gewöhnlich; ich glaube ihn an seinem Schatten erkannt zu haben, aber das ist gewiß, hinausgeschaut hatte ich bis dahin nicht. Beim dritten Male aber trafen sich unsere Blicke. Er schritt darauf auf die Thür zu und — es klingelte; ich erhob mich, ohne es zu wissen und öffnete ihm die Thür; ich war, ich versichere Dich, nicht nur vor Staunen, sondern auch vor Unwillen außer mir.

„Ganz ungezwungen und lächelnd trat er ein. Er war durchaus nicht mehr der Alte; von der Zartheit und Demuth des ersten Tages keine Spur! Nachdem er sich, nach den Regeln des sogenannten Anstandes, nach meinem Befinden erkundigt und mich seiner lebhaften Theilnahme an meinem Unfalle versichert, fing er an, um sich zu schauen, erst verstohlen, dann dreister; die famosen Kupferstiche bezauberten ihn; er fing an, sie sorgfältig zu prüfen. Eine Reihe witzelnder Bemerkungen war die nächste Folge; ich weiß sehr wohl, daß er mich damit nicht beleidigen wollte, aber nichtsdestoweniger verdüsterten sie etwas mein bis dahin heiteres Gesicht. Ich mußte in der That mein Melpomene-Gesicht annehmen, welches Dich in der Regel so abstößt.

„Nun setzte er seine Unterhaltung mit mir fort, und er war so geistreich und so interessant, so heiter und jovial, und schaute mich dabei so treu, so gutmüthig an, daß ich schließlich meine kleine Gereiztheit vergaß. Eine Menge Fragen, die er an mich richtete, beantwortete ich und — nach Ablauf einer halben Stunde waren wir die besten Freunde der Welt."

Einige Tage später waren die beiden jungen Damen in demselben Saale, dessen unansehnliche geschmacklose Möblirung den Geschmack und die Ansprüche Louisens so sehr verletzten. In einem ironischen Tone, der ihren ernsten Mund ziemlich sehr verzog, hub die eine an:

„Endlich, endlich bist Du einmal wieder da. Ich bin Dir sehr dankbar, daß Du meinetwegen von Deinen Heirathsgedanken abgekommen!"

„Höre," erwiederte das blonde Klärchen mit heiterer Ruhe, die bewies, daß der leise Vorwurf ihrer Freundin ihr Gewissen nicht berührte; „höre, das ist meine ganze Zukunft, diese günstige Gelegenheit, einen Mann zu finden: da heißt es sein oder nicht sein!"

„Sein oder nicht sein, sagt Du? Also — die Frau eines Bauers zu werden, mag er nun Eigenthümer oder Pächter sein, das nennst Du eine höhere Fügung?!"

„Gewiß, ich würde mich sehr gut da hinein zu finden wissen. Ich bin in einem Pachthof und die ihn belebenden Wesen ganz verliebt; was für ein Vergnügen würde es für mich sein, meine Hühner, meine Küchlein, meine jungen Enten, meine girrenden Turteltauben zu hegen und zu pflegen, mit ihnen meine Melancholie zu theilen. Ich würde glücklich sein, hörte ich das Brüllen der Kühe und Ochsen, das Stampfen der Pferde; da hätte ich ein Lieblingskälbchen und eine Lieblingsziege zum Abweiden des Grases im Garten und eine prachtvolle mit Schimmeln echt arabischer Race bespannte Carriole würde mich täglich spazieren fahren. Zu Hause hätte ich ein Paar allerliebste Kinderchen, mit denen ich, das eine auf dem Arm, das andere an der Hand, dem geliebten von einem benachbarten Jahrmarkt heimkehrenden Vater entgegenliefe, während die Dienerschaft nachtmahlte. Ich würde stets die frische Luft in vollen Zügen schlürfen und Abends im trauten Mondenscheine die süßesten Träume träumen."

„Hör' auf!" rief Louise gebieterisch, „das sind lauter kindische Albernheiten, die Du mir da aufzählst, während Du mir das Herz zerreißest. Vielleicht ist's ein Glück, dessen Du mich beraubst, ich bin gewiß, daß ich Dich lieben würde, ich, Deinen Vetter."

Klärchens Gesicht überflog ein sanftes Lächeln.

„Das ist einmal wieder eine Idee!" sagte sie. Du, in Jerome verliebt, das möchte ich sehen; das müßte in der That zu drollig sein; denn Du bist viel zu noble, als daß Du einen einfachen Bauer, wie er es ist, lieben könntest."

„Ist denn Dein Jerome ein Kretin?"

„O nein! Er ist unermüdlich thätig, ein trefflicher Jäger, ein unerschrockener Reiter und er tanzt vorzüglich. An großen Gedanken und Ideen ist er freilich arm; das ist seine schwache Seite; er kennt nur die Idee des Guten und an ihr hält er fest. Im Uebrigen ist sein Geist bildsam und würde für alle Eindrücke sich empfänglich zeigen."

„Und Du könntest ihn lieben?"

„Ich werde ihn lieben, wie eine gute und zarte Gattin lieben muß, um ihm das Haus in Ordnung und hübsch propre zu halten, ihm ein recht weiches Nachtlager zu bereiten und das Mittagsmahl auf die Minute zu serviren. Lieben werde ich ihn, um ihm nach gethaner Arbeit süße Ruhe, auf dem Krankenbette liebevollen Beistand, in seinen Berufsarbeiten Erleichterung, im Kummer Trost und Erquickung zu gewähren."

„Ja, ja! und Du wirst glücklich sein," rief Louise aus, indem sie die Hände krampfhaft faltete; „aber ich!"

„Glücklich! ich bin noch nicht seine Frau; mit verglichen ist er reich; sein Vater und seine Mutter sind zu gut, als daß sie mich nicht mit der größten Herzlichkeit aufnehmen sollten; aber im Grunde, glaube ich, sehen sie in mir eine Gefahr für ihren Sohn und es würde ihnen wenig schmeicheln, wenn sie mich ihre Schwiegertochter nennen müßten."

„Was das betrifft, so darfst Du kühn ruhig sein; das wird schon alles nach Wunsch sich gestalten. Das Glück läßt nicht leicht Jemanden im Stich, dem es so freundlich die Arme entgegenstreckt wie Dir. Das Schicksal ist launig, es ist ein Weib; aber das Glück gehört einem Geschlechte an, welches stets nur den Fortschritt kennt."

„Gut! wenn dem so ist, warum steigst Du nicht herab auf der schwindelichen Höhe Deines Stolzes, um ihm zu seinem Glücke zu gratuliren."

„Wie? Willst Du, er soll zu mir kommen? Das würde ich nicht überleben. Ich habe mich, ach wie oft! schon gefragt, was denn Alles so recht eigentlich zur Existenz gehört. Das erste Beförderniß ist, daß man eine in Wahrheit, Geist und Herz veredelnde Erziehung genieße. Eine solche ward Dir in ländlich-sittlicher Weise trefflich zu Theil; eine Andere wird sie suchen in der Strenge der religiösen Grundsätze, an die sie seit der frühesten Kindheit gewöhnt wurde; eine nicht kleine Zahl, und darin sind meist die niederen Schichten begriffen, kennt wiederum nur die Familienliebe. Die Einen sind an stete Arbeit gewohnt, die Andern schwelgen in übertriebenem Luxus; sie haben die Glücksgüter des irdischen Lebens gleichsam gepachtet. Ich allein hange an nichts; eine Waise, ward ich ebenso wenig verzärtelt, als ich mich je erinnere, eine sonderliche Protektion genossen zu haben; die Armuth fürchtete ich, den Reichthum haßte ich, und so ward ich ein Spielball des Zufalls; Elend oder Glück mußte mein Antheil werden; es war ein Hazardspiel. So war mein Leben ein reines Romanen- und Sklavenleben. Nie liebte mich Jemand genug, um sich um meine Seele zu kümmern; und von den Wogen des Schicksals umhergetrieben, stehe ich da ohne allen Schutz; kein Herz schlägt für mich."

Klärchen antwortete nicht, aber ihr Blick enthielt offenbar einen leisen Vorwurf. —

„Du hast Recht," sagte Louise. „Ist denn aber unsere Freundschaft gar nicht in Anschlag zu bringen? Freilich wird nie ein Dritter uns so verstehen, wie wir uns verstehen. Das weiß ich, das gebe ich zu."

Die beiden Freundinnen legten ihre Hände in einander; zu reden vermochte keine.

Klärchen nahm nun den abgebrochenen Faden der Erzählung wieder auf.

„Aber Deine Bildung? Deine Talente?"

„Meine Talente? Lieber das Wort will ich nicht mit Dir rechten. Ich habe sie erworben unter der Herrschaft des Zwanges, mochte er nun von Menschen ausgehen oder in den Verhältnissen liegen. Ich habe sie auch nie für etwas anderes gehalten, als für Mittel, mich zu knechten; Geist und Körper habe ich ihnen zum Opfer gebracht, aber meine Seele nie!"

„Nicht doch! Du thust Dir selbst das schreiendste Unrecht; aber die Liebe wird Dir die Achtung vor Dir selbst zurückgeben, wird Dir eine Vergangenheit und eine Zukunft schaffen; ein so schönes treffliches Wesen wie Du muß Liebe finden. Doch halt! Was macht denn Dein liebenswürdiger Burgvogt?"

„Ich habe nichts von ihm gehört, seit ich Dir zuletzt schrieb. Aber was kümmert's mich? Was habe ich für ein Interesse daran? Was geht er mich persönlich an?"

„Aber wenn er Dich liebte?"

„Wie kannst Du so etwas denken?"

„Wenn er Dich heirathete?"

„Ist das ein thörichter Einfall!"

„Wenn es nun aber endlich doch wäre?"

„Wenn es auch seinerseits kein Hinderniß gäbe (es gibt deren aber hundert und tausend), eines liegt gewiß in meiner Vergangenheit und — das dürfte unübersteiglich sein."

„Was denn? Eine Erinnerung? Das ist etwas für Kopf und Herz. Hätte ich eine und wäre sie süß und wohlthuend, ich würde ihr mein Leben opfern; wenn sie aber, im Gegentheile, nur grausame Pfeile gegen mein Herz richtete, so würde ich mich ihren Qualen mit der größten Resignation, ja vielleicht mit einer gewissen Begeisterung hingeben, bis mir der Tod Erlösung brächte. Aber nein! ich habe in meinem ganzen Leben keine Erinnerung; wohl aber Kummer, Reue, ja vielleicht auch Scham, und doch, glaube mir, Klärchen, bin ich so rein, selbst in meinen Gedanken, wie ein Kind, das die Mutter nie aus den Augen verliert, das außer ihrem Schoße und ihrer Hand nichts kennt."

„Wenn Du so ein reines unschuldiges Gewissen hast, da achte ich alle Hindernisse gering; wir werden darüber noch weiter sprechen, nicht wahr, Louise?"

„Ich weiß nicht."

„Ich bitte Dich, überlaß Dich nur nicht weiter Deinen Grillen und schwarzen Phantasien. Komm', meine Liebe, komm' mit mir auf unsern Pachthof. Wir werden uns ein Plätzchen suchen unter dem Mantel des großen Kamins; das Knattern des Feuers wird unser Herz erfreuen; wir werden Kartoffel unter die Asche legen und süße Aepfel auf dem Roste braten und uns an diesem delicieusen Imbiß recht königlich weiden. Also steh' auf und geh' mit."

Die Beiden schlugen bald darauf ihren Weg ein, quer durch die Felder nach dem Pachthofe des Herrn

Renoult, der Onkel und Vormund Klärchens war, die längst auch keine Eltern mehr hatte. Sie begaben sich in die Wohnung des Pächters und hatten dort sofort Gelegenheit, das häusliche Leben auf dem Lande in seinem bunten Treiben eben so zu beobachten, wie die Arbeitergruppen, die von ihren Arbeiten mit einer Miene heimkehrten, die es nur zu deutlich aussprach, daß ihr Tagewerk ihnen mehr Freude als Stoßseufzer brachte. Es war dies jedoch nicht die Wohnung des Doktors: dieser hatte sich einen hübschen Blumengarten angelegt und in demselben ein Häuschen gebaut, welches sich an die der Straße entlang laufende Mauer lehnte.

Die Luft war drückend schwül wie in den heißesten Tagen des Sommers; am fernen Horizonte sah man ungeheure finstere Wolkenmassen emporsteigen, die jedoch ab und zu in einem plötzlichen Lichte erschienen, so daß man ein Gewitter im Anzuge glauben mußte. Der übrige Himmel war rein und von Myriaden hellleuchtender Sterne und Sternchen besäet. Kostbare Wohlgerüche stiegen allenthalben aus den nahen Waldungen und Wiesen empor, und pflanzten sich mit den Windstößen fort, um die ganze Gegend zu erfüllen. Eine magnetische Kraft war in der ganzen Atmosphäre thätig und schien allüberall einen geheimnißvollen Schrecken, mit ihm aber auch eine stille geheime Lust zu verbreiten.

„Was ist denn das!" rief Louise aus, indem sie die balsamisch duftende milde Luft in vollen Zügen schlürfte. „Mich befällt ein ahnungsvolles Grauen! Ist's Glück oder Unglück, was mir bevorsteht?"

In derselben Zeit, im selben Augenblick, wo die beiden Freundinnen das Gitterthor des Pachthofes erreichten, kam auch ein Mann auf einem kleinen Seitenwege an, der ein Kornfeld quer durchschnitt. Ein ungeheurer Apfelbaum, der im Auslauf des Pfades stand, machte, daß Louise und ihre Freundin nicht bemerkten, daß sich ihnen Jemand näherte. Aber auf einmal hörten sie eine heütönende jugendliche Stimme rufen:

„Guten Abend, meine Damen! Ich mache Ihre kleinen Füßchen aufmerksam, daß das Gras heute Abend sehr naß ist!"

Die beiden Freundinnen blieben erschrocken stehen; Klärchen war im Begriffe zu antworten, aber sie merkte sofort, daß der Vorübergehende in raschen Schritten seines Weges weiter ging.

„Hast Du ihn erkannt?" sagte sie zu ihrer Begleiterin. „Das ist Graf René. Er erschien, damit sich das Sprichwort bewahrheite: Lupus in fabula; er wird mit Bestimmtheit vorausgesetzt haben, unsere Unterhaltung hätte sich um ihn gedreht."

Trotz des lustig knatternden Feuers, welches den ungeheuren Kamin füllte, und trotz der Zwiegespräche, die Klärchen mit den Bewohnern des Hauses und den zufällig anwesenden Gästen anknüpfte, blieb Louise den ganzen übrigen Abend traurig und in Gedanken versunken.

Am folgenden Morgen wachte der Graf, dem es schon überhaupt nie an einem sehr lebhaften trefflichen Humor fehlte, in einer in der That ganz ungewöhnlich frohen Stimmung auf. Er traf Vorbereitungen zur Jagd. Darauf durchschritt er den das Schloß umgebenden Garten, suchte aus allen Blumenbeeten die herrlichsten, frischesten Blumen zusammen zu einem reizenden Bouquet, und, dieses in der Hand, die Flinte unter dem Arm, die Weidtasche auf der Schulter, den Hund hinter sich, schritt er dem Dorfe zu.

Er blieb sich vor dem Hause Meuniers nicht auf; die Fenster des nach der Straße zu gelegenen Zimmers waren halb geöffnet; René schien im Vorhinein darauf gerechnet zu haben; er steckte seinen Arm durch die kleine Oeffnung und legte sein Blumenbouquet auf Louisens Pult, zwischen eine Stickerei und etliche Papiere.

Während er dieses so wenig neue, aber doch immer wieder neue Manoeuvre ausführte, das selten seinen Zweck verfehlte, beobachtete das Dienstmädchen Meuniers, die eben in einem Fenster des ersten Stockes einen Teppich auszuschütteln im Begriffe war, den jungen Grafen mit einer mehr spöttischen als böswilligen Aufmerksamkeit.

Dieses Mädchen mochte etwa fünfzig Jahre haben: ihre äußere Erscheinung war häßlich, aber ganz sauber. Ihr Wesen war zu gleicher Zeit egoistisch und dienstgefällig, abstoßend und voller Komplimente. Sie schenkte, wo es nöthig war, die sorgsamste Pflege, aber Mitleid kannte sie nie; sie that ihre Pflicht doppelt, die geringste Aufforderung, etwas zu thun, kränkte sie schon. Selbst gehorchend, schien sie zu befehlen: so respektvoll waren alle Dienste, die sie verrichtete, so gleichgiltig war sie gegen alle und jede Anerkennung, so herrschte sie durch ihre trotzige Sorglosigkeit über Alle, die auf ihre Dienste angewiesen waren. Keinem Befehle kam sie nach, ohne erst ihr Gewissen befragt zu haben, ob sie es dürfe oder nicht; sie war überaus fromm, so zwar, daß dem Hausgesinde oft wenig recht war. Es kam ihr stets darauf an, eine recht große Anzahl Messen zu hören und eben so vielen Litaneien und Segen beizuwohnen. Selbst wenn sie behufs größerer Einkäufe in die Kreishauptstadt kam, blieb sie ihrer Lieblingsgewohnheit treu. Dabei war sie jedoch von jeder Proselytenmacherei frei. Wenn sie Zeuge der Mühen und Leiden war, die es manchen Leuten kostete, ihre irdischen Bedürfnisse zu befriedigen, begnügte sie sich damit, heimlich und verstohlen zu lachen über die Pein, die es Ihnen kostete, sich der Verdammniß würdig zu machen. Die schmähliche Gleichgiltigkeit erstreckte sich auch auf Meunier, ihren Herrn; sie betrachtete ihn als einen armseligen Christen, dessen Seele auf der Wagschale des jüngsten Gerichtes nicht allzu schwer wiegen würde. Ihrer Liebe und Dankbarkeit gegen ihren Herrn verlieh sie einen sehr bescheidenen Ausdruck: sie betete täglich ein „Vater unser und Ave Maria", daß Gott ihm ein seliges Ende verleihen wolle. Wenn sie aber Fräulein Louise sah, die sie als ganz kleines Kind gehegt und gepflegt, dann fühlte sie einen centnerschweren Druck. Louise war ohne Unterlaß der Gegenstand ihrer Wachsamkeit, vor ihrer Neugierde und ihrem Scharfsinn mußte die alte Jungfer sich immer in Acht nehmen.

Kurz, für diese Beronika, wie sie leibte und lebte, war Louise die einzige häusliche Freude, die sie kannte, aber gleichzeitig ihre tägliche Pein und Qual.

Als René verschwunden war, ging die würdige Dienerin in die Küche hinab, um den Augenblick zu erspähen, wo Louise in den Saal treten würde. Sie folgte wie ein Schatten den Bewegungen des jungen Mädchens, bis es endlich das Bouquet gewahrte und es in die Hand nahm und mit erstaunten Blicken betrachtete.

„Ach!" rief Beronika aus, „ist das ein herrliches Bouquet! Wie herrlich duften die Reseda, und die prächtigen Maßliebchen! Aber ich möchte wissen, warum man rund herum die Stechpalmen angebracht!"

„Das ist vielleicht eine Anspielung auf den pikanten Humor dessen, der den Blumenstrauß hierhin gelegt," erwiederte Louise mit erzwungener Lebhaftigkeit.

„Wissen Sie denn, wer es ist?" fragte die Alte.

Louise, die sich einen Augenblick verrathen, bereute es jetzt; ihre Züge veränderten sich plötzlich.

„Es ist einer, der gar kein Geräusch gemacht hat," fuhr Beronika fort, „denn man hat weder die Thür öffnen, noch klingeln hören. Ich fange an zu glauben, daß es Leute gibt, die durch ein Nadelöhr zu schlüpfen wissen; aber darum werden sie noch nicht in den Himmel kommen."

„Schaffe mir das Bouquet aus den Augen," sagte Louise, die Beronika in echt kindlicher Weise duzte, „und mache damit, was Du willst."

Die Alte trug das Bouquet fort; setzte es in eine mit Wasser gefüllte Blumenvase und kam dann einige Augenblicke später zurück und stellte beide vor die junge Herrin hin. Louise warf nur einen flüchtigen Blick darauf; sie wollte es nicht merken lassen, daß Beronika ihr damit einen großen Gefallen that; im Grunde aber war sie gedemüthigt und entzückt und kaum hatte die tückische Alte den Rücken gekehrt, als sie verstohlen zwei Veilchen abpflückte und sie in ein eben vor ihr liegendes Dichteralbum verbarg. Dann nahm sie wieder ihre Stickerei — diese ewige für phantastische Frauen so verhängnißvolle Stickerei — und eingewiegt durch die regelmäßigen Stiche und die stets gleichen Bewegungen der Nadel verfiel sie in eine ihrer gewöhnlichen Träumereien, die mitunter mehrere Stunden dauerten.

Diese Träumereien hatten mehr ihren Grund in bittern als in angenehmen Erfahrungen und Erlebnissen. Die arme Louise hatte seit den ersten Jahren ihrer Kindheit manch' heißen Wunsch, war aber nie im Stande, seine Erfüllung zu ermöglichen. Alle Frauen, in deren Umgebung sie lebte, waren, wenn auch nicht in Wirklichkeit, so doch dem Scheine nach glücklich: sie waren elegant, wenn auch nicht schön; von Schmeichlern umgeben, wenn auch nicht liebenswürdig; Königinnen, wenn auch nicht weniger als glücklich. Im Hinblick auf alle die Genüsse, die ihr versagt waren, hatte Louise, ohne je auf das Los derjenigen zu schauen, deren Geschick sie hätte trösten können, schließlich die Ueberzeugung gewonnen, daß ein böses Mißgeschick auf ihr laste, und sie unaufhörlich verfolge. Diese fatalistische Idee, die Louise in überspannter Weise und in einer fast unglaublich abergläubischen, an Wahnwitz grenzenden Art hegte, hatte ihr Herz und Verstand beirrt und verwirrt; aber sie wußte dieselbe in ein so düsteres poetisches Gewand zu kleiden, daß Niemand sich ihr ohne die größte Theilnahme und Innigkeit näherte. Die Einen machte sie lüstern, die Andern kühlte sie sehr ab; und so war und blieb sie interessant und — ein Räthsel.

Die wundervollen Wortspiele Molière's enthalten fast immer eine tiefe Wahrheit; Louise hatte den vollkommenen Beweis für die Richtigkeit jener Worte in dem Sonett an Orontes geliefert:

„Verzweiflung wird die Hoffnung, wenn sie ewig dauert."

Ganz jung hatte sie gehofft, aber nach langer Täuschung — denn fünf Jahre sind recht lang in dem Leben der Frau, die nur die Zeit in Rechnung bringt, während welcher sie Liebe finden kann — hatten sich ihre Hoffnungen in Befürchtungen verwandelt. In diesen nachdenkenden Unterhaltungen, die sie mit sich selbst führte, gab's keinen Raum für kurze Träume; aber das waren die Rückwirkungen der Beobachtung, daß ihr Geist vertrocknet, ihr Herz kraft- und machtlos geworden. Die Kraftlosigkeit erstreckte sich sogar bis auf die Liebe; es schien ihr unmöglich, daß sie je lieben sollte.

Und doch — wenn irgend ein Reiz, eine Verlodung winkte, wie z. B. das eben gefundene Bouquet, dann schien sie sich selbst zu verläugnen und fiel darüber her mit wahrhaft blinder Hast und einem Ungestüm, das nicht wohl größer sein konnte. Aber sie that, was fast alle Damen thun, wenn sie einmal die gewünschte Gegenliebe nicht finden; sie verbarg ihre Neigung selbst da, wo gerade das Gegentheil am Orte gewesen wäre.

Einige Tage, nachdem das Blumenbouquet bekommen, sagte Graf René zu Madame von Bourgueville:

„Entschuldigen Sie, Mama, wenn ich heute nicht mit zu Mittag speise; ich konnte durchaus nicht umhin, eine Einladung anzunehmen."

„Bei wem?"

„Bei Herrn Meunier."

Madame von Bourgueville, vor Ueberraschung außer sich, warf ihrem Sohne einen durchdringenden Blick zu, der Erstaunen und Neugierde zugleich verrieth.

„Herr Meunier! ei, ei!" sagte sie. „Ist das der Besitzer des Meierhofes, jener Eg-Krämer, jenes Großmaul, mit dem Du einige Händel wegen Grenzsteinen hattest?"

„Derselbe, Mama!"

„Ah so! Ihr wollt also zusammen diniren und dadurch die Angelegenheit begleichen? Ich glaubte, die Sache sei längst schon abgethan."

„Beinahe," erwiederte der junge Graf; „aber höre, was sich zutrug: Die Nichte des Herrn Meunier ging eines Morgens im Park spazieren; ich war auf der Jagd; ich zielte auf die Mitte eines Dickichts, in dem sie eben saß, und eine Schrotladung traf gerade ihren Arm. Der Vorfall hatte weiter keine ernstlichen Folgen; aber ich glaubte, die nöthige Genugthuung müsse dieselbe Flinte leisten, die den Schaden angerichtet, und — so schickte ich Herrn Meunier das Ergebniß der Jagd: einen Hasen und zwei Rebhühner. Und siehe! Nun erhielt ich eine Einladung heute zu Mittag als Gast zu erscheinen."

„Warum hast Du das angenommen?"

„Wenn ich es ausgeschlagen, so wäre meine vorgebliche Genugthuung nichts als eine Unfeinheit, ja Grobheit gewesen. Was Teufel! Das ist doch wohl das Geringste, was man thun kann, wenn man vor Leuten den Hut abzieht und ihnen die Hand reicht, die man schon mit einer Ladung Schrotkörner begrüßte!"

„Und wer ist denn diese Nichte des Herrn Meunier?"

Der junge Graf, der noch mehr nach dem Instinkt als nach reiflicher Ueberlegung zu handeln pflegte, merkte sofort, daß die Unterhaltung kritisch geworden war und daß es mehr oder minder von seiner Antwort abhänge, ob die Gräfin für oder gegen Louise Partei ergreifen würde. Er antwortete also in sachtem Tone:

„Sie ist sehr hübsch und eben so graciös; aber sie ist eine Lehrerin, ein armes Mädchen, welches einen recht wohlhabenden Mann bekommen müßte."

„Gut," sagte die Gräfin mit tiefer düsterer Stimme; „mein Sohn wird keine Dummheit begehen und auf seiner Hut sein."

(Fortsetzung folgt.)

Die Lauine *).

(Hiezu die Bilderbeilage.)

Die Lauine ist die Milchschwester der Rüfe, gleichsam das winterliche Ebenbild dieses im Sommer so ungeberdig tobend aus den Höhen hereinbrechenden Unholdes. Wie bei jener ist es ein Abschüttelungs-Proceß des Uebermaßes dessen, was die Höhen nicht zu bergen vermögen, — wie jene, tritt auch die Lauine schreckenerregend in dräuender Wildheit, donnernd und weithin durch die Thäler wiederhallend einher, — wie jene, hat sie ihre trümmerbedeckten Sturzbahnen, über welche sie furchtbar herniederrauscht, — wie jene, richtet sie im bewohnten Kulturlande alljährlich viel Unheil an und ist der gefürchtetste Gast jedes Alpthales.

Aber sie ist ungleich mannigfaltiger als die Rüfe, weil sie viel öfter und fast allenthalben im Hochgebirge wiederkehrt. Kaum mag es einen bedeutenden Gebirgszug geben, der nicht seine alljährlich regelmäßigen Lauinenstürze hat. Hier hängt's dann begreiflich von der Figuration der Berge und Felsenwände, von ihrer mehr oder minder dem Schneefall, der Schneeanhäufung ausgesetzten Lage ab, wie groß, stark und heftig die Lauine wird — und je nach ihrem früheren oder späteren Auftreten, der Dichtheit ihres Materials, der Ursache ihrer Entstehung und dem Effekt ihrer Wirkung unterscheidet der Aelpler verschiedene Arten.

Es ist eine, im Nicht-Alpenlande beinahe stereotyp gewordene Meinung, daß irgend eine unbedeutende, äußere Veranlassung, z. B. das Schneekörnchen, welches der Fittigschlag eines Vogels in rollende Bewegung setzt, die Lufterschütterung, welche durch Geräusch, durch das Knallen einer Peitsche, das Klingeln einer Saumroß-Glocke, ja selbst durch Husten und Sprechen entstehe, — hinreichend oder vielmehr nöthig sei, um den Sturz einer Lauine herbeizuführen. So wenig es sich in Abrede stellen läßt, daß solche Veranlassungen unter Umständen allerdings Ursache von Schneestürzen werden können, ebensowenig sind sie jedoch Bedingung derselben; im Gegentheil die massenhaftesten, furchtbarsten, gefährlichsten und regelmäßigsten Lauinen werden durch ganz andere Faktoren hervorgerufen.

Man kann sie zunächst füglich in Winter- und Sommer-Lauinen eintheilen. Den ersteren gehören die schrecklichen, gefürchteten, unregelmäßig hereinbrechenden Staub-Lauinen an. Sie sind gewissermaßen die stärkste Form der Schneestürme. Entweder packt ein um die Gipfel brausender Hochsturm unberechenbare Lasten jenes feinen, sandähnlichen, kurz vorher gefallenen Schnees, hebt denselben auf und läßt ihn als undurchdringliche Staubwolke dahinfallen, wo plötzlich die tragende Kraft des Windes gebrochen wird, — oder es ist neuer Schnee, der auf sehr glatter Unterlage alten, obenher vereisten Firnes liegt, durch einen Windstoß in's Gleiten geräth, durch wachsende Masse auch an Gewicht, Druck und Schnelligkeit der Bewegung wächst, und so über irgend eine Wand herabfährt. Die hierdurch herbeigeführte Wirkung ist eine doppelte. Einerseits hüllt der niederstürzende Schnee-Ocean in sekundenkurzer Zeit Gegenden, Häuser, Personen, Vieh so vollständig ein, daß in vielen Fällen dieselben tief, tief vergraben liegen und nur eiligste Hilfe Rettung ermöglicht, — andererseits aber ist die, durch den raschen Sturz veranlaßte Kompression der Luft so gewaltig, daß, wie bei Explosionen von Pulverthürmen, lediglich durch den Luftdruck, große Felsenblöcke, Häuser, Viehställe, kurzum Gegenstände jeder Art, welche die Lauine mit ihrem Schneefitt nicht einmal erreichte, zur Seite geschoben, emporgeschnellt, über Abgründe durch die Luft getragen, kurz und gut in capriciösester Weise dislociert werden. Weil der Wind zunächst Ursache des Entstehens derselben ist, so werden sie auch Wind-Lauinen genannt; indessen können gerade bei diesen fliegenden Schnee-Schmetterwolken auch andere Hebel Bewegung hervorrufend wirken. Bei diesem auf geneigter glatter Fläche ruhenden Staubschnee genügt irgend ein gegebener Anstoß, um viele Jauchart große Schneefelder in's Rutschen zu bringen, und hier ist die Entstehung der vulgären, in den Sprachgebrauch übergegangenen parabolischen Redensart von dem: „Lauinen ähnlichen Anwachsen" zu suchen.

---

*) Aus den „Alpen in Natur- und Lebensbildern" von H. A. Berlepsch. Leipzig 1861. mit besonderer Erlaubniß des Verlegers Herrn Hermann Costenoble.

Lavinen-Ausgrabung.

Das bedeutendste Staub-Lauinen-Unglück aus neuerer Zeit ist jenes, welches 1827 das Walliser Dorf Biel ereilte und 40 Menschen als Opfer verschlang. Indessen sind außerordentlich viele Beispiele von wunderbaren, ja sogar komischen Rettungen bekannt. So z. B. wurde im December 1836 im Loerser-Thale (in Graubünden) ein Haus, in welchem 12 spielende Kinder versammelt waren, von einer Lauine ergriffen, horizontal fortgeschoben und total mit seinem Schnee zugedeckt, so daß selbst der First nicht hervorschaute. Die Eltern der Kleinen, gelähmt vom Schrecken, eilten mit Schaufeln und Spaten jener Gegend zu, in welcher sie das Haus verschüttet glaubten; aber noch ehe sie beginnen konnten ernstlich zu arbeiten, kamen die Kinder, eins nach dem andern, wohlbehalten aus dem Schnee hervorgekrochen. Noch drolliger ist jener Vorfall, welchen Bilibaldus Pirckheimerus in seinem Bellum Helveticum Maximiliani I. aus der Zeit des Schwabenkrieges von 1498 erzählt; damals waren im Engadin 400 kaiserliche Landsknechte in's Sargellen- und Montafuner Thal geflüchtet und über eine Anhöhe hinabgeworfen worden, — aber o Wunder! bald lebte die ganze Schneemasse wie ein Ameisen-Haufen, und unter dem schallendsten Gelächter ihrer unberührt gebliebenen Kriegskameraden, krochen Alle ohne Ausnahme wieder hervor. Einige wohl beschädigt, aber Keiner tödtlich verletzt.

Von der Schnellkraft des erzeugten Luftdruckes kann man, ohne Beispiele, sich kaum eine richtige Vorstellung machen. Im Graubündner St. Antönien-Thal, (durch welches ein Fahrweg aus dem Prätigau über die Rhätikon-Kette in's Sargellen- und Montafuner Thal führt) sah ein Knecht weit droben an der Bergwand, vielleicht 1½ Stunde von seinem Standpunkte, eine Lauine anbrechen und eilte, einen Stall zu erreichen, der ziemlich gesichert stand. Obgleich dieser etwa nur 14 Schritte entfernt war, so vermochte er denselben doch nicht zu erreichen, sondern wurde vom vorauseilenden Windstoß ergriffen, über das Valsazzer Tobel hinübergeschleudert und dort von der mit Blitzesschnelle nachfolgenden Lauine begraben.

In der Regel ist es der Fall, daß eine angebrochene Lauine durch die energische Luftströmung und das donnernde, Luftschwingungen erzeugende Geräusch den Fall von anderen sekundären Lauinen veranlaßt, und hieraus läßt sich jene Mittheilung wohl erklären, welche aus dem Lauterbrunnen-Thale berichtet, daß im vorigen Jahrhundert die Stuffen-Laui 24 Stunden lang gestürzt sei. Ein Fall aus allerjüngster Zeit bestätiget Aehnliches. Im Frühjahr 1854 fand ein so anhaltender Lauinen-Sturz an der Schattenseite des Realpe-Thales statt, daß in der Ausdehnung von mehr als Stunden-Länge eine Schneemasse nach der anderen durch Luftdruck und Erschütterung in Bewegung gesetzt wurde. Wege und Straße waren mit festem, kompaktem Schnee 25 bis 30 Fuß hoch bedeckt, so daß man, um die Kommunikation zu öffnen, Tunnel durch die improvisirten Schneefelsen treiben mußte. Lauinen waren an Stellen herniedergekommen, wo seit Menschengedenken keine solchen gefallen waren.

„Greif' an mit Gott! Dem Nächsten muß man helfen.
Es kann uns Allen Gleiches ja begegnen."

Dieser Spruch in Schillers Wilhelm Tell ist eine der Lebenspraxis des Gebirgsvolkes abgelauschte große Wahrheit. Sie bewährt sich in so hohem Grade kaum irgendwo mehr als in den Alpen. Während Lässigkeit oder vielmehr ein gewisses gemächliches „Ankommen-Lassen" einen der unvertilgbaren Grundzüge im Charakter aller Hirtenvölker bildet, und ihr von Hause aus kontemplatives Wesen, ihre im langsamsten Takte vorschreitende Bedächtigkeit jeden raschen Entschluß, jede wenig überlegte Handlung zurückhält, so ist die Hilfsfreudigkeit, der aufopfernde Muth und die an's Herkulische grenzende Ausdauer bei Unglücksfällen, die durch Naturereignisse herbeigeführt wurden, wahrhaft großartig und läßt das Rein-Menschliche im herrlichsten Lichte erscheinen. „Der brave Mann denkt an sich selbst zuletzt." — Es sind Stunden fieberhaft emsigen Schaffens in bangster Erwartung, um das Leben lieber Angehörigen, Freunde, Gemeinde-Genossen oder völlig fremder unbekannter Menschen zu retten. Wo sind die rechten Stellen, an denen Vergrabene, dem Erstickungs- oder Erstarrungs-Tode nahe, mit dem gnadenlosen Feinde alles Lebendigen kämpfen? Häuft nicht vielleicht jeder Spatenstich, jede Schaufel voll zur Seite geworfenen Schnees den Grabhügel nur um so höher über dem Gesuchten? Denn wunderbarerweise hören die droben Arbeitenden in der Regel kaum etwas von dem Hilferuf und dem Angstgeschrei der Verschütteten, während umgekehrt Errettete vielfach und übereinstimmend erzählten, jedes Wort der über ihnen Suchenden verstanden, ja die Stimmen von Bekannten genau unterschieden zu haben. Nun versetze man sich in die peinigende, schon durch die umgebende Kälte gräßliche Lage armer Lauinen-Opfer, und addire das gräßliche Bewußtwerden hinzu, daß Hilfe von Freundeshand wenige Schritte weiter auf falscher Fährte sich bis zur Erschöpfung abmüht. — Da, wo dann Menschen-Weisheit am Ende ist, beginnt der feine Instinkt des Thieres, und der Prakele-Hund stundenweit die Fährte seines Herrn oder des verirrten Kindes verfolgt und endlich die Gesuchten findet, so ist's auch hier der treue Haus-Genosse des Aelplers, dessen feiner Geruch die Lagerstätte Bergebener entdeckt und zur rechten Spur leitet. Der Werth der Hospiz-Hunde vom großen St. Bernhard, Simplon und Gotthard ist ja sprichwörtlich geworden, und in Tschudi's herrlichem „Thierleben der Alpenwelt" so umfassend und treu geschildert, als daß hier ausführlicher von ihnen die Rede sein kann.

Außerordentlich verschieden in Ursache der Entstehung, in Charakter und Wirkung, von jenem, aus locker zusammenhängendem Schnee bestehenden, meist im Winter fallenden Staub-Lauinen, sind die Schloß-, Schlag- oder Grund-Lauinen. Diese sind ein Phänomen des Frühjahrs, wenn die Natur ihr Auferstehungsfest feiert, und das Hochgebirge die winterlichen Träume aus den Erinnerungsfalten schüttelt. Hier ist's schon ganz anderes Material, — nicht jener sandähnlich trockene, feine Schnee, der, ein Spiel der Lüfte, von den binden umhergeschleudert wird, bahn- und zielloß. — Hier ist's alter „terniger" Schnee, welcher den Winter über an und auf den Abhängen lag, sich verdichtete, „Firn" wurde, also eine viel kompaktere, körperfestere Gestalt annahm.

Nicht der Wind, der den Schnee wolkendick emporwirbelt, nicht die kleinen Ursachen, welche unbedeutende Parcellen in Gang setzen, nicht bloße Luft-Erschütterung allein, vermögen die Grund-Lauine zum Fall zu bringen; ihren furchtbaren Sturz bereiten die „lauen" Lüfte, die einziehende Wärme vor. Diese durchdringen die kleinen hohlen Räumchen in den unabsehbar großen Schneehängen, lösen leckend Kryftällchen, die dem Rasen, dem Felsen, zunächst aufliegen, in flüssiges Wasser auf, das den Boden schlüpfrig macht und den unmittelbaren Zusammenhang beider vernichtet. Also langsam vorbereitet, der natürlichen Stütze oder Unterlage theilweise beraubt, vermag die Kohäsion der einzelnen Schneepartikelchen das ganze, große, unterher gehöhlte Schneefeld nicht mehr zu halten; das Gesetz der nach Unten strebenden Schwere macht seine Rechte geltend, die Masse löst sich ab und rutscht, je nach der mehr oder minder starken Neigung des Berges, von Sekunde zu Sekunde an Beschleunigung gewinnend, die Tiefe zu. Alles, was ihr im Wege liegt oder steht, wird in die Verderben drohende Sturzmasse hineingewickelt und zu Thal geführt. Die Berner Oberländer nennen sie „Schmelz-Lauinen". Gegen den Anbruch dieser Grund-Lauinen zu wirken, sind zunächst die Bannwälder bestimmt. Aber noch kleinere Pflanzenkörper vermögen viel, um den Schnee besser an den Boden zu fesseln, gleichsam mit ihm zu verflechten und das Abstürzen zu verhindern, namentlich die auf den Planggen und steil abschüssigen Hochhalben wachsenden Wildgräser und Kräuter, — das Material, aus dem der arme Bildhauer seine Kuh oder seine Ziegen mit Winterfutter versorgt. Dort, wo es im Sommer abgemäht wird, zeigen sich im folgenden Frühjahre fast überall Rutsch- und Schlag-Lauinen, während die stehengebliebenen, im Herbst abgestorbenen Grashalme ein natürliches, zähes Bindemittel zwischen dem Boden und dem Schnee bilden.

Die meisten Grund-Lauinen haben ihre regelmäßigen Passagen, ihre ausgesetzten, von Weitem kenntlichen Schuirinnen, „Lauinenzüge" genannt, durch welche sie alljährlich herniederrasen. Sie stehen in einiger Verwandschaft mit den Betten der Flüsse, nur sind sie minder trümmererfüllt, sondern zeigen mehr glatt ausgehobelte breite Felsenrinnen (bis 100 Fuß Durchmesser), in denen allerdings immer etwas Gebirgsschutt zurückbleibt. Die Bewohner des Tavetsch schneiden im Spätsommer droben in den Regionen, wo der stammförmige Baumwuchs bereits aufgehört hat, das Buschwerk der Alpen-Erle an minder geneigten Halden ab, binden Faschinen daraus und legen diese in die Lauinenzüge, um die Fallkraft der zum Sturz geneigten Schneemassen in ihrem zerstörenden Effect zu schwächen. Die auf solche Weise von der Lauine mit zu Thal hinabgerissenen Bündel braucht der Aelpler nicht herabzutragen oder zu schlitten; er nimmt sie, wenn der Sturzschnee im Hochsommer vollends drunten zergangen ist, als Brennreisig aus dem wüsten Schutthaufen.

Wo gehüllt in graue Laken
Schlafend die Lauinen liegen, —

heraus, und weiß dergestalt sogar die ihm feindliche Kraft-Aeußerung sich dienstbar zu machen. Eine Sturzbahn der Lauine durch Menschenhand vorzeichnen zu wollen, würde ein ohnmächtiges Bestreben sein.

Eben so irrthümlich wie vielseitig das Entstehen der Lauinen aufgefaßt wird, eben so unrichtig ist oft das Bild, welches die Phantasie sich von der äußeren Erscheinung des Phänomens während des Sturzes entwirft. Es ist kein kugelnder Ballen, wie man wohl glaubt, der oben in der Bildungsheimat klein wie ein Kohlkopf, nun durchs Herabrollen und durch das massenhafte Anhängen der Schneetheilchen immer größer wird, und endlich wie eine Globus von kolossalem Durchmesser gleicht, der unten erst, wie eine Bombe zerplatzend, seine Schneeladungen ausstreut; ein solch' progressives, sphärisches Formen, — wie man es vor Eintritt des Thauwetters im Tieflandswinter wohl spielweise von Knaben ausführen sieht, wenn sie einen Schneemann bauen wollen, — würde mindestens eine gleichmäßig geneigte, von keinen Felsentreppen und Fluhwänden unterbrochene, also der Hügelformation ähnliche Abdachung eines Berges voraussetzen. Der Sturz einer Lauine, jeder Gattung, gleicht fast immer dem Bilde eines in völligsten Schaum aufgelösten Wasserfalles. Gewöhnlich hört man den Sturz früher, als man ihn sieht. Durch den donnernden Schall plötzlich aufgeschreckt, richtet der Blick des mit der außerordentlichen Erscheinung nicht vertrauten Fremdlings sich gewöhnlich in die Höhe und sucht am Firmamente die Gewitterwolken, welche die gewaltig tönenden Schwingungen hervorrufen; aber droben im tiefen blauen Aether lagert lichte Ruhe, — kein Wölkchen schwimmt in den Luft-Oceanen. Schon rollt das Getöse nachhallend durch die Thäler und erneuert jetzt abermals, stärker anschwellend, die erschütternden Tonwellen, als das Auge niederstutend drüben am Silber-Mantel des Berges rauchendes, von den Lüften verwehtes, stäubendes Gewölk und unmittelbar darunter eine gleitende, niederwallende Bewegung an der kaum zuvor noch in starrer Todesruhe daliegenden Firnhängen wahrnimmt. Scheinbar langsam, im stolzen getragenen Zeitmaß, schwebt die Schnee-Kaskade wie breite Atlasbänder über die Felsenwände herab, staucht tiefer an hervortretenden Flußsätzen auf, zerstiebt in wollig-runde Schaumbogen und zerflatternde Wolken-Wimpel, wie die Intervallen eines Strom-Katarakts, oder verliert sich sekundenlang in verborgene Schluchten und sinkt, das Schauspiel von Stufe zu Stufe wiederholend, hinunter, bis sie auf flach auslaufenden Alpmatten oder im tiefen Trümmer-Becken zur Ruhe kommt. Mit dem Verschwinden des vermeintlichen Stromes, verhallen auch die, den Fall begleitenden, grollenden Donner, und der Wanderer überzeugt sich staunend, daß beide Thätigkeiten in unmittelbarer Wechselbeziehung zu einander standen. Dort aber, wo der scheinbare Staubbach herniederwallte, zeigt eine schmutzige, fahlfarbene Linie in Mitte des blendenden Firnes, daß hier mehr als bloß Schnee, daß Erde und Gesteinschutt mit herabgekommen sein muß, von denen Spuren zurückblieben. —

Dies ist das Bild einer sommerlichen Grund-Lawine von entferntem, geschärtem Standpunkte ruhig und gemächlich betrachtet. Könnte man mit bedeutend vergrößerndem, scharf specialisirendem Tubus die stürzende Lawine dem Auge näher rücken, wie ganz anders würde diese sich gestalten, wie würde sie, gleich den ungeahnten Zellgeweben der Organismen unterm Mikroskop, sich plötzlich zu unermeßlichen Schneewolken ausweiten, in deren Umhüllung cyklopische Felsenquadern, wuchtige Eismarren und zerrissene Rasenfetzen ihren Schmetterflug pfeifend und heulend zurücklegen. Was dem freien Auge wie harmlos herabschwebende Schaummasse erschien, wird in der Nähe zur tobend jagenden Furie; denn es fehlt uns, wie überall in den Alpen, so auch hier für die Entfernung, jeglicher Maßstab, nach welchem die Höhen zu beurtheilen sind, an deren unterbrochen vertikaler Fläche die Lawine herabstürzt. Würde man die ungefähre Höhe jener Stelle, wo die Lawine sich begrub, in Zahlen von der Höhe des Punktes, an dem sie sich ablöste, subtrahiren und die gewonnene Differenz mit der Summe der Sekunden (so lange das Naturspiel währte) dividiren, so würde man einen Geschwindigkeits-Quotienten für die enorme Fall-Eile erhalten, der zugleich den donnernden Gang aufklärte.

Eine Frühjahrs-Grund-Lawine in möglichster Nähe gesehen ist Entsetzen erregend, fast unbeschreiblich. Alle Worte und Bezeichnungen sind unzureichend, um dieses Chaos, diese völlige Auflösung, diese gemeinschaftliche, augenblicklich zugleich sich entwickelnde Orkan-, Erdbeben-, Bergsturz- und Gewitter-Erscheinungen zu schildern. Aufruhr, Flucht, Zerstörung, Vernichtung, begleitet von rasendem in einander verwobenem Knirschen des sich selbst zerpressenden Schnees, dem Stöhnenden Krachen zersplitternder Bäume, dem zischenden Fliegen geschleuderter Felsgesteine und deren krachendem Anprall an die Gebirgswände, schrillem Geprassel, — genug unbestimmbares, ohrenbetäubendem Getümmel, dessen Echo aus allen Thal-Ecken hundertfältig zurückgeschleudert aufs Neue sich in dieses Wüthen vermengt, das ist der Total-Eindruck einer Grund-Lawine in der Nähe. — Ihr Material ist fetter, dichter, schwerer als das luftiger Staub-Lawinen; darum theilt es sich auch mit eiserner Zähigkeit, dort wo es hineinfällt, fest. Personen und Thiere von einer Schlag-Lawine verschüttet, sind meist unrettbar verloren; sie bricht ihnen das Genick und Rückgrath, oder legt sich hermetisch dicht um den Körper an, so daß der Erstickungstod unvermeidlich erfolgt. Der Schnee dieser Lawinen wird so fest in einander geschlagen, daß Menschen oder Thiere, nur bis an den Hals darin steckend, sich unmöglich ohne Hilfe Anderer herausarbeiten können. Daher kommts auch, daß man in Thälern, durch welche ein scharfströmender Gebirgsbach fließt, noch im Hochsommer darüber gewölbte Schneebrücken findet, welche von einem Lawinensturze herrühren. Diese sind oft so kompakt und dauerhaft, daß man mit Roß und Wagen darüber fahren könnte. Sie entstehen dadurch, daß der Bergbach von einem Lawinensturz in seinem Bett behindert, sich vermöge seines größeren Wärmegehaltes durchfrißt und den Bogen allmälig erweitert. Gelingt dies dem Flusse nicht, ist der Schneedamm zu dicht, zu mächtig, zu hoch, staut er das Wasser zurück, so kann ein großes Unglück die tieferliegenden Orte des Thales bedrohen. Denn es ereignet sich nicht selten, daß eine Lawinen-Ladung nicht nur die enge Thalsohle bis zu irgend einer Höhe ausfüllt, sondern selbst an der gegenüberliegenden Böschung noch wieder aufwärts geschoben wird. Wenn dann die in den Thalengen komprimirte Sonnenwärme den Schneedamm mürbe macht und zerfrißt, so bricht das zum See angewachsene Bachwasser mit seiner dynamischen furchtbaren Gewalt durch, reißt ringsum Ufergelände ab, entwurzelt Bäume und Sträucher, zertrümmert Stege, Brücken, Mühlen, Häuser und Ställe, schwemmt Nutzhölzer, Sägeblöcke, große Steine, Menschen und Vieh mit fort, und verwüstet tiefer gelegene Gegenden weit hinaus.

Zwischen den beiden beschriebenen Lawinenformen liegt mitten inne eine dritte, die theils selbständig als Lawinensturz auftritt, noch mehr aber Veranlassung einer jener beiden Sturzformen werden kann; diese wird herbeigeführt durch die s. g. Windschirme, Schneeschilde oder Schneebritte. Das Bildungsprincip dieser im Gebirge gefährlichen Accumulationen und die Gestalt derselben im Kleinen kennt jeder Bewohner des Flachlandes aus Erfahrung. Es sind jene Schneekappen und spannenhoch, senkrecht aufgebauten Schneeleisten, welche entstehen, wenn bei verhältnißmäßig milder Temperatur und starkem Schneefall der Wind von einer Seite große fette Flocken an Gebäude, Brunnen, Stackete und andere Gegenstände wirft. Hat das Schneien dann nachgelassen, so verdichtet sich die lockere Masse immer mehr, beugt sich nach vorn über, und zuletzt nehmen diese durch Einwirkung der Sonnenstrahlen und des Wiedergefrierens oft seltsam modellirten Schneeverzierungen eine völlig hängende Gestalt an. Nun, — was hier im Kleinen sich zeigt, formt der dichte Schneefall in den felsigen Alpen, deren Wände beinahe senkrecht von allerlei Spalten, Bändern, Ueberwölbungen und Façade-Gesimsen unterbrochen werden, im Großen, und zwar so kolossal, daß überhangende, vom Felsgemäuer völlig abgelöste Schneedächer, auf nur schmaler Basis ruhend, entstehen, die centnerschwer, jeden Augenblick niederzuschmettern drohen. Diese Damoklesschwerter hangen-fest, bis sie unter der Last ihrer eigenen Schwere zusammenbrechen, oder durch laue Luft, Thauwetter, Föhn, oder veränderte Richtung des Windes losreißen. Diese sind's, nach denen der Säumer, der Kutner, überhaupt jeder im Winter das Gebirge durchwandernde Lelpler ängstlich messende Blicke emporsendet. — diese sind's, die durch den geringfügigsten Umstand, durch einen Schall, eine Lufterschütterung ihres kaum vorhandenen Gleichgewichtes, ihres Zusammenhanges mit der schmalen Felsenbasis beraubt werden können, — sie sind's, wegen derer der Postillon mit der Peitsche nicht klatscht, der

10*

Säumer früherer Zeiten, als es noch keine Schutzgalerien gab, die Schellen am Halse der Thiere umwickelte, wenn er die engen Defilé's der Schöllenen am Gotthard, der Cardinell am Splügen und ähnliche Schluchten passirte, — und diese sind's, auf welche Schiller in seinem Bergliede hindeutet:

Und willst du die schlafende Löwin nicht wecken,
So wandle still durch die Straße der Schrecken.

Solche stürzende Windschirme verdecken, gleich den Grundlauinen, oft die Bergstraßen mit haushohen Schneeschanzen, so daß die Knter mit dem bloßen Ausschaufeln nicht würden Bahn schaffen können, sondern Galerieen durch dieselben brechen müssen. Dies war ganz besonders auf den Graubündner Hochpässen in dem schneereichen Winter 1859 auf 1860 der Fall.

Die Anwohner solcher Passagen erzählen wunderbare Geschichten von dem instinktiven Vorgefühl mancher Thiere, die den Sturz von Lauinen gleichsam ahnen oder man möchte fast sagen prophezeien. So ist es notorisch, daß an jenen Abhängen, die in irgend einer Weise von regelmäßigen Lauinenzügen berührt werden, selten oder fast nie Spuren von Gemsen im Schnee zu finden sind. — Die Bewohner der Bergwirthshäuser und Hospizien versichern, daß kurz vor dem Eintritt von Staublauinen und vor dem Sturz von Windschilden die Bergdohlen aus der Höhe herabkommen, sich gleichsam zu den menschlichen Wohnungen flüchtend und diese kreischend umflattern. — Abgerichtete, zum Aufsuchen Verunglückter bestimmte Berghunde sollen ebenfalls kurz vor dem Anbrechen von Lauinen und Guzeten eine sichtbare Unruhe verrathen, und auf dem Simplon hat's deren gegeben, die laut heulten und hinaus verlangten, um ihrer Bestimmung gemäß zu suchen. — Die auffallendste Witterung jedoch zeigen die Pferde. Wir haben schon bei Darstellung des Schneesturmes gesehen, daß das Pferd vor dem Losbruch des Unwetters unaufgefordert seine äußersten Kräfte anstrengt, um rascher vorwärts zu kommen und wenn möglich das schützende Haus noch zu erreichen. Ueber den Scaletta-Paß soll früher ein Roß lange Jahre den Säumerdienst mitgemacht haben, welches regelmäßig durch Sträuben und Stetigwerden den bevorstehenden Sturz von Lauinen anzeigte, während das sonst das geduldigste und leitsamste Thier von der Welt war. Die Säumer, welche es deßhalb hoch achteten, verließen sich bei zweifelhaftem Wetter fast ganz auf dieses Pferd. Einst hatte es auch im Winter Passagiere mittelst Schlitten zu befördern und an einer Stelle unweit der Paßhöhe angelangt, wollte es durchaus nicht von der Stelle. Die Reisenden, unverständig genug und der Führer zu nachgiebig, trieben mit den äußersten Mitteln das Roß zum Weitergehen an. Endlich, nachdem es durch lautes Wiehern seinen Unwillen über die Unvernunft der Menschen zu erkennen gegeben, zog es voll Reue mit äußerstem Aufwande aller Kräfte an und suchte durch ein fast verzweifeltes Vorwärtseilen der drohenden Gefahr zu entfliehen. Wenige Sekunden weiter, plötzlich Krach und Wurf! — Die Lauine hatte die Reisenden sammt dem treuen, klugen Roß begraben.

Die Gebirgsbewohner können durch befühlende Handprobe und durch Besichtigung des Schnees denselben ziemlich richtig taxiren, wie weit er für Lauinen reif sei, und danach richten sie ihre Ueberberg-Reisen ein. Gewöhnlich werden diese, wenn sie über lange und wilde Pässe gehen, gesellschaftlich unternommen, dann aber doch immer sektionsweise, so daß die einzelnen Schlitten stets in einiger Entfernung von einander laufen; sollte sich dann irgendwo ein Schneefall ereignen, so werden doch nicht Alle zugleich davon ergriffen, und die verschont Gebliebenen können ihren verschütteten Gefährten zu Hilfe kommen.

Der gordische Knoten.
Kleindeutsches Kulturbild von Ludwig Foglar.
(Schluß.)

Das ist noch nicht Alles, edle Frau, was den Versuchen zur Humanisirung entgegensteht — man muß sich verhärten und eines Theils seiner Algüte begeben; denn im besten Falls ist jede Veredlung Zwang zum Glücke, der sich aber mit verbindlichen Formen nicht ausführen läßt. Wo immer eine Kraft sich äußert, da will sie herrschen; der mächtigste Beherrscher aber ist der Geist; theilt er seine Gewalten, so spaltet er die Erfolge — er muß kalt herrschen und ungeschmälert. Wir leben hier unter kleinen Verhältnissen, aber auch diese Kleinheit schließt den Rattenkönig der Gesellschaft nicht aus, hilft im Gegentheil ihn auszuhecken und so wachsen Gegensätze und Widersprüche über alles Maß hinaus. Unabweislich ist der Drang der Geister nach Arbeit, nach Beschäftigung, nach Thaten, und da sie an bedeutsamen Dingen nicht reif geworden, so verschwenden sie sich an den Erdenjammer. So erscheinen in den kleinen Verhältnissen große Leidenschaften, kleine Leistungen bei großen Ansprüchen, daraus die Rivalität der Beziehungen, die gesellige Kontrole, die Eifersucht im Richtigen, die Intrigue, bis in's Herz der Familie getragen, die Beschränktheit im Denken und Fühlen. Ich habe selbst dabei eine halb ironische Rolle gespielt — um zu lernen. Alle großen Absichten scheitern an der Kleinlichkeit des Privatinteressen, an der persönlichen Rücksicht, an dem schweren Herbstnebel, der den Gesichtskreis unfertiger Menschen bedrückt. Das Individuum zersplittert sich hier ganz nutzlos, während in der großen Welt die Opferung seiner Theile doch nicht so ganz verloren ist. Aber auch dort sitzt das Uebel tief genug. Der Drang nach Universalität der Kenntnisse hebt das persönliche Gedeihen auf. Die Alten warfen alle Kraft in Eine Strömung, Jeder nach seiner Weise war doch in Einem groß — und sei es bloß im Zinngießen oder gar — Stehlen. Wir encyclopädischen Menschen aber treiben Jeder Jedes und jederzeit. Wir kultiviren Musik und Astronomie, Sprachen und Turnen, Geschichte und Gärtnerei, Philosophie und Schwimmen, Poesie, Papparbeit, Politik, Schachspiel, Naturwissenschaften, Tanzkunst, Whist und Malerei — aus solchem Dilettantism entsteht jenes Salongentelthum, das erst zur Langweile, zur Unbefriedigtheit, dann zu Ungenießbarkeit und Lebensüberdruß hinführt. Der Egoismus der Leidenschaften bleibt dabei nicht stehen, jeder Einzelne utilisirt die Schwäche des Andern, die ihm aus dem Kaheleben so bekannt ist, wie seine eigene, nur selten und beutet den Vortheil aus, den ihm Geburt oder Zufall noch außerdem in den Schoß legten. Die Gesellschaft im Kleinen entwickelt sich weit anders als unter großen Dimensionen, wenn auch die einzelnen Erscheinungen, sonderlich die Krankheitssymptome dieselben sind; allein was im gähnenden Gewoge der Massen sich ergänzt, ersetzt, verwindet, das treibt im Mikrokosmus unseres Dorflebens sich zu selbständig berechtigter Existenz empor, will sich ausbreiten und entwickeln, ohne Rücksicht auf Raum und Zeit — es wird eine Gartenwildniß voll Unkraut und sich drängender und durchkreuzender Wucherpflanzen."

„Und das, meinen Sie, sei das Schicksal auch meiner Schöpfung?" fragte die Fürstin mit einem Tone, der sich aus der Tiefe einer schmerzvollen Enttäuschung losrang.

Flott wollte soeben antworten, als das feurige Thier der Fürstin, aufgeschreckt durch einen mit Geräusch emporflatternden Trupp Hühner, bei Seite sprang, stürzte und die Reiterin so heftig gegen eine vorspringende Feldwand schleuderte, daß sie besinnungslos in die Schneebettung sank.

Gewandt schwang sich Flott aus den Bügeln, band die Pferde an den nächsten Baum und eilte der Ohnmächtigen zu Hülfe. Er hob die Fürstin in seinen Armen empor und überzeugte sich, daß ihr Haupt unverletzt, nur durch den Schrecken des Sturzes und die Erschütterung betäubt war. Mit reinstem Schnee wusch er Stirn und Schläfen und hatte die Freude, nach wenigen Minuten die bleichen Wangen sich allmälig röthen zu sehen. Rustika schlug die Augen auf, holte tief Athem und blickte befremdet um sich. Noch versagte ihr die Stimme; sie wollte sprechen, sich erheben, sie vermochte es nicht, aber lange und tief beredt ruhte ihr großes schönes Auge auf dem Antlitz ihres Beschützers; er faßte ihre Hand und hauchte auf sie erstarrte mit banger Sorgfalt, ein leiser Druck machte die seine erbeben, über das ganze Wesen des schönen Weibes war der Ausdruck liebevoller Dankbarkeit ausgegossen, sie flüsterte kaum hörbar ein Wort, das ihm tiefer hernieder zu den schwellenden Lippen, es war ihm, als kniete er vor einer glühenden Rose, ihr duftig warmer Hauch berührte seine Stirn, es schien, als müsse er in diesem Reich des schönsten Lebens versinken. Da faßte die Fürstin plötzlich erstarkt seinen Arm, erhob sich mit Blitzesschnelle, dankte mit noch schwacher gerührter Stimme, und ehe Flott es sich versah, hatte sie ihren Zelter bestiegen und trabte munter der nahen Köhlerhütte zu, ihrem Begleiter aus der Ferne winkend, sie zu erwarten.

Während nun Flott seinen einsamen Träumereien überlassen blieb, war die Fürstin bei der Hütte des Köhlers Thomas angelangt, band das Pferd an einen Pfahl und trat ein. Die leise geöffnete Thür ließ ihr den Einblick in ein ärmliches, doch durch Reinlichkeit und Ordnung wohnliches Stübchen. Thomas, am Fenster sitzend, las in der Bibel. Sein Greisenhaupt, sein patriarchalisches Antlitz gaben der Erscheinung etwas ehrwürdig Vertrauen Erweckendes. Als sie die Hand auf seine Schulter legte, blickte er auf, legte die Brille auf das Buch und versuchte sich zu erheben, insoweit Ueberraschung und Erstaunen das zulassen wollten. Rustika nahm einen Stuhl und setzte sich zu ihm.

„Bleibt ungestört, lieber Thomas," sagte sie, „mein Besuch soll Euch nicht zu lange belästigen."

„Durchlaucht, diese Ehre," stammelte Thomas.

„Ihr mögt wohl ungefähr ahnen, ehrwürdiger Vater!"

Bei diesen letzteren Worten der Fürstin überkam den Greis eine seltsame Bewegtheit, deren er kaum Herr werden konnte, und es schien, als ob er gewaltsam eine Thräne unterdrückte. Rustika bemerkte das feinfühlend und beschloß, ihr Anliegen um so schonender vorzubringen, denn nur auf Rechnung dieses schien ihr die Stimmung des Alten erklärbar.

„Ich komme, Euch zu fragen, ob Ihr Euch nun wirklich und bestimmt entschlossen habt, das bewußte Grundstück, wofür ich Euch so bedeutende Aufträge machen ließ, zu behalten?"

„Ich muß es behalten, Durchlaucht, ich bin das meinem Kin — ich bin das meinem seligen Weibe schuldig;" erwiederte Thomas etwas zerstreut."

„Nun, dann sei es fern von mir, Euch irgend wie Zwang anthun zu wollen — und ob mir auch sehr daran gelegen, so ehre ich doch Eure fromme Absicht — doch sagt — wessen sind jene beiden Bilder dort an der Wand über Eurem Bette?"

Thomas zögerte eine Weile mit der Antwort, dann schien er ein Bedenken zu überwinden, stand auf und trat mit der Fürstin vor die Bilder — ein Knabe und ein Mädchen — dann sprach er bewegt:

„Ja, Durchlaucht, das sind, — das waren — meine Kinder!"

„Ihr habt sie also verloren?"

„Ich, ja ich wohl — aber Gott erhalte sie noch lange und glücklich."

„Sie leben also; wie soll ich das verstehen?"

„Meine gute Fürstin! Die Welt hat sie, ich habe sie nicht."

Thränen erstickten seine Stimme und eine schmerzliche Pause folgte, während welcher Rustika mit gesteigertem Interesse bald die Bilder bald den tiefbewegten Greis betrachtete. Sie stand — so fühlte sie — hier vor einem jener Räthsel der Gesellschaft, deren Auflösung wir nicht ohne Zagen versuchen. War doch in ihrem eigenen Jugendleben so Vieles dunkel und enthüllt, daß sie nur mit Bangen in die Welt der Geheimnisse blickte, deren Schleier zu lüften sie niemals gewagt hatte. So weit ihre Erinnerung zurückreichte in der Schule des Lebens, die ihr eine glänzende, aber nur späte Entwicklung gestattet hatte, begegnete sie nur fremdartigen Erscheinungen, flüchtigen Beziehungen, gleichgiltigen Persönlichkeiten, kein liebes Heimatgefühl fesselte sie an einen bestimmten Ort, an eine Menschenseele; die Mitgift eines bedeutenden Talentes war das große Kapital, aus welchem sie Geist und Herz erzog und das sie alsbald aus dem bunt bewegten Treiben einer Künstlerlaufbahn in den sicheren Hafen eines strengen, aber kunstfreundlichen Fürstenhofes geleitete, der es ihr eben nicht ersparen konnte, innerlichst allein zu stehen.

Rustika brachte es nicht über's Herz, den schwachen Greis durch weitere Fragen zu quälen, doch er faßte ihre Hand und fuhr fort:

„Seht Ihr, Fürstin, für diese Beiden muß ich die Erdscholle bewahren, die ich sonst Euch, wie gerne, abgetreten hätte — zu meinem eigenen besten Vortheil. Doch gab ich mein Wort dem sterbenden Weibe — und ich will's halten; wenn auch die Kinder spät oder gar nicht mehr kommen, darnach zu fragen. Doch sie werden. Ich aber büße eine Schuld, der ich mich nur ohne Weiteres anklagen muß, das verhält sich so: Ein gar edler Herr vom Hofe des verstorbenen Fürsten — Gott hab' ihn selig — sah einst die beiden Kinder im Walde spielen — sie gefielen ihm ausnehmend. Er meinte, sie sollten ein besseres Los verdienen, als hier in der Einsamkeit verblühen, er meinte ferner, ich thäte nicht wohl, ihnen die Welt zu verschließen, die er ihnen so gerne offen halten wolle. Ich möge ihm die Kinder anvertrauen, unbeschadet meiner unveräußerlichen Rechte auf sie, wolle er ihnen Vater sein, ihr Los an das seinige knüpfen. Ich war schwach — oder stark genug, den Kindern die Aussicht in eine schönere Existenz als die unsere hier im Walde, nicht verschütten zu wollen; die Kinder waren noch zu jung, um uns den Kampf mit ihrer Liebe zu erschweren, sie schieden leicht aus der niederen Hütte — und haben es wohl nie bereut. Aber um so tiefer und schmerzlicher war die Reue der Eltern und mein Weib starb nicht lange darnach aus Gram und Gewissensfolter.

„Und warum," unterbrach ihn die Fürstin, „warum das, Ihr Guten? Sind die Kinder nicht glücklich geworden? Hat man Euch getäuscht?"

„Nichts von dem Allen. Ich weiß, daß es ihnen wohl ging, daß sie glücklich sind — aber mein Herz ist vereinsamt, ich habe kein Kind mehr, keine Menschenseele, die mich liebt. Sie haben mich vergessen und mit Recht; die Fremde gab ihnen Liebe und Lebensunterhalt, der Vater hat, um den Preis freilich, ihr Los zu verschönern, auf ihr Herz Verzicht geleistet!"

„Und Ihr habt sie niemals wieder gesehen?"

„Wohl sah ich sie, doch sie kennen mich nicht und sollen es auch nicht erfahren, daß es einen Vater gebe, der ihre Liebe verschenkt hat, das sei meine Strafe. Ob, Fürstin, gebt mir Eure Hand und saget doch, könntet Ihr, wenn Ihr einen solchen Vater hättet, könntet Ihr ihm je vergeben?"

„Was kommt Euch an, guter Thomas? Wie könnt Ihr zweifeln?"

„Ja? Vergeben möchtet Ihr? Tausend Dank, theure Frau, o, Ihr habt mir Himmelstrost gegeben mit Eurem sanften Wort und mir ist, als könnt' ich jetzt mein Haupt ruhig hinlegen — doch Euer Begleiter draußen wird frieren, wir wollen ihn mit hereinrufen — ja, das ist der Architekt, ein braver gescheiter Mann, einer der Wenigen, die es redlich meinen mit Euch, Durchlaucht!"

Er öffnete die Pforte und winkte den Harrenden herbei und zog ihn freundlich zu sich herein — „mein niederes Dach hat noch Raum für ein Paar gute Menschen —" mit diesen Worten begrüßte er Flott, betrachtete den hübschen Mann mit einem unsäglichen Ausdruck des Wohlgefallens und hielt seine Hand in der vor Freude zitternden seinen.

Flott erzählte ihm nun den Unfall der Fürstin und wie er besorgt sei, ob sie nicht doch irgendwie geschädigt und daß ihr wohl Ruhe nöthig.

Thomas war bestürzt und voll liebender Ungeduld sich des Heimweges zu versichern, erbot er sich, den „Herrschaften" einen bequemeren Pfad zu zeigen.

5. Das Alexanderschwert.

Unter diesem Titel fand man auf der Billardtafel des Kasinosaales folgende Verse von unbekannter Hand angeschrieben:

„Wenn auch kein gord'scher, doch ein Knoten
Ist die Gesellschaft, dieser Staat —
Geschlungen aus Ge- und Verboten,
Verquickt mit unberufnem Rath.

Man quält sich rathlos ihn zu lösen
Wohl schon manch' ein Jahrhundert lang:
Die Guten scheitern, wie die Bösen,
Nur fester sitzt der alte Strang.

Und ob auch Will' und That einander
Ergänzten, wie's das Ziel begehrt —
Fehlt zum Zerhau'n doch Alexander,
Wenn nicht — fehlt ihm vielleicht das — Schwert!"

Obschon die Tragweite dieses Epigramms offenbar über die Grenzen des Dorfes mächtig genug hinausging, so fühlte man sich hier und dort reichlich getroffen und die Mißstimmung wurde allmälig zur Gährung. Flott wurde allgemein für den Verfasser erklärt, einmal weil man Niemand sonst so viel Geist, wenn auch mehr Bosheit zutraute, um sich durch literarische Spitzkugeln auszusprechen, andererseits, weil er durch seine Erneuerung zum Haus- und Hofmeister der Fürstin ohnedies alle Neider und überwundenen Konkurrenten wider sich hatte. Es waren jetzt alle Elemente der Gesellschaft derart zerfetzt und zum Theil „am Dorfe" zu Grunde gegangen, daß nur ein Gegenstand des gemeinschaftlichen Hasses einigermaßen ein loses Zusammenfügen erlaubte, und dieser Gegenstand war zumal der „spitzige" Herr Flott, dem man schon die auszeichnende Gunst der Fürstin nicht vergab und sich sogar vermaß, die Reinheit dieses Verhältnisses in bedenklichen Zweifel zu ziehen. Geraume Zeit waren die Familien völlig entfremdet an einander vorbeigegangen, einige schickten sogar ihre Kinder nicht mehr zur Schule, theils aus Verdruß gegen den amtmännisch gesinnten Schulmeister, theils um nicht indirekt mit der feindlichen Partei in Berührung zu gerathen. Namentlich entwickelten die Frauen einen unerschöpflichen Reichthum und auffallende Rührigkeit in Erfindung von kleinen Neckereien gegen ihn und passivem Widerstand gegen das andere Geschlecht — so daß endlich jede Familie isolirt dastand. Es war Schabsel gelungen, sich zu einer Art von neutralem Zwischenträger aufzuwerfen und in seiner Weise die Situation auszubeuten, denn für manche Naturen — und sie sind mit die unglücklichen — hat jegliche Stellung der Dinge in der Welt irgend eine zugängliche Seite, sie finden die Handhabe, woran der Moment zu fassen, blos darum, weil sie eben sich nicht erst gewissenhaft bedenken, wie er zu fassen. Er befriedigte mit diesem Schüren der Gluth zugleich eine ganz kleine Rachelust, weil Flott ihn längst durchschaut, aufgegeben und verlassen hatte, und stimmte der Frau Pastorin vollkommen bei, welche sich zu der Bemerkung hinreißen ließ:

„Man sollte doch mit einem Menschen, von dessen Herkunft und Vergangenheit so gar nichts Zuverlässiges bekannt sei, vorsichtiger zu Werke gehen!"

„Freilich," fügte die hinzugetretene Berg- und Hütten-Inspektorin bei, — „freilich, was die Herkunft und Vergangenheit betrifft, darüber ist ja auch Ihre Durchlaucht die Fürstin selbst in geheimnißvolles, für uns undurchdringliches Dunkel gehüllt. Daher diese Geistesverwandschaft, diese Vertraulichkeit. Wisset Ihr's denn? Unlängst ritten sie zusammen in den Wald — da sollen sie sich in einer verborgenen Hütte miteinander heimlich verlobt haben! Ja, es ist unerhört!"

„Nun, gleich und gleich gesellt sich," warf Schabsel dazwischen und gab nicht undeutlich zu erkennen, daß er auch Flott es zuschreibe, daß die große Unternehmung mit „Lust und Licht" beinahe aufgegeben.

Diese scheinbar vergessene Angelegenheit, welche in den Kreisen des sogenannten ersten, zweiten und dritten Standes durch persönliche Mißhelligkeiten und kleinliche Eifersüchteleien all' ihren verlodernden Nimbus eingebüßt hatte, war aber in den dunklen Schichten des vierten Standes keineswegs abgethan oder bei Seite geschoben. Im Gegentheil; die Bauern, die zum Theil nicht nur „unterschrieben", sondern auch eingezahlt hatten, und denen jetzt über ihr schönes Geld Niemand Rechenschaft stand und die ebensowenig Anstalt gemacht sahen, jene Wunder in's Werk zu richten, an denen sie sich bei jener ersten Versammlung im Kasinosaale so inbrünstig begeistert hatten, thaten sich bedenklich zusammen und gruppirten sich zu Parteien, machten Front nach Oben.

Schabsel hatte auch hier die Hand im Spiele. Obwohl seiner Zeit mit am Ruder, konnte er doch, wie damals, auch jetzt wieder den Redner Flott vorschieben. Seine eigene Person mit ihm gemein, war frech genug, sich eines allegorischen Witzes zu bedienen, indem er sagte: Unser Freund und Führer hat das Geheimniß der „Luftballon- und Tarnkappen"-Unternehmung in der Tragantburg begraben. Die Bauern nahmen diese Ausrucht wörtlich und lebten der festen Ueberzeugung, jene Ruine müsse den geheimnißvollen Schatz beherbergen. Wirklich hatte Einer öfter Flott auf dem Wege nach der malerisch gelegenen Ruine begegnet und glaubte sogar bemerkt zu haben, wie er etwas in die dort befindliche Cisterne geworfen. Freilich waren dies nur Steine gewesen, allein die gläubige Phantasie vergrößerte und schmückte nachträglich das ganze Bild so reichlich, daß Flott das Ansehen eines Schatzräubers gewann und seine Cisternensteinchen das von versenkten Perlen. Schabsel war froh, die Aufmerksamkeit von sich ab und auf seinen abtrünnigen Genossen gelenkt zu haben, um so mehr, als ihm jegliche Rechenschaft über die bereits eingezahlten Gelder in den Experimentirfonds in diesem Augenblicke die aufrichtigste Verlegenheit bereitet haben würde.

Es hatte allerdings etwas für sich, daß der neue Haushofmeister der Fürstin von Versuchen abgestanden sein mochte, die nach seiner eigenen Darstellung alle Art Besitz und Gesellschaft in ihrer dermaligen Form in Frage stellen müßte, folglich auch sein persönliches Verhältniß zu der vielverehrten Frau. Schabsel hatte sich nur in Einem verrechnet, nämlich in der Hoffnung auf die Wahl zum Führer dieser Opposition, denn um einen solchen mußte nun zunächst umgesehen werden. Allein die Bauern hatten recht wohl sich gemerkt, wie kräftig und männlich der Einzige aus ihrer Mitte damals zu widersprechen gewagt hatte, als eine ganze reiche Versammlung sich für eine schwindelhafte Unternehmung erklärte. Nun galt es nicht nur, dieses Luftschloß zu retten, sondern an Jenen Strafe zu üben, welche den Bau hindern zu wollen schienen, und nebenbei eine stille Rache zu nehmen an jenen „höheren Ständen", welche sich nicht entblödeten, den „Mann mit den Schwielenhänden" sofort zu ignoriren, sobald sie seiner nicht mehr bedurften. Wer konnte besser zum Führer einer solchen Mission taugen, als der alte Köhler Thomas, der doch so recht Einer aus ihrer Mitte war. Man beschloß einstimmig, ihm diese Würde anzutragen und unter seiner Leitung die nächste Aufgabe, die Demolirung der Ruine, vorzunehmen, um den versenkten Schatz gewaltsam zu heben.

Thomas hatte die auf ihn gefallene Wahl stillschweigend angenommen, aber freilich nur in der Absicht, das Vorhaben standhaft zu hintertreiben, sobald er die Vorbereitungen kannte, oder doch im Falle eines Ausbruches zu retten und zu mildern, wo es nur immer thunlich wäre, denn darauf hatte er seine Landsleute hinlänglich kennen gelernt, daß jeder Widerstand im Beginne die Sache keineswegs hindern, sondern nur in unberufene Hände geben würde; es war ihm nicht anders, als durch eine Art wohlthätigen Verrathes gegen die Unvernunft aufzukommen. An dem zur Ausführung anberaumten Tage trat glücklicherweise ein ganz unberechenbares Hinderniß dazwischen. Eine technische Kommission traf aus der entfernten Hauptstadt ein. Terrain-Vermessungen wurden vorgenommen, geheime Berathungen auf dem Schlosse gepflogen, die Gemeinde befand sich in neugieriger Aufregung und nur ihre obersten Würdenträger flüsterten sich geheimnißvoll zu, daß es sich um Nichts geringeres handelte, als um die Inangriffnahme einer Flügelbahn und Errichtung einer Station für Schleusingen. Die Verhandlungen wurden rasch zu Ende geführt, es folgten den Männern der Theorie alsbald die Männer der vollziehenden Praxis, im Dorfe und seiner Umgebung begann es zu wimmeln von Arbeitern, ein neuer Lebenspuls durchwogte die ganze Bevölkerung und das nun sofort offenkundig werdende Geheimniß schien für die fast zerfallende Gesellschaft einen neuen Kitt der Erhaltung abzugeben. Man näherte sich wieder, man vergaß Experimente und Taufgeschichte, neue Aussichten verdrängten die alte Eifersucht, neuer Ehrgeiz nach unbekannten Stufen entwerthete die bekannten Würden und Besitzthümer, man begann über die Grenzen der kleinen Mark hinauszudenken und kam sich größer vor in der plötzlich verkümmerten Würdigung der kleinen Verhältnisse.

Allein die vertagte „Tragantverschwörung," wie man sie später nannte, war darum nicht aufgegeben, im Gegentheil schien man jetzt alle Ursache zu haben, ihre Inscenesetzung zu beschleunigen, denn mit der stets wachsenden Arbeiterkolonie war eine nicht zu verachtende Gegenmacht erstanden, die möglicher Weise als Wehr und Waffe gebraucht werden konnte, denn nur mit Neid und Unmuth sah die Bauerschaft diese neue gedeihliche Ansiedelung.

Und so war es auch. Die Eisenbahn-Ingenieure hatten durch einen im Trunke vorlauten Mitverschworenen Kenntniß von den ominösen Plänen erhalten, die ihr Friedenswerk zu stören drohten, und im Einverständniß mit den Gemeindevorständen besetzten sie in der Nacht der Gefahr die alte Burg mit einer Abtheilung Arbeiter, alle mit Werkzeugen wohl gerüstet, auch wohl geborgen. Unter dem Schutze der mondlosen Nacht rückten die Bauern heran, geführt von Thomas, der durch Flott von den Vorbereitungen Kunde hatte und um so sicherer hoffen durfte, daß ein unvermutheter Ueberfall seine Schar entmuthigen und zum beschämenden Auseinandergehen zwingen werde. Nachdem der Feind bis zum äußersten Mauerrand der Ruine herangekommen war, brach die Besatzung mit wildem Geschrei aus ihren Verstecken hervor und zeigte in ihrer wohlgewählten Postirung den drohendsten Widerstand. Die Bauern waren verblüfft, schrien Verrath und wichen einen Augenblick zurück.

Thomas ergriff diesen Moment, um ihnen das fruchtlose ihres Unternehmens darzulegen und ihnen zum unblutigen Rückzuge zu rathen. Allein indeß Einige ihre Werkzeuge wegwarfen und die Flucht ergriffen, bestanden die Andern auf dem Angriff und zwangen Thomas, sie zu führen, widrigenfalls sie ihn als Verräther bestrafen wollten. Thomas mußte weichen und schritt voran, jedoch kaum der Mauer wieder nahe gekommen, lösten sich die obersten Stücke des Gesteins und kollerten auf die andringende Schar. Ein schweres Mauerstück traf Thomas, er sank nieder und mit ihm aller Muth der Uebrigen. Sie ließen den tödtlich Verwundeten im Stiche und ergriffen Alle die Flucht.

Somit war die ganze Verschwörung für immer abgethan und die Hauptsrädelsführer büßten mit Gefängniß. Thomas war auf sein Verlangen nach dem Schlosse gebracht worden, wo ihm die Fürstin die liebevollste Pflege angedeihen ließ, jedoch vergebens, seine Tage waren gezählt, er fühlte den Tod nahen. Niemand durfte bei ihm bleiben als die Fürstin und ihr Haushofmeister Flott.

Ein unsagbares Etwas fesselte die Beiden an das Lager des Sterbenden. Sein brechendes Auge verweilte mit stiller Wehmuth auf ihnen: „Wenn ich nicht mehr bin," sprach er mit matter Stimme, „dann öffnet ein versiegelt Papier in meinem Oberkleide — jenes Grundstück ist nun Euer — ich segne — segne Euch — meine Kinder!" Er sank zurück — und war verschieden.

Rustika und Leberecht standen sich gegenüber im lebhaften Kampfe mit ungeahnten Empfindungen, hell ward plötzlich die geheimnißvolle Nacht ihres Lebens, ein unbekanntes Glück dämmerte ihnen empor aus dem Grabe des — Vaters.

Mit zitternden Händen und in Thränen schwimmenden Augen erbrach Leberecht das Siegel des vorgefundenen Schriftstückes — es waren die Taufscheine für Leberecht und Rustika und die Schenkungsurkunde des Thomas für die beiden „lieben, verlorenen und wiedergefundenen Kinder". In sprachloser Rührung fielen sich die Geschwister in die Arme, und wieder an das Lager des theuren Vaters stürzten sie hin und bedeckten seine erkaltenden Hände mit Küssen, als wollten sie noch einmal ihn wecken, daß er schauen möge die schöne Trauergruppe ihrer Vereinigung an seinem Schlummerkissen. Schmerz und Freude theilten sich in den Besitz ihrer Seelen. —

Mit dem gewaltigen Umschwunge, den die Schöpferhand der Industrie in das stille Thal gebracht hatte, waren auch alle die verrotteten Verhältnisse und Beziehungen erweitet, geklärt, umgewandelt. Die alte Gesellschaft war gleichsam ganz am Dorfe zu Grunde gegangen, neue Menschen kamen und mit ihnen die Segnungen neuer Anschauungen, und was sich damit nicht befreunden konnte, zerstob in alle Winde, der Fortschritt der schaffenden Zeit war auch hier das Alexanderschwert geworden, das den gordischen Knoten einer stagnirenden Generation zerhieb; freilich mit ihm auch den schönen Traum vernichtete, der im Herzen einer großgesinnten Frau magisch dämmerte. Allein Rustika war dafür durch einen Gewinn neuer großer Erfahrungen reichlich entschädigt; und keineswegs entmuthigt, beschränkte sie mit dem herrlichsten Erfolge ihre Menschenadelungs-Versuche auf den kleinen Kreis des Hauses, des Herdes — dem Leberecht als würdiger Genosse treu blieb — denn sie durften sich nun lieben, — angehören konnten sie nur der Menschheit.

Das Grabmahl des selbstsühnenden Köhlers Thomas zierte die Inschrift:

Bring' immer frische Kränze
Auf Deiner Lieben Grab,
Im Festtagsschmuck erglänze
Dir Hut und Wanderstab.

Den Lebenden so zeige,
Wie man der Todten denkt —
Wie, ob ihr Dank auch schweige,
Man ihnen Ehren schenkt.

Vielleicht von dieser Krone
Für ein umblühtes Grab —
Fällt einmal doch auf's Neue
Etwas für's Leben ab.

Lincoln.

Abraham Lincoln ist der sechzehnte der Präsidenten, welche die Union bis auf diesen Tag gehabt hat. Acht, Washington, Jefferson, Madison, Monroe, Jackson, Tyler, Polk und Taylor waren Bürger von Sklavenstaaten. Auf die ersten dreißig Jahre der Union kommen fünf, auf die letzten zweiunddreißig Jahre zehn Präsidenten. Von den letztern wurden allerdings zwei, Harrison und Taylor, durch den Tod abberufen, aber es bleibt doch eine beachtenswerthe Thatsache, daß die Wiederwahl eines Präsidenten auf abermals vier Jahre in der ersten Periode fast zur Regel wurde, und daß man später davon abkam. Mit Jackson schließt die Reihe der Staatsmänner, welche zweimal zur höchsten Gewalt berufen wurden. Außer ihm umfaßt sie Washington, Jefferson, Madison und Monroe.

Lincoln.

John Adams, Washington's Nachfolger, war der Erste, welcher nicht wiedergewählt wurde. Er hatte sich durch Stolz, Steuergesetze und unfreisinnige Maßregeln so verhaßt gemacht, daß die republikanische Bevölkerung ihm den Spottnamen „König Adams" anhing. An geistiger Bedeutung standen die ersten Präsidenten hoch über den spätern. Welche Namen hätte die moderne Reihe, die mit Van Buren beginnt, den Washington, Jefferson, Monroe Quincy Adams und Jackson der älteren Generation entgegenzusetzen?

Von dem jetzigen Präsidenten hört und liest man bis jetzt nur höchst Erfreuliches und Vielversprechendes, und die jetzige Bewegung in „der neuen Welt", bekanntlich hervorgerufen durch die Secession mehrerer südlichen Staaten der Union, hat bereits eine solche Ausdehnung gewonnen und birgt so unendlich große Gefahren für eine gedeihliche Zukunft der Freiheitsstaaten in sich, daß dem Präsidenten die mannigfaltigsten Gelegenheiten sich darbieten, seine Tüchtigkeit, vor Allem seine Kraft und Energie zu erproben. Er wird für seine Staaten ein zweiter Washington und mehr noch werden, und überhaupt den alten Ruhm der ersten Präsidentschaften wieder neu beleben, wenn es ihm gelingt, während des bevorstehenden schauerlichen Bruderkampfes die Zügel der Regierung mit fester, sicherer Hand zu führen und die Einheit und Einigkeit wieder herzustellen.

Der Umfang, in welchem er die Rüstungen zu dem nahe bevorstehenden Kampfe betreibt, so wie die Maßregeln, die er bis jetzt traf, um die verderblichen Folgen des jetzigen Zustandes für das Land nach Möglichkeit zu beseitigen, die verhängten Blokaden u. s. w. lassen auf seine Energie und Umsicht nach dieser Seite hin nur den günstigsten Schluß zu, so wie er auch in der Wahl der höchsten Beamten, zum Beispiel des alten erprobten Generals Scott zum Ober-Befehlshaber der gesammten Streitkräfte, und seiner ersten Beiräthe, wie des Sir Seward, des berühmtesten amerikanischen Juristen, von wirklichem Takt und tiefer Einsicht in die zunächst vorhandenen Bedürfnisse des Landes zeugen.

Haben erst die aufgebotenen Streitkräfte, die nahezu eine halbe Million betragen, den Frieden und die Einigkeit wieder hergestellt, dann darf man nach Allem, was vom Präsidenten verlautet, einer ganz neuen glücklichen Aera in der Geschichte der Union entgegen sehen. Es ist nur zu wünschen, daß die Lösung der ersten eben so schwierigen als leider blutigen Aufgabe nicht gar zu lange Zeit in Anspruch nehme und das beste Mark des Landes zu sehr verzehre. Vielleicht ist der moderne Fabius Cunctator, wie man den General Scott zu nennen liebt, gerade der rechte Mann dazu, die große Schachpartie mit einem guten Zuge zu gewinnen.

Husarenblut.

Es war anno 1786. In einer kleinen pommerschen Landstadt stand ein Rittmeister mit einer Schwadron des früher von Belling'schen, später von Blücher'schen Husarenregiments in Garnison. Er war mit seiner Schwadron zum Exercieren vor's Thor geritten. Ein alter Husar, ein Württemberger, der in des Rittmeisters Hause die Stelle eines Faktotums versah, lief eiligst durch die Stadt und rief schon von weitem seinem Herrn zu: „Ischt a Buble, ischt a Buble, Gnaden Herr Rittmeister."

Ein Sohn und Stammhalter war dem Rittmeister nach fünfjähriger, kinderloser Ehe geboren. Ein Freudenstrahl zuckte über sein Gesicht, ohne Zögern gab er dem polnischen Schecken, den er ritt, die Sporen, und sprengte zurück in die Stadt vor sein Haus. Er sprang aus dem Sattel, stürmte mit Sporen- und Säbelgeklirr in die Stube der Wöchnerin und drückte dieser einen herzhaften Kuß auf die Stirn. Dann riß er den Jungen, seinen Erstgebornen, aus den Händen der erschrockenen Hebamme, gab ihm einen Kuß, hielt ihn hoch empor und rief mit lauter Kommandostimme: „Donnerwetter, das ist ein Prachtjunge, den müssen gleich meine Husaren sehen." Und ehe die im Zimmer anwesenden Frauen ihn daran hindern konnten, stürmte er, den Jungen auf dem Arm, hinunter, schwang sich auf den noch vor der Thür stehenden Schecken und jagte durch die Stadt hinaus zum Exercierplatz, wo währenddessen ein Lieutenant die Schwadron exercirt hatte.

Hoch hob sich der Rittmeister in den Bügeln, hielt seinen Erstgebornen über den Kopf des Pferdes, daß alle Husaren ihn sehen konnten, und rief laut: „Bursche, da seht ihr meinen Jungen, ist das nicht ein Bengel, aus dem noch einmal ein tüchtiger Soldat für Se. Majestät unsern König werden kann!" Und die Husaren, die für ihren Rittmeister durch die Hölle geritten wären, lachten und riefen jubelnd: „Unser Herr Rittmeister soll leben und sein Sohn, der Husarenjunge, auch daneben!"

Die blasenden Trompeter voran, den Jungen statt des Säbels in der Hand haltend, ritt er an der Spitze der Schwadron zurück in das Städtchen und vor sein Haus, wo die Husaren der erschrockenen Wöchnerin ein jubelndes Lebehoch brachten.

Das war des künftigen Husaren Soldatentaufe. Als der Junge aber in Wirklichkeit getauft wurde, hatte der Rittmeister seine ganze Schwadron zu Laufpathen gebeten, und in Paradeuniform zogen sie in die Kirche, wobei der älteste Wachtmeister, ein Veteran aus dem siebenjährigen Kriege, den Jungen im Arme trug. Das Taufkissen war des Rittmeisters Paradeschabracke, und eine kleine Jacke von derselben dunkelrothen Farbe, wie die Dolmans des Regiments, war dem „Husarenjungen" angezogen.

Der Rittmeister war ein sonderbarer Kauz. Mit Gewalt wollte er schon jetzt aus dem Jungen einen Husaren machen, der Wind und Wetter vertragen konnte. Er duldete nicht, daß das Kind eingewickelt wurde, und bis zum vierten Jahre durfte es weder Strümpfe, noch Mütze, noch Hosen tragen.

Ehe der Junge ein Jahr alt war, nahm ihn der Rittmeister häufig auf's Pferd, oder ein alter Wachtmeister, ein geborener Ungar mit mächtig langem Bart, setzte ihn vor sich auf den Sattel und dann ging's fort in vollem Galopp durch Dick und Dünn.

Und in dem Burschen steckte echtes, wildes Husarenblut. Das tolle Treiben gefiel ihm. Kaum konnte er laufen, so saß er schon allein auf dem Pferde, und dann konnte es nicht wild genug hergehen. Die sanftere Mutter vermochte dem unbändigen, vom Vater mit besonderer Vorliebe gepflegten Sinn des Knaben nicht zu wehren; sie starb, als er noch keine drei Jahre zählte.

Im Jahre 1792 rückte der Rittmeister mit seiner Schwadron gegen die Franzosen in's Feld. Auf dem Marktplatze des Städtchens hielt er vor der Front seiner Schwadron, hob den Jungen zu sich auf's Pferd und küßte ihn. „Junge," sagte er, „halte Dich brav und wenn ich Dich nicht wiedersehen sollte, so werde ein tüchtiger Soldat, der unserm Namen Ehre macht." Und dabei rollten ihm die dicken Thränen in den Schnurrbart, was dem Jungen um so mehr auffiel, als er es nie für möglich gehalten hatte, daß sein Vater auch weinen könne. Als er nun selbst anfing zu weinen, rief der Alte: „Na, nun fang Du mir nicht auch noch eine Heulerei an, Junge. — Da lauf' zu den Husaren und sage denen Adieu!"

Und das war sein Abschied für's Leben, denn er fehlte und kam dem Kriege nicht zurück.

Der Husarenjunge — Fritz war sein Name — wurde nun zu seinem Großvater in Mecklenburg gebracht. Der war früher auch Husarenrittmeister gewesen und lebte jetzt auf seinem großen Gute, da er in der Schlacht von Freiberg entsetzlich verstümmelt war. Das linke Auge war ihm ausgestochen — er trug deshalb eine schwarze Binde darüber, — eine breite blaurothe Narbe zog sich quer über Stirn, Nase und Mund bis zum Kinn herab und bildete eine so tiefe Furche, daß man fast einen kleinen Finger hineinlegen konnte. Eine Schußwunde in der Hüfte veranlaßte dabei ein starkes Hinken, so daß der Alte nur langsam am Krückstock einhergehen konnte. Er war ein echter alter Haudegen, gutmüthig, aber ohne alle Umstände. Wenn's recht toll um ihn herging, befand er sich am wohlsten. Verwegene Reiterkünste liebte er leidenschaftlich.

Sein großes Gut war eine Freistätte für jeden alten Husaren, der früher in seinem Regiment gedient hatte, und eine Menge Ganz- oder Halbinvaliden war auf dem Hofe mit leichter Arbeit beschäftigt, lebte dabei aber sehr gut. Diese saßen dann Abends oder Sonntags beisammen und erzählten Husarenstückchen und kühne Reiterstreiche, und der Husarenjunge, der Fritz, saß mitten unter ihnen und lauschte aufmerksam ihren Erzählungen.

Das war ein Leben nach seinem Sinne auf des Großvaters Gute. Mit Lernen wurde er wenig geplagt, dafür durfte er sich nach Wohlgefallen auf den wildesten

Pferden umhertummeln, durfte schießen und jagen, schwimmen und klettern, und im Fechten unterrichtete ihn sein alter Großvater selbst, der, obschon nahe an die Achtzig, doch noch den Säbel kräftig und geschickt zu führen verstand.

Trieb er es in seinen tollen, wilden Streichen zu arg, so sparte der Alte die Schläge nicht, sie waren seine einzige und beste Erziehungsmethode. Fritz gedieh bei diesem Leben prächtig, er wurde stark und abgehärtet, und nahm es im Reiten, Fechten und Schwimmen mit Jedem auf — ein echtes Husarenblut.

Als er konfirmirt war, wurde es Zeit, daß er endlich in den Waffendienst eintrat, denn groß und stark genug war er dazu. Der Alte schrieb an seinen früheren Waffengefährten, den Generallieutenant von Blücher, Chef des Husaren-Regiments, in welchem Fritz' Vater gestanden hatte, damit dieser den Jungen als Junker bei seinem Regimente anstellen möge.

Blücher versprach, dem Wunsche nachzukommen.

Der Gedanke, jetzt preußischer Husar zu werden, erfüllte den Jungen mit größter Freude, so lieb ihm das Leben auf dem großväterlichen Gute auch geworden war.

Am Tage vor seiner Abreise versammelte der Alte noch alle Nachbarn und Bekannte zu einem großen Gastmahle. Er selbst erschien in seiner schwarzen Husarenuniform und schlug den Burschen in seiner originellen Weise zum Ritter. Vor allen versammelten Gästen auf der großen Hausflur gab er dem Jungen eine laut klatschende Ohrfeige, daß die Backe aufschwoll, und sagte dabei lachend: „Det is nu der letzte Schlag, Junge, den Du Dir in Deinem ganzen zukünftigen Leben darfst ungestraft geben lassen. Wer von jetzt an Dir beleidigt oder Dir nur ein schiefes Maul zieht, den forderst Du vor den Säbel und haust Dich mit ihm herum, so lange noch ein Blutstropfen in Dir ist. Hast Du mir verstanden, Junge?" Als Fritz dies bejahte, fuhr er fort: „Na, das ist gut, das wollte ich mir ausgebeten haben, und da hast Du denn auch eine Waffe und führe sie mit Ehren vor Sr. Majestät dem Könige von Preußen oder vor einem anderen deutschen Fürsten und auch vor Deine eigene Ehre, wie alle Deine Ahnen da" — und dabei wies er auf die an den Wänden aufgehängten Ahnenbilder, — „und wie ich und Dein seliger Vater dies auch gethan haben und wie Deine Söhne — wenn Du nämlich erst mal welche haben wirst, dies auch hoffentlich thun werden!"

Nach dieser erbaulichen Anrede gab er ihm einen Kuß auf die noch gerötheten Backe und gab ihm einen schönen Säbel, an dessen Griff oben das Familienwappen eingravirt war.

Von diesem Augenblicke an zählte der „Husarenjunge" zu den Erwachsenen und zum ersten Male durfte er mit den Erwachsenen nach beendigtem Mahle pokuliren.

Am folgenden Tage reiste er auf einem ihm von seinem Großvater geschenkten kräftigen Rappen, eine gute Rolle mit Dukaten in der Tasche, hinter sich einen reich mit Wäsche versehenen Mantelsack, von einem alten Beteranen geleitet und mit einer Brust voll froher, muthiger Hoffnungen nach Stolpe ab.

Sein erstes Husarenstückchen führte er in Greifswalde aus. In einem Wirthshause, wo er beim Glase Wein mit einigen Studenten eines Hundes wegen in Streit kam, hatte er die erste Gelegenheit, seinen Muth zu erproben. Doch hören wir ihn selbst, wie J. v. Bickede in seinem interessanten Buche: „Ein deutsches Reiterleben", ihn erzählen läßt:

„Nach diesem wüsten Hin- und Hergeschrei wurde dann endlich ausgemacht, daß ich dem Besitzer des Hundes sogleich Genugthuung auf sechs Gänge mit krummen Säbeln geben solle. Einer der Studenten, ein anständiger Mensch, erklärte sich bereit, mein Secundant zu sein. „Ich will das Bürschlein wie eine Lerche aufspießen," renommirte mein Gegner in roher Weise und gedachte, mich dadurch einzuschüchtern, allein ich vertraute auf meinen kräftigen Arm und meine vom Großvater, der ein berühmter Fechter war, eingelernte Geschicklichkeit in der Führung des Säbels, lachte zu solcher Prahlerei und hatte nicht die mindeste Furcht. Das Duell ward sogleich im Saale des Wirthshauses ausgefochten und wir schlugen beide wüthend auf einander los. Mein Gegner hatte den Vortheil, bedeutend größer zu sein, ich aber merkte bald, daß ich gewandter als er focht, und blieb mit Absicht zuerst in der Deckung, um ihn noch mehr zum Zorn zu reizen und unnöthig zu ermüden. Es gelang mir dies auch; fünf Gänge verliefen ohne Erfolg, im letzten merkte ich aber, daß der Arm meines Gegners zu erlahmen anfing, ging nun schnell zum Angriff über und brachte ihm denn auch einen tüchtigen Hieb in das Gesicht bei, so daß das Blut herausstürzte und der Zweikampf ein Ende hatte. Die Studenten ärgerten sich zwar darüber, daß ich junger Bursche einen alten „Hauptbahn" von ihnen gehörig „ausgeschmiert" hatte, luden mich aber nichtsdestoweniger am Abend zu einem großen Kommers ein, welche Einladung ich auch annahm.

Mit schwerem Kopfe reiste er am folgenden Morgen ab, erreichte ohne Unfall Stolpe und wurde der Schwadron des Rittmeisters v. B. als Standartenjunker zugewiesen.

Die Nachricht von seinem rühmlich ausgefochtenen Duell in Greifswalde war auch nach Stolpe gelangt und verschaffte ihm die Zuneigung Mancher im Regimente, dennoch mußte er im Anfange den gewöhnlichsten und härtesten Soldatendienst verrichten. Von der Pique auf — war damals noch das treffliche Princip, das auch bei den reichsten und vornehmsten Junkern keine Ausnahme gestattete. Im Sommer um halb vier Uhr, im Winter um halb fünf Uhr blies der Trompeter die Reveille. Dann hieß es vom harten Lager auf. Ein Trunk Wasser, ein Stück Kommißbrod und nun in den Stall, um Striegel und Kartätsche zu handhaben. Nur eine Minute zu spät kostete Arrest und war es der vornehmste Junker.

Nach dem Stalldienst ging's hinaus zum Exerciren. Ein Stück Kommißbrod und ein herzhafter Schluck Soldatenkaffee — Kornbranntwein — bildeten das

11*

Frühstück. Mittags speisten nach damaliger Sitte die Officiere und Junker an dem Tische des Rittmeisters. Der hatte aber eine alte geizige Schwester und die Bissen waren schmal zugetheilt. Suppe, Gemüse und ausgekochtes Fleisch in kleinen Portionen, dazu Dünnbier, bildeten das Mahl. Wer eine Minute zu spät kam oder ein Fleckchen auf das Tischtuch machte, erhielt Arrest. Wer gefragt wurde, durfte sprechen, anders nicht.

Der Rittmeister war streng und brummig. Beim Exerciren waren: „Verfluchte Lümmel, infames Rackerzeug, krummbeinige Schneidergesellen" seine mildesten Worte; dabei hieb er mit seiner langen und schweren Reitpeitsche über Pferde und Reiter, unbekümmert, wohin die Hiebe fielen. Da gab es manche dicke und rothe Schwielen. Des Rittmeisters Entschuldigungsworte, da ein Junker weder geschimpft noch gar geschlagen werden durfte, waren: „Junker, Sie sind bei Allem nicht mit dabei gemeint." Aber die Hiebe hatte der Junker weg.

Bei alledem übten die Junker die tollsten und lustigsten Streiche aus, unbekümmert um Arrest und die Donnerwetter des Rittmeisters. Dem Bürgermeister des Städtchens wurde während der Nacht die Hausthür zugenagelt. Hunde, Katzen, Hühner und Gänse wurden eingefangen oder Nachts aus den Ställen geholt und mit allen möglichen Farben bunt angemalt wieder entlassen. Als Gespenster verkleidet erschreckten die übermüthigen Junker Abends die ehrsamen Bürger, und der gemeinsamen Feindin Aller, des Rittmeisters Schwester, warfen sie einen großen Wollsack über den Kopf, trugen sie darin fort und hingen sie oben an den Ast einer hohen Linde.

Dieser Spaß war dem Rittmeister zu arg. Es gab harten Arrest und die Junker wurden in andere Schwadronen versetzt.

Im Herbst 1804 kam der wilde „Husarenjunge" nach Münster, wo er zum ersten Male den alten Blücher sah. Im Sommer 1805 wurde er Kornet, also Officier.

Die Husaren hatten damals viel Dienst an der Grenze und kamen mit den dort stehenden französischen Officieren häufig in Berührung. Jede Streitigkeit mit ihnen war streng verboten, dennoch fehlte es an Reibereien unter den Officieren nicht, und währte nicht lange, so hatte Fritz mit einem französischen Dragoneroffizier ein Duell und zwar zu Pferde.

Preußische und französische Officiere waren in einem hart an der preußischen Grenze gelegenen ländlichen Wirthshause, in dem es trefflichen Rheinwein gab. Die Franzosen führten übermüthige Stichelnde Redensarten, namentlich hatte es ein großer französischer Dragoneroffizier auf den jungen Kornet abgesehen und prahlte, daß er mit seinem normännischen Hengste den Kornet mit seinem Windhunde von Pferd über den Haufen reiten werde.

Der Kornet sprang auf, nannte ihn einen unverschämten Prahler und verlangte Genugthuung.

„Hoho, Sie kleines Husarchen," rief der Franzose lachend, „mit mir, dem Kapitän Dugommier, wollen Sie schon fechten; wahrhaftig, die Keckheit ist so groß, daß sie mich sogar belustigt, und fügte hinzu, daß er zu Fuß wie zu Pferde ihn jeden Augenblick in lauter Knochenstücke zerhauen werde.

Das war genug. Die Herausforderung war angenommen und zu Pferde sollte das Duell ausgefochten werden. Eine geräumige, von einer Hecke umschlossene Feldkoppel in der Nähe des Wirthshauses diente zum Kampfplatze.

Mit muthigem Gefühl bestieg der junge Kornet seinen behenden Ukrainer Falben. Das Pferd war schnell und gewandt, aber etwas scheu und leicht umdrehend und paßte deshalb wenig zu solchem Kampfe. Der normännische Hengst des Franzosen war ruhig und sicher zugeritten. Der Franzose war in voller Uniform, den Helm mit lang herunterhängenden Roßschweif auf dem Kopfe, während der kleine Husaren-Kornet nur den Dollman und eine leichte Mütze trug und einen krummen Husarensäbel hatte. Lassen wir ihn auch diesen Kampf selbst erzählen.

„Auf dem Felde angekommen, wurden wir fünfundzwanzig Schritte von einander gegenübergestellt und mußten blank ziehen, während sich die Gruppen der zusehenden preußischen und französischen Officiere in genügender Entfernung, um uns beim Kampfe selbst nicht zu hindern, aufstellten.

„En avant, Messieurs!" rief nun ein französischer Major, der als einziger anwesender Stabsofficier das Kommando übernommen hatte, und das Duell begann. In langsamen Gangart ritt mein Gegner einige Schritte vor, blieb dann halten und legte seinen langen Pallasch weit zum Stoß vor, mich so erwartend. Ein ungemein höhnischer Ausdruck, der in seinen gemeinen Zügen lag, reizte mich noch mehr zum Zorn. Ich gab meinem Falben die Sporen und sprengte in kurzem Galopp gegen den verhaßten Feind vor, um ihm wo möglich die linke Seite abzugewinnen und dann einen kräftigen Hieb über das lästernde Maul zu geben. Als ich dem Franzosen auf wenige Schritte nahe gekommen war, schwirrte derselbe einige Male recht schnell mit dem Pallasch in die Luft umher, um mein Pferd scheu zu machen. Sein Plan gelang ihm. Mein Falber wollte scheu umdrehen, und als ich ihm die Sporen in die Seite hieb, bäumte sich das Thier hoch mit mir in die Luft. In demselben Augenblicke stieß der Franzose zu, allein statt meine Brust, wie er gehofft hatte, zu treffen, fuhr seine Klinge nur durch die Säbeltasche und blieb darin stecken, so daß er mir solche beim Zurückziehen mit entriß. Mein Falber war jetzt noch scheuer geworden, drehte kurz auf dem Hintertheil um und machte einige gewaltige Sätze zurück, bevor ich ihn wieder bändigen konnte. Die glühende Stiche traf mich das höhnische Gelächter und einige spöttische Worte, welche der ruhig auf seinem Platz halten gebliebene Franzose mir nachsandte, und auch einige der zuschauenden französischen Officiere waren taktlos genug, um in ein Lachen auszubrechen. Ich bearbeitete mein Roß mit den Sporen, daß ihm das Blut aus den Flanken lief, warf es dann wieder herum und sprengte aufs Neue gegen den in Stichparade ausliegenden Franzosen an. Derselbe wollte abermals dasselbe Manoeuvre, mein Pferd scheu zu machen, versuchen, wie ihm dies das erste Mal geglückt war, allein diesmal gelang es mir, dasselbe zu vereiteln. Ich ließ meinen Falben nicht gerade auf den Franzosen losgehen, sondern etwas seitwärts auf die linke Seite, so daß er weniger scheute, stieß ihm dann plötzlich den rechten Sporen gewaltig ein, damit er seitwärts springe und benutzte diesen Augenblick, wo ich meinem von solchem unerwarteten Manoeuvre etwas verwirrten Gegner recht nahe gekommen war, um blitzschnell einen kräftigen Hieb nach dessen Gesicht zu führen. Mein Plan war geglückt. Der Hieb hatte den Franzosen quer über die Nase getroffen und war so tief eingedrungen, daß mein Gegner im Sattel zu schwanken anfing und sich mit beiden Händen in den Mähnen anklammerte, worauf einige anwesende Officiere herbeisprangen, um ihn zu unterstützen. Als ich mein Pferd wieder parirt hatte und nun meinen blutenden, wehrlosen Gegner sah, war ich von solcher stolzen Freude ergriffen, daß ich dieses Gefühl nicht um Hunderttausende von Thalern fortgegeben hätte."

Dies Duell war strafbar und einige Wochen Arrest kaum zu vermeiden. Als Blücher es erfuhr, ließ er sich von dem jungen Kornet alles erzählen, strich sich dabei vergnügt den langen Schnurrbart und rief: „Das ist mir eine große Freude, Kornet, daß Sie dem schockschwerenoths-verdammten Franzosen mit dem Säbel so über sein Großmaul gefahren sind. Könnten wir es doch alle die Hallunken so machen, aber das soll ja nicht sein. — Na, heute Mittag, Kornet, da essen Sie einen Löffel Suppe bei mich, und da wollen wir in dem besten Rheinwein aus meinem Keller noch mal auf Ihren guten Hieb anstoßen."

Und bei dem Mittagsmahl ging es lustig zu. Zum Schluß ergriff Blücher seinen mächtigen grünen Römer und rief: „Auf die Gesundheit von unserem Kornet, der ganz so, wie ein preußischer Soldat handeln muß, gethan hat!" und alle anwesenden Stabs- und Oberofficiere stießen an. Das Herz des neunzehnjährigen Kornet schlug laut und freudig. Am folgenden Tage überreichten ihm die Officiere seiner Schwadron eine neue Säbeltasche als Geschenk.

Die französischen Officiere waren über die Niederlage ihres Kameraden auf das Höchste erbittert, da er als der beste Fechter ihres Regimentes bekannt war, und hatten sich vorgenommen, den Kornet aufzusuchen und absichtlich zu beleidigen. Dies wurde bekannt, und um es zu verhindern, wurde derselbe, zum Theil auch zur Belohnung, nach Warschau kommandirt, um einen Transport Remontepferde zu übernehmen.

Das Herz des jungen muthigen Kornet, des Husarenjungen hatte sich schon längst nach Krieg und Schlachten gesehnt, um seinen Muth in ernster Stunde bewähren und seinen Thatendurst befriedigen zu können. Mit Jubel erfüllte sich deshalb seine Brust, als im Sommer 1806 sein Regiment auf den Kriegsfuß gesetzt und er zum Lieutenant ernannt wurde. Mit den stolzesten Hoffnungen rückte das Regiment aus Westphalen aus, an der Spitze einen Führer, dem es mit Leib und Seele anhing — den alten Blücher, der sich um zehn Jahre verjüngt zu haben schien, nun es endlich in's Feld gegen die Franzosen ging.

„Na, Husaren," rief er, als er an den Schwadronen des Regimentes vorübertritt, mit seiner weitschallenden Baßstimme, „das ist ja eine wahre Lust, Euch zu sehen, und wenn es man erst so recht zum Dreinhauen auf diese verfluchten Parlez-vous kommt, werdet Ihr Eure verdammte Schuldigkeit auch schon thun."

„Gewiß, gewiß, Ew. Excellenz, an uns soll es nicht fehlen!" riefen und jubelten die Husaren, und ein alter Flügelkorporal, ein Veteran, der schon an vierzig Jahre diente, meinte: „Dies Mal geht es doch aber gleich in das Paris hinein, und wir werden nicht wieder so verflucht angeführt, wie damals anno 1792!"

„Na, alter Junge, diesmal geht es hinein, und wenn wir in Paris d'rin sind, dann trinken wir Beide zusammen unseres Königs Gesundheit in dem besten Champagnerwein, der nur zu haben ist," lachte Blücher.

Der Marsch ging über Kassel. In der Nähe wurde für einige Tage Rast gemacht. Der junge Lieutenant erhielt auf dem Hofe eines Oberforstmeisters sein Quartier. Die schöne, blauäugige, blondhaarige, achtzehnjährige Tochter des Hauses machte einen tiefen Eindruck auf das junge, rasche Husarenherz, und binnen zweiter Tage verlobten sich Beide. Nun ging's weiter dem Feinde entgegen nach Erfurt. Am 4. Oktober traf das Regiment dort ein. Am 12. Oktober kam der „Husarenjunge" zuerst in der Gegend der Stadt Ilm auf Vorposten gegen den Feind. Ausgedehnte Rekognoscirpatrouillen wurden gemacht, ohne daß sich eine Gelegenheit zu einem so sehnlich herbeigewünschten Scharmützel zeigte. Da sollte endlich die Stunde eintreten, die das junge feurige Husarenblut zum ersten Male mit dem Feinde zusammenführte und ihm gleichsam die Weihe des Husaren gab. Laßen wir ihn wieder selbst berichten.

„In der Nacht vom 13. auf den 14. Oktober stieß die Husarenpatrouille, die ich befehligte, zuerst auf eine französische Kavalleriepatrouille von doppelter Stärke. Meine Spitze hatte in der großen Dunkelheit der Nacht die französischen Husaren zuerst für Sachsen gehalten, und so waren wir ihnen unbesorgt bis auf wenige Schritte nahe geritten, als ihr Anruf: „Halte la — qui vive!" uns zuerst über unsern Irrthum aufklärte. Ein eigenthümliches Gefühl durchzuckte in dem Augenblicke meine Brust, als ich mich jetzt so plötzlich einem Feinde von großer Uebermacht gegenüber befand. Doch nur wenige Sekunden währte dasselbe, dann zog ich den Säbel, rief meinen Husaren zu: „Vorwärts, da haben wir endlich die verwünschten Franzosen," und unter dem jubelnden Ruf: „Hoch der König von Preußen!" ging es gegen die eben so überraschten Feinde vor. Unser Anprall war stark — die Franzosen, welche in der Dunkelheit glauben mochten, daß wir nur die Spitze einer größeren Truppe wären, leisteten nicht lange Widerstand, sondern drehten bald die Pferde um und jagten zurück. Eine weitere Verfolgung war theils in der großen Finsterniß nicht gut möglich, hätte uns auch leicht in einen feindlichen Hinterhalt bringen können, und so gern wie Alle auch noch weiter fortgekämpft hätten, so ließ ich doch bald Halt machen. Wir hatten selbst einige Verwundete, nahmen aber drei bis vier feindliche Husaren gefangen und blieben noch mehrere zusammen."

Das war das erste Zusammentreffen des frischen jungen Husarenblutes mit dem Feinde. Nun folgten der Kämpfe mehr. Am folgenden Tage die unglückselige Schlacht bei Auerstädt, dann der mühevolle Zug des Blücher'schen Korps bis Lübeck, die Vertheidigung und der Kampf in Lübeck's Mauern, wobei der junge Lieutenant, sehr schwer verwundet, mehrere Wochen lang in dem Hinterstübchen eines menschenfreundlichen Lohgerbers versteckt gehalten wurde und seiner Genesung entgegensah. Er eilte dann nach Ostpreußen und kam noch früh genug, um die blutige Schlacht bei Eylau mitzumachen.

Wir können leider, durch den Raum beschränkt, dies interessante Reiterleben nicht weiterführen und wollten deshalb auch nur eine Skizze desselben bis zu dem Augenblicke geben, wo zum ersten Male der Säbel gegen den Feind gezogen wurde für König und Vaterland.

Das letzte Tournier in Frankreich.

Historische Erzählung von Josef Surian.

Es war im Frühling des Jahres 1557, wo nach dem Beschlusse des Königs Heinrich II. von Frankreich die feierliche Vermälung der jungen, von der Mit- und Nachwelt so übel beurtheilten und arg verkannten Schottenkönigin, Maria Stuart mit dem Dauphin, dem nachmaligen Könige Franz II. von Frankreich gefeiert werden sollte.

Diese Heirat war von der Königin Mutter und König Heinrich II. beschlossen worden, als Maria Stuart kaum noch ihr viertes Lebensjahr zurückgelegt hatte, und doch war diese Heirat nicht eine bloße Folge der Politik, sie war auch eine Vereinigung aus Liebe, eine Verbindung zweier gleichgestimmter Seelen, die einander liebten, ehe sie noch eine Kenntniß von den Beschlüssen ihrer Eltern hatten.

Die Königin Mutter von Schottland hatte Maria Stuart im Jahre 1548, um sie den Ränken des länder- und weiberflüchtigen Heinrich VIII. von England zu entziehen und in dauernde Sicherheit zu bringen, aus Schottland nach Frankreich gesendet, wo die junge, sechsjährige Königin Maria in Brest von Heinrich II. und Katharina von Medicis, seiner Gemalin, feierlich bewillkommnet und darauf zur ferneren Obsorge und Erziehung den frommen Schwestern des Klosters St. Germain übergeben wurde.

Dort entwickelte Maria Stuart nach und nach die ganze Fülle ihrer geistigen Kräfte und ihrer holden Körperreize, womit sie die Natur im reichsten Maße begabt hatte, und ließ schon im Kinde die Alles bezaubernde Frau ahnen.

Der Dauphin Franz hatte einmal die Sonntagsmesse im Kloster St. Germain besucht, und seit dieser Stunde war es mit aller Ruhe des jungen Prinzen dahin. Eine Mädchenstimme am Chore der Pensionärinnen hatte eine Hymne so schön und entzückend gesungen, daß es mächtig das Gemüth des Dauphins erfaßte, sein Herz mit Liebe zur unbekannten Sängerin erfüllte und ihn zu dem festen Entschlusse brachte, die Inhaberin dieser Engelsstimme aufzusuchen und kennen zu lernen.

Tag und Nacht erfüllte ihn der Gedanke an die unbekannte Sängerin, und er ruhte und rastete nicht eher, bis er mit Hilfe seines Lehrers und Erziehers D'Anville von der Oberin des Klosters die Erlaubniß zum Besuche desselben erhielt.

Eben waren die Pensionärinnen, meistens Töchter des französischen Adels, im Garten bei lustigem Spiel versammelt, als der Dauphin und D'Anville denselben betraten. Ein Blick auf die fröhliche Mädchenschar hatte genügt, dem Prinzen die geliebte Unbekannte herauszufinden zu lassen, so daß der alte D'Anville staunend versicherte, von nun an glaube er an die Sympathie der Liebe.

Der Prinz und sein Lehrer waren den Mädchen unbekannt, die sich anfänglich den Besuch zweier Herren nicht zu erklären vermochten; doch mußten Beide ihre Anwesenheit so schnell und gut in das Spiel der lustigen Kinder zu verstecken, daß die auf einen Augenblick gestörte Ungezwungenheit bald zurückkehrte und die kleine Gesellschaft sich wieder mit aller Munterkeit den Freuden des Spieles hingab.

Der Dauphin Franz hatte sich während dessen der jugendlichen Sängerin genähert und sich mit ihr vertrauter gemacht. Es war ihm gelungen, sie in eine abseits gelegene Laube zu führen, und da gestand er ihr seine Liebe, und bat sie um ein Zeichen, daß sie ihm nicht böse sei, um eine Erinnerung an diesen schönen Tag. Und während das tieferröthende Mädchen dem bittenden Jüngling zitternd einen Kranz von Rosen hinreichte, und der Dauphin überwältigt vom Glücke die freundliche Geberin stürmisch an sein Herz preßte und einen innigen Kuß auf die jungfräulichen Lippen drückte, da bogen sich langsam die Zweige der Laube auseinander, in der Lücke wurde der Kopf eines Mannes sichtbar und die Augen desselben blickten freundlich und liebevoll auf die Glücklichen herab. Doch diese merkten nichts von der Anwesenheit eines Dritten, und erst als der Mann mit dem Rufe „Franz" in die Laube trat, da wendete sich der Prinz um und stürzte mit den Worten: „mein königlicher Vater" — zu den Füßen des Lauschers.

„Und weißt Du auch, mein Sohn, wen Du liebst?" sprach König Heinrich. „Schäme Dich Deiner Neigung nicht, denn die Erwählte Deines Herzens ist Maria Stuart, Schottlands Königin." Zu der zitternd dastehenden Marie gewendet, sprach er freundlich: „Meine kleine Majestät, Sie haben dem Dauphin Franz von Frankreich Ihr Herz geschenkt" — und sich zu Beiden niederbeugend, reichte er ihnen lächelnd die Hand zum Kusse. —

So hatte der Himmel zwei Herzen, zwei Menschen

in Liebe zusammengeführt, die nach dem Willen der Eltern und nach den Beschlüssen der Politik ohnedies einander angehören sollten.

Die Königin Maria Stuart kam nun, wenn auch dem Kloster nicht ganz entrückt, so doch den Hofkreisen näher und übte, obzwar beinahe noch ein Kind, durch ihren lebensfrohen, naiven Sinn, durch ihren regen Geist, durch ihre Liebenswürdigkeit und außergewöhnliche Schönheit einen mächtigen Zauber auf ihre ganze Umgebung aus.

So erreichte die kleine Schottenkönigin zwischen dem einfachen, den Wissenschaften und der Religionsübung gewidmeten Klosterleben und dem lustigen Treiben des Hofes ihr fünfzehntes Lebensjahr, das Jahr ihrer Vermälung mit dem Dauphin Franz von Frankreich; es war, wie wir schon im Anfange dieser Erzählung angedeutet haben, im Frühling des Jahres 1557, und Maria Stuart, die junge Königin von Schottland und rechtmäßige Erbin von England, wurde nun Dauphine von Frankreich.

Die Vermälung wurde mit allem erdenklichen Aufwande und Pracht, welche die damalige Zeit bei besonderen Gelegenheiten stets im reichsten Maße zu entfalten wußte, gefeiert; Tanz und Festzüge, ländliche Spiele und Jagd wechselten in rascher Folge; es waren dies Tage der Lust und Wonne für den Hof wie für das Volk.

Den Schluß der Festlichkeiten sollte dem Willen des Königs Heinrich II. gemäß ein glänzendes Tournier bilden. Zwar waren die Zeiten, wo jene mörderischen Spiele, bei denen nur rohe Kraft den Ausschlag gab, an der Tagesordnung waren, schon längst vorüber, und hatten einer besseren, verfeinerten Gegenwart Platz gemacht. Die Tourniere, die noch hie und da abgehalten wurden, waren nur gefahrlose Uebungen mit spitzenlosen Lanzen, waren mehr Produktionen in der Führung der Waffen und Lenkung der Pferde, und einige leicht wieder herzustellende Rippen- und Beinbrüche die größten Unglücke, die sich schlimmsten Falls noch hiebei ereignen konnten.

Aber eben wegen der Seltenheit des Schauspieles brannte ganz Paris vor Freude und Neugierde, und erwartete mit heißer Ungeduld den Tag des Tournieres, zu welchem der schottische und italienische Adel seine Elitden abgesendet hatte, damit sie im Verein mit dem französischen Adel die ganze Herrlichkeit des, freilich nur noch dem Scheine nach bestehenden, in Wirklichkeit damals schon erloschenen, Ritterthums entfalten und um die Ehre des Tages streiten möchten.

Darum glühte Jung und Alt dem seltenen ritterlichen Spiele entgegen, das nun alter Sitte auf dem Plaße vor dem Schlosse Tournelles abgehalten werden sollte. Die Herren mühten sich ab, einander an Pracht der Rüstungen zu übertreffen, und beschäftigten Juweliere und Waffenschmiede, Schneider und Sattler Tag und Nacht. Die Damen hingegen wetteiferten wieder mit der Verfertigung kostbarer und schöner weiblicher Arbeiten, die als Minne- und als Ehrensold für die glücklichen Sieger bestimmt waren. —

Endlich brach der langersehnte Tag an und noch lange bevor die Sonne sich im Osten zeigte war das neugierige Pariser Volk hinausgeeilt an den Ort des Freude verheißenden Schauspieles und hatte jede Spanne Erde in Besitz genommen, so daß die Büttel und die Schweizersoldaten nur mit größter Mühe eine nothdürftige Ordnung erhalten konnten. Eben so waren die Fenster, Balkone und Dachlucken der umliegenden, mit Teppichen, Fähnlein und Reisig festlich geschmückten Häuser mit Neugierigen dicht gedrängt, und die abgedeckten Dächer mit neugierig herausblickenden Köpfen förmlich besäet.

Der Schauplatz des Tournieres selbst war rings im weiten Bogen mit hochgestapelten Tribunen eingefaßt, welche für den königlichen Hof, den Adel und die Ritterschaft bestimmt waren.

Da schlug es auf der Uhr der Kirche von Notre-Dame die achte Stunde und Karthaunendonner und Fanfarengeschmetter signalisirte dem ungeduldig harrenden Volke das Nahen des Hofes.

Tausend und wieder tausend Köpfe streckten sich auf langen Hälsen empor und tausendfach erscholl der Ruf: „Sie kommen."

Sie kamen; voran Herolde mit Standarten und Fahnen, gefolgt von lustig tönender Musik; dann erschien die Königin Katharina von Medicis mit der jungen Gemalin des Dauphins, Maria Stuart und hinter Beiden eine lange Reihe juwelenfunkelnder Damen. Und weiter kam wieder eine Königin, wenn auch keines Reiches, so doch Königin im Herzen des Königs Heinrich, die allmächtige Diana von Poitiers, mit ihrem Gefolge; und die Marschälle des Reiches, die Kämmerer und anderen Herren des Hofes bildeten den Schluß des langen prächtigen Zuges.

So bewegte sich derselbe hin zu den festlich gezierten Tribunen, in deren Mitte unter einem mit den königlichen Insignien geschmückten Baldachine Katharina von Medicis mit Maria Stuart Platz nahm, und rechts und links reiheten sich

„um sie die Großen der Krone,
und rings auf hohem Balkone
die Damen in schönem Kranz." —

Da ertönten abermals Fanfarenstöße und gaben das Zeichen zum Beginne des Tournieres.

Unter dem Vortritte der Musik, geführt von dem Ceremonienmeister des Hofes, dem greisen Montgomery, umritt die königliche Leibgarde

streng und ernst nach alter Sitte,
mit langsam' abgemess'nem Schritte,

den innern Raum der Tummelbahn.

Ihm folgten die Herolde, die Bahnhälter, die Adelsmarschälle und die Tournierknechte.

Hinter diesen kam der König allein, gekleidet in ganz vergoldete, glänzende Rüstung, in welcher sich die Sonnenstrahlen tausendfach widerspiegelten, den Helm geziert mit einer goldenen Krone, aus der Frankreichs Zeichen, die Lilie, silbern entsprang. Ihm nach gingen der Dauphin Franz, geführt von den Prinzen Karl und Heinrich und dem Herzog von Savoyen, dann kam der Herzog von Guise, die Herzoge von

Nemours und Ferrara, der Konnetable Montmorency und noch viele, viele Edelleute des Landes, alle gar prächtig gekleidet und gerüstet, auf herrlichen, goldstrotzenden Rossen.

So umritten sie unter dem Schmettern der Fanfaren, dem Donner der Karthaunen und dem Jubelgetöse des ob der ungewohnten Herrlichkeit entzückten Volkes die Streitbahn und stellten sich in vorgeschriebener Ordnung auf.

Da gab die Königin Katharina das Zeichen zum Beginne des Spieles; die Fanfaren schmetterten und der König Heinrich II. und der Dauphin Franz ritten in die Schranken ein, in den Händen lange Speere haltend, an deren oberem Ende unterhalb der Spitzen kleine Kränze von Blumen hingen.

Der Kampf, den da Vater und Sohn mit einander ausfechten wollten, war ein eben so anmuthiges wie belustigendes Spiel; es war das sogenannte Blumenstechen, und Sieger wurde derjenige, dem es gelang, den Kranz des Gegners von der Lanze herabzustechen.

Der König und der Dauphin stellten sich an die entgegengesetzten Schranken der Rennbahn und nach einer gegenseitigen ritterlichen Begrüßung sprengten sie unter lustigem Spiele der Musik gegen einander an.

Zweimal waren sie schon an einander vorüber geritten, ohne daß es einem von Beiden gelungen wäre, den Kranz des anderen herabzustellen, ein Zeichen von ihrer Gewandtheit und Behendigkeit im Stechen und Pariren war. Da ritten sie zum Drittenmale an und — mochte es nun größere Geschicklichkeit in der Handhabung des Speeres, oder aber die Behendigkeit der Jugend sein, der Dauphin stach seinem königlichen Vater den Kranz herab.

Doch im selben Augenblicke hatte er auch schon sein Pferd herumgeworfen und ließ rasch beide Kränze von seiner Lanze auf die Lilie am Helme des Königs herabgleiten, welcher Beweis von Geschicklichkeit und liebevoller Bescheidenheit von den Zusehern mit donnerndem Beifalle belohnt wurde.

Der Dauphin verließ nun die Schranken und begab sich auf die Tribune zu seiner königlichen Gemalin.

König Heinrich aber setzte das Tournier mit seinem Schwager dem Herzoge von Savoyen mit spitzenlosen Lanzen fort. Es galt nun, den Gegner aus dem Sattel zu heben und der König hatte das Glück, den Herzog bügellos zu machen.

Hierauf forderte der König, der, erfreut über seinen Sieg, an dem Spiele viel Vergnügen fand, den tapferen Grafen De Lorges zum Gange heraus und setzte ihn gleich beim ersten Anrennen auf den Sand. Zufrieden mit seinem Erfolge, verließ er nun die Bahn und es stellten sich jetzt der alte Claude von Guise und der Konnetable von Montmorency gegenüber. Beide, von jeher erbitterte Feinde, rannten wüthend gegeneinander an; Beide wankten unter der Wucht des Anpralles, doch wußte der Herzog von Guise sich noch zu erhalten, Montmorency aber fiel aus dem Sattel.

Hierauf ritten Franz von Guise und der ebenso schöne wie tapfere Ritter Chastelard und der letztere errang hiebei den Sieg.

Inzwischen hatte der gutmüthige König Heinrich, der sah, wie der alte Graf De Lorges sich seine Niederlage zu Gemüthe nahm, denselben zu sich gerufen und tröstete ihn über sein Unglück beim Rennen.

Da hatte De Lorges im gekränkten ritterlichen Ehrgefühle dem Könige unbesonnen geantwortet: „Majestät! ich habe vor der Krone und nicht vor Eurem Speer gewankt."

„Was?!" schrie der König, dessen Blut, durch das ungewohnte Spiel ohnedies aufgeregt, bei dieser Antwort zu kochen begann, „was? was sagt Ihr da? Ihr hättet vor der Krone und nicht vor meinem Speere gezittert; das soll wohl heißen, ich konnte leicht Sieger sein, weil Ihr Euch freiwillig besiegen ließet?" —

„Majestät!" —

„Ha! ha! De Lorges, das wollen wir doch sehen, wir machen gleich noch einen Gang."

„Verzeiht, mein König," fleht der Graf und beugt vor Heinrich sein Knie.

„Nichts da! auf zu Pferde. Doch schont jetzt nicht die Krone, ich sage es Euch, und zittert vor meinem Speere. Ich schwöre es Euch, Einer von uns Beiden muß jetzt auf den Sand!"

„Majestät, ich flehe Euch an, erlaßt mir diesen Gang, wollet nicht, daß ich meine Ehrfurcht gegen Euch vergessen muß, und verzeiht meine unbesonnenen Worte."

„Leere Ausflüchte; ich sehe es, Ihr seid ein eitler Prahler, und wenn Ihr meiner Aufforderung nicht rasche Folge gebt, so seid Ihr auch ein — Feigling!"

So schrie der erboste, aufgeregte König. Doch das war zu viel für die Geduld, zu viel für die Ehre des Grafen De Lorges.

„Majestät! Ihr wollt es und ich muß gehorchen;" — und mit einem Satze saß er im Sattel.

Vergebens waren alle Bitten der Königin, vergebens alle Vorstellungen des Dauphins und der Ritter; der König bestand fest auf seinem Willen und zornig befahl er dem Herolde, das Zeichen zu geben.

Ein Fanfarenstoß ertönte und noch einer und ein dritter und da gaben Beide ihren Pferden die spitzigen Sporen in die Weichen und die Lanze mächtig zum Stoße ausholend sprengten sie gegen einander an.

Athemlose Stille herrschte und Bangigkeit und Erwartung lag auf allen Zügen.

Sie stießen zusammen; der König führte einen kräftigen Stoß nach seines Gegners Brust; doch dieser fing ihn behende mit dem Schilde auf und des Königs Lanze zerschmetterte in tausend Stücke.

Doch im selben Augenblicke erscholl ein schwerer Fall, ein furchtbarer Schrei durchzitterte die Luft und als sich nun den den Hufen der Pferde aufgewirbelte Staubwolke zertheilte, sah man den König blutend, im Todeskampfe sich windend, am Boden liegen.

Der Speer des Grafen De Lorges hatte ihm das Visir zertrümmert und war ihm durch das Auge in's Gehirn gedrungen.

Die Damen fielen in Ohnmacht, das Volk heulte:

„Der König stirbt!" und die Ritter eilten zum Könige hin, neben welchem verzweifelnd De Lorges kniete.

Man brachte den König hinweg. Seine letzten Worte waren: „De Lorges trägt nicht die Schuld, nur ich —" und der kräftige, lebensfrohe Mann war eine Leiche.

Das war das letzte Tournier in Frankreich, wie zehn Jahre früher, im Jahre 1547, auf eben demselben Platze das letzte Gottesurtheil abgehalten worden war.

Das Schloß Tournelles, der unglückliche Schauplatz dieses blutigen Festspieles, wurde niedergerissen, und den Ort, wo es damals stand, bezeichnet im heutigen Paris die Place Royale.

Eine Schwester der Madame Lafarge.

Vor mehreren Jahren durchwanderte ich, den Rohrstock in der Hand, die Cigarre im Munde, fröhlichen Herzens und leichten Sinnes die grünen Berge von La Corèze. Den Windungen eines Flusses folgend, athmete ich den Duft der Veilchen und wilden Rosen, mit denen seine Ufer bepflanzt waren, als plötzlich ein Ausruf der Freude hinter mir ertönte.

„Er ist es, unser Freund!"

Erstaunt wandte ich mich um und erblickte vor mir zwei Personen, an die lange nicht gedacht zu haben ich mir unwillkürlich den Vorwurf machen mußte.

„Sir Anthony, Du hier!" rief ich aus.

Dann wandte ich mich gegen die junge, sich nachlässig auf den Arm ihres Begleiters lehnende Dame und machte ihr eine tiefe Verbeugung.

„Ihre Hand," sagte Pulchérie; „sind wir nicht alte Freunde?"

Ich ergriff die zarte, mir dargebotene Hand und drückte sie an meine Lippen.

„Wo kommst Du hierher?" fragte Sir Anthony. „Du mein alter Kamerad von Oxford, mit dem ich mich so oft für meine Rationalehre geboxt? Muß ich Dir erst Gastfreundschaft anbieten, hast Du vergessen, an meine Thür zu klopfen?"

„Ich wußte nicht, mein guter Sir Anthony, daß Du hier Deinen Wohnsitz aufgeschlagen. Ich verließ Dich in Paris einen Monat nach jenem glücklichen Tage, der Dich zum Gatten der reizendsten Frau machte."

Ich blickte, indem ich diese Worte aussprach, Pulchérie an und war erstaunt über den Eindruck, den dieses Kompliment auf sie hervorgebracht. Sie erblaßte.

„Schweig!" rief Sir Anthony. „Du kennst mein Unglück nicht! Der Tod —"

Er vollendete den Satz nicht. Auch ich schwieg, unfähig, mir das räthselhafte Benehmen der Gatten zu erklären.

In diesem Augenblicke schlug die Uhr des nahegelegenen Dorfes zwölf.

„Komm," sagte Sir Anthony, „das Frühstück erwartet uns. Wir halten im Schlosse stets einige Zimmer für einen Freund in Bereitschaft, und ich hoffe, Du wirst dieselben auf einige Tage bewohnen." Dann fügte er leise hinzu: „Diesen Abend, wenn wir allein sind, sollst Du alles erfahren."

Ich nahm die Einladung an und folgte meinen Freunden auf das Schloß. Trotz der Liebenswürdigkeit der reizenden Pulchérie, trotz der herzlichen Freundschaftsbeweise ihres Gatten war ich jedoch weit entfernt, mich in einer behaglichen Stimmung zu fühlen. Sir Anthony's seltsamen Aeußerungen bedrückten mich.

Die Mahlzeit sollte meine Verwirrung noch um vieles vergrößern. Es wurden die auserlesensten Gerichte aufgetragen, ohne daß Sir Anthony eins davon berührte.

„Wahrhaftig, mein lieber Anthony, Du setzest mich in Erstaunen!" konnte ich mich ihm zu sagen nicht enthalten. „Du, sonst der größte Gourmand unseres Kreises, bist mäßig geworden wie ein Trappist!"

„Ich habe keinen Hunger," murmelte er dumpf. Pulchérie schlug die Augen nieder.

„Iß doch, mein Freund!" sagte endlich die junge Frau mit zitternder Stimme. „Diese Pastete ist ausgezeichnet — willst Du sie nicht versuchen?"

„Nein, nein!" rief Sir Anthony heftig, „ich begnüge mich mit der Milch, welche ich selber melke, und einem Roggenbrode, das ich von einem Landmann kaufe."

„Das ist eine seltsame Laune," bemerkte ich. „Willst Du ein Heiliger, ein Märtyrer werden? Hat man je dergleichen gehört, ein englischer Baronet, der die Kühe melkt?"

Ich brach in ein lautes Gelächter aus. Pulchérie schien sich in der größten Verwirrung zu befinden. Anthony aber sagte:

„Im Namen des Himmels, kein Wort weiter über diesen Gegenstand. Heute Abend sollst Du alles erfahren."

Ich schwieg natürlich dieser Weisung gemäß, erwartete aber mit Ungeduld die Stunde, welche mir die Lösung des seltsamen Räthsels bringen sollte. Sie kam endlich.

Kaum hatte ich mich in das mir angewiesene Zimmer zurückgezogen, so klopfte es an die Thür und Sir Anthony trat ein.

Er verschloß das Zimmer sorgfältig, um vor jedem Lauscher sicher zu sein, warf sich dann in meine Arme und fing an zu weinen.

„Anthony, mein Freund!" rief ich aus, „was ist Dir? Sprich, vertraue mir Dein Leid."

„Ich bin der unglücklichste Mensch!"

„Warum?"

„Höre. Du weißt, wie ich in Paris Pulchérie kennen lernte, sie liebte, mich mit ihr verheirate. Sie war eine Waise von guter Familie, arm, schön, geistreich — köstliche Eigenschaften, wenn wie sie in der vereinigt finden, welche wir lieben. Aus vollster Seele hoffte ich auf Glück, ahnte nicht das furchtbare Geheimniß, welches sich mir später zu meinem Schrecken offenbart hat."

„Ein Geheimniß?"

„Pulchérie, die blonde, sanfte Pulchérie, ist in derselben Pension erzogen, wo auch Madame Lafarge — dieser Macchiavell in Frauengestalt —

ihre Ausbildung erhalten. Pulchérie und Marie Capelle — der Mädchenname der berüchtigten Giftmischerin — haben ihre Jugendjahre mit einander verlebt, sind stets unzertrennlich gewesen, so daß man sie nur die beiden Schwestern nannte."

„Diese Freundschaft ist allerdings insofern merkwürdig, als das eine dieser jungen Mädchen seitdem eine so traurige Berühmtheit erlangt hat; aber ich sehe darin durchaus keinen Grund, der Deine Aengstlichkeit, Dein hypochondrisches Wesen rechtfertige."

„Mein Gott!" rief Sir Anthony, „Frauen gleichen den goldenen Früchten des Herbstes. So schön sie auch sein mögen, ist eine verdorbene Frucht unter ihnen, steckt sie alle anderen an. Pulchérie ist eine verlorene Frau."

„Verloren?"

„Auf immer. Wie Marie Capelle ihren Gatten vergiftet hat, so trachtet Pulchérie mir nach dem Leben."

„Thorheit — Du bist krank!"

„Keineswegs. Unter den Gerichten, welche auf meine Tafel kommen, befindet sich stets eins, welches sie vergiftet, in der Hoffnung, daß ich davon esse."

„Mein armer Anthony, Du hast den Kopf verloren."

„Wollte Gott, ich hätte mich getäuscht und brauchte einer Frau nicht zu mißtrauen, welche ich, so strafbar sie auch ist, noch immer liebe — ja, ich liebe sie, und deshalb habe ich mich noch nicht entschließen können, ihr Verbrechen der Ahndung der Gesetze zu übergeben."

„Wahrhaftig, mein Freund, es bedarf meiner ganzen Freundschaft für Dich, daß ich nicht ernstlich über Deine Tollheit böse werde. Pulchérie, dieses engelreine Wesen, das Gott zum Glück der Sterblichen auf die Erde gesandt, eine Giftmischerin! Nicht eher glaube ich daran, als bis ich mich mit meinen eigenen Augen davon überzeugt habe."

„Wenn es Dir nur darum zu thun ist, ungläubiger Thomas, so sollst Du bald Gelegenheit dazu finden. Bleibe nur noch eine kurze Zeit wach. Pulchérie's Zimmer liegt dem Deinen ganz nahe. Du wirst sie dasselbe um Mitternacht leise, geheimnißvoll verlassen sehen — folge ihr, und Du wirst die Ueberzeugung von meinem Unglück erlangen."

Mit diesen Worten verließ der Baronet mein Zimmer. Ich weiß nicht, wie lange Zeit ich über das Vernommene in tiefe Gedanken versunken blieb und erinnere mich nur noch, daß der Schlag der Uhr, welche Mitternacht verkündete, mich aus meinen Sinnen aufrüttelte und mit einem eigenthümlichen Grausen erfüllte. Angestrengt lauschte ich jetzt, ob in dem neben dem meinen gelegenen Zimmer sich irgend ein Geräusch hören lasse.

Ich sollte nicht lange vergebens warten. Leise drehte sich eine Thür in ihren Angeln, eben so leise öffnete ich die meinige und erblickte zu meinem größten Erstaunen Pulchérie, welche in einen grauen Mantel gehüllt an mir vorüberschlüpfte.

Schnell entschlossen folgte ich ihr. Ohne sich aufzuhalten durchschritt sie den Salon und stieg eine dunkle Treppe hinunter, welche zur Küche führte. Dort angekommen ging sie zum Speisetische, zog eine kleine Büchse hervor und streute ein darin enthaltenes weißes Pulver — das Haar sträubte sich mir vor Entsetzen auf dem Haupte — auf das für den nächsten Tag bestimmte Ragout.

Schnell wie ein Gedanke stürzte ich mich auf die, welche man die Schwester der Madame Lafarge nannte, und ergriff sie beim Arme.

„Mein Herr, Sie haben eine entsetzliche Manier, die Schuldigen anzugreifen; glücklicherweise trifft mich der Ueberfall nicht unvorbereitet. Was thun Sie zu dieser Stunde in der Küche?"

„Das Fragen ist an mir, strafbare Frau!" rief ich aus, „Sie sind eine würdige Schwester der Marie Capelle."

„Wollte Gott, wir hätten uns nie getrennt — sie wäre alsdann noch das unschuldige junge Mädchen, das sie damals war."

„Unschuldig? Sie sind ein Anwalt der Unschuld, Sie, welche hierher schleicht, Ihren Gatten zu vergiften?"

Zitternd erwiederte Pulchérie:

„Sie wissen also?"

„Ja, ich weiß es," fuhr ich, mich immer mehr erregend fort, „ich weiß, daß Sie jede Nacht eins der Gerichte, welche am nächsten Tage auf die Tafel kommen sollen, mit Arsenik bestreuen und daß Ihr Gatte dem Tode nur dadurch entgeht, daß er nichts als Milch und Schwarzbrod genießt."

„Es ist wahr, äße er etwas anderes, so wäre er verloren."

„Sie gestehen es zu, mir gegenüber, der vielleicht durch Sie vergiftet ist?"

„Mein lieber Freund," sagte Pulchérie mit einem fröhlichen Lächeln, „Sie können ohne Sorgen sein, ich schwöre es Ihnen."

Der Ton der Wahrheit, mit welchem sie diese Worte sprach, nahm mir die Bergeslast von meiner Brust. Ich glaubte, daß ich durch einen glücklichen Zufall die vergiftete Schüssel nicht berührt, oder daß sie Pulchérie geschickt aus meinem Bereich entfernt habe.

„Ich danke Ihnen, was mich persönlich anbetrifft, für diese Erklärung," sagte ich nach einer Pause. „Können Sie sich aber von dem furchtbaren Verdachte auch in Betreff meines Freundes, Ihres Gatten, reinigen? Können Sie läugnen, daß er stürbe, wenn er eins der Gerichte berührte, das Ihre treulose Hand mit dem verhängnißvollen weißen Pulver bestreut hat?"

„Ich läugne es nicht, es wäre sein Tod."

„Himmel, welche Verstocktheit! Sie gestehen es ein."

„Noch mehr — nicht nur das eine, sondern sämmtliche Gerichte wären tödtlich für ihn."

Bei dieser Erklärung stand ich starr vor Verwunderung und Schrecken. Pulchérie ergriff mich bei der Hand und sagte:

„Ich bin Ihnen die volle Wahrheit schuldig; Sie sollen sie hören — tadeln Sie mich alsdann, wenn Sie den Muth dazu haben. Kurze Zeit nach meiner Vermählung mit Sir Anthony machten mich die Aerzte damit bekannt, daß er an einem Magenübel leide, welches den trübsten Ausgang fürchten lasse. Bei dem sehr reizbaren Gemüthe meines Gatten dürfe man ihm die Gefahr, in welcher er schwebt, nicht ahnen lassen, da alsdann der Zustand seines Innern den nachtheiligsten Einfluß auf den Körper ausüben würde. Der einzige Weg zur Rettung bestehe darin, daß Sir Anthony sechs Monate hindurch die strengste Diät beobachte, nichts als Brod und Milch genieße, ohne sich dabei für krank zu halten."

„Welche Schwierigkeiten!"

„Die Schwester der Madame Lafarge hat sie zu besiegen gewußt. Indem ich ihm von meiner Jugendfreundschaft mit Marie Capelle erzählte, eröffnete ich seiner leicht erregbaren Einbildungskraft ein weites Feld. Einige Bediente, die ich in's Vertrauen gezogen, ließen warnende Winke fallen, und so brachte ich ihn mit Hilfe dieses unschuldigen weißen Pulvers, das ich jede Nacht über eines der Gerichte streue, dahin, mich für eine Brinvilliers zu halten."

„Und was bezwecken Sie damit?"

„Sie können noch fragen? Seit fünf Monaten hat mein Gatte, da ich nie von seiner Seite wich, nur Milch und Brod genossen."

„Madame, Sie sind ein Engel!" rief ich aus.

„Schweigen Sie! Nicht ein Wort über das, was ich Ihnen vertraut. Noch bleibt ein Monat der Diät zu beobachten — reißen Sie unsern Kranken aus seinem Irrthum, so können Sie alles verderben."

Tief bewegt suchte ich mein Zimmer auf. Am nächsten Tage von Sir Anthony befragt, antwortete ich ihm nur durch einen Seufzer.

„Du siehst, ich habe mich nicht getäuscht," sagte er.

„Aber wie kannst Du an der Seite einer Frau leben, welche täglich Dein Leben bedroht?"

„Es ist eine Schwäche, von der ich mir selbst keine Rechenschaft geben kann. Ich liebe sie, und sie hat so wenig das Ansehen einer Giftmischerin, daß ich mir zuweilen Illusionen mache — ach, ich bin sehr unglücklich."

Zwei Tage später verließ ich das Schloß. Er drückte mir beim Abschiede die Hand und sagte: „Bitte Gott um eine bessere Zukunft für mich."

„Freund," antwortete ich ihm, „ehe ein Jahr verflossen, wirst Du glücklich und stolz auf Deine Frau sein."

Ich verließ ihn, indem ich es ihm überließ, sich meine Worte nach seinem Gefallen zu deuten.

Ein Jahr später saß ich eines Abends in einer Loge des Theaters des Variétés hinter einem Paare, das von ganzem Herzen lachte. Die Freude glänzte in den Augen der Glücklichen, fest verschlungen waren ihre Hände.

„Madame," sagte ich, mich an die Dame wendend, „es scheint, die Leute, welche Sie tödten, befinden sich sehr wohl."

Kaum hatte ich diese Worte gesprochen, so umarmte mich der Herr mit einem Ausrufe der Freude.

Es war Sir Anthony und seine Gemalin.

„Nun, Schlachtopfer," sagte ich zum Baronet, „was sagst Du zu den Wirkungen des Arsenik's, dessen Anwendung die Schwester der Madame Lafarge in der Pension gelernt hat? Wie befindest Du Dich, Hypochonder?"

„Mein Freund," erwiederte Sir Anthony, „ich bin der glücklichste Mensch von der Welt und sehr geneigt, selbst Madame Lafarge für unschuldig zu halten."

F.

Englische Grabschriften.

Selbst an dem ernstesten aller Orte, auf den Kirchhöfen, schweigen die menschlichen Sonderbarkeiten und Lächerlichkeiten nicht ganz. Es gibt schöne und rührende, aber auch humoristische, komische und einfältige Grabschriften. Neue Beispiele davon bringt eine englische Sammlung: „Gleanings in Graveyards", die Horatio Edward Norfolk herausgegeben hat. Er bereiste die Kirchhöfe der englischen Grafschaften und gibt bei jeder Grabschrift den Ort an, wo er sie fand. In Chigwell, das zur Grafschaft Essex gehört, las er an einem Leichensteine:

Laß durch mein Schicksal belehren Dich,
Zu viele Melonen tödteten mich;
Darum sei künftig auf Deiner Hut,
Iß nicht zu viel und nicht zu gut!

In Cheltenham richtet sich die Moral, die eines der Gräber predigt, nicht gegen zu vieles Essen, sondern gegen zu vieles Trinken — von Wasser:

Mit meinen drei Töchtern mußte ich sterben,
Cheltenham-Wasser war unser Verderben,
Epsom-Salz wäre uns besser gewesen.
Wir brauchten dann nicht im Grab zu verwesen.

Die folgende Grabschrift, die wir ziemlich ähnlich auch in deutschen Epigrammen gelesen zu haben glauben, erinnert an das bekannte Wort Dr. Johnson's: „Es ist niederträchtig, von Jemand hinter seinem Rücken Uebles zu sprechen, aber ich glaube, der Herr, der soeben das Zimmer verließ, ist ein Advokat."

Hier liegt, glaub's, wer es glauben kann,
Ein Anwalt, und doch ein rechtlicher Mann.
Gott, öffne ihm weit Dein Himmelsthor,
Aber die Andern laß alle davor!

Rein epigrammatisch ist die Inschrift auf dem Grabe eines Geizhalses:

Hier liegt der alte Vater Greif, der niemals rief *sat is* (genug),
Er dreht sich um, wenn er erfährt, daß Jemand dies liest *gratis*.

Unübertrefflich in ihrer Dummheit sind die folgenden Zeilen:

Hier liegt Richard Kuß,
Er starb an einem Schuß,
Eigentlich hieß er Leim,
Doch paßte das nicht in den Reim.

Auch ein Beispiel von gespreizter Geschmacklosigkeit kommt vor:

Hier liegt die gute, die edle Marie,
Im Innern so rein wie Schnee war sie,

Mißverständnisse.
(Schluß.)
4.

Wenzel: „Frau Baronin, mein Herr überschickt hier eine Torte."
Baronin (lächelnd): „Ich laß mich höflichst bedanken und dies war ja nicht nothwendig; da haben Sie, mein Freund, eine Kleinigkeit." (Gibt ihm einen Gulden.)
Wenzel: „Bitte, verzeihen Sie, gnädige Frau, das ist zu wenig, die Torte kostet drei Gulden C. M."
Baronin (lachend): „Da haben Sie also, lieber Freund, ich sehe schon, Sie denken recht gut für Ihren Herrn, er soll nur bald herkommen, damit Sie nicht so viel hin- und herlaufen müssen."

Sie brach die Schale, der Seele Haus,
Und brütete sich zum Engel aus.

Sich selbst ausbrüten kann kein Huhn, aber freilich Menschen müssen vor den Thieren etwas voraus haben.

In Dundee stehen auf einem Leichenstein Verse, die wir mittheilen wollen, ohne uns über ihre tiefere Bedeutung den Kopf zu zerbrechen:

Hier liegt der Bürgermeister,
Hier liegt ihm, hier liegt er.
Hei dibeldum, hei dibelde,
U. B. C. D. E. F. G.

In Woolwich verordnete ein Bürger letztwillig, daß auf seinen Leichenstein geschrieben werde:

O Mensch, der Du Dich sicher meinst,
Was Du jetzt bist, das war ich einst,
Was ich jetzt bin, das wirst Du einst
Und mußt mir folgen, eh' Du's meinst.

Die Witwe, die ihren Mann nicht sonderlich geachtet haben wird, führte seinen letzten Willen aus, setzte aber unter seine Verse:

Dir folgen nicht mein Wille ist,
Ich weiß ja gar nicht, wo Du bist!

Feuilleton.

Gemeinnütziges.

Die Gefahren beim Kirschkernverschlucken. Ein Leipz. Blatt schreibt: Wir leben in der Zeit der Kirschen, manchen Eltern wird deßhalb folgende Notiz sehr willkommen sein. Viele Kinder haben die Gewohnheit, beim Kirschenessen die Kerne mit zu verschlucken, und die Eltern dulden es häufig, in dem Glauben, daß ein Kirschkern nicht schaden könne, daß er im Gegentheil den Magen reinige. Ein einziger Kirschkern kann indeß den Tod herbeiführen, und die Kirschenzeit fast eines jeden Jahres fordert mehre solcher Opfer. Durchaus lächerlich ist der Glaube, daß Kirschkerne den Magen zu reinigen vermögen, sie rufen im Gegentheil sowohl bei Kindern wie bei Erwachsenen kolikähnliche Leibschmerzen hervor. Diese bringen indeß keine Gefahr mit sich, und die Kirschkerne sind durch abführende Mittel leicht zu entfernen. In anderer Weise können jedoch die Kirschkerne lebensgefährlich werden. Bei dem menschlichen, wie thierischen Darmkanal ragt aus dem sogenannten Blinddarme ein enger, cylindrischer, blind endender Fortsatz von 2 bis 6 Zoll Länge und 2 bis 3 Linien Durchmesser, der Wurmfortsatz, hervor, welcher ganz dieselben Gewebelemente, wie der Darm, besitzt, seiner engen Beschaffenheit wegen aber nicht im Stande ist, einmal in ihn gedrungene und festgeklemmte Gegenstände, wie Steinobstkerne, wieder herauszuschaffen. Diese Kerne bleiben oft längere Zeit und ohne Wirkung in ihm stecken, öfter aber auch und namentlich bei Kindern bewirken sie schon nach einigen Tagen eine Entzündung des Wurmfortsatzes, welche auf den Darm und das benachbarte Bauchfell übergeht. Der Kern läßt sich nicht entfernen, die Entzündung steigert sich und häufig entsteht der Brand daraus. Die Stelle, an welcher der Kern steckt, bricht durch, der Darm entleert seinen Inhalt in die freie Bauchhöhle und der Tod ist fast unvermeidlich. Allerdings bedingen nicht alle Durchbohrungen des Darmes den Tod, aber doch die meisten. Jedenfalls ist die Gefahr groß genug, um die Eltern zu veranlassen, ihren Kindern das Verschlucken der Kerne auf's Strengste zu untersagen.

Kautschuk-Blumen. In Paris fertigt man jetzt künstliche Blumen und Blätter aus Kautschuk, welche eine sammetartige Weiche und einen Schmelz besitzen, der sie viel naturgetreuer erscheinen läßt, als die von Battist, Krepp oder Seide.

Um Leder zusammenzukleben, nehme man eine Masse aus 1 Theil Asphalt, 1 Theil Kolophonium, 4 Theilen Gutta-Percha in Schwefelkohlenstoff gelöst.

Salz als Reinigungsmittel der Schornsteine. Das Fegen der Schornsteine kann gänzlich vermieden werden, wenn bei dem Bau derselben der Mörtel mit Salz vermischt wird. Da das Salz bei feuchtem Wetter zerfließt, so fällt der Ruß mit herab. Ein Hausbesitzer in Sachsen, der dieses Verfahren schon vor 30 Jahren anwendete, hat seitdem nicht nöthig gehabt, seine Schornsteine fegen zu lassen.

Statistisches.

In der k. k. österr. Armee befinden sich 150,200 Deutsche, 116,000 Czechen, Mähren und Slowaken, 42,500 Polen, 54,500 Ruthenen, 20,000 Slovenen, 26,500 Kroaten, 30,500 Serben, 70,500 Magyaren, 33,000 Italiener, 47,500 Romanen, 845 Armenier, 2950 Zigeuner, 9850 Israeliten. Nach dem Religionsbekenntniße gehören in der k. k. Armee 438,912 Mann dem katholischen, 58,685 dem griechisch-katholischen, 324 dem armenisch-katholischen Bekenntniße an, 40,870 sind griechisch-nichtunirte, 510 armenisch-nichtunirte. 16,411 Evang. Augsburger, 37,350 Evang. Helvetischer Konfession, 1667 Unitarier, 9850 Israeliten, 447 Lippowaner, Neumoniten rc. Beim österreichischen Heere sind zwölf protestantische Feldgeistliche angestellt, von denen der oberste den Rang eines Stabsofficiers, drei der zweiten Klasse den Hauptmannsrang und acht der dritten Klasse den eines Oberlieutenants einnehmen. In gleicher Weise sind die katholischen Feldgeistlichen in drei Klassen abgestuft.

Nach der vorjährigen Volkszählung leben in Algerien im Ganzen fast 7500 Deutsche. Rein Deutsch sind folgende europäische Ansiedelungen in der Provinz Konstantine: Rechmaya, Gueiat-Ben Sla und Gued-Tonta. Nachweislich wohnen in 64 algerischen Orten Deutsche, aber es gibt kaum einen Ort, wo nicht einzelne Deutsche zu ermitteln wären, sogar in Biskra, am Saume der Sahara, sind deren zu finden.

In Frankreich ist die schwebende Schuld durch Ausgabe von 300,000 Obligationen um die Kleinigkeit von 150 Millionen Francs vermehrt worden.

Die Bevölkerung Londons beträgt der neuesten Censusaufnahme zufolge 2,803,034 Köpfe, was in den letzten zehn Jahren eine Zunahme um 440,798 ergibt. Die Einwohnerzahl der Hauptstadt kommt somit jener von 20 der bedeutendsten Provinzialstädte gleich, deren jede nicht unter 70,000 Einwohner zählt. Bolton, Birmingham, Bradford, Brighton, Bristol, Hull, Leeds, Liverpool, Manchester, Norwich, Newcastle, Nottingham, Oldham, Preston, Salford, Portsmouth, Sheffield, Stockeupon-Trent, Sunderland und Wolverhampton zählen nämlich zusammengenommen 2,863,545 Einwohner. Doch wächst in diesen Städten die Bevölkerung rascher als in der Hauptstadt, da die Zunahme in dieser blos 440,798, in jenen dagegen 591,058 beträgt, bei London blos 18, bei diesen 25 Procent.

Humoristisches.

König Georg der Erste rastete auf einer Reise nach Hannover in einem holländischen Dorfe und verlangte einige Eier, wofür er 200 Gulden bezahlen mußte. — „Wie?" rief er aus; „die Eier müssen ja bei Euch eine ungeheure Seltenheit sein." — „Die Eier nicht, aber die Könige," erwiederte der höfliche Wirth mit einer Verbeugung.

General Shelley ritt während der Revue eines Kavallierkorps an einen Sergeanten heran und es entspann sich dabei folgender Dialog: „Welches ist das beste Pferd Ihrer Schwadron?" fragte der General. — „Das Pferd Nr. 40." — „Welche Eigenschaften machen es zu dem besten?" — „Es trabt und galoppirt gut, hat keinen Fehler, ist wohlgenährt, trägt den Kopf hoch, hat ein gutes Gemüth und ist noch jung." — „Und wer ist der beste Soldat der Schwadron?" — „Tom Jones, Herr General." — „Warum?" — „Er ist ehrlich, dienstwillig, tapfer, nimmt Equipirung und Waffen in Acht, sorgt gut für sein Pferd und hält sonst in jedem Stücke streng auf Erfüllung seiner Pflicht." — „Wo ist nun das beste Pferd?" — „Es ist das meine, Sir." — „Und wer ist der beste Soldat?" — „Ich, zu dienen, Herr General." — Shelley lachte laut auf und da er sich von der Wahrheit der erhaltenen Auskunft überzeugte, gab er dem Sergeanten ein Geldgeschenk.

„Welch' Wunder! Sie sind gerettet und hatten doch nach meiner Berechnung gestern Abends nur noch sechs Stunden zu leben." — „Ja, wenn ich Ihre letzte Medicin genommen hätte!"

„Aber Eduard, was machst Du für ein Gesicht?" — „Liebes Kind, gegen die Süßigkeit meines Lächelns erscheint Alles sauer, so daß ich nothwendiger Weise ein saures Gesicht haben muß."

„Papa, wenn Du in den Krieg gehst, nimm mich mit," sagte der kleine Sohn eines Bürgergardisten. — „Ja, mein Junge, ich trage Dich auf dem Rücken." — „Dann wird der Junge sicher vom Feinde getroffen," bemerkte die Base Bishold.

König Karl der Zweite von England fragte den Bischof Stillingfleet, warum er die Predigten, welche er vor ihm halte, vorlese. — „Sire," erwiederte der Bischof, „die Ehrfurcht vor einem so großen und weisen Fürsten schüchtert mich zu anzublicken. Aber gestatten Ew. Majestät mir auch eine Frage: Warum lesen Sie Ihre Reden im Parlament?" — „Ach," antwortete der König, „ich habe das Haus der Lords und Gemeinen so oft um Geld gebeten, daß ich mich schäme, den Herren in's Gesicht zu sehen."

Ein Ehemann sagte: „Frauen theilen unsere Sorgen, verdoppeln unsere Freude und verdreifachen unsere Ausgaben."

In einem Theaterstücke stellten zwei Haufen Statisten griechische und trojanische Krieger vor. — „Auf die Bühne, Griechen!" flüsterte der Regisseur an der betreffenden Stelle dem einen Haufen hinter den Coulissen zu. Die dummen Statisten verstanden: „Auf die Bühne kriechen!" und krochen, einer nach dem andern, mit Helm und Schild zum Gelächter des Publikums hinter der Pappwand hervor.

Vermischtes.

In dem Territorium Arizona (Amerika) ist eine Niederlassung von Indianern überfallen worden. In der Nähe der ausgeraubten Station fand man die Leichen zweier Weißen, mit den Füßen an Bäume, mit den Armen an Pfähle gebunden, und den Spuren eines langsamen Feuers unter den Köpfen. Die Leiber waren von Pfeilen und Lanzen durchbohrt.

In Wien lebt eine Dame, Amerikanerin, welche Mutter von 24 Kindern und Großmutter von 50 Enkeln ist, die sich sämmtlich noch am Leben befinden. Vor Kurzem war der 80. Geburtstag dieser würdigen Matrone, und eines ihrer Kinder hatte ihr die Ueberraschung bereitet, aus nah und fern, selbst vom Ohio her, sämmtliche Familienmitglieder zum Besuche nach Wien zu laden. An diesem Tage fanden sich auch alle in der Sommervilla der Ahnfrau ein und es war ein imposanter Anblick an der Tafel von über 100 Gedecken unter dem Vorsitze der rüstigen Greisin vielleicht die zahlreichste Familie der Welt beisammen zu erblicken.

In den vornehmen Kreisen Berlins wird das Verschwinden eines Kammerherrn einer königlichen Hoheit besprochen. Er hinterläßt circa 40,000 Thaler Schulden und war gezwungen, sich seinen Gläubigern zu entziehen. Einer derselben, ein berüchtigter Wucherer in Potsdam, hatte auf dieses Verschwinden gerechnet und einen Wechsel über 1000 Thlr. auf 11,000 gefälscht. Der Flüchtige wies aber von der Schweiz aus diese Fälschung nach, und der Wucherer erhängte sich, um der Kriminaluntersuchung zu entgehen, im Waldpart.

Der Strohhalm als Blitzableiter. Die in diesem Jahre so häufigen elektrischen Wettererscheinungen veranlassten den Einsender, ein einfaches Mittel bekannt zu machen, das wegen seiner leichten Anwendungsweise gewiß vielseitige Beachtung verdient. Die Eigenschaft des Strohes, elektrische Körper zu entladen, ist bereits wissenschaftlich festgestellt. Versuche haben dargethan, daß die Spitze eines Strohhalms, wenn letzterer auch nur einen Zoll lang, befähigt ist, eine elektrische Batterie, die mit hinreichender Elektricität, um einen Ochsen mit einem Schlage zu tödten, beladen ist, augenblicklich ohne Funken und ohne Explosion zu entladen. Auf Grund dieser Feststellung hat man in Frankreich folgendermaßen einen Blitzableiter konstruirt, der daselbst vielfach Anwendung gefunden hat. An einen Stab von weichem Holze wird ein Strohhalm der Länge nach mit Messingdraht befestigt und an das Ende desselben eine Kupferspitze angebracht. Diese einfache Konstruktion soll hinreichenden Schutz gegen die Blitzstrahl gewähren. In der Umgegend von Tarbes in Frankreich sind auf je 20 Hektaren (1 Hektare = $3^{11}/_{12}$ preuß. Morgen) ein derartiger Blitzableiter angebracht, wodurch die Gemeinden vollkommen gegen elektrische Witterungseinwirkungen gesichert sein sollen. Die früher in Deutschland hie und dort eingeführten, als unwirtsam jedoch wieder aufgegebenen Lapostolle'schen Hagelableiter waren wesentlich anders, als nach obiger Beschreibung eingerichtet.

Blutdurst eines Soldaten. Die Kreutzberg'sche Menagerie hat am 16. Juni in Bromberg einen nicht ganz unerheblichen Verlust erlitten. Nachdem dem ein Wärter des Morgens ein niedlicher Papagei im Werthe von ca. 35—40 Thlr. fortgeflogen, wurde Nachmittags von einem Soldaten ein Adler erschlagen. Dieser Soldat besuchte die Menagerie und drängte sich unbemerkt in den Raum, in welchem ein Kameel und ein ganz zahmer

Feuilleton.

Adler frei umhergingen. Der Soldat zog ohne alle Veranlassung seinen Säbel und ging damit zuerst auf das Kameel los; da dies aber entsetzlich brüllte, so wandte er sich von demselben ab und ging zum Adler, dem er den Hals durchschlug. Diese Brutalität hat allgemeine Entrüstung erregt.

An den 20.000 Gulden-Treffer der Creditlose-Ziehung knüpft sich eine interessante Episode. Der Besitzer des Loses, ein junger Mann, hatte sich bei der Südbahn um kurzem um Anstellung beworben und dem Gesuche ein Creditlos als Geschenk für den Bureauchef beigelegt. Der letztere übergab das Los der Direktion und diese konfiscirte es zu Gunsten des Armenfondes. Dagegen erhob der junge Mann Rekurs und der Bescheid erfolgte dahin, daß ihm das Los zurückzugeben sei, weil hier keine Bestechung eines Staatsbeamten vorliege. Und dieses selbe Los hat nun den Treffer mit 20.000 fl. gemacht.

Dampfmaschinen in England. Einer der bedeutendsten englischen Ingenieure, Fairbairn, veröffentlichte vor Kurzem ein Werk über die in England im Gange befindlichen Dampfmaschinen, welches höchst interessante Angaben über die von diesen Maschinen repräsentirten mechanischen Kräfte enthält. Nach Fairbairn beschäftigen die Metallbergwerke und Schmelzöfen Englands eine Gesammtheit von Dampfmaschinen, welche 450.000 Pferdekräfte repräsentirt. Die Dampfmaschinen der Manufakturen arbeiten mit zusammen 1,350.000 Pferdekräften, die Schifffahrt mit 850.000, die Lokomotion mit 1 Million. Also im Ganzen 3,630.000 Pferdekräfte. Da aber diese Maschinen durchschnittlich mit dem Dreifachen ihrer nominellen Kraft arbeiten, so steigt nach Fairbairn in Wahrheit die Ziffer auf 11 Millionen. Diese 11 Millionen Pferdekräfte, deren jede der Kraft von etwa 7 starken Männern gleichkommt, würden ohne die Erfindung Watt's und Arkwright's die Kräfte von 77 Millionen Menschen erfordern, sonach dem manneskräftigen Theile einer Bevölkerung von 230 Millionen entsprechen. Eine so große Bevölkerung besitzt aber Indien nicht, kaum China, und die Sklaven Südamerika's betragen höchstens ein Fünfzigstel der genannten Menge.

Das heißt Gütesbesitz. Aus Pest wird geschrieben, daß Fürst Paul Esterhazy mit einer belgischen Gesellschaft wegen Abtretung seiner Güter in Ungarn auf 40 Jahre in Verhandlung getreten sei. Diese Gesellschaft soll sich verpflichten, dem Fürsten 24 Millionen Kapital, außerdem aber 400.000 fl. jährliche Renten zu zahlen. Die Gesellschaft will die Güter selbst verwalten, und daran wird sie gut thun, sonst geht ihr die Rechnung nicht zusammen.

Der französische General Forcy, der kürzlich aus Lombardo-Venetien nach Paris zurückgekehrt ist, soll — wie der „Donauzig." geschrieben wird — von dem guten Geist der österr. Armee und von seinen Gesprächen mit Benedek ganz entzückt sein. Benedek soll zu ihm gesagt haben: „Wir werden nicht angreifen; wenn aber die Piemontesen Miene machen, auch nur einen einzigen Musketenschuß zu thun abzufeuern, so werden wir diesesmal gerade nach Turin marschiren." Dagegen soll Lamarmora zu Forcy gesagt haben: „Sie kommen aus Verona, Sie werden dort eine schöne Armee gesehen haben; ich kann Ihnen nichts dergleichen zeigen und würde sehr verlegen sein, wenn ich morgen in's Feld rücken sollte."

Der englische Oberrichter Graham war der höflichste Jurist auf Gottes Erdboden und sprach die vor ihm geführten Verbrecher stets auf die leutseligste Weise an. — „Mein guter Freund," pflegte er zu sagen, „Ihr seid leider überführt worden, daß Verbrechen des Mordes begangen zu haben, und es ist also meine unerläßliche Pflicht, Euch das Leben abzusprechen." — Eines Tages verurtheilte er einen Räuber zur Transportation, während der Gerichtsschreiber ihn leise darauf aufmerksam machte, daß dem Gesetze nicht genügt scheine. — „O mein lieber Freund, kommt ein Mal zurück," rief Graham dem Verurtheilten zu, „ich bitte Euch wegen eines begangenen Irrthums um Verzeihung (er zog sein schwarzes Käppchen); ich sprach Euch Transportation zu, finde aber jetzt, daß Eure Thal mindestens den Galgen werth ist."

Der Preis für zwei Haarlocken eines Mädchens. In Hamburg schwebt ein höchst amüsanter Proceß wegen Entschädigung für zwei abgeschnittene Haarlocken. Die näheren Umstände sind folgende: Die Tochter eines dortigen Kaufmanns, die in ziemlich gedrückten Verhältnissen lebt, suchte als Schneiderin ihrer Familie einen Nebenerwerb in verschiedener Art und machte häufig Einkäufe in einem Modewaarengeschäft der Altstadt. Um dort angestellter Kommis, der Sohn reicher Eltern, hat das junge Mädchen mehrmals im Scherz, ihm eine ihrer schönen Haarlocken zu schenken. Als sie neulich wieder in den Laden trat, machte er sich den Spaß, ihr mit der Schere zu drohen und nach ihrem Haare zu schneiden. Unglücklicherweise — mindestens stellt der junge Mann die Sache so harmlos dar — gerieth die Schere bei diesem Spiel wirklich dem Mädchen in's Haar und zwei große Locken fielen zur Erde. Der ergrimmte Vater verlangte einen Schadenersatz von 1500 Mark. Um die Sache womöglich in Güte beizulegen, erbot sich der Kommis, welchem seinen Muthwillen ernstlich bereut, 400 Mark Banko zu zahlen — aber vergebens, der Kaufmann bestand auf seiner Forderung, und so werden nun die Gerichte den Werth der Locken abzuschätzen haben. Am Ende heirathet der Kommis das Mädchen und das Lustspiel ist fertig.

Was bei neuer in Südrußland, wo die Heuschreckenplage wieder groß ist, die Bemerkung gemacht, daß die Heuschrecken die Runkelrüben verschonen. So groß übrigens auch der Schade ist, den sie anrichten, so steht heuer in der Ukraine, Podolien und Wolhynien doch eine sehr reiche Ernte in Aussicht.

Der Londoner Thierschutzverein hat ein „Asyl" (home, wörtlich Heimat) für verlorene und hungernde Hunde errichtet; es liegt in Holloway. Ein enthusiastischer Hundefreund, William Kidd, hielt am 5. März zum Besten dieser Anstalt eine zwei Stunden lange Vorlesung über die trefflichen Eigenschaften der Hunde, welcher eine fashionable Versammlung mit Andacht zuhörte.

Die Entstehung der so berühmt gewordenen alten französischen Kaisergarde, welche in die Zeit des Feldzugs in Italien 1796 fällt, ist so interessant, daß wir sie hier mittheilen. Als nämlich bei dem Gefechte von Borghetto am 30. Mai Buonaparte bemerkte, daß die Oesterreicher nirgend mehr Stand hielten, ritt er nach St. Giorgio, weil ihn heftige Kopfschmerzen peinigten, die er durch ein Fußbad vertreiben wollte. Er saß in demselben, als plötzlich Kleingewehrfeuer erscholl und Patrouillen von der Abtheilung des Generals Sebottendorf so rasch daher kamen, daß die Wache kaum noch Zeit hatte, das Thor des Hauses, in welchem der französische Feldherr sich befand, zu schließen. Buonaparte entkam durch eine Hinterthür, an einem Fuß den Stiefel, den andern nackt. Sebottendorfs Husaren wurden durch die Truppen der Division Massena schnell verjagt und Buonaparte konnte zurückkehren. Die Gefahr aber, in der er geschwebt, gab ihm den Gedanken ein, sich eine Leibwache zu errichten. Die tapfersten und gewandtesten berittenen Jäger, welche eine mehrjährige tadelfreie Dienstzeit nachweisen konnten, wurden dazu gewählt und ihre Anführung dem Eskadronschef Bessières, nachmaligem Herzog von Istrien, anvertraut. Aus Rücksicht auf das Direktorium gab man dieser erlesenen Reiterschar den Namen Compagnie des Guides. Sie versah den Dienst in Buonapartes Hauptquartier, begleitete ihn auf Rekognoscirungen bildete überhaupt seine Bedeckung und war der Stamm der nachmaligen Kaisergarde.

Der Besitzer des ehemaligen Bach'schen Fabriksetablissements in Karolinenthal bei Prag, Ernst Adler v. Lindenheim, wird dort eine große Arbeiterkolonie einrichten. Dieselbe soll aus 16 Häusern mit drei Stockwerken bestehen, welche zusammen 520 größere und kleinere Wohnungen enthalten werden. Jede Wohnung wird mit einem besondern Eingange versehen sein, ihre eigene Beleuchtung und ihren eigenen Wasserzufluß haben. Je zwei Wohnungen zusammen bekommen einen kleinen Garten.

Konkordat vor Gericht. Das Organ der katholischen Geistlichkeit in Böhmen, der „Blahověst", theilt nachstehende Thatsache mit: In jüngster Zeit wurde in K. bei dem Strafgericht eine Klage auf Ehrenbeleidigung eingebracht. Bei seinem ersten Verhör sagte der Kläger zu dem Untersuchungsrichter: „Vier, dieser Mensch hieß mich einen Lumpen, Taugenichts ic. Dies Alles hätte ich ihm verziehen, daß er aber sagte, daß ich „Konkordat" bin, das verzeih' ich ihm nicht bis zum letzten Augenblicke meines Lebens nicht und verlange, daß er dafür nach Recht und Gesetz bestraft werde!"

Bei dem kürzlich in Krems abgehaltenen Gesangsfest waren Begräbniß-Karten ausgetheilt worden, welche in der Form den Hundertgulden-Banknoten ähnlich waren. Aus Anlaß dessen wurden sie von der Sicherheitsbehörde konfiscirt. Nichtsdestoweniger blieben einige in den Händen des Publikums, und dieser Tage ist in Wien ein Bauernmädchen von einem Gauner durch solch eine Kremser Festkarte getäuscht worden. Der Gauner entlockte nämlich dem Mädchen 7 fl. unter dem Vorwande, daß man ihm die Hundertgulden-Note nicht wechseln könne und er kleines Geld brauche. Das Mädchen gab ihm ihre ganze Baarschaft von 7 fl. und wartete längere Zeit mit dem Kremser Hunderter in der Hand auf ihren Begleiter, der aber nicht wiederkam.

In London kam unlängst eine Mordscene vor, die in ihrer Färbung an dergleichen amerikanische Vorfälle erinnert. Ein Armen-Agent Mr. Roberts feuerte auf einen Major, Mr. Murray, der sein Bureau in Geldangelegenheiten besuchte, zwei Pistolen ab. Der Major sank, am Halse verwundet, zu Boden und stellte sich todt in der Ueberzeugung, daß, wenn er noch ein Lebenszeichen von sich gäbe, Roberts noch einen ferneren Schuß nach ihm absenden würde. Als Roberts näher trat und sich über den am Boden liegenden Major niederbeugte, um zu sehen, ob derselbe vollends todt sei, faßte der Verwundete rasch einen Poker (Feuerschürer) und richtete damit nun seinerseits dem Agenten in einer ähnlichen Weise zu, so daß derselbe halb todt liegen blieb. Beide befinden sich nun im Spital und zwar ist Roberts lebensgefährlicher verwundet als der Major.

Die „Oest.-Ztg." meldet, daß in Folge überaus günstiger Resultate und dadurch erlangten vortheilhaften Rufes des Hoff'schen „Malzextraktes" dem Besitzer dieses Geheimmittels, Herrn Hoff aus Berlin, die besondere Ehre zu Theil wurde, in einer Audienz von Sr. Maj. dem Kaiser die Zusicherung zu erhalten, daß dieses Mittel ehestens bei Ihrer Majestät der Kaiserin in Anwendung gebracht werden soll.

Banke's falscher Name im Auslande war bekanntlich „Ueberström". Dieser Name ist jetzt in Berlin ein Schimpfwort geworden; denn ein Bummler, der einen Nachtwächter „Ueberström" genannt hatte, wurde wegen Amtsbeleidigung zu sieben Tagen Gefängniß verurtheilt.

Ein in Ungarn disponibel gewordener Beamter, welcher nach Iglau übersiedelte, sandte seine Familie voraus, er selbst ging aus Ersparungsrücksichten zu Fuß. In dem Biteschker Walde wurde derselbe von zwei Männern überfallen, die ihm sein Geld abforderten. Er gab seine Baarschaft gutwillig her. Die beiden Räuber fielen aber neuerdings über ihn her und schlugen ihn mit ihren Stöcken derart, daß er niederstürzte und liegen blieb. Dann untersuchten sie seine Taschen, zerschnitten ihm mit einem bei ihm vorgefundenen Federmesser das Gesicht und die Ohren und entfernten sich endlich. In diesem traurigen Zustande fand ihn ein Vorüberfahrender, der

ihn, da er noch Lebenszeichen an ihm bemerkte, in seinen Wagen nahm und nach Möglichkeit pflegte. Am 17. Juli wurde der Kranke in das allgemeine Krankenhaus nach Brünn gebracht.

Am 29. Juni, als dem Geburtstage Josef Ressel's, des Erfinders des Schraubendampfers, fand in dessen Vaterstadt Chrudim die feierliche Enthüllung einer marmornen Gedenktafel an dem Geburtshause Ressel's statt. Dieser Festlichkeit wohnten alle dortigen Civil- und Militärbehörden, sowie eine Deputation des Triester Komité für das Ressel-Monument und der Civilingenieur Heinrich Ressel, Sohn des Gefeierten, bei, welcher als Vertreter der Familie Ressel von dem Stadtrathe Chrudims eine besondere Einladung erhalten hatte. Der Stadtrath von Chrudim hat denselben, um bei dieser Gelegenheit das Andenken des Gefeierten noch höher zu ehren, zum Ehrenbürger von Chrudim ernannt. (Wir berichten bei dieser Gelegenheit, daß das Bedenken, welches wir neulich gegen die italienische Inschrift am Denkmal eines deutschen Erfinders in einer deutschen Stadt aussprachen, wenigstens den Erfolg gehabt hat, daß das Komitö in Triest, um seine Nationalität zu verletzen, einstimmig beschlossen hat, die betreffende Inschrift in lateinischer Sprache, als Universalsprache, abzufassen.)

Welch' gescheite Thiere in Schottland die Hochlandschafe sind, davon folgendes Beispiel: Im Garten einer schottischen Besitzung befanden sich einige Beete mit frühzeitigen Gemüsepflanzen, welche eines Tages dergestalt verwüstet waren, daß man sich genöthigt sah, sie mit Glasfenstern zu bedecken. Am andern Tage waren die Scheiben zerbrochen und die Pflanzen abermals beschädigt. Man nahm jetzt sehr starkes Glas, welches nur mit Kraftanstrengung hätte zerbrochen werden können und stellte, als man auch diesmal eine Scheibe zerbrochen fand, einen Wächter aus. Und siehe da, in der Abenddämmerung kam ein Hochlandschaf durch eine Lücke des Gartenzaunes, trug einen ziemlich schweren Stein in der Schnauze, ging zu's Gemüsebeet und schleuderte den Stein mit solcher Kraft in eine Scheibe, daß sie in Stücken ging. Dann steckte es den Kopf durch die Scheibe und fing gemüthlich an zu fressen.

Der Schütze Dorner aus Nürnberg führte bei dem Gothaer Schützenfest folgendes Kunststück aus: Er legte die Büchse an, zielte, nahm dann mit der linken Hand den Hut vom Kopfe und legte ihn auf das Visir oder den Diopter, während die Rechte unbeweglich und ohne das Zucken eines Pulsschlages in der Richtung blieb. Nun drückte er ab und die Kugel traf das Centrum. Auf Ersuchen wiederholte er einigemale das Kunststück mit großer Ruhe und sicherer Hand und stets mit gleichem Erfolge.

In Brünn verursacht der Selbstmord eines jungen Mannes viel Aufsehen. Derselbe hatte ein nicht unbedeutendes väterliches Erbe durchgebracht, war jedoch wieder zu einem ordentlichen Lebenswandel zurückgekehrt, wozu eine heftige Neigung, die er zu einem jungen Mädchen faßte, viel beitragen mochte. Da erkannte er, daß er hoffnungslose Liebe und versank wieder in sein unordentliches Treiben. Dieser Tage kömmt er in ein Gasthaus, das er seiner Neigung wegen zu besuchen pflegte, läßt sich ein Glas Wein einschenken und schüttet unter dem Vorgeben, er müsse ein Brausepulver nehmen, ein weißliches Pulver in das Getränk, das er in einem Zuge zu sich nimmt. Hierauf empfahl er sich mit der Bemerkung, man werde ihn nicht mehr sehen. Auf die Frage, wohin er denn zu reisen gedenke, entgegnete er: „In's Jenseits, denn ich habe Arsenik in den Wein gethan." Alles lachte über den vermeintlichen Spaß, aber man sollte sich bald von der Wahrheit überzeugen. Der Unglückliche ist seinen Leiden bereits erlegen.

Redigirt unter Verantwortlichkeit des Verlegers. — Papier und Druck des art.-typ. Instituts von Carl Bellmann in Prag.

Erinnerungen.

Illustrirte Blätter für Ernst und Humor.

82. Band. (Ein und vierzigster Jahrgang.) Heft IV.

Louise Meunier.

Von P. P.

(Fortsetzung.)

Renés Brust war in tiefer Aufregung, wenn auch seine Züge dieselbe nicht verriethen. Er gedachte der Leiden, die er bereits an Louise entdeckt und er wußte es ihr Dank, daß sie noch so geblieben, wie er sie beurtheilt, gut und unschuldig, sanft, sich selbst zum Trotz und ungeachtet der Kattern der Leidenschaft, die sich so vielmal schon in seinem Busen regten und ihn ängstigten.

Die Unterhaltung war zu Ende, das Thema erschöpft. Der junge Graf legte darauf die letzte Hand an Frisur, Bart und Kravate und begab sich zu Herrn Meunier. Die Züge Louisens im Augenblicke seiner Ankunft konnten nur die tiefe Zuneigung, die er für sie schon lange hegte, steigern. Noch nie hatte er sie so schön, so liebenswürdig, so bezaubernd melancholisch gesehen. Um ihre Taille, deren anmuthsvolle Nachläßigkeit die ganze Elasticität ihres Körpers erst so recht hervortreten ließ, fiel ihr schwarzes Barègekleid in ebenso reichen als zierlichen Falten. Ihre Augen waren nicht rothgeweint, aber die schwerfällige, lästige Bewegung der Augenlider bewies, daß sie doch geweint hatte. Auch der Zustand, in dem sich ihre Haare befanden, bestätigten etwas Aehnliches. Sie ruhten in langen dicken Flechten die Wangen ein und bildeten ein wenig oberhalb des Nackens einen dichten Knäuel; und gerade in dieser nachläßigen Frisur lag ein überaus verführerischer Reiz.

Was war denn aber an dem Tage vorgefallen? Louise hatte anfangs mehr Reue als Freude empfunden über die Einladung des jungen Grafen. Sie kannte ihren Onkel nur zu gut, als daß sie nicht ihre Folgen hätte fürchten sollen. Herr Meunier, im Grunde ein guter Mensch, wie oberflächliche Beobachter alle Leute nennen, die die Tugenden des codo civile besitzen, war der Urtypus eines echten Haustyrannen. Zuvor, ehe er sich in Bourgueville zur Ruhe setzte, hatte er durch einige zwanzig Jahre eine kleine Handlung in Rouen betrieben, in einer bei jeder Witterung offenen Krämerbude. Er gehörte zu jener Klasse alter Spießbürger, die sich in ihrem Gewissen verpflichtet halten, unter jedem Vorwande, bei jeder Gelegenheit ihre Kinder zu quälen und zu foltern. Indem sie in der Strenge des Familienoberhauptes den Hort der Sittlichkeit und des Staatswohls erblickten, glaubten sie, die Gesellschaft sei in Gefahr, wenn sie nicht allen denen, die unter ihrer Botmäßigkeit standen, alle möglichen Verdrießlichkeiten und Tocturen bereiteten und ihnen selbst die unschuldigsten Vergnügungen raubten. Aber das, was sie so zu sagen nur des Princips wegen thaten, artete auf die Dauer in eckige Neckereien und teuflische Raffinerie aus. Sie fanden ihr Vergnügen und ihren Vortheil darin, ihre Omnipotenz und ihre Diktatur zu persönlichen Zwecken auszubeuten.

Es gab unter Ludwig XI. unter diesen wenig respektable Patriarchen, denen unsere Gesellschaft einen panischen Schrecken eingejagt haben würde durch die gegen sie geschleuderten Vorwürfe des Egoismus, der Perfidie und der Grausamkeit.

Louise bezweifelte es also keinen Augenblick, daß dieses Mittagmahl, welches in die sonstige Alltäglichkeit so störend eingriff, ihr seitens des Onkels Klagen und Vorwürfe eintragen würde. Die Furcht vor dergleichen versetzte sie darum auch immerfort in die peinlichste Unruhe. Nichtsdestoweniger sah sie nicht auf eine luxuriöse Ausstattung der Tafel; aber sie sorgte um so mehr für treffliche Gerichte, seine, aufmerksame Bedienung und passende Reihenfolge in den Speisen und Getränken; von Eleganz war gar keine Rede. Gewiß zwanzigmal war sie zur Cousine gelaufen, und es bedurfte des Aufwandes aller und jeder Ueberredungskunst, um Beronika zu bestimmen, einiges nach ihrem Geschmacke abzuändern. Eine ruhige aber hartnäckige Debatte ward auch über das kleinste, unbedeutendste Detail geführt. Eine sehr kitzlige Frage war zum Beispiel diese: Louise wollte die Suppe in einer Suppenschüssel von weißem Porzellan servirt wissen; Beronika aber wollte die braune Schüssel von Steingut, die alle Tage auf den Tisch Meunier's kam, unter dem Vorwande, die Suppe bliebe darin länger warm. Derselbe Streit entspann sich über die zu gebrauchende Saucière. Alle diese Streitigkeiten zwischen der Dienerin und der jungen Dame wurden halblaut geführt.

Louise strengte sich unaufhörlich an, den Ton ihrer Stimme zu dämpfen, aus Furcht, der Onkel möchte etwas hören; denn sie wußte, daß in dem Gastfreundschaftskoder des Herrn Meunier der erste Paragraph lautete: Die Gewohnheiten des Hausherrn dürfen in keinem Falle, sei der Besuch welcher Art immer, verletzt werden, ja selbst die leiseste Modifikation ist strengstens verpönt.

Alle Bemühungen Louisens blieben indeß fruchtlos, wenn nicht vorerst eine wichtigere Frage gelöst wurde: nämlich die in Betreff der Dessertschüssel. Für Entrée's und Braten hatte sie genug Schüsseln von Porzellan gefunden, aber für's Dessert gab's nur solche von Steingut, die noch obendrein durch den langjährigen Gebrauch sehr abgenützt und mit allerlei einfältigen blauen Figuren bemalt waren. Louise war versucht, zu Klärchen zu gehen und sie zu ersuchen, ihr das Service des Herrn Doktors zu leihen; aber Herr Meunier würde sicher dieses grüne durchsichtige Porzellan erkannt und sich wüthend geärgert haben, wenn sich die Ansicht verbreitet hätte, er brauche zur Ausstaffirung seiner Tafel das Porzellan seines Nachbars. Louise zog es darum vor, drei bis vier Stunden weit zu gehen, um bei einem Steingutshändler die ihr fehlenden Kompot- und andere Schüsseln zu kaufen.

Sie nahm das Geld zu dem Einkauf in ihre Börse und — glaubte gar nicht gesehen worden zu sein. Aber ach! Als sie, begleitet von einem kleinen Buben, nach Hause zurückkam, erblickte sie Herr Meunier, hieß den Knaben den Korb, den er trug, entleeren, ohne weiter eine Miene zu verändern oder ein Wort zu reden.

Nach diesem fatalen Ausgange zeigte sich Louise sich eben so entmuthigt, als verdrießlich und ärgerlich; denn sie sah nun ein, daß es unmöglich war, an die Stelle des Ordinären, welches in allem, was Herrn Meunier gehörte und ihn anging, zur ausschließlichen Herrschaft gelangt war, irgend etwas Besseres und Vollkommeneres zu sehen.

Diese kleine Demüthigung führte sie aber zu weit wichtigeren Reflexionen, die schließlich dahin führten, daß sie fest beschloß, René von seinem Besuche abzurathen; konnte doch dieses Freundschaftsverhältniß ihr nur allerhand heftige Auftritte, fieberhafte Unruhe, unsäglichen Kummer bringen. —

Glücklicher Weise kam unterdessen Klärchen an, die mitgeladen war. Sie faßte die Sache von ihrer komischen Seite auf, und indem ihre Züge jenes der Jugend eigenthümliche Lächeln überlief, machte sie sich förmlich lustig über die Ruhe, die sich ihre Freundin gab, den Schlendrian des Herrn Meunier, seine verrosteten Ansichten und Ideen zu verbessern. Dann zog sie in jugendlichem Muthwillen Louise in den Garten und machte elegante Bouquets, die sie ringsum mit herabhängenden Akazienzweigen umgab, um die zur Aufnahme derselben bestimmten Blumenvasen ganz zu verdecken. Viele und große Weintraubenblätter bedeckten die Kompotschüsseln, die prächtige Pyramiden von Aepfeln und Birnen trugen. Dazu ward noch manches andere improvisirt und in zierlicher Symmetrie aufgestellt, was theils den Augen, theils dem Gaumen bestimmt war. Kurz sie zeigte sich als Künstlerin und Zauberin auf dem bis dahin so sterilen Boden.

„Wenn Dein Graf nicht zufrieden ist," sagte sie, „muß er in der That sehr schwer zu befriedigen sein."

„Warum," entgegnete Louise, „soll er unsertwegen auf seine Vorurtheile, besser gesagt, auf seine Delikatessen verzichten?"

„Weil er Anderes zu thun hat, als daran zu denken; bist Du denn nicht da, meine theure Schöne, um ihn ganz in Anspruch zu nehmen?"

„Das ist ja gerade das Schlimme, daß er dies nur um so mehr erwarten wird, je weniger es ihm sonst behagen wird. Siehst Du, Klärchen, die Welt hat mir durch das Loos, welches ich ward, das Recht gegeben zu behaupten, daß ich ihr Treiben und ihre Forderungen nur zu gut kenne. Ja! ich weiß es, daß es schlimm ist für eine Dame, nicht reich zu sein oder wenigstens reich thun zu können; gerade so wie es ein Unglück ist, häßlich zu sein; das erstere ist freilich noch schlimmer, als das zweite."

Klärchen machte hierzu ein schiefes Gesicht, welches gegen den Ausspruch Louisens protestirte, kümmerte sich dabei aber weiter weder um die allgemeine Meinung, noch um die Beweise ihrer Freundin.

René war offenbar der Mann, die Beunruhigungen und Grübeleien Louisens als ungerechtfertigt erscheinen zu lassen und allen Erwartungen, die Klärchen von ihm hegte, zu entsprechen. Aus verschiedenen Gründen zogen ihn die beiden jungen Damen gleich sehr an; er hegte für Louise eine zwar noch nicht endgültig bestimmte, aber doch vielleicht schon tief gewurzelte Neigung. Was Klärchen betrifft, so kannte er sie schon lange und fand so viele Aehnlichkeiten zwischen dem Charakter der liebenswürdigen Nichte des Doktors und dem seinigen, als daß er für sie nicht große Sympathie hätte haben sollen; aber es fehlte doch Sehnsucht nach Vereinigung, die da Ursache der Liebe und Wirkung zugleich ist.

Mitten zwischen seinen beiden Freundinnen nun gab sich René so große Mühe, durch seine Unterhaltung den Lippen der Einen ein Lächeln abzugewinnen und auf der Stirn der Andern einige Falten ernsten Nachdenkens hervorzuzaubern, daß bald diese drei Geister, diese drei Herzen in eine jugendliche Begeisterung sich versetzt fühlten, die alles in sich faßt: die Träume der Poesie, die Jovialität kindlicher Ausgelassenheit, herzliche Vertraulichkeit und wohlthuende Beredsamkeit. Herr Meunier, der sich in der Person eines reichen Grundbesitzers und Adjunkten des Maire der Gemeinde einen Gesellschafter ausgesucht, hatte für die jungen Leutchen gar kein Ohr. Bisweilen, wenn ein witziger Gedanke ausgesprochen wurde oder eine Idee, die ihm fremd war und seiner Anschauungsweise diametral entgegengesetzt war, begnügte er sich damit, in possenhafter versteckter Weise zu lachen. Ein andermal mischte er sich in die Unterhaltung mit einem Witz, der sich aber jedesmal mehr durch seine Ungeschliffenheit als durch seinen Geist auszeichnete und den er obendrein stets mit einem ekel- und fratzenhaften Lachen begleitete.

Obgleich Veronika ganz mit ihren Arbeiten beschäftigt war, horchte sie doch ganz still, nahm sich aber auch ebenso fest vor, später sich recht malitiös an der armen Louise zu rächen.

Weil so jeder sich für etwas anderes am meisten interessirte, wurde die Situation der Gäste Meunier's eine recht fatale und kitzlige, um so mehr, als des Letztern eigene Erfindungsgabe ihn nur zu den allertäppischsten und tölpelhaftesten Auskunftsmitteln greifen ließ. An seiner sorgfältigen Toilette, seiner blendend weißen Wäsche, an dem feinen Tuche seines Ueberrocks, an der goldenen Lorgnette war es leicht zu sehen, daß er für sich selbst der Gegenstand einer Hochachtung war, die er nur gar zu gern auch den Andern eingeflößt hätte. Daß er sich aber hierin sehr getäuscht, davon mußte er unausgesetzt sich überzeugen. Und konnte es anders sein? Wenn er zu reden anfing, war das, was er sagte, immer nichtssagend, und dabei stolperte er noch bei jedem Worte. In allem, was er dachte, erfand, behauptete, bewies, machte er die verschiedensten Fehlgriffe. Bald machte er durch einen riesigen Gedächtnißfehler, bald durch ein blödes Urtheil Alles konfus. Die einträchtigsten Eheleute ließ er in Bank und Streit leben, Unverheiratete verheiratete er, beschenkte Wittwen mit wiederholten Familienvermehrungen und machte Reiche zu Armen und Arme zu Reichen; jeden Augenblick machte er so einen dummen Streich und ermüdete dadurch seinen Gesellschafter fort und fort, denn der hatte in der That nichts zu thun, als Meuniers Fehlgriffe zu verbessern. Aber der arme Mann war nichts weniger als starrköpfig; kaum war er auf einen Schnitzer aufmerksam gemacht, führte er in bedeutungsvoller Weise sein Kinn gegen die Brust, um zu überlegen, wie er denn zu dem Schnitzer wieder gekommen; dabei verriethen seine funkelnden Augen und die weit geöffneten Löcher seiner langen Nase seine innere Bewegung und seine Scham. Seine Mißgriffe und diese Bewegung wiederholten sich so oft, daß die jungen Leutchen sie nur zu gut bemerkten und mehr als einmal darüber lachten; aber Meunier, der sich so in seiner Beobachterrolle durch seinen unbequemen Schwätzer gestört sah, replicirte alsdann mit der größten Brüskerie.

Nach Tische nahm Herr Meunier seine Zeitung, reichte sie dem Adjunkten, damit er ihm sie vorlese, und stellte so das gute Einvernehmen wieder her, während René und die beiden jungen Damen sich an das geöffnete Fenster stellten. Eine weite Aussicht in die Ferne bot dieser Standpunkt nicht; denn vor ihnen lag der kleine Garten Meuniers, dessen Hintergrund ein an einen kleinen Hügel sich lehnendes dichtes Gehölz bildete.

„Finden Sie nicht," begann René, „daß jene dunkle Baumwand immer und immer den Blick fesselt? Man gibt sich immer Mühe, in ihre Mitte zu bringen, als wenn daraus irgend eine geheimnißvolle Erscheinung hervorbrechen sollte."

„Es ist wahr," sagte Klärchen, „wir haben nicht die Gabe, magische Bilder hervorzuzaubern, die uns den Gegenstand unserer Wünsche vorführten."

„Diese Gabe liegt immer in der Einbildungskraft, wenn man nur davon Gebrauch machen will. Wohlan,

Fräulein Klärchen, fangen Sie an; sagen Sie, was sehen Sie und würden Sie zu sehen wünschen in diesem Laubdickicht, welches sich zu beleben scheint, wie die Eichen im Hain der Dodons."

„O! meine Wünsche sind bekannt," antwortete Klärchen; „ich sehe, wie dieses Meer von Grün sich verklärt und unter den Strahlen der Morgenröthe glänzt; wie lustige Kindlein sich darin herumtummeln gleich einem summenden Bienenschwarm."

„Für mich," sagte René, der nun an die Reihe kam, „haben die Bäume Leben und Bewegung, sie bilden mir ein Amphitheater, in dessen Mitte ein See seine sanften blauen Wellen kräuselt; ich führe auf ihm einen schmucklosen Nachen ohne alles Geräusch; eine junge Dame, deren anmuthiges Gesichtchen ein zauberisches Lächeln überfliegt, nimmt vor mir eine halb sitzende halb liegende Stellung ein; ihr Blick ist gegen Himmel gerichtet; ich meinerseits bin ganz in den Reiz der Umgebung vertieft; auf einmal begegnen sich unsere Blicke; Staunen und Entzücken verrathen beide und ersticken das Wort auf unseren Lippen."

Klärchen begleitete diese Phantasie Renés mit einem spöttischen Lächeln.

„Ja, Fräulein Klärchen, so ist's!" sprach René. „Ich begreife es sehr wohl, daß Sie mich nicht fähig halten, eine Erheiterung zu schaffen; aber ich kann Ihnen versichern, daß, so bezaubernd auch die Pracht des Himmels und der Erde wirkt, sie doch weit hinter den Anforderungen zurücksteht, die jetzt gemacht werden. Aber nun zu Fräulein Louise!"

„Lasset sie," sagte sie, „die Bilder, die ich heraufbeschwören würde, würden doch nur die Harmonie und den Reiz der jetzigen zerstören."

„Was liegt daran! wir wollen sie sehen."

„Vielleicht weil die Dunkelheit für mich stets etwas schreckenerregendes hatte — genug, ich glaube, ich würde in dieses finstere Dickicht mir einbringen, um darin einen Abgrund zu entdecken; ich glaube, es beherrscht mein Leben wie ein Dämon, den kein Zauber zu bannen oder zu vertreiben im Stande wäre."

„Was ist das für eine schwarze Phantasie!" rief René aus, das Mitleid mit der armen Louise stets das Herz zu zerreißen drohte und der gerade durch dieses Gefühl, welches vielleicht das stärkste und sicherste Liebesband um zwei Herzen schlingt, sich unwiderstehlich zu ihr hingezogen fühlte. „Verscheuchen wir diese finstern Ideen," fuhr er fort, „da ist ein Piano, welches beweist, daß Sie musikalisch sind; ich vermuthe so gar nicht ohne Grund, daß Sie ein herrliches Talent besitzen; erlauben Sie mir, darüber mir ein Urtheil zu bilden."

„Das hieße die Geduld meines Onkels auf eine gar zu harte Probe stellen," erwiederte Louise lächelnd, „die Musik ist ihm zuwider, zumal nach dem Essen, sie stört seine Verdauung."

Im Momente des Aufbruchs bot René Klärchen an, sie in das Haus des Doktors zurückzuführen; sie nahm es an; aber Louise schien der Abschied von ihren beiden Freunden schwer zu werden. Der junge Graf änderte deshalb sofort seinen Vorschlag: Louise sollte sie Beide begleiten und würde sie dann gleich wieder zu ihrer Wohnung zurückbegleiten. Louise ging darauf ein, nahm ihren Hut und ging, ohne auf den gestrengen Blick ihres Onkels und das heimtückische Lächeln Beronika's, die gleichzeitig ihr galten, zu achten. Sie schlugen alle drei die große Straße ein; dagegen nahmen Louise und René ihren Weg quer durch die Felder und Wege des Dorfes. Und — wie glücklich fühlten sich die Beiden in ihrer Einsamkeit und den Schatten, die sie verhüllten. Sie sprachen nicht; aber ihre in einander geschlungenen Arme durchlief ein leises Zittern und Beben, jenem gleich, welches die Bäume in Schlaf zu wiegen scheint, wenn die Ruhe der Nacht die ganze Natur umfängt. Auch sie vergaßen in diesen Augenblicken süßer, heimlicher Wonne der Unruhen der Vergangenheit und der Vorsorge für die Zukunft.

„Warum gehen Sie nicht mehr im Park spazieren?" sagte René, als sie ankamen.

„Wenn ich es that," antwortete sie, „so geschah es nur deshalb, weil ich glaubte, da allein zu sein."

„Wenn Sie wollen, werde ich Ihre Einsamkeit nicht stören; es wird mir genügen, Sie in meiner Nähe zu wissen und hie und da Sie einmal in verstohlener Weise zu sehen."

„Nein," antwortete sie, „es wäre nicht recht von mir, dorthin zu gehen."

Ein Blick, der einen leisen Tadel enthielt, war die Antwort Renés, als in demselben Augenblicke Beronika, ihre kleine rauchende Lampe in der Hand, die Hausthür öffnete.

Zur nicht geringen Freude Louisens war Herr Meunier schon zu Bette gegangen; sie nahm also ihre Lampe und ging auch in ihr Schlafzimmer, ohne mit Beronika ein anderes Wort zu wechseln, als das gewöhnliche „Gute Nacht!" Aber am folgenden Morgen beging sie eine Unklugheit; sie war zu spät schlafen gegangen und stand, da sie sich in Folge dessen Morgens noch sehr schläfrig fühlte, eine Stunde später als gewöhnlich auf. So konnte sie denn auch die Beronika nicht in der Besorgung des Haushalts unterstützen. Da nun noch obendrein gerade viel dringendes zu thun war, so war Louise schuld. Herr Meunier, der alle Tage um neun Uhr eine Suppe zu sich nahm, diese drei Viertelstunde später erst bekam. Er fing an wüthend zu werden, um so mehr, als sein Magen, den das am meisten überflüssige Diner von Tags zuvor sehr abgespannt hatte, ihm dringend nach einer Labung und Stärkung zu verlangen schien. Aber in dem Augenblicke, wo er zum ersten Mal den Löffel zum Munde führen wollte, erschien der Antidiener des Dorfes, der zu gleicher Zeit sein Güterintendant war und ihm alle Geschäfte besorgte, um ihm einige Papiere unterschreiben zu lassen. Diese neue Störung steigerte nur Meuniers üble Laune, die schließlich in eine wahre Erbitterung ausartete, als er auf dem Tische des Speisesalons, der noch von Gläsern und Schüsseln strotzte, nicht beide Arme zum Schreiben aufzulegen vermochte. Obgleich Louise sofort alle Hindernisse wegräumte, so bereitete er sich doch schon darauf vor, den ganzen bittern Zorn der ihm den Magen blähte, auszulassen. Als er den Amtsdiener abgefertigt und derselbe sich wieder entfernt hatte, und der Teller Suppe verschwunden war, setzte er sich in Bewegung und durchschritt mehrmal, um „sein Viertelstündchen zu machen" (wie er das zu nennen pflegte) den Saal nach seiner Länge und Breite, während Louise vor ihrem kleinen Tischchen fleißig zu arbeiten schien.

Aber plötzlich blieb er stehen. Wie die Wogen sich anfangs mit einem dumpfen Geräusch thürmen, in der Folge aber mit Donnergekrach sich brechen und zerplatzen, so begann er in langsamem leisem Tone eine lange Strafpredigt, die allmählig den Ton der bittersten Klagen und Vorwürfe annahm.

„Es gibt Menschen," sagte er, „die sehr darauf versessen sind, fremden Leuten zu gefallen, die alles aufbieten, sich ihnen angenehm zu machen, die ihr letztes Hemd verkaufen würden, um sie recht luxuriös empfangen zu können; aber eben dieselben Personen sind oft gegen ihre Verwandte ganz und gar herzlos, und sähen sie dieselben auch vor Hunger sterben, sie würden sich dennoch nicht um sie kümmern. Sie bekümmern sich um ihre Haushaltung alle Jahre einmal und die übrige Zeit geht alles wie es Gott gefällt. Sie sind durch Faulheit abgestumpft und verdummt, aber ebenso aufgebläht von Stolz. Sie leeren ihre Börse, setzen alles auf den Kopf, Haus und Hof, um einem „feinen Herrchen" zu gefallen, weil ein „Herr Graf" heißt und von Kopf bis zu Fuß in einem blendend weißen Anzuge steckt, wie ein Müllersknecht. Aber der soll mir noch einmal kommen, dieser Herr Graf! Ich wollte keine Verbindlichkeit tragen für seinen Hasen; aber ein andermal werde ich nichts mehr von ihm annehmen, denn ich schwöre es, er wird von heut' an nie wieder einen Bissen Brod hier in meinem Hause essen. Man weiß wohl, wie sich solche Leute hintenher über die Bürger mokiren. Und Du, meine Nichte, merkst nicht einmal, daß dieser Windbeutel von einem Grafen Dich nur zum Narren hält; ich sage Dir, willst Du nicht Gegenstand des öffentlichen Gespöttes werden, so laufe nicht mehr mit ihm so über Land, wie Du gestern Abends gethan."

Bei diesen Worten ereiferte sich der gute Mann um so mehr, als Louise kein Wort entgegnete, was seiner Auffassungsweise die schnödeste aller Antworten war. Louisens Wunsch wäre es gewesen, sich über die Vorwürfe des Onkels so ruhig hinwegsetzen zu können, wie sie sich den Anschein gab.

Aber sobald man gewisse geheimnißvolle und delikate Seiten berührt, wenn der Angriff gewandt und berechnet ist; dann trifft er mitten in's Herz; ist er aber übermäßig und brutal, so ist's Stolz und Trotz, woran er scheitert.

Louise bereute es nun, sich jenes Abendvergnügen nicht versagt zu haben. „Warum bin ich so unklug gewesen," sagte sie sich selbst, „dem Onkel eine so vortheilhafte Position mir gegenüber einzuräumen?" Sie machte einen Versuch, sich zu rechtfertigen, freilich hoffte sie nicht den Onkel zu überzeugen; ein Protest gegen seine Vorwürfe blieb's aber immerhin.

„War ich es vielleicht, lieber Onkel," begann sie, „die Sie aufgefordert, Herrn René zu Tisch zu laden? Haben Sie nicht, ohne mich vorher auch nur zu fragen, die Einladung an ihn ergehen lassen? Warum machen Sie denn verantwortlich für irgend welche Unannehmlichkeit, die sie für Sie im Gefolge hatte?"

„Ich wollte Deinem Herrn Grafen beweisen, daß ich so gut wie er die Gesetze des feinen Anstandes kenne; aber Du bist einzig und allein an der unliebsamen Geschichte Schuld. Was brauchtest Du in seinem Park spazieren zu gehen und so jenes dumme ungeschickte Abenteuer zu veranlassen?"

„Aber, aber, Onkel, wenn Sie irgendwo spazieren gehen, warum gehen Sie denn eben dort?"

„Ich wähle mir stets meine Spaziergänge; aber ein Privatbesitzthum und einen eingezäunten Raum werde ich nie betreten; habe ich je die Hecke meines Nachbars durchbrochen oder seine Mauer überstiegen? Hast Du nicht einen Garten für Deine Promenaden? Man geht fünf- bis sechsmal durch den ganzen Garten auf und ab, um recht viel zu gehen, und setzt sich dann in eine kühle Laube nieder. Ist Dir der Garten zu klein, nun so läuf Du die breite Landstraße. Bist Du vielleicht zu bang, dort entführt zu werden? Du weißt indessen sehr wohl, daß man junge Damen gegen ihren Willen nicht leicht raubt!"

Dieses letzte Wort war von Meunier unbedachtsam gesprochen. Es war ein Gemeinplatz eines jener in der Luft schwebenden Worte, die man überall zur Hand hat, und mit denen Meunier seine Unterhaltung auszustaffiren liebte. Aber für Louise war es offenbar kein Gemeinplatz, für sie hatte es eine klare Bedeutung; denn der scheue Blick des jungen Mädchens sprühte mit einem Mal Feuer und Flammen, während sich ein Ausruf voll Schmerz und Tadel ihrer Brust entrang. Ueberwältigt und bestürzt durch die Aufregung seiner Nichte, als deren Ursache er ohne Zweifel sich selbst erkannte, stand Meunier da gesenkten Hauptes und schwieg.

„Mein Onkel," begann dann Louise, indem sie aufstand, um fortzufahren, „wenn Sie mich aus Ihrem Hause gesandt haben und zwar wie heute auf die Hauptstraße, nicht um dort zu spazieren, sondern um daselbst mein Leben auf's Spiel zu setzen, so bin ich mein eigener Herr und frei geworden und urtheile allein über die Wege, die ich einzuschlagen gedenke. Ich werde Sie also bitten, mich mit Ihren Bemerkungen zu verschonen, falls sie sich nicht auf einen bloßen freundlichen Rath beschränken."

Louise entfernte sich bei diesen Worten; Meunier brummte noch einige Zeit in den Bart: „Es soll Dir nicht frei stehen, Dich zu kompromittiren, so lange Du in meinem Hause wohnst." Aber er seinerseits fand in den letzten Worten Louisens einen Vorwurf, den er nicht aus dem Kopf bringen konnte: „Sollte das vielleicht ein Hazardspiel gewesen sein, um von nun an bei und von mir zu leben, ohne irgend etwas zu thun?" frug er sich wiederholt. Louise war hinauf in ihr Zimmer gegangen und begegnete auf diesem Wege der

Veronika, die einen durchdringenden Blick auf sie warf und sagte:

„Die Tage vergehen und gleichen sich nicht; man war gestern viel heiterer, wo man mit Klärchen und Herrn René zusammen war."

Diese Familiarität, die ohne Schonung und frech die tiefsten Gefühle und Gedanken angreift, brachte Louise stets außer sich vor Wuth; aber man durfte sich nicht beklagen; Veronika durfte sagen, was sie wollte; ihr Stillschweigen gebieten, hätte nur Skandal, Streit und neues Spektakel verursacht.

Louise zog sich darum einfach in ihr Schlafzimmer zurück, und nachdem sie einige Augenblicke nachgedacht, nahm sie die Feder und schrieb an Klärchen folgenden Brief:

„Waren das glückliche Augenblicke, die ich gestern mit Dir und René verlebte; heute mußte ich schon dafür büßen. Was? büßen? sagte ich; das ist ein großes Wort für so eine Kleinigkeit. Was ist denn nun eine brüske Grille meines Onkels? Was ist so eine bittersüße Bemerkung Veronika's? Ich sollte über solche elende Dinge längst erhaben und hinaus sein. Ach! solche kleinliche Fessel und Unannehmlichkeiten sind von jeher und überall die Tyrannen meines Lebens gewesen; sie umgeben mich, halten mich stets umschlungen und lassen mich nicht frei aufathmen; meine Freiheit hängt an einem dünnen Faden; mein Glück kann auf jedem Schritte in eine neue Falle gerathen. Was? wird denn mein Herz nie aufjauchzen in Freiheit und Friede? Wird denn meine Phantasie nie einen höheren Flug nehmen können, ohne daß man ihren Flug unterbricht, indem man mir Furcht und Schrecken einjagt? Mein Gott! was hab' ich denn eigentlich verbrochen, daß Du mich so heimsuchst? Ach! ich bin ein Weib, arm und abhängig. Wie bist Du glücklich, Klärchen! Du kannst Dir von meinen Leiden keinen Begriff machen; denn Deine Verhältnisse, wenn sie auch nicht golden sind, schließen doch jede Erniedrigung und Demüthigung aus. Geliebt von Allen, die Dich beschützen, seufzest Du nicht unter dem Joch Deiner Wohlthäter. Weil Du meine Qualen nicht kennst, laß mich sie Dir erzählen; wir waren zu oft fern von einander, als daß nicht bedeutende Lücken in unseren vertraulichen Mittheilungen sich vorfinden sollten. Heute will ich Alles so enthüllen, als wäre ich in einem Beichtstuhle. Du wirst die Wunden, die die Andere meinem Herzen geschlagen, nicht zu heilen vermögen, eben so wenig das Unheil, das ich selbst über meine Zukunft heraufbeschworen; aber, liegt einmal meine Vergangenheit klar vor Deinen Augen, so wirst Du besser meinen Charakter, meine Fehler, meine Inkonsequenzen zu beurtheilen wissen; ein Rath von Deiner Seite wird dadurch leichter, Deine liebevolle Nachsicht gerechtfertigter, Deine Freundschaft inniger werden.

„Weib sein und arm dazu — das heißt alle Mängel der natürlichen und socialen Welt vereinigen. Ein leicht zerbrechliches Gefäß nannte man das Weib im Mittelalter; aber Politiker so gut wie Moralisten und Philosophen werden gewiß all' ihre dialektischen Kunstgriffe gebrauchen müssen, um einem reichen Weibe ihre Inferiorität zu beweisen; sein Stolz trotzt ihren Versuchen. Was nützt es, wenn der Mann allein Civilisation und Fortschritt predigt, das Weib ist's, in dem sich die Würde und Gesittung der Familie kundgibt. Der römische Bürger war nicht verpflichtet, von seinem Wagen zu steigen, um den Konsul zu grüßen; wenn seine Frau an seiner Seite saß. Einen Monarchen oder einen Banquier ehrt man heutzutage, ja vielleicht fürchtet man ihn sogar; aber das Weib ist's, vor dem man sich verbeugt. An der Schwäche seiner physischen wie geistigen Natur trägt der Luxus, die Sucht, sie zu verwunnern und mit Anmuth zu überschütten, die Schuld. Wenn sie an Festtagen mit ihren nackten Schultern und in ihren rauschenden Schleppkleide erscheint, so benimmt sich selbst der höchst Gestellte schüchtern und wagt es nicht, ihren ruhigen majestätischen Blicken zu begegnen. Beherrscht sie kein Gebiet des Wissens mit ihrem Genie, das alterirt ihre Erfolge nicht; ihre leichte Beredsamkeit, ihre glücklichen Ausdrücke, ihre ruhige Keckheit macht Alles schweigen, Künstler, wie Dichter und Philosophen!

„Das ist das Weib, liebes Klärchen, aber das reiche Weib. Ach! wenn Du wüßtest, was ein armes Weib ist! Ich rede nicht von dem Weibe, welches täglich das Brod für die Kinder herbeisorgen muß; eine solche Mutter ist so niedergebeugt von der Last ihrer Leiden, daß selbst der Himmel von ihrer Klage erschüttert werden muß, daß der Auserwählte und Bevorzugte darüber seufzen muß; sie hat das Recht, das Unglück, das sie mit Würde trägt, bis zu dem Fuße der Altäre, bis zu dem Angesichte Gottes zu tragen. Aber das arme Weib, dem nie ein Seidenkleid in der Garderobe fehlte, oder ein neues Band auf dem Hut, ein solches Weib ist nicht die Zierde und Freude der Gesellschaft, sondern die Zielscheibe ihrer Witze, ihr Auswurf. Für ein solches Weib gibt auch Erlösung seine Schätze des Jenseits; denn ihr Hochmuth, der vor einer Blasphemie nicht zurückschreckt und bis zum Wahnsinn sich steigert, überantwortet sie auf ewig dem Satan; von dieser Welt angespieen, wird sie in der andern verdammt.

„Vielleicht, liebes Klärchen, scheinen Dir diese Worte ruchlos, frevelhaft; vielleicht wirst Du erschrecken vor dem finstern Abgrund, an dem meine Seele steht, und den ein anmuthiges, resignirtes Aeußeres nur verdeckt? Entschuldige! ich bin vom Schmerz zu sehr überwältigt! Das sind nur Kleinigkeiten, nur Nadelstiche, das ist nichts; aber jeden Tag, jede Stunde der Ironie, der Furcht, dem Mitleid preisgegeben sein! nie sein eigener Herr sein, immer abhängen von dem Hochmuth, dem Eigensinn, den Grillen und Passionen eines andern —

„Ich zählte kaum fünfzehn Jahre, als mein Onkel, mein einziger Vater, mir erklärte, ich müsse mir eine Beschäftigung suchen, um meine Bedürfnisse selbst zu befriedigen. Ich bin seine einzige Erbin, und sein wenn auch bescheidenes Vermögen würde für uns Beide reichlich ausreichen; aber er fürchtet immer, „es reiche das Vermögen nicht hin', und so will er von einem Theilen mit mir nichts wissen. Vielleicht dachte er auch, er könne mich nicht länger bei sich behalten, ohne mir eines Tages eine anständige Aussteuer zu geben, und der Gedanke an diese künftige Generosität hätte ihn bei seinem Geize nie zur Ruhe kommen lassen. Andererseits, um die Wahrheit zu gestehen, gefiel ich ihm ziemlich gut. Ich war beinahe sechs Monate schon aus der Erziehungsanstalt fort, und ich hatte noch immer den Wissensdrang, der mir den Ehrenpreis eintrug. Wenn ich die Strümpfe und Hemden des Onkels mit einer untadelhaften Fertigkeit und Regelmäßigkeit ausbesserte; wenn ich mit der Näh- und Sticknadel alle Arbeiten geschickt ausführte: so vergaß ich dabei nie meine sprachlichen Studien und suchte fort und fort in den Geist der Meister der klassischen Literatur einzudringen. Aber meinem Onkel war das ein Dorn im Auge, er gerieth stets in schlechte Laune, wenn ich ‚die Nase in den Büchern stecken hatte.' Einen zweiten noch schlimmeren Fehler hatte ich: ich spielte Piano. Meine Lehrerin hatte immer behauptet, ich hätte ein so treffliches Talent, daß es allein meine Zukunft sichern könnte. Das Bücherlesen ärgerte meinen Onkel, aber die Musik brachte ihn außer sich. So oft er mich das Piano öffnen sah, nahm er eiligst seinen Hut und lief davon. Sein Hund, sein lieber Phanor, hatte dieselbe Passion; während ich mich übte, erhob er immer ein jämmerliches Geheul. Um also die Nerven des Onkels und seines Lieblings zu schonen, richtete ich es stets so ein, daß ich in den Stunden musicirte, in denen Beide spazieren zu gehen pflegten. Aber diese Rücksicht gewann mir keineswegs das Herz des Herrn Meunier; und bald ward es mir nur zu klar, daß er, so lange ich bei ihm blieb, nie eine fröhliche Miene zeigen würde. Er hätte gern ein munteres, frisches, dickes, nachgiebiges, ewig lächelndes Mädchen bei sich gehabt, welches den ganzen Tag den Kehrbesen und die Bürste nicht aus der Hand legte; ich aber war bleich, schmächtig, scheu, weich und schlaff.

„So war meine Abreise bald beschlossen. Mein Onkel placirte mich bei der Frau eines Banquiers in Rouen, mit dem er in geschäftlichen Beziehungen stand. Madame Dumont war eine jener männlichen Normännischen Frauen, die sich mit dem gebildetsten Manne aufs gewandteste unterhalten und die Sorge für ihr Haus und Glück nie aus der Hand geben. Kräftig, gewandt, lebendig und voll Geist bildete sie einen so schneidenden Gegensatz zu meiner Schwäche und Unbeholfenheit, daß ich mich in der That nicht wenig schämte, und am ersten Tage meiner Ankunft buchstäblich nicht zu athmen, mich nicht zu rühren wagte. Meine Verlassenheit mitten unter Fremden trieb meine Furchtsamkeit auf die Spitze, und wenn ich Madame Dumont, so oft ich mich von der Tafel erhob, zu ihrem Manne sagen hörte: ‚Hm! wird die denn immer bleiben wie eine Mumie!' dann verlor ich den letzten kleinen Rest von Muth; ich zog mich auf mein Zimmer zurück und weinte und schluchzte. Bald aber kam Madame Dumont mich suchen, und während sie mich bemühte, die letzten Spuren der Thränen zu verwischen, pflegte sie zu sagen: ‚Weinen Sie doch nicht; aller Anfang ist schwer; Sie werden sich schon gewöhnen.' Dann rief sie ihre beiden noch kleinen Kinder herbei, einen Knaben und ein Mädchen, die ich erziehen sollte, und sagte zu ihnen: ‚Kommt, Kinderchen, zu Fräulein Louise und umarmt sie hübsch.'

„Die Liebkosungen dieser allerliebsten Kleinen waren für mich in der That ein wahres Labsal. Um mich von der leidigen Furchtsamkeit zu heilen, behandelte sie mich stets barsch. Freilich fühlte sich mein Stolz dadurch oft beleidigt, aber mein Charakter war schon so geschmeidig, daß dieses Mittel half. So lernte ich denn unter ihrer Leitung bald die Pflichten einer Mutter und Hausfrau pünktlich erfüllen. Ich lernte Kinder erziehen und in den kleinsten Falten ihres Innern blicken, wie ich auch bald in den Geheimnissen der häuslichen Oekonomie ganz zu Hause und mit dem feinsten Komfort vertraut war. Denn in allem diesem war Madame Dumont unübertrefflich. Die Dienstboten — und wie konnte das anders sein? — wurden bald auf meine bevorzugte Stellung, auf die Aufmerksamkeit, die Madame Dumont mir stets bewies, eifersüchtig, und suchten mir wo sie konnten Unannehmlichkeiten zu bereiten, was sie um so weniger unterließen, als ich ihrer in manchen Fällen, wo man sich nicht selbst helfen kann, bedurfte.

„Ich mußte diese kleinen Schikanen ertragen, ohne mich zu beklagen. War ich so allmälig scheinbar Herr im Hause geworden, so blieb ich doch immer abhängig von Madame Dumont. Sie ertheilte mir ihre Weisungen in schneidendem glattem Tone, aber immer ohne Zorn, ohne Heftigkeit; der einzige Tadel, den sie aussprach, lag stets für mich darin, daß sie selbst Hand anlegte, wenn ich etwas nicht nach Wunsch gemacht. Nie mehr sprach sie zu mir ein Wort der Ermunterung oder des Lobes; nie gab sie mir ein Zeichen ihres Vertrauens, nie besprach sie etwas mit mir, außer wenn sie nicht anders konnte, nicht einmal ‚heute ist schönes, oder heute ist schlechtes Wetter' wagte sie zu sagen, aus Furcht, es möchte nach Vertraulichkeit riechen.

„Ich vermuthete, daß sie mich oft bei ihren Freundinnen rühmte; aber wenn in meiner Gegenwart dergleichen zur Sprache kam, sprach sie stets so leise, daß ich nichts vernehmen konnte. Ihre Erkenntlichkeit gab sie stets nur auf eine Weise zu erkennen: sie warf nämlich oft genug einen Blick in meine Garderobe, und wenn dort etwas fehlte, was die neueste Mode brachte und zu meiner einfachen Toilette paßte, so versah sie mich sofort damit. Ich hätte diese derbe Natur, die ich hochschätzte, gerne geliebt; aber sie wie ich etwas von Liebe bemerkte, wußte sie es im Keime, wenn auch sanft, zu ersticken, um nur nicht zu Gegenliebe sich zu verpflichten. Diese gestrenge Kälte der Madame Dumont mußte ein junges Mädchen wie mich natürlich sehr verstimmen; aber ich mußte oft noch andere nie geahnte Bitterkeiten den Tag über erleben.

„Meine Hauptaufgabe war die Erziehung der beiden Kinder, des Töchterchens von sechs Jahren und des fünfjährigen Söhnchens. Ich durfte sie nie aus den Augen lassen, weder bei Tag noch bei Nacht, darum schliefen sie auch beide in meinem Schlafzimmer. Weit entfernt, mich über diese Mühseligkeit zu beklagen, war ich vielmehr stolz darauf, so schöne hübsche Kinder unter meine Flügel zu nehmen. Als ich sie das erste Mal in ihrem kleinen Bettchen liegen sah wie zwei Engel, durchzuckte mein ganzes Wesen ein leises, süßes Beben. Ich sagte mir im Stillen: das ist Mutterglück und Gott läßt es außer den Müttern selbst nur arme verlassene Wesen verkosten, die sich der Kindererziehung widmen. Dankerfüllt warf ich mich auf die Kniee, nahm eines jener niedlichen Kinderhändchen in die meinige und betete zu Gott, da ich mit Worten nicht konnte, mit einem seligen Lächeln und meinen heißen Thränen. Es war mir, als wäre ich die Mutter, ich war überglücklich. Ich wagte es nicht, meinen Kleinen durch gar zu große Zärtlichkeit die Innigkeit meiner Liebe zu beweisen; aber ich nahm mein Erzieheramt stets mit Entzücken wahr. Meine kleinen lieben Tyrannen beherrschten mich fast mehr als ich sie. Indeß, sanft und gut, wie sie von Natur waren, reichte mein etwas ernster Blick jedesmal hin, wo es nöthig war, ihnen zu imponiren. Kein Wunder also, wenn die so innig geliebten Kleinen mit einer unaussprechlichen Innigkeit an mir hingen. Das konnte natürlich der Madame Dumont nicht entgehen und — siehe da! bald ward sie gewaltig eifersüchtig. Da sie indeß zu gerecht war, um mir meine Pflichttreue zum Vorwurfe zu machen, faßte sie den Entschluß, meinen Einfluß auf die Kleinen zu brechen. Sie versuchte deshalb, ihrem zarten Geiste die ersten Begriffe von Standesverschiedenheit einzuimpfen, ohne daß natürlich ihre Unschuld die Richtigkeit dieser Theorie und die darin liegende Undelikatesse merkte. Eines Tages, als sie sich weigerten, mich zu verlassen und mit einer sehr reichen Tante, die sie einst beerben wollte, spazieren zu gehen, wußte Madame Dumont sie durch die schmeichelhaftesten Versprechungen doch zu gewinnen und hielt ihnen dann eine Predigt über Moral und das sogenannte savoir-vivre, die mir treuherzig wiedererzählt wurde und mein Herz tief verwundete. „Es war sehr Unrecht von mir," sagte das kleine Mädchen bei ihrer Rückkehr, „daß ich nicht mit der Tante spazieren gehen wollte. Sie liebt mich sehr. Sie, Fräulein Louise, lieben mich, weil es Ihre Pflicht so ist und man Sie dafür bezahlt, aber Mama und die Tante lieben mich aus Neigung."

„Aber Madame Dumont ging noch weiter; sie suchte mir nicht nur das Herz der Kleinen zu entfremden, sondern mich auch so oft sie konnte lächerlich zu machen.

„Das Kind liebt grausame Spiele; meine kleinen Zöglinge machten daher bald die Bosheit der Mutter instinktmäßig nach. So bildeten sie denn bald mit der Mutter eine kleine Freimaurerei, an der sie sich sehr ergötzten. Ich ahnte, was vorging; und überdies machte das kleine Mädchen, welches schon sehr gerne plauderte, aus den vorgekommenen Spöttereien mir gegenüber kein Hehl, und jedesmal lag in seinen Mittheilungen eine Unverschämtheit und Frechheit, die unauslöschlich war. Von diesem Augenblicke an war es mit meiner Liebe aus: meine Zärtlichkeit, meine Fröhlichkeit war hin! Sie wurden für mich Kinder, wie andere; mein Geist beschäftigte sich wohl noch mit ihnen, aber mein Herz war ihnen entfremdet.

„Diese Umwandlung entging Madame Dumont nicht, und sie freute sich darüber nicht wenig. Inzwischen mußten die Kinder mir doch die pflichtschuldige Hochachtung beweisen und sich all' meinen Anordnungen willig fügen.

„So vergingen zwei Jahre, ich zählte mein siebzehntes Jahr. Das ist jenes glückliche Alter, wo der jugendliche Rausch die Zukunft uns in verworrenen, aber wunderschönen Bildern vorgaukelt, so daß wir den Boden der prosaischen Wirklichkeit ganz unter unseren Füßen verlieren. Wenn die Hoffnung mit ihrem wunderbaren Zauber sich so zwischen die Welt und mich stellte, dann rollte das Blut feuriger in meinen Adern; eine sanfte Beklemmung befiel meine Brust; ich erröthete ohne einen bestimmten Grund und meine Augen schlug ich nieder. Ein leises Zittern, als schämte ich mich, verließ mich bei all' meinen Arbeiten nicht, kennzeichnete all' meine Bewegungen und all' meine Worte. Ich wurde schöner, reizender als sonst. Die Aenderung, die da bei einem jungen Mädchen eintritt, wo sie der Glanz der Jungfrau umstrahlt, läßt auch den kältesten Menschen nicht kalt. So war's auch bei mir. Ich bemerkte oft in Gesellschaften, daß sich Männer und Frauen bei meinem Anblick etwas zuraunten. Natürlich war's nur Neugierde; man betrachtete mich als Hausmöbel, als Person. Von allen denen, welche Morgens der Madame Dumont die Figur und Haltung ihrer Hauslehrerin priesen, redete Abends nicht einer ein Wort mit mir; wenn ich nichts mehr zu thun hatte, las ich in einem vor mir liegenden Buche, aber — ohne die Blätter umzuschlagen!

„Ich hoffe nicht, je geliebt zu werden, liebes Klärchen, aber wenn ich je einen Geliebten fände, wie würde ich ihn lieben, wenn ich an seine Liebe glaubte!

„Wenn wir im Sommer das Landhaus bezogen, wurde oft Abends getanzt; aber auch von diesem Vergnügen hatte ich nichts. Ich mußte auf dem Piano die Tänze spielen und diesen Posten verließ ich nur dann einmal, wenn eine der jungen Damen ihr Talent und ihre Fertigkeit produciren wollte. Ich setzte mich dann so lange abseits, aber auch so fiel es Niemandem ein, mit mir zu tanzen, außer etwa so einem neugebackenen Ehestandskandidaten, der noch so unschuldig war, zu glauben, daß jede junge Dame ein Recht habe auf einen Walzer oder Kontretanz. Sonst durfte ich gewiß sein, bei Seite geschoben zu bleiben, wenn nicht etwa der Zufall es so brachte, daß ich zur Kompletirung der Quadrille nicht zu umgehen war.

„Begreifst Du, liebes Klärchen, meine Traurigkeit und meinen Schmerz? Mußte ich mich nicht sehr unglücklich fühlen? Unlust und Ueberdruß zehrten mich auf. War ich doch weniger frei als der Gefangene in seiner Zelle; mehr fremd in meiner ganzen Umgebung als ein Verbannter mitten in einem unbekannten Volke; lebte ich doch unter größerem Zwang, in größerer Unkenntniß der Jugendfreuden als eine Nonne in den Klostergewölben. In meiner Zellenhaft, mitten in der Welt, kannte ich wie sie nur die Kälte, das Schweigen

Waldkirchli.

und die langen Meditationen; aber, ach! es war nicht immer der Geist Gottes, der mich besuchte.

„Madame Dumont hatte in ihrer Gesellschaft eine elternlose junge Dame, die von Kindheit an einer englischen Gouvernante anvertraut war, und die, in dem Gefühle, daß sie bereits in das Alter trete, wo man gefallen müsse, es vorzog, sich für die Folge eine Landsmännin zu engagiren; von einer solchen erwartete sie mehr Liebe als Strenge. Sie schlug daher der Madame Dumont einen Tausch vor; sie würde ihr ihre Engländerin überlassen, bei der namentlich Kinder englisch lernten ohne es zu wissen, und dafür Fräulein Louise nehmen, damit diese ihre Studien leite und sie außer der Schule zur Arbeit anhalte.

„Madame Dumont ging auf diesen Vorschlag des Fräuleins Cäcilie Belmare sofort ein; und ich — ich wurde kaum gefragt. Nichtsdestoweniger gab auch ich mich zufrieden, zumal da ich pekuniär mich verbesserte. Ich mußte meine Empfindsamkeit bei der Trennung von den Kindern, für die ich doch immer noch eine gewisse Zuneigung spürte, unterdrücken.

„Es gab nichts Liebenswürdigeres als Fräulein Cäcilie; ich sollte auf meine Unkosten lernen, daß es nichts Unausstehlicheres gab. Ihre Schönheit und ihre Reize verschafften ihr schon eine Menge Anbeter, die zugleich wußten, daß es eine gute Spekulation sei, dieser reizenden Erbin den Hof zu machen. Einen von ihnen ersah sie sich zum Opfer aus und ich war's, in deren Nähe und an der sie ihre Reize übte und probirte. Mit der köstlichsten interessantesten Laune sprang sie mir täglich mehr als zwanzigmal an den Hals; sie ließ mir keinen Augenblick Ruhe; sie mußte bald spazieren gehen, bald sich setzen, bald spielen, bald arbeiten, bald singen, bald lachen, bald gemüthlich plaudern, kurz, jeden Augenblick gab's was Anderes. Selbst bei Nacht hatte ich keine Ruhe; oft kam sie in dem Augenblicke, wo ich mich zu Bett legte, setzte sich auf's Bett und plauderte bis spät in die Nacht. Oft sogar kam sie vielleicht, warf Alles durcheinander, rückte an den Möbelstücken, öffnete alle Schränke, durchsuchte alle Winkel und Ecken, weniger aus Neugierde als aus Eifersucht. Hätte ich mich dem gegenüber irgend empfindlich zeigen wollen, so hätte sie gewiß alles entschuldigt und gut gemacht mit Schmeicheleien.

„Wenn nur wenigstens eine gewisse Regelmäßigkeit in ihren Gewohnheiten ihrer Phantasie einen Zügel angelegt hätte! Aber nein! Sie war vor Allem und in Allem jeder Ordnung und Methode fremd und — wie sie zu Hause unbeschränkt herrschte, so war es die Zeit des Aufstehens, Schlafengehens, des Arbeitens und Ausruhens alle Tage verschieden. Ich konnte auch das nicht ändern.

„Ich sprach von ihren Arbeiten; die gingen ihr alle leicht von der Hand, wie alles Uebrige. Sie hatte ein glückliches Gedächtniß und einen nicht geringeren Ideenreichthum. Freilich studirte sie sehr wenig; dafür gab's aber täglich eine um so größere Anzahl von Lehrern: für Literatur, fremde Sprachen, Zeichnen, Malen, Tanzen, Schönschreiben, Vokal- und Instrumentalmusik

u. s. w. Beim Unterrichte war ich immer zugegen und nahm mit Theil daran; auch hier hatte sie ein geistreiches Mittel sich ausgedacht, um nicht eine volle Stunde aufmerksam sein zu müssen. Spielte sie z. B. Piano, so hörte sie plötzlich auf und sagte: ‚Ich habe genug, lehren Sie es nur Louisen, die wird mir's dann schon beibringen.' Und so ging's Tag um Tag fast in jeder Stunde.

„Du wirst vielleicht finden, liebes Klärchen, daß Cäcilie mich doch für die Qualen, die mir ihre Flatterhaftigkeit bereitete, genugsam entschädigte und daß die Existenz mit ihr doch erträglich gewesen. Ach! ich versichere Dich, mein Muth und meine Kräfte waren noch nie so gesunken. Wer nicht selbst die Erfahrung gemacht, kann sich schwerlich die Pein denken, welche solche Naturen, die das Privilegium jeglicher Initiative an sich reißen, ihrer Umgebung bereiten. Sie ist oft tödtlich; denn sie gehen darauf aus, in ihren Opfern jedes Gefühl, jeden Gedanken, jeden Entschluß, ja selbst das Gewissen zu ersticken. Und wie unter dem Schatten der Cypressen und Fichten kein Gras, keine Blume, kein Strauch gedeiht, so entarten und werden Null die schwachen Geister unter der Herrschaft großer, die ihre Autorität rücksichtslos geltend machen.

„So erging's auch mir; meine besten Kräfte absorbirte sie; meine liebsten Erholungen durchkreuzte sie, und ich — ich war, wie nie vorher, ohnmächtig ihr gegenüber.

„So vergingen zwei lange Jahre. Da heiratete Cäcilie. Wie bald hatte sie meiner vergessen! Sie machte gleich nach der Hochzeit eine dreimonatliche Reise nach Italien; bei ihrer Rückkehr hatte ich schon eine neue Stelle angetreten; in sechs Monaten schrieb sie mir zweimal; ich antwortete; außerdem erhielt ich von ihr kein anderes Andenken als ein Armband, welches sie mir bei der Geburt ihres ersten Kindes sandte.

(Fortsetzung folgt.)

Sennenleben in den Alpen*).

(Hiezu die Bilderbeilage: „Mattlichtli".)

Fremdartig und halb sagenhaft, fast wie eine romantische Reminiscenz aus längst vergangenen Zeiten, ragt die patriarchalische Alpenwirthschaft in unser modernes Jahrhundert herüber. Nachdem wir allenthalben den Landwirth und Oekonomen des Flachlandes an den Fortschritten der Neuzeit, an Erfindungen und Entdeckungen in den ihn berührenden Gebieten der Chemie, Mechanik und Physik lebhaft und mit Erfolg Antheil nehmen sehen, — nachdem er den Segen seiner Scheunen und die Schätze

---

*) Aus den „Alpen in Natur- und Lebensbildern" von H. A. Berlepsch, Leipzig 1861, mit besonderer Erlaubniß des Verlegers Herrn Hermann Costenoble.

seiner Ställe mittelst der Eisenbahn auf unsere Märkte bringt, in den ersten Hôtels zu Mittag speist, städtische Kleider zu tragen, städtische Häuser zu bauen, städtische Manieren anzunehmen und den guten, alten, herkömmlichen, abgerundeten und feststehenden Begriff „Bauer" allmälig abzustreifen beginnt, — will es Manchem nicht recht in den Sinn, daß es ganz in der Nähe jener Eisenbahnen, jenes drängenden, städtischen Lebens, noch eine Bauernwelt geben soll, die gewissermaßen erst auf der geschichtlich-zweiten Kulturstufe der Völker-Entwickelung steht, und ähnlich, wie die Tartaren und Mongolen, als Nomaden während eines Theiles vom Jahre, Haus und Hof, Weib und Kind verläßt, um mit dem, in Herden bestehenden Reichthume tagereisweit nach Plätzen im Gebirge zu wandern, wo frische, junge Nahrung für das Vieh wächst. Und doch ist es so. Die in den Alpen weit hinauf zerstreut liegenden Weideplätze mit ungemein kräftigen, kurzen, dichten, sehr milchhaltigen Futterkräutern, bilden einen wesentlichen Theil des National-Reichthumes im Gebirge und werfen jährlich viele Millionen Gulden an Gewinn ab.

Aber eben darum, weil das Sennerleben in den Sennhütten etwas Ungewöhnliches, Außerordentliches, Fremdartiges ist, so trägt der, welcher die Alpen noch nicht besuchte, gern die Romantik der landschaftlichen Umgebung, die großartigen Eindrücke der Alpenwelt, wie sie ihm aus Gemälden entgegentraten, vermischt mit einer poetisch-idealen Auffassung der Sitten, Trachten und Lebensweise des Volkes, auf das Sennerleben über, und konstruirt sich ausgeschmückte Traumbilder, die in der Wirklichkeit nicht existiren.

Die Alpenwirthschaft ist ganz anders, als man sich dieselbe bisweilen denkt. Sie existirt faktisch nur während des Spätfrühlings, im Sommer und bis in die ersten Herbstmonate hinein. Während des Winters herrscht in den Alpen ebensogut Stallwirthschaft, als wie überall, bei jedem Bauer. Derjenige nun, welcher mit seiner Heerde während der guten Jahreszeit in's Gebirge hinauf zieht, ist ein Senn. In der Schweiz ist's Aufgabe der Männer, — in den östlichen Alpen, im baierischen Oberlande und in Oesterreich meist Geschäft der Weiber, — der „Sennerin, Almerin".

Ein Senn (romanisch „Sejnun") ist, mit wenig Ausnahmen, ein ungemein prosaischer Gebirgsbauer. Sein Vieh ist sein Hauptbesitz, und darum die Quelle seines Lebensunterhaltes und Verdienstes, der Gegenstand seines Studiums, Nachdenkens und seiner größten Sorgfalt, sein Stolz, kurzum der sächliche Inbegriff seiner vorzüglichsten irdischen Lebensaufgabe. Nach der Größe seiner Heerde rangirt er in der Gesellschaft seiner Gemeindsgenossen, nach ihr wird er geschätzt und aus ihr schreibt sich sein heimatliches Ansehen, seine Dorf-Magnatenschaft her. So ist's in den meisten Alpenthälern. Indessen gibt's auch in Alpendörfern reiche Bauern, die sich nicht mit Viehzucht und Alpenwirthschaft befassen und ihre Alpen in Lehenzins geben.

Um die Alpenweiden in gutem Stande zu erhalten und bei der größten Freiheit auf den Bergen dennoch allgemeine Ordnung zu handhaben, der Jeder sich unterziehen muß, wählen alle Alpengenossen einen „Alpmeister", eine Art Gebirgspolizei, „der die Alp in Ehren halten, schützen und schirmen soll, als wie sein eigen Gut, — der Weg und Steg machen und Acht haben soll, daß Niemand im „Birg heue" (Wildheu mache) bis nach St. Jakobstag, — der die Alpgenossen anhalte, jährlich einen Tag die Alp zu säubern und zu „steinen" und Lehnliches mehr. So schreibt's das „Alpbüchli" vor, eine naive, von den Bauern in der „Alpgemeinde" selbst gegebene Gesetzesammlung, die jährlich einmal verlesen und bestätigt oder je nach Bedürfniß durch Mehrheitsbeschluß abgeändert werden muß.

Der Winter verläuft einförmig und still. Die Alpendörfer sind tief eingeschneit; oft fehlt die Verbindung von einem Thaldorf zum andern, — oft sogar, wo die Häuser weit zerstreut im Grunde liegen, die Kommunikation der Wohnungen unter einander. Die einzigen Geschäfte, welche die Thalbauern in die Höhe lockt, ist entweder das Herabschlitten des Holzes oder des Wildheues. In manchen Alpengegenden ist's auch der Fall, daß der Senn, wenn er die Vorräthe des einen Heustadels aufgefüttert hat, einen andern, vielleicht eine Stunde davon entfernten Stall mit seiner Kuhherde bezieht, — einen dritten und vierten, — also selbst im Winter ein wanderndes Leben führt, bis die Alpzeit kommt.

Endlich zieht der Frühling auch in's Alpenland ein. Es ist Ende Mai! — Der langersehnte Tag der Alpfahrt kommt, — des Auferstehungsfestes im Wirthschaftskalender der Sennen. Schon mehrere Tage vorher war er droben mit dem Knecht, hatte den Weg, wo er vielleicht durch eine Lauine zerstört war, wiederhergestellt, das Dach nachgesehen, überhaupt die nöthigsten Vorkehrungen zum Einzug der Gäste getroffen. Jetzt schmücken sich die Sennen und alle, welche in die Berge mitziehen. Die Schwester heftet dem Bruder, „'s Maiteli" ihrem „Buob", — „'s Schwoigerl" im Tirol sich selbst, Blumensträuße mit Flittergold oder Kränze von jungem Laub und Buchsbaum auf den Hut; bunte Bänder flattern und winken, — das blendendweiße, hoch über die gebräunten Arme hinaufgewickelte Linnenhemb kontrastirt gut gegen die scharlachrothe Tuchweste und die leuchtend gelben, ledernen Knirhosen der Appenzeller und Toggenburger, oder wo überhaupt noch Volkstracht existirt, und wo das, auch in die stillen Gebirgsthäler eindringende Nivellirungs- und Verflachungsstreben unserer Zeit nicht jede Spur urwüchsiger Selbständigkeit in des Volkes Thun und Denken, Kleidung und Sitten verwischt hat. Denn es gibt auch große Alpenthäler, in denen aller Spiritus, jede poetische Seite des Volkslebens verschwunden ist und nur die hausbackenste, nüchternste, kahl-alltäglichste Prosa waltet. — Die Kühe sind gestriegelt und wie „g'schleckt", daß sie im goldigen Sonnenschein glänzen und kein Wassertropfen auf den glatten Haaren haften würde. Mit korybantischem Jauchzen und „Jauzen", die einen unverwüstlichen Humor bekunden, eröffnet da, wo blos Männer zur Alp „fahren", der „Zusenn", mit dem weißgescheuerten oder buntbemalten Melkeimerli auf der Schulter, den Zug.

Ihm folgen die schönsten und größten Kühe mit den fußhohen, messingblechenen „Trinchlen" (Glocken), die an breiten, ledernen, mit allerhand farbig ausgenähten Putzwerk versehenen Halsbändern hängen. Diese Glocken, deren gewöhnlich nur drei bei einem Zuge sind, bauchen oberhalb am Henkel ziemlich breit aus, oft einen Fuß im Durchmesser, laufen nach unten schmäler zusammen und verursachen solch' einen heillosen, trommelähnlich-alarmirenden und doch nicht unharmonischen Lärm, daß man ihn bei geeigneter Luft eine Stunde weit hört. Man legt diese Riesen-Schellen den Kühen nur für die Dauer an, während welcher der Zug durch die Dörfer geht, um Pracht mit der Herde zu treiben und alles Volk herbeizulocken. Ist dieser Zweck erreicht, dann wird das gewichtige Spektakel-Instrument den Kühen wieder vom Halse genommen, weil erfahrungsgemäß das lange Tragen derselben den Lungen der Thiere nachtheilig ist.

Jetzt entstehen in den Dörfern, durch welche der Zug kommt, völlige Volksaufläufe; denn Alt und Jung will des „Korde-Urche-Büdli's" (Konrad Ulrich) oder des „Franz-Antony-Liämer-Seppelis" schöne „Thürna" (Kühe) die Revue passiren lassen und mit Kennermiene deren Bau und „G'schlachtheit" prüfen. — Der Bergbauer hat seine Kuh-Aesthetik, die mit den feinsten Nuancirungen ungemein „heikel" und wählerisch in Farbe, Stellung der Füße, Hörner und anderer Eigenschaften distinguiert. Blökend und springend, gleich als ob sie es wüßte, daß es hinauf geht in den gewürzigen, nahrhaften Alpweiden, folgt nun, in lange Reihe aufgelöst, die ganze Herde der Kühe, Galtlinge, Ziegen und Lämmer, — mitten darunter brummend und mürrisch der Sultan des Stall-Serails, der „Muni", heute der Sündenbock des allgemeinen Spottes; denn der Volkswitz bindet altherkömmlich diesem „Sentenpaar" (Zuchtstier) den Melkstuhl, mit Blumen geschmückt, zwischen die Stirngabel der Hörner. Neben dem Zug gehen im leinenen Futterhemd und in der groben Zwillichhose der „Ganner" (Hirt) und der „Handbub", den Zusen mit „Juch'gen" und Jodeln sekundirend. Phantasien erhitzte Gehirn endlich bildet das Saumroß mit den Käserei-Geräthschaften und der Herden-Besitzer in unverkennbarem Selbstbewußtsein des augenblicklich zu feiernden Triumphes.

Im Allgemeinen bleiben Weiber und Kinder in den Thaldörfern zurück. Aber es gibt in Graubünden, z. B. im Davos und in Mutten, so wie im Wallis Ortschaften, die mit Kind und Kegel in's Sommerdorf auswandern, und ihren Winter-Tusenthalt, die Häuser verschlossen, vollständig verlassen; — höchstens daß ein alter Mann als Wächter zurückbleibt. — So geht's hinauf auf die Berge, in die Alpen.

Schmucklos, einfach, wie ein Wurf aus freier Hand, traulich und einladend wie ein herzlicher Gruß des Willkommens auf den Matten, mitunter sogar theatralisch-malerisch (wie z. B. auf der Alp „Püls" unter den Churfirsten am Wallensee) liegt unter dem schützenden Dach der stillen Sennhütte im Kräutermeer der Alpweide da. Der ganze Bau ist in den wälderreichen Gegenden durchaus Blockhauskonstruktion, also lediglich aus Holz errichtet, das von der langjährigen Wirkung der Sonnenstrahlen tief gebräunt wurde. Nur der wenige Fuß hohe Unterbau ist grobes Steingefüge, oft Mauerwerk wie aus vorkulturlichen Zeiten. Ueber diesem einstöckigen, kunstlosen Erdgeschoß, das seiner naiven, ungesuchten Natürlichkeit halber ganz mit der in ihrer Einfachheit majestätischen und erhabenen Gebirgswelt harmonirt, ruht das flache, silbergrau glänzende, derbe Schindeldach. Es ist mit schweren Steinen belastet, damit der wilde Föhn, des Aelplers „ältester Landsmann", wenn er aus dem Süden warm einherbraust, über die Felsenklippen niederstürzend sich in die Bergmulden einbohrt, die Friedenshütte unangetastet lasse. Diese ist des Sennen und seiner Gehülfen Asyl während der Sommermonate. In denjenigen Alpen, wo gute Ordnung herrscht und für das Vieh vorsorgliche Einrichtungen getroffen wurden, sind nahe bei der Sennhütte „Gaden" oder Stallungen errichtet, in denen die Herde während drückender Mittagswärme und in kalten Nächten oder während der wilden Wetter eingestellt wird. Nicht überall hat die rationelle Praxis solche Einrichtungen getroffen, und es gibt noch Alpen genug, in denen die Wetterhanne der einzige Zufluchtswinkel des armen Viehs während der Hitze und der furchtbaren Hochgewitter ist.

Ist's irgend thunlich, so wird die Sennhütte an einen Felsenkloß gebaut oder, wenn er überhängt, sogar zum Theil unter denselben geschoben, um im Fond einen recht kühlen Platz für den Milchkeller zu gewinnen. Rinnt vollends gar ein frischer Quell oder eisiger Gletscherbach in der Nähe, so leitet der Aelpler das Wasser gern durch sein Magazin, um die von der Milch gesäuerte Luft durch die entstehende Ventilation zu entfernen und dagegen frische, dem Wasser entströmende Luftheilchen dem Gemache zuzuführen. Die nächste Umgebung einer Sennhütte ist fast immer ein bodenloser Koth, in dem strotzend fettes Blakenkraut und Alpensauerampfer wuchernd wächst. Das Innere entspricht in den meisten Fällen dieser unsauberen Umgebung und ist eine kräftig korrigirende Strahlendouche für jedes durch sublime Phantasien erhitzte Gehirn. Denn Reinlichkeit und Akkuratesse sind allenthalben nichts weniger als hervorragende Attribute viehzüchtender Völker, und der Aelpler bestrebt sich durchaus nicht, hierin als Ausnahme zu erscheinen. Der leuchtende, farbenheitere Festtagsanzug, der das Auge bei der Auffahrt so anregend ergötzt, ist verschwunden. Weite, derbleinene Beinkleider, die in allen Schattirungen der Stallbeschäftigung schillern, und ein bitto Futterhemd, d. h. die blousenähnliche Jacke ohne Schlitz auf der Brust, bilden mit den schweren klappernden Holzschuhen und einem enganliegenden Käppchen die ganze Bekleidung des Sennen.

Die Entrée zum Innern der Sennhütte führt sogleich zu den centralisirten Gemächern. Nach altgermanischer Sitte ist Wohnzimmer und Küche, Speiselokal und Ankleidekammer zu einem Gesammt-Appartement vereinigt, und hier kann man buchstäblich am gastlichen „Herde" weilen. Letzterer und das über ihm aufgehängte „Milchkessi" nehmen den meisten Raum ein und bekunden dadurch ihre hohe Bedeutung. Hier ist die Stelle, wo der chemische Scheidungsproceß vorgenommen wird, der die erste konsistente Grundlage zu den delikaten „Schweizerkäsen" legt. Bezeichnend wird darum auch diese Lokalität der „Weller" (wo die Milch „erwellet" oder leicht aufgekocht wird) genannt. Unter dem Herd darf man sich indessen keine eigentliche kulinarische Vorrichtung denken, etwa so, wie man sie in alten Bauernhäusern findet mit umfangreichem Schlotfang; — solche Weitläufigkeiten passen nicht zur Einfachheit der alpinen Baukunst. Etwa so, wie es, jugendseligen Andenkens, der gute Robinson Crusoe aus Noth einrichtete, arrangirt heutiges Tages der Senn in den Schweizer Alpen seine Küchen-Vorkehrung; ein schwarzes, verkohltes Loch im vorderen Winkel der Hütte mit einigen Steinen eingefaßt, ohne Kamin oder Rauchleitung, stellt den Herd dar. „Ein Versprechen hinter dem Herde" hier zu geben, wäre nicht wohl möglich. Daneben steht ein senkrecht-aufgerichteter, oben und unten eingezapfter und deshalb drehbarer Baum mit langem, eisernem Arm, der sogenannte „Turner", an den der große „Milchkessi" gehangen wird. Der Rauch mag sehen, wo er seinen Ausweg findet, — es steht ihm frei, zur Thür, oder durch die Dachlinsen, oder durch die Ritzen zwischen dem Gebälk hinauszuschlüpfen. Darum ist das Innere jeder Sennhütte auch wacker eingeräuchert. Ist die Alpenluft rein, fein, dünn und wenig mit Wasser-Atomen gesättigt, so werden die Dämpfe auffallend rasch konsumirt, so daß sie die Respirations-Organe nicht sonderlich belästigen. Schneit's und regnet's aber, so daß die Luft schwer auf's Dach drückt, dann ist der ohnehin zugbare, kalte Aufenthalt in der Hütte des Rauches halber fast kaum erträglich. Die weiteren Komforts für die allerdringendsten täglichen Bedürfnisse sind: ein etwa zwei Fuß langer Klapptisch, der in Angeln an der Wand befestigt ist, das Raumersparniß halber nach dem Gebrauch zurückgeschlagen werden kann; dann eine Truhe in Form einer Bank längs der Wand, ein Holzklotz, der die Dienste eines Sessels zugleich vertreten, und ein Kapselbrett, das die Stelle eines Schrankes versehen muß, auf dem allerlei Geräthschaften, Brod und Kleidungsstücke aufbewahrt werden. Außerdem hängt vielleicht eine Büchse im Winkel, wenn der Senn zugleich Jagdliebhaber ist, und in den katholischen Gebirgstheilen ist bei strenggläubigen Bauern das Weihwasserkesseli mit dem „Nuster" (Pater noster oder Rosenkranz) nicht vergessen, welches vielleicht noch durch ein an das Brettgetäfel gestelltes „Heiligen-Helgeli" vom Kloster Einsiedeln zur Erhöhung der häuslichen Andacht vermehrt wird. Alle übrigen in der Hütte vorkommenden Geräthschaften gehören zur Butter- und Käse-Bereitung. Das Schlafgemach ist sehr verschieden angebracht. Im Berner Oberlande, wo die Sennhütte an ihrer Eingangsfront eine Art künstloser Vorhalle in Form eines Peristylum hat, das „Mulchedach" oder der Melkgang genannt (weil im Schutz desselben das Vieh bei schlechtem Wetter gemolken wird), befindet sich das Ruhe-Lager oder „Gastere" in diesem Dach-Vorbau; in anderen Gegenden wurde dasselbe über den Schweinestall verlegt und heißt „Tilleten." Welche Annehmlichkeiten für diesen Fall aus der unmittelbarsten Nähe der unruhigen,

ewig grunzenden Schlafkameraden und durch ihre penetranten Ausdünstungen erwachsen, ist begreiflich. Uebrigens steht das Lager selbst an Ursprünglichkeit seiner Einrichtung dem Charakter und der Einfachheit der ganzen Hütte durchaus nicht nach; ein mit Wildheu ausgestopfter Matrazen-Sack, die ungestörte Heimat einer Legion von springenden Blutsaugern, und eine Wollendecke oder, wie im Wallis und Graubünden, eine aus Schaffellen zusammengesetzte Decke, bilden die ganze Ausrüstung der Schlafstätte. Ist nun das Schindeldach nicht gut verwahrt, so begegnet's, daß bei solidem, kräftigem Regenwetter der Schläfer einem unfreiwilligen Tropfbade ausgesetzt wird, — oder wenn, wie vorher erwähnt, das flache Hüttendach an einen erklimmbaren Felsenblock anlehnt, so klettern die naseweisen, nie rastenden Ziegen Nachts auf demselben herum und verursachen solch einen unheimlichen Skandal, als ob der gehörnte Pferdebühler da droben sein ungeheuerlich Wesen triebe. So sieht's in den „idyllischen, romantischen Sennhütten" aus, die im „letzten Fensterln" und ähnlichen poetischen Produktionen auf der Bühne so reizend erscheinen.

In jeder, einigermaßen großen Alpenwirthschaft der Schweiz hausen gewöhnlich drei Kelpler und ein Knabe; Weiber besorgen dieselbe, wie schon erwähnt, nur in den österreichischen und baierischen Alpen, so wie in einigen Thälern des Wallis.

Des Kelplers Tagesordnung ist höchst einförmig, Sonntag und Wochentag die gleiche; kein Glockenklang läutet die Sabbathruhe ein, kein schmuckes Kleid bezeichnet den Feiertag, kein Schluck Wein netzt am Wirthstisch den durstigen Gaumen am Abend. Während die ganze Landschaft noch träumerisch nebelblau dem frühen Morgen in den Armen ruht, die Thäler tief drunten dämmernd dumpfen und Streifen weißen Nebelrauches durch die Schluchten und Tobel schleichen, während die Nacht durch's Morgensternlein ihren Scheidegruß sendet und des Himmels frohes Antlitz und der Eisberge Schneegipfel von des Tages erstem Kusse leise erröthen, erhebt sich der Senn von seinem harten Heulager und melkt, während der Handbub Feuer anzündet. Die gewonnene Milch wird sogleich in dem großen „Kessi" erhitzt und mit „Etschee" (saurer Schotte) geschieden, daß sie gerinnt und sich ausscheidet in „Käsbulberen" und Molke. Indessen ist auf morgenheiteren Schwingen der volle Tag herabgeschwebt.

Das Sennenvolk hat zu Morgen gegessen, der Hirt treibt aus, der Handbub säubert seine Geräthe, und der Senn fährt fort, seine Milchprodukte zu bearbeiten. Häusliche Arbeiten füllen den Tag reichlich aus. — Ist's dann Abend geworden, entschläft der müde Tag allmälig, sinkt das ewige „Flammenherz der Welt", die Sonne, hinter den Bergen nieder, dann lockt der Hirt oder der Senn mit dem „Ruggübler" oder mit dem „Kuhreihen" die Thiere zur Hütte, entleert die strotzenden Euter von der fetten, rahmähnlichen Milch, und die Procedur vom Morgen, sammt Abendessen und Reinigen der Geräthe, schließen die Tagesgeschäfte. Bei einbrechender Nacht tritt dann in den katholischen Gegenden der Senn vor seine Hütte hinaus, singt mit lauter Stimme durch einen großen hölzernen Milchtrichter (die „Bolle" genannt) in der Choral-Melodie der Präfation ein Gebet, meist Strophen aus dem Evangelium Johannis, und den englischen Gruß. Die anderen Hirten im Gebirge und die im Freien übernachtenden Wildheuer oder Wurzelgräber, die es hören, knieen fromm nieder und beten ein Pater noster und Ave Maria dabei. Dieser späte Ruf ersetzt in den stillen, einsamen Alpen die Abendglocke, welche in den Thälern zum Dankgebet für die Segnungen des verlebten Tages auffordert, und dient zugleich dem von der Nacht überraschten, vielleicht verirrten Wanderer als gastfreundliche Einladung. — Mit der Gastfreundschaft hat's indessen, namentlich in den wälschen Alpen, mitunter seine Haken. Die Hirten in den entlegenen Alpen sträuben sich oft außerordentlich, Fremde zu übernachten, aus Furcht Verbrechern Unterschlauf zu geben. Sie können sich's nicht denken, daß man Vergnügens halber oder um der Wissenschaft willen in den Felsen herumklettert, sie wähnen, nur Noth und Flucht treiben in die Berge hinein. Im Tirol halten sie Bergwanderer häufig für Abgesandte der Regierung, welche die Zustände des Volkes, ihren Viehstand und Verdienst auskundschaften wollen. „Nun wird's bald eine neue Steuer geben", ist gewöhnlich der Refrain der Ungläubigen. Andere Sennen auf Pacht-Alpen, oder solche, die von Gesellschaften angestellt sind, verweigern auf's Gewissenhafteste jede Spende, oder geben nur um „Gotteswillen" dem beinahe verschmachtenden Wanderer etwas alten „Zieger" (trockenen Käse) und ein wenig Milch, nehmen aber um keinen Preis Geld dafür, um nicht in den Verdacht der Veruntreuung zu kommen. Dies ist, wie gesagt, in den weniger von Touristen durchstreiften Gegenden, namentlich in den Seitenthälern des Engadin der Fall.

Ist in der Hütte Alles dann besorgt, so geht's zur Ruhe auf's Bildheu, unter der „Schnepfi-Decke", und ein kräftiger, tiefer Schlaf stärkt die ermatteten Glieder dieser harmlosen Naturmenschen.

Nur eine Intervalle tritt wie ein freundlicher Ruhepunkt in das Einerlei der Alpzeit ein. Es ist das Aelplerfest, die „Alpstoberte", die „Aelpler Kilbi", oder wie es sonst noch in den verschiedenen Thalschaften genannt wird. (Diesem widmeten wir schon einen besonderen Artikel.) In den katholischen Gegenden ist bisweilen ein öffentlicher Vormittagsgottesdienst damit verbunden. Nur sehr wenig Alpen haben Kapellen oder Gotteshäuser, in denen während des ganzen Sommers einmal Gottesdienst gehalten wird. Die größte Kapelle steht auf einer der schönsten Alpen, die es gibt, auf dem Urner Boden; sie sieht einer stattlichen Kirche gleich, und der Pfarrhelfer von Spiringen im Schächenthal (Tells Heimats-Thal) liest dort den zahlreich versammelten Sennen die Messe. Gleichen Ursprunges ist das Kirchlein mit dem Kloster „Maria zum Schnee" am Rigi. Dann steckt ganz hinten im Kalfeuserthal des St. Galler Oberlandes die reizend, zwischen zahlreichen Felssturztrümmern gelegene kleine Kapelle St. Martin. — und im Martell-Thale (Vintschgau, Tirol) steht einsam die Kapelle „Maria-Schmelz", ursprünglich für die Eisenknechte des eingegangenen Schmelzwerkes gebaut; jetzt kommt im Sommer alsonntäglich der Kaplan von Thal hieher.

Der originellste Tempel dieser Art ist das „Wildkirchli" im Appenzeller Lande. Eine Felsenhöhle an hoher, senkrechter Bergwand (unter der schönen Ebenalp), in die sich, wäre sie nicht von den Altvätern zu einer Stätte der Gottes-Verehrung geweiht, der Geisbub mit seiner Herde vor dem Gewittersturme flüchten würde, gibt die Hallen des Gotteshauses ab. — Schlicht, kunstlos, ein Naturgewölbe, wie es aus der Hand der gestaltenden Schöpfung hervorging. Kein Marmoraltar, kein Gebilde von Künstlerhand trägt die geweihten Geräthe; — ein schlichter Schragen, von des Zimmerers Beil bearbeitet, versieht den Dienst, — der Altar ist mit einem Teppich verhangen, und neben frisch gepflückten Alpenrosen in den besten flackern die Kerzen im Zugwinde gegen die Tiefe der Höhle, das Martyrkreuz andampfend, vor dem die Menge in den Staub sinkt. Das „Wildkirchli" ist dem heiligen Michael geweiht, und alljährlich am Schutzengel-Fest hält ein Kapuziner droben Gottesdienst. Da liegt das Volk auf den Knieen, schlägt reuig an die Brust und murmelt seine Gebete. Ob die Einkehr in des Gemüthes Tiefen ihnen wohl erschlossen ist? Ob es nach seiner Weise Selbstschau hält in dem herzerschütternden, alle Quellen der Seele öffnenden Augenblicke? Das Weihrauchfaß dampft; mechanisch, dienstbeflissen, unberührt von der Gewalt des gottgeweihten Augenblicks, schwingt es der ministrierende Knabe, — ein matter, sinnebetäubender Umhraduft steigt auf; — was ist er gegen den großen Weihrauchduft des Sommermorgens, der die hohen, hehren Gebilde der Alpenklippen umwogt? — Jetzt kündet des Glöckleins weittönender Schall, fern hinab in die Seealpsee-Thals Tiefen es an, daß das Mysterium der „Wandlung" hoch droben an jäher Felsenwand vor sich gegangen ist, und dem einsame Sauner auf Maarnies oder ob der Felsenbastei des Alpsiegelten, der nicht zum Fest herüberkommen konnte, weil der Dienst ihn an seine Hütte baunt, hört des Glöckleins mahnenden Ruf, schlägt an die Brust und murmelt gewohnheitsgemäß seinen Spruch dazu. Drunten in der Schweubl sitzt die Matrone auf den Treppensteinen, vor ihres Tochtermannes Haus, die Rosenkranz-Schnur zwischen den dürren, zitternden Händen. Auch sie hört des Glöckleins Schall und betet; aber ihre Gedanken weilen nicht im Heiligthume der ererbten Glaubens. Ihre Erhebung schweift wohl hinauf, aber nicht in die glanzerfüllten Räume des Als, wo nach ihrer kindlichen Meinung, jenseits der Wolken, die Gebenedeite auf dem Strahlenthrone weilt, umgeben von Engelscharen; — ihr Sinnen und geistiges Empfinden erhebt sich nur zur Ebenalp. Sie denkt des heute zu feiernden Festes, wie es in seiner ländlichen Pracht vor ihrer Mädchenzeit freudevoll vorüberrauschte. Damals vor fünfzig Jahren war sie die Schönste der ganzen Inneren Rhoden; des Franz-Antoni's Moriell mußte bei allen Tanzspinneren und winterlichen Abendversammlungen sein, die es weit umher gab, — sie war die Zierde jeder Alpstubete und der Urnäscher Chilbi, des leidenschaftlich-fröhlichsten Hirtenfestes im ganzen Appenzeller Lande. Im Kranze der singenden Mädchen war sie Tonangeberin; ihre helle, glockenreine Stimme jauchzte am freudigsten hinaus gegen die Bergwände und — als ob das Echo Mareieli bevorzugend zu seinem Lieb erkoren hätte, gab es nur ihren „Juchzger" freudevoll accentuirt, überlaut zurück, während der Wiederhall vom Gesang der Uebrigen nur wie Folie klang. Von der Mareieli's Jubel diamantklar sich ablöste. O! sie hatte eine herrliche, harmlose Jugend verlebt, und just am Schützengelfeste war's, wo sie der Sepp von ihren Eltern zum Weibe begehrte. Jetzt ist er todt, schon zwanzig Jahre lang; der heil. Michael war ihm kein Schutzengel gewesen, denn just unterm Bildkirchli war er beim Laubsammeln gestürzt und todt gefallen. Nun sitzt's Mareieli drunten allein, alt, gebrechlich und arm. Des Glöckleins Klang läutet ihr Erinnerung: Freude und Gram zugleich in's lebensmüde Herz.

Die Tochter Elisabeths.

Mitgetheilt von E. P.

Als Elisabeth von Rußland, die Tochter Peters des Großen, am 29. December 1761 (5. Jan. 1762) die Augen schloß, hinterließ sie ein trauerndes Volk, das ihr durch den Beinamen der Gütigen ein dankbares Andenken bewies.

Sie hinterließ aber keine Leibeserben bis auf eine natürliche Tochter, deren Aufenthaltsort nur wenige Vertraute wußten, obwohl das Dasein des Kindes selbst nur Wenigen unbekannt war. Es war in der größten Abgeschiedenheit erzogen worden und man durfte glauben, daß die vergnügungssüchtige Kaiserin seiner ganz vergessen hatte, denn es war nur wenig geschehen, die Zukunft der Tochter auch nach ihrem Tode sicher zu stellen.

Der polnische Fürst Radziwill war durch Zufall Mitwisser des Geheimnisses über den Aufenthaltsort des kaiserlichen Kindes geworden und in seinem Kopfe bildete sich ein Plan aus, wie er nur einer höchst ehrgeizigen Brust entkeimen konnte. Das Ziel, welches er sich vorsteckte, war der russische Thron, und es zu erreichen dünkte ihm um so weniger eine schwierige Aufgabe, als die dem Tode Elisabeths folgenden inneren Unruhen, der Zwist ihres unglücklichen Nachfolgers mit seiner Gemalin, deren glänzende Eigenschaften und deren Ehrgeiz über ihn den Sieg davon trugen, seinen verwegenen Absichten eher förderlich als hinderlich schienen.

Das tragische Ende Peters des Dritten vermehrte bald die Anzahl der Mißvergnügten. Die Einen beklagten den Verlust eines Fürsten, unter dem sie selbst zu regieren gehofft hatten und sahen sich nun der Rache Katharinens und dem beleidigten Stolze ihrer Günstlinge ausgesetzt; Andere wünschten die Regierung der Tochter des großen Peter zurück, deren Ende Vielen zu unerwartet kam, um nicht zu mancherlei Muthmaßungen Anlaß zu geben. Alles vereinigte sich, die weitaussehenden Pläne des polnischen Magnaten zu begünstigen und seinen Hoffnungen Nahrung zu geben. Er betrachtete bereits die russische Krone als ein Gut, wornach er nur die Hand auszustrecken brauche, sobald er sie mit der jungen Prinzessin, die er für die einzig rechtmäßige Besitzerin derselben erklären wollte, theilen würde. Die Rolle, die nach ihm Pugatschew spielte, beweist, daß sein Plan eben nicht unausführbar war. Wenn ein Rebell, dem seine Frevelthaten allein einen Namen gemacht, es dahin bringen konnte, daß die stolze Katharina auf einem Throne, den sie ihrem kühnen und unerschrockenen Geiste verdankte, zittern mußte, was wäre einem Radziwill nicht möglich gewesen, wenn er sich als der Gemal einer Enkelin Peters gezeigt hätte, deren Mutter bei ihren Lebzeiten beinahe vergöttert worden war und in ganz Rußland das Andenken an ihre Wohlthaten und ihre ruhmvolle Regierung hinterließ.

Die Tochter Elisabeths hatte kaum ihr zwölftes Lebensjahr erreicht, als Fürst Radziwill die Ausführung seines Vorhabens damit begann, daß er sie heimlich ihren Erziehern entzog, sie entführte und nach Rom brachte, wo sie sich einige Jahre aufhielt. Katharina konnte über diese Entführung nicht lange in Unwissenheit bleiben. Um Radziwill zu zwingen, von seinem Vorhaben abzustehen, legte sie Beschlag auf seine Güter in Polen, so daß ihm nichts übrig verblieb als die Edelsteine und Kleinoden, die er mit sich genommen hatte um seinem Mündel — so nannte er die junge Prinzessin — einen Anfang zu verschaffen, zu Gelde zu machen.

Mit dieser Summe half er sich eine Zeit lang durch und kämpfte lange mit Katharinens Uebermacht. Die Hoffnung ist des Menschen treueste Begleiterin, sie erhält ihn mitten im Unglück und verläßt ihn auch in der verzweifeltsten Lage nicht; allein die Unmöglichkeit, in einem fremden Lande ohne die geringsten Hilfsquellen zu leben, siegte endlich. Radziwill spielte den Reuigen und ging einen Vergleich ein. Um wieder in den Besitz seiner Güter zu kommen, verließ er Rom und seine Mündel, die sich in einer Lage befand, die zunächst an Dürftigkeit grenzte. Ein Frauenzimmer, das den Namen einer Aufseherin führte, im Grunde aber nichts mehr als eine gemeine Magd war, deren Dienstleistungen sie auch bereichtete, bildete die ganze Umgebung der jungen Prinzessin. Indeß besaß sie in ihr eine treuergebene Seele, deren fortwährendes Streben es war, ihre Gebieterin aus einer Lage zu reißen, die um so drückender sein mußte, als man ihr bereits die glänzendsten Vorspiegelungen zu einer baldigen Thronbesteigung gemacht hatte.

Inzwischen blieb der russische Hof nicht ohne die ernstesten Besorgnisse. Radziwill oder die abgerissenen Fäden von Neuem anknüpfen oder Andere könnten sich der Existenz dieser unwillkommenen Prinzessin bedienen, um neue Pläne zu entwerfen, die nicht so leicht zu vereiteln wären; genug, um die junge Prinzessin in einen Fallstrick zu locken, den ihre Unerfahrenheit nicht vorhersehen konnte, bediente sich Katharina eines Mannes, der alle Rollen ohne Unterschied übernahm, sobald er dadurch einen Vortheil für sich erlangte.

Dieser Mann — die Geschichte nennt seinen Namen nicht — wußte sich in der Uniform eines russischen Officiers Eingang in der bescheidenen Wohnung der Enkelin Peters zu verschaffen. Er versicherte, nur die Theilnahme an dem trüben Geschick einer Landsmännin, die sowohl durch ihre Geburt wie durch ihre persönlichen Eigenschaften die Ehrerbietung der Welt verdiene, habe ihn bewogen sie aufzusuchen. Er bot ihr seine Dienste, seinen Kredit an; die beiden Frauen ließen sich durch die gleißnerischen Worte des Fremden blenden, sie nahmen bereitwillig seinen Beistand an und benützten ihn im guten Glauben an den glücklichen Ausgang ihrer Hoffnungen im vollsten Maße. Ueberfluß trat an die Stelle der Dürftigkeit und ein unbeschränktes Vertrauen ward der Lohn des Verräthers. Die beiden verlassenen Frauen betrachteten ihn als ihren Schutzengel, den ihnen der Himmel in der äußersten Noth zugeschickt hatte.

Kaum hatte der russische Sendling sich überzeugt, daß in seinem Opfer kein Schatten eines Mißtrauens aufstieg, als er seinem Ziele näher rückte, indem er der Prinzessin die Mittheilung machte, daß ihn der Graf Alexis Orlow als seinen geheimen Abgeordneten vorausgesendet habe, damit er die Tochter der von ihm angebeteten Kaiserin Elisabeth aus einer Lage reiße, für die sie zu wenig geschaffen wäre, das aber auch er, Graf Orlow, nichts eifriger wünsche als sie auf einen Thron zu erheben, auf dem sie, wie ihre unvergeßliche Mutter, das Glück einer ganzen großen Nation machen würde. Um nicht unwahrscheinliche Bedenklichkeiten schon im Keime zu ersticken, fügte er hinzu, daß sein Herr mit Katharina zerfallen sei, weil er es nicht länger habe ertragen können, seine bekannten Verdienste nur mit Undank belohnt zu sehen. Jetzt sinne er nur auf eine Gelegenheit, Rache an ihr zu nehmen. Unter allen Mitteln, die sich ihm geboten, finde sich keines, das so edel und mit seiner Neigung und seinen übrigen Pflichten so übereinstimmend sei als die Wiedereinsetzung einer rechtmäßigen Erbin auf den russischen Thron. Um indeß dieses Ziel zu erreichen bleibe der Prinzessin nur übrig, sich dem Grafen völlig anzuvertrauen. Und, fügte er in der zartesten Weise hinzu, dies könne durch nichts sicherer und bindender geschehen, als indem sie sich durch die Bande der Ehe mit ihm vereine und ihm nach Rußland folge, wo bereits Alles vorbereitet sei, Katharina durch eine Revolution vom Throne zu stoßen.

Was vermag gegen so fein ausgesponnene Ränke die Unerfahrenheit eines Alters, das an die Kindheit grenzt? Alle Vorschläge des Agenten wurden mit Dank angenommen, die Aussicht auf einen Thron, der so oft geübter Augen geblendet und getäuscht, winkte in so verführerischer Nähe, um etwas anderes als seinen blendenden Glanz erkennen zu lassen, die tiefen Abgründe, welche zwischen ihr und dem kühnen Vorhaben lagen, sah sie nicht.

Die Gesellschafterin der Prinzessin ließ sich eben so leicht bethören, ja sie trug nicht wenig dazu bei, den unseligen Ausgang des Unternehmens dadurch zu beschleunigen, daß sie ihrer Pflegebefohlenen mit einer Menge romantischer Grillen Kopf und Herz anfüllte, denen einsichtsvolle und wohlmeinende Männer vergebens mancherlei Warnungen und Rathschläge entgegen setzten.

Einige Wochen später hielt Graf Orlow für angemessen, selbst aufzutreten; er ließ sich durch seinen Agenten bei der Prinzessin einführen, die durch diesen auf sein Erscheinen vorbereitet war. Immer dringender wurden die Warnungen der scharfsichtigeren Freunde, immer eifriger ihre Bemühungen, das arme Opfer einer schlauen Intrigue der Gewalt ihrer Verführer zu entreißen; umsonst schilderten sie die ausgezeichnete Gunst, in welcher Orlow bei Katharinen stand und die mit seinen gegenwärtigen Machinationen im schneidendsten Kontraste stand, umsonst zeichneten sie, und vielleicht nicht ohne alle Uebertreibung, seinen gewissenlosen Charakter. Orlow, der seine Beute sich nicht entgehen lassen durfte, umgab die Prinzessin mit Spionen und erfuhr bald, welche Anstrengungen man machte, ihm entgegen zu arbeiten. Er sah zugleich ein, daß bloßer Ehrgeiz kein hinreichend wirksamer Faktor war, einen nachtheiligen Eindruck zu verwischen, und ohne sein Ziel aus den Augen zu lassen, richtete er seine Batterien nun gegen das Herz der jungen Dame. Der Höfling wußte zu gut, daß der Schleier der Liebe dicht genug ist, um für sie auch seine wahren Absichten zu verhüllen. In den Künsten der Verführung geübt und ausgelernt, spielte er die Rolle eines von der heftigsten Leidenschaft Entbrannten, und durch Ehrerbietung und Beharrlichkeit suchte er sich in ihr Herz einzuschleichen und allen Argwohn zu zerstreuen.

Der boshafte Streich blieb nicht ohne den gewünschten Erfolg. In einem Alter von sechzehn Jahren ist die Vernunft nur selten reif und fragt das Herz um Rath. Das junge Mädchen sah einen Liebhaber zu ihren Füßen liegen, der sie mit Betheuerungen seiner Aufrichtigkeit überschüttete; wer will sie verdammen, weil sie ihnen glaubte und, entzückt über ihr kaum geahntes Glück, sich ganz ihren Neigungen überließ und Alles verwarf, was ihr hätte die Augen öffnen können.

Orlow blieb für seinen Sieg nicht blind und wußte ihn zu benutzen. Durch seinen Vorschlag, ihm mit ihrem Herzen auch ihre Hand zu reichen und sich dann zusammen dem Strome ihrer politischen Hoffnungen zu überlassen, ein Vorschlag, der mit der größten Kunst und der verführerischsten Zärtlichkeit gemacht wurde, sicherte er sich das Herz der leichtgläubigen Tochter Elisabeths vollends. Der ehrgeizige, dabei aber rechtschaffene und aufrichtige Radziwill hatte den Geist seines Pfleglings nicht ohne Kultur gelassen, bei aller Abgeschlossenheit von der Welt genoß sie eine gute Erziehung und sie glaubte daher mit Recht folgern zu dürfen, daß sie durch eine gesetzmäßige Verbindung gegen alle treulosen Absichten ihres Liebhabers gesichert sei. Allerdings war ein solcher Schluß an sich selbst richtig, aber bei einem Manne, dem nichts heilig ist, in dessen Brust kein menschliches Herz schlägt, war er doch zu voreilig.

Die verhängnißvolle Vermälung ward vollzogen, wenn anders ein Trugspiel, in dem Priester und Notare und Zeugen verkappte Helfershelfer sind, diesen heiligen Namen verdient.

Es war seitdem noch nicht viele Zeit verflossen, als Orlow seiner jungen Gattin zu verstehen gab, daß Pisa ein ungleich angenehmerer Aufenthaltsort sei als Rom; sie würden dort weniger als in der Hauptstadt der christlichen Welt den Augen der Gesandten aller europäischen Mächte und ihren Nachstellungen ausgesetzt sein; dort würden sie ruhig den Zeitpunkt erwarten können, wo sich ihr Schicksal, mit dem ja jetzt auch das seine verknüpft sei, entwickeln mußte. Kein Widerstand, nicht einmal ein Einwurf; geduldig wie ein Lamm folgte das Schlachtopfer seinem Würger.

Sie kamen in Pisa an, wo sie ein geräumiges prächtig ausgestattetes Hôtel erwartete. Obwohl der Gräfin Orlow Alles entgegeneilte, obwohl sie mit aller erdenklichen Ehrerbietung behandelt wurde, so verbargen sich doch hinter den Blumen und Festons die Sklavenketten; ohne daß sie davon noch eine Ahnung hatte, war sie eine Gefangene, die nur in Begleitung ihres vermeintlichen Gatten, oder nur mit dessen ausdrücklicher Erlaubniß das Haus verlassen durfte. Die Loge im Schauspielhause besuchte sie nie anders als unter dem Nachtritt ihres Gefolges, und während des Spiels beobachteten sie sieben bis acht Späher aus angemessener Ferne.

Einige Zeit nachher ankerte die russische Flotte unter der Anführung des Admirals Glud, eines Engländers von Geburt, in Livorno. Die Nachricht davon gelangte auch nach Pisa; Orlow theilte sie der Prinzessin beiläufig mit, indem er ihr zugleich die Größe und Pracht der russischen Kriegsschiffe in den lebhaftesten Farben ausmalte. Dies erregte die Lust der jungen Frau diese Herrlichkeit zu sehen, und der liebevolle Gatte schlug ihr eine Lustreise nach dem nur wenige Meilen entfernten Livorno vor, wo nächst der Flotte auch die Stadt und den Hafen, die er ihr so enthusiastisch geschildert, in Augenschein nehmen wollten.

Die Prinzessin war über die bevorstehende Lustpartie entzückt wie über die Zuvorkommenheit ihres Gatten, sie dankte ihm mit so zärtlichen Ausdrücken, daß, wenn er kein Ungeheuer gewesen wäre, einer ihrer Blicke hingereicht haben müßte, ihn von seinem verwerflichen Vorhaben zurückzuhalten.

Am festgesetzten Tage reisten die beiden Gatten mit ihrem gewöhnlichen Gefolge nach Livorno und stiegen im Hause des englischen Konsuls Dick ab, wo sie mit der außerordentlichsten Ehrerbietung aufgenommen wurden. Des Konsuls Gemalin ging den Admirals entgegen, begleiteten sie überall hin und verließen sie auch nicht auf einen Augenblick. Man hätte glauben sollen, daß Beide sich ihr eigenes Kind liebten und in ihr die künftige Beherrscherin eines der mächtigsten Reiche der Welt verehrten. Sie bildeten gewissermaßen ihren Hof. Das Volk von Livorno, durch den Schein betrogen, stürzte sich haufenweise auf ihren Weg und verschwendete allen Weihrauch, der der Eitelkeit der Großen so ungemein schmeichelt.

Alle Arten von Ergötzlichkeiten waren endlich erschöpft, ehe man den Vorschlag laut werden ließ, die Flotte zu besichtigen; die Stunde wird festgesetzt, die beiden Frauen und der Konsul begleiten sie. Alle Vier besteigen ein prächtig geschmücktes Boot, das sie nach dem Admiralsschiffe bringen soll; auf einem anderen folgt Graf Orlow, ein drittes ist mit russischen und englischen Officieren, in russischen Diensten, besetzt. Kaum näherte sich das erste Boot dem Kriegsschiffe, als ein prächtiger Lehnsessel zur Aufnahme der Prinzessin herabgelassen wird. Man sagt der Prinzessin, daß dies bei solchen Einladungen Gebrauch sei, und sie fühlt sich durch alle diese Ehrenbezeigungen und Beweise der vormaligen Achtung unendlich geschmeichelt, denn schon bei ihrer Annäherung war sie durch eine Generalsalve der Artillerie begrüßt worden, und eine vortreffliche Musik bewillkommte sie jetzt.

Berauscht von den Eindrücken des Augenblicks, setzte sich die Prinzessin in den Tragsessel, und dieser wird sofort aufgewunden; aber statt eines glänzenden Empfanges, wie sie ihn nach allen diesen Vorspielen wohl zu erwarten berechtigt war, findet sie einen Kerkermeister, der ihr ihre Gefangenschaft ankündigt, Fesseln anlegen läßt und ihren Aufenthalt im Schiffsraume anweist.

In der Frühe des andern Morgens lichtete die Flotte ihre Anker und verließ den Hafen, um triumphirend nach den heimischen Gewässern zu segeln.

Der erste Akt dieses grauenvollen Tages, die Gefangennahme der Prinzessin, hatte in Gegenwart einer zahllosen Zuschauermenge statt. Niemand ahnte sie und doch drang die Nachricht von dem trübseligen Ausgange dieses prächtigen Festes noch vor Einbruch der Nacht bis in alle Schichten der Bevölkerung, und rief eine um so unverhohlenere Mißbilligung wach, als man über den Schlußakt kaum in Zweifel sein konnte. Orlow ließ sich davon nicht anfechten, er gab sich nicht einmal die Mühe, seine Ränke zu verheimlichen, wie sehr ihm auch der Großherzog deßhalb zürnte. Vergebens schickte dieser Couriere nach Wien und Petersburg, und beschwerte sich bitter über das verletzte Völkerrecht, seine Klagen und Vorstellungen verhallten spurlos, und wenngleich Orlow und die russischen Officiere noch in seiner Gewalt waren, er wagte doch nicht, sich an ihren Personen zu vergreifen, und so Katharina zu zwingen, die aus einem gastfreien Lande geraubte Tochter Elisabeths wieder in Freiheit zu setzen.

Die Geschichtsbücher schweigen über das Loos, welchem das unglückliche junge Weib anheimfiel, aber darf man es glauben, was hin und wieder gesagt worden ist, daß die Tochter Elisabeths unter den Knutenstreichen ihrer Henker das Leben aushauchte?

Nach dem Gewitter.

Die Tropfen fallen langsam durch die Nacht,
Die schwüle Sommernacht, die bange ruht
Die Wolken sinken tief mit Uebermacht;
Da plötzlich zuckt empor des Blitzes Gluth.

Es brechen wild die schwarzen Massen los,
Tief hüllt das Dunkel Erd und Himmel ein,
Die Wetter öffnen ihren Fluthenschoß,
Aufblitzt die Finsterniß in Flammenschein.

Doch sieh'! da theilet sich der Regenflor,
Und aus den Wolken taucht in's reine Blau
Der volle Mond in feuchtem Glanz empor
Und gießt herab der Strahlen milden Thau.

Die Wolken schwinden all' am Himmelszelt,
Es athmet neu beseligt Wald und Flur,
Und nach den Wettern, lastend auf der Welt,
Erfüllet tiefer Friede die Natur.

So ist's, wenn Thränen, welche weint der Schmerz,
Ein neuer Lichtesstrahl der Hoffnung stillt,
So ist es, wenn ein leidenschweres Herz
Ein treuer Freundesblick mit Trost erfüllt.

Eine Cigarrenphantasie.

Von M.

O welches Jahrhundert, o welche Zeit, in der wir leben. Wo ist die Poesie der sonstigen gemüthlichen Tage, die Poesie, welche die damals noch zartbesaiteten Herzen sich für Ideale begeistern ließ, so der Epigonenwelt kaum noch dem Namen nach bekannt sind. Reales Leben und Real-Schulen und dabei doch selten etwas Reelles! Wo sind sie hin, die schönen Tage der Elegantzeiten und sentimentalen Liebe? Wo steht heut noch ein liebender Jüngling stundenlang vor den Fenstern der Theuren, die Laute im Arm und schwärmerische Melodien im Kopfe? Die alten schönen Lieder sind vergessen, die alte Mutter und Großmutter nur lassen die Blicke wehmüthig haften auf den kleinen Büchern, in die ihre Hand, vor Zeiten! die Gefühle des Herzens einschrieb, in der Form, welche die zeitgemäßen Poeten dafür ein passendsten hielten. „Hebe, sieh in sanfter Feier" o welche Erinnerungen steigen da auf; „das waren mir selige Tage," o, weiß Gott, das waren sie; „ich denk an euch ihr himmlisch schönen Tage der seligen Vergangenheit," ja wohl, und mit Thränen, die ihrem Andenken geweiht sind, „ich denke dein, wenn sich der Abend röthend im Hain verliert, und Philomelens Klage leise flötend die Seele rührt," und auch nun denkt sie sein, der in die kühle Erde her belten ließ, nachdem er sein drittes Eichen geküßt hatte. „Schwermuthsvoll und dumpf erschallt Geläute vom bemoosten Kirchthurm herab," das war das erste Lied, das er ihr in's Album geschrieben hatte.

Und dieses Album! Die Blätter sind starkes, festes Büttenpapier, der Einband ist nur dauerhaft, nicht elegant. Die Schriftzüge tragen den Stempel und Typus der Zeit und verschiedene Anzeichen, die darauf hindeuten, daß die Stahlfeder noch nicht erfunden war. Wohl mag es dem verzärtelten Jahrhundert des Goldschnitts wunderbar vorkommen, daß man auf so antediluvianisches Papier mit petrefaktischen Federn und vorweltlichen Buchstaben Empfindungen, Verse schreiben konnte. Verse, aber was für welche! sagt das halbwüchsige Pensionsdämchen, das schon mehr Liebeserfahrungen und Liebesschmerze in dem noch werdenden Busen herumträgt, als damals gereifte Gattinnen thaten.

„Verse, und was für welche!" — Als ob das Gemuthvolle nicht tausendmal besser wäre als das Geklingel und Gebimmel.

Es war freilich das Jahrhundert des Zopfes, aber es war auch das Jahrhundert, das Schiller und Goethe und den alten Fritz erzeugte. Und unser Jahrhundert? Das Gott erbarm'.

„Als ich auf meiner Bleiche," „mein Herr Maler will er wohl," „verzeihen Sie mein Herr Baron, mein armes Herz das wählte schon," das sind doch Alles, weiß Gott, wenn auch einfache, so doch hübsche Lieder. Und ob man das von den meisten derer sagen kann, die jetzt in Albums und auf dem Klimperkasten Mode sind das wollen wir dahin gestellt sein lassen.

Kurz, es war doch eine recht schöne Zeit, die alte, gute Zeit. Und damals die Lindenbäume! O, das mußte ja poetisch werden. Die Aeste reichten hinauf bis nach ihrem Fenster, das sie Abends öffnete, um anscheinend den entzückend balsamischen Duft der Blüthen einzusaugen. Aber schon nach wenigen Minuten bewegten sich ihre Lippen und aus der Linde erscholl ein Flüstern, das man meinen mußte, die Dryas konferire mit der schönen Jungfrau. Denn die Großmutter war schön! Näheres Hinschauen hätte uns wohl überzeugt von der Natürlichkeit des Vorgangs. Der Vielgetreue war nur hinaufgekrochen, um so recht con amore mit der Herzallerliebsten manch Wort von Lieb' und Treue zu wechseln. Aber gehorsam entfernte er sich dann, wenn es ihm die Jungfrau gebot, die keusch und züchtig nun ihr Lager aufsuchte.

Das war damals, als noch die Lindenbäume standen. Aber sie sind verschwunden wie die alte Zeit verschwunden ist, kaum daß auf Dörfern noch hin und wieder ein Exemplar von geschwundener Pracht zeugt, auch diese, schon geborsten, kann kürzen über kurz.

Wo aber noch der Lindenbaum seine weiten Zweige dem Himmel entgegenstreckt als einsamer, müder Posten, als Zeichen der wandelbaren Welt, welchen profanen Zwecken muß er oft jetzt dienen. Beschattet das Fenster einer minniglichen Maid, auch er wird von nächtlichen männlichen Gästen bestiegen, aber kein kosend Wort flüstert durch die Zweige und durch den Blüthenduft; die Jungfrau weiß nicht einmal, daß lüsterne Blicke draußen, aus den verschwiegenen Aesten des Baumes, ihren üppigen Reizen entgegenlauschen.

So war es einst, so ist es heute, wie wird es morgen sein? Doch quid sit futurum cras, fuge quaerere!

Und unsere Väter in ihren jungen Jahren, unsere Großväter, was waren das für Männer, abgesehen natürlich von dem Zopfe. Sie konnten, mußten und wollten auch ihre Körperschönheit zeigen, und war sie nicht vorhanden, eine solche leihen. Schnallenschuhe, Wadenstrümpfe, Schenkelhosen, die leztern beiden mit geheimen Fächern zur Bergung von Batte versehen. Dazu die lange Weste, der lange Rock oder Frack und der Dreimaster, das waren kräftige Gestalten, die so einherschritten. Mit Wehmuth betrachte ich ein Paar schwarz seidene Strümpfe, die ich von meinem seligen guten Vater erbte. Der alte Herr ruht nun schon lange in der Erde und dachte wohl nicht, als er vor mehr als einem halben Säkulum die Strümpfe kaufte, daß jene Strümpfe in einem phantastischen Kapitel vorkommen würden. Nun diese Strümpfe soll einst mein Sohn erben als Andenken an den Großvater, und dazu irgend ein modernes Kleidungsstück als Andenken an mich. Die Strümpfe kann er vielleicht wieder brauchen, denn solche alte Waare hält ganz vortrefflich und in die Mode werden sie vielleicht auch wieder kommen. „Es ist Alles schon dagewesen" sagt der bekannte Mann im Uriel Acosta. Ich werde für ihn einen von den nichtswürdigen schwarzen Cylinderhüten aufheben, die haben hoffentlich dann aufgehört, und wenn nicht, vererbe auch er ihn. Sein Sohn wird ihn dann betrachten als ein verwundersames Zeichen der Thorheit seiner Vorfahren.

Wo sind hingekommen die Attribute vorzeitlichen gemüthlichen Stilllebens: die Pfeifen. Hat doch beinahe auch der Student, in dieser Beziehung sonst so konservativ gesinnt, sie abgeschworen. Nur hin und wieder noch findet sich eine schöne Anhänglichkeit an die geheiligte Sitte der Väter. Aber immer mehr und mehr muß sie Platz machen der Alles vor sich niederwerfenden Cigarre. Die moderne Bequemlichkeit und die moderne Verschwendungssucht sind der Cigarre mächtige Bundesgenossen.

Ich schäme mich, wenn ich mein wohlbesetztes Pfeifenbrett betrachte und den wohlgefüllten Tabakskasten, den eine zarte Hand mir einst verehrt hat. Ich bin ein begeisterter Verehrer der Pfeife, aber selten, sehr selten berühren meine Lippen die einladenden Spitzen der Rauchinstrumente. Es ist Bequemlichkeit und Unlust Pfeife zu stopfen, die meinen Treubruch veranlaßten. Dieser Bequemlichkeit aber schäme ich mich aufrichtig und wahrhaftig von ganzem Herzen, ganzer Seele und ganzem Gemüth. Der Teufel der Neuzeit jedoch hält mich fest in seinen Krallen, ich kenne die Schwäche, verwünsche sie, klage mich an und bezahle ruhig in jedem Vierteljahr ein anständiges Sümmchen an den Cigarrenhändler. Gegen den Zeitgeist aber kämpfen die konservativsten Ritter selbst vergebens; ich ergebe mich in mein Schicksal.

Der Tabak und die Pfeife, zu welchen hochpoetischen Gedichten begeisterten sie nicht die Leierschläger früherer Zeiten.

Zu welcher Erhabenheit des Gedankens schwingt sich der alte Gleim hinauf, wenn sein Auge die Pfeife trifft:

 Mausoleen, Pyramiden, Tempel
 Werden Trümmer, werden Staub.
 Alles wird der Zeit zum Raub: —
 Meine Pfeife zum Exempel.

Wie wunderbar schön ist jenes reizende Lied, das gleich nach dem Schiller'schen Dithyrambus „an die Freude" erschien, und die Pflanze aus der Familie der Nicotiana preist! Schiller singt:

 Ja, wer auch nur eine Seele
 Sein nennt auf dem Erdenrund.
 Und wer's nie gekonnt, der stehle 2c.

Der Tabaksdichter aber ruft:

 Ja, wer auch nur ein Lausewenzel
 Schmaucht in seinem irdnen Topf,
 Schließe sich an uns als Schwänzel,
 Und wer's nicht kann, bleib ein Tropf.

Was hat die Neuzeit aufzuweisen an poetischen Verherrlichungen ihres Götzen: des Glimmstengels?

Es giebt wohl Versuche, aber erheben sie sich in ihren Vergleichen und Anschauungen bis zu Mausoleen, Pyramiden, Tempel? O nein.

 Die Cigarren und die Menschen
 Sind in vielem sich ganz gleich.
 Beide sind oft schief gewickelt,
 Bald zu hart und bald zu weich.

Recht praktische Ideen in recht realer Anschauungsweise. Was aber der selige Lessing zu diesen Versen sagen würde, mögen die Götter wissen. — Und doch, doch kann die Cigarre dem einfachen und einsamen Manne recht lieb und werth, eine theure und treue Freundin werden, denn sie ist einfacher als die komplicirte Pfeife, und einsamer als der Tabak in der Pfeife, der doch mit Porzellan, Horn, Rohr 2c. vielfachst in Berührung kommt.

Bilde Dir ein, mein guter Leser, daß ich ein einfacher und einsamer Mann bin, und laß Dir etwas vom zärtlichen Umgange mit meiner Freundin, der Cigarre, erzählen. Nur einen Tag, das heißt, einen Zeitabschnitt von vierundzwanzig Stunden, sei mein Gast und verzeihe, wenn ich, wie Hippel einst, in meiner Betrachtung nicht den breitgetretenen Pfad wähle, also nicht am Morgen anfange.

Ein klarer, sonniger Wintertag, denn auch im Winter giebt es sonnige Tage, ist eben bestattet worden. Die Dämmerung ist eingetreten und macht deutliche Bemühungen in Nacht überzugehen.

Ich sitze in meinem warmen, traulichen Stübchen und habe den Stuhl an's Fenster gerückt. Hinaus schaue ich in die klare Luft, welcher ausnahmsweise der landesübliche Winterdämmerungsnebel fehlt. Mir ist, als könnte ich die Kälte sehen.

Frieden und Stille herrschen rings umher, Gott sei Dank, es ist auch Frieden in mir. Ich bin so allein, so ganz allein, vorläufig vom Geschick verschlagen in dieses kleine Landstädtchen. Nicht fremd bin ich hier, es ist ja mein Heimathstädtchen, aber ich bin ihm mehr entfremdet, als ich bisher glaubte. Wenigstens ohne Freund bin ich hier. Ich bin sehr allein.

Da fällt mein Blick auf eine zierlich gebaute Tasche von Leder. Es ist ein englisches Cigarrenetui; von einem Freunde mir mitgebracht, noch bevor daran zu denken war, daß solche Futterale einst auch in Deutschland so sehr in die Mode kommen würden.

Und ich langte nach dem Etui und nahm eine der duftenden Havannas. Draußen ging der Mond auf und sah neugierig in meine Fenster. Ich weckte den alten Gesellen und Freund, indem ich würzige Rauchwolken zwischen ihn und mich brachte. Er konnte nur selten mein Gesicht sehen, gelang es ihm aber, dann schien er mich ernst und bekümmert anzuschauen, als wolle er sagen: Du mußt fort, fort von hier, Du mußt wieder hinaus in's Leben.

Ja, alter Freund, das will ich, hinaus in's Leben, hinaus zu meinen Freunden. Aber jetzt, in diesem Augenblicke, bin ich nicht mehr allein und einsam. Ich habe Dich alten grämlichen Rathgeber vor mir (werde nur nicht gleich wieder böse, ich weiß ja, daß Du es gut meinst) und diese glühende Freundin an meiner Lippe. Sie erinnert mich an die Freunde und mein bischen Phantasie zaubert sie alle um mich her.

Ich denke an Posen und Frankfurt, an Weimar und Koburg, an Leipzig und Glogau, an Jena und Berlin. Verrauscht sind jene Zeiten, verrauscht mit dem größten Theile der Jugend. Und gestorben ist manch einer von den Gefährten und Genossen, und verdorben ist leider auch manch' einer. Und die übrig blieben, schreiben mir nicht, und ich schreibe nicht ihnen, denn sie wissen und ich weiß es, daß unsere Geister bei einander weilen auch ohne das das Wort uns dessen versichert. So leben wir ein geistiges Leben, das vielleicht reeller ist, als jenes des werthen Kadavers. —

Eine Wolke zieht vor den Mond. Ah, Du willst mich erinnern, alter Herr dort oben, daß auch eine Wolke vor mein Leben gezogen ist, schwarz und düster, und daß ich oft vergebens schon gekämpft habe sie zu zerstreuen. O, ich habe schon Manches gethan, was andere mir als unmöglich anschwärzten, ich that es, weil ich es eben thun wollte. Und diese Wolke will ich zerstreuen, beruhige Dich also und jage auch Deine Wolke fort. So ist's hübsch, aber lächle gefälligst ein Bißchen wohlgefälliger. Siehst Du, so lieb' ich's. Woher wir nur gelernt haben uns zu verstehen, ich kenne doch Deine Sprache nicht und Dir sollte es wohl schwer werden, ein redliches, wenn auch hausbackenes Deutsch zu sprechen. 's ist ein merkwürdiges Faktum, aber eben ein Faktum.

Nun, wo bist Du geblieben? O schade, schwarzes, düsteres Schneegewölk ist aufgezogen und verbirgt Dich meinen Blicken für heute. — Doch halt, noch einmal siegt er, adieu für heute, schlaf wohl.

Finster ist es draußen, finster in der Stube und auch die Cigarre ist im Verglühen.

Aber nicht lange und um so heimlicher wird es im Stübchen. Die Lampe brennt, dichte Rouleaus hindern das Schneegestöber draußen zu sehen. Nicht am Fenster ist jetzt mein Platz, sondern dort in der Sophaecke, den Tisch mit meiner Schreiberei vor mir, gleich links die Bücherspinde und rechts die Lampe. Da überkommt mich das Gefühl der wohlthuendsten Behaglichkeit, so ist es reizend und recht con amore kann nun geschrieben werden.

Schreiben? Nein, heute nicht, der Abend begann so schön, laßt mich weiter schwärmen, träumen und phantasiren.

Und die zweite Cigarre beut mir das braune, von Freundeshand geschenkte Etui.

Welt, draußen, in der Havanna, schneit es nicht, herrscht milde Luft, ausländisch Gewächs und Fieber. Ob wohl die Schwarze noch leben mag, welche diese Cigarre mit kunstgeübter wenn auch schwarzer Hand gemacht hat? Ich möchte ein Bischen haben, ob sie noch zur schwarzen Vegetation zählt, ich möchte es wirklich gern wissen, ich gebe etwas darum. Was Teufel kitzelt denn meine Zunge; wie? ein Haar, ein gekräuseltes nicht gerade seidenweiches Haar! Auf welche Weise kommt dieses Haar in solchen wohlgeformten Tabakscylinder und ich muß es jetzt finden, bei verschwiegener, zu Betrachtungen und Nachdenken auffordernder, stiller Abendzeit! Es ist zwar maliciös vom Schicksal, mir solch ein Lebenszeichen der Schwarzen zu spenden, doch ist wenigstens meine Bitte erfüllt. Mag es gut gehen der Kleinen, ich wünsche es ihr und nebenbei auch ein Fläschchen eau de l.ob.

Gut, daß mein Freund Dr. L. nicht zugegen war.

Er hätte eine abscheuliche, längere Rede über das Verderbliche des Tabaksgebrauches gehalten, und mir durch medicinische Explikationen und Aphorismen vielleicht den Gebrauch und Genuß meiner Freundin und Trösterin in einsamen Stunden verdorben.

Was sollte ich mich aber abhalten lassen von einem solchen armseligen Haar. Es wäre lächerlich, jetzt nach Entfernung des Haars die Cigarre fortzulegen, deren Genuß doch vorher so befriedigend war. Und dann in wie vielen Sachen habe ich schon ein Haar gefunden! und leider Gottes war die Sache mir dadurch doch nicht verleidet worden.

Und nun die letzte Cigarre vor dem Schlafengehen.

Sie schmeckt stets am besten, denn es ist die letzte vor einer Trennung von mindestens acht Stunden. Sie soll mich vorbereiten auf die Ruhe für Körper und Geist, denn erst wenn die erste Hälfte der Cigarre aufgeraucht ist, greife ich zu den Werken moderner Philosophen, die dann das Uebrige thun.

Ruhe ist ein herrliches Wort und eine behagliche Ruhe wohl einer der schönsten Genüsse. Solch ein mit Verstand ausgeführtes dolce far niente kann durch nichts übertroffen werden. Das kennen die meisten Menschen nicht, denn es ist eine Kunst, mit Verstand nichts zu thun. Jeder Mensch aber, der nicht unter der Last peinigender Gewissensangst zu stöhnen hat, ist fähig, diese Kunst zu erlernen.

Man nehme ein gutes, womöglich vorzügliches Diner ein, trinke nach der Suppe ein Gläschen Madeira und dann während des Diners ein Fläschchen guten Sechsunddreißiger, dem man zum Dessert ein kleines Glas Malaga folgen läßt. Dann trinke man eine Schale guten Kaffee's, brenne eine Havanna oder Manilla an und lege sich auf ein Divansopha in die möglichst bequemste Lage. Kann man es aber irgend haben, so wähle man statt des Sopha's lieber den amerikanischen Schaukelstuhl, der durch die kleinste Bewegung in ein anmutiges Fliegen versetzt werden kann. Ist das geschehen, so sehe man nach der Decke des Zimmers oder nach einem beliebigen, wo möglich verschwimmenden Punkt vor sich. Nun denke man an nichts, rauche aber ruhig weiter. Wer das erstere nicht kann, der denke an eine einstige deutsche Flotte, das ist dasselbe. Im Uebrigen lernt man durch einige Uebung das an „nichts" Denken sehr leicht, auch kann ich nicht unerwähnt lassen, daß Leute, die ein solches Diner sich gönnen, wo möglich oft gönnen können, von vorn herein das Talent: an nichts denken zu können, mit sich herumtragen und durch Uebung am leichtesten dieses Talent ausbilden.

Nach einer halben Stunde, während welcher Zeit der Körper die bei richtiger Verdauung stets eintretende wollüstige Ermattung gefühlt hat, kann man dann ein Wenig des edlen Schlafes pflegen oder man kann seinem Geiste eine nicht große Anstrengung im wachen Träumen auferlegen.

Fehlt das beregte gute Diner, so braucht man nur die übrigen Vorschriften zu erfüllen, um eines leidlichen dolce far niente sich zu erfreuen. ——

Jetzt kommt her, biedere Einschläferer. Es ist Zeit und schon euer bloßer Name ist meiner nicht verwöhnten Natur genügend — die Lampe brennt düsterer — der Wächter pfeift. Gute Nacht! —

Wie wundervoll ist der Morgengenuß einer guten Cigarre. Man hat sich erst vergeblich bemüht, dem Gedächtniß die Träume aus der vergangenen Nacht zurückzurufen, dann erst setzt man die vom Burschen schon hergerichtete Kaffee- oder Theemaschine in Thätigkeit.

Das Wasser singt, die Flamme im Ofen, kann man es irgend haben die des Kamins, knistert und die Wintersonne wirft ihren ersten Strahl über die beschneite Flur. Die Eisblumen am Fenster erzählen sich wundersame Märchen von jenen magischen Kräften und Bedingungen der Natur, denen sie ihr kurzes Dasein verdanken. Das undurchdringliche Fenster gestattet nicht den Blicken die Gegenstände draußen genau zu unterscheiden, aber die Blumen verblühen und zerfließen schnell unter den heißen Hauchen der Havanna. Die Kinder des Nordens vergehen vor der Tochter des Südens, aber die Siegerin stirbt von dem Siege und ihre Asche zerstiebt in den Lüften, während die zähen Nordlandsöhne, moderne Phönixes, am andern Morgen von Neuem, wo möglich noch in üppigerer Kraft erblühen.

Dann geht es an die Geschäfte des Tages, denen wir obliegen können in dem gemüthlichen Raume unseres Zimmers. Und später eilen wir hinaus in den klaren Wintertag, die kalte aber wunderbar reine Luft mit Entzücken einschlürfend. Die Cigarre aber, die kleine, treue Begleiterin verläßt uns auch nicht, ja sie gewährt uns nebenbei noch das schöne Schauspiel, zu sehen, wie der aus Gluth entstandene Hauch sich mit dem Athem des kalten Nordens vermält.

Unser Diner kann nicht so prächtig sein, wie wir oben angegeben, es ist einfach und schmackhaft und doch ist das dolce far niente nachher ein vollständig befriedigendes, da wir, nach vieler Mühe, die Kunst des an nichts Denkens begriffen haben.

Dann nicken wir wohl ein Wenig, gehen aber bald wieder an die Arbeit, um frei zu sein, wenn die Dämmerung von Neuem anbricht, um uns von Neuem treiben zu lassen auf das ungewisse aber schöne, wogende Meer der Phantasie.

Schön aber ist es von der liebenden Vorsehung, daß sie ein Kraut wachsen ließ, aus welchem für mich und gewiß auch noch für manchen anderen Mann eine Freundin hergestellt werden konnte. Und ich werde treu zu der Fahne dieser Freundin halten, die so leicht transportabel ist, und nur eine Bitte nähren, daß sie billiger werden möge. Ich kenne keine Eifersucht und gönne ihre Erwerbung auch dem ärmeren Bruder.

Das Haberfeldtreiben.

Jedes Land hat seine Gebräuche, jeder Volksstamm seine eigenthümlichen Sitten. Sie wachsen meist aus dem innersten Wesen des Volkes heraus und haben zum größten Theile eine tiefere sinnige Bedeutung. So auch das Haberfeldtreiben. Es ist ein Ueberrest der urgermanischen Rügegerichte, der sich in einzelnen Gegenden des baierischen Oberlandes zwischen Inn und Isar, insbesondere im Tegernsee'schen, Miesbach'schen, dann in den gebirgigen Theilen der Landgerichte Rosenheim und Aibling bis auf die jüngste Zeit erhalten hat und die Rüge jedweden öffentlichen Aergernisses bezweckt, vor Allem, wenn ein solches von angesehenen Personen, oder gar von Beamten, Geistlichen u. dgl. begangen wird.

Es wird von einem förmlich organisirten Geheimbunde geleitet, an dessen Spitze die Haberfeldmeister stehen, welche nur angesessene, verheiratete und gut beleumundete Männer sein können. Wird diesem ein solcher ärgernißgebender Lebenswandel angezeigt, so erfolgt zunächst eine Warnung an die Schuldigen, entweder mündlich durch „Ansagen", oder bildlich durch Ausschneiden von Spänen an der Thür seines Hauses. Bleibt diese Warnung erfolglos, so versammelt sich plötzlich in der Nacht eine Schar von mehreren hundert Männern und Burschen vor dem Hause des Schuldigen, die aber nie von dem nämlichen Orte sind, sondern oft viele Meilen weit herkommen. Der Schuldige wird sofort an's Fenster oder auf die „Loabn" citirt, worauf ihm einer von den Versammelten in Knittelversen sein Sündenregister verließt. Dann folgt eine Katzenmusik, worauf die Haberfeldtreiber sich spurlos, wie sie gekommen, wieder zerstreuen.

Wir mußten zum Verständniß diese Worte vorausschicken und folgen nun der trefflichen Erzählung von Clemens Stepyer „Durch Irren zur Heirath, ein Sittenbild aus dem südbaierischen Volksleben unserer Tage." (Stuttgart, Verlag von Gebrüder Scheitlin.)

Die Buchau ist ein stilles Hochthal an der Tiroler Grenze. Grüne Waldhügel schließen sie von allen Seiten ein und hoch darüber ragen erst die schroffen, zerklüfteten Feldriffe des Hochgebirges, wodurch dieses sonst so freundliche Thal einen mehr großartigen, beinahe wilden Charakter erhält. Ein frisches Forellenwasser rauscht mit lustigem Geplätscher durch das Thal, um an dessen Ausgange in schäumenden Kaskaden in die Tiefe zu stürzen, wo es noch etliche Mühlen treibt, dann aber in raschem Laufe dem Inn entgegeneilt, der es mit Freuden in seine grünen Wellen aufnimmt und in die weite Ferne mit sich hinausführt. Dieser Bach theilt die Buchau in zwei, beinahe gleiche Hälften. An seinen Ufern, bis an die Berge hin, lagern fette Wiesen. Hier und dort steht ein Feld Weizen oder Türkenkorn, und dazwischen liegen die stattlichen Höfe der Einödbauern, welchen die ganze Buchau mit all' ihren prächtigen Wiesen und reichen, weitläufigen Bergwaldungen zu eigen ist.

Ungefähr ein Dutzend solcher Bergeinöden gibt es

in der Buchau. Jeder Hof ist groß, stattlich gebaut und trägt seinen besonderen Namen.

Der hinterste von den Buchauer Höfen ist der Oedhof und sein Besitzer ist ein stattlicher, großer Mann. Der schwarze Schnurrbart unter der gebogenen Nase, die dunkeln, leuchtenden Augen geben ihm ein kedes, entschlossenes Aussehen. Er ist wohl der reichste von allen Buchauer Bauern und als ein fleißiger, ordentlicher Mann bekannt. Mit der Oedbäuerin, seiner Frau, einem jungen kräftigen Weibe mit frischen sonnverbrannten Wangen, lebte er in glücklichster Ehe. Aus Liebe hatte er sie geheiratet, obschon sie ein blutarmes Mädchen gewesen war, er hatte indeß keine bessere Wahl treffen können, denn sie war fleißig, hielt Haus und Hof in Ordnung und stand bei allen gleich geachtet da.

Ein zehn- bis zwölfjähriges Mädchen, die Moidei (Marie), eine hübsche frische Dirne, war ihr einziges Kind, von beiden Eltern gleich geliebt. Außerdem lebte auf dem Oedhofe noch die Rosi, ein zwanzigjähriges Mädchen, des Oedbauers Schwester, und der Wast (Sebastian), ein um einige Jahre älterer Bursche, den der Oedbauer als kleines verwaistes Kind aufgenommen und wie seinen eigenen Sohn gehalten und großgezogen hatte.

Der Oedbauer fühlte sich glücklich, war heiter und lebensfroh. Und was wollte er auch weiter! Sein Hof war einer der größten, auf der Alm hatte er das meiste Vieh weiden, seine Felder trugen reiche Ernten, und fuhr er zur Stadt, so hatte er nicht nöthig, es auf ein paar Gulden anzusehen.

Nicht immer sollte es so bleiben. Bei allem Glück hatte der Oedbauer einen unruhigen, leicht erregbaren Sinn, der sich mit seinem Loose noch nicht genügen ließ.

Eine Eisenbahn, welche erbaut wurde, führte in der Nähe des Dorfes durch. Die meisten Buchauer Bauern sahen mit Unwillen auf dies neue Werk und mochten nichts damit zu schaffen haben, denn sie hielten es mit dem Alten. Was hatten ihre Väter von einer Eisenbahn gewußt und hatten doch glücklich gelebt. Ein heruntergekommener, aber schlauer Mensch, Namens Schwindel, hatte den Bau der Eisenbahn in jener Gegend im Akkord übernommen und wurde von den Bauern deßhalb der Akkordant genannt. Unter aufrichtiger, unschuldiger Miene verstand er es, sich in des Oedbauers Vertrauen einzuschleichen, und nur zu bald gelang ihm dies. Er kaufte diesem für die Eisenbahn viel Holz ab, welches dieser in seinen weitläufigen Bergwaldungen schlagen ließ. Die guten Preise verlockten ihn, so viel war nie in dieser Gegend für das Holz bezahlt und er übersah, daß er seine Waldungen durch dieses übermäßige Ausholzen für lange Jahre nutzlos machte.

Vergebens warnte ihn seine Frau vor dem Akkordanten, gegen den sie von der ersten Stunde an, in der sie ihn gesehen, sofort ein unbezwingbares Mißtrauen gefaßt hatte, vergebens suchten ihn seine Nachbarn und Freunde zu überzeugen, daß er seine Waldungen zu Grunde richte. Er wollte nicht hören, die blanken Gulden, welche er für das Holz ausgezahlt erhielt, verblendeten ihn.

Am gefährlichsten wirkte indeß der Umgang des Akkordanten selbst auf ihn ein. Absichtlich suchte ihn dieser Mensch, der von vornherein den Plan gefaßt hatte, ihn zu Grunde zu richten, um den großen und reichen Oedhof in seine Hände zu bringen, zum Müßiggehen zu verleiten und die Leidenschaften des Trunkes und des Spiels in ihm zu erwecken. Der Lotterieschreiber des Orts, ein Mensch von dem schlechtesten Rufe und sein Freund und Genosse von früheren Zeiten, hatte sich mit ihm zu dem Zwecke verbunden.

Beiden gelang dies nur zu gut. Der Oedbauer, sonst fleißig und ordentlich, brachte jetzt Tage lang mit dem Akkordanten im Nichtsthun hin. Deßhalb sollte er sich auch quälen und mühen? Brachte ihm sein Holzverkauf ohne Arbeit nicht mehr ein, als all' seine Felder durch mehrjährige Ernten! Der Akkordant hatte ihm das Alles so einleuchtend vorgestellt und er hatte Recht. Er verdiente jetzt viel Geld, da durfte er auch etwas darauf gehen lassen. Leicht gewonnen, leicht zerronnen! Mochten ihn jetzt auch seine Nachbarn und die Buchauer Bauern schief ansehen, weil er so viel mit dem Akkordanten lief, der war klüger als sie alle. Und im Stillen schmeichelte es ihm auch, daß der städtische Herr gerade ihn von allen Bauern der Buchau sich zum Umgange erwählt, daß er mit ihm so freundlich that, als wäre er sein Freund seit langen Jahren.

Ein Bauer ist mißtrauisch und schließt sich schwer an; ist es indeß Jemand gelungen, sein Vertrauen einmal zu erwecken, so gibt er sich demselben blind hin und läßt sich benutzen und leiten wie ein Kind. Das verstand der Akkordant. Er hatte jetzt den Oedbauer einmal in seinen Händen, das wußte er recht wohl.

„Martl," sprach er zu ihm, „Du verdienst jetzt durch den Holzverkauf ein schweres Geld, aber Du bist ein Thor, daß Du es wie die anderen Bauern machst und die blanken Gulden in den Koffer legst. Dort liegen sie nutzlos. Mit Geld ist am leichtesten Geld zu verdienen, und wenn Du ein gescheiter Kerl wärest und Muth hättest, so könntest Du ohne Mühe das Doppelte und Dreifache mit Deinem Gelde verdienen. Ohne Arbeit, Martl, nur ein Bißchen Spekulation, aber ihr Bauern habt keinen Muth, und Du auch nicht, sonst könnte ich Dir schon behilflich sein."

Durch solche Reden fachte er die Habsucht in des Oedbauers Brust an und machte ihm immer mehr Lust, das Glück durch Spekulation zu versuchen, bis er endlich einwarf, er habe wohl Lust, es einmal zu probiren, er wolle einige hundert oder tausend Gulden daran wenden, wisse nur nicht, wie er es anfange.

Hierauf hatte der Akkordant nur gewartet. „Ich hab' einen Plan für Dich, Martl," erwiederte er. „Ich sollte ihn Dir eigentlich nicht sagen, weil ich ihn später selbst ausführen wollte, vor der Hand kann ich indeß nicht daran denken, da ich noch mit der Eisenbahn zu schaffen habe, und ehe ein Anderer mir zuvorkommt, lieber gönne ich Dir den Gewinn, zumal da ich weiß, daß ein reicher Holzhändler in Tirol damit umgeht. Dem mußt Du zuvorkommen. Du kannst ein reicher Mann dadurch werden und führst ein angenehmes Leben dabei obenein."

Der Oedbauer horchte aufmerksam zu.

„Du weißt," fuhr der Akkordant fort, „daß mit jedem Jahre mehr Städter hierher kommen, um diese herrliche Gegend zu beschauen, sie bleiben indeß selten lange, weil hier kein Wirthshaus ist, in dem es ein ordentlicher Mensch auszuhalten vermag. Oder sollen sie etwa beim Husarenwirth oben im Dorfe einkehren? Durch die Eisenbahn, welche bald vollendet ist, wird der Besuch natürlich zunehmen, und wer's benutzt und baut ein Wirthshaus nahe an der Eisenbahn, mit einer Aussicht in dies Thal, der wird ein reicher Mann werden, denn an Gästen kann's ihm nimmer fehlen; die Sommerfrischler mehren sich ja mit jedem Jahre."

Der Gedanke leuchtete dem Oedbauer ein. Ein Wirthshaus an der Eisenbahn — das mußte rentiren, aber er war ja kein Wirth und warf deßhalb ein: „Ich verstehe nur nichts davon."

„Was müßt Du denn groß verstehen!" rief der Akkordant lachend. „Du sollst Deinen Gästen nicht selbst aufwarten, aber Dich zu ihnen setzen, Dich unterhalten und angenehm mit ihnen schwatzen, dazu bist Du der rechte Mann, weil Du der gescheiteste unter allen Buchauer Bauern bist und weißt, wie ein Städter behandelt werden muß. Sieh', ich bin auch kein Wirth, aber wär' jetzt mein Akkord zu Ende, ich baute das Wirthshaus und Niemand sollte sich wohler befinden wie ich."

Der Oedbauer hatte Lust zu dem Plane und zugleich fürchtete er sich wieder vor solch' großem Unternehmen. Er warf ein, daß er keineswegs so viel Geld habe, als jener glaube, ein paar tausend Gulden seien seine ganze Baarschaft.

Vergebens suchte ihn der Akkordant in scheinbar uneigennütziger Weise zu dem Unternehmen zu überreden und trank dem Bauer, der des Trinkens wenig gewöhnt war, immer tüchtiger zu.

„Du bist aber auch ein Mensch, Martl," rief er endlich, „der sich nichts zu unternehmen traut, und bleibst lieber Dein Lebtag ein geschundener Bauer, eh' Du ein paar Gulden d'ran wagen möchtest, die Dich sicherlich in etlichen Jahren zu einem Herrn machen! Nun, mir ist's einerlei, und ich rede Dir auch nimmer zu. Ich hab' ja keinen Nutzen davon, ob Du auf meinen Rath achtest oder nicht; aber Schuld will ich auch keine haben, und einen Vorwurf noch weniger, wenn der Holzhändler den Gewinn in die Tasche steckt, den Du so leicht hättest haben können. Verstanden?"

Mit diesen Worten beschloß jetzt der Akkordant soeben eine längere Rede, die er mit großer Lebhaftigkeit seinem ungläubigen Nachbar gehalten hatte, und that darauf einen langen Zug aus dem Weinglase, das vor ihm stand, um hierdurch seinen Aerger hinunterzuschlucken. Der Bauer sah jetzt dem Sprecher ein wenig verblüfft in's Gesicht.

„No, werden S' mir nur nöt gleich so viel unwirsch, Herr Akkordant," meinte er mit gutmüthigem Lächeln, „daß Sie's gut meinen, so viel mag ich schon dersehn. Aber so ein Geschäft, das laßt sich halt auch nöt g'rad über's Knie abbrechen; das braucht schon ein bois Nachdenken. Der Holzhändler kann leicht was unternehmen: der hat Geld grad genug, und bald ihm einmal was nöt grecht ausgeht, aßt is's dabei auch noch nöt soweit gefehlt. Bei Unsereinem war das aber was anderes, der steckt sein Bißel Geld in so eine Geschicht, und bald's nachher krumm geht, so verdirbt er."

„Es geht aber nicht krumm, Oederl," warf hier der Andere ärgerlich ein — „denk' an mich, ich hab's gesagt! In etlichen Jahren hast Du Dein Geld zehnfach wieder herein! Aber dazuthun mußt Du, und nicht lange hin und her sinniren; aus einem Zweifelskrämer ist noch nie was Rechtes worden."

Der Bauer schwieg jetzt und sann eine geraume Weile für sich hin; dabei blies er mit vollen Backen in seine Cigarre, daß die Rauchwolken blau und dick in die Höhe stiegen.

„Und auf 12,000 Gulden also sagen S' käm' der Haußbau, bis daß er vollends fertig war?" fragte er endlich wieder einlenkend.

„Mit aller Einrichtung allerdings ungefähr so hoch!" versetzte Schwindel, „vielleicht ja paar hundert Gulden mehr oder weniger; so ganz genau läßt sich dies im Vornhinein nicht sagen. Aber ist denn das ein Geld, Oeder? für einen Bauer wie Du, der den größten Hof hat, und dem ein Jeder leiht, was er nur braucht?"

Der Oeder schwieg wiederum eine Weile, er setzte sein Weinglas an, that einen tüchtigen Schluck daraus und stellte es dann wieder auf den Tisch, indem er sich dabei bedächtig hinter den Ohren kratzte.

„Sie reden da vom Leihen, Herr Schwindel," meinte er zuletzt, „das wär' wohl nöt unrecht, bald 's so leicht ging', was man meint. Aber bei uns herin leiht nöt gern Einer was her, und wann auch Einer möcht', nachher hat er nöt so viel, daß er was ausleihen kann. Sie müßt mir keinen von all' unsern Bauern, der mir was gäb', bald ich auch heut' in den Fall käm', und was ich selber hab', das bedeut' nöt viel. Ein Bauernmensch mag sich weiter nöt viel ersparen in den harten Zeiten, und bald ebber auch was Weniges übrig hat, das braucht er einmal zu viel nothwendig für Haus und Hof; denn dorten gibt's alleweile was zu richten und herzustellen. Sie dürfen mir's frei glauben, Herr Akkordant — die paar Tausend Gulden, die ich mir jetzt mit den Holzlieferungen verdient hab', das ist all' mein baares Geld; mehr hab' ich nöt, und wenn Sie mich umkehren thäten. Die paar Tausend Gulden gäb ich auch gern her für den Bau — meinsb, darauf wär' ich nöt aus, und sollten s' auch hin sein g'meintswegen — aber 12,000 Gulden! Ka sakra, das wär' ebber ein Kosten und nachher nix nöt angefangen und noch einen Haußstod, und nöt einmal Grundstück war'n dabei — —'

„Zu was denn auch Grundstück!" unterbrach ihn hier der Akkordant lachend, indem er sein volles Weinglas heißklirrend an das des Bauers stieß, „das ist doch kaum der Rede werth. Ein paar Tagbau schlechtes Land, damit die Fremden ihr Frühstück und Mittagessen im Freien haben können; ein kleiner Garten vor dem Hause, das ist aber auch Alles, was wir brauchen; sonst wüßt' ich nichts, zu was wir Grundstücke nöthig hätten?"

„Ja da können wir ja nöt einmal ein Stück Kuhvieh halten?" wandte der Oeder mit bedenklicher Miene ein.

„Das ist ja auch gar nicht nothwendig, Martl," fuhr der Andere eifrig fort, „hast Du denn an Deinem Hofe noch nicht genug? Wenn auch im Sommer das meiste Vieh auf der Alm ist, so viel habt ihr ja doch immer noch daheim, daß ein paar Dutzend Sommerfrischler zum Kaffee ihre Milch bekommen!"

Der Oedbauer schüttelte bedenklich den Kopf. „Na, beileib nöt, Herr Schwindel!" versicherte er offenherzig, „so viel gibt's nit ab. Sind uns einmal zu viel Leut' daheim!"

„Nun in Gottes Namen, dann ist's auch noch nicht so weit gefehlt!" lachte der Akkordant, „dann schüttet man halt Wasser darunter; auf diese Art wird's dann schon mehr!"

Dieser Vorschlag war dem Oeder bis jetzt zwar neu, aber er leuchtete ihm nichts desto weniger vortrefflich ein. Mit großen Augen starrte er jetzt dem gescheiten Herrn eine Weile in's Gesicht, und nur ein einziger Punkt schien ihm noch ein wenig Bedenken zu erregen.

„Ja, das wär' Alles g'recht —," meinte er nämlich nach einer kleinen Pause, „aber merken denn das die herrischen Leut' nöt, bald s' anstatt der guten Milch grad Wasser zu trinken kriegen?"

„Sie wissen's ja nöt besser, Martl!" belehrte der Akkordant mit spöttischem Lächeln. „Und wenn sie 's auch merken, was liegt daran? Bezahlen müssen sie doch. In der Stadt macht das ein Jeder so; da wird nicht allein bei der Milch betrogen — das wäre noch das wenigste — in größern Dingen macht es ein kluger Wirth gerade so, das gehört zum schwunghaften Betrieb und versteht sich von selber."

Der Bauer mußte jetzt hell auflachen über diese Gescheitheit seines Freundes. „Ja da schau her, was Einer nöt noch alles lernen kann, bald er's mit g'studirten Leuten zu thun hat," rief er lustig aus, und trank dabei ein neues Glas bis auf den Rand leer — „trinken S', Herr Akkordant! trinken S' zu! Sie war'n ebber doch schon ein rarer Herr, der seine Sach' versteht. Ja, was ich sag', bald Einer sein Sach' so viel gut auszurichten weiß, was Sie, da war das Reichwerden freilich kein Wunder nöt!"

Der Wein war gut und ungewöhnlich stark. Ein zweites Glas war mit Blitzesschnelle leer geworden, und als Schwindel seinem Freunde noch ein drittes vollschenkte, verschwand auch dieses, ehe man sich umsah. Der Oeder war jetzt schon einmal in's Trinken hineingekommen; er hatte das von dem Akkordanten schon prächtig gelernt, und je mehr sich seine Lustbarkeit steigerte, desto besser schien ihm der Wein zu munden, und er trank so zu, ein Glas um das andere. Schwindel beobachtete unterdessen mit spöttischem Lächeln, wie sich das Gesicht des guten Oeders von Minute zu Minute mehr verklärte. Er sah, wie seine Augen erst allmälig zu glänzen anfingen und dann immer lebhafter und feuriger funkelten, während die Zunge mit jedem neuen Schluck schwerer ward.

„Sakra, das war aber ein Wein!" rief jetzt der Bauer auf einmal mit solch' durchdringender Stimme, daß sich das Mädel am Fenster erschreckt umwandte und schier ein wenig ärgerlich herüber sah über diese unliebe Störung der sonntäglichen Rosenkranzfeier. „Herr Akkordant, trinken S'! Wir sind nöt alle Tage so beisamm' weut'. Lassen S' Ihnen die Zeit nöt reuen, wo Sie bei mir sind, und daß Sie 's grad wissen, ich bin kein Mensch nöt, der sich was fürchtet, wenn es wagen heißt. Schlagen S' ein, Herr Schwindel! Die Hand darauf, ich bin bei Allem dabei! Bauen wir den Hausstock! In Gottes Namen, die paar tausend Gulden werden mich auch nöt zu Grunde richten. Sagen S' nur frei heraus, was Sie brauchen! Was ich hab', das gib' ich her — und wenn's nimmer g'langt — in Gottes Nam' ost müssen wir suchen, wo wir was aufnehmen können! Ist's recht jetzt, Herr Akkordant?"

Schwindel horchte hoch auf bei diesen Worten seines Freundes. Der rasche Entschluß des Bauers schien ihm ein wenig unerwartet zu kommen; denn wenn er auch nicht daran gezweifelt hatte, daß der Oeder allmälig auf seine Pläne eingehen werde, so hatte er sich dies doch nicht so schnell erwartet.

„Ob mir's recht ist, Oeder?" fragte er jetzt mit anscheinender Ruhe, „das ist eine sonderbare Rede. Ich hab' ja nichts davon, wenn Du das Wirthshaus herstellst; Dein Nutzen ist es, aber nicht der meinige. Doch damit Du siehst, wie gut ich es mit Deinem Glück im Sinn hab', will ich Dir jetzt was anderes sagen. Schau, Martl, es freut mich von Dir, zu sehen, daß Du einen Sinn hast zum Spekuliren und ich will Dir darum auch an die Hand gehen, so viel ich kann. Du sagst, daß Du das Kapital, was Du zur Zeit baar daheim liegen hast, für das neue Unternehmen hergeben willst. Es ist nicht viel; ich weiß das. Aber Dein guter Wille ist werth, daß man ihn belohnt. Gut also — wenn Du allen Ernstes im Sinne hast, mit dem Bau anzufangen — und wenn es nicht am Gelde blos für Dich liegt, daß Du jetzt auf einmal so kuraschirt machst: so laß uns gleich in diesem Monat noch anfangen! Spendir' Du Dein Geld, das Du entbehren kannst. Für 's Erste reicht es schon, und dann darüber ist, um das brauchst Du zu keinem Fremden zu geh'n: das leih' ich Dir, Martl! Die Hand darauf, es soll mein Ernst sein!"

Mit einem tüchtigen Rausche kam Martl zum Schrecken der Oedbäuerin heim. So hatte sie ihn noch nie gesehen, sie war indeß eine zu kluge Frau, um großes Aufsehen darüber zu machen. Still brachte sie ihn zur Ruhe, ließ ihn ruhig ausschlafen. Aber weniger wollte es ihr gefallen, daß ihr Mann mit dem Akkordanten so viel Umgang pflog, dessen nachtheilige Folgen sie schon jetzt tief und bitter empfand. Der Friede im Hause war dahin, die Lust zur Arbeit war bei ihrem Manne geschwunden. Halbe Nächte saß er mit dem Schwindel und dem Lotterieschreiber und tarokte, er verlor viel Geld beim Spiel, das er früher nur dem Namen nach gekannt hatte, und wenn er dann heim kam, ärgerte ihn sein Verlust, er schämte sich seines Lebens, besaß indeß zu wenig Kraft, da der Akkordant stets als Verführer hinter ihm stand, um ein neues Leben zu beginnen. Dies Alles machte ihn verdrossen und barsch.

Und dieser Zustand steigerte sich noch; als der Bau des Wirthshauses, den der Akkordant ganz leitete, einmal begonnen war, und seine paar tausend Gulden in kurzer Zeit verschwanden. Nun hieß es Rath schaffen. Seinen Unmillen und seinen Aerger suchte er nun meist im Wein zu vertrinken. Das half noch weniger. Seine Nachbarn schüttelten über ihn den Kopf. Er wollte zu hoch hinaus und doch sahen sie, wie er mit jedem Tage weiter zurück kam. Sie wichen ihm aus, da sie nichts mehr mit ihm zu schaffen haben wochten, seitdem der Mensch, der Akkordant, sein vertrauter Freund war und er sich nicht schämte, mit dem Lotteriescreiber in der verrufenen Marketenderhütte, welche nur für die Eisenbahnarbeiter erbaut war und von keinem ordentlichen Mann besucht wurde, die Nächte beim Tarokspiel zuzubringen. Das konnte zu nichts Gutem führen.

Der Akkordant rückte seinem Plane immer näher. Den Oedbauer hatte er jetzt ganz in seiner Gewalt, der konnte ihm nicht mehr entgehen, und seine Schwester, die frische Rosi, auf die er ein Auge geworfen, war ihm gewogen. Das hatte er längst gemerkt, als er auf einer Bauernhochzeit mit ihr tanzte, und wenn er sie auf der Alm, auf der sie den Sommer über war, besuchte.

Auch dem Mädchen war der Hochmuthsteufel in den Kopf gefahren. Den Vast, der sie innig liebte, und den auch der Oedbauer wie seine Frau am liebsten als ihren Mann gesehen hätten, weil er ein ordentlicher Bursch war, verschmähte sie, überhaupt war ihr jeder Bauerbursch zu gering. Ein Städter mußte es sein und der Akkordant hatte sie ganz zu bethören gewußt. Herz und Hand versprach sie ihm. Schwindel jubelte. Daß die Oedbäuerin gegen ihn war, wußte er, das kümmerte ihn indeß nicht, denn ihren Mann hatte er in Händen, der mußte Ja sagen, wenn er um die Rosi warb. Und so kam es. Der Oedbauer konnte und durfte die Werbung nicht zurückweisen. Rosi war seine Verlobte. Auch über die Mitgift des Mädchens war Alles in's Reine gebracht. Als väterliches Erbtheil bekam sie 6000 Gulden, welche auf dem Hofe des Oedbauers als Hypothek standen; die sollte er später auszahlen. Der Akkordant wies dagegen als sein Vermögen zwei Schuldscheine auf, welche von dem reichen Tiroler Holzhändler ausgestellt waren und ziemlich dieselbe Summe betrugen. Zur Ausbildung sollte die Rosi auf ein halbes Jahr in die Stadt gehen, und auch hiermit war sie zufrieden, sie war stolz darauf, daß die Sume zu werden.

Das Treiben auf dem Oedhofe hatte längst den Unwillen der Bauern in der Buchau erregt. Dazu kam noch der Rosi Verlobung mit dem Akkordanten und des Mädchens Hochmuth, das sich von allen anderen Mädchen beneidet glaubte.

(Schluß folgt.)

Das tägliche Leben des Papstes.

Ueber das tägliche Leben des Papstes brachte das Magazin für die Literatur des Auslandes nach dem Temps interessante Nachrichten, die wir hier im Auszuge unseren Lesern mittheilen.

Um sechs Uhr Morgens steht Pius IX. auf und begiebt sich in sein Zimmer im Vatikan. Die Privatgemächer des Vatikans sind sämmtlich sehr schön, reich vergoldet und mit Seide ausgestattet. Auffallend könnte erscheinen, daß sie durchgehends nur einfache und selbst ärmliche alte Schemel von bemaltem Holz statt der Stühle haben. Die apostolische Demuth gestattet keine Stühle. So ist es auch auf dem Quirinal, zu Castel Gandolfo und in allen päpstlichen Residenzen. Um sieben Uhr liest der Papst in einer zur Seite seines Schlafzimmers gelegenen Kapelle die Messe. Dasselbe pflegen die meisten Kardinäle und Bischöfe zu thun. Sobald ein Prälat in Rom ein möblirtes Quartier bezieht, stellt er seinen kleinen tragbaren Altar in einen Schrank und liest die Messe daran. Der Kammerdiener dient als Ministrant. Beim Papst ist der Kammerdiener oder Cameriere ein Prälat, Priester oder Diakon. Es giebt im Vatikan zehn geheime Camerieri, Kammerherren und Prälaten des Palast-Dienstes. Die vertrautesten sind in der Ordnung, wie sie nach ihrem Alter kommen, die Monsignori Stella, de Mérode, Talbot, Ricci. Diese vier sind stets um den Papst, um ihm Gesellschaft zu leisten, ihn zu unterhalten, so gut es sie vermögen, selbst in scherzhafter Weise, denn im Privatleben ist Pius IX. immer zufrieden und lächelnd. Um acht nimmt der Papst das Frühstück, welches aus Kaffee mit Sahne und einigem Backwerk besteht. Dem Frühstück wohnt nur Monsignor Stella bei, der dabei die Korrespondenz öffnet und sie vorliest oder auch nur einen Auszug daraus gibt. Stella ist bereits ein Geistlicher von einigen sechzig Jahren, der als ehemaliger Sekretär in dessen Bisthum Imola, ein vertrauter Freund, und fast könnte man sagen, Kamerad des Papstes, wenn ein Papst Kameraden haben dürfte. Monsignor de Mérode ist ein geborner Belgier, Talbot ein Engländer, und Ricci, ein noch ziemlich junger Mann, ein Italiener. — Die Zeit des Frühstücks ist die gemüthlichste Zeit während des ganzen Tages für den heiligen Vater. Ist dasselbe um neun Uhr beendet und die Privatkorrespondenz gelesen, so tritt der Kardinal Antonelli ein, der aus dem oberen Stockwerke herabkommt. Antonelli ist unterwürfig, aber dabei fest, sanft, sehr sicher und nicht in Verlegenheit zu bringen, denn er weiß zu Allem Rath. Pius IX. kann ihn nicht entbehren. Er ist Santo Padre, Beatissimo Padre zu jeder Zeit, versteht zu schmeicheln wie der beste Hofmann, preist des Papstes Geist, seine Detail-Kenntnis der Geschäfte, — kurz, er versteht es, sich beliebt und unentbehrlich zu machen. — Die politische Unterhaltung des Papstes mit seinem Minister währt ein oder zwei Stunden. Die Kammerherren, mit denen Antonelli auf sehr gemüthlichem Fuße steht, unterbrechen sie bisweilen. Gegen elf Uhr beginnen die Audienzen. Publikum findet sich stets dazu ein, denn die verschiedensten Angelegenheiten werden vor den heiligen Vater gebracht und Pius IX. macht wenige Schwierigkeiten. Er sitzt bei den Audienzen, ganz weiß gekleidet, auf einem Armsessel mit hoher Lehne. Vor ihm steht ein Tisch. Jeder Vorgelassene macht drei Kniebeugungen. Der Pantoffel wird für gewöhnlich nicht geküßt, nur wenn man abtritt, wird der Ring geküßt. In der Regel spricht Pius IX. nur wenige, zwei oder drei Worte in der Sprache, in welcher er angeredet wird, d. h. italienisch, französisch oder spanisch. Englisch und deutsch ist ihm nicht geläufig und für diese beiden Sprachen ist ein Dolmetscher erforderlich. Französisch spricht der Papst ziemlich gut, nur mischt er jeden Augenblick italienische Wörter hinein. Zu Zeiten unterzeichnet er in voller Sitzung Indulgenzgesuche, welche ihm schriftlich überreicht werden. Solche Gesuche sind sehr häufig, und manche Personen suchen nicht blos um Indulgenz im letzten Augenblicke für sich, sondern auch für ihre Kinder und selbst für Verwandte bis in's dritte Glied nach. Mit Bereitwilligkeit zeichnet der heilige Vater meist unten hin: „Fiat. Pio Nono." Jetzt werden ihm häufig Geld und Belleidsadressen überreicht und er schreibt dann unten an den Rand der letzteren: „Impleat vos Dominus gratia." „benedicat te Deus et tuam familiam", oder einige andere wohlwollende Worte. Dabei sitzt er stets ruhig, lächelnd da, und tropf so oft der mächtigsten Aufregung, welche ihn umgibt. Um zwei Uhr beginnt das Mittagsmahl. Der Papst ist stets allein an einer erhöhten Tafel. Speisen andere mit, was indeß selten geschieht, so essen die Gäste, selbst Fürsten und Könige, an getrennten, tiefer stehenden Tischen. Eben so geht es bei Generalen zu, wenn diese zur Tafel gezogen werden. Es wird dann indeß nicht im Vatikan, sondern im Kasino des Gartens gespeist. Die Einsamkeit des päpstlichen Mahles wird stets streng festgehalten und wie etwas Heiliges betrachtet. Nach dem Mahle hält der Papst, wie die ganze vornehme Welt in Rom seine Siesta. Um diese Zeit ist kein Kardinal zu sprechen, die Antwort seines Dieners lautet stets: „La ma Eminenza riposa." Um fünf Uhr Nachmittags findet die Spazierfahrt statt. Sie ist immer feierlich, immer mit Nobelgarden, welche daher galoppiren, immer mit Lakaien, Camerieri und andern Monsignori, immer mit Benediktionen. Die päpstliche Kutsche fährt gewöhnlich außerhalb der Stadt, um dem allzuhäufigen Begegnen von Leuten und den Segnungen auszuweichen. Dort fährt der heilige Vater oft auf den einsamsten Wegen. Die ihm Begegnenden knieen, wie es Gebrauch ist, nieder, und es ist schwer, wenn nicht zu viel Menschen zugegen sind, sich diesem Gebrauche zu entziehen. Nur die Fremden bleiben gewöhnlich stehen und grüßen nur durch eine Verbeugung. Die Römer knieen fast alle nieder. Das gewöhnliche Volk pflegt, während der Papst es segnet, mit den Fingern in der Höhe des Magens ein Hörnchen zu machen, um vor seinem bösen Blicke bewahrt zu bleiben, denn es geht unter ihm das eigenthümliche Ge-

rücht, daß Pius IX. einen bösen Blick habe, daß er Unglück habe und Unglück bringe, selbst durch seinen Blick während der Benediktionen. Das Hörnchen soll dagegen schützen, wie es überhaupt den Teufel und das Böse vertreibt. Es gibt in Rom nicht ein Haus, nicht ein Zimmer, in denen es nicht Hörner gebe, aus Marmor, Erz, natürliche, oft in riesigen Größen. Das Horn ist das römische Krucifix. Geht ein Priester vorbei, so macht eine gute Römerin verstohlen ihr Hörnchen unter der Schürze, ist es ein Jesuit, aber zwei. Nach der Spazierfahrt nimmt Pius IX. um sieben Uhr ein leichtes Abendbrod, la cena, zu sich, gibt dann noch einmal Audienzen und spielt zum Schluß des Tages eine Partie Billard. Um zehn Uhr verlöschen die Lichter im Vatikan. Der heilige Vater ist zur Ruhe gegangen.

Aus dem deutschen Epigrammenschatze.

Roderich Benedix ist auf den guten Gedanken gekommen, eine „Sammlung deutscher Epigramme" (Leipzig, bei Hartknoch) zu veranstalten — und hat ihn gut ausgeführt. Wir glauben das Buch nicht besser empfehlen zu können, als indem wir einige der weniger bekannten Epigramme, die wir darin gefunden haben, an einander reihen. Verlangt unseren Lesern nach Mehrerem, so mögen sie sich an die Quelle halten.

Vater und Sohn.

Wer sich den Vater zum Rechtsfreund wählt,
Der ist fürwahr recht sehr zu bedauern,
Er verliert den Proceß und verliert sein Geld.
Doch wenn ihn der Gram darüber dann quält,
Und er an den Sohn, den Arzt, sich nun hält,
Wird er den Verlust nicht lange betrauern.

Süßer Tod eines Arithmetikers.

Ginge jeder so wie er
Seinem Richter ohne Furcht entgegen!
Ihm fällt's sicherlich nicht schwer
Jenseits seine Rechnung abzulegen.

Der Zerstreute.

Zu meiner großen Plage
Muß ich schon dreißig Tage
In tiefer Trauer geh'n
Und weiß nicht mehr für wen.

Ein Mann ein Wort.

„Dein Nachbar will
Dein Unglück, Till,"
Sprach Theobat
Der Advokat,

„Ich aber will
Dein Bestes, Till!"
Er hielt sein Wort
Till's Geld ist fort.

Triumph der Dunkelheit.

Er hat es weit im Denken gebracht,
Er versteht schon halb, was er selber gedacht.
Und was er versteht halb kann er dir's sagen,
Mit den Worten magst du dich weiter plagen.

Alles und Nichts.

Elise hat eine Gestalt zum Entzücken,
Elise hat Feuer in ihren Blicken,
Elise hat Zähne wie Elfenbein,
Elise hat Füßchen zierlich und klein,
Elise hat eine schneeweiße Hand,
Elise hat Anmuth, Witz und Verstand.
Elise hat alles, was schön auf der Welt —
Nur hat Elise leider kein Geld!
Wohl jammerschade ist's in der That,
Daß die arme Elise so gar nichts hat.

Nach einem Danke.

Klothilde, du bist eben
So schön als wunderlich;
Man kann nicht ohne dich
Und auch nicht mit dir leben.

Gebet einer Frau.

Nicht länger ist es zu ertragen
Mit meinem bösen Mann;
Ach gestern hat er mich geschlagen,
Daß ich nicht stehen kann.
Gott, ende einmal meine Leiden,
Zerreiß dies läst'ge Band,
Nimm zu dir eines von uns beiden,
Ich ziehe dann auf's Land.

Der Erbgraf.

Graf Ubaldo, reich an Renten,
Arm an geistigen Talenten,
Fröhnt dem Spiel, der Jagd, dem Wein —
Und dein Luxus ganz allein.
Dreißig Ahnen, längst verstorben,
Haben ihm das Recht erworben
Unnütz auf der Welt zu sein.

Pastor Duns.

Nur drei Mal kräht der Hahn und strack's erwacht
St. Peter
Der schwere Sünder auf sein Schrei'n.
Zwei ganze Stunden kräht Herr Duns, der Bußtrompeter
Und alle Sünder schlafen ein.

Frisches Ei gutes Ei.

Enthusiasmus vergleich' ich gern
Der Auster, meine lieben Herrn,
Die, wenn ihr sie nicht frisch genoßt,
Wahrhaftig ist eine schlechte Kost.
Begeist'rung ist keine Heringswaare,
Die man einpökelt auf einige Jahre.

Mißdeutung.

A.

Der Bundestag hat wie ein Leu gebrüllt,
Seid ihr von Grausen, Deutsche, nicht erfüllt?
Macht euch gefaßt auf unerhörte Dinge,
Er geht umher und sucht, wen er verschlinge!

B.

Nicht doch, es war kein Brüllen, wie ihr wähnt,
Der Bundestag hat nur sehr laut gegähnt;
Denn auf der Bärenhaut der Protokolle
Sich wiegend, spielt er schlafend seine Rolle.

Das letzte Epigramm ist nicht von 1861, sondern von 1819, und hat keinen Demokraten, sondern August Wilhelm v. Schlegel zum Verfasser.

Des Sultans Abdul Aziz Krönungsfeier.

Krönungsfeierlichkeiten sind in Deutschland nichts Seltenes, die Thronbesteigung eines Sultans bietet indeß so viel Neues und Interessantes dar, daß wir nicht umhin können, unsern Lesern des neuen Sultans Abdul Aziz Inthronisation zu schildern. Sie fand am 5. Juli statt. Eine ungeheure Menschenmenge hatte sich dazu versammelt und der heiterste Himmel wölbte sich über ihnen. Der Sultan verließ Morgens um elf Uhr auf einem prachtvollen, von 26 Ruderern geführten Gala-Kaik unter dem Donner der Geschütze der vor dem Palast Dolma-Bagtsche ankernden Kriegsschiffe den Palast. Drei große Kaiks fuhren vor, zwei hinter des Sultans Fahrzeug, das an Reichthum und Pracht kaum zu übertreffen ist. Es ist weiß mit reicher Vergoldung. Ein großer vergoldeter Vogel prangt an dem kunstvoll geschnitzten Vordertheil, auf dem Hintertheil erhebt sich der Thron, mit Sammet bedeckt, von einem Baldachin überdacht, der von Pfeilern aus vergoldetem Silber getragen wird. Eine Menge der kostbarsten Fahrzeuge hatten sich vor der Einfahrt in den Hafen von Konstantinopel und in dem goldenen Horn versammelt. Ein bezaubernder Anblick. Aus dem Phanar, wo die bulgarische Kirche erbaut werden soll, prangte ein herrlicher Triumphbogen. Die Kriegsschiffe waren beflaggt und bewimpelt, und Kanonendonner und das laute Hurrah der in den Raaen aufgestellten Matrosen begrüßte das Fahrzeug des Sultans. Am Mittag landete der Sultan bei Ejub und ging in die Moschee und dann in das Mausoleum des Kriegers, der einst des Propheten Standartenträger gewesen war. Dort in der Turbé, in der des Helden Asche ruht, wurde der Sultan mit dem Säbel Osmans umgürtet. Nachdem diese Ceremonie vollendet war, verrichtete der Großherr in der

Heimkehr von der Versammlung der Land- und Forstwirthe.

Bäuerin: „Ser, Better, sagt's mir e' mal, hat denn euer Stier eigentlich die silberne Medaille bekommen?"
Bauer: „No, weil er an dicken Schädel hat."
Bäuerin: „'S schad', daß mein Mann nicht zur Ausstellung g'angen is, der hätt' g'wiß eine goldene Medaille bekommen."

Moschee sein Mittagsgebet und bestieg darauf das bereitstehende reichgeschirrte Pferd, um nach Eblané-Kapu zu reiten. Den prachtvollsten Anblick gewährte der Krönungszug auf der Straße von Ejub. Hundertjährige Platanen und Cypressen beschatten den Weg. Dem Zuge voran wurden acht reichgeschirrte Handpferde geführt, dann kamen die Stabsofficiere und Generale bis zum Rang des Brigadiers, Civilbeamte vom Rang der Ulahs und Bolas, der erste und zweite Palast-Imam, die Muftis und Ulemas erster und zweiter Klasse, hohe Beamte, die Marschälle, die Schwiegersöhne des verstorbenen Sultans, die Minister, die ehemaligen Großwesire und der Scheich-ul-Islam — sämmtlich in Gala und zu Pferde. Dann kamen abermals sechs prachtvolle Handpferde, Bimbaschis und Stabsofficiere zu beiden Seiten gehend. Ihnen folgten die Hellebardenträger in reicher Galauniform, mit Federbüschen auf den Helmen, dann kam der Sultan im kaiserlichen Mantel, eine Diamantenagraffe am Fes, den Säbel mit kostbaren Steinen besetzt. Hinter dem Großherrn kamen die Kämmerer, Secretäre, Palastofficiere und Beamte des Finanzministeriums, welche kleine Münzen mit dem Gepräge des neuen Großherrn unter das Volk auswarfen. Die sonst so stille Vorstadt Ejub war mit Menschen überfüllt. Auf den längs der Häuser errichteten Tribünen glänzten türkische und christliche Frauen im reichsten Schmucke. Für das diplomatische Korps waren besondere Zelte auf einer Anhöhe aufgeschlagen. Bei der Moschee standen die Marine-Infanterie und die Mannschaften der Flotte mit ihren Musikkorps, dann die Zöglinge der nautischen, medicinischen und Militärschule. Von Eblané-Kapu begab sich der Sultan zu den Mausoleen der Sultane Mohammed II. und Mahmud, betete dort und nahm darauf im Palast von Top-Kapu die Glückwünsche der Minister und Großwürdenträger entgegen.

Um fünf Uhr Nachmittags kehrte der Großherr unter demselben Kanonendonner und Hurrahs der Matrosen und des Volkes in seinem Gala-Kaik nach Dolma Bagtsche zurück. An mehreren Orten, an denen der Sultan vorüberkam, wurden Lämmer geschlachtet, weil es eine alte muselmännische Sitte ist, bei großen Feierlichkeiten Opfer darzubringen.

Feuilleton.

Gemeinnütziges.

Gegen die Kartoffelkrankheit empfiehlt Jemand auch Folgendes. Man entferne durch Abschneiden das untere herabhängende Kraut dort, wo es dem Boden verdeckt und in der Nässe verfault, lockere die durch den Regen hart gewordene und verkrustete Erde mit der Kartoffelhacke, oder noch besser mit einem eisernen Rechen wieder auf, und zwar so, daß man die Erde hinauf zur Pflanze zieht, und gebe dieser dadurch wieder Luft und Licht. Das Verfahren soll stets guten Erfolg gehabt haben.

Epilepsie in Folge frühen Tabakrauchens. Bei dem Mißbrauche, der jetzt sehr häufig von ganz jungen Leuten mit dem Tabak getrieben wird, dürfte nachstehendes Faktum, welches wir dem Werke „The Tobacco question by Sir Charles Hastings" entnehmen, zu würdigen sein. „Den heftigsten Fall von Epilepsie, der mir überhaupt vorkam," sagt der Verfasser, „beobachtete ich bei einem zwölfjährigen Knaben, der damals schon seit zwei Jahren stark rauchte. Er frühnte dieser Leidenschaft selbst dann noch, als sich bereits die ersten Symptome seines Nervenleidens zeigten. Bevor man von diesen schädlichen Gewohnheit Kenntniß hatte, wurde der Patient mit einer Menge von Heilmitteln erfolglos behandelt, nur nachdem man ihn gezwungen hatte, das Rauchen gänzlich aufzugeben, gelang es, seine epileptischen Anfälle zum Schwinden zu bringen."

Bereitung eines Fliegenleimes. Zur Bereitung eines Fliegenleimes nehme man 18 Loth weißes Pech, 6 Loth dicken Terpentin und 3 Loth Leinöl, erhitze es bis zum Schmelzen und rühre um, damit es eine gleichmäßige Masse wird. Mit dieser Masse bestreiche man ein rundes Holz, stelle es in einem Blumentopfe aufrecht in den Raum, aus dem man die Fliegen verbannen will. Die Fliegen werden sich an das Holz setzen und sind gefangen. Hat sich das Holz mit Fliegen sehr angefüllt, so schabt man den Leim mit den Fliegen ab und bestreicht es von neuem.

Kitt für Glas und Porzellan. Man nimmt 1 Quentchen Mastix und löst es in 6 Quentchen heißen Alkohol auf. Dann löst man 2 Quentchen Hausenblase in 1 Loth und 6 Quentchen rektificirtem Weingeist auf und fügt noch geschmolzener Lösung ein halbes Quentchen fein geriebenes Ammoniakharz hinzu. Beide Lösungen mische man nun mit einander. Einige Zeit hingestellt, erstarrt die Masse und muß beim Gebrauch erwärmt werden. Hierauf erwärmt man die Bruchflächen des Glases oder Porzellans, bestreicht mit der Flüssigkeit und drückt fest an.

Kitt für eiserne und lederne Gefäße. Man nimmt ½ Loth Salmiak, 2 Quentchen Schwefel und 4 Loth Eisenpulver, mengt dies mit wenig Wasser zu einem festen Brei und verkittet damit.

Fettflecke aus Seide zu entfernen. Man umgibt den Fettfleck mit arabischem Gummischleim, läßt denselben trocknen und wäscht nun mittelst eines Schwammes mit Aether den Fleck aus, doch ohne den Gummirand zu übersteigen.

Das k. Polizeipräsidium in Berlin warnt vor den vielfach vorkommenden Kautschuk-Mundstücken für Saugflaschen kleiner Kinder, die wegen ihres bedeutenden Gehaltes an Zink- und Bleioxyd die Gesundheit gefährden.

Statistisches.

An Runkelrübenzucker werden gegenwärtig in ganz Europa jährlich 624 Millionen Centner fabricirt, davon kommen auf Frankreich 262, Deutschland 260, Rußland 60 und Belgien 30 Millionen Centner. Die übrigen vertheilen sich auf andere Länder.

Die Gesammtsumme der Ausgaben der Stadt Berlin im Jahre 1860 betrug 3.532.344 Thlr., diejenige der Einnahmen: 3.938.772 Thlr.; Baarbestand war am Schlusse des Jahres 1860: 406.427 Thlr. Für den Rathhausbau sind ferner vorhanden 423.927 Thlr., welche für die im laufenden Jahre erforderlichen Kosten bestimmt sind, und 543.512 Thlr. aus verschiedenen Dispositionsfonds. Die Stadt Berlin hat also ein stärkeres Budget als folgende deutsche Bundesstaaten: Anhalt-Dessau und Köthen 1¼ Mill. Thlr., Anhalt-Bernburg 1,052.000 Thlr., Braunschweig 1½ Mill. Thlr., Bremen 1½ Mill. Thlr., Frankfurt 1,069.000 Thlr., Hamburg 3,100.000 Thlr., Hessen-Homburg 300.000 Thlr., Lichtenstein 36.000 Thlr., Lippe-Detmold 450.000 Thlr., Lippe-Schaumburg 230.000 Thlr., Lübeck 436.000 Thlr., Luxemburg 778.000 Thlr., Mecklenburg-Schwerin 3½ Mill. Thlr., Mecklenb.-Strelitz 929.000 Thlr., Nassau 1.795.000 Thlr., Oldenburg 3,006.000 Thlr., Fürstenthümer Reuß ½ Mill. Thlr., Sachsen-Altenburg 740.000 Thlr., Koburg-Gotha 1,050.000 Thlr., Meiningen 817.000 Thlr., Weimar 1.543.000 Thlr., Schwarzburg-

Rudolstadt 431,000, Sondershausen 527,000 Thlr., Waldeck 386,000 Thaler.

Bei der vorjährigen Ernte in England sind nicht weniger als 4000 Schnittermaschinen im Gange gewesen, welche in einem Tage die Arbeit von 40,000 Männern verrichteten. Trotzdem aber steigt der Arbeitslohn wegen Mangel an arbeitenden Händen.

Die Herrschaft Tischnowitz in der Nähe von Brünn ist vom Kloster Marienthal in Sachsen um den Preis von 480,000 fl. angekauft worden.

Das größte Manufakturgeschäft der Welt ist wohl ein kürzlich in New-York eröffnetes Verkaufslokal. Die Front mißt 375 Fuß. Das Gebäude ist 80 Fuß tief und 5 Stockwerke hoch. 200 Kommis besorgen den Verkauf, 40 Portiers beaufsichtigen die Ein- und Ausgänge.

Das Attentat auf den König von Preußen ist nicht das erste, das gegen diese erlauchte Persönlichkeit stattgefunden. Schon 1849 wurde auf den König, damals Prinzen von Preußen, nahe bei Mainz aus einem Weinberge geschossen, als er mit Extrapost nach der badischen Grenze eilte, um dort das Kommando gegen die Insurgenten zu übernehmen. Der Schuß verletzte nur den Postillon, und der Thäter ist nie entdeckt worden; ein vor den Mainzer Assisen verwiesenes Individuum, das des Verbrechens verdächtig war, wurde von den Geschworenen freigesprochen.

Humoristisches.

Rose, der Kabinetssekretär Ludwigs des Vierzehnten, verheiratete seine Tochter an den Parlamentspräsidenten Portial, welcher sich bald nach der Vermälung fortwährend über die schlechte Aufführung seiner Frau beklagte. Rose versprach ihm, wenn seine Tochter sich nicht ändere, solle sie enterbt werden. Von diesem Augenblicke an klagte Portial nicht mehr.

Alexander Kellet erzählt von einem französischen Wundarzte, welcher von den Indianern ergriffen wurde, um lebendig geröstet zu werden. Mitten in diesem Geschäft seien jedoch durch ein feindliches Getöse unterbrochen worden, und hätten die Flucht ergriffen. Der Wundarzt sei hierauf Tage lang halb gebraten im Walde herumgelaufen, bis er Hilfe gefunden habe.

Sonderbar, pflegte Major X zu sagen, ich mache mich jede Minute anheischig dem Tode in's Antlitz zu schauen, und doch wage ich meinem Schneider nicht in's Gesicht zu sehen.

Ein junger Mann war so kühn, eine Dame zu küssen. — Das ist einfältig, mein Herr! rief sie zürnend. — O bitte, mein Fräulein, erlauben Sie, daß ich es vielfältig mache! erwiederte der Recke.

Die Zeiten sind schlecht, klagte ein Mensch; es wird einem schwer, die Nase über Wasser zu halten. — Es würde Dir leichter werden, wenn Du sie nicht zu oft über Branntwein hieltest, entgegnete ein Anderer.

Ein Mann machte Folgendes bekannt: — Ich bitte meiner Frau nichts zu borgen, da ich meine eigenen Schulden nicht bezahle, so ist noch viel weniger zu erwarten, daß ich die ihrigen bezahlen werde.

Ein junger Taugenichts stahl in einem Garten Obst. Der Eigenthümer sah vom Fenster aus, was vorging. Ich sehe, Ihr steht mir mein Obst! rief er dem Diebe zu. — Ganz recht, erwiederte Letzterer; Ihr thätet auch besser, herunter zu kommen und mir zu helfen, als vom Fenster aus zuzusehen.

Eine der edlen Schreibkunst wenig mächtige Dame schrieb an ihre Freundinnen folgende Einladung: Bitte zum 5 T. G. (D. h. Bitte zum Thee zwischen fünf und sechs Uhr.)

Der Vorstand des Potsdamer Vereins für deutsche Sprache beklagt, daß die Worte „Vater" und „Mutter" in der Umgangssprache immer mehr von „Papa" und „Mama" verdrängt werden, und fragt, ob es wohl Jemandem einfallen möchte, von einem „Papalande" oder einer „Mamasprache" zu reden oder in's vierte Gebot auch die fremden Worte einzuschwärzen.

Vermischtes.

Proceß wegen einer Bibel. Aus Termonde in Belgien schreibt man von einem Prozesse, der dort verhandelt worden und in welchem eine Bibel das Klageobjekt abgab. Dem katholischen Pfarrer von Opdorp war es zu Ohren gekommen, daß ein Pächter eine alte Bibel besaß, aus welcher er zuweilen seiner Familie und seinem Hausgesinde vorlas, wozu sich auch wohl Nachbarn einzufinden pflegten. Zu verschiedenen Malen von dem Pfarrer aufgefordert, die Bibel herauszugeben, weigerte sich der Pächter fortwährend, bis endlich der Pfarrer, von seinem Küster begleitet, in Person erschien und eine Art Haussuchung vornahm, wobei die Bibel oben in einem Schranke gefunden, mitgenommen und in der pfarrherrlichen Küche feierlichst verbrannt wurde. Jetzt nun klagte der Pächter, erstens auf Entschädigung von 100 Francs für die Bibel, die eine alte, seltene, mit Kupfern verzierte Folioausgabe war, dann auf Ersatz von 700 Francs, von denen er nachwies, daß er sie in belgischen Staatspapieren kurz vor der Wegnahme der Bibel zwischen die Blätter derselben gelegt hatte. Das Tribunal von Termonde hat den Pfarrer zur Zahlung von 800 Frcs. und in die Kosten verurtheilt, während außerdem der königliche Prokurator bei der Sache eingeschritten ist, Pfarrer und Küster wegen Verletzung des Hausrechts der erste zu sieben, der zweite zu vier Tagen Gefängniß verurtheilt wurden.

Dem verstorbenen österreichischen Finanzminister Bruck wird von seiner Familie ein prächtiges Grabdenkmal aus Marmor errichtet, mit dessen Ausführung Hans Gasser beauftragt ist.

In Frankfurt a. M. litt ein junger Mann seit Kurzem beständig an heftigem Brustschmerz. Der Arzt erklärte, in die schmerzende Stelle müsse ein Schnitt gemacht werden; es geschah, und aus der offenen Wunde zog er alsbald eine große Nähnadel.

In London wurde am 1. August ein großes „Anti-Crinoline-Meeting" von Damen der höchsten Aristokratie gehalten. Ein Penny-a-liner erhielt mit Mühe und unter der Bedingung der größten Discretion Zutritt. Da er insbesondere versprechen mußte, die Namen der Rednerinnen zu verschweigen, so wurden diese nur mit Anfangsbuchstaben bezeichnet. Wie die Präsidentin, Herzogin von A. mittheilte, war das Meeting auf den Wunsch der Königin berufen worden, in welcher durch die vielen Unglücksfälle, die durch die Crinoline erzeugt worden seien, die Idee erregt wurde, eine solche Versammlung möge die Achtung der Crinoline aussprechen. Trotz dieses königlichen Wunsches fand jedoch die Crinoline eifrige, sehr lebhafte Vertheidigerinnen. So trat z. B., nachdem als warnendes Beispiel erwähnt worden war, daß eine Dame beim Siegeln eines Briefes Feuer gefangen, und ihrer Crinoline zum Opfer gefallen sei, Lady C. auf und sagte, sie erinnere sich keines Falles, daß eine Dame von hohem Rang ihren Tod in Folge des fraglichen Kleidungsstückes gefunden habe. Was sie selbst anbetreffe, so siegle sie nie ihre Briefe selbst, sondern gebe dieselben ihrer Kammerjungfer zum Versiegeln, und wenn diese Person es für gut finde, ihren Körper in anspruchsvolle Stoffe zu hüllen, so thue sie es auf ihre eigene Gefahr, und sie (Lady C.) sehe nicht ein, weshalb man von ihr verlange ein so großes Opfer zu bringen, aus keinem andern Grund, als um eine Person in jener Lebensstellung vor den Folgen ihrer Putzsucht zu bewahren. Auch Lady M. konnte nicht begreifen, wie es möglich wäre, die verschiedenen Klassen der Gesellschaft zu unterscheiden, wenn dieser Kleidungsartikel aufgegeben werde.

Wie bekannt, ist die reiche Plantin'sche Druckerei eine der größten Merkwürdigkeiten Antwerpens, eine Officin des siebenzehnten Jahrhunderts, wie Europa keine zweite besitzt. Das ganze überreiche Material an Typen und Stöcken ꝛc. der weltberühmten Druckerei ist noch vorhanden, selbst noch das für dieselbe eigens fabricirte Papier, auch wird die Druckerei als eine Familien-Reliquie ganz in ihrem ursprünglichen Zustande aufbewahrt. Das Festkomité Antwerpens hat nun beschlossen, den Theilnehmern und den Förderern des Festes ein Gedenkblatt mit den alten Typen und Holzschnitten auf den alten Papieren mit der Presse der Officin drucken zu lassen.

Das ministerielle Fischessen, zu dem sich die jeweiligen englischen Kabinets-Mitglieder regelmäßig kurz vor Schluß der Parlaments-Session nach Greenwich begeben, ist ein Brauch, der nicht so alt ist wie unser Jahrhundert. Er stammt aus Pitt's Zeiten und verdankt seine Existenz durchaus keinem politischen Ereignisse. An dem Ufer von Dagenham Lake, in der Grafschaft Essex, ist noch heute ein bescheidenes Landhaus zu sehen, das dem reichen Kaufmann Preston gehörte, und wohin er sich, als er Unterhaus-Mitglied für Dover war, mit seinem Freund, dem Sekretär des Schatzes unter Pitt, dem „Old George Rose", auf ein paar Tage zurückzuziehen pflegte, wenn es im Londoner Parlamente gar zu schwül wurde. Dort vergnügten sie sich mit Fischen und leerten manches Dutzend Flaschen alten Portweins im stillen Behagen. Einmal bewogen sie auch den überangestrengten Premier, mit ihnen, die sie befreundet waren, in ihrem Bunde der Dritte zu sein. Pitt kam, und so gut gefiel es ihm an stillen See, daß er mehre Jahre gegen Schluß der Session wieder dahin kam. Aber Pitt gönnte sich wenig Ruhe. Eisenbahnen gab es damals noch nicht, und der Ausflug, so angenehm er war, raubte ihm zu viel kostbare Zeit. So schlug denn Sir Robert Perston vor, sie sollten ihre Fischereien im benachbarten Greenwich halten; Sir Robert machte den Wirth und bezahlte die Zeche, aber Pitt brachte bald den einen und dann wieder den anderen seiner Kollegen als Gast mit, so daß die Minister-Gesellschaft immer zahlreicher und natürlich die Zeche immer größer wurde. Schließlich wurde beschlossen, daß das Essen gemeinschaftlich bezahlt werde und Sir Robert blos einen Korb Champagner stellen solle. Und dabei blieb es und seitdem hat sich der Brauch des Fischessens in Greenwich erhalten, und die Zeche wird jetzt aus der Staatskasse beglichen.

In den letzten Tagen des Juli sind große Heuschreckenschwärme aus Rußland in Galizien eingebrochen und haben sich auf den Feldern der Gemeinden Kozarzowka, Ołopy, Borzysowce, Poniowee zielome, Trubczyn und Łatkowce gelagert. So weit es die eingetretene Schnittzeit zuläßt, wird die Vertilgung dieses Insektes eifrig betrieben.

Bei einem Fleischermeister in Neumark (Preuß.-Schlesien) befindet sich ein ganz munteres, schwarzscheckiges Kalb, dem auf der einen Seite des Rückens ein fast zwei Fuß langer Flügel (?) ausgewachsen ist. Derselbe hat mehre Gelenke und ist beweglich, mit Haut und Haaren überwachsen, und hat vollständigen Blutumlauf.

In dem Katalog einer deutschen Kuriositäten-sammlung, aus der ersten Hälfte des 18. Jahrhunderts findet sich verzeichnet: „Cingulum longum ex corio humano Turcico crassissimo e dorso desumtum." (Ein langer Gürtel aus der Haut eines Türken, vom Rücken genommen, wo sie am dichtsten ist.)

Mit einem neuen Motor, dessen Erfinder der französische Ingenieur Boutet ist und der eine förmliche Revolution in der Mechanik hervorzurufen geeignet sein dürfte, wurden in Brüssel gelungene Experimente angestellt. Dieser Motor hat zwei Elemente, die Luft und das Wasser im natürlichen Zustande als Basis, und als Princip den Druck, der von ihnen nach dem Grade der Flüssigkeit ausgeübt wird. Der Apparat ist äußerst einfach; er besteht aus einer bestimmten Anzahl von Ballons, die an ein Rad befestigt sind, dessen Achse inmitten eines mit Wasser gefüllten Beckens beweglich ist. Die Ballons kommuniciren mit einander durch Schläuche, die der Luft die Cirkulation von einem Ballon in den andern, oder von mehren in einen einzigen gestatten. Jeder Schlauch ist mit einem Klappenhahn versehen, der sich durch die Bewegung des Apparats öffnet und schließet. Nehmen wir nun zwei Ballons A und B an, die vertikal in dem Becken befestigt sind. A. der auf dem Grunde, ist mit Luft gefüllt, B an der Oberfläche ist leer. Wenn man den Hahn öffnet, so steigt die durch das Wasser gepreßte Luft von A in B und hebt einen Kolben, über dem eine Kurbel ist, an deren Welle ein Stellkreuz befestigt ist, das der Welle die Bewegung mittels eines Sperrades mittheilt, so daß B, das durch die Luft, die sich in A befand, geschwellt wird und auf den Grund des Bassins sinkt, während A, die luftleer geworden, emporsteigt, welches Manöver sich abwechselnd wiederholt. Auf diese Weise erhält man eine fortdauernde rotirende Bewegung, deren Kraft proportionirt ist mit dem Hohlmaße oder vielmehr mit der Oberfläche des Ballons, und wenn man den Druck mehrer Ballons in ihrer Wirkung auf einen einzigen anwendet, so kann man damit ganz unberechenbare Triebkräfte erzielen.

Der Orkan am 3. d. hat auch Preßburg heimgesucht und daselbst großen Schaden, an Fensterscheiben und Dächern verursacht. Auch an Menschenleben ging zu Grunde, indem ein Tapezierer, der eben in der Donau badete, von dem durch den Sturm hochgepeitschten Wogen fortgerissen wurde.

Lord Palmerston war am 5. Juli zur Grundsteinlegung eines Bibliothekgebäudes nach Harrow geritten und ritt nach Beendigung der Feierlichkeit in Sturm und Regen sogleich wieder zurück um rechtzeitig im Parlament zu erscheinen. Ein Ritt von etwa 20 englischen Meilen von einem 76jährigen Greise!

Bekanntlich ist vor mehr als sechs Jahren der Dampfer „Pacific" auf der Fahrt von Liverpool nach Newyork mit 300 Passagieren an Bord verschwunden, ohne daß man nähere Nachrichten über dessen Untergang erhalten hätte. Kürzlich ist nun eine Nachricht über das unglückliche Schiff aufgetaucht. An der Westküste einer der Hebrideninseln wurde nämlich eine Flasche angespült, worin ein Zettel mit folgender Bleistiftschrift sich vorfand: „Am Bord des Dampfers Pacific von Liverpool nach New-York. Das Schiff sinkt. Wir sind in Eis gerathen. Am Bord schreckliche Verwirrung. Eisberge umdrängen uns von allen Seiten. Ich weiß, wir werden nicht davonkommen. Das Schiff sinkt. Ich schreibe dies auf, damit unsere Freunde in England, wenn man diese Flasche findet, unser Schicksal erfahren. Wer diesen Zettel findet, möge ihn sobald als möglich veröffentlichen. W. Graham." — Man hat in den Schiffsregistern nachgeschlagen und gefunden, daß ein gewisser Graham als Steuermann an Bord des „Pacific" war.

Folgenden merkwürdigen Fall von Scheintod erzählt eine Berliner Zeitung: In Weißensee wohnt ein reiches Bauernpaar, das nur ein einziges Kind, ein Mädchen von etwa sieben Jahren, besitzt. Plötzlich fiel das bis dahin gesunde Kind von einem Schlage getroffen todt nieder; alle Belebungsversuche eines schleunigst herbeigeholten Arztes blieben vergeblich. Nach Ansicht desselben war das Kind todt, und es wurde der Todtenschein ausgestellt und die jammernden Eltern richteten Alles zur Begräbnißfeierlichkeit her. Dieselbe sollte am dritten Tage stattfinden. Schon war dieser Tag angebrochen. Die kleine Leiche lag im offenen Sarge, umkränzt mit Blumen, der Vater stand weinend daneben. Da kam es ihm plötzlich vor, als wenn eine leise Röthe die Wangen des Kindes färbe. Er hatte nichts Eiligeres zu thun, als in die Stadt zu fahren und einen zweiten Arzt holen zu lassen. Dieser kam auch alsbald und ordnete, nachdem er den Körper des Kindes genau untersucht hatte, an, daß dasselbe sofort aus dem Sarge genommen und in ein Bett gebracht werden, daß man auch alle Vorbereitungen zur Beerdigung beseitigen sollte, damit das Kind, das bald aus dem Starrkrampf, in dem es sich befinde, erwachen werde, nichts davon merke, wie nahe es der Beerdigung gewesen sei. Dies geschah, und zwei Stunden später schlug das Kind die Augen auf, und war so munter und gesund, daß die beglückten Eltern sofort alle Kinder aus dem Dorfe zusammenholten und mit diesen den zweiten Geburtstag ihres Kindes feierten.

Die siamesischen Gesandten, welche gegenwärtig in Paris weilen, hatten diesen Tage auch den Wunsch, eines der öffentlichen Spitäler zu besehen. Man führte sie in das Spital Lariboisière. Der Director und die sonstigen Spitalbeamten empfingen die siamesischen Excellenzen auf das Feierlichste und geleiteten sie zuvörderst in die Spital-Apotheke. Allein der Geruch daselbst schien auf die asiatischen Geruchswerkzeuge durchaus keinen angenehmen Eindruck zu machen. Die Gesandten verzogen die Gesichter, hielten sich die Nasen und weigerten sich, durch den Besuch in das Innere des Hauses fortzusetzen. Ohne sich weiter um ihre Begleitung zu kümmern, nahmen sie Reißaus.

Der Stephansthurm in Wien soll bei der jetzigen Restauration um 18 Fuß erhöht werden, wodurch er die Höhe von 443 Fuß erreichen würde. Er würde dann den Straßburger Münster um 6 Fuß überragen und das höchste Bauwerk in Europa sein.

Bei Schwarzkosteletz in Böhmen ist am 13. Juli der Fall eines tödtlichen Schlangenbisses vorgekommen. Eine Tagelöhnerin, die barfuß durch den dornigen Thiergarten ging, wurde von einer Kreuzotter in die große Zehe gestochen und verschied, obgleich ärztliche Hilfe schnell zur Hand war, binnen zwölf Stunden in Folge des Bisses.

Da jetzt so viel von Verbesserung der Lage der baier. Schullehrer die Rede ist, erinnern wir an das großartige Beispiel des Bischofs von Lehprun, Johann Renholder, welcher schon im Jahre 1857 jährl. 38.000 Gulden zur Aufbesserung der Gehalte mangelhaft ausgestatteter Pfarreien und Volksschullehrerstellen seiner Diöcese aussetzte. Das hat diesem Wackern wohl seitdem kaum ein Privatmann, geschweige eine Regierung nachgemacht.

Eine schauderhafte That wird aus der Tilsiter Niederung berichtet. Im Kawohler Walde soll nämlich ein Knabe von sechs Jahren an einem Baum genagelt gefunden worden sein. Quer am Baumstamme soll ein Brett genagelt gewesen sein und so die Form eines Kreuzes gebildet haben. An diesem Brette sollen die Hände des Knaben, am Baumstamme aber die Füße angenagelt gewesen sein.

In Lautenburg (W. Preußen) hat sich ein eigener Fall von Trigamie zugetragen. Ein dort ansäßiger Gerber, mosaischen Glaubens, der in einem Orte in Polen eine Frau und drei Kinder zurückgelassen hatte, verheiratete sich in Lautenburg zum zweiten Male, worauf er nach Amerika reisen wollte. Seine Frau weigerte sich anfangs, ihm zu folgen; in Straßburg dahin, wohin sie ihn begleitete, änderte sie ihren Entschluß und wollte nur nach Lautenburg zurückkehren, um dort befindliche Sachen zu holen. Unterdessen setzte ihr ungetreuer Herr Gatte die Reise nach und ließ sich in Graudenz eine dritte Frau – ein Mädchen aus Torgen – antrauen, mit der er wohlgemuth nach Amerika segelte.

Der Kaiser der Franzosen läßt die Tuillerien umbauen. Der Spaß wird 40 Millionen Francs kosten, die natürlich aus der Staatskasse genommen werden.

Die Damen von Troja, einer nordamerikanischen Stadt, haben etwas Neues auf ihren Märkten erfunden. Eine Anzahl hübscher Mädchen setzt sich hin und erlaubt Herren, sie zu küssen, 12¢, Cents für den Kuß. Ein Mädchen brachte 62 Dollars an einem Abende zusammen, und ein Herr verausgabte 11 Dollars. Das Geld ist für die im Felde Kämpfenden bestimmt.

Der türkische Polizeiminister hat sich zur Veröffentlichung eines Reglements über das Verhalten auf den öffentlichen Promenaden Konstantinopels veranlaßt gesehen. Für die Benützung der Promenaden und einiger öffentlichen Lokalitäten sind gewisse Tage für die Frauen, andere für die Männer bestimmt. Ein bescheidenes und anständiges Benehmen wird anempfohlen. Jene, welche dem Reglement zuwiderhandeln, werden mit Geld- und Gefängnißstrafe bedroht.

Erzwungener Vatermord. Ein Vorfall macht in Rosenberg (Westpreußen) viel von sich reden. Vor Kurzem beauftragte der Executor St. seinen neunjährigen Sohn, mit einem Zündhölzchen das Pulver auf der Pfanne eines von ihm geladenen Karabiners, an dem der Hahn fehlte, anzuzünden. Der Knabe weigerte sich, zu gehorchen, und erst nach wiederholten, durch Mißhandlungen verschärften Befehlen befolgte er den Auftrag. Das Pulver blitzt von der Pfanne und verbrennt des Knaben Hand. Der Vater schüttet frisches Pulver auf und erneuert den Lauf auf seinen Befehl, energisch sein Verlangen. Der wiederholte Widerstand seines Sohnes wird wiederum durch Mißhandlung bewältigt. Mit blutiger Wange und zitternder Hand steckt dieser das Pulver wiederum in Brand, und der Executor liegt im Blute. Er war ein ordentlicher und pflichttreuer Mann. Eifersucht soll das Motiv zu diesem eigenthümlichen Selbstmorde gewesen sein.

Ein Vatermörder. Am 4. Juli wurde in Erfurt Johann Karl Zigler aus Gethles wegen Vatermordes von den Geschworenen für schuldig erkannt und vom Gerichtshofe zum Tode verurtheilt. Am frühen Morgen des 1. März wurde auf der von Koppelsdorf nach Gethles im Kreise Schleusingen führenden Straße die Leiche des Schlossers Franz Zigler aus Gethles gefunden. Am Halse zeigte sich eine weit klaffende Wunde, aus der sich eine bedeutende Menge Blut auf die Kleider und auf den Erdboden ergossen hatte. Fußspuren, welche in beiden Seiten des Weges und an der Stelle, wo die Leiche lag, sich zeigten und regelmäßig hin und wieder liefen, setzten sich weit fort bis nach einer Anhöhe, der sogenannten Weichenstelle wo sie fast im Walde endeten. Den Fußspuren folgend, fand man im Frischbacher Thale in einem Gartenhäuschen den 27 Jahre alten Sohn des Lehrers Zigler, in seinem Blute am Fußboden sitzend, mit geöffneten Pulsadern, und bei ihm ein Holzkästchen mit einem blutigen Rasirmesser. Der Angeklagte, Johann Karl Zigler, ist geständig, in der Nacht zum 1. März d. J. seinem Vater vorsätzlich mit diesem ihm vorgefundenen Rasirmesser in den Hals geschnitten zu haben. Während der Angeklagte in der Voruntersuchung ein umfassendes Geständniß abgelegt hatte, zog er vor den Geschworenen den zweiten Theil seines Geständnisses, die vorherige Ueberlegung, zurück. Schon seit Jahren lebt er mit seinem Vater in Feindschaft deswegen, weil dieser seine verstorbene Mutter mit einem ehrenrührigen Namen belegt und ihn selbst einen Bastard genannt, ihm auch den Lebensunterhalt verweigert und, wenn er sich denselben genommen, des Diebstahles beschuldigt und mit der Anzeige bedroht habe. Das war das Motiv, das er schließlich den Mordentschluß faßte, den er zur Ausführung brachte.

Das Amtsblatt der „Wiener Ztg." macht die Erledigung mehrerer namhaften Familienstiftungen bekannt, bei denen die Klausel vorkommt: „Tabakraucher sind nach dem ausdrücklichen Willen des Stifters von jedem Bezuge ausgeschlossen." Der Stifter ist der am 28. December 1851 in Wien verstorbene k. k. Ministerialkanzlist Josef Frunder. Er hat die Stiftung zu Gunsten der ehelichen Nachkommen seiner Geschwister gegründet.

Erinnerungen.

Illustrirte Blätter für Ernst und Humor.
82. Band. (Ein und vierzigster Jahrgang.) Heft V.

Louise Meunier.

Von P. P.

(Fortsetzung.)

Meine neue Stelle war Anfangs leichter als ich gehofft. Fräulein Delphine Savenab zählte kaum siebzehn Jahre; wie an Jahren so war ich ihr auch an Talent überlegen; ich musicirte schon und malte Aquarell- und Miniaturbilder recht sauber. Darauf war Delphine bald eifersüchtig; sie nahm außer bei mir bei den vorzüglichsten Professoren noch Unterricht; aber wie sie, so profitirte auch ich davon. In kurzer Zeit lernte ich sogar englisch sprechen, obgleich ich früher kein Wort verstand; während Delphine schon längst mit dieser Sprache sehr vertraut war, dauerte es doch nicht lange so sah sie sich von mir nahezu übertroffen. Das gefiel ihr gar wenig.

„Großthuerei und Vornehmthuerei kennzeichneten Delphine wie ihre ganze Familie. Die Eltern waren sehr reiche Emporkömmlinge, die sich gerne den Schein eines alten Adels gegeben hätten. Aber das wollte nicht so recht gehen; im Gegentheil hatte dieses unausgesetzte Streben so komische Scenen im Gefolge, daß ich oft genug Tage lang und länger aus dem Lachen nicht herauskam.

„Aber das war kein Lachen, welches vom Herzen kam. Von Herzen lachen hatte ich längst verlernt. Der Verlust der Freiheit und der gänzliche Mangel eines Gegenstandes, der mir wahrhaft lieb gewesen, hatten mich vollständig misanthropisch gemacht; ich sah überall nichts als die Schattenseiten der Dinge; mich freuen, glücklich sein — das konnte ich nicht."

II.

Dies war das Ende des Briefes, welchen Louise Klärchen beim ersten Besuche, den sie von ihr empfing, übergab, mit dem Zusatze: „Fortsetzung ein ander Mal!" Als Klärchen aber, der die Aufregung Louisens und ihre tiefe Verstimmung nicht entging, um weitere vertrauliche Enthüllungen sofort bat, gab Louise zur Antwort: „Laß mich jetzt, ich bitte Dich; nackte Thatsachen wirst Du, ohne ihre Ursachen zu kennen, nicht begreifen; letztere aber auseinander zu setzen, dazu muß ich eigens aufgelegt sein; heute will ich an nichts mehr denken."

Louise hatte an jenem Tage René gesehen; er hatte Herrn Meunier eine Nachmittagsvisite abgestattet. Louise war im Saale als er eintrat; sie stand auf, als wollte sie ihm entgegen gehen und grüßte ihn mit einer tiefen Verbeugung; aber während er mit Meunier die gewöhnlichen Begrüßungsformeln wechselte, stahl sie sich sachte fort. Sie hatte sich fest vorgenommen, ihre ohnehin peinliche Lage nicht durch Zärtlichkeiten gegen René von Neuem zu verschlimmern. Meunier, dem es jeden Augenblick schwerer wurde, René zu unterhalten, hatte sie kommen lassen. Aber sie weigerte sich zu kommen, um so mehr, als sie auf diese Weise an dem Onkel sich am besten rächen zu können glaubte. Das verdroß René gewaltig; er glaubte, die Weigerung Louisens, die Veronika mit lauter Stimme meldete, sei eine Antwort auf seine Bitte, sie möchte ihre Spaziergänge im Park wieder anfangen. Nach beendigtem Besuche holte René, der von einem Spazierritt gekommen war, sein Pferd aus Meuniers Stall, in welchem bis dahin nur unschuldige Kaninchen ihren Aufenthalt genommen. Dies bemerkte Louise und sprang sofort ans Fenster. René hatte seine Blicke aufs Fenster gerichtet als er fort ritt, aber nichts gesehen als das Musselinkleid, welches hinter den Fensterscheiben einen dunklen Schatten bildete. Nach etwa zwanzig Schritten hatte er sich noch einmal umgedreht, um zu sehen, ob er sie nicht entdecke. Diesmal war das Fenster offen; Louise stand an denselben aufrecht und unbeweglich, und ehe sie Zeit fand, sich zurückzuziehen, hatte René geglaubt zu bemerken, daß ihr Blick, aus dem eine tiefe innere Bewegung sprach, auf ihn gerichtet war. Vielleicht täuschte er sich nicht; der Mann, den Louise für so liebenswürdig erklärt, fing an, sie dadurch zu beherrschen, wie sie in eine bis dahin ihr unbekannte Glückseligkeit hineinzauberte.

René war von da an in süße Träume versunken; er erging sich in allen möglichen Muthmaßungen über Louisens Gesinnung. Er glaubte sich geliebt, aber er vermuthete, daß er bei weiteren Schritten auf einen ernstlichern Widerstand stoßen würde. Er sagte sich, für den Augenblick sei es gerathensten, die brennende Leidenschaft abzukühlen, den tiefen Eindruck, den Louise auf ihn gemacht, zu vergessen und von einer Verfolgung abzulassen, die sie offenbar schmerzlich berührte. Sie kamen somit, ohne daß einer vom andern wußte, zu demselben Entschlusse, nämlich: jede Berührung, jede Begegnung zu vermeiden, ja sogar nicht mehr aneinander zu denken.

Indeß solche Entschlüsse auszuführen hat schon seine Schwierigkeit, wenn man auch stets Zerstreuung hat; dieselben wachsen aber, sobald man vereinsamt ist und jeder Zerstreuung entbehren muß. Vierzehn Tage waren vergangen; während derselben hatte Louise im Hause ihres Onkels wie in einem Grabe gelebt; kein freundlicher Blick, kein Lächeln verklärte je ihre Züge; selbst Klärchen konnte sie nicht erheitern, denn dieser hatte sie das feierliche Versprechen abgenommen, den Namen Renés nie in der Unterhaltung zu nennen.

„Bereite mir doch einen bessern Empfang," sagte scherzend des Doktors Nichte, indem sie ihrer schweigsamen Freundin um den Hals fiel „ich habe für Dich eine Neuigkeit, die Dich bezaubern wird. Zunächst aber lade ich Dich auf nächsten Sonntag zu uns zu Mittag ein, wo wir das letzte Kirchfest in unserm Dorfe feiern."

„Das weiß ich," erwiederte Louise, „der Herr Pfarrer war schon hier und ersuchte mich, in der Festmesse die Orgel zu spielen; aber werden denn viele Gäste beim Mahle sein?"

„Du, Jerome, sein Vater und seine Mutter; sie kommen, um an diesem Tage um meine Hand anzuhalten," setzte sie sichtlich entzückt hinzu.

„Und Du zweifeltest noch an Deinem Glücke!"

„Ach! ich darf nicht zu früh triumphiren; ihr Antrag wird nicht ohne Klausel sein, wenigstens hat mir Jerome dies insgeheim mitgetheilt; aber er und ich hoffen das Beste. Sollten wir uns täuschen, nun, auf jeden Fall werden wir einige Tage angenehm verleben."

Der lang ersehnte und von beiden Freundinnen nicht ohne Besorgniß erwartete Festtag — Louise liebte ihr Klärchen zu sehr, als daß sie nicht den lebhaftesten Antheil an Allem, was sie betraf, hätte nehmen sollen — kam bald heran. Beim ersten Zeichen der Kirchenglocke füllte sich die Kirche; fast alle Bewohner des Dorfes beeilten sich, zeitig zur heiligen Messe zu kommen. René und seine Mutter nahmen als Schloßherrn eine Bank auf dem Chor ein. Der junge Graf wohnte der heiligen Handlung in einer Haltung bei, die mehr Gewohnheit als Innigkeit verrieth. Er fand mitunter die Messe zu lang und mußte sogar oft ein Gähnen nicht zu unterdrücken. Aber an jenem Tage spürte er von Langeweile gar nichts. Gleich die ersten Orgeltöne fesselten seine Aufmerksamkeit in hohem Grade. Das war kein Orgelspiel, wie man's auf dem Lande durchweg zu hören bekommt; das waren Töne, wie sie nur ein musikalisches Genie, nur die innigste religiöse Begeisterung und Erhebung des Herzens zu Gott hervorzuzaubern vermag. Aber durch die großartigen festlichen Melodien, die zu seinem Ohre drangen, ging zugleich eine Anmuth und Zartheit, die offenbar das Wesen des Spielenden verriethen.

„Wer mag doch der unbekannte Künstler sein,"

hatte schon wiederholt René zu seiner Mutter gesagt, „dem wir dieses prächtige Orgelspiel verdanken?"

Nach beendigter Messe verließ er die Kirche, ohne daß seine Neugierde befriedigt worden wäre; aber die Orgel, die in diesem Momente ein Finale voll der glänzendsten Fugen erwarten ließ, ließ auf einmal ihre schwellenden Harmonien schweigen, um die kindlich einfache Vokalkomposition einer ergreifenden Idylle zu lispeln, die dem „Blumengarten" oder einem andern pariser Treibhaus ihr Dasein verdankte. Der tiefe Eindruck dieses von der Mode protegirten Thema's war durch die Innigkeit des Vortrags und die Wärme des poetischen Gehaltes vollständig gerechtfertigt. In demselben Augenblick erinnerte sich René dieses Zaubergesang von den beiden jungen Damen, bei denen er kürzlich Abends gewesen, gehört und ihn Wiederholung zu öftern Malen gewünscht zu haben. Er glaubte, ohne sich darum etwas einzubilden, annehmen zu dürfen, dieser Gesang habe ihm gegolten und sei von dem Betreffenden seinetwegen in der Messe zur Ausführung gekommen.

Unter dem süßen Eindrucke, den die Musik auf ihn gemacht, betrachtete dann René mit ungewöhnlichem Behagen auf dem freien Platze des Dorfes das malerische Treiben der Landleute, die in kleinen Gruppen getheilt sich nach Neuigkeiten fragen. Die grellen Farben der Frauenkleider zeigten sich an diesem der besten schönen Herbst-Tage in ihrem ganzen Glanze; der Himmel war azurblau und nur hie und da segelten einige Wolken, wie große Leviathans auf dem Ocean, herum. René schlürfte mit Wohlbehagen die herrliche Landluft ein, während er der Gräfin seiner Mutter seinen Arm bot, um zum Schloß zurückzukehren und vor sich her in ihrer einfachen Toilette, Louise und Klärchen, hinter ihnen Veronika davoneilen sah.

Die beiden jungen Damen begaben sich in's Haus des Doktors Renoult, wohin, wie oben bemerkt, Louise zum Feste des Kirchenpatrons zu Mittag geladen worden war. In der Normandie dreht sich Alles um die Tafel, denn man spricht in dieser glücklichen Provinz viel und oft. Jene Mahlzeit nun war ganz diplomatisch. Nur die Ländlichkeit war davon verbannt, aber sie war durch eine appetitliche Reichhaltigkeit ersetzt, die auf den ersten Anblick angenehm berührte. Noch nie hatte übrigens Louise die Küche lustiger gesehen als an diesem Tage; große lichte Flammen flogen in dem Kamine auf, durch das große geöffnete Fenster kam mit den Strahlen der Sonne zugleich ein lieblich milder Luftzug. Während die Magd den Salat reinigte und die feinen Kräuter zerschnitt, bräunten sich ein Kalbsbraten und zwei Rebhühner am Bratspieß, das Hühnerfrikassee schmorte auf dem einen Ofenloch, der Hasenpfeffer auf dem zweiten; daneben kochte eine kräftige Suppe u. s. w. Klärchen legte überall munter mit Hand an. Der Doktor holte fünf bis sechs versiegelte Flaschen mit Wein, die er alle öfter gegen das Licht hielt, sich von ihrer Durchsichtigkeit und Reinheit zu überzeugen.

Zwei- oder dreimal unterbrach Klärchen die Vorbereitungen zum Essen, und ging mit Louise einige Male im Garten auf und ab; warfen jedesmal am Ende des Gartens einen flüchtigen Blick auf die staubige Landstraße, und kehrten dann, weil sie Niemanden kommen sahen, an ihre Arbeit zurück. Aber kaum hatten sie den Tisch mit dem klein karrirten Tischtuch gedeckt und das Silberzeug aufgesetzt, als man plötzlich das Geräusch eines schweren Wagens hörte, welcher eben anhielt. Das von den Fliegen gequälte Pferd schlug wiederholt in die Kiesel, die unter seinen Füßen lagen. Sofort drängten sich Alle an die Reisenden heran; die Einen führten Pferd und Wagen ein, die Anderen machten den neuen Ankömmlingen wiederholt ihre Komplimente. Klärchen nahm die große Schachtel, welche die reiche Gutsbesitzerin, ihre Cousine, die Mutter Jerome's, mitgebracht, und führte letztere in das schönste Zimmer des Hauses, in welches der Doktor nur auf den Strümpfen zu gehen pflegte, und dessen kostbare Möbel nur an wenigen Tagen des Jahres von ihren Ueberzügen befreit wurden. Klärchen unterstützte dann Madame Tiercelin — so hieß ihre Cousine — bei der Abnahme des großen gewirkten Shawls, der vorsichtig gefaltet wurde, damit er nicht bis zur Rückreise beschädigt würde. Dann zog man aus der Schachtel eine große mit reichen kostbaren Spitzen und — ganz ländlich sittlich — mit Blumen und Bändern ausstaffirte Haube hervor, die die Schachtel vor den Unbilden des Straßenstaubes hatte schützen müssen.

Nun ging man in den Speisesalon; während des Speisens war Alles schweigsam, nicht weil eine freudige Stimmung fehlte, sondern vielmehr weil der Appetit zu groß war. Der Gutsbesitzer und der Doktor aßen ganz unbefangen. Klärchen sah ganz ernst drein, wenn sie auf Jerome blickte, nur hie und da flog ein gezwungenes Lächeln plötzlich über ihre Züge. Nur Frau Tiercelin aß nichts; sie seufzte fast unausgesetzt. Sie war keine arme Frau, sie war eine von den zimperlichen, stets weinerlich thuenden Bäuerinnen, die das ganze Leben hindurch stets klagen, weil sie vom Dämon der Habsucht besessen sind. Wenn bei der Ernte einige Hektoliter Weizen oder Aepfelwein fehlten, wenn der Taglohn größer wurde, oder wenn der Preis der Lebensmittel, die sie zu verkaufen hatte, fiel, dann gab's ein Jammern und Klagen ohne Ende. Wer sie reden hörte, mußte sie für die unglücklichste Frau auf Gottes Erdboden halten; selbst die Bettler, die bei ihrer Thür näherten, hielt sie für glücklicher und sorgenfreier als sich selbst.

Als das Dessert beendigt und eine gehörige Zahl Weingläser geleert worden waren, war Alles in gespannter Erwartung, ob denn die gute Frau Trost und Erquickung im Weine gefunden. Endlich entschloß sie sich mit echt normannischer Langsamkeit, Jerome einen kleinen Wink zu geben: „Du weißt, mein Sohn, ich habe mit Herrn Renoult zu sprechen," sagte sie. Der junge Mann ließ sich das nicht zweimal sagen; er erhob sich vom Tische und ging geräuschlos hinaus in den Garten, wohin ihn über Aufforderung des Doktors Louise und Klärchen begleiteten. Sie blieben da-

17*

selbst zwei kleine Stunden, die vorüber gingen, ohne daß sie es wußten. Von der wichtigen Angelegenheit, die inzwischen im Speisesaale verhandelt wurde, war unter ihnen mit keiner Sylbe die Rede.

Jerome's stärkste Seite war keineswegs gewandte Konversation; aber er hatte so viel Lebendigkeit und jugendliches Feuer, daß er auch ohne viele Worte die Damen in sehr guter Stimmung zu erhalten wußte. Aber mitten in seinem Ungestüm machten die Reize einer jungen Dame einen tiefen Eindruck auf ihn, und so erklärt es sich, daß er Louisen so naive Komplimente machte, daß sie einestheils darüber lachen, anderestheils aber sich dadurch sehr geschmeichelt fühlen mußte: das Weib ist und bleibt nun einmal Weib! Mit Klärchen machte er es anders; seinen Arm suchte er oft um ihre zarte Taille zu schlingen; seinen Kopf stützte er auf die volle runde Schulter, und seine Lippen berührten abwechselnd eine rosige Wange und eine weiße Stirn. Klärchen wehrte sich gegen derartige Dreistigkeiten, wie nicht anders zu erwarten war, aber ihr Herz pochte, ihre schönen blauen Augen wurden feucht, ihre feuerrothen Lippen luden, obgleich sie ein gestrenges Gesicht zu zeigen sich bemühte, nur zu sehr zum Küssen ein. Allerdings war der Unwille Klärchens ganz gerechtfertigt, aber gerade er goß über die stummen Gesichtszüge die Strahlen des Glückes. So wußte Jerome mit ganz anderen Mitteln das Interesse seiner Begleiterinnen zu gewinnen, als einst Renö. Die Liebe hat drei verschiedene Sprachen zu verwenden, die eine wendet sich an's Ohr, die andere an's Herz, die dritte an die Sinne. Wohl selten geschieht es, daß ein Liebender aller drei Sprachen im selben Grade mächtig ist; bilden sie aber eine geheimnißvolle unzertrennliche Dreiheit, so braucht der glückliche Besitzer nur der einen sich zu bedienen und — alsbald reden die beiden anderen von selbst.

Minder angenehm verstrich die Zeit im Speisesaal, zumal für Doktor Renoult, der ungeachtet seiner außerordentlichen Geduld — die hatte er unter den Landleuten gründlich gelernt — unter den erfolglosen Anstrengungen Madame Tiercelin zu einer deutlichen Erklärung zu vermögen, ob die Hand Klärchen's für ihren Sohn Jerome wünsche oder nicht, in großmächtige Tropfen schwitzte. Die respektable Gutsfrau konnte sich nicht entschließen, sich von ihrem gewöhnlichen Jeremiadenrepertoire zu trennen. „Gewiß würde sie sich sehr glücklich und geehrt fühlen, wenn so ein braves Mädchen wie Klärchen ihres Sohnes Gattin werden wollte; es sei nur sehr fatal, daß sie kein Vermögen hätte, denn unser Herr," sagte sie, und meinte damit ihren Mann, „würde seinem Sohne einige Stücke gutes Land geschenkt haben, dazu hätte er sich dann noch ein Gut gepachtet und so eine ganz passende Existenz gehabt. Hätte seine Frau dann einiges Vermögen mitgebracht, so würde man es zur Ausstattung des Landgutes verwendet haben, so etwa 12—15000 Francs. Aber was soll der arme Jerome machen mit einer Frau die nichts hat," setzte sie dann jedesmal hinzu in einem Tone, der ihre tiefe Herzenspein verrieth. „Nie wird mein Mann das Land und noch obendrein die Ausstattung des Landgutes schenken können. Ach wir sind sehr sehr unglücklich."

Natürlich wurde diese Unterhaltung und alle Variationen, die sie darüber durch zwei Stunden machte, jeden Augenblick von tiefen Stoßseufzern unterbrochen. Der Doktor begnügte sich mit der Antwort:

„Wenn ich meiner Nichte ein Opfer bringen könnte, würde ich nicht anstehen; aber ich habe sie erzogen und schenke ihrer Mutter, meiner Schwester, die Wittwe ist und noch zwei andere Kinder hat, die Nutznießung eines kleinen Eigenthums, von dem sie lebt. Ich habe mir nur das Allernothwendigste vorbehalten; denn wenn ich nach einigen Jahren nicht mehr praktizire, so kann ich doch nicht erwarten, daß mich meine alten Kunden pensioniren werden."

Während die jammernde Gutsfrau dem Doktor anhörte, ging ihr gewiß hundertmal ein Vorschlag durch den Kopf; aber sie konnte sich nicht entschließen, damit herauszurücken, nicht aus Furchtsamkeit oder Delikatesse, sondern das findet man überall bei dem normannischen Bauer: wenn er ein Geschäft macht, überläßt er die Initiative stets dem Andern. Endlich entschloß sie sich doch zu reden.

„Wenn Sie testamentarisch dem Fräulein Klärchen etwas schenkten, z. B. jenes kleine Haus mit Garten, welches ihre Mutter bewohnt, und welches uns bekannt ist, würden wir uns schon einigen. Mein Mann würde das Gut Jerome's ausstatten und würde sogar nöthigenfalls noch Geld obendrein leihen, weil man sicher wäre, es heute oder morgen wieder zu erhalten."

„Ach Gott! ich wünsche, es geschähe je eher je besser," sagte der Doktor in spöttischem Tone. „Aber ich verspreche Ihnen nicht, nichts zu thun, um den Rückzahlungstermin so weit als möglich zu verschieben, ganz im Gegentheil; nach meinem Stande bin ich der Feind des Todes, und gesonnen ihn, es koste was es wolle, in meine Gewalt zu bekommen. Aber da liegt nicht die Hauptschwierigkeit; mein Gewissen verbietet es mir auf Ihren Vorschlag einzugehen, was ich hinterlasse, kömmt meiner Schwester zu, und erst wenn auch sie gestorben sein wird, werden sich ihre drei Kinder in das kleine Erbgut theilen. Uebrigens," setzte der Doktor hinzu, „darf ich ja vielleicht auch allein nicht darüber entscheiden, denn am Ende liefe mein Geschenk noch Gefahr, nicht einmal angenommen zu werden; wir wollen meine Nichte rufen und sehen, was sie dazu sagt."

Man ließ Klärchen kommen. Renoult erklärte ihr die Bedingungen, an die ihre Verheirathung mit Jerome geknüpft werde. Für seine Person zeigte er sich ganz bereit zur Ueberlassung der Erbschaft, wie man sie fordere, und er wartete nur noch auf die Zustimmung seiner Nichte, weil doch es wissen müsse, welchen Eindruck die Sache auf ihre Mutter machen, ob sie nicht diese Bevorzugung Klärchens vor ihren Geschwistern sehr unliebsam aufnehmen würde. Nachdem er seine Auseinandersetzung beendigt, frug er Klärchen zweimal, ob sie dieselben auch gut verstanden.

„Vollständig," antwortete Klärchen, indem Hohn, Ironie, Aerger und Scherz zugleich um ihre

Lippen spielten, „vollständig, aber ich brauche nicht zu wissen, was meine Mutter denken wird, sie würde aus Liebe zu mir sich jeder Zeit aufopfern, selbst auf Kosten der Gerechtigkeit, die sie meinem Bruder schuldig ist; aber ich werde nie dazu meine Zustimmung geben; schlimm genug, wenn meine Person nicht genug, und es noch einer Ausgleichungssumme bedarf."

„Einer Ausgleichungssumme," sagte der Doktor lächelnd, „wird's nimmer bedürfen, liebe Nichte, nimm mir das nicht übel; aber was ich Dir schenken kann, ist sehr wenig, es sind 6000 Francs, die ich zu diesem Zwecke erspart und die Du ohne Stempel annehmen kannst. Du kannst sie in Baarem aufbewahren, Du kannst sie zur Aussteuer verwenden oder zur Hochzeit oder zu Festen, wie es Dir beliebt. Jetzt, wo wir unsere gegenseitigen Absichten kennen, kannst Du Dich wieder entfernen."

Klärchen brachte sofort Jerome die Nachricht, mit ihrer Heirat sei es aus; er wollte es durchaus nicht glauben.

„Ich kenne meine Mutter," sagte er, „sie müßte närrisch sein, wenn sie die Sache so mit einem Schlage für abgethan hielt; bleiben Sie bei Ihrem Worte, ich werde bei dem Meinigen bleiben; sein Sie sicher, wie kommen heut' oder morgen wieder und zwar recht bald; denn sehen Sie, Fräulein Klärchen, dieser Tag hat mich so in Aufregung gesetzt, daß ich keinen Spaß mehr verstehen werde."

Das Gesicht der Madame Tiercelin hatte sich verfinstert, besonders als Klärchen sich in so entschiedener Weise dagegen gesträubt, in die Rechte ihrer Mutter einzugreifen; aber sie heiterte sich sofort wieder etwas auf, als sie von dem Ersparniß von 6000 Francs hörte. Tief seufzend sprach sie:

„Sie werden sich die Sache überlegen, Herr Renoult, und wir auch; wir sind beiderseits nicht gebunden. Vorsicht ist nöthig. Es würde mir sehr leid thun, wenn Klärchen nicht meine Schwiegertochter würde; sie ist ein gutes Kind. Ach, wie sind doch wirklich unglücklich."

Herr Tiercelin, von dem bis jetzt ebenso wenig die Rede war, wie von der Rolle, die er in dieser Heirathsaffaire spielte, war ein ehr- und tugendsamer Gutsbesitzer, mehr Bauer als Gefühlsmensch, und beschränkte sich sonst darauf, während obiger Verhandlung mit seinem Messer über's Tischtuch auf und ab zu fahren und zuweilen hineinzumurmeln:

„Gut, Weibchen, gut, Genoveve; Jerome liebt unser Kind nun einmal, was hilft's; der Herr Doktor wird's schon recht machen."

Tags darauf kam Klärchen lachend und scherzend in das Haus Meuniers, gerade als wenn sie Tags zuvor keine ihrer Hoffnungen zu Grabe getragen. Sie hatte ein Buch in der Hand.

„Der Herr Graf hat heute Morgen meinen Onkel besucht," sagte sie, „und mir dies Buch für Dich zurückgelassen; es scheint, Du hast ihn darum angegangen."

Louise las den Titel des Buches; es war ein englischer Roman, von dem sie in der That oft mit René gesprochen.

„Wer wird's ihm aber zurückbringen," sagte sie unruhig, „wenn ich's gelesen; denn Veronika dies zu überlassen werde ich mich wohl hüten."

„Mein Bursche wird's besorgen," antwortete Klärchen.

Von dieser Seite beruhigt, fühlte Louise beim Anblick des Buches eine plötzliche Veränderung in ihrem Innern; René dachte an sie; also war sie nicht mehr allein und verlassen auf der Welt. Er hatte dieses Buch gelesen; seine Gedanken hatten sich denen des Autors verbunden; sie glaubte die Mittheilung beider zugleich in dem Buche zu finden, und darum mußte dies die angenehmste und tröstlichste Lektüre ihres ganzen Lebens sein. Dieser Roman war eine jener langen aber anziehenden Geschichten, die voll englischen Humors ganz dazu gemacht sind, die langen Ruhestunden der Einsamkeit zu verkürzen. Louise las ihn in der Ursprache, so daß sie den höchst pikanten Styl und die lebhaft und trefflich gezeichneten Charaktere unverkümmert und ungeschwächt betrachten und bewundern konnte.

Nachdem sie dieses Werk gelesen, bat sie um ein zweites. Natürlich malte sie René in einem Dankschreiben die außerordentliche Freude aus, die ihr das Buch gemacht, und gab dazu ihr Urtheil über dasselbe ab. René theilte ihr darauf auch seine Ansicht mit und — so entspann sich ein Briefwechsel. Aber sein Inhalt gehörte weder auf das Gebiet der Liebe, als auf das der Literatur; der Ideenaustausch ward bald ein Gefühlsaustausch. Daher blieb's auch nicht lange bei dem gewöhnlichen Höflichkeitston. Und sollte man's glauben? Gerade Louise war es, die am ersten und entschiedensten den Ton der Freundschaft mit dem der Innigkeit und sogar der Begeisterung vertauschte. Vielleicht war sie sich nicht genau bewußt, ob sie an René oder an ein ideales Wesen schrieb, welches sie eben nur in ihrem Kopfe und in ihrem Herzen trug. Aber sie war überaus freigebig mit jenen zarten Schmeicheleien, mit denen die Damen sonst so geizen, deren Geheimniß sie allein kennen, und die die Seele des Menschen beugen dem schwachen Rohre gleich.

René, dessen Humor und Charakter von jeder Berechnung fern war, merkte die stets wachsende Innigkeit und glaubte, im Interesse derselben, Louise handeln lassen zu müssen, ohne sich die Mühe zu nehmen, sie an sich zu fesseln, sie mit sich fortzureißen. Und er täuschte sich nicht. Was man auch von dem Stolze des „starken Geschlechts" denken mag, ein Weib ist nie verführt; die Weiber verführen sich selber, wenn sie aus Lässigkeit und Uebersättigung dem was gewöhnlich kommt nicht zeitig ausweichen.

Der Briefwechsel wurde nun ein regelmäßiger; jede Woche wurden zwei Briefe gewechselt. Mit welcher Ungeduld sandte man sie ab; mit welcher Unruhe erwartete man sie! Wie zärtlich erbrach die zitternde Hand das Couvert! Mit welcher Gier verschlang man den Inhalt, um darin jenes eine Wort zu entdecken, welches Glück und Freude schafft, jenes Wort, welches, wenn auch oft verblümt, Alles sagt, und als in einem wahren Liebesbriefe fehlen darf.

Was übrigens brieflich nicht abgethan war, wurde in der Sonntagsmesse ergänzt. Es ist wohl selten der Fall, daß sich Landleute, Eigenthümer, Dienstboten, Tagelöhner ihren religiösen Obliegenheiten entziehen; aber die distinguirteste Klasse zeichnet sich vor Allem da durch Pünktlichkeit aus. René und seine Mutter hatten, wie gesagt, ihre eigene Bank im Chor. Louise hatte ihren Platz in dem Schiff der Kirche. Ohne vorhergegangene Besprechung hatten sie sich verständigt; Louise erschien immer vor René und entfernte sich nach ihm. Beim Eintritt in die Kirche konnte der Graf, durch die Doppelreihe der Bänke schreitend, nur einen verstohlenen Blick nach seiner Louise werfen; aber beim Herausgehen ruhten seine Blicke unverwandt in den auf ihn gerichteten bezaubernd schönen Augen Louisens, die er um so mehr liebte, als sie noch etwas Räthselhaftes für ihn hatte.

Louise hatte nun eine Herzensangelegenheit, die ihr ganzes Leben änderte. Sie war sterblich verliebt: ihre Leidenschaft fand Nahrung in der Hoffnung, während sie in ihrer Umgebung nur Aufmerksamkeit, Kritik und verletzende Bemerkungen hervorrief. Wenn sie indessen die ganze Seligkeit der Liebe genossen, wenn sie durch ihre Liebesqualen ermattet, wie ein Vogel durch die lustigen Schläge seiner Fittige, dann mischte sich Unruhe in ihr Glück. Die Briefe Renés schienen ihr nicht mehr bestimmt genug; sie verlor das Verständniß derselben und suchte vergebens nach Beantwortung der Frage, ob der Schreibende ihr Freund oder ihr Geliebter sei. Dieser Zweifel war ihr überaus peinlich; sie wollte René sehen, mit ihm sprechen, um jeden Preis. Dazu bot sich ihr nur ein Weg: sie mußte das Rendez-vous im Parke annehmen.

René liebte sie nicht weniger; aber er war ruhiger, weil er leichter die Gedanken Louisens durchschaute. Die Sprache der Frau ist weniger zweideutig, als die des Mannes, blos konventionelle Zärtlichkeit gibt's bei ihr nicht.

Inzwischen war René entschlossen, bei der ersten besten Gelegenheit sich Louisen zu nähern, wo es ohne ihre Empfindlichkeit zu verletzen geschehen könnte.

Eines Tages nun kam ein Bediente in silberbordirter Livrée — die auf einen Bedienten der Gräfin schließen ließ — in das Haus Meuniers und ließ bei Veronika zwei niedliche wohlriechende Couverts zurück, die zwei Einladungen enthielten, eine für den Onkel, die andere für die Nichte, zu einer im gräflichen Schlosse am folgenden Sonntag stattfindenden Soirée.

Louise und ihr Onkel waren im Speisesaal, als der Bote kam. Alsbald trat Veronika ein und überreichte die beiden Briefchen an ihre Adressen.

Meunier las in den Zügen Veronika's — die er gern befragte, weil ihre Ansichten, Urtheile und Vorurtheile meist mit den seinigen stimmten — daß er die Botschaft nicht günstig aufnehmen solle.

Nachdem er das Briefchen flüchtig angesehen, machte er eine verneinende Bewegung, die zugleich andündigte, daß er dieser Einladung nicht traue und sie nicht annehmen wolle.

Louise sagte kein Wort; sie war niedergeschlagen und gefaßt. Sie sah sich zwischen zwei Stühle gesetzt: ihre Sehnsucht, René zu sehen, war eben so groß, wie die Widerwille gegen eine Vorstellung bei der Gräfin, die kein Gegenstand ihrer Sympathie war.

Aber diesmal noch sollte Louise durch Klärchen Hilfe finden.

Die liebenswürdige Nichte des Doktors erklärte nämlich, Herr Renould habe dem Grafen versprochen, sie werde jener Reunion beiwohnen, und zwar werde entweder er selbst sie hingeleiten, oder sie Herrn René anvertrauen, falls er selbst an dem Krankenlager eines seiner Patienten zurückgehalten werden sollte. Klärchen aber setzte ihrerseits hinzu, sie würde in keinem Falle ohne Louise erscheinen; was sie sonst allein mitten in einer ihr fast unbekannten Gesellschaft thun sollte. Und wenn nun gar René käme, um sie mit dem Wagen abzuholen, dann sei es doch obendrein vollends unschicklich, allein mit ihm zu fahren; das könne und werde sie nicht. Sie sagte dies mit einer solchen Lebhaftigkeit, daß Herr Meunier nicht umhin konnte, Louisen die Erlaubniß zu geben, ihre Freundin zu begleiten, einzig darum, weil Klärchen bereits die Zustimmung des Doktors erhalten hatte.

An dem festgesetzten Tage fanden sich die beiden Freundinnen im Hause des Doktors zusammen. Sie machten ihre Toilette und legten ihre reichgefalteten prächtigen weißen Mousselinekleider an, als man ihnen plötzlich die Nachricht brachte, René warte bereits auf sie. Er war in einem herrlichen Wagen gekommen, in welchem Louise und Klärchen, die eine zu seiner Rechten, die andere zu seiner Linken, ganz bequem Platz fanden. Es war ein wundervoller Abend; auf der einen Seite kleidete die untergehende Sonne die Wolkenmassen in den schönsten Purpur, der nach und nach wieder wie eine Lieblingserinnerung schwand, auf der andern sandte der noch sehr junge Mond mitten aus seinem Sternenmeere seine jugendlichen hoffnungsvollen Strahlen auf die Erde nieder.

Klärchen und Louise sahen sich entzückt bald nach rechts, bald nach links um.

„Schade, daß wir so bald schon am Ziele sind!" sagte René. „Das wäre heute Abend so eine herrliche Promenade zu Dreien."

„Ist denn Drei die kabalistische Zahl," entgegnete Klärchen, „bei der man der Langeweile entgehen kann?"

„Ohne Zweifel! Vier ist keine Zahl: das sind zwei Paar, wenn man sich theilt; eine Gesellschaft wird daraus, wenn man sich vereinigt. Zu Dreien amüsirt man sich und man erheitert sich, ohne die Intimität des Verhältnisses zu steigern."

„Aber zu Zweien," warf Klärchen hin; „zu Dreien erhitzt man sich; zu Zweien zankt man sich vielleicht."

„Zu Zweien würde die Promenade diesen Abend entweder zu verführerisch, oder zu schwärmerisch. Man würde Gefahr laufen, sich Eindrücken hinzugeben, die sich so recht für den wärmenden Feuerherd geeignet hätten. Fräulein **Louise** ist doch recht schlimm," fügte **René** mit einer außerordentlichen Zärtlichkeit hinzu; „sie zittert und klappert, um uns zu beweisen, daß man auch zu Dreien frieren kann."

Louise wurde dadurch einer Entgegnung überhoben, daß der Wagen eben vor dem Schlosse anhielt. Der junge Graf faßte beide Damen nacheinander in seine Arme, um zu verhindern, daß ihre frische Garderobe an den Wagenrädern verdürben. Er berührte dabei Louisens Hand; sie war brennend heiß.

„Ach!" sagte er, „ich that Ihnen also Unrecht!"

„Nein!" erwiederte sie; „ich war kalt, aber der Anblick eines Saales macht mich immer fiebern."

„Was ist denn das für ein Fieber? Vielleicht Eitelkeitsfieber?"

„O! nein! vielmehr Groll- und Elsfieber."

„Das ist die traurigste Krankheit; besser wäre eine andere, die auch ihren Sitz im Herzen hat, die ich Ihnen aber nicht näher bezeichnen darf."

Louise erröthete einen Augenblick und ihr Herz pochte laut bei diesen Worten Renés.

Die meisten Gäste der Gräfin, übrigens meist aus der Nachbarschaft, kannten wenigstens von Ansehen oder Hörensagen die Nichte des Doktor Renoult. Was Louise betrifft, so lag schon in ihrem Titel „Gouvernante" ihre Selbständigkeit ausgesprochen. Die beiden Freundinnen nahmen, nachdem sie die Herren des Hauses zuvor begrüßt, ohne Weiteres unter den Damen Platz. Aller Augen waren auf sie gerichtet; aber **Klärchen** war so allerliebst, **Luise** so vornehm und fein, daß jede der anwesenden Frauen und jungen Damen alsbald einsahen, daß sie mit beiden umsonst rivalisiren würden. Ja man sah, wie sie, um sich zu entschädigen, einen verstohlenen Blick auf ihre Juwelen und Spitzen warfen, wobei sie sich im Stillen sagten, daß seien doch die soliddesten Vorzüge, und an diesen hatten sie keinen Mangel.

In diesem Augenblicke war eine junge Dame am Piano; sie spielte eine schwere, musikalisch vollständig unentwirrbare Sonate, die für die Spielerin selbst offenbar so abstract war, wie ein geometrischer Lehrsatz. Nachdem diese sich ihrer mühevollen Aufgabe entledigt, ersuchte man **Louise** ihren Platz einzunehmen. Die Wirkung ihres Spiels war wahrhaft bezaubernd. Selbst wenn sie mehr schwärmerische als künstlerische Stücke spielte und sich dabei mehr oder weniger gehen ließ, blieb ihr Ton immer rein, das ganze Spiel stets präcis. Wenn sie sich aber ganz dem Vortrage hingab, dann sprühten ihre Finger wie ihre Augen Begeisterung und zwar oft eine ganz eigenthümliche Begeisterung, in der sich Süßigkeit und Bitterkeit mischten, und die sich alsbald ihren Zuhörern mittheilte und einen unbeschreiblichen Zauber übte.

Nachdem sie ihr Spiel geendigt, engagirte **René** sie zu einem Walzer. Da gab's nur noch größeres Staunen; sie tanzte mit einer solchen Vollendung und Grazie, daß auch die haarspaltendste Kritik nichts daran auszusetzen vermochte. Indeß selbst die feurigsten Jugendherzen verriethen bei ihrem Anblick keine enthusiastische Freude. Man fühlte sich vielmehr versucht, sie

zu bedauern; gerade ihre Vollkommenheiten schienen ihr die Bürde der Melancholie, unter der sie seufzte, nur um so drückender zu machen. Aber wenn die betrübte Verwunderung aufhörte, wenn die Eifersucht sich oft vom Mitleid entwaffnen ließ, dann erwachte sofort das Mißtrauen. So unschuldig ihnen das arme Kind auch offenbar erschien, man sah in ihr eine Feindin, ja ein Unglück.

So fand an jenem Abende **Klärchen** stets Jemanden, der sich mit ihr unterhielt; an **Louise** aber richtete Niemand ein Wort, nicht einmal um ihr zu ihrem musikalischen Talent Glück zu wünschen. Sie war an diese Wirkung ihres Auftretens schon so gewohnt, daß ihr die Kälte, mit welcher fast alle Frauen sie behandelten, gar nicht mehr auffiel. Sie wußte aus Erfahrung, daß bei Zusammenkünften sich gewisse stille Verschwörungen bilden, die, ohne sich verabredet zu haben, sich einen Sündenbock, ein Stichblatt für ihre Witze aussehen.

Solchen Opfern, die sich die Furcht oder die Eitelkeit wählte, kann nichts gelingen, mögen sie sich noch so sehr anstrengen. Man verdeckt und läugnet ihre Vorzüge, ihre kleinen Fehler und Unvollkommenheiten übertreibt man ins Unendliche und je nach ihrem Wesen werden sie entweder verlacht, oder ganz links liegen gelassen.

René hatte **Louise** auf ihren Platz zurückgeführt. Gleich darauf erhob sie sich, um ihren Fächer suchen zu gehen, den sie auf den Kamin gelegt hatte; sie mußte dabei hinter dem Fauteuil der Hausherrin hergehen, die eben mit einer ihrer Freundinnen einen Wortwechsel hatte. Einige Worte, die **Louise** verstand, veranlaßten sie stehen zu bleiben; dann sehte sie sich in der Ecke des Saales nieder, und da sie hier nahe genug war, um einen großen Theil der Unterhaltung zu verstehen, so horchte sie:

„Wie können Sie es dulden," sagte die Freundin, „daß diese junge Dame ihre Besuche . . . .? Ich halte sie zwar nicht für intriguant, aber für gefährlich."

„Für **René** nicht," erwiederte Madame de **Bourgueville**; „er begreift die Kluft, die Geburt und Vermögen hier geschaffen."

„Aber er ist jung, lebhaft und hat ein feuriges Temperament."

„O nein! er ist ruhiger und kälter als Sie vermuthen. Sein Herz kann man berücken, aber seinen Kopf nie, und so wird er stets unter den Einflüssen seiner Familie stehen. Solche junge Damen sind für ihn nur eine Zerstreuung, eine unschädige, erlaubte Zerstreuung; denn er ist im Punkte der Ehe zu zartfühlend, als daß er etwas anderes darin erkennen und suchen sollte."

Louise verlor hier fast ihre Besinnung. „Eine Zerstreuung!" wiederholte sie, und jede Sylbe dieses Wortes, welches sie ganz langsam sprach, als wollte sie die ganze Enttäuschung, die darin lag, aufdecken, goß einen ganzen Strom von Bitterkeit über ihre Lippen. Wem aber sollte das gelten? Der Madame **Bourgueville** oder **René**, weil dieser vielleicht den Ausspruch der Mutter rechtfertigte. In demselben Augenblicke näherte sich letzterer den beiden Freundinnen; er hatte die letzten Worte, die die Gräfin eben gesprochen, verstanden.

„Wessen klagt man mich denn an, Mutter," sagte er, „daß Sie sich verpflichtet glaubten . . . ."

„Man klagt Dich keineswegs an, mein Sohn; man machte nur die Bemerkung, daß hier Dein Herz große Gefahr liefe."

„Ohne Zweifel; aber sind denn diese Damen so grausam, daß ich die Hoffnung aufgeben müßte, aufgenommen zu werden, wenn ich freiwillig ihnen meine Freiheit opferte?"

„Das nicht! aber Ihr Herz würde sich auf dem Wege verirren können, wenn es seinen Herren suchte," sagte die Freundin.

„Wie! sind denn nicht alle diese jungen Damen gleich gut, gleich liebenswürdig, gleich unschuldig?"

„Selbst, wenn jede Deine Wahl rechtfertigen würde," sagte lebhaft die Gräfin, „so gibt's doch einige, auf die sie nicht fallen dürfte."

„Sie irren, Mutter," erwiederte René in ernsterem Tone; „es könnte höchstens eine oder die andere darunter sein, deren ich weniger würdig wäre."

„Ha!" sagte Louise, indem sie ihr Herz wieder freier schlagen fühlte, „er rächt mich! Er ist doch sehr gut!"

Und indem sie noch mehr in Gedanken versank, fühlte sie sich in eine überaus süße Stimmung versetzt, die sich nur in den leisen Worten äußerte:

„O! möchte auch ich ihn so lieben!"

„Soll das vielleicht ein Geständniß sein, was Du uns da machst, René?" schrie die Gräfin in kaltem gereiztem Tone laut auf.

„Nein, Mutter; aber wenn ein solches eines Tages von mir beabsichtigt würde, so müßte ich Ihnen dankbar dafür sein," setzte er sich verbeugend hinzu, „daß Sie das erste Wort, was immer das schwerste ist, selbst aussprachen."

Louise war vor Ueberraschung, Furcht und Freude fast außer sich. „Das fehlt ihm zu einem Geständniß noch," sagte sie wiederholt zu sich. „Vielleicht meine Zustimmung? Er liebt mich doch! Aber ich irre gewiß; er wollte jener Frau nur einen Wink geben, künftig etwas weniger neugierig zu sein." Und so hörte sie auf, weiter bestürzt zu sein.

Darauf schlich sie durch eine in ihrer Nähe befindliche offene Thür in ein anderes Zimmer, um nicht die Aufmerksamkeit der Gräfin oder René's auf sich zu ziehen. Dann kam sie durch eine weitere Thür wieder herein und setzte sich neben Klärchen. Sie sah, wie René mit seinen Blicken suchte, wie sein Auge, als er sie entdeckt, mit Zärtlichkeit sich auf sie richtete. Dann gab sie ihm unvermerkt ein Zeichen, womit sie ihn zu sich bat.

„Ich wünschte mich zu entfernen," sagte sie zu ihm; „denn," setzte sie hinzu, „mich interessirt hier nichts mehr und ich fühle, daß ich meine Erregtheit weder Müttern noch verbergen kann."

Klärchen verstand ihren Händedruck. René warf zwar ein, sie müßten doch erst mit soupiren. Aber sie bestanden darauf, aufzubrechen, und er fügte sich willig ihrem Begehren. Louise war überglücklich, daß der Gebrauch ihr gestattete, sich zu entfernen, ohne sich zu empfehlen, ja selbst ohne sich bei der Gräfin zu verabschieden. Bald darauf stiegen alle Drei in den Wagen und — rasch fuhren sie davon.

„Wann werde ich Sie wiedersehen?" sagte René halblaut zu Louisen, als sie sich dem Hause des Doktors näherten.

„Morgen, wenn Sie wollen," antwortete sie.

René sah sie an, und aus ihren Blicken sprach eine Entschlossenheit und Entschiedenheit, die er bis dahin an ihr nicht wahrgenommen.

„Wo? und zu welcher Stunde?"

Und schnell setzte er hinzu:

„Um sieben Uhr Abends in dem Wäldchen, wo wir uns zum ersten Male sahen."

Weiter frug er nichts, indem er voraussetzte, es sei ihr so recht. Sie gab ihm dann ein Zeichen, daß sie einverstanden sei; das Wort erstarb ihr auf den Lippen. Sie trennten sich; René drückte ihr zärtlich die Hand.

In heftiger Aufregung begab sich dann Tags darauf Louise zum Park, öffnete die kleine Eingangsthür und setzte sich unter derselben Laube nieder, wo sie von René zum ersten Male so ungehofft betroffen wurde. Sie zitterte; sie war unruhig und aufgeregt, denn dieses Betragen kam ihr sträflich vor.

So war ihr Gefühl zwischen Gewissensbissen und freudiger Erwartung getheilt und ungeduldig harrte sie des Augenblicks, wo die Ankunft René's ihrer unbehäbigen Lage ein Ende machen würde.

René kam. Sein Entschluß war nur der, bei Louise ja keine jener zarten Seiten zu verletzen, die eine junge Dame so sorgsam pflegt, und erst ihr volles Vertrauen und dann erst ihre Liebe sich zu erwerben. Als er sie daher an derselben Stelle sah, wo er sie ohnmächtig in seinen Armen gehalten, warf er sich von der Erinnerung überwältigt zu ihren Füßen. In dieser Stellung blieb er schweigend, unbeweglich, sein sehnsuchtsvolles Auge war fest auf sie geheftet. Louise hatte sich, wenngleich unbewußt, gedacht, es würde zu Gott weiß was für Erklärungen kommen; aber eine solche Erregtheit, so eine Extase und so ein liebesprühendes Auge hatte sie sich nicht geträumt. Anfangs war sie nur bezaubert; aber die Rührung gewann schließlich die Oberhand und es dauerte nicht lange, so konnte sie ihre schwache Seite nicht mehr verbergen. Plötzlich verspürte sie neuen Heldenmuth, wie ein Krieger, wenn er zum ersten Male mit dem Feinde auf dem Schlachtfelde zusammentrifft, um sich mit ihm zu messen. Sie reichte ihm die Hand.

„Stehen Sie auf," sagte sie zu ihm, „und lassen Sie uns mit einander plaudern."

Er gehorchte. Aber sie konnten Beide keine Worte für ihre Gedanken finden; ihre Blicke ruhten entzückt in einander. Das war eine göttliche Stunde; die Sonne beherrschte den Horizont mit einem Strahlenkranze, ohne die unerbittliche Hitze, die die Mittags entwickelte. Hinter einem Kastaniengehölz mit seinen dichten dunkeln Massen gewahrte man mitten durch die verschlungenen Aeste einen Rasenstreifen, der im zartesten Grün prangte,

Der Prager Fenstersturz.

mit welchem die goldgelben Strahlen der Sonne sich zu einem Farbenspiel vereinigten, dessen mannigfaltiger Zauber jedem Versuche, ihn in Worte zu kleiden, beharrlich trotzt.

Dieses prächtige Naturschauspiel fesselte gleichzeitig René's und Louisens Blick, und steigerte ihre begeisterte Liebe höher und höher; alles um sie herum war still, nur die kleinen Vögel vernahm man noch von Zeit zu Zeit, bis auch diese endlich verstummten.

René betrachtete seine angebetete Louise und wagte es endlich, mit einer unendlich zarten Sehnsucht in seinen schönen Augen, sich mit seinen Lippen ihrem Munde zu nähern … aber sie wehrte ihn sanft von sich. Sie glaubte — das war vielleicht ein unschuldiges Vorurtheil — daß einen Kuß geben so viel heiße als sich ganz ergeben. Ihr Blick trübte sich; ihre Weigerung that ihr selbst weh, obgleich sie diese Grenze der Scham nicht überschreiten konnte. René aber war über die kindliche Reinheit seiner Geliebten, die er so tief verehrte, ganz außer sich; er bat sie um Verzeihung, daß er so weit gegangen sei. Um seine und ihre Aufregung zu beschwichtigen und sie und sich zu zerstreuen, griff er zu seinen gewohnten muntern und geistreichen Abschweifungen. Dann setzten sie sich in Bewegung und spazierten die Allee auf und ab, während René sich nur hier und da unterbrach. Louisens Herz ward ruhiger und sie schaukelte sich entzückt in ihrem Glücke, wie ein Nachen, der Anker geworfen und von den Wellen sanft hin und her getragen wird.

Plötzlich wurden sie durch leichte Schritte auf der sandigen Straße aufgeschreckt. Louise erblaßte.

„Was ist das?" frug sie.

René gewahrte die schlanke Gestalt der Gräfin.

„Meine Mutter kommt," sagte er, „warum ist sie zu dieser Stunde ausgegangen? Das ist sonst nicht ihre Gewohnheit."

Mit diesen Worten wollte er Louise auf einen Seitenweg ziehen.

„Nein," sagte sie entschlossen; „es thut mir leid, wenn ich mich kompromittirt habe, aber ich werde mich nicht so weit erniedrigen, mich zu verstecken."

Sie gingen Madame Bourgueville entgegen; Louise grüßte sie respektvoll.

„Ach, Fräulein!" sagte René's Mutter in ironischem Tone, „nach dem schlechten Empfange, den man Ihnen einmal hier bereitet hat, wieder kommen, das ist wirklich großmüthig."

„Meine Großmuth ist vielleicht nur Egoismus; ich komme her, um Ihre herrlichen schattigen Anlagen zu benützen."

„Ja, ich weiß, daß das Promeniren hier angenehm ist, und wenn die Stechdichleins, die man sich hier gibt, auch mitunter gefährlich sind, haben sie vielleicht doch ihren Reiz."

„Das muß ich zugeben, Madame," sagte Louise etwas ärgerlich; „sonst würde ich nicht das Vergnügen haben, Sie hier zu finden."

„Ich, ich gehe nur hier vorbei; ich will Sie übrigens in Ihrer Gesellschaft nicht stören."

Bald darauf war Madame Bourgeville verschwunden; René und Louise setzten schweigend ihren Weg durch die Allee fort, die sie zu einer kleinen Thür des Parks führen mußte, durch die man in's Freie gelangte. Louise war verletzt, aufgeregt, enttäuscht, und René ahnte, was in ihr vorging. Als sie das Freie erreicht, setzte sich Louise auf die Erde nieder, denn ihre Ermattung erlaubte es ihr nicht, noch weiter zu gehen.

„Was fehlt Ihnen?" sprach René zu ihr. „Verursacht die Begegnung meiner Mutter Ihnen so viel Kummer und Sorge? Fürchten Sie etwa von ihr der Leichtfertigkeit beschuldigt zu werden? Beruhigen Sie sich; die offene Erklärung, die ich ihr von meiner Liebe machen werde, wird einen so beleidigenden Verdacht schwinden machen."

Louise zitterte; sie hatte René zu ihren Füßen gesehen; sie hatte sich mit unaussprechlicher Zärtlichkeit angebetet gesehen; aber das Wort „Liebe" hatte sie bis dahin noch nicht vernommen; das schien ihr eine ganz neue Entdeckung. Gleichwohl rief sie mit lebhafter Stimme:

„Nein, nein, machen Sie dies Geständniß Ihrer Mutter nicht."

„Warum denn nicht?" frug René überrascht.

„Weil sie Sie jetzt entdeckt hat, mir nicht traut und mich bereits haßt. Vielleicht stehe ich Ihren Hoffnungen und ihrem mütterlichen Stolze im Wege. Ersparen Sie sich die Mühe, mich bei ihr zu rechtfertigen. Ich kenne diese tugendhaften Frauen, die egoistischen Mütter; seien Sie versichert, was sie fürchtet, ist eben nur, ich möchte Ihre Geliebte oder Braut sein."

Während sie diese Worte sprach, in welchen die ganze Bitterkeit ihrer Seele sich ausdrückte, war Louise voll Stolz und Ironie. Da war sie nicht mehr die schüchterne, furchtsame Louise, sondern das im Unglück bereits gereifte Weib, welches mit sicherem Blick die Tiefe der Leidenschaften und die Geheimnisse der Seele erkennt. René gab sich alle erdenkliche Mühe, sie zu beruhigen, zu trösten; er wiederholte ihr, er werde die Mutter schon für seinen Entschluß gewinnen; dieselbe habe ihm, sagte er hinzu, noch nie bis dahin die Erfüllung auch nicht eines einzigen Wunsches abgeschlagen.

„Das wird alles nichts nützen," erwiederte Louise.

„Das ist nur Entmuthigung, wenn Sie so sprechen," sagte René, „zerstören Sie nicht Ihr Glück; Sie werden lieben und unvermerkt von Allen geliebt werden."

„Ich will nur Sie lieben," antwortete sie in einem so tiefen Tone, daß René ordentlich erschrak.

„Ach, armes Kind!" rief er aus; „wenn Sie aus unserer Liebe ein Geheimniß machen wollen, wie werden wir dann leben? Was soll das für ein Glück sein?"

„So wie wir heute gelebt haben, in der Lauterkeit unserer Gefühle: nicht mehr und nicht weniger. Seien wir geduldig und ergeben bis zur Erschöpfung unserer Kräfte; Gott allein weiß, ob wir uns vereinen oder auf immer trennen müssen."

René fühlte es hier zum ersten Male, daß es ein tiefes unheilbares Unglück in dieser Seele gab, die von der Welt verfolgt, vom Schicksal gemartert worden von dem ersten Tage an, wo die Empfindung in ihr erwachte. Aber das konnte seine Entschlüsse nur festigen, seinen Muth, seine Ausdauer stählen.

„Ist es denn wirklich wahr, daß ich ihn liebe," sagte sie zu Klärchen noch an demselben Abend, während beide ihren gewöhnlichen Spaziergang unter den Obstbäumen machten und eine Schale ganz warmer frisch gemolkener Milch nahmen; „wenn ich ihn sehe, wenn ich mit ihm spreche, kehrt eine so köstliche reine Freude und Wonne in mein Herz ein, wie dieser Trunk, mit dem ich eben meine Lippen beneße."

René verlangte weitere Rendez-vous, und man kam dahin überein, dabei nur mit mehr Vorsicht und geheimer zu Werke zu gehen. Die Zusammenkünfte waren nicht zu häufig, aber vollständig blendend, um keinen Augenblick das unaussprechliche Glück der beiden Liebenden getrübt erscheinen zu lassen und namentlich **Louisen** für die gewohnten brüsken Ausfälle **Meuniers** und die Impertinenz der verhaßten **Veronika** stets hinlänglich zu entschädigen.

(Fortsetzung folgt.)

Der Prager Fenstersturz.

(Hierzu die Bilderbeilage.)

Die verhängnißvolle Begebenheit auf dem königlichen Schlosse zu Prag vom 23. Mai 1618, die in der Geschichte den Namen „der Prager Fenstersturz" trägt, ist zu allgemein bekannt, als daß es noch erläuternder Worte zu unserer diesmaligen Bilderbeilage, welche denselben zum Gegenstande hat, bedürfen sollte. Wenn wir trotzdem hier einigen derartigen Worten Raum gönnten, so geschah dies eben nur deswegen, weil wir allemal solche hinzuzufügen pflegen, um augenblicklichen Gedächtnißlücken zu Hülfe zu kommen.

Als die protestantischen Stände am 23. Mai gegen Mittag, fast alle bewaffnet und mit einem zahlreichen Gefolge von Knechten umringt, auf dem königlichen Schlosse zu Prag erschienen, befanden sich daselbst von den Mitgliedern des Kollegiums der Statthalter, der Oberstburggraf Adam von Sternberg, der Großprior des Johanniter-Ordens, Dippold von Lobkowitz, der oberste Landrichter Wilhelm von Slawata und der Freiherr Jaroslaus von Martinitz. Heinrich Mathias Graf von Thurn (kein Böhme, sondern aus dem alten Hause der La Torre in Görz und nur Erbe einiger, nicht sehr bedeutender Güter seiner Mutter in Böhmen), ehrgeizig wie Huflineß und Podiebrad, schlau und tapfer, unermüdlich, nichts weniger als ängstlich in der Wahl seiner Mittel, ein Magnet, der alle unruhigen Köpfe an sich zog, stand an der Spitze der Aufrührer. Paul von Ritczan führte nach der Verabredung das Wort, und stellte die Frage: ob das beschwerliche Schreiben des Kaisers auf der Statthalter Anrathen oder mit ihrer Billigung verfaßt sei? Sollte in Folge desselben Jemand Gewalt erleiden, so würden sie Alle für einen Mann stehen. Der Oberstburggraf antwortete: solches Begehren sei unerhört und könne nicht erfüllt werden, da ihr Eid sie, die Statthalter und Räthe, verpflichtete, nichts von Allem, was im Rathe verhandelt und beschlossen werde, zu offenbaren; sie möchten sich deßhalb an den Kaiser selbst wenden. Als darauf ein verworrenes Geschrei erfolgte und viele Stimmen riefen, sie sollten ja oder nein sagen, verlangte der Oberstburggraf Aufschub, weil man sich über eine so wichtige Sache nothwendig mit den abwesenden Statthaltern besprechen müsse. Der Streit wurde heftiger, und Schmähungen und Vorwürfe wurden über Slawata ergossen, und noch mehr über Martinitz, den Nachfolger Thurns in dem wichtigen Burggrafenamte von Karlstein, mit welchem die Verwahrung der Böhmischen Krone und der Freiheitsbriefe verbunden war. Hierauf erklärten Thurn und die Genossen seiner Frevel: sie seien entschlossen, sich ihrer Feinde für immer zu entledigen. Sie führten den Oberstburggrafen und Dippold von Lobkowitz in ein anderes Zimmer, während Wenzel von Raupowa, zu Martinitz und Slawata gewendet, ausrief: „Werft sie nach altem Brauche zum Fenster hinunter!" Sofort umschlang einer der Aufrührer den Freiherrn von Martinitz von hinten, und drängte ihn mit Ritczan und anderen gegen das offene Fenster. Vergebens flehte der Unglückliche um Frist zur Todesbereitung; er wurde hinab gestürzt. Einen Augenblick herrschte tiefe Stille, Thäter und Zuschauer waren gleich erschrocken, bis Thurn, zu neuen Verbrechen ermunternd und auf Slawata zeigend, rief: „Edle Herren, hier habt ihr den andern!" Da packten sie auch diesen, und warfen ihn hinunter.

In der Todesangst klammerte er sich an das Eisen der Fensterbrüstung, aber ward so lange in die Hand gehauen, bis er los ließ.

Darnach erfuhr der Geheimschreiber Philipp Fabricius Platter dasselbe Schicksal. Ungeachtet die Höhe vom trockenen Schloßgraben bis zum Fenster an sechzig Fuß betragen mochte, blieben doch alle drei am Leben. Ein am Gemäuer des Schlosses hervor gewachsener Hollunderbaum rettete sie mit seinem Gezweige vor tödtlichem Sturze. Auch die Schüsse, welche ihnen von oben her nachgeschickt wurden, gingen fehl. Fabricius und Martinitz entkamen glücklich aus der Stadt und aus dem Lande, und auch Slawata, der am Kopfe schwer verwundet war, wurde später aus den Händen der Empörer gerettet.

Die Partei der böhmischen Protestanten wählte hierauf einen Ausschuß von dreißig Direktoren, welche an die Stelle der bisherigen Regierung traten, die königlichen Einkünfte und Güter an sich zogen, die Beamten auf ihren Namen in Eid und Pflicht nahmen, und mit dem protestantisch gesinnten Theile der mährischen und schlesischen Stände eine Konföderations-Akte errichteten (31. Juli 1619). Der Erzbischof von Prag und der Abt von Braunau wurden vertrieben, und auch den Jesuiten befahl man, das Land zu verlassen.

Die Anführung der Kriegsmacht ward dem Grafen Thurn übergeben, der den Titel eines obersten Feldhauptmannes annahm, und sogleich mit 30.000 Mann gegen Budweis und Krumau zog, welche Städte nebst Pilsen dem Kaiser getreu geblieben waren. Krumau wurde bald überwältigt, Budweis belagert. Dies war der Anfang eines Krieges, der dreißig Jahre lang Deutschland von einem Ende bis zum andern auf das Schrecklichste verheerte, und dem ganzen Staatensysteme Europa's eine andere Gestalt gab.

Der heilige Rosenkranz.

Altdeutscher Meistergesang mit neuhochdeutscher Uebertragung von Karl Winařický.

Das nachfolgende altdeutsche Loblied auf die seligste Jungfrau — von dem unbekannten Verfasser ein „meisterliches Gedicht" genannt — ist einem altböhmischen Gebetbuche entnommen, welches ich im Jahre 1833 durch Vermittelung meines Freundes, des Bibliothekars Wenzel Hanka, von dem gewesenen Kleinseitner Kaufmann und Antiquarien-Händler Blecha käuflich an mich gebracht habe. In schwarzen Saffian mit Goldschnitt gebunden, enthält das Büchlein 223 Pergamentblätter, welche fünf Zoll hoch und drei Zoll breit sind. Der jetzige Einband scheint nicht über ein hundert Jahre alt zu sein; das ursprüngliche Format war jedenfalls etwas größer, wie an den tiefbeschnittenen Seiten-Signaturen zu ersehen.

Das Manuskript bietet eine große Zahl von kräftigen, in der musterhaft reinen Schreibart des XV. Jahrhunderts verfaßten Gebeten, Betrachtungen, Psalmen, Liedern und Litaneien in böhmischer Sprache. Es ist mit drei, jedoch minder erheblichen Miniaturen geziert. Nach dem 80. Blatte ist ein Bild der heil. Dreieinigkeit, nach dem 138. das Symbol der fünf Wunden Christi, nach dem 169. ein Bild der heil. Anna eingeschaltet. Die Initial-Buchstaben sind gemalt, von welchen die auf der 1., 43., 105., 161., 363. und 411. Seite befindlichen besonders sorgfältig ausgeführt, und zum Theile, wie die Miniaturen, mit Gold verziert sind. Das Sonderbarste aber an dem Manuskripte ist, daß mitten unter den böhmischen Gebeten auch deutsche sich finden. Seite 278—281 liest man in deutscher Sprache die Antiphone, Versikeln und Kollekte von den Heiligen: Georg, Blasius, Erasmus, Pantaleon, Vitus, Christophorus, Dionysius, Cyriakus, Achatius, Egidius, Katharina, Margaretha und Barbara; S. 287—291 ein Gebet vom heil. Bartholomäus; S. 411—425 das hier mitgetheilte Loblied Mariens und S. 426—429 eine Betrachtung der Leiden unseres Herrn.

Das Loblied zeichnet sich durch Gehalt, Innigkeit und poetischen Gedankenschwung vorzüglich aus. Vor demselben steht das Rubrum: „Hie nach volget der heylige rosenkrancz unser lieben frawen, de bo von dreyssig rosen ist gonez." Mit dem Ausdrucke „Rosen" werden augenscheinlich die Strophen bezeichnet: da jedoch das ganze Lobgedicht 36 vierzeilige Strophen zählt, scheinen die sechs letzten ein späterer Zusatz zu sein. Diese Vermuthung gewinnt an Sicherheit durch den Umstand, daß eben in den sechs letzten Strophen früher schon ausgesprochene Gedanken sich wiederholen. In der 34. Strophe fehlt der vierte Vers ganz, und ich habe mir erlaubt, nach Maßgabe des dritten Reimes im Vergleiche der ähnlichen 21. und 29. Strophe das offenbar Fehlende im Texte zu ersetzen. Jedenfalls bildet die 30. Strophe einen viel passenderen Abschluß, als die viel mattere und in Bezug auf Sprache und Reim minder gelungene 36. Strophe.

Der Name des Verfassers ist eben so wenig wie der des Schreibers und Illustrators angegeben. Die regelmäßigen, schönen, fast wie Druck aussehenden Schriftzüge deuten offenbar auf die zweite Hälfte des XV. Jahrhunderts hin. Bibliothekar Hanka, welcher das Manuskript, bevor es in meinen Besitz gelangte, durchgesehen, schloß aus der Bitte der Litanei zu allen Heiligen S. 220: „Abb'oteze Swateho papeze nynieysseho Sixta w swatem nabozenstwi zachowati ráčil", d. i. „daß du den heiligen Vater, den gegenwärtigen Papst Sixtus im heiligen Glauben erhalten wollest", ganz richtig: das Manuskript sei zur Regierungszeit des Papstes Sixtus IV., d. i. zwischen 1471 bis 1484, geschrieben; und diese Bemerkung hat der genannte Bibliothekar auch auf der leeren Seite vor dem Bilde der allerheil. Dreieinigkeit eigenhändig eingeschaltet. Das deutsche Loblied dürfte jedoch eben so wie auch mehrere der böhmischen an den ältern Wortformen kennbaren Andachtsstücke der Sammlung viel älteren Ursprungs sein. Vielleicht hat sich in deutschen Bibliotheken ein älterer Text des Lobliedes erhalten! Interessant wäre es, dies zu erfahren.

Aus dem ersten Satze des Gebetes auf der Seite 429: „Boze wssemohucy milostiw bud mnie hrzessne Bernartowi", d. i. „Allmächtiger Gott, sei gnädig mir sündigem Bernhard", dürfte man mit Recht folgern, daß der erste Besitzer des Manuskriptes Bernhard hieß, ein in Böhmen bei weltlichen Personen damals ungewöhnlicher Name und daher wahrscheinlich ein Klostername; so daß der erste Besitzer ein Klostergeistlicher, vielleicht ein Klosterabt war. Das bekannte Schicksal der zur Zeit Kaiser Josephs II. aufgehobenen Klöster und der aus Klosterbibliotheken verschleppten Bücher und Manuskripte scheint auch das besprochene Manuskript getheilt zu haben, ehe es in die Hände des Antiquarhändlers Blecha kam.

Der Schreiber des Manuskriptes dürfte aber zweifelsohne ein Böhme gewesen sein; darauf deuten die häufigen Schreibfehler in den deutschen Gebeten und in dem Loblied insbesondere. So steht z. B. in der 1. Strophe drusse statt grusse, in der 4. fusse statt susse, in der 6. funde statt sunde, in der 11. ewiges stodes statt ewiges todes, in der 13. funde statt sunde, in der 17. sewer statt sewer, in der 26. unser statt unser, in der 30. gunezer statt ganzer und gestheyden stall gescheiden. Fehler der Art finden sich in dem böhmischen Texte nicht.

Mit Ausnahme der ersten Strophe beginnen alle anderen stets abwechselnd mit den Worten: „Gegrußet seyst" — und: „Ich grusse dich"; darum habe ich die im Originaltexte vorgehende 31. Strophe der nachfolgenden 32. Strophe vorgesetzt.

In der Uebertragung erlaubte ich mir einige unwesentliche Aenderungen des Rythmus, des Reims und des leichteren Verständnisses wegen. Einige Assonanzen und Richt-Reime ließ ich stehen, um mich von dem Originaltexte nicht zu weit zu entfernen. Für Kenner des Altdeutschen füge ich den getreu kopirten Original-Text, für an die alte Sprech- und Schreibart minder gewöhnte Leser eine mehr oder minder freie neuhochdeutsche Uebertragung bei.

Die meist ungesuchten und dennoch vollsinnigen schönen Reime verleihen dem Liede eine ungemeine Anmuth. Kenner altdeutscher Poesie, denen ich es theils zu Hause, theils in der archäologischen Sektion des böhmischen Museums im Spätherbste 1860 in Gegenwart des damals noch lebenden Bibliothekars Hanka vorgezeigt und vorgelesen habe, erklärten das Loblied für ein vorzügliches. Nachdem in den letzten Tagen Professor Dr. Höffler einige bisher nicht gekannte Bruchstücke altböhmischer Poesien aufgefunden und damit uns Böhmen recht sehr erfreut hat, glaubte ich dem deutschen Publikum mit der Veröffentlichung dieses interessanten Denkmals mittelalterlicher deutscher Poesie ein Gegengeschenk machen zu sollen; wobei ich nur den Wunsch offenbare, es mögen sich recht viele der gemüthlichen Leser an der kindlichen Einfalt und frommen Innigkeit des Lobliedes geistig erwärmen.

Der heilige Rosenkranz.
Altdeutscher Meistergesang.

Originaltext.

Maria Mutter, ich dich grusse.
hilf mir das ich mein sunde busse.
Der leyder also vil synd.
des bitte fur mich dein liebes kynd Amen.

Ich grusse dich mit des engels worten
Slews mir auff des hymels pforten.
Das ich frolich dareyn mug geen
vnd dar Inne euige freude musse besehen.

Gegrusset seystu und gebenedeyet.
von allen sunden bist du befreyet.
Des gib mir deynen gebenedeyten segen,
Das meyn dy heiligen engel pflegen Amen.

Ich grusse dich des himels roseingarte,
Du awserwelte reyne vnd czarte
Du edele susse rosen blutte
Bit Got fur mich durch deyn gutte Amen.

Gegrusset seistu vnd deyn lieber son
Tir dienet die sune vnde auf der mon.
Die planeten vnd alles gestirne,
Bitte got fur mich gottes dyrne Amen.

Ich grusse dich der keuschetet vrkunde
O Juncfrawe bit fur meyn sunde.
Das der liebe got mir wolle geben,
durch deyn furbiten das ewige leben Amen.

Gegrusset seystu der sunder geleyte
Mit deynen gnaden vns bereytte
das du vns gnade wollest er werben
von deynem kynde ee wir sterben Amen.

Neuhochdeutsche Uebertragung.

Maria Mutter, ich dich grüße,
Hilf mir, daß ich meine Sünden büße,
Deren ach! all' zu viele sind!
Drum bitt' für mich dein liebes Kind! Amen.

Ich grüße dich mit des Engels Worten,
Schließ' mir auf des Himmels Pforten,
Damit ich froh hinein kann gehen,
Und drinnen ewige Freude sehen! (Amen.)

Gegrüßet sei und gebenedeiet,
Von allen Sünden bist du befreiet;
Drum gib mir deinen gebenedeiten Segen,
Daß mich die heiligen Engel pflegen! Amen.

Gruß dir des Himmels Rosengarten,
Der auserwählten, reinen, zarten,
Dir edeln, süßen Rosenblüthe!
Bitt' Gott für mich durch deine Güte! Amen.

Gegrüßt seist du und dein lieber Sohn,
Dir dienet die Sonn' und auch der Mon',
Und die Planeten und alles Gestirne,
Bitt' Gott für mich, o Gottes Dirne! Amen.

Ich grüße dich der Keuschheit Urbild,
O Jungfrau, bitt' für meine Unbild,
Daß mir der liebe Gott wolle geben
Durch deine Fürbitt' das ewige Leben! Amen.

Gegrüßet seist du, der Sünder Geleite,
Mit deiner Gnade uns begleite,
Daß du uns Gnade möchtest erwerben
Von deinem Kinde, ehe wir sterben! Amen.

Jch grusse dich gnedige vnd senfft mutter
deynes kyndes czorn mir vergutte
das er sein erbarmung czu mir pflicht
Nw vnd an dem Jungsten gericht Amen.

Gegrusset seystu czarte illige weys
thue mir auf des hymmels paradeys
das ich dich frolich musse schawen.
mit allen deynen ezarten Juckfrawen Amen.

Jch grusse dich du hymmel rose
Jch ruffe dich an mache pose
Jch bit dich iuncfrawen mit vnnykeyt,
hilf mir czu der ewigen selikeyt Amen.

Gegrusset seystu Maria frey
Bis meyner sele eyn erzney
Das ich deynes kyndes hulde erwerbe
vnd nicht ewiges stodes sterbe Amen.

Jch grusse dich du czartes pild.
Du gnadige susse vnd milde
des saltu alle die begoben.
die dich eren wirdigen vnd loben Amen.

Gegrusset seystu selige frucht
aller sunder trost vnd czu flucht.
Mich rewen alle meyne sunde
O mache mir deyn liebes kint czu frewnde Amen.

Jch grusse dich mutter der barmherczikeyt
Bis allen den mit gnaden bereyt
Die yn deynem dienst arbeyt haben
Vnd dich mit andacht rufen an.

Gegrusset seystu der sunder heyle.
Deiner genaden kan sich nyhmand enthalden
wenn der sunder sich mit rewe czu dir keret.
vnd vmb deine gnade dir flehet Amen.

Jch grusse dich iuncfrewliche reynikeyt
hilf mir czu der ewigen selikeyt
Das ich goome yn die hymmellische stat
Do man wonne vnd frewden hat Amen.

Gegrusset seystu mit gnaden seyn
Du edele czarte iuncfraw reyn
Behutte mich vor dem ewigen fewer
Du iuncfrawe reyn edele vnd trewe Amen.

Jch grusse dich du reyne mayd
Bit deyn kynt fur vns wenn er dirs nicht vorsagt
Du bist vnser trost vnd vnser heyl
wer vber vns geet das leczte vrteyl Amen.

Gegrusset seystu edle susse grumme.
Dich loben alle engelist he stymme.
Las dir das lob wol gefallen
Das alle cristen von dir syngen vnde sagen Amen.

Jch grüß' dich Mutter, Gnadenborn,
Wend' ab von mir deines Kindes Zorn,
Daß er erbarmungsvoll mich richte
So jetzt wie bei dem jüngsten Gerichte! Amen.

Gegrüßt seist, Lilie zart und weiß,
Thue mir auf des Himmels Paradeis,
Damit ich fröhlich dich kann schauen
Mit allen deinen zarten Jungfrauen! Amen.

Jch grüße dich du Himmels Rose,
Jch rufe dich an du Makellose,
Jch bitte dich, Jungfrau, mit Innigkeit,
Hilf mir zu der ewigen Seligkeit! Amen.

Gegrüßet seist du Maria frei,
Sei meiner Seele Arzenei,
Daß ich deines Kindes Huld erwerbe,
Und nicht des ewigen Todes sterbe! Amen.

Jch grüße dich du zartes Bild
Du bist so gnädig, süß und mild,
Du mögest für alle bitten droben,
Die hier dich ehren, würdigen, loben! Amen.

Gegrüßet seist du selige Frucht,
Du aller Sünder Trost, Zuflucht!
Mich reuet jede meiner Sünden,
Laß deines Kindes Huld mich finden! Amen.

Jch grüße dich Mutter der Barmherzigkeit!
Du bist all denen zu helfen bereit,
Die in deinem Dienste Arbeit thun,
Und im Gebet' zu dir nicht ruh'n. (Amen.)

Gegrüßet seist du der Sünder Heil,
Deine Gnade werde jedem zu Theil,
Der sich zu dir mit Reue kehret,
Und Gnade für sich durch dich begehret! Amen.

Jch grüße dich jungfräuliche Reinigkeit,
Hilf mir zu der ewigen Seligkeit,
Damit ich komm' in die himmlische Stadt,
Alwo man Wonne und Freude hat! Amen.

Gegrüßet seist du mit Gnaden sein
Du Jungfrau edel, zart und rein,
Behüte mich vor dem ewigen Feuer,
O Jungfrau, Deinem Sohne so theuer! Amen.

Jch grüße dich du reine Magd,
Bitt dein Kind für uns, das dir nichts versagt!
Du bist unser Trost und unser Heil,
Wann über uns ergeht das letzt' Urtheil. Amen.

Gegrüßet seist du edle, süße, die oben
Aller Engel Stimmen loben!
Laß dir die Gesänge die auch gefallen
Die aus aller Christen Munde erschallen! Amen.

Ich gruſſe dich milde vnd ſuſſe
Ich lege mich fur deyn fuſſe
vnd bit vmb dich gnade vnd veine
vmb aller meyner ſunde meine Amen.

Gegruſſet ſeyſtu guldene Krone der gotheyt
Hilff mir fur gotes barmhertzykeit Amen
Das ich beſchawe deyn czartes antlicze
vnd die ewige frewde beſitcze.

Ich gruſſe dich der gnaden hantfeſte
Rede zu deynem kynde dasbeſte
Das er durch deyn muterliche trewe
vns helffe czu der ewigen rewe Amen.

Gegruſſet ſeyſtu mutter aller gnaden
Alle die mit ſunden ſeyn beladen,
den thu gnad hie auff erden
das ſie gotes kynder werden Amen.

Ich gruſſe dich alle ſtunde
Empfach dyſen krantz von meynem munde
das ich dein lob alſo vorkunde
Das ich nicht falle yn groſſe ſunde Amen.

Gegruſſet ſeyſtu aller engel wonne
du lewchteſt als eyn clar ſonne
vnd biſt ſo vnmeſſiglichen geczyret
Das alle engeliſche ſchar dir hofyret Amen.

Ich gruſſe vnſer friede ſchilt.
hilff vns armen wenn du wilt
das vns werde der ewige frid
vnd das hymelreych damit

Gegruſſet ſeyſtu milde und demutige
allen ſundern gnedig vnd mir guttig
bliff vns czu gnaden vorgebens
Czu der frewde des ewigen lebens Amen.

Ich gruſſe dich mein heyl vnd meyn troſt.
Hilff mir das ich werde erloſt
In meyner leczten hinfart
Gib meiner ſele eyn reyne fart Amen.

Gegruſſet ſeyſtu vnſer ſelikeyt
Du mutter der barmherczykeyt
Deines Kyndes czorn von mir wende
wen es nehest meinem leczten ende Amen.

Ich gruſſe dich mit allem meyſterlichen getichte.
hilff mir das ich meyn ſunde beychte
Mit gunzer rewe und leybe
das ich nymer werde von dir geſtheyden Amen.

Gegruſſet ſeyſtu gnädige guttige vnd ſo getrewe.
hilf mir czu der ewigen rewe,
Das ich die ewige frewde finde
bei dir vnd bei deynem libe kynde

Ich grüße dich, du milde, füße,
Ich werfe mich vor deine Füße
Und bitt' um Gnade dich, o Reine,
All' meine Sünden ich beweine. Amen.

Gegrüßet ſeiſt du goldne Kron' der Gottheit,
Erfleh' von Gott Barmherzigkeit,
Auf daß ich ſchau' dein zartes Antlitze
Und einſt die ewige Freude beſitze! (Amen.)

Ich grüße dich der Gnaden Handfeſte,
O rede zu deinem Kinde das Beſte,
Daß wegen deiner Muttertreue
Es uns verhelfe zur innigen Reue! Amen.

Gegrüßet ſeiſt du Mutter der Gnaden,
Für alle, die mit Sünden beladen,
Erflehe Gnade hier auf Erden,
Auf daß ſie Gottes Kinder werden! Amen.

Ich grüße dich zu jeder Stunde.
Nimm dieſen Kranz aus reinem Munde,
Möcht' er dein Lob alſo verkünden,
Daß ich nicht fall' in große Sünden! Amen.

Gegrüßet ſeiſt du aller Engel Wonne!
Du leuchteſt wie die klare Sonne,
Und biſt ſo unermeßlich gezieret,
Daß dich die Schaar der Engel hofieret. Amen.

Ich grüß' dich, unſeres Friedens Schild,
O hilf uns Armen, wenn es gilt,
Auf daß uns werde der ewige Fried'
Und das Himmelreich damit! Amen.

Gegrüßet ſeiſt du milde, demüth'ge,
Allen Sündern gnäd'ge, mir güt'ge,
Hilf uns zu Gnaden vergebens
Zu der Freude des ewigen Lebens! Amen.

Ich grüße dich, mein Troſt und mein Heil,
Hilf, daß mir werde Erlöſung zu Theil;
In meiner letzten Hinüberfahrt
Gib meiner Seel' eine reine Fahrt! Amen.

Gegrüßet ſeiſt du, unſre Seligkeit,
Du Mutter der Barmherzigkeit,
Deines Kindes Zorn von mir abwende,
Einſt wenn ſich naht mein letztes Ende! Amen.

Ich grüß' dich mit dieſem Meiſtergedichte,
Hilf mir, daß ich meine Sünden berichte
Mit ganzer Reu', mit ganzem Leibe,
Auf daß ich nimmer von dir ſcheide! Amen.

Gegrüßet ſeiſt du güt'ge, getreue,
O hilf mir zu der innigen Reue,
Daß ich die ewige Freude finde,
Bei dir und deinem lieben Kinde! (Amen.)

Ich grusse dich mit gefalle henden
deyne gnade wollestu czu mir wenden
wenn ich des lebens nymer habe
wen mich man todt tregt czu dem grabe Amen.

Gegrusset seystu meyn heyl vnd meyn trost
hilff das ich werde erlost
von sünden schult vnde peyn
wen ich nymer auf erden sal seyn Amen.

Ich grusse dich vnser hochstes heyltum
vns armen sundern czu troste gome
An vnserem leczten ende Amen.
———

Gegrusset seystu ausfliessender genoden pach
Unsere arme sele czu genaden enpfach
wenne sy sal von vnserem mude faren
und brenge sie an der engel schar Amen.

Ich grusse dich Maria Frawe meyn
Empfoe von mir dyß rosenkrenczeleyn
das ich dir gesprochen hab
Das laß die iuncfrawen nicht werfsmoen Amen.

Ich grüße dich mit gefalteten Händen,
Möchteft du deine Gnade mir spenden,
Wenn ich das Leben nicht mehr habe,
Wenn man mich todt trägt hin zum Grabe! Amen.

Gegrüßet feift du, mein Troft und mein Heil,
Hilf, daß mir werde Erlöfung zu Theil
Bon Sünden-Schuld und jeder Pein,
Wenn ich nicht werd' auf Erden fein!. Amen.

Ich grüße dich, unfer höchftes Heilthum,
Uns armen Sündern zu Trofte komm';
Dereinft an unferem letzten Ende
(Dein gnädig Antlitz uns zuwende)! Amen.

Gegrüßt feift du, heillichter Gnadenftrom,
Unf'rer armen Seele zu Hilfe komm';
Wenn fie foll aus unferem Munde fahren,
Bring' du fie zu der Engel Schaaren! Amen.

Ich grüß' dich Maria für und für,
Empfang dies Rofenkränzlein von mir,
Das dir zu Ehren ich gewunden!
O hätt' es Gnad' bei dir gefunden! Amen.

Das Haberfeldtreiben.

(Schluß.)

Der Tag vor der Rofi Abreife in die Stadt war herangerückt. Alle Vorkehrungen dazu waren auf dem Oedhofe getroffen. Der Abend war ftill hereingebrochen, nicht fo ruhig follte er zu Ende gehen. Waft, der alle Hoffnung auf den Befitz und die Liebe des geliebten Mädchens aufgegeben, hatte unheimliche Zeichen bemerkt und fie feiner Bäuerin mitgetheilt. Aeglos faß der Akkordant mit feiner Braut und dem Oedbauer in der Stube. Sein Kind rief den letztern zur Mutter in die Küche. Haftig folgte er dem Kinde dahin und fragte ungeduldig: „Ro, wo fehlt's denn?"

Dort lehnte die Oedbäuerin eben am Fenfter und schaute ernften Blickes in die dunkle Winternacht hinaus; neben ihr ftand der Waft; er fah gleichfalls fehr ernfthaft vor fich hin und blies dabei in die Herdflamme, daß fie frifch aufflackerte und rothe Funken fprühte. Still waren fie alle Beide, kein Laut ließ fich in dem weiten gewölbten Küchenraume vernehmen, draußen aber pfiff ein kalter Sturmwind vom See herauf, die Bäume krachten, als ob fie in ihren tiefften Wurzeln zufammenbrechen follten, und dichte Schneeflocken fchlugen an das kleine Küchenfenfter, das in den Obftgarten hinausfah.

„Bauer, heut' fürcht' ich, geit's ge noch ebbs Schieches ab!" redete der Waft feinen Dienftherrn an, als diefer mit dem Moidei herein kam. „Wannft grad derweil haft, aft, mein' ich, wir geb'n ge noch ein boiß das Haus durch und fchau'n nach, ob die Thüren alle gut zu waren. Magft auch Deinen Stutzen umthun, baldft 'n nett bei der Hand haft!"

„Für was denn alle die G'fchichten?" fragte der Oeder ärgerlich, indem er feine Cigarre wieder anbrannte, die im Herausgehen ausgegangen war. „Du warft ja katswelß, Bua, was ich feh', und 's Diendl auch. Sakra, was geit's ge noch ab heut', frag' ich?"

„Das G'wiffes weiß ich felber nöt, Bauer," gab der Waft ernfthaft zur Antwort; „aber ich denk' mir halt fo, fie möchten heut' Nacht ebber noch was B'fonders im Sinn haben. Derfell Lober, wo nachft in der Nacht 's Haberfeldtreiben ang'fagt hat, war ebber doch kaum umfonft bei uns zu Lehrt. War grad im Stall draus, und hab' felber gefeh'n, wie etliche fchwarzgefärbte Gefichter mäuslftat um den Hof herumfchleichen. Waren ihrer eine ganze Schar beinand, leicht ein paar Dutzend. Aber keiner hat ein Wörtl g'fagt zu dem andern."

Die Oederin fuhr jetzt mit der Hand über die angelaufenen Fenfterfcheiben und fchaute ängftlich in's Freie. „Jefus, dort unter den Bäumen vom See herauf, feh' ich grad wieder eine Schar daherfchleichen!" fchrie fie in demfelben Augenblick mit bebender Stimme und ohne umzufehen, „die Einen tragen was — Alle gehen f' nett auf unfern Hof zu!" Der Waft fprang an's Fenfter, um fich felbft davon zu überzeugen, ob die Oederin recht gefehen, — fein Bauer aber riß jetzt haftig die Thür auf, die in den Garten führte, und ging für einen Augenblick in's Freie. Ein naßkalter Wind pfiff um das Haus und wehte die Schneeflocken durch die offene Küchenthür herein. Dabei war es ftockfinfter im Freien, und nur mit Mühe konnte man den nächften Baum unterscheiden. Der Oedbauer fah fich erft eine

Weile nach allen Seiten hin um und legte lauschend die Hand vor's Ohr. Allein es ließ sich nirgends etwas Verdächtiges hören: nur der Sturmwind pfiff und heulte durch die Berge, und im Stall hinten brummte das Kuhvieh.

„Vorsichtig sein schadet nix!" sagte er endlich lachend, als er wieder herein kam, „wir mögen doch ein bol's umeinandspäh'n!"

Mit diesen Worten zündete er etliche Späne an, winkte dem Bast, mit ihm zu gehen, und eilte sodann, ohne weiter auf das Geschrei seines Weibes zu achten, mit dem Knecht in die stürmische Winternacht hinaus. Die Oederin wollte ihm nach, aber das Moidei hielt sich zitternd an ihren Rockzipfel fest, und bat sie unter Thränen dazubleiben.

„Mutter, geh'n wir in die Stuben umm!" drängte das Kind, „ich trau' mir nimmer da zu sein in der Kuchel; es war so viel grausig da heraus!"

„Dienstl, sei keine Lappin!" versetzte die Bäuerin mit ernstem Tadel, obschon es ihr selber in diesem Augenblicke nichts weniger als heimlich zu Muthe war; „was brauchst Dir denn zu fürchten?" Allein sie folgte gleichwohl ganz gerne der Bitte ihres Kindes, und Beide gingen sofort in die Wohnstube hinüber, wo sich mittlerweile auch der Akkordant und die Rosi eingefunden hatten, weil die Letztere jetzt einmal mit dem Packen zu Ende war. Die Brautleute saßen mit einander am Eckertische; sie hielten sich Hand in Hand und plauderten von einer schönen Zukunft. Die Oederin wollte sie auch durch kein Wörtlein in ihrem Glück stören, sie faßte ihr zitterndes Kind bei der Hand und Beide setzten sich schweigend und voll banger Erwartungen auf die Ofenbank. Bald darauf kam auch der Bauer wieder in die Stube zurück; mit ihm der Bast.

„Annei, mir scheint, es hat Dir was 'träumt!" sagte er lachend zu seinem Weibe; „wir hätten uns schier die Augen herausgeschaut, aber gesehn haben wir doch nix!"

Jetzt wurde auch das Brautpaar aufmerksam ob dieser seltsamen Anrede, und Beide sahen den Oeder groß an.

„Was sollest Du denn gesehn haben?" fragte der Akkordant hastig, aber er hatte noch nicht völlig ausgeredet, als urplötzlich vor dem Haus außen ein dumpfes Gemurmel entstand, als wie von vielen hundert Menschen. Man sah Lichter auftauchen, Pfeifen und Trommeln ertönten im Sturmwind und Alles deutete auf eine große Menschenmenge, die vor dem Oedhofe versammelt war. Alle, die in der Stube waren, fuhren jetzt erschrocken in die Höhe und sahen einander mit großen Augen an. Der Bast war am schnellsten wieder gefaßt.

„Sakra, da haben wir ja schon die Bescheerung!" rief er mit einem hastigen Blick auf seinen Dienstherrn; „aber hab' ich mir's doch gleich denkt, es geht so. Ich bitt' Euch, seid nur grad stat jetzt und rührt Euch nit. Und Du, Bauer thu' 's Fenster auf; es hilft Dir jetzt doch nix nimmer!"

„Bauer, war Dein Haberfeld leer?" hörte man in diesem Augenblick draußen eine tiefe donnernde Baßstimme rufen.

Todtenstill war's jetzt in der weiten Stube, man hörte jeden Athemzug. Auch der Oeder faßte sich jetzt; er ging an das Fenster und öffnete es. „Ja!" gab er dem Frager mit gepreßter Stimme zur Antwort, und dabei zitterte ihm der ganze Körper vor Zorn und Beschämung. Er wußte nur allzugut, was jetzt Alles kommen würde. Draußen vor dem Hofe unter den Obstbäumen und auf der Wiese nebenan schimmerten zahllose Fackeln und Laternen in einer seltsamen Versammlung. Leicht an dreihundert Männer bildeten dort ein weites, dicht geschlossenes Viereck. Sie hatten alle das Gesicht mit Ruß oder Mehl gefärbt und waren in die buntesten, abenteuerlichsten Aufzüge vermummt. Die Einen trugen Harnische von Gold- oder Silberpapier, alte Soldatenhelme, abgetragene Uniformen und Reitermäntel, Andere hatten Kapuzinerkutten umhängen, Kappen von Papier, von Blech oder Eisen, auch wohl zerbrochene Töpfe auf dem Kopf. Wieder Andere waren in Kuhhäute oder Mehlsäcke eingenäht, oder sie erschienen als Vogelscheuchen mit einem flatternden Gewande von Lumpen und Fetzen angethan. Bewaffnet aber war ein Jeder: wer nicht eine Flinte trug, hatte wenigstens eine Sense oder einen Dreschflegel in der Hand, und dazu hatten sie alle künstliche Bärte von Roßhaar, Werg oder getrocknetem Moos im Gesicht.

In die Mitte des besagten Vierecks fuhr jetzt ein kleiner Wagen. Zwei Gaisböcke zogen ihn und er war ringsum mit Haferstroh und dürren Tannenreisern aufgeputzt. Eine lebensgroße Strohfigur saß darauf. Sie war in ein städtisches Gewand gekleidet: ein langes Kleid hing ihr bis auf die Füße herab, ein blauer Küchenschurz war als Shawl um ihren Hals gelegt, und auf dem Kopfe saß ein Amazonenhut mit schwarzer Straußenfeder und grünem Schleier. Anstatt der Ohrringe hatte diese Figur ein Paar große Melkkübel einhängen, und in der Hand hielt sie eine lange, dreizackige Mistgabel.

Als der besagte Wagen mit seiner seltsamen Bürde beim Glanz der Fackeln und Laternen sichtbar wurde, entstand für einen Augenblick in der zahlreichen Versammlung ein entsetzliches Lärmen und Gelächter. Gleich darauf aber hörte man eine durchgreifende Stimme Ruhe gebieten, und ein langer stämmiger Bursche trat jetzt mitten in das Viereck, gerade vor den Wagen hin, den die beiden Gaisböcke soeben hereingezogen hatten. Der Bursche trug eine schäbige Grenzwächteruniform und darüber einen zerfetzten Reitermantel. Auf seinem Kopfe saß ein dreieckiger Hut mit rothem Federbusch, einen hölzernen Säbel hatte er an der linken Seite und der Schweif eines schwarzen Eichhörnchens hing ihm, künstlich in zwei Theile gespalten, als eine seltsame Art von Schnurrbart über die Lippen. Zwei andere Burschen, der Eine als Hanswurst, der Zweite als Gensdarm verkleidet, standen zu seinen beiden Seiten und leuchteten ihm.

Es war jetzt für den Augenblick so tiefe Stille rings umher, daß man eine Maus hätte laufen hören; Aller Augen richteten sich nach dem Burschen, der vor dem Wagen stand, und ein Jedes harrte in gespanntester Aufmerksamkeit der Dinge, die da kommen sollten.

„Hochwürdiger Herr Pfarrer von Pang, thu's Sündenregister her!" rief endlich der Wortführer, nachdem er sich durch einen scharfen Blick in der Runde überzeugt hatte, daß Alles bereit sei, ihn zu hören. Ein vierter Mann, in eine Kapuzinerkutte vermummt, auf dem Kopfe ein stattliches Hirschgeweih, trat sofort aus dem Viereck, verbeugte sich tief und gab dann dem Ersten ein gerolltes Stück Papier in die Hand. Dieser öffnete es und warf ein paar flüchtige Blicke über seinen Inhalt; sodann begann er die sämmtlichen Anwesenden einzeln unter irgend einem falschen Namen zu verlesen, wobei ein Jeder mit „hier" antwortete. Erst als dies geschehen war, nahm er wieder das Papier zu Hand, räusperte sich noch etliche Male und hub hierauf mit lauter, weithintönender Stimme zu declamiren an:

„Lust auf, Ihr Männer, und laßt Euch sagen,
Was sich in der Buchau hat zugetragen; —
Das waren ebber rare und b'sondere G'schichten,
Kein Mensch, fürcht' ich, möcht' so viel schöner derdichten! —
In Oedhof hinten am Schreckenstein, da wird g' dem
  Bauern der Geldsack z' klein.
Ein' sellen Rucken magst nöt derfrag'n, der möcht' gar
  dem Teufl noch b' Höll abjag'n,
Und 's Großthun gäb' ihm zum Besten ein, grad gar
  soviel gern möcht' er herrisch sein!
Und 's Rosei das reißt ge anshi ins Land, möcht' ein
  Stadtfräulein wern mit herrischem G'wand.
Und weil sie kein richtigen Herrn nöt kriegt, so nimmt
  s' ein' Lumpen, der d' Leut' betrügt.
Der Akkordant und der Knechtruh, das g'fallet dem
  Dienstl halt gar soviel gut.
Und 's Bauernmensch — da möcht gleich verrecken
  das soll derseil Guckeibut verstecken.
Als wann ihr 's nöt aufs Hirn wär' g'schrieb'n, daß s'
  sonst allweil grad die Kuh' hat 'trieb'n.
Ein' Schneiderbock hat nachst der Wind verwaht, und
  auf der Welt geht All's verdraht.
Die Bauern spiel'n ge die großen Herrn, und eaneri
  Menscher hamm b' Lumpen gern.
Das magst von der G'sellin leicht erfrag'n, was dorten
  hockt im Gaisbachwag'n.
Ich aber sag' Euch, und merkt Euch's All: der Stolz
  und die Hoffart kommt zum Fall.
Und ein Tropf war der Mensch, dem sein Stand is z'schlecht!
Ihr Männer — ha? Hab' ich ebber nöt recht?"

„Recht hast! Recht hast!" jubelte jetzt der Chor darein, und dabei brach wie auf einen Schlag von allen Seiten ein ganz entsetzliches Lärmen los. Alles stürzte sich sofort in wilder Hast auf das Bäglein; die Strohfigur sammt ihrem schönen Aufpuße wurde im Fluge herabgerissen und unter Trommel- und Pfeifenton in feierlicher Procession eine Weile herumgetragen. Erst als der Zug das Viereck einmal umgangen hatte, hörte jede Spur von Ordnung gänzlich auf. Unter höllischem Gelächter sprang jetzt ein Jeder auf die unglückliche Strohpuppe los; viele hundert Hände suchten Stücklein davon zu bekommen, man riß ihr alle Kleider vom Leibe und in tausend Fetzen flogen diese nebst Stroh und dürren Reisern auf Fenster und Thür des Oedhofes zu. Und bei dem allen ging nunmehr eine Musik los, die nur der zu beschreiben vermag, der selbst einmal Gelegenheit hatte, etwas ähnliches zu hören. Pfannen, Kessel, Getreidemühlen, Kuhschellen, alte Trommeln, Pfeifen, Pauken und Trompeten rasselten mit dem Sturmwind um die Wette, Dreschflegel donnerten auf Thür und Fensterläden nieder, dazu knatterten etliche hundert Flintenschüsse, Böller krachten, Frösche und Raketen stiegen knatternd auf, und war das ein solch' fürchterliches, wahrhaft höllisches Hallohen, ein solches Pfeifen, Quieken, Jauchzen und Heulen, daß einem darüber Hören und Sehen verging.

Den Leuten im Oedhofe standen die Haare schnurstracks zu Berge. Die Dienstboten rannten entsetzt aus ihren Kammern herunter und das Moidel fing jämmerlich zu weinen an und verkroch sich zitternd hinter den Ofen. Rosi und die Bäuerin standen todtenbleich an die Thür gelehnt; Erstere hatte bei den Spottversen der Haberer das Bewußtsein schier ganz verloren, und der Oeder biß die Lippen über einander und bebte vor Wuth. Am allertollsten geberdete sich Schwindel, und nachdem einmal die erste Ueberraschung über diesen unvermutheten, ihm bisher völlig unbekannten Auftritt vorüber war, rannte er ganz außer Sinnen und wie ein Wüthender in der Stube herum. „Gensdarmen! Polizei! Wo steckt das Gesindel — die verdammten Schurken sollen an mich denken!" So schrie er in einem fort und riß endlich den Stutzen von der Wand. Zum Glück verhinderte der Oeder, daß er durch das Fenster hinausschoß.

„Um Gotteswillen halt, halt!" rief er entsetzt, als er das Vorhaben seines Freundes gewahrte, indem er ihm mit starker Faust in den Arm fiel. — „Alles, nur grad nöt schießen! Sie schlagen uns ja sonst das ganze Haus in Grund und Boden!"

Nur die vereinte Kraft des Bauers und der herbeieilenden Knechte war im Stande, den Wüthenden zurückzuhalten. Aber er knirschte mit den Zähnen vor Wuth und schlug mit Händen und Füßen um sich, so daß die Mannsleute nicht geringe Mühe hatten, seiner Herr zu werden.

Endlich — dieser ohrenzerreißende Spektakel hatte bereits eine Viertelstunde angedauert — begann es allmälig wieder stiller zu werden. Man hörte jetzt nur noch, wie draußen Thüren und Fensterläden ausgehängt wurden und in den Garten hinausflogen; hier und dort schallte noch ein spöttisches Gelächter vom See herauf, auch die Fackeln wurden immer spärlicher und entfernter — endlich aber ließ sich nah und ferne kein Laut mehr vernehmen und die Haberer waren, ein Trupp nach dem anderen, davongezogen, so wie sie zuvor gekommen. Jetzt erst getrauten sich die im Oedhofe wieder freier aufzuathmen und die Knechte ließen endlich auch den tobenden Akkordanten wieder los. Dieser aber konnte noch immer nicht recht zur Fassung kommen, wie es schien.

„Nein, dieser Unfug ist unerhört, er muß exemplarisch bestraft werden. Noch heute mach' ich die Anzeige bei der Gensdarmerie!" Mit diesen drohenden Worten rannte er, ohne auf das ängstliche Geschrei der Rosi zu achten, sofort aus dem Hof und in die stürmische Winternacht hinaus.

Das war wohl heute eine schreckliche Nacht für die Bewohner des Oedhofes. Rosi lag auf ihrer Kammer im Bett; allein sie that kein Auge zu und weinte in einem fort bis an den nächsten Morgen. Zorn und Schamgefühl stritten sich jetzt wechselseitig in dem Herzen der stolzen Dirne, und sie konnte es den Buchbauern nie verzeihen, daß sie ihr vor ihrer Abreise noch eine solche Schande angethan. Die Schande war aber auch wirklich schon gar zu groß, wenn sie ernstlich darüber nachdachte. Sie mußte ja nur zu gut, daß es unmöglich ein Geheimniß bleiben könne, was in der heutigen Nacht im Oedhose geschehen. Im Gegentheil mußte man es am morgigen Tage schon in der ganzen Gegend wissen, daß der stolzen Oedbauerntochter Haberseld getrieben worden; dadurch war sie aber vor aller Welt gebrandmarkt und dem Gerede und Gespöttel von Jung und Alt bloßgestellt. Sie durfte sich ja für die Zukunft kaum mehr getrauen, aus dem Hause zu geben, wenn sie nicht gewärtigen wollte, daß sie die Leute über die Achsel ansehen, wo nicht gar mit höhnischen Reden begrüßen würden; zum mindesten war ihr Ansehen, darauf sie sich als „galante" Bauerntochter ehedem doch so große Stücke einbilden durfte, durch diesen einen Schlag für immer zu Grunde gerichtet, kein Mensch konnte fortan mehr Respekt vor ihr haben, und ein ordentliches Mädchen durfte nicht einmal mehr umgehen mit ihr, wenn es nicht in Gefahr kommen wollte, selber für „so 'Eine" gehalten zu werden und gleich der Rosi dem gefürchteten Sittengerichte anheimzufallen.

„Nur grad das Eine möcht' ich wissen, wer mir das angethan hat?" Diese Frage machte unserer Rosi in dieser peinlichen Nacht nicht wenig zu schaffen und ließ sie auch keinen Augenblick einschlafen. Sie hatte von der großen Schar Mannsleute, die vor ihrem Hofe versammelt war, auch nicht einen einzigen erkennen mögen; Einer sah aus wie der Andere, lauter schwarze rußige Gesichter grinsten ihr damals entgegen, als sie zitternd unter der Thür stand, und nicht einmal an der Gestalt hatte sie einer verrathen. Verdacht hegte Rosi wohl gegen manchen: voraus zweifelte sie keinen Augenblick daran, daß der hintere Saugruber-Seppel unter den Rädelsführern war, denn sie wußte, daß ihr dieser niemals hold gewesen; sie hatte ihn ja oft genug durch ihr hoffärtiges Wesen beleidigt, und so etwas vergißt ein Bauernbursche nicht so leicht, um so weniger, wenn er ein Recht darauf hat, sich unter die Besten und Angesehensten zu zählen. Aber auch ein anderer kam dem Mädel jetzt noch in den Sinn; ob nicht am Ende auf seinen Rath diese abscheuliche Bosheit an ihr verübt worden? Die Rosi hätte schon viel gegeben für die Gewißheit, ob der Wast von dem Haberseldtreiben vorher wußte oder nicht. Grund hätte er freilich genug gehabt, sich an der Rosi zu rächen für all' das Bittere, was sie ihm seit langer Zeit zu kosten gegeben. Sie hatte ihm seine treue Liebe wahrlich schlecht gelohnt; sie hatte ihm „das Maul gemacht", wenn gerade kein Besserer da war, und im Grunde doch niemals eine ernstliche Neigung für ihn gefühlt. Das war nicht edel von der Dirne, und gerade jetzt fühlte sie es mehr als je, wie unschön sie an dem Wast gehandelt hatte, und wie ein Centnerstein lag ihr's auf dem Herzen. Sie

machte sich auch bittere Vorwürfe darüber; denn sie hätte sich ja nie so anstellen sollen, als wenn sie ihn gern haben möchte, wenn ihr's mit der Liebe doch nicht Ernst gewesen. War es denn ein Wunder, wenn ihr der Wast für so viel Unrecht jetzt auch einmal einen Possen gespielt? „Ich hab's verdient um ihn!" dachte Rosi; allein je länger sie darüber nachsann, desto unwahrscheinlicher kam es ihr zuletzt vor, daß der Wast von dem Haberseldtreiben unterrichtet oder gar unter den Anstiftern gewesen. Es war dies ein Gefühl ganz eigener Art, das sich im Herzen der Dirne mit aller Gewalt gegen den Gedanken sträubte, als könne der Wast einer solch' niedrigen Rachsucht fähig sein. Hatte er sich denn jemals gegen Rosi anders betragen, denn als ein edler und durch und durch charakterfester Mensch? War denn nicht sein Benehmen gegen sie gerade in der letzten Zeit von der Art gewesen, daß es der Rosi, nachdem sie einmal ihre Furcht und Verlegenheit vor dem Verschmähten abgelegt, nur die größte Achtung für ihn einflößen konnte? War es denn nicht auch heute, während vor dem Hause das entsetzliche Sittengericht abgehalten ward, so aller Ernstes aufgebracht darüber, so ungeheuchelt gut und theilnehmend gegen den Bauer und die Seinigen? Und dies alles sollte nur Verstellung sein? Der Wast sollte sich in solch' niedriger Weise an ihr rächen wollen? — „Na, na! der Wast hat kein Sterbenswörtl nöt gewußt von Allem, darauf getrauet ich mir schon jetzt ein Jurament abzulegen!" so schloß die Rosi ihr zweifelhaftes Hinundherdenken, und über diesen einen Punkt war sie jetzt vollständig mit sich im Reinen.

Nun kam aber auch noch etwas Anderes, was dem Mädel viel zu denken gab. Sie konnte sich nämlich gar keinen Grund denken, weßhalb man ihr diesen entsetzlichen Spott angethan. Das Haberseldtreiben war doch sonst nur in solchen Fällen der Brauch, wenn ein Mädel hinsichtlich seines Lebenswandels sich etwas zu Schulden kommen ließ, wenn es seine Unschuld preisgab, oder das „Krangl" herschenkte, wie die Bauern sagen. Gerade in dieser Hinsicht konnte sich aber die Oedbauerntochter den stolzen Trost geben, daß sie sich in keiner Weise eines Unrechtes bewußt war. Warum also ihr Haberseldtreiben — gerade ihr, während manche Andere, deren Ruf vielleicht wirklich kein reiner war, leer ausging? Die Dirne sann vergeblich hin und her, ob sie nicht etwa doch einmal irgend einen Anlaß gegeben haben könnte, daß man Unrechtes von ihr dachte, allein es fiel ihr halt gar nichts ein; und wenn sie einem ehrbaren vermöglichen Manne im Brautstande lebte, das konnte ihr ja doch kein vernünftiger Mensch übel nehmen. Man kann ja doch nicht gleich heiraten; man muß sich vorher doch auch ein wenig kennen lernen, ob man zusammen taugt; so dachte Rosi, und fing neuerdings heftig zu weinen an, weil ja nichts Anderes mehr zu denken übrig blieb, als daß es blos der Neid und die Bosheit schlechter Menschen gewesen sein konnten, was ihr eine solche Schmach angethan. Diese Thränen waren aber jetzt kein Ausbruch der Wehmuth mehr oder des gekränkten Ehrgefühls, wie früher, der Zorn war es, der sie ihr entlockte, und die schlechtere Natur des Mädchens ward jetzt wieder mit erneuter Macht und Stärke rege. Ihr Puls schlug höher, ihr Auge rollte wild und glühend und das Blut trat ihr ganz dunkelroth auf die vollen Wangen. Gott, wie haßte sie doch diese schlechten Menschen so tief und unverzeihlich! Ihr einziger Trost war noch das Bewußtsein, daß sie mit dem morgigen Tage bereits aus der Heimat fort sein durfte, in der sie jetzt um keinen Preis der Welt mehr länger hätte leben mögen. Doppelt erfreut sah sie daher von jetzt an ihrem zukünftigen Aufenthalte in der Stadt entgegen, und sie meinte den Augenblick kaum mehr erwarten zu können, wo sie ihr Bräutigam in eine neue, bessere Welt hinaus führen würde, zu feinen und gebildeten Menschen, die nicht so roh und boshaft wären, wie dieses neidische Bauernvolk.

Schon vor Tagesanbruch stand Rosi auf und beschäftigte sich mit den letzten Zurüstungen für die Reise. Es war ihr ordentlich zuwider, daß sie noch ein paar Stunden in diesem verhaßten Hause zubringen mußte, und mit einem wahren Widerwillen ging sie hin und her. Um die Mittagsstunde war endlich alles zur Abfahrt bereit. Kalt und ohne eine Thräne zu vergießen nahm Rosi von der Schwägerin und den sonstigen Hausgenossen Abschied, nur als sie dem Moidel Lebewohl sagte und dabei sah, wie das Kind gar so bitterlich weinte, da ward auch ihr ein wenig weicher im Gemüthe. Sie küßte die Kleine mit großer Herzlichkeit und gab ihr noch ein Heiligenbild zum Andenken. — „So b'hüet' dich halt Gott, Baserl!" sagte sie bewegt, „bleib gesund und thu' mich nöt vergessen! 's freut mich, daß b' mich so viel gern haßt; schick' dir schon auch einmal einen was herein vom Stadtl!" Die gute Moidel konnte vor Weinen kein Wort erwiedern; draußen vor dem Hofe, unter dem grauen Himmel in der frostigen Novemberluft, da blieb es noch lange Zeit stehen und sah der Rosi nach, wie sie mit dem Vater dahin ging. Der treue Wast kam hinten nach mit einem Schlitten, auf dem er die Koffer und Schachteln seiner Bauerntochter in's Dorf hinausfuhr, wo der Akkordant mit seinem Fuhrwerk die reisefertige Braut und ihren Bruder erwartete.

Eine halbe Stunde später — und Rosi saß in ihrem Bergbauerngewande, aber um das Bandhut ein weißes Tuch geschlungen und in ein großes Shawltuch gehüllt, zwischen Schwindel und dem Oedbauer im leichten Schlitten, der von seinem flinken Schimmel gezogen im raschen Trabe aus den eingeschneiten Bergen hinauseilte.

Nur mit wenigen Worten brauchen wir diese Erzählung noch zu vervollständigen.

Glück und Frieden wollten vorerst auf dem Oedhofe noch nicht einkehren. Das neue Wirthshaus war fast vollendet, da wurde es vom Unglück heimgesucht und brannte ab. Der Oedbauer glich einem Verzweifelnden, denn nun sah er seinen rettungslosen Untergang vor Augen. Da starb auch noch sein einziges, geliebtes Kind, die Moidel. Nun schien es aus mit ihm zu sein.

Diesen Augenblick schien der Akkordant nur abgewartet zu haben. Unverhohlen verlangte er von dem Oedbauer sein Geld und die Mitgift der Rosi heraus. Dieser konnte es nicht geben. „So gebt mir Euren Hof und ich zahle Euch das wenige, was Ihr noch daran habt, heraus," erwiederte der Akkordant. Nun endlich gingen dem Bauer die Augen auf. Seinen Hof sollte er hergeben! Darauf war Alles abgesehen. Der Zorn übermannte ihn und er warf den Akkordanten zur Thür hinaus.

Dieser drohte mit Rache und einer Klage. Ehe es indeß dahin kam, wurde der Lotterieschreiber eines Betruges wegen verhaftet und sagte nun auch aus, daß der Akkordant jene beiden Schuldverschreibungen gefälscht habe. An demselben Tage, an dem sich dieser mit einem andern Mädchen — denn mit der Rosi war es aus — verheiraten wollte, wurde auch er festgenommen und in das Gefängniß abgeführt.

Auf dem Oedhofe war es längst besser geworden, denn der Bauer hatte noch vor seinem gänzlichen Untergange eingesehen, daß es so nimmer gehe. Er hatte seine Fehler ja schwer genug büßen müssen. Er wurde der frühere wieder gegen sein Weib, der frühere, was Fleiß und Arbeitsamkeit anbetraf, und nun sah er es wohl ein, daß dieses am sichersten weiter führe.

Die Rosi kehrte endlich aus der Stadt zurück. Der Akkordant hatte sie auch so schändlich hintergangen, und jetzt fühlte sie erst, daß sie ihn nicht aufrichtig geliebt hatte. Der, welcher von Jugend auf, wenn auch ihr selbst unbewußt, in ihrem Herzen gelebt hatte und der fast verzweifelt war vor stillem Gram, der wurde schließlich doch noch ihr Mann — und das war der Wast.

Kleiner Anfang, großer Ausgang.

Wer kennte nicht die Themse (Thames), Englands größten Fluß! Von der kleinen Quelle an der Grenze von Gloucestershire, wo ein Kind den winzigen Bach überspringen kann, bis zu der breiten Wassermasse bei der Einmündung in das Meer; von dem Silberfaden, der sich durch die lieblichsten Thäler windet, bis zu dem großen gewaltigen Strome, der seine Wogen an London vorbeiwälzt; von dem durchsichtigen klaren Flüschen, das Fruchtbarkeit an den Blumenufern verbreitet, bis zu dem stattlichen Seearm, der ein rühriges Handelsvolk bereitwillig in alle Oceane trägt: welche kontrastvollen Scenen des Lebens und der Natur! Von ihrem Ursprunge wachsend an Schönheit, schlängelt sich die Themse lange nur durch Thäler und fruchtbare Wiesen, schmückt sie die Parks und Lustgärten der Landsitze an ihren Ufern. Sie erhält erst nach der Vereinigung ihrer beiden bedeutendsten Quellflüsse, der Isis und des Charwal, bei Oxford ihren Namen. Nach einem Laufe von 30 deutschen Meilen, auf welchem sie zahlreiche Flüsse aufgenommen hat, ergießt sie sich 13 Meilen unterhalb London, unweit Gravesend, zwischen der Insel Foulneß und Sheppey in die Nordsee. Unweit ihrer Mündung zwischen der Londonbrücke und Greenwich erreicht sie eine Breite von 1500 Fuß, und selbst zur Zeit der Ebbe noch 12 Fuß tief, ist sie zur Fluthzeit für Schiffe von 700 bis 800 Tonnen, also nur nicht für große Kriegsschiffe fahrbar. Oberhalb London sind ihre niedrigen Ufer dicht mit betriebsamen Dörfern, mit schönen Landhäusern und reizenden Gärten besetzt; unterhalb dieser Weltstadt bespült sie die bedeutsamen Städte Greenwich, Deptford, Woolwich und Gravesend. Ununterbrochen schiffbar, ist sie die belebteste aller Flüsse der Erde, und an Wichtigkeit kommt ihr keiner gleich. Sie schafft unermeßlichen Handelsreichthum, Nahrungs- und Verkehrsmittel; ein Riesenkomplex, wie London mit 3 Mill. Einwohnern, könnte ohne solche Wasserstraße nicht bestehen! An ihrem Busen liegen Schiffe jeder Nation dicht gedrängt, einen ungeheuren Mastenwald bildend, den das Auge nicht zu überschauen vermag; an ihren Ufern finden sich in dichtgedrängter Reihe Gegenstände von höchstem Interesse, wie keine andere Stelle der Erde sie vereinigt. Man rechnet, daß in den Hafen zu London jährlich 12,000 Schiffe einlaufen und für 70 Mill. Pfund Sterling Waaren ein- und ausgeführt werden. Zahlreiche und weitverzweigte Kanäle verbinden sie in neuerer Zeit mit dem Severn, der Trent und dem Mersey, so daß dieses vielgegliederte Wasserstraßensystem Englands, welches die Bedürfniß- und Luxusartikel von dem großen Mittelpunkte des Welthandels, London, in die fernsten Theile des Landes verbreitet, fast an die Pulsadern und Nerven eines menschlichen Körpers erinnert!

Stolze eiserne und steinerne Brücken überwölben den Strom, und unter seinem Bett weg hat sich eines der ersten und staunenswerthesten Kunstwerke der Welt, die als Tunnel bekannte unterirdische Straße, Bahn gebrochen, deren Namen ursprünglich nur eine gewöhnliche Kaminröhre oder einen Rauchfang bezeichnet, jetzt als

Die Quelle der Themse.

Ehrenname auf alle übrigen ähnlichen Bauwerke übergegangen ist.

Der Mündung nahe, berührt die Themse noch die größten Denkmäler eines betriebsamen, weltbeherrschenden Volkes, das berühmte Invalidenhospital von Greenwich, welches die seit 1849 vollendete, unter dem Namen London-Gravesend-Railway weltbekannte Eisenbahn mit einem auf 878 Bogen ruhenden Viadukt, der über die Straßen und Häuser von Southwark (einem Londoner Stadttheile) hoch emporragt, mit der Hauptstadt verbindet; die gewaltigen Marinedepots und Kriegswerfte von Deptford und Woolwich, letzteres weltberühmt als Mittelpunkt der gesammten englischen Artillerie, mit einem Artilleriezeughaus, das durch seine kolossalen Dimensionen und fabelhaften Vorräthe, namentlich von den kleinsten bis zu den größten Kanonen, selbst den an die großartigsten Erscheinungen gewöhnten Beschauer mit Erstaunen und einem unheimlichen Schauer erfüllt; endlich das Zollamt und Fort von Gravesend. Bei der Stadt Sheerneß ergießt sie sich eine Meile breit in die See, hier die große Nore genannt, und wird der Sammelpunkt der Ost- und Westindienfahrer, bevor sie ihre weite Reise antreten. Welch ein kleiner Anfang und welch' ein glorreicher Ausgang! Es ist keine Uebertreibung, wenn man behauptet, daß es keine zweite derartige Erscheinung in der Schöpfung, wie sie sich unter der alles umbildenden Hand des Menschen im Laufe der Zeit gestaltete, gibt.

Die Entdeckung der drei Oceane.

er hat für die Menschen die großen Wasserstraßen aufgethan? wer mit einem Worte den Erdball erkundet? Der Wallfisch und der Wallfischjäger. So schreibt der geistreiche Franzose Michelet und fährt dann (wir geben die Uebersetzung von Spielhagen) also fort:
Und das Alles lange vor Kolumbus und den berüch-

tigten Goldsuchern, die unter großem Geschrei wiederfanden, was die Fischer lange vorher schon gefunden hatten.

Die Fahrt über den Ocean, die man im 15. Jahrhundert so hoch feierte, war über die Meerenge zwischen Island und Grönland schon oft zurückgelegt worden; ja man hatte die ganze Breite durchmessen; denn Basken kamen bis Neufundland. Es waren Wallfischjäger, die bis zum Ende der Welt drangen, bis in die Nordmeere, das lebendige Gebirge zu bekämpfen, im doppelten Graus der Nacht und des Sturmes. Wer das wagte, den ließen die gewöhnlichen Gefahren des Meeres ziemlich kalt.

Edler Krieg, herrliche Schule des Muthes! Der Wallfischfang war damals nicht eine leichte Metzelei mit aus der Ferne wirkenden Maschinen. Man rückte dem Feind auf den Leib, setzte Leben gegen Leben. Man tödtete nicht viel Wallfische, aber man gewann unendlich an Seetüchtigkeit, Geduld, Schlauheit, Unerschrockenheit. Man brachte weniger Thran aber desto mehr Ruhm zurück.

Man verdankt dem Wallfischen sehr viel; ohne sie hätten sich die Fischer stets an der Küste gehalten, denn beinahe alle Fische sind Küstenbewohner; der Wallfisch emancipirte den Fischer, führte ihn überall hin, von einem Ende der Welt bis zum andern.

Es gab damals weniger Eis, und sie versicherten, den Pol berührt zu haben (sie kamen in der That bis auf wenige Meilen hinan). Grönland suchten sie nicht; sie suchten den Wallfisch und die Pfade des Wallfisches. Der Wallfisch aber wohnt überall; wenigstens findet man überall diese oder jene bestimmte Species.

Die niedrigeren Arten (mit einer Flosse auf dem Rücken) finden sich in allen Meeren, an den Polen und unter dem Aequator.

In der großen, dazwischen liegenden Region herrscht der Pottfisch, indessen mit einer gewissen Neigung zum Süden.

Als Gegensatz dazu fürchtet der eigentliche Wallfisch die warmen Meere. Seine aus Mollusken und andern elementaren Geschöpfen bestehende Nahrung suchte er mehr nach Norden. Niemals fand man ihn in der heißen südlichen Strömung. Das half sehr, den rechten Weg dieser Strömung zu finden.

Wenn der Wallfisch die heißen Wasser scheut und den Aequator nicht überschreitet, kann er nicht um Amerika herum. Wie kommt es nun, daß ein auf dieser Seite Amerika's verwundeter Wallfisch sich manchmal auf der entgegengesetzten zwischen Amerika und Asien findet? Weil eine nördliche Passage existirt. So begründete der Wallfisch die Wissenschaft der Meergeographie.

Von Schritt zu Schritt hat uns der Wallfisch überall hingeführt. Selten, wie es heute ist, zwingt er uns, ihm bis in den äußersten Winkel des Stillen Oceans, die Behringstraße, und in die antarktischen Meere zu folgen.

Die Mündung der Themse.

Es gibt sogar eine ungeheure Region, welche kein Fahrzeug (weder Kriegs- noch Kauffarteischiff) je passirt, einige Grade südlich von der Spitze Amerika's und Afrika's, und die nur von Wallfischjägern befahren wird.

Wenn man gewollt, hätte man die großen Entdeckungen des 15. Jahrhunderts viel früher haben machen können. Man hätte sich an die Schweifer auf dem Meere, die Basken, die Irländer, Norweger und unsere Normannen, wenden sollen. Aus verschiedenen Gründen mißtraute man ihnen. Die Portugiesen wollten nur Menschen, die ihnen dienstbar oder aus ihrer Schule hervorgegangen waren, anwenden. Sie fürchteten unsere Normannen, welche sie von der afrikanischen Küste, wo sie sich angesiedelt hatten, vertrieben. Andererseits hielten die kastilischen Könige die Basken, welche vermöge ihrer Freiheiten einen Staat im Staate bildeten und stets für aufgeregte und gefährliche Köpfe galten, fern von dergleichen Unternehmungen. So blieben die Fürsten Spaniens schwach zur See. Auch die große Armada konnte Nichts ausrichten, da Philipp, obgleich er zwei baskische Admirale hatte, sie durch einen Kastilianer kommandiren ließ.

Eine fürchterliche Krankheit war im 15. Jahrhundert ausgebrochen, der Golddurst, das absolute Verlangen nach Gold. Es gab kein Mittel mehr, die Ausgaben und Einnahmen auszugleichen. Falsches Geld, grausame Processe, — man wandte Alles an — vergebens. Die Alchymisten versprachen und konnten das Versprechen nicht halten. Der Fiskus fraß wie ein hungriger Löwe die Juden, die Mauren, und von diesen reichen Bissen blieb ihm Nichts zwischen den Zähnen.

Den Völkern erging es nicht besser. Ausgehungert und abgemagert verlangten, schrien sie nach Gold.

Man kennt die köstliche Geschichte von Sindbad, dem Seefahrer. Der arme Tagelöhner Hindbad hört, als er, Holz auf dem Rücken, die Straße daherkommt, aus dem Hause Sindbad's, des großen Reisenden, den Lärm fröhlichen Gelages ertönen. Er vergleicht sich mit dem Glückspilz und Neid erfüllet seine Brust. Aber der Andere erzählt ihm Alles, was er erduldet hat, um sein Ziel zu erreichen. Hindbad ist über diesen Bericht erschrocken. Der Gesammteindruck der Geschichte übertreibt die Gefahren, aber auch die Vortheile dieser großen Lotterie, und kann den seßhaften Arbeiter nur von seiner Arbeit abschrecken.

Das Märchen, das im 15. Jahrhundert alle Köpfe verbrannte, war eine Wiederaufwärmung der Fabel von den Hesperiden: ein Eldorado, ein Goldland, das man nach Indien verlegte und für das Paradies hielt, dessen Stätte man noch immer auf Erden wähnte. Es handelte sich nur darum, es zu finden. Im Norden suchte man es nicht und benutzte deßhalb die Entdeckung Neufundlands und Grönlands sehr wenig. Gegen Süden hatte man dagegen in Afrika schon Goldsand gefunden. Das ermuthigte.

Die Scholastik des Mittelalters erschwerte diese Entdeckungen ungemein. Man philosophirte, ehe man handelte. War das Goldland das Paradies oder nicht? war es bei den Antipoden? gab es Antipoden? Bei diesem Wort legten sich die Schwarzröcke ins Mittel und erinnerten ihre gelehrten Kollegen daran, daß die Kirche die Doktrin von den Antipoden ganz ausdrücklich für ketzerisch erklärt habe.

Eine große, nicht leicht zu beseitigende Schwierigkeit.

Man entdeckte Amerika so langsam, weil man sich vor dieser Entdeckung ebenso sehr fürchtete, als man dieselbe herbeiwünschte.

Kolumbus war seiner Sache ziemlich gewiß. Er war selbst in Island und hatte Erkundigungen eingezogen; anderntheils sagten ihm die Basken Alles, was sie über Neufundland wußten. Ein Galicier war dort gewesen, hatte sogar längere Zeit in dem Lande gewohnt. Kolumbus nahm zu seinen Steuerleuten Männer aus Andalusien, die Pinçon, die man für mit den Pinçon von Dieppe indentisch hält.

Dieser letzte Punkt ist wahrscheinlich. Unsere Normannen und Basken, Unterthanen Kastiliens, waren in beständigem Verkehr. Es sind die, welche man Kastilianen nennt, welche unter dem Normannen Béthencourt die berühmte Expedition nach den Kanarischen Inseln machten. Unsere Könige gaben den zu Honfleur und Dieppe etablirten Kastilianern Privilegien; und dafür hatten die Dieppen Komptoirs zu Sevilla.

Weder Basken noch Normannen hätten auf ihren Namen von Kastilien die Autorisation erhalten. Es bedurfte dazu eines geschickten und beredten Italieners, eines halsstarrigen Genuesen, der die Sache fünfzehn Jahre lang verfolgte, die Gelegenheit ergriff und jedes Hinderniß aus dem Wege räumte. Es war der Moment, wo die Vertreibung der Mauren Kastilien so theuer zu stehen kam; wo man mehr als jemals nach „Gold" schrie. Der Italiener wußte diesen einzigen Augenblick auszubeuten. Er war frommer als die Frommen. Er handelte für die Kirche: man redete Isabellen ein, sie dürfe so viele heidnische Nationen nicht in der Nacht des Todes lassen. Man demonstrirte ihr klärlich, daß das Goldland entdecken mindestens ebenso verdienstlich sei, als die Türken verjagen und Jerusalem wiedererobern.

Man weiß, daß von den drei Fahrzeugen die Pinçon zwei ausrüsteten und selbst führten. Sie segelten voraus. Der Eine täuschte sich; aber die Andern, François Pinçon und sein jüngerer Bruder Vincent, Steuermann des Schiffes Nina, machten Kolumbus ein Zeichen, daß er ihnen nach Südosten folgen solle. (12. Okt. 1492.) Kolumbus, welcher gerade nach Westen schiffte, hätte den Antillenstrom in seiner Vollkraft getroffen. Er hätte diese flüssige Mauer nur mit großer Schwierigkeit überschritten. Die Pinçon dagegen, welche vielleicht darüber Traditionen hatten, schifften, als ob sie den Strom schon kannten. Sie bogen weiter nach Süden ab, wo die Passatwinde von Afrika nach Amerika die Reisenden an die Ufer Haiti's trieben.

Dies ist durch das Tagebuch des Kolumbus, welcher eingesteht, daß die Pinçon ihn führten, konstatirt.

Aber der eigentliche Urheber der Unternehmung und der heroische Vollbringer, der Mann, welcher das große Hinderniß des religiösen Aberglaubens beseitigt, und durch seine Beredsamkeit, Gewandtheit, Ausdauer die Unternehmung zu Stande gebracht hatte, war Kolumbus und Kolumbus allein; er verdient den Ruhm, den ihm die Nachwelt ausgezahlt hat.

Ich glaube mit Jules de Blosseville, daß in der Reihe dieser Entdeckungen die einzig wirklich große That die Umschiffung der Erde durch Magellan und seinen Steuermann, den Basken Sebastian del Cano, war.

Die brillanteste und zugleich leichteste war die Ueberschiffung des Atlantischen Oceans unter dem Hauch der Passatwinde und das Wiederfinden des schon lange im Norden gefundenen Amerika's.

Noch weniger rühmlich war es, daß die Portugiesen ein ganzes Jahrhundert brauchten, um die Ostküste Afrika's zu entdecken. Unsere Normannen hatten in sehr kurzer Zeit die Hälfte gefunden. Ungeachtet dessen, was man von der Lissaboner Schule und der lobenswerthen Ausdauer des Prinzen Heinrich, der sie gründete, gesagt hat, bezeugt die Relation des Venetianers Codamosto die geringe Geschicklichkeit der portugiesischen Steuerleute. Sobald sie in Bartolomeo Diaz, der das Kap umschiffte, einen wahrhaft genialen Mann hatten, ersetzen sie ihn durch Gama, einen großen Herrn aus dem königlichen Hause, der vor Allem Krieger war. Sie waren eifriger auf Eroberung und Gewinn, als auf eigentliche Entdeckungen bedacht. Gama's Muth war außerordentlich; aber er hielt sich nur zu streng an den Befehl, Niemand in den neuentdeckten Meeren zu dulden. Seine brutale Ermordung sämmtlicher Pilgerpassagiere eines Schiffes aus Mekka versetzte den ganzen Orient in Wuth, machte den Namen der Christen in ganz Asien verhaßt.

Ist es wahr, daß Magellan den Stillen Ocean auf einem Globus des Deutschen Behaim schon verzeichnet gefunden hatte? Nein; dieser Globus, der noch existirt, zeigt diesen Ocean nicht. Sah er bei seinem Herrn, dem König von Portugal, eine Karte mit dem Ocean? Man hat es behauptet, aber nicht bewiesen. Viel wahrscheinlicher ist es, daß Abenteurer, welche schon seit einigen Jahrzehnten auf dem amerikanischen Kontinent sich umhertrieben, mit ihren eigenen Augen den Stillen Ocean gesehen hatten. Dies Gerücht stimmte vortrefflich zu der wissenschaftlichen Hypothese, die als Gegengewicht gegen die Hemisphäre, die wir bewohnen, ein ungeheures Meer annahm.

Es gibt nichts Fürchterlicheres als Magellans Leben. Ueberall Kampf, ferne Reisen, Flucht, Verfolgung, Schiffbruch, Meuchelmord, endlich Tod unter den Händen der Barbaren. Er schlägt sich in Afrika, schlägt sich in Indien. Er heiratet unter den tapfern, wilden Malaien. Er selbst scheint von demselben Character gewesen zu sein.

Während seines langen Aufenthaltes in Asien sammelt er möglichst viele Nachrichten, bereitet er seine große Expedition, seinen Versuch, von Amerika aus zu den Molukken zu gelangen, vor. Aus der Quelle waren sie billiger als über Indien her. So war das ganze Unternehmen im Grunde eine kaufmännische Spekulation.

Der Hofgeist, die Intrigue herrschten damals in Portugal durchweg. Der mißhandelte Magellan wandte sich nach Spanien, und Karl V. gab ihm fünf Fahrzeuge. Magellan hatte auf seiner Reise zwei Gefahren an Bord: den kastilianischen Argwohn und die portugiesische Rachsucht, die bis zum Meuchelmord ging. Bald revoltirte seine Mannschaft; er entfaltete einen fürchterlichen, unbezähmbaren, barbarischen Egoismus. Er ließ die Meuterer erdolchen, aufknüpfen. — Und zu dem Allen Schiffbruch und verloren gehende Fahrzeuge. Niemand wollte weiter folgen, als man den fürchterlichen Anblick der amerikanischen Südspitze, des schrecklichen Feuerlandes, des graufigen Kap Forward, hatte. Dieses vom Kontinent losgerissene Land scheint mit seinen Granitklippen, welche die phantastischsten Gestalten annehmen, eine Schöpfung von Dämonen.

Alle hatten jetzt genug. Er sagte: „Vorwärts!" Er suchte, er spähte, er drängte sich zwischen hundert Inseln durch und trat endlich in ein grenzenloses, an diesem Tage ruhiges Meer, das von da an der Stille Ocean genannt wird.

Er kam auf den Philippinen um. Vier Fahrzeuge gingen unter; das einzige, welches davonkam, war das Schiff Viktoria, auf dem zuletzt auch nur noch dreizehn Menschen waren, unter ihnen der große Steuermann, der unerschrockene eiserne Baske Sebastian, der (1521) allein zurückkam und so der Erste war, der die Erde umschifft hatte.

Keine Menschenthat ist größer. Die Gestalt der Erdkugel war nun jetzt an demonstrirt. Dies Wunder einer gleichmäßig, ohne abzufließen, auf einer Kugel verbreiteten Wassermasse war konstatirt. Das Stille Meer war endlich entdeckt, die große, geheimnißvolle Werkstatt, wo die Natur, fern von jeder Beobachtung, im Stillen neue Welten schafft.

Unendlich folgenreiche Offenbarung, die nicht blos materielle, sondern vor Allem unendliche moralische Folgen hatte; welche die Kühnheit des Menschen verhundertfachte und ihn auf eine andere Reise trieb, die Reise in den unendlichen Ocean der Wissenschaften, auf die große Fahrt um die Welt der Unendlichkeit.

Der Renommist in und außer dem Hause.

Zu den ältesten Einrichtungen in der Schöpfung zählt das Großsprechen, Renommiren, ganz entschieden. Mich will bedünken, daß es mit dem Menschengeschlecht selber geschaffen worden sei. So sagt Mahler in seinem interessanten Buche „Picta et Scripta".

Hätte Frau Eva, fährt er dann fort, nur einige Mitschwestern und Kenntniß von dem schwarzen Moccasafte gehabt, das wären Kaffeekränzchen geworden! Mit welchem Stolz hätte die Urmutter des Menschengeschlechts die Freundinnen in ihrem Garten, Paradies geheißen, herumgeführt! Man hätte die Feigen angestaunt, ohne zu wissen, welch' nützlichen Zwecke die Blätter einst dienen würden. Noch war ja jener Desertapfel nicht verzehrt, der Adam zuerst auf die Idee brachte, sich im Galant'homme oder Alberti darüber zu informiren, ob der damalige Anzug, in dem er seiner Frau Gemahlin, auch nicht gegen die gute Sitte verstoße.

Lesen wir in der ältesten geschichtlichen Urkunde, in der Bibel, auf wie viel Großsprechereien kommen wir. Moses renommirte, Simson renommirte, Saul war nicht frei davon u. s. w. Die Renommage ist ein Theil der Erbsünde und wird wohl dem Menschengeschlechte bleiben, so lange die Welt steht.

Manchen Menschen ist sie angeboren, anderen anerzogen; einer dritten Sorte aber würde es nicht so leicht, sie mußte mit Anstrengung und Ausdauer arbeiten, um es im Renommiren zu etwas Gediegenem zu bringen.

Die Arten des Renommirens sind unendlich verschieden und hängen meist vom Objekt, das dazu verleitet, ab. Unschuldige Renommisten wählen sich auch unschuldige Themata. Der Thorschreiber in Stolle's liebenswürdigem, komischem Romane „Deutsche Bildwickler" ist eine köstliche Renommistenfigur. Der renommirt war mit seinem leeren Geldbeutel, erwartet stets bedeutende Sendungen aus dem Süden, hat auf Jagden mehr Abenteuer erlebt und Besseres geleistet, als der weiland berühmt gewordene Freiherr von Münchhausen, zählt für seine Tochter oder Nichte so viel Freier als einst die ehr- und tugendsame Gattin des Odysseus, Penelopeia, ein Graf aber muß es mindestens sein, ein anderer erhält die Perle nicht.

Der Renommist von echtem Schrot und Korn ist als solcher durchaus nicht auf den ersten Blick oder an seinen ersten Worten zu erkennen. Der gute Mann muß erst Terrain haben für seine Wirksamkeit. Nicht eher macht er sich an einen Unbekannten, bis er seines Neustiterns sicher ist. Dann aber ist er auch grob.

Zu Hause in seinen vier Pfählen legt er keineswegs seine Eigenschaft ab, so hat sein Weib sich sehr oft genöthigt sieht, den Kopf zu schütteln. Das Renommiren ist ihm so zur zweiten Natur geworden, daß selbst das Gespons, welches die Verhältnisse des Gatten doch gewöhnlich kennt, nicht sicher ist vor seinen großsprecherischen Worten.

„Was meinst Du, wenn wir unsern Karl die Diplomatenkarriere einschlagen ließen?"

„Was ist das für eine, lieber Mann?"

„Nun, ob wir ihn Gesandter, Legationsrath, Minister werden lassen sollen."

„Du scherzest wohl?"

„Nein, durchaus nicht. Unterricht im Lateinischen, Französischen, Englischen und Griechischen ertheile ich ihm, die schönen Künste brauchen dabei auch nicht vernachlässigt zu werden. Er mag dann das Abiturientenexamen gleich in einer Universitätsstadt machen, Jura und Kameralia studiren und dann sein diplomatisches Examen absolviren."

„Aber das Geld, lieber Rudolph, wo erhalten wir das her?"

„Kleinigkeit. Durch Geldmangel muß sich der rechte Mann nie von einem vorgesteckten, schönen Ziele abbringen lassen. Staatsunterstützungen wirke ich ihm aus, wozu habe ich meine Verbindungen bis in die höchsten Kreise hinauf."

Darauf schweigt die Frau. Sie kann gegen den Mann doch nichts ausrichten und weiß nebenbei recht gut, daß Karl doch nichts weiter als Kaufmann werden und bei seinem Onkel, der Firma Lebrecht Stattlich in der kleinen Nachbarstadt, lernen wird.

Es kommt Besuch. Ein fremder junger Mann bringt unserm Renommisten einen Gruß von einem fernen Freunde. Herr Rudolph ist sehr erfreut.

„Ja," sagt er, „was könnte Klette (so heißt der Freund) nicht jetzt sein, wenn er meinem Rathe gefolgt wäre und die Verbindungen benutzt hätte, in welchen zu stehen ich die Ehre habe. Er hat sich selber recht sehr in Lichten gestanden. — Liebe Amalia (so heißt wieder die Frau), sage doch dem Johann, daß er noch den geldgesiegelten, weiß schon im ersten Fach links, bringen soll. — Um wieder auf Klette zu kommen, so kann ich Ihnen versichern, daß der damalige Minister bei mir anfragte, ob er sich zum vortragenden Rath eigne. Ich empfahl meinen Freund, wie Sie denken können, sehr warm, aber als das Patent schon zur Unterschrift bereit lag, schreibt der Mensch einen Absagebrief. Und warum, aus reiner Bequemlichkeit, aus reiner Liebe zur Ruhe und Furcht vor einem Umzuge."

„Verzeihen Sie, bester Herr Rath," sagt nun der junge Fremde, „wenn ich mir die Bemerkung erlaube, daß Herr Klette doch eher lebhaft als ruhig ist. Auch scheinen mir seine pekuniären Verhältnisse nicht der Art zu sein, daß er eine so vortheilhafte Stelle im Ministerium ausschlagen sollte."

„Wie gesagt, lieber Herr," entgegnet der Renommist, nebenbei noch durch den Rathstitel, da er nur Kanzleidirektor ist, geschmeichelt, „wie gesagt, 's ist eine bodenlose Ruhe in Klette. Man muß ihn von früher Jugend kennen um das zu durchschauen. Ich hätte mich seinetwegen auch fast mit dem Minister überworfen. Meine Beziehungen zum Ministerium, ja selbst zum Kabinet, waren auf lange Zeit sehr gespannt, bis man von selbst wieder mit mir anknüpfte und mir eine Ovation darbrachte, die manchen Menschen vielleicht zum Glücklichsten aller Sterblichen gemacht hätte." (Bei diesen Worten zeigte Herr Rudolph nach einem Glasspinde, woselbst die rothe Adlerorden dritter Klasse ausgestellt war. Besaß der Renommist auch nicht einmal die vierte Klasse, so konnte ihm die Ordensausstellung gesetzlich doch nicht verboten werden.)

Mittlerweile kommt Frau Amalia mit einer Flasche, die roth gesiegelt ist und keine Etiquette trägt.

„Ah, Johann war wohl nicht da," empfängt sie der Gemal. „Das hast Du gut gemacht, Du bringst von dem vorzüglichen Rothgesiegelten. Ja, mein geehrter junger Freund, das ist ein Weinchen für Kenner, daher die einfache Flasche, daher der Mangel der Etiquette."

Der Fremde trinkt ohne Kenner zu sein, deßhalb glaubt er auch etwas Vaterländisches an dem Landweine herauszuschmecken.

„Ja, ja," beginnt der Renommist, „der echte deutsche Mann mag keine Franzen leiden, doch ihre Weine trinkt er gern," sagt Goethe. „Das ist ein Göttertrank, den nur Burgund erzeugen kann."

Mit stummem Nicken ergibt sich der Besuch in sein Schicksal. Zufällig fällt der Blick des jungen Mannes auf das einfache Bücherbrett, das an der Wand schwebt. Der Wirth bemerkt es und sagt: „Es ist traurig mit den Wohnungen in unserer Stadt. Ich wohne in diesem Quartier nun schon ein Jahr und zwar nur provisorisch, bis ich eine passende Wohnung gefunden habe. Meine Bibliothek steht in fünf großen Kisten oben auf dem Boden, meine guten Möbel sind in den Händen einiger Freunde, selbst ein Sopha von Eisenbein und Pantherfellen, das mir der amerikanische Konsul einst schenkte, befindet sich noch in Berlin, da ich es doch unmöglich hier in mein bescheidenes Quartier bringen kann. Ostern nächsten Jahres gedenke ich dem pensionirten Oberst X auszumiethen und kann mich erst wieder wohl fühlen, wenn ich so eingerichtet sein werde, wie ich es von frühern Jahren her gewöhnt bin."

Der Fremde hört dann noch von verschiedenen Projekten seines Wirths, der sich bei Eisenbahnbauten, Bergwerken, Seidenfabriken, betheiligen will. Als er sich entfernt nimmt er das Bewußtsein mit, einen großen Mann kennen gelernt zu haben, der in seiner bescheibenen amtlichen Stellung bleibt, weil es ihm Vergnügen macht.

Er ist natürlich nicht entlassen worden, ohne daß man ihm zu verstehen gab, daß er sich vertrauensvoll an den neuen Bekannten wenden könne, wenn er Konnexionen brauche. Man habe eine Stimme, die weit trage, und eine Hand, die weit reiche.

Wenn der Fremde fortgegangen ist, thut der Renommist einen Theelöffel voll Zucker in seinen Wein und schlürft dann sein Gläschen aus, während Frau Amalia, vielleicht auch das Dienstmädchen oder die Aufwärterin, die Flasche wieder in den Keller trägt.

Unser Renommist hat viel gelesen und erfreut sich eines guten Gedächtnisses. Das aber bringt ihn leider auf die fixe Idee, der literarisch gebildetste Mensch zu sein. Nur einen Rivalen hat er in diesem Artikel, einen jungen Mann, von dem man weiß, daß er an belletristischen Journalen mitarbeitet und auch einmal ein ganzes selbständiges Buch veröffentlicht hat. Herr Rudolph hat wirklich auf den Boden einer Kiste mit Büchern stehen. Die Kiste enthält allerdings fast eine ganze Bibliothek, die er einst auf einer Auktion billig erstand. Viel Gutes kauft man auf Auktionen und eher noch manches Seltene. So erging es auch unserm Renommisten, aber er zieht Vortheil daraus. Denn ehe er ausgeht, in's Lokal der Resource, wo er seinen Rivalen finden zu können meint, da liest er in irgend einem der versunkenen und vergessenen Werke, und bringt dann das Gespräch mit anerkennenswerther Gewandtheit auf den Verfasser. Dann fragt er den Rivalen, ob er das und das Buch gelesen, sagt auf die verneinende Antwort lächelnd sein Ei, Ei, und citirt dann die vorhin gelesene Stelle wörtlich. Seine Kunst und sein Hauptmanöver besteht darin, daß er bei solchen literarischen Renommistereien stets aggressiv verfährt; er greift stets an und weicht andern Angriffen stets aus. Nur auf diese Weise, nur wenn er Examinator ist, kann sein Ruf als unfehlbarer Literarhistoriker gewahrt bleiben.

Der Renommist ist überall gewesen und kennt alle schönen Punkte der Erde, natürlich nur in seiner Einbildung und seinen Reden.

Er hört von Venedig sprechen. „O der Markusplatz, der Dogenpalast und die Seufzerbrücke," sagt er schwärmerisch. Man erzählt von Neapel, „o der himmlische Golf, der Vesuv, die blaue Grotte von Capri," seufzt er, selig in der Erinnerung. Petersburg, Stockholm, Kopenhagen, London, Paris, Madrid, Lissabon, Genua, Rom, Florenz, Konstantinopel, Wien, München, Berlin, Hamburg, alle kennt er, und weil seine Phantasie so lebhaft ist, so vertritt auch die Erinnerung an das Gelesene diejenige an das Gesehene. — Diese Leutchen sind somit eigentlich glücklich und zu beneiden.

Die Jagdzeit hat begonnen. Wenn Abends die aus der Stadt geladenen Herren von den Gütern, wo Jagden abgehalten sind, heimkommen, so ist der Renommist sicher im Klub zu treffen.

Er hört lange zu, dann aber spricht er: „Ich jage nicht mehr, meine Herren, war aber in meiner Jugend ein gewaltiger Jäger vor dem Herrn. Der verstorbene Direktor hätte Ihnen bestätigen können, daß ich auf einem Spaziergange, bei welchem ich zufällig meine Pistolen bei mir trug, einst vierzehn Schwalben mit der Pistolenkugel heruntergeschossen habe."

„Auf einmal?" fragt der Regierungs-Geometer lakonisch.

„Nein, das wäre nicht gut möglich," sagt der Renommist freundlich; „immer eine nach der andern. Daraus mögen Sie ersehen, daß ich ein guter Schütze war. Eines Tages befand ich mich auf einer Jagd beim Fürsten Kreuz-Steis. Ich war der nächste Nachbar von Durchlaucht. Ich thue einen Schritt, es quietscht unter mir und siehe ich stehe auf dem Genick eines Hasen, der im Lager war. Vor mir aber springt ein Lampe auf, ich reiße mein Gewehr an die Backe und der Hase liegt im Blute. Rechts war eine Birkenschonung. Mein Schuß hatte einen Fasan erschreckt, er steigt und die Ladung des andern Laufs macht seinem Leben ein Ende. Auch der Hase unter meinen Füßen hatte mittlerweile ausgelitten. Ich gehe nun in das Birkengehölz, um den Fasan zu holen, doch siehe, unweit des buntgefiederten stolzen Vogels lag noch ein Birkhuhn, eben im Sterben begriffen. Ein Schrotkorn war dem Fasan in die Augen gedrungen, während ein anderes zufällig das Birkhuhn in die Brust traf, das nicht weit vom Fasan auf einem Aste gesessen.

„Das war ein Meisterschuß," hatte damals Seine Durchlaucht zu mir gesagt.

„Es ist aber merkwürdig, daß bei der Treibjagd der Hase im Lager geblieben war, und daß nach dem ersten Schusse sich nicht auch Fasan und Birkhuhn schneller aus dem Staube machten," entgegnete wiederum der Regierungs-Geometer.

„O das kommt manchmal vor, daß Hasen einen so festen Schlaf haben, und die Geschichte mit dem Birkhuhn war ein wenig Glück, freilich aber auch ein wenig Geschicklichkeit."

Solcher Gestalt ungefähr sind die Geschichtchen, welche der Renommist erzählt.

Manchmal aber kommt der Herr mit seinen Histörchen doch vor die unrechte Schmiede.

Eines schönen Tages trifft er in einem öffentlichen Lokale einen unbekannten Herrn. Er sondirt und findet gläubige Ohren. Nun rückt er mit einer Hauptgeschichte vor, indem er von einem ihm wohlbekannten Manne spricht, der kurz vor Stettin im wüthenden Sturme Schiffbruch gelitten. Der Mann ist ein tüchtiger Schwimmer und muß sich auf sich selbst verlassen, wenn er eine Rettung noch hoffen will. Die Gewalt des Sturmes läßt ihn nicht an's Land, und so schwimmt er drei Nächte und drei Tage um und um. Es dunkelt bereits am dritten Tage und immer ist die See noch bewegt! Kein Schiff, kein Boot, kein Nachen zeigt sich dem fast schon verzweifelnden Manne. Da wirft ihn endlich eine Welle an das Land, dem er näher war, als er geglaubt: — eine halbe Stunde nördlich von Stockholm ist er an's Land getrieben worden.

„Entschuldigen Sie, das ist doch nicht möglich," sagt der fremde Mann.

„Nicht möglich?" fragt der Renommist entrüstet. „Ich selber bin jener Schwimmer und das Abenteuer passirte mir auf meinen frühern Reisen."

„Dann bitte ich tausendmal um Verzeihung." entgegnet der Fremde, „ich hielt es nur nicht für möglich, weil mir selber ein ähnliches, wenn auch stärkeres Abenteuer passirte, und dasselbe bisher immer als einzig bezeichnet wurde. Ich bin dadurch so verwöhnt worden, daß ich sehr leicht Aehnliches für unmöglich halte. Bitte, wie gesagt, tausend Mal um Verzeihung."

„O, bitte, bitte recht sehr," meint der Renommist. „Wollten Sie nicht so freundlich sein, zu erzählen?"

„O mit Vergnügen. Ich lebte in New-York in Geschäften und unternahm mit einigen Freunden eine kleine Spazierfahrt in's Meer hinaus.

„Wir waren sehr animirter Stimmung, trieben Possen und allerlei unnützes Zeug. Die Bootsleute warnten, wir hörten nicht. Meine Freunde haben ihren Uebermuth theuer bezahlen müssen: Das Boot schlug um und alle mitsammt den Schiffern versanken in der Tiefe. Ich klammerte mich verzweiflungsvoll am Bootsrande an und hoffte, der sonst so lebhafte Verkehr würde ein Rettungsboot von ungefähr in meine Nähe bringen.

„Aber ich hoffte vergebens. Die Nacht sank hernieder, eine Sturzwelle kam und entführte mich weit, weit weg. Da schwebte ich nun zwischen beiden Hemisphären in feuchten Elemente. Leider hatte ich gerade Astronomie getrieben, um aus dem Stand der Sterne auf die Richtung zu schließen, die ich einschlagen müßte.

„So schwamm ich nicht Tage, nein Wochen lang, mein verehrter Herr. Daß ich gerade die entgegengesetzte Richtung eingeschlagen hatte, merkte ich wohl, umkehren konnte ich aber nicht mehr, da, so viel ich mich erinnere, die Gegend des Meeres, die ich so glücklich durchschwommen, von Haifischen wimmeln sollte.

„Oft kam ich in die Nähe von Schiffen, nie aber bemerkte man mich. Einmal schien es mir, als beschäftige man sich mit meiner Persönlichkeit, vermuthlich hielt man mich aber für irgend ein Seeungeheuer, mit dessen Fang man nicht den Cours aufhalten wollte. Möglich auch, daß ich die unschuldige Ursache zu den Seeschlangengeschichten geworden bin.

„Nach meiner nur oberflächlichen Berechnung war ich bereits über zwei Monate auf der feuchten Reise. Ich hatte mich an meine jetzige Lebensart übrigens so gewöhnt, daß ich selbst während des Schwimmens schlafen konnte.

„Endlich sah ich Land. Ich steuerte darauf hin und wo war ich wohl, meine Herren? (Es waren noch mehr Zuhörer hinzugetreten.) In Madeira. Ich trat an's Land und man wollte mich schon, weil ich keinen Paß hatte, desselben Weges zurückweisen, wenn nicht ein Bekannter von mir, der glücklicher Weise in Madeira wohnte, mich rekognoscirt hätte."

Der Erzähler schwieg und that einen tiefen Zug aus seinem Glase.

„Aber, mein Herr, Ihre Erzählung scheint denn doch wirklich stark an's Unmögliche zu streifen," sagte der Renommist. „Zwei Monate kann doch kein Mensch hungern."

„Vor dem Hungertode rettete mich eine Angewohnheit," ergänzte der Fremde. „Ich hatte mich nämlich gewöhnt, meine Cigarren stets mittelst des Brennglases anzuzünden und trug auch am Tage der Wasserpartie glücklicher Weise das Brennglas bei mir.

„So wurden denn kleine Fische und Hummern gefangen und diese durch Anwendung des Glases gebraten. Salz lieferte das Meer und durch ein chemisches Elixir, das ich stets bei mir trug, wurde auch das Seewasser immer trinkbar gemacht.

„Der Fischfang selber war um so leichter, als ich durch meinen fortgesetzten Aufenthalt im Wasser von den Fischen für eine befreundete Macht gehalten und kollegialisch behandelt wurde. — Hiermit haben Sie, verehrte Herren, mein vollständiges Seeabenteuer."

Der Renommist aber trank sein Glas aus und entfernte sich. Er war geschlagen, besiegt, auf immerdar.

War Cortes der Mörder seiner Frau?

Der berühmte Eroberer Mexiko's steht in dem Lande, das er dem Kreuz und dem Banner von Kastilien und Leon unterworfen hat, in keinem ehrenvollen Andenken. Im Jahre 1823 wollte der Pöbel sein Grab erbrechen und seine Asche in alle vier Winde streuen, aber Verehrer seines Namens vereitelten diese Niederträchtigkeit und schafften die irdischen Ueberreste des großen Mannes an einen sichern Ort. Die gebildeten Mexikaner tragen eine gewisse Bewunderung seiner glänzenden Eigenschaften zur Schau und glauben dadurch berechtigt zu sein, von Grausamkeiten und Verbrechen zu reden, die sein Privatleben gescharfet hätten. Die Quelle dieses Klatsches sind Processakten, die im Archiv zu Mexiko liegen. Don Ignacio Lopez Rayon, ein mexikanischer Rechtsgelehrter, hat sich das Verdienst erworben, diese Akten herauszugeben. Seine Landsleute können sich nun überzeugen, wie schwer sie sich an Cortes durch ihr Gerede versündigen haben.

Jener Proceß, der gegen Cortes ganz insgeheim geführt wurde, erstreckte sich über verschiedene Anklagen. Cortes selbst wurde so wenig verhört, als man Entlastungszeugen vernahm. Die Richter waren seine Feinde, und es kam ihnen blos darauf an, möglichst viel Stoff zu einer Verurtheilung zu sammeln. Sie bemühten sich in dieser Beziehung nach Kräften und sahen sich doch schließlich genöthigt, alle Anklagen fallen zu lassen. Schon das ist ein genügender Beweis seiner Unschuld. Am eifrigsten suchten die Richter nach Beweisen daß Cortes seine Frau ermordet habe, und auch dieses Bemühen gaben sie als vergeblich auf. Mit dieser Anklage des Gattenmordes wollen wir uns hier beschäftigen.

Die Gattin des Eroberers hieß als Mädchen Catalina Suarez. Sie stammte aus Granada in Spanien und war mit ihrer Familie nach Kuba gekommen. Gleich ihren drei Schwestern eine blendende Schönheit, wurde sie mit Cortes bekannt und verlobte sich mit ihm. Daß seine Verbindung mit ihr ihm später leid geworden sei, weil Catalina's niedrige Herkunft seinen ehrgeizigen

Plänen im Wege gestanden habe, widerspricht der Aeuferung, die man oft von ihm gehört hat: „Ich lebe so glücklich mit ihr, als wäre sie die Tochter einer Herzogin." Als er seinen abenteuerlichen Zug nach Mexiko unternahm, ließ er Donna Catalina natürlich auf Kuba zurück. Kaum war sein großes Unternehmen vollendet, so rief er sie zu sich. Sandoval führte sie ihm zu und er empfing sie mit warmer Zärtlichkeit. Das Klima der Hochebene sagte ihr aber nicht zu, und schon drei Monate nach ihrer Ankunft starb sie. Ihr Tod war ein plötzlicher. Am Abend heiter und vergnügt, war sie in der Nacht eine Leiche. Dies ereignete sich 1522, und erst 1529, also sieben Jahre später, wurde die Untersuchung der besondern Todesumstände vorgenommen.

Das Gericht verhörte, wie wir bereits bemerkten, blos Belastungszeugen, und zwar meistens solche, die nach Hörensagen aussagten. Die Zeugen, welche möglicher Weise aus eigener Wahrnehmung etwas wissen konnten, umging man geflissentlich. Unter diesen waren unter andern die beiden Pagen, die in der Nacht des angeblichen Mordes im Nebengemache des Zimmers, in dem Cortes seine Frau ermordet haben sollte, Wache gehalten hatten. Die Zeugen nach Hörensagen wiederholten den Klatsch, der in den letzten sieben Jahren nach und nach eine feste Gestalt angenommen hatte. Sie erzählten Folgendes: Kurz vor der Unthat kam ein Schiffskapitän Juan Boa aus Spanien und sagte zu Cortes: „Wenn Sie nicht verheiratet wären, so könnten Sie die Nichte des Bischofs von Burgos bekommen." Cortes schloß sich mit diesem Manne ein und seine Frau fühlte sich darüber so unglücklich, daß sie oft weinte und schluchzte. In der verhängnißvollen Nacht ging sie heiter zu Bett, am andern Morgen lag sie bereits im Sarge. Obgleich die Leiche Niemand gezeigt wurde, hatten doch einige Dienerinnen wahrgenommen, daß die Todte schwarze Flecken am Halse und Schaum im Munde habe, daß die Goldperlen ihres Halsbandes aufgelöst seien, daß ihr Bett naß sei u. s. w. Als besonders verdächtig wird der Umstand hervorgehoben, daß Cortes dem im Hause anwesenden Bruder seiner Gattin bei Todesstrafe verboten habe, vor dem Begräbniß sein Zimmer zu verlassen.

In alle diese Zeugnisse nach Hörensagen sind wenigstens einige eigene Wahrnehmungen eingestreut, und sie genügen, das ganze Lügengewebe, in das Cortes verstrickt werden sollte, zu zerreißen. Was wir durch sie erfahren, wollen wir überschichtlich zusammenstellen. An jenem unglücklichen Tage begab sich Cortes, wie gewöhnlich, mit seiner Frau zur Ruhe. In der Nacht wurde eine Dienerin schnell in's Schlafzimmer gerufen. Als sie eintrat, befahl ihr Cortes, Licht zu machen, und sie sah nun, daß er seine Frau in den Armen hielt. Er hielt sie für ohnmächtig, und als er sich überzeugte, daß sie todt sei, war er vor Schmerz außer sich. Seine beiden Pagen konnten ihn mit Mühe abhalten, sich den Kopf an der Wand zu zerschellen. Einem herbeigerufenen Bettelmönche gelang es, seinen Schmerz etwas zu mildern. Das Begräbniß erfolgte allerdings am andern Morgen, aber in keiner ungewöhnlichen Weise. Der Bruder Catalina's erhielt keinen Befehl, sein Zimmer nicht zu verlassen, wohl

aber ließ Cortes ihm sagen, daß er den Tod seiner Schwester durch seine Zwistigkeiten mit ihr verschuldet habe. Goldperlen lagen im Zimmer nicht verstreut. Aus welchem Grunde hätte Donna Catalina auch ihr Halsband im Bette am Nacken behalten sollen? Im Schlafe trägt keine Frau Schmuck, am wenigsten ein Halsband von Goldperlen.

Eine der Dienerinnen des Hauses sagte aus, daß Donna Catalina stark an Krämpfen gelitten habe. Verstehen wir unter Krämpfen epileptische Zufälle, so haben wir den Schlüssel des plötzlichen Todes. Die Symptome, die man an einem durch Epilepsie Getödteten wahrnimmt, kommen denen des Erdrosselten sehr nahe. In diesem Falle passen sie weit mehr auf die Epilepsie, als auf einen gewaltsamen Tod. Die Epilepsie erzeugt Schaum im Munde, den der Erdrosselte nie. Bei der erstern Todesart treten ferner die geschwollenen Halsadern so stark hervor, daß sie wie schwarze Bänder aussehen. Bei einem Erdrosselten nehmen die Eindrücke, welche die Faust des Mörders macht, erst nach längerer Zeit eine schwarze Farbe an. Bei Catalina war diese Farbe unmittelbar nach dem Tode, als Cortes sie noch in seinen Armen hielt, sichtbar.

Diese Beweise für die wirkliche Todesart Catalina's sind so schlagend, daß der Wahrspruch der Geschichte über Cortes nur auf Nichtschuldig! lauten kann. Traurig bleibt es immer, daß eine Verleumdung gemeinster Art einem großen Manne drei Jahrhunderte so nachkriechen kann.

(Cur.)

Altböhmische Strafpredigt gegen den Tanz.

Alfred Waldau hat eine hübsche Kulturstudie: „Geschichte des böhmischen Nationaltanzes," veröffentlicht. Wir finden darin folgende Auslassungen Simon Lomnitzky's, der unter Rudolph II. gekrönter Hofpoet war, über das Lieblingsvergnügen der Frauen: „Der Tanz ist ein überflüssiges Abhopsen eines übermüthigen Leibes ausgelassener Leute, die ihre Schritte oder Sprünge zu ihrer Erlustigung mit dem weiblichen Geschlechte seltsam formiren, hinauf und hinunter springen, sich vor einander beugen, Possen treiben, sich gegenseitig umarmen, bei den Händen führen und allerhand Kurzweil hiebei treiben, wie sie solche der Teufel gelehrt hat; denn der Satan ist der Urheber des Tanzes.... Und in Wahrheit, erstaunenswerth erscheint vernünftigen Menschen die Thorheit, also zu tändeln und zu tanzen, weil man sogar über vernunftlose Wesen zu lachen und zu staunen hätte. Denn wenn unser Esel, unser Pferd oder Bock vor uns auf öffentlichem Schauplatze also springen würde, wie es die Tänzer thun, wir alle würden kichern und lachen!" ——

„Der Tanz ist eine überaus schwere und seelentödtende Sünde, eine überaus abscheuliche That von dem Herrn Gotte und seinen Heiligen, schon längst von der heiligen Schrift und vielen heiligen Doktoren mit Schande belegt und verboten.... Die Tanzenden überschreiten nicht blos das Zehngebot, sondern lassen sich auch alle sieben Todsünden zu Schulden kommen. Aber die Tanzenden begehen nicht allein die Todsünden, sondern

Theilnehmende Frage.

„Warum laſſen ſich Herr Pfarrer nicht mehr von Ihrem Doktor kuriren, der Sie durch fünf Jahre ſtets gut behandelt und erhalten hat?"

Pfarrer: „Weil er jetzt mit dem Kaplan zu gut iſt."

ſie handeln und ſündigen auch gegen alle ſieben Sakramente der Kirche.... Und da alſomaken der Tanz Leib und Seele gar ſtark befleckt und den Weg in den Himmel verſperrt, deßhalb ziemt es ſich, daß alle chriſtlichen Jungfrauen, Witwen, Jünglinge, Männer und Weiber vor ihm fliehen und ihn gründlich verachten." ——

„Wir ſollen wiſſen, daß jene, die mit Freuden dem Tanze zuſchauen, oder mit Vergnügen den Muſikinſtrumenten und weltlichen Geſängen zuhören, dereinſt furchtbare Teufel ſehen und die überaus kläglichen Stimmen der Verfluchten und abſcheulichen Teufel hören werden.... Die alten Weiber würden beſſer thun, wenn ſie in den Tempel des Herrn gingen oder in ihr Kämmerlein träten, und hier ihre in den jungen Jahren begangenen Sünden bereuten und den Herrn Gott um deren Vergebung bäten, anſtatt ſitzende Zuſchauerinnen beim Tanze zu bilden, den Haufen ihrer Sünden zu vergrößern, eine noch härtere Strafe vom Herrn Gotte ſich zuzuziehen und die jungen Leute in ihrem ſträflichen Wandel zu beſtärken. Die Schweſter des heiligen Damian ſtand einſt in ihrer Kammer und hörte mit einem gewiſſen freudigen Behagen dem Frohlocken der Tänzer zu, die

auf der Gaſſe herumſprangen, und that dafür in dieſem Leben keine Genugthuung. Aus dieſer Urſache mußte ſie nach ihrem Tode fünfzehn Tage lang im Fegefeuer dulden. Seht nun, wenn jene heilige Jungfrau wegen einer ſolchen Kleinigkeit eine ſo ſchwere Marter dulden mußte, was wird erſt jenen widerfahren, die Tage und Nächte lang tanzen, dem Tanze mit Wohlbehagen zuſehen, auf's Eſſen und Trinken beinahe vergeſſen, ja nicht einmal ſchlafen, nur um ſtets beim Tanze anweſend zu ſein und Kurzweil bis zur Sättigung zu treiben?" ——

„Ein guter Haushund liegt zu Hauſe und ſchweigt, mögen auch die andern Hunde im Dorfe herumrennen und auf einander beißen. Alſo ſollten auch thun die frommen Junggeſellen, die ehrbaren Jungfrauen, die friedfertigen Männer, die guten Matronen und alle andern Menſchen, welche Söhne und Töchter des allerhöchſten Königs werden wollen. Sie ſollen, wenn Andere jauchzen, tanzen und andere böſe Handlungen vollbringen, lieber zu Hauſe bleiben, zum Herrn Gotte beten, und mit andern heilbringenden Dingen ſich beſchäftigen!"

Feuilleton.

Gemeinnütziges.

Wie reinigt man silberne Löffel? Wenn man weichgesottene Eier mit silbernen Löffeln ißt, so nehmen die Löffel dadurch sehr leicht eine schwarzbräunliche Farbe an, welche sich nicht leicht entfernen läßt. Eine sehr zweckmäßige Art der Reinigung ist, die Löffel mit Ruß zu putzen und nachträglich mit Handschuhleder und Engelroth zu potiren.

In Stettin hat man ermittelt, daß die Bienen in einer dortigen Zuckersiederei jährlich an 800 Thlr. Zucker genascht haben. Man macht jetzt Jagd auf sie mit heißem Dampf und tödtet jährlich 11 Millionen davon. Gewiß wäre eine Abhülfe im Interesse der Volkswirthschaft hier wünschenswerth.

Praktische Goldprobe. Das einfachste Mittel, echtes Gold von einer goldähnlichen Legirung zu unterscheiden, besteht nach „Artus' Vierteljahrschrift" darin, daß man einen gewöhnlichen Feuerstein so lange an dem zu prüfenden Gegenstande reibt, bis eine glänzende Metallfärbung auf ersterem zurückbleibt. Hierauf hält man ein brennendes, stark geschweseltes Zündhölzchen an das Abgeriebene; verschwindet es vom Feuersteine, so war der daran geriebene Gegenstand nicht von echtem Golde.

Seit die Mode der Krinoline aufgekommen ist, sind ungleich mehr Fälle von Verbrennungen vorgekommen. Dieses zu verhüten, tränke man die Zeuge mit einer Auflösung von wolframsaurem Sodasalz. Die Anwendung dieser Auflösung an irgend einem Stoff ist sehr einfach. Man braucht nur das rein gewaschene Zeug in die Flüssigkeit zu tauchen, es trocknen zu lassen und dann zu plätten, oder wenn das Zeug gesteift werden soll, so kann man die Auflösung der Stärke zumischen. Die Farben der Zeuge leiden durchaus nicht und in eine Flamme gehalten, verkohlen dieselben nur ohne zu brennen und verbreiten die Flamme nicht weiter.

Durch Alter oder Nässe unlesbar gewordene Schriften. Briefe re. erhält man auf folgende Weise wieder lesbar: Man überstreicht den Brief re. einmal mit Salzsäure und nachdem das Blatt völlig befeuchtet ist, bepinselt man dasselbe mit einer gesättigten Auflösung von Blutlaugensalz. Die Schrift tritt nun in blauer Farbe intensiv hervor, man wischt mit Wasser ab und trocknet zwischen Löschpapier.

Statistisches.

Nach dem neuesten Census von Paris hat sich ergeben, daß dort nicht weniger als 23,000 Personen mit der Photographie berufsmäßig beschäftigt sind. Freilich hat Paris auch den traurigen Vorzug, die erste und bis jetzt fast einzige Stadt zu sein, in welcher die Photographie namentlich im Dienste der Sittenlosigkeit verwandt wird.

Der Flächenraum Preußens wird auf 5103,71 geographische Quadratmeilen, die Gesammt-Einwohnerzahl auf 17,739,913 Seelen angegeben. Die am stärksten bevölkerte Provinz ist Schlesien mit 3,239,616 Einwohnern. Nächst dieser folgt die Rheinprovinz. Von den Regierungsbezirken zählen der Potsdamer, der Breslauer, der Oppelner und der düsseldorfer mehr als eine Million Einwohner. In den hohenzollern'schen Landen wohnen 64,012, im Jahdgebiet 858 Seelen. Die Summe der Civileinwohner sämmtlicher Städte des preußischen Staats beläuft sich auf 5,050,841. Die größte Stadt ist (wie bekannt) Berlin mit 438,961 Einwohnern, die kleinste Treßcken im Regierungsbezirk Frankfurt mit nicht mehr als 265 Einwohnern.

Bei dem großen deutschen Sängerfeste zu Nürnberg sind 284 Gesangvereine vertreten gewesen, die, mit eben so vielen Bannern, in einer Reihe von 5300 Sängern den Festzug bildeten. Die Zahl der Sänger, welche die einzelnen Staaten und Städte gestellt hatten, war folgender Maßen angegeben: Bayern 3099, Württemberg 183, Baden 132, die hessischen Länder 133, Freie Städte 237, Nassau 26, Lippe-Detmold 12, Hannover 10, Oldenburg 4, Braunschweig 5, Rudolstadt 71, Holstein 17, Mecklenburg 44, sächsische Herzogthümer 341, Sachsen 390, Preußen 151, Schweiz 13, Konstantinopel 1, London 5 und Oesterreich 378.

Humoristisches.

Die größte Grausamkeit. Das „Oldenburger Schulblatt" stellte unlängst folgende Frage auf: „Welches ist die größte Grausamkeit?" — und antwortet darauf: „Wenn man einem Lehrer, welcher Frau und Kinder und 172 Thlr. Gehalt hat, einen guten Appetit wünscht."

Ludwig Börne sagte: Wenn Asien dazu bestimmt war, die Wiege der Menschheit und der Schauplatz ihrer permanenten Kindheit zu sein, so ist die Geschichte Europa's die Geschichte ihrer romantischen Jugendkämpfe, ihrer Leidenschaften und der idealistischen Geistesrichtungen. Amerika dagegen wird es sein, wo die Menschheit im reifen Mannesalter die Früchte der Arbeit und der Freiheit genießen wird, während Afrika vielleicht dazu bestimmt ist, in später Zukunft die ausgelebte Menschheit im Greisenalter zu beherbergen.

„Gott vertheilet gnädig seine Gaben," singt Corentin in Dinorah. In der Lotterie der bei Kroll in Berlin ausgestellten national-ökonomischen Gegenstände gewann der König eine Küchenwage und ein Dutzend Küchenmesser, die Königin u. A. ein Paar Hühner, der Kronprinz einen eisernen Bouillontopf, eine Schneidermamsell einen schwarzbraunen Zuchthengst (den sie sofort an einen Gutsbesitzer für 100 Friedrichsd'or verkaufte), ein Literat eine Wurststopfmaschine und ein Stutzer einen mit Bienen dicht besetzten Bienenstock.

Ludwig Börne sagt in seiner witzigen Art: Unter einer Million Deutscher gibt es nur zehn Menschen. Die Uebrigen sind Schneider, Kaufleute, Soldaten, Justizräthe, Astronomen, Diplomaten, Geistliche, Gelehrte, Polizeidirektoren, Förster, Schullehrer — und was man sonst noch sein kann, wenn man nichts ist. Der Schneider sieht die Welt für eine Kleiderschrank an, der Kaufmann für eine Börse, der Soldat für eine Kaserne, der Justizrath für eine Kanzleistube, der Astronom für eine Sternwarte, der Diplomat für ein Staatsgeheimniß, der Schullehrer für eine Schulstube, der Geistliche für eine Kirche, der Gelehrte für eine Bibliothek, der Polizeidirektor für eine Diebshehlerberge, der Förster für einen Wald.

Jemand, der etwas von Salvo Titulo gehört hatte, las eines Tages die vor einem Namen stehenden Buchstaben S. T. — Seine Titulenz.

Die Polizei im Seebade von Dieppe, welche die Aufgabe hat, Personen, die in Lebensgefahr sind, zu retten, hat in die Instruktion, Damen nie mehr bei den Haaren, sondern an den Kleidern zu fassen, da öfter der Fall vorgekommen, daß die Haartour in ihren Händen zurückgeblieben sei.

Eine alte Frau erhielt einen Brief von ihrem, nach Amerika ausgewanderten Sohne. Da sie jedoch nicht lesen konnte, so bat sie Jemand, ihr den Brief vorzulesen. Dieser begann: St. Louis, 20. April. Liebe Mutter —; da aber der Brief sehr undeutlich geschrieben war, so machte der Vorleser hier eine Pause. „Oh," rief die Alte aus, „nun weiß ich gewiß, daß es von meinem Jungen ist, der stotterte immer!"

Das Memorial Bordelais erzählt, bei St. Sevier lebe ein alter Soldat aus Napoleons des Großen Zeit, welcher ein hölzernes Bein, einen falschen Arm, ein Glasauge, ein ganzes Gebiß falscher Zähne und eine silberne Nase habe. Ein seltenes Kompositum von Natur und Kunst!

„Mein lieber Engel," sagte ein Ehemann zu seiner Gattin im Reisewagen, „hast Du auch gut in Deiner Ecke?" — „Ganz gut." — „Fühlst Du auch keine Kälte?" — „Nicht die geringste." — „Und die Thür schließt gut?" — „Ganz gut, lieber Mann." — „Nun denn, bester Engel, so sei so gut und wechsle den Platz mit mir."

Viele junge Damen der Neuzeit werden wohl zu Frauen passend erzogen, man vergißt aber häufig, sie zu Männern passend zu erziehen.

Vermischtes.

Gebratene Aepfel auf den Bäumen haben aufgehört Märchen aus dem Schlaraffenlande zu sein. Der „Prag. Ztg." wird nämlich aus Komotau geschrieben, daß bei der großen Hitze um die Mitte vorigen Monats einzelne Aepfel an den Bäumen von der Gluth der Sonne im wahren Sinne des Wortes gebraten worden sind. Die der Sonne zugewendete Hälfte der Frucht sei äußerlich und innerlich braun geworden und habe einen so einladenden Geruch verbreitet, als wären die Aepfel eben aus der Bratpfanne gehoben worden.

Die Assisen von Brabant verurtheilten einen zwanzigjährigen Mann zum Tode, weil er noch den furchtbarsten Martern ein dreijähriges Kind, welches ihm seine Frau in die Ehe gebracht und welches er adoptirt hatte, mit kaltem Blut erwürgt hatte. In vierzehn Tagen wurden in Belgien sechs Todesurtheile gefällt.

Richard Cromwell, der Sohn und Nachfolger des berühmten Protektors, war nach seiner Abdankung genöthigt, England Schulden halber zu verlassen. Auf seiner Reise in Frankreich besuchte er Petenas in Languedoc, einen hübschen Ort im Besitz des Prinzen Conti; sobald dieser erfuhr, daß ein Engländer in seinem Schlosse sei, ließ er ihn einladen, zu ihm zu kommen, weil er gern die neuesten Nachrichten aus England hören wollte. Der Prinz sprach mit dem Fremden über die Vorgänge in England, nannte Oliver Cromwell einen geselsen Usurpator, bekannte aber seine Achtung vor dessen Staatsweisheit und Muth in Gefahren, und bewunderte die Geschicklichkeit und Kraft, mit welcher er drei Königreiche seiner Autorität unterworfen hatte. „Er verstand zu befehlen," fuhr der Prinz fort, „und verdiente Gehorsam. Aber was ist aus dem armseligen Richard geworden, diesem Feigling, welcher ohne Kampf aufgab, was sein Vater gewonnen hatte?" Der arme Richard, froh, an einem Orte nicht erkannt zu sein, wo er so wenig geachtet wurde, erwiederte nur, daß der abgetretene Protektor von Leuten betrogen worden sei, zu welchen er das meiste Vertrauen gehabt und die sein Vater mit Wohlthaten überhäuft hatte. Richard Cromwell nahm dann Abschied von dem Prinzen, welcher erst zwei Tage später erfuhr, mit wem er gesprochen hatte.

Auf der Antillen-Insel Antigua hat ein bedeutendes Erdbeben stattgefunden. Es sollen 2000 Menschenleben dabei zu Grunde gegangen sein.

Das Fuldaer Domkapitel ist vom Ministerium angewiesen worden, gegen den katholischen Pfarrer in Birgheim, Kreis Hünefeld, das Disciplinarverfahren einzuleiten, weil er Dr. Luther auf der Kanzel einen „Schweinehund" genannt.

In den Straßen Moskau's wurde ein bejahrter Mann aufgegriffen, weil er bettelte. Es ergab sich, daß es ein Rath war, ein alter Geizhals, der ein Vermögen von 120.000 Rubel besitzt.

Das Schwurgericht in Gotha hat kürzlich den 28jährigen Schuhmachergesellen August Böhme von Gotha, der einen 80jährigen Mann erschlagen und beraubt hatte, zum Tode verurtheilt. Zur Charakterisirung des Verurtheilten möge die Thatsache dienen, daß derselbe bereits 77 Diebstähle begangen hat, von denen 44 mittels Einbruchs und Einsteigens berübt wurden.

Wie der „Wanderer" berichtet, brannte am 9. August Nachmittags während eines heftigen Sturmes der am Ufer des Neusiedler Sees gelegene Marktflecken Gois fast ganz nieder. Das Unglück ist um so fürchterlicher, als gegen fünfzig Personen vermißt werden, von denen (und gegen dreißig bereits verbrannt aufgefunden wurden); der geringste Theil der Einwohner war assekurirt. Dieses schauerliche Ereigniß ist nur durch die rapide Schnelligkeit, mit der sich das Feuer über den Marktflecken hinwälzte, erklärbar, denn in weniger als einer halben Stunde war der Ort niedergebrannt.

In Habres (Nieder-Oesterreich) stürzte am 28. Juli bei einem Orkan der große Thurm der Pfarrkirche ein und schlug einen Theil der Kirchenwölbung zusammen. Von den bei der Christenlehre anwesenden Kindern wurden 7 getödtet und 24 Personen meist schwer verwundet. Auch in Znaim wurde der Kirchthurm niedergerissen, wodurch drei Kinder ihren Tod fanden, während mehre andere schwer verletzt wurden.

In der Gefangenenanstalt zu Halberstadt ereignete sich vor Kurzem ein eigenthümlicher Unfall. Ein Strafgefangener, welcher vorzugsweise in der Küche der Anstalt beschäftigt wurde, hatte den Auftrag erhalten, für einen Schuldgefangenen, welcher sich aus eigenen Mitteln beköstigte, das Mittagsessen auf dessen Zelle zu tragen. Auf dem Wege dorthin mochte die bessere Kost den Appetit des Strafgefangenen ganz besonders reizen, er nimmt aus dem ihm anvertrauten Napf ein heißes Stück Fleisch und steckt es in den Mund. Die geringe Zeit, welche er, ohne Aufsehen zu erregen, zur Erledigung seines Auftrags hatte, zwang ihn vielleicht, das Fleisch, ohne es gehörig mit den Zähnen zu zermalmen, niederzuschlucken. Dies veranlaßte seinen Tod; kurz nach seinem Weggange kam er wieder auf den Hof gestürzt, nach Wasser schreiend, und da ihm dies nicht sofort gereicht wird, so läuft er selbst zum Brunnen, stürzt jedoch, daselbst kaum angekommen, tot zu Boden.

Ein schreckliches Unglück ist vor Kurzem in Ilsenburg passirt. Eine Familie aus Berlin, bestehend aus Mann, Frau und einem Kinde, kehrte von dem Besuche des Brockens, auf Eseln reitend, zurück. Das Elternpaar freute sich unterwegs über das stattliche Aussehen ihres reitenden Lieblings und vermochte dem Wunsche desselben, daß es allein und ungeführt die Reise beende, nicht zu widersprechen. Kaum ist das Thier von dem Führer losgelassen, so fängt dasselbe an zu bocken, schüttelt den kleinen Knaben ab, der unglücklicher Weise mit dem einen Fuße im Steigbügel hängen bleibt, und setzt sich nunmehr den Berg hinab in vollen Lauf. Trotz der größten Eile und Anstrengung gelang es dem Führer nicht, das Thier einzuholen, und erst im Thale wurde man seiner habhaft. Das Kind war bereits zur unkenntlichen Leiche geworden.

Ein bei einer achtbaren Familie in Mariahilf (einer Vorstadt von Wien) in Dienst stehendes Kindermädchen hatte sich mit dem ihm anvertrauten Säugling auf das Burgglacis begeben und dort das Kind auf das Gras niedergelegt, um in einiger Entfernung davon mit einem Liebhaber zu plaudern. Als sie wieder zu dem Kinde zurückkehrte, fand sie dasselbe in regungslosem Zustande und mit verzerrten Gesichtszügen. Erschreckt hob sie es auf, und in der Hoffnung, es zu sich zu bringen, wendete sie vergebens verschiedene Mittel an. Nun trug sie jammernd das Kind zu seinen Eltern, es wurde der Arzt gerufen und dieser erklärte sogleich, daß der Säugling erstickt sei. Bei näherer Untersuchung stellte sich heraus, daß dem Kinde eine Maus in den Mund und von da in die Kehle geschlüpft war. Das Thier wurde ebenfalls todt aus dem Schlunde des Kindes hervorgezogen.

In einer größeren Stadt Untersteiermarks, so erzählt die Grazer „Tagespost", fand eine hübsche, reiche Bäckerstochter Gefallen an einem Marktsoldaten von sehr gewinnendem Aeußern. Sie liebten sich beide recht innig und beschlossen, einander zu heirathen. Die Eltern des Mädchens waren dessen zufrieden, nur stellten sie die Bedingung, der Bräutigam solle der militärischen Laufbahn entsagen. Die Liebe überwog alle Bedenken des Soldaten und er quittirte seinen Dienst. Nachdem er dieses Opfer gebracht, hofft er den Lohn dafür in der verdoppelten Zärtlichkeit seiner Braut zu finden, aber er hat die Rechnung ohne sie gemacht. — Uniform aus, das Herz, das so heiß für den Officier geschlagen, es fühlt nicht die leiseste Regung für den Civilisten. Der arme junge Mann hat nicht nur eine Frau, er hat auch seine Stellung verloren, seine Carrière verdorben. Ein langwieriger Proceß entspinnt sich durch alle Instanzen; dieser Proceß lautet nun die oberste Instanz: die Eltern der Braut seien gehalten, dem verschmähten Bräutigam lebenslänglich die von ihm bezogene jährliche Gage von 525 fl. zu bezahlen, und das Urtheil wird auf die Realitäten der Verurtheilten intabulirt.

In Magdeburg hat ein bei einem Carroussel-besitzer dienender Arbeiter aus Rache gegen seinen Brodherrn der 13 bis 14jährigen Tochter desselben mit einem Taschenmesser die Luftröhre bis auf die Knochen durchschnitten. Der Thäter stellte sich selbst den Gerichten.

Kürzlich meldete sich auf dem Berliner Vormundschaftsgericht ein schon ziemlich bejahrtes Mädchen mit dem Antrage, eine Klage auf Alimentation ihres vor Kurzem geborenen unehelichen Kindes gegen den Vater desselben aufzunehmen. Die Bittstellerin sagte dabei an, daß sie schon früher in gleicher Lage gewesen. Unter diesen Umständen wurden die vorhandenen Vormundschaftsakten nachgesehen und dabei zur großen Verwunderung der betreffenden Beamten festgestellt, daß das Mädchen sich freilich schon öfter in gleicher Lage befunden und zwar bereits einundzwanzig Mal!

Wir meldeten bereits letzthin kurz, daß die Gemalin des amerikanischen Dichters Longfellow bei lebendigem Leibe verbrannt ist. Das Unglück trug sich auf folgende Art zu. Während die Verunglückte einen Brief siegelte, fiel etwas brennender Lack auf ihren leichten Anzug, der im Nu in Brand gerieth. Longfellow stürzte herbei, um den Brand zu löschen; aber sie riß sich los und lief, besinnungslos vor Schrecken, die Treppe hinab, und unten fiel sie hin — buchstäblich verbrannt.

Vor dem Civilgerichte in Paris schwebt ein interessanter Proceß. Der Kläger ist der schwedische Generalkonsul Hr. Jules Leroux, die Beklagte ist Niemand anderer als die Kaiserin Eugenie. Der Gegenstand des Processes ist folgender. Im Jahre 1855 wollte die Kaiserin für ihre Verwandten eine fürstliche Wohnung in Paris aufführen und kaufte zu dem Ende das in den elysäischen Feldern gelegene prachtvolle Haus des Hrn. Lauriston für 14 Millionen Francs und gab demselben den Namen Hôtel Alba. Einmal im Besitz des Hauses wollte man auch den daran stoßenden Garten in einen förmlichen Park verwandeln und trat in Unterhandlung wegen Erwerbung der angrenzenden zwei großen Gärten, wovon einer Hrn. Emil Girardin, der andere dem schwedischen Generalkonsul Hrn. J. Leroux gehörte. Der frühere Besitzer Hr. Lauriston hatte vergeblich große Summen für diese beiden Gärten geboten; allein, was man ihm nicht überlassen hatte, mochte man Ihrer Maj. der Kaiserin nicht abschlagen. Emil Girardin verkaufte sein ganzes Grundstück mit Ausnahme eines kleinen Viereckes um seine Villa. Was Hrn. Leroux betrifft, so willigte er in den Verkauf seines Gartens, welcher den Hauptreiz seiner Wohnung bildete, nur unter der Bedingung, daß er die Aussicht auf denselben behalte, mittelst einer Terrasse, die durch ein Glashaus mit seinem Speisesaal verbunden, ihm die Gelegenheit bot, wenigstens mit den Blicken sich noch ferner in dem zu seinen Füßen liegenden theueren Garten ergehen zu können. Diese Bedingung erschien hart; dieses Recht der Aussicht war genant; allein man fügte sich endlich, indem man die Gegenbedingung stellte, daß zwar Leroux nur ein lebenslängliches Recht und mit Hrn. Leroux, sei daß er stürbe, oder daß er sein Hôtel verkaufen würde, aufhören sollte. — Nachdem die Dinge einmal so geregelt waren, verbrachte Hr. Leroux manche Stunde des Tages auf der Terrasse und ergötzte sich an dem Anblicke der prächtigen hundertjährigen Bäume. Da starb die Herzogin von Alba. Man weiß, wie sehr sich die Kaiserin den Tod dieser ihrer Schwester zu Herzen nahm. Sie wollte nichts mehr von dem Hôtel wissen, sie wollte es nicht einmal mehr sehen, und da die Großen dieser Welt das Vorrecht haben, ihrem Schmerze Alles zu opfern, so wurde denn auch beschlossen, das Hôtel Alba niederzureißen. Nachdem das Hôtel fielen auch Hunderte von den großen Bäumen; der Raum wurde der Spekulation zu Baustellen überlassen und eine Straße mitten durch den ehemaligen Garten gebrochen. Hr. Leroux protestirte laut gegen diese Verwüstung, aber umsonst; seine Verzweiflung stieg auf's Aeußerste, als er vernahm, daß einige Schritte von seiner Terrasse die Mauer eines sechs Stock hohen Hauses aufgeführt werden solle. Er machte nun eine Klage gegen Ihre Maj. die Kaiserin anhängig und verlangt, daß dieselbe die Bäume, welche in einer Ausdehnung von 1200 Metres den von ihm abgetretenen Garten zierten, wieder in den früheren Stand bringe. Er hat das ganze Chaos der gefällten Bäume photographiren lassen. Er weist jeden Vergleich von sich und fordert, daß man ganz ähnliche Bäume, von derselben Art, derselben Größe ꝛc. wieder pflanze. Die Kaiserin dagegen will um seinen Preis beim Vorüberfahren durch die Bäume des Parks an ihre verstorbene Schwester gemahnt werden und so schwebt nun der Proceß, zu welchem demnächst das Gericht die Entscheidung fällen soll.

Am Maria-Himmelfahrtstage wurde in der Domkirche zu Trient eine von dem achtjährigen Sohne des in Prag verstorbenen Kapellmeisters Luigi Ricci komponirte Messe aufgeführt.

Der Luftschiffer Regenti hatte für den 25. August in Preßburg eine Luftfahrt angekündigt. Die Füllung des Ballons wurde jedoch durch den heftigen Wind gehindert. Die Folge dieses Mißlingens war, daß aus den zahlreichen Zuschauern ein Pöbelhaufe über den Ballon herfiel und ihn in Stücke zerriß. Regenti selbst entkam der Wuth des Pöbels nur durch den Schutz des Stadthauptmanns und anderer angesehener Personen; sein Gefährte, ein Hr. Franz Schuler aber, der die Luftfahrt zu meteorologischen Zwecken mitmachen wollte, erlitt verschiedene Mißhandlungen, bevor es ihm gelang, sich in ein nahes Haus zu retten. Regenti schätzt den ihm zugefügten Schaden auf 3000 fl.

Der im Juni vorigen Jahres von Havre nach der Havannah gesegelte französische Freimaster Don Juan hatte sich von einem Hause in Cuba zu einer Sklavenfracht von der afrikanischen Küste chartern lassen. Er nahm 850 Neger an Bord und lieferte, nachdem etwa 230 unterwegs gestorben, den Rest in Cuba ab. Um das begangene Verbrechen zu verheimlichen, steckte der Kapitän das Schiff in Brand. Jetzt steht er wegen beider Verbrechen mit seiner ganzen Mannschaft vor dem Gericht in Havre.

Kürzlich fand in Folge von Wetten auf Schweizergebiet eine Probe der Schnelligkeit der Taubenpost statt. Es wurden aus Lüttich 375 gezeichnete Tauben nach Basel gebracht und dort losgelassen. Eine bedeutende Anzahl derselben zog es vor, in Basel zu bleiben; während andere um sechs Uhr Morgens den Aufflug begannen. Um drei Viertel auf eilf Uhr Mittags langte die erste Taube in Lüttich an. Sie hatte also eine Strecke, die in der Luftlinie länger ist, als die von Prag nach Graz, binnen nicht ganzen fünf Stunden zurückgelegt. Bis zwölf Uhr Mittags hatten bereits mehre Dutzend Tauben die Strecke zurückgelegt. Bis Abends war der größte Theil angelangt und hiemit die Wette gewonnen.

Die amtliche Zeitung von Ungarn meldet: „Die allerhöchste Bewilligung zur Umänderung der Familiennamen haben in Pest nachstehende deutsche Herren erhalten: Josef Rosenwalt ändert seinen Namen um in Rózsay; Gregor und Wilhelm Kamer ändern ihn in Rajnay; Julius Unger heißt nun Magyar; Heinrich Großmann ändert in Szegedy und Eduard Schulteß in Enlnos." (Was ist des Deutschen Vaterland?)

Das gräßliche Verbrechen, das neulich aus Steiermark berichtet wurde und das mit und gewiß die meisten unserer Leser zur Ehre der Menschheit für unmöglich gehalten, ist wirklich eine Thatsache. Die Wiener Ztg. schreibt: „Dieser Tage haben die Blätter gemeldet, daß der gräßlich verstümmelte Leichnam der längere Zeit vermißten siebenjährigen Marie Burtinger am 14. Juli d. J. in einem Walde bei Aluttendorf in Steiermark aufgefunden worden ist. Der Thäter dieses in seinen Nebenumständen entsetzlichen Verbrechens wurde durch die umsichtige und verdienstliche Thätigkeit der Polizeidirektion in Graz in der Person des Sagabunden Franz Rieger (aus Pardubitz, 42 Jahre alt, katholisch, ledig) ermittelt. Derselbe hat ein umfassendes Geständniß abgelegt und die That ganz umständlich erzählt, wie er das Kind in den Wald gelockt, ihm dort die Füße auseinandergespreizt und es an zwei von einander weggestehenden Bäumen einen Schuh hoch festgebunden, denselben den Mund mit der Schürze verstopft und sodann an dem Mädchen durch volle drei Stunden unzüchtige Handlungen verübt habe. Hierauf hat er dem Kinde mit seinem Taschenmesser den Bauch aufgeschlitzt, die Leber, das Herz, die Lungen und die Zunge herausgenommen und das Alles noch warm aufgegessen. Weiter gab er an, er habe die Haut von dem ganzen Körper ablösen wollen, dies jedoch blos an den Schenkeln vollführt, da inzwischen die Nacht eintrat und Furcht und Schrecken ihn überfiel. Als Motiv seiner That gab er an, er habe sich unsichtbar machen wollen; denn er habe gehört, man könne sich unsichtbar machen, wenn man das Herz und die Leber von drei unschuldigen Mädchen gegessen habe. Er hatte auch den Vorsatz gefaßt, noch zwei andere Mädchen auf dieselbe Art umzubringen; jedoch habe er seit jener That nicht Ruhe noch Rast finden können; jede Nacht sei ihm das weinende und bittende Kind erschienen, und darum habe er den gefaßten Entschluß wieder aufgegeben und sein Verbrechen beichten wollen. Das Schürzchen, welches er dem Kinde abgenommen und mit welchem er demselben den Mund verstopft hatte, wurde in dem Bettelsacke des Sagabunden vorgefunden. Der Mörder wurde von der Polizeidirektion in Graz dem k. k. Landesgerichte eingeliefert." — Eine eindringliche Mahnung, den Volksunterricht überall, wo dies noch nicht der Fall ist, in einem Allgemeingut zu machen und Allem entschieden entgegenzutreten, was Aberglauben verbreitet oder demselben Vorschub leistet, kann es wohl nicht geben. Eine solche That im Jahre 1851! Man möchte fast mit Lessing ausrufen: „Wer über gewisse Dinge den Verstand nicht verliert, der hat keinen zu verlieren!" Neueren Nachrichten zu Folge hat sich herausgestellt, daß sich die vorstehend mitgetheilte grauenhafte Schandthat als solche wirklich, nur ist Rieger, wie Grazer Blätter melden, der Mörder des Mädchens nicht. Rieger ist ein Halbtrottel, der schon mehre Verbrechen auf sich genommen und auch die Strafe dafür abgebüßt haben soll. Jetzt aber, als er hörte, er sei für den Mord die Todesstrafe durch den Strang werde erleiden müssen, wurde ihm die Sache zu ernst, und er erklärte, daß er die That nicht begangen habe, nicht habe begehen können, weil er zur Zeit der Ermordung des Mädchens noch eine Strafe abzubüßen hatte und in Kindberg eingesperrt war. Diese Aufklärungen sollen sich vollkommen bestätigt haben.

Vor dem Assisengericht in Wales ist in den ersten Tagen des August eine 77jährige Frau, die ihrem 80jährigen Manne mittels eines Rasirmessers den Hals abgeschnitten hatte, zum Tode verurtheilt worden.

Als Muster, welch' feinen Zeitungsstyl sie in Amerika schreiben, lassen wir nachstehend eine Stelle aus dem zu Kentucky erscheinenden „Crescent" folgen. Das Blatt schreibt über den Bundesgeneral Prentiß: „Zu Kairo in Illinois begeifert gegenwärtig ein Mensch, Namens Prentiß, der die Truppen kommandirt; ein niederträchtiger, ekelhafter Hund, ein verrätherischer Schurke, ein notorischer Dieb, der fünf Jahre im Zellengefängnisse gesessen hat und seine Haut mit Branntwein aus Cincinnati ausfüllt, den er aus Oekonomie sahweise sauft. Seine Krieger, mit denen Lincoln den Süden unterdrücken will, sind säbelbeinige, holzschuhte, nach Sauerkraut riechende, wurstgestopfte Bastarde, Schufte und Kehlabschneider."

Erinnerungen.
Illustrirte Blätter für Ernst und Humor.
82. Band. (Ein und vierzigster Jahrgang.) **Heft VI.**

Louise Meunier.
Von P. D.
(Fortsetzung.)

Inzwischen hatte die Begegnung Madame Bourgueville's mit den beiden Liebenden dieser viel Kopfbrechens verursacht. Der Verdacht, ihre Freundin habe sich Tags zuvor eben nur bei ihr insinuiren wollen, steigerte sich bis zur Gewißheit. Louise ahnte vielleicht nicht einmal, wie wahr die Worte waren, die sie zu René sprach: „Ihre Mutter haßt mich schon!" Die Gräfin war gar nicht im Stande, dem Wunsche ihres Sohnes zu widerstehen, wenn er förmlich seinen Entschluß, Louise zu heiraten, kundgab. Und diese Nachgiebigkeit war keineswegs eine Folge mütterlicher Schwäche. Die Schwierigkeiten, womit sie in den ersten Jahren ihres Wittwenstandes bei der Verwaltung ihres Vermögens zu kämpfen hatte, waren für sie ein überzeugender Beweis von der Schwäche des Weibes gewesen. Deßhalb achtete und schätzte sie in ihrem Sohne den, der Chef der Familie geworden nicht nur durch das Recht der Geburt, sondern auch durch seine Thätigkeit und außerordentliche Begabung.

Das Leben René's war in der That kein müßiges; er war ein leidenschaftlicher Agronom, der nicht ängstlich an der Theorie klebte, der die Kultur seiner Besitzungen selbst überwachte, und so bald sein Einkommen nicht unmerklich vermehrt hatte.

Wenn aber die Gräfin einen althergebrachten Respekt vor der Suprematie des Mannes hatte, so hinderte sie das durchaus nicht, im übrigen alle weiblichen

Vorurtheile auf's strengste zur Geltung zu bringen. Ja, weich und nachgiebig, wie sie im gewöhnlichen Leben war, konnte sie Niemanden leiden, der es wagte, die Vorurtheile der Welt anzugreifen und ihre Gesetze und Gebräuche auch nur im mindesten zu verletzen. Selbst unfehlbar und voller Verstand, verband sie mit der Strenge der römischen Matrone den Fanatismus eines Inquisitors. Sie war bürgerlicher Abkunft, aber der Adelstitel, den sie sich erworben, indem sie dem Grafen von Bourgueville ein bedeutendes Vermögen brachte, war ihr darum nicht weniger theuer und werth. Im Gegentheil, eine Mesalliance René's war für sie doppelt demüthigend; erstens, weil ihr Sohn seine natürlichen Vorrechte dadurch verlor, und zweitens, weil sie voraussah, daß er für seine Nachkommen dieselben sich nie werde wiedererwerben können. Ja sie hielt es sogar für eine unerhörte Keckheit, daß ein bürgerliches Mädchen wie Louise sich erfreche, ihren Sohn in die Netze ihrer Liebenswürdigkeit zu verstricken. Sie sann daher auf Mittel und Wege, wie sie ihm seine Liebe zu Louise verleiden könnte. Dieses Mittel glaubte sie denn auch bald gefunden zu haben, und so begab sie sich einige Tage später zum Notar der benachbarten Burg, der die Besorgung aller ihrer Rechtssachen über sich hatte.

Das Erscheinen der Gräfin war nichts Ungewöhnliches für unsern Mann des Gesetzes. Eine ganz natürliche Ursache hatte sie schon oft zu ihm geführt. Ein Bruder des seligen Grafen von Bourgueville hatte seine Erbschaft ungleich vertheilt. Den geringeren Theil hatte er seinem Neffen René vermacht, den bei weitem größeren aber einer jungen Nichte, der Tochter einer Schwester, die ihm sehr an's Herz gewachsen war. Schon waren fünf Jahre seit dem Tode des Erblassers verflossen, als zwischen den beiden Erben, oder vielmehr ihren Vertretern, ein Streit ausbrach, bei dem jeder sich darauf berief, der Wortlaut des Testamentes sei unklar. Um indeß jedem Processe auszuweichen und alles auszugleichen, ward der Vorschlag gemacht, René sollte seine junge Cousine heirathen. Aber die Gräfin Bourgueville hatte sich, trotz der verführerischen Vortheile einer solchen Verbindung, dennoch geweigert darauf einzugehen. Sie schützte dabei die Jugend ihres Sohnes vor, der erst einundzwanzig Jahre alt, also erst zwei Jahre älter sei als die für ihn bestimmte Braut.

Sechs Monate später gab's nichts mehr zu erwägen und zu berathen; die Erbin war verheirathet. Zwei Jahre später wurde sie Witwe. Während dieser ganzen Zeit hatte der Proceß geschlummert, weil beide Parteien sich nicht darum kümmerten. Die Gräfin erschien indeß öfter, um Neuigkeiten zu erfahren, und der Notar antwortete stets dasselbe: „Da die liebenswürdige Madame Lucia de Saucour nun wieder frei sei und René ihre Hand anbieten könne, so halte er dies immer für den besten Ausweg."

An jenem Tage hielt die Gräfin den Notar bei den letzten Worten fest: diese Verbindung sei ja unmöglich, weil René sich doch nicht selbst der Madame Saucour in Paris vorstellen könne; und wenn ihm auch ihr Haus offen stände, so sei darum doch nicht gesagt, daß er nicht abgewiesen würde mit seinem Antrage. Was Lucia betreffe, so werde dieselbe schwerlich je Paris vertauschen wollen mit dem „Schlößlein" — so nannte man nämlich den Herrschaftssitz der geborenen Grafen von Bourgueville, deren Repräsentantin die junge Witwe war — da sei also keine Aussicht auf einen günstigen Erfolg.

Der Notar merkte die geheimen Wünsche der Gräfin, und da ihm ein hübscher Kontrakt in Aussicht stand, erwachte sein ganzer Eifer, und sogleich zog er sein Intriguantentalent, das er unter den verschmitzten Bauern der Hochnormandie außerordentlich kultivirt hatte, zu Rathe. „Ich werde," begann er nach kurzem Nachsinnen, „an Herrn Dornet, Bruder der Madame Saucour und Exadvokaten am Kassationshofe, schreiben, und durch ihn das Nöthige erkundigen lassen."

„Seien Sie des Erfolges gewiß," sagte er wiederholt zur Gräfin. „Worauf kommt's an? Nur darauf, Madame Saucour unter dem Vorwande, es sei ein Proceß zu arrangiren, zu einem zeitweiligen Aufenthalte auf dem „Schlößlein" zu bewegen. Ist das erreicht, so wird's genügen, daß beide Theile sich sehen, um die Sache in einer erwünschteren Weise als durch einen Vertrag zu ordnen, nämlich durch eine Heirat. Und welcher Frau würde es nicht schmeicheln, René zum Gatten zu haben? Welcher Mann könnte der reizenden Madame Lucia widerstehen? Vor Ablauf eines einzigen Tages wird sie jene kleine Gouvernante weit überstrahlen, die ihrerseits ohne Zweifel begreifen wird, daß mit einer so noblen, bezaubernden Dame rivalisiren zu wollen reiner Wahnwitz und Tollheit sei."

Während er in dieser Weise geschickt deklamirte, sagte er zu sich selbst: „Der junge Graf müßte doch gar ein sonderbarer Kauz sein, wenn er ein so prächtiges Geldgeschäft von der Hand weisen wollte, davon abgesehen, daß Lucia in der That auch hübsch ist."

Da die Gräfin sich durch die Versprechungen des Notars neu gestärkt fühlte, und, wie schon gesagt, jede offene Opposition gegen ihren Sohn meiden wollte, beobachtete sie ihn nicht mit Argusaugen, obgleich sie sich über keinen seiner Schritte täuschte. Liebende aber wissen die Duldung ihres Verhältnisses stets recht auszunutzen; so war's auch bei René und Louise der Fall: sie glaubten bald, schon ein Recht zu haben, ganz sich selbst zu leben. René genoß sein Glück tagtäglich in der festen Zuversicht, er werde stets der Herr ihres gemeinschaftlichen Geschickes bleiben. Louise aber, mit ihrem lüsternen Herzen und ihrer düstern Phantasie, weidete sich an diesem neuen Gefühle, in welchem sie den idealen reinen Zauber erlaubter Liebe und geheimnißvoller Leidenschaft fand.

Die Anwesenheit Klärchens hörte sogar bald auf, an den Eindrücken ihrer Freundin etwas zu ändern, wie dies bis dahin der Fall war, wo Klärchen stets ihre Einbildung abkühlte.

Klärchen stand übrigens in den Tagen ihrer Feuerprobe und des Kampfes; aber sie fürchtete sich nicht.

III.

Ungeachtet des Wortwechsels beim letzten Banket des Doktor Renoult hatte Madame Tiercelin Klärchen und ihren Onkel für's nächste Kirchweihfest zu sich geladen. Es war ein herrlicher Tag; man legte den kleinen Weg zur Kirche, um der Messe beizuwohnen, zu Fuß zurück; die jungen Bauernmädchen waren von der Schönheit und der Toilette Klärchens ganz entzückt und die jungen Männer warfen ihr manch verstohlenen Blick zu; die boshaftesten und größten aber stießen Jerome an den Elbogen, um ihm zu sagen, daß er ein Glücksvogel sei. Man hatte von zwei bis sechs Uhr gespeist, von sieben bis Mitternacht getanzt. Klärchen hatte keinen andern Kavalier gehabt als Jerome und kehrte an seinem Arme mit etwas zerknittertem Kleide, das Haupthaar durchnäßt zurück, wo sie Madame Tiercelin im Speisesaal erblickte. Bleich und schwach, ja halb ohnmächtig, saß sie da, ihr Kopf ruhte auf dem Rücken ihres Lehnstuhles, während ihr Gemal sie mit all' der Ungeschicklichkeit und Unbeholfenheit bediente, die den gewöhnlichen Bauer so ganz zu Gesichte steht. Augenblicklich trat Klärchen hinzu, brachte die Tante in eine bequemere Lage, lüftete die Kleider, die sie irgend geniren konnten, und gab ihr, indem sie ihre Schläfe mit wohlriechenden Wassern leise einrieb und sie gleichzeitig davon einathmen ließ, die Besinnung wieder. Inzwischen erschien der Doktor; er erklärte, den Zustand der Kranken nur dann beurtheilen zu können, wenn man sie zu Bette bringe.

Klärchen saß die ganze Nacht zu Häupten ihres Bettes; der Doktor kam zu wiederholten Malen, das Uebel zu beobachten, und setzte sich dabei jedesmal an's andere Bettende, den Kopf auf die linke Hand, den linken Elbogen auf die rechte Hand gestützt. Das Fieber war heftig; alle ihre Züge schwollen heftig an, brennende Flecken begannen sich auf der Brust und den Armen zu zeigen; am andern Morgen war's klar, daß Madame Tiercelin die Blattern hatte. Der erste Gedanke des Doktors war unter solchen Umständen, seine Nichte fortzubringen; aber Klärchen begriff plötzlich, daß sie in dieser Lage unentbehrlich sei. Sie protestirte daher gegen die Zumuthung des Doktors, nach Hause zurückzukehren: „Kann ich Madame Tiercelin ihrem Manne, ihrem Sohne und den Dienstboten überlassen? Da würden Ihre Vorschriften schön beobachtet werden!"

Der Doktor mußte nachgeben, und Klärchen richtete sich sofort in der Nähe der Kranken zur großen Freude des ganzen Hauses häuslich ein. Die Krankheit war langwierig, und die liebenswürdige Zauberin mußte die Zeit zu benützen, um die Herzen für sich zu gewinnen. Sie berührte die Kranke stets mit so zarter Hand, und versüßte ihr die gereichten Arzneien durch so gutmüthige Blicke und durch so freundliches herzliches Lächeln, daß Madame Tiercelin bald nur mit ihrer jungen Wärterin sich beschäftigte. Man hatte im Krankenzimmer selbst für Klärchen ein Ruhebett hingestellt, und während sie auf diesem nothdürftig ausruhte, vertrat sie eine brave Bauersfrau, die einst die Amme Jeromes gewesen war. Wenn sie aufstand, besorgte sie rasch ihre Toilette, und so war sie, so oft Jerome die Mutter besuchte, stets überaus reizend. Die Abspannung, die in ihren Zügen unverkennbar lag, erhöhte nur deren Feinheit, und machte sie erst recht interessant. So kam es, daß sich Aller Augen auf sie richteten. Wenn die Kranke schlief und sie somit einige freie Augenblicke hatte, benützte sie dieselben oft zu einem Briefe an Louise und ließ ihn jedesmal gleich zur Post befördern. Unter dem Vorwande, Ansteckung zu vermeiden, verbrannte sie Serailpastillen und ließ den balsamischen Duft derselben durch ihre Kleider gehen. Der Zufall wollte, daß Jerome immer zugegen war, wenn sie diese halbmagische Operation vornahm — und, merkwürdig, verfehlte seine Wirkung auf den jungen Gutsbesitzer nicht, und befreite ihn ,um Theil von seiner Schwerfälligkeit und Plumpheit.

Inzwischen genas Madame Tiercelin; die Rekonvaleszenz hatte begonnen. Daß aber Klärchen an ihrer Seite wie eine Tochter liebevoll gewacht und sie gepflegt, das schien ihr noch immer nichts als ein konfuses Traumbild. War sie etwa darüber erfreut oder ärgerlich? Das war schwer zu bestimmen, sie wußte es selbst nicht. Eine zarte Erkenntlichkeit und Rührung, die sich zu ihrer verdrießlichen Stimmung gesellte, verbunden mit der Hochschätzung, die sie der Zartheit, Ergebenheit, Opferwilligkeit nicht versagen konnte, waren geeignet, sie für Klärchen einzunehmen. Aber der Gedanke, daß sie vielleicht darum in die Heirat mit Jerome werde willigen müssen, beunruhigte und quälte sie sehr, machte sie mißtrauisch und schroff.

Klärchen war zu scharfsinnig, als daß sie nicht die Vorgänge im Innern der Gutsbesitzerin errathen hätte, wenn sie sprach:

„Sie waren so gut, meine Theure, zu meiner Pflege zurückzubleiben; aber wie konnte mein Mann das zugeben. Sie sind in der That zu solchen Liebesdiensten wie gemacht. Würden aber nicht Rose und Franciska an die Ende auch übernommen haben?"

„Ihr Herr Gemal hatte aber mehr Zutrauen zu mir als zu jenen braven Kindern, die sich, glaube ich, besser auf die Behandlung ihrer Kühe x. verstehen, als auf die Behandlung von Kranken."

„Ach! Bauern, wie wir, sind durch Arbeit und Strapazen abgehärtet, und auf uns wirken alle jene kleinen Kleinigkeiten, die bei feinen Leuten schon helfen, gar nicht: ein Riechfläschchen und ein Löffelchen Syrup das ist nichts für uns. Wir haben eine bessere Arznei: die reine Landluft und Gottes Hilfe. Hier, nehmen Sie, meine Theurste, in meiner Kommode ein Mousselinetuch, und geben Sie es mir; ich will mir den Kopf damit bedecken, denn die Sonne sticht förmlich."

„Ist's so gut?" sagte Klärchen, nachdem sie aus dem Mousselinetuch eine Kapuze gemacht und dieselbe bequem auf dem Kopfkissen ihres Fauteuils angebracht.

„Ja, das ist wahr, es gibt nicht leicht ein junges

Mädchen so gefällig und gewandt wie Sie; aber darum bleibt's doch dabei; mein Mann hätte es nicht zugeben sollen, daß Sie meinetwegen hier blieben; er konnte Sie leicht unglücklich machen, Sie konnten selbst erkranken — und dann weiß er nur zu gut, daß ich nicht gerne Verpflichtungen übernehme, denen ich nicht entsprechen kann."

„Aber, Madame, es kömmt mir nicht im entferntesten in den Sinn, irgend eine andere Vergeltung als Ihre Freundschaft von Ihnen zu erwarten für einen Liebesdienst, den Freunde sich unter einander freudig und gern erweisen."

„Ach! sagen Sie das nicht, Klärchen; ich weiß etwas, was Ihnen lieber sein würde als meine Freundschaft. Ich wollte schon ... aber, liebes Kind, es ist das eine schwere Sache! Indeß, sie drängt nicht; wir wollen sehen, nicht wahr? Sie sind noch sehr jung ..."

Klärchen erwiederte lächelnd:

„Eben weil die Sache gar nicht dringend ist, sollten Sie sich damit nicht abquälen, und wenn Sie mir einen Gefallen thun wollen, lassen Sie diesen Gegenstand der Unterhaltung gänzlich fahren."

Frau Tiercelin kam aber immer wieder darauf zurück; von dem Gedanken an diese Heirat war sie vollständig besessen; gab sie ihre Einwilligung, so verursachte ihr das Kummer; gab sie dieselbe nicht, so machte sie sich daraus einen Vorwurf; sie hätte es am liebsten gesehen, Klärchen hätte dieselbe selbst für unmöglich angesehen.

Alles das konnte am allerwenigsten dem Scharfblick Klärchens entgehen. Sie suchte daher bei jeder Gelegenheit dergleichen Gedanken der Frau Tiercelin aus dem Kopfe zu verscheuchen, und — noch war der letzteren Genesung nicht vollständig, als die junge Wärterin ihre Vorkehrungen zur Abreise traf. Der Tag der Letzteren war schon festgesetzt; aber Abends mußte man an Doktor Renoult schreiben, daß seine Nichte ein leichtes Unwohlsein verspüre und daß man deshalb ihre Abreise um vierundzwanzig Stunden aufschieben müsse. Gleich darauf aber ging ein zweiter Brief ab, der ihn um schleunige Herüberkunft bat. Das arme Klärchen war während ihrer Krankenwärterschaft angesteckt worden.

Diese Kunde machte auf alle Mitglieder der Familie Tiercelin zwar einen verschiedenen, aber doch überall einen tiefen Eindruck. Jerome, für den Augenblick untröstlich, um die nächste Zukunft ängstlich besorgt, hätte gerne sein halbes Leben für die Gesundheit seiner heiß Geliebten hingegeben. Herrn Tiercelin bereitete der Gedanke an die Gefahr, die das arme Kind lief, große Unruhe und mehr Sorge, als ihm je seine würdige Chehälfte eingeflößt hatte; alle Augenblicke hielt er mit thränenden Augen Nachfrage über das Befinden der Kranken. Vor Allen aber war es Frau Tiercelin, die das Mitleid ganz umgestimmt hatte. Sie hatte, wie alle Leute ihres Schlages und Kalibers, mehr Mitgefühl, wenn sie Jemanden körperlich, als wenn sie Jemanden geistig leiden sah. Ja, von dem Augenblicke an, wo sie ihr den ersten Löffel Medicin

reichte, betrachtete sie Klärchen als ihre Tochter. Fort und fort jammerte sie: „Welches Unglück war es, daß ich meine Zustimmung zu der Heirat nicht gab; das ist der Grund ihrer Krankheit; ich habe ihr Herz gebrochen."

„Werden Sie mir erst wieder gesund, mein Kind," sagte sie halblaut zu Klärchen, so oft sie sich ihrem Bette näherte; „man wird Ihnen Ihren Jerome schon geben. Fürchten Sie nichts; er wird nicht darauf sehen, wenn Sie auch einige Pockennarben haben. Wenn man übrigens auf dem Lande lebt, hört's von selbst in Folge der Sonnenhitze, von welcher stets ausgesetzt ist, mit dem weißen Teint auf — da ist nachgerade alles gehauen wie gestochen."

So oft Klärchen diese Trostpredigten zufällig hörte, konnte sie nicht umhin, ihre Empörung oder doch ihre Ungläubigkeit durch Zeichen zu erkennen zu geben. Wenn ihre Schmerzen etwas nachließen, was zwar selten geschah, so wünschte sie sofort, man solle ihr auf's Gesicht Watta legen, weil sie sagen gehört, daß die dadurch eintretende Transpiration die Beulen leichter heile und das Zurückbleiben von Spuren erschwere. Der Doktor hatte versucht, dieses Vorurtheil zu bekämpfen; ohne Erfolg, so sehr er es auch betonte, daß sie sich vor zurückbleibenden Spuren der Krankheit gar nicht zu fürchten brauche, weil sie als Kind geimpft worden. Es wurden allerlei kindische Versuche zur Hintanhaltung entstellender Folgen gemacht, so wie sie in der vox populi zur Geltung gelangt waren; das Beste an allen war, daß sie wenigstens nicht schadeten, wenn sie auch den erwünschten Erfolg nicht erzielten.

Louise brannte indeß vor Ungeduld, ihre Freundin zu sehen; sie bestürmte den Doktor täglich, er möchte sie doch in ihre Nähe bringen; aber er vermeigerte dies immer unter dem Vorwande, er befürchte weitere Ansteckung.

„Fürchten Sie nur nichts," sagte Louise, „es ist kaum ein Jahr her, daß ich zum zweiten Male geimpft wurde. Nur keine allzu große Vorsicht zur unrechten Zeit, lieber Herr Doktor! Die Doktoren wollen nur immer Vorsichtsmaßregeln brauchen, wenn es sich um die Wiederherstellung eines Kranken handelt; wenn es sich aber um ihre eigene Gesundheit handelt, oder um die ihrer nächsten Anverwandten, dann vertraut man der Natur mehr und läßt sie schalten und walten."

„Wollen Sie mich etwa durch diesen Vorwurf einer zeitweiligen Unvorsichtigkeit bewegen, eine neue zu begehen?"

„Das nicht; aber Sie sollen dieses System aufgeben; bis dahin haben Sie überall, wo Sie die Wahl hatten, die Natur der Wissenschaft und Kunst untergeordnet, jetzt bitte ich Sie, die Kunst der Natur unterzuordnen."

„Sie verspotten mich," sagte der Doktor; „aber ich verstehe Sie; Sie sind Sie Skeptiker, so sind Sie ganz und gar ungläubig. Wohlan, bei meinem nächsten Besuche sollen Sie mit mir zu Klärchen gehen. Was wäre das Leben, wenn die Furcht vor Gefahr uns immer abhielte, unsere Wünsche zu befriedigen, unsere Pläne auszuführen? Aber tausend! ich dachte nicht daran, daß mein Pferd krank ist; ich muß daher den Weg auf irgend einem Fuhrwerk eines unserer Nachbarn machen, und da kann es leicht geschehen, daß ich Ihnen nicht einmal einen ordentlichen Sitz anbieten kann."

„Herr Doktor, Sie foppen mich gewiß; aber ich werde Ihnen diese Ausflucht unmöglich machen, und selbst für eine Fahrgelegenheit sorgen."

Louise theilte René ihre Verlegenheit mit. Gerade hatte der junge Graf auf dem Gute, welches die Familie Tiercelin bewohnte, einen großen Holzverkauf eingeleitet, und so mußte er an dem einen oder andern Tage ohnehin dort sein; er schlug Louisen vor, er wolle sich dieserhalb mit dem Herrn Doktor verständigen, der es dann auch nicht versuchte, die so hübsch arrangirte Zusammenkunft Louisens und des jungen Grafen zu stören.

Eine elegante amerikanische Kalesche, mit einem prächtigen, feurigen Rosse bespannt, dessen Zügel in René's Hand ruhten, hielt nun eines Morgens vor dem Hause Renoults. Dorthin hatte man sich verabredet, denn Louise wollte nicht, daß ihr Onkel und Veronika bei ihrer Abfahrt zugegen sein. Schnell stieg sie in den Wagen, setzte sich und breitete ihr prächtiges Kleid über die Sitzpolster aus; ein sanftes Rosenroth lag auf ihren schönen Wangen und ihre Augen verriethen eben so viel Freude als Hoffnung. René betrachtete sie; noch nie hatte er sie so selig, noch nie so jugendlich schön gesehen.

„So wird sie alle Tage aussehen," sagte er, „wenn wir werden vereinigt sein."

Nachdem sie sich zusammen an dem herrlichen Anblick der bunten Landschaft, an dem Zauberduft, der die Lüfte erfüllte, weidlich ergötzt, waren sie an dem Ziele ihrer Reise angekommen und trennten sich sofort auf einige Zeit. René ging die Geschäfte, die er hatte, besorgen; Louise schloß sich mit ihrer lieben Kranken ein, die sie mit ihrem Anblick ganz gesund und hergestellt glaubte. Frau Tiercelin hatte unterdessen ein Gabelfrühstück für die Reisenden bereitet und René mußte an demselben Theil nehmen. Im Laufe der Unterhaltung theilte sie dann unter Anderem ihren Gästen auch mit, daß sie in einer alten benachbarten Abteikirche eine neuntägige Andacht abhalten lasse, um die Wiedergenesung Klärchens vom Himmel zu erflehen.

„Wenn Sie," setzte sie zu Louise gewendet hinzu, „zu den Füßen unseres Kirchenpatrons Ihr Gebet verrichten wollten, so würde sich gewiß Klärchen bald wieder wohl fühlen."

Dieses Ansinnen befremdete Louise keineswegs, obwohl Frau Tiercelin nichts weniger als fromm war und die Sorge um's Zeitliche der um's Ewige stets voranstellte: Gebete und Pilgerfahrten sind nun einmal die ersten Heilversuche, die die Landleute anzustellen pflegen.

René bot sich sofort an, Louise zu begleiten; er hatte ohnehin sich schon längst vorgenommen, die archäologisch merkwürdige Kirche einmal zu besuchen. Louise hatte derlei Besuche mit den Frauen und Fräulein, in deren Umgebung sie gelebt, schon öfter gemacht. Man nahm also Notizbücher, Stammbücher mit und versah sich mit Zeichenstiften. Man schrieb Inschriften, die sich auf verschiedenen Monumenten fanden, ab, unter andern solche, die auf das Jahr der Herstellung, auf die Errichter 2c. sich bezogen. Auch kopirte man die langen Titelreihen manches hohen mächtigen Herrn und mancher hohen Dame, die in dem Stifte begraben wurden. Endlich wurden die besseren und interessanteren Statuen gezeichnet.

Es war gerade Mittag und drückend heiß; um in die Kirche zu gelangen, mußte man eine von der Sonnenhitze ausgedörrte Ebene passiren, auf der es aber auch nicht einen Zollbreit Schatten gab. Die Stille und Kühle der Kirche waren für die, welche ihre gewölbten Gänge besuchten, ein wahres Labsal für Körper und Geist. Sie war erbaut im romanischen Styl, aber erbaut in den ersten Jahren des 12. Jahrhunderts, trug sie schon Spuren der durch seine primitive Reinheit so wunderbaren gothischen Bauart.

Louise betrachtete die Riesensäulen, die eben so schlank als dauerhaft in die Höhe ragten, und die majestätisch frei sich wölbenden Bogen, und je mehr sie sich in die Betrachtung vertiefte, desto mehr wurde es ihr klar, daß das ganze herrliche Gebäude mehr eine echt geniale, als eine schulgerechte Schöpfung sei. Sie lauschte den einfachen, würdevollen, mächtigen Tönen, die aus dem Ganzen gleichsam zu ihrem geistigen Ohre sprachen; sie staunte, daß dieses steinerne Buch so belehrend sei und so tiefe Eindrücke auf ihre Seele mache. Dieses Erstaunen theilte sie auch René mit.

„Die Architektur," begann sie, „ist die älteste unter den Künsten; sie ist die erste große Schöpfung der Civilisation. Sie ist gleichsam die Natur- und Universalsprache, und kann man auch ihre Theorie nicht ohne ein eigenes Studium kennen lernen, so macht sie doch auf jeden aufmerksamen Beobachter einen tiefen und erhebenden Eindruck.

„Denken Sie denn, der Bauer hätte, wenn er hier niederkniet, irgend einen Sinn für die Schönheiten so eines Bauwerks?

„Wenn das Volk nicht in diesen großartigen Bauten die geheimnißvolle Leiter erkannt hätte, auf der es von der Erde zum Himmel emporsteigt, so würde es sich wahrlich hierfür nicht so viel Schweiß, so große Opfer, so viel Arbeit haben kosten lassen."

„Warum können aber wir, die wir mit der tiefen Kenntniß auch den Sinn für das Große zu besitzen scheinen, in unseren Werken nur dann Aehnliches leisten, wenn wir jene nachahmen?"

„Man sagt insgemein, der Mangel an gläubigem Sinn und an höherer religiöser Begeisterung sei Schuld; ich möchte aber vielmehr den Grund in der Unabhängigkeit suchen, in der wir von einander leben; während sich das Individuum vervollkommnet und erstarkt, löst sich die große Masse des Ganzen immer mehr auf und verliert ihre Kraft. Heutzutage arbeitet jeder für sich; es ist nicht mehr ein Gedanke, der uns begeistert, nein, es sind unsere Sonderideen, denen wir huldigen; man trägt nicht mehr sein Steinchen zu einem gemeinsamen Bau bei, sondern man baut auf eigene Faust."

„Ja," sagte Louise, „ist's erlaubt, nach dem, was wir vor uns geschehen sehen, über die Künstler zu urtheilen, so fehlt ihnen nicht nur mit Begeisterung, sondern sie erdrückt und lähmt sie. Wir haben in der Welt gar kein Recht auf unsere Gedanken und Empfindungen, sie gehören nicht uns; wir verbinden mit unseren eigenen immer die, die vor uns schon gedacht und empfunden worden. Ja, wir seufzen unter der Last derselben. Wir sind die Träger der Welt, aber nach Art der Karjatiden: sie ruht schwer auf unserem Nacken, und wir haben weder Arme noch Beine, um sie in Bewegung zu setzen."

„Kommen Sie," sagte René, „ich erkenne Sie ganz wieder; Sie überlassen sich immer nur Ihren Gefühlen, zur That, zum Handeln sind Sie nicht zu bewegen. Sie brauchten nur einen Schritt zu thun, und unser beider Glück wäre auf immer gegründet. In der That, Sie verdienen diesen Vorwurf . . . Warum wollen Sie nicht meiner Mutter vorgestellt werden? Wie soll sie denn wissen, daß sie in Ihnen eine so liebenswürdige Tochter finden würde?"

Louise senkte die Augen und sagte ausweichend:

„Ich muß das Gebet für Klärchen verrichten, welches man von mir verlangt hat."

Sie trat dann in die Seitenkapelle ein, rechts vom Chor, wo sie nach der Aussage der Frau Liecelin die Statue des anzurufenden Kirchenpatrons finden sollte. Die Statue war unförmlich und plump. Louise warf sich auf die Kniee, ohne einen Blick auf sie zu werfen; ihre Lippen bewegten sich nicht, aber ihre Gesichtszüge bezeugten die Herzlichkeit und Innigkeit ihres Gebetes, und dennoch war etwas nicht in ihrem Innern, was ihr die Hoffnung raubte. Louise wußte, um die Wahrheit zu sagen, nicht, ob sie gläubig oder ungläubig sei. Ihre regelmäßigen amtlichen Beschäftigungen hatten ihr zur Beantwortung dieser Frage noch keine Gelegenheit geboten. Ihre Frömmigkeit war eine ungleiche und vorübergehende Gemüthsbewegung. Im höchsten Unglücke erhebt sich die Seele nicht selten zum Himmel. Aber, wie alle die, für die das Leben nur ein beschwerlicher, mühsamer Kampf ist, ohne die herben Schläge eines unerbittlichen Geschickes, so war auch Louise in ihrem religiösen Kultus nur lau, ja oft sogar kalt. Nichtsdestoweniger betete sie und betete inbrünstig, weil sie, ohne es zu fühlen, durch die Anwesenheit René's in der nöthigen Stimmung war; die Bonne und Innigkeit, die er in ihr Herz senkte, theilte sich ihren frommen Gefühlen mit. Nachdem sie ihre Andacht verrichtet, erhob sie sich, um den Namen des Heiligen auf dem Sockel der Statue zu lesen.

„Heiliger Mauritius!" sagte sie mit einer Art Entsetzen.

„Ja," erwiederte René, „und ich will Ihnen sagen, warum ihn das Volk verehrt. Aber was ist denn das? Sie thun, als wäre Ihnen der Name nicht geläufig. Indeß, Sie brauchen ihn auch nicht zu kennen; er ist überhaupt wenig gebräuchlich."

„O! das ist nicht das erste Mal, daß ich ihn nennen höre."

Nach diesen Worten blickte sie mit derselben Hochachtung zu der Statue hinauf, die sie vor dem Tabernakel bewiesen, und fügte hinzu:

„Möchte er mich in seinen Schutz nehmen!"

Aber ihre Züge verriethen noch immer eine gewisse Unruhe, und René, der diese beschwichtigen wollte, setzte ihr auseinander, daß die Landleute diesen oder jenen Heiligen oft nur verehren wegen eines Wortspieles, wozu ihr Name Veranlassung bot. So werde der heilige Eutropius (weil man ihn von eau de trop, d. i. „zu viel Wasser" herleite) von Wassersüchtigen verehrt. In derselben Weise bete man bei allen Krankheiten, welche eine Anschwellung der Hände und des Gesichtes verursachen, zum heiligen Mauritius — weil man spreche Mori, und dieses gleichzeitig die Benennung einer Kryptogamie sei, die bei fleischlichen Anschwellungen gute Dienste thut.

Während dieser Unterhaltung schritten sie langsam der Kirchthür zu, um wieder fortzugehen. In dem Augenblicke aber, wo sie aus dem Weihkessel Weihwasser nehmen wollten, sprach René:

„Dieser Ort ist so recht geeignet zu unserer Verlobung. Sehen Sie, diesen Ring habe ich für Sie bestimmt," und mit diesen Worten steckte er ihr einen Ring an den Finger in Form einer Rose, die mit feinen Perlen gefaßt war; „den nehmen Sie," setzte er hinzu, „nicht als Geschenk, sondern als Gelöbniß. Er möge uns auf ewig binden. Sagen Sie mir, Louise, daß nichts Sie von mir scheiden wird und daß Sie bereit sind, mir Ihre Hand und Ihr Herz zu schenken."

„Ich verspreche Ihnen mein Herz auf ewig."

„Ach, Louise, ist es nicht Stolz Ihrerseits, wenn Sie in ein noch engeres Verhältniß zu mir zu treten sich weigern?"

„Stolz oder Selbstbewußtsein; Sie wissen, das sind Dinge, die sich oft nur sehr schwer unterscheiden lassen."

Es lag bei diesen Worten so viel Melancholie und Liebe in den Blicken Louisens, daß René sich unmöglich durch ihre Zurückhaltung verletzt fühlen konnte.

Er hielt inzwischen fortwährend die Hand Louisens fest.

„Ich nehme mein Versprechen darum nicht zurück, weil Sie mir Ihr Wort noch verweigern; nur Sie können mir eine glückliche Zukunft schaffen; Ihre Liebe wird bald stark genug sein, Ihnen zu beweisen, daß nichts auf dieser Welt uns trennen kann."

„Warten Sie bis Klärchen wieder gesund sein wird; ich muß mit ihr zu Rathe gehen. Wenn sie ihre Zustimmung gibt, so werde ich zu Allem bereit sein, was Sie von mir verlangen."

„Dann bin ich meiner Sache gewiß," sagte René, „Klärchen kann unmöglich mit mir in diesem Falle abweichender Ansicht sein."

Man begab sich nun gegen vier Uhr Nachmittags auf den Heimweg. Als der Wagen vor dem Hause Renoults hielt, nahm Louise beim Aussteigen René's

Arm, und jetzt erst fühlte sie es so recht, wie schwer ihr die Trennung wurde.

„Sie haben Recht, René," sprach sie; „wenn man solche Tage zusammen verlebt, wird man in der That unzertrennlich."

In der That war für Louise nach so schönen glücklichen Stunden der Gedanke, sich nun wieder in der Nähe Meuniers und Veronika's bewegen zu müssen, nahezu unerträglich. Noch nie hatte sie vor jenen herzlosen Alltagsmenschen einen solchen Widerwillen empfunden. Aber ein Trost war ihr geblieben, an den sie Anfangs nicht gedacht: jene zarte, handgreifliche Erinnerung an René, der wunderschöne Ring, den er ihr verehrte. Als sie in ihrem Zimmer allein war, drückte sie ihn wie oft an ihre Lippen und küßte ihn. Der Ring schien ihr Leben zu besitzen; er schien sich auszudehnen; nicht nur ihren Finger, nein ihr Herz, ihr ganzes Sein schien er ihr zu umfassen. Von diesen wonnigen Gefühlen beseligt und in ihnen allein glücklich schlummerte sie dann allmälig ein.

IV.

Um René einen Gefallen zu thun, entschloß sich Louise, an einem der nächsten Tage der Gräfin ihre Aufwartung zu machen. Ihre Aufnahme war wider alles Erwarten zuvorkommend. Madame von Bourgueville hatte Nachricht von der bevorstehenden Ankunft der Madame Saucour erhalten, und so glaubte sie Gelegenheit zu einer genauen Vergleichung Lucia's und Louisens zu haben, die, wie sie nicht zweifelte, zu Gunsten der jungen Wittwe ausfallen mußte.

In der That verbreitete sich bald darauf die Nachricht, daß Diener eingetroffen seien, um das „Schlößchen" in Bereitschaft zu setzen zum Empfang der Eigenthümerin. Die Gräfin ließ ihren Sohn sofort hiervon in Kenntniß setzen und forderte ihn auf, Madame Saucour recht stattlich zu empfangen, ihr den Aufenthalt auf dem Lande möglichst angenehm zu machen u. s. w., weil es sich darum handle, in gütlichem Wege bei dieser Gelegenheit einige seit mehreren Jahren zwischen ihnen stattfindende Differenzen beizulegen.

René sah keinen Grund, sich dem Wunsche seiner Mutter zu widersetzen und versprach alles, was möglich, zu thun. Inzwischen war es Pflicht der Madame Saucour, zuerst zur Gräfin zu gehen; aber diese wußte ihr diese Demüthigung zu ersparen. Am Tage nach der Ankunft Lucia's schickte sie ihren Sohn hin, mit der Anfrage, ob ihr nichts zu ihrer Bequemlichkeit mangle, und ließ ihr für diesen Fall alles Mögliche zur Disposition stellen. Und schon an demselben Nachmittage kam Madame Saucour, sich bei der Gräfin für ihre Aufmerksamkeit zu bedanken, und von diesem Augenblicke an gab's nichts als Besuche, Gesellschaften, Promenaden, bei denen René die Honneurs zu machen hatte, und da er nicht im entferntesten die Fallstricke ahnte, die man ihm legte, so war er das eine Mal ärgerlich, das andere Mal machte ihm die Sache Spaß.

Lucia, glaubte man, wisse nichts von den Plänen der Gräfin; aber das war weit gefehlt; sie benahm sich mit einer solchen Feinheit und Gewandtheit, daß jede Aufklärung offenbar überflüssig war. Die Hoffnung, René's Gattin zu werden, deren Reichthum, Schönheit, Einfluß und Jugend sie kannte, war die einzige, in der Madame Saucour lebte, und so machte sie mit der Gräfin gemeinschaftliches Spiel.

Sie hatte dabei ein sehr leichtes Spiel; sie konnte viel dabei gewinnen, aber nichts verlieren. Denn was riskirte sie? Moralisch riskirte sie nur ihre Eigenliebe und ihre Einbildung. Worauf war sie denn stolz? Auf nichts als auf ihr hübsches Gesicht, auf ihre gewandte Tournure und ihre verführerischen Reize. Sie war weder gut noch böse, weder kalt noch warm, weder freigebig noch geizig, weder klug noch dumm, weder gefühllos noch zartfühlend, weder prosaisch noch poetisch, weder sanft noch aufbrausend, weder verliebt noch spröde; sie war alles und gar nichts, so wie es die Umstände erforderten. Sie war stets Herr der Lage und hätte, wenn's nöthig gewesen, sogar die Kunst verstanden, den Augen Thränen zu entlocken. Aber gerade weil sie keinen bestimmt ausgesprochenen Charakter zeigte, und man ihr Gutes nicht nachreden konnte, war sie der üblen Nachrede entgangen. Nur ihre Eleganz und ihre Schönheit waren allgemein bekannt, und wie ein Chamäleon aller Versuche, seine Farbe zu entdecken, spottet, so spottete ihre Wandelbarkeit jeder Kritik.

Bevor Lucia sich mit Louise in einen Kampf einließ, wollte Madame von Bourgeville ihr Gelegenheit geben, sie in Abwesenheit René's zu sehen. Wie sollte man auch einen Feind besiegen, dessen Stärke, Waffen und Strategie man nicht kennt? Sie ersuchte also Madame Saucour, mit ihr einen Besuch zu machen bei einer jungen Nachbarin, einer einfachen Gouvernante, für die aber ihr Sohn nicht wenig schwärme, die er hochschätze.

Gleich beim Eintritt in Meuniers Haus wußte also Lucia, daß sie zu einer Nebenbuhlerin kam, die vielleicht an natürlicher Begabung ihr überlegen, aber arm war, und eben darum sich mit ihr in der äußeren Erscheinung und im feinen Auftreten nicht würde messen können. Mit richtiger Taktik erkannte sie es darum als das beste Mittel, über Louise zu triumphiren, wenn sie dieselbe gleich anfangs ihre materielle Ueberlegenheit fühlen ließe. Sie mußte sie blenden; hätte sie selbst einmal, dachte sie, eine bescheidenere Ansicht über sich gewonnen, so würde eine Umkehr René's nicht so schwer sein. Das erste Mittel also, wozu sie griff, war äußerster Prunk. Sie warf sich in ein Luxusnegligée, das viel kostbarer war, als die reichste Toilette einer Dame der Provinz: sie trug ein Kleid von weißem Piqué mit schwarzen Borden, einen jener kleinen Hüte mit Federn, Blumen, Spitzen, Bändern, die alle wirklich unbeschreiblich schön waren.

Dagegen hatte Louise keinerlei absonderliche Vorkehrungen getroffen; sie blieb sich gleich.

Die gegenseitige Begrüßung war anscheinend so natürlich, als hätte man beiderseits gar keine Ahnung von einer Rivalität. Indeß, um von einander Näheres zu erfahren, erkundigte man sich gegenseitig über das Leben, welches man führe ꝛc.

„Ohne die Gesellschaft der Frau Gräfin," sagte Louise zu Lucia gewandt, „würde ich Sie sehr bedauern, Madame, man findet hier gar wenig Zerstreuung."

„O," fiel Madame Bourgueville ein, „Madame Saucour ist eine treffliche Amazone, und jeden Tag macht sie mit René einen langen Spazierritt."

Louise überlief bei diesen Worten ein leiser Schauer. Lucia wies das Kompliment von der Hand, welches man ihrer Reitkunst machte, und führte als Grund an, daß sie noch vor einigen Tagen gestürzt sei. Sie hätte über einen Graben setzen wollen, über den kurz vor ihr René mit seinem Pferde hinweggesetzt war. Allein der Satz sei mißlungen, wahrscheinlich weil sie dem Pferde zur unrechten Zeit einen Stoß versetzt, und sie sei mit demselben in die Tiefe des Grabens gestürzt. Sofort sei René zu ihrer Hilfe herbeigeeilt, habe sie mit Mühe und Noth aus einer Pfütze, in der sie gelegen, herausgezogen, sei in eine benachbarte Strohhütte geeilt, mit Wasser zurückgekehrt, habe dann sein Battisttaschentuch zu kalten Umschlägen benutzt, weil sie sich an einem Fuße verletzt habe, und habe auf diese Weise es allmälig durch die liebevollste Pflege dahin gebracht, daß sie zu Fuß habe zurückkehren können.

Dieses und das weitere Schicksal ihres Pferdes u. s. w. erzählte sie mit einer solchen Gewandtheit und Sicherheit, daß nicht der leiseste Zweifel an der Wahrheit ihres Berichtes Platz greifen konnte.

Am Ende ihrer Erzählung hatte Madame Saucour ihren Fuß auf den vor ihr stehenden Schämel gesetzt, gleichsam um an ihm und mit ihm den Beweis zu liefern, daß sie nicht aufschneide. Sie trug so feine Strümpfe und so hübsche schmale Schuhe von Goldleder, daß Louise bei ihrem Anblick ganz bezaubert war; sie fing an, sich einem närrischen Angwohn hinzugeben.

Nachdem Lucia auf die besagte Weise ihren Knalleffekt zu Tage gefördert, schickte sie sich an, wegzugehen.

„Werden Sie reiten?" sagte Madame Bourgueville zu Louise.

„Jawohl, Madame," antwortete sie.

„Das ist doch wirklich um toll zu werden," dachte die Gräfin bei sich; „sie kann alles, sie weiß alles, sie hat zu allem Möglichen Talent; und doch kann ich nicht begreifen, wie René ihre Schwachheit erträgt, und sich nicht bei ihr langweilt."

„Also, weil Sie auch Reiterin sind, werden Sie mit und einen Spazierritt machen müssen."

Louise antwortete mit einer Bewegung des Kopfes, die weder Ja noch Nein bedeutete.

Tags darauf gegen vier Uhr, als das arme Kind in seine Stickerei vertieft war — denn seit der Ankunft Lucia's hatte René ihr geschrieben, und sie einmal besucht, aber nie sie zu einem Rendez-vous im Park eingeladen — sah sie, wie sich vor ihren Augen die Straße in Staub hüllte. Wer war's? Sie und er waren es, die im blanken Galopp vorbeiritten. Louise hatte kaum Zeit, sie zu erkennen; sie glaubte indessen, René habe ihr einen Blick zugeworfen. Sie eilte hinauf in ihr Zimmer und konnte noch in weiter Ferne die Amazone und ihren Kavalier wahrnehmen; genau aber gewahrte sie zu ihrer Verzweiflung nichts als das Wallen von Lucia's Schleier.

So geht es überhaupt bei Liebenden; die Tage vergehen, aber gleichen sich nicht. Welch' unendliche Mannigfaltigkeit weiß die Liebe auch in die monotonste Existenz zu bringen! Welchen Sturm birgt oft ein Blick! Welche Aufregung erzeugt oft ein Lächeln! Bald genügt ein Wort, die den unsäglichsten Schmerz zu bereiten, bald reicht's hin, dich in die höchsten Regionen des Glückes emporzutragen.

Vierzehn Tage nach dem Besuche Lucia's erschien ein Bedienter bei Louise.

„Würde das Fräulein geneigt sein, einen Spazierritt mit dem Herrn Grafen und der Madame Saucour zu machen? In diesem Falle bin ich beauftragt, um ein Uhr Nachmittag, falls diese Stunde konvenirt, Ihnen ein Pferd zu bringen."

„Ich werde mich bereit halten; sagen Sie René für seine Aufmerksamkeit meinen besten Dank."

„Der Herr Graf hat mir auch aufgetragen, das Fräulein zu fragen, ob es ein Reitkleid besitze; wenn nicht, werde Madame von Bourgueville eins besorgen."

„Ich habe, was ich brauche; ich danke der Frau Gräfin."

Louise nahm also aus dem großen Reisekoffer, welcher schon über ein Jahr ihre Garten-, Bade- und Ferienkleider beherbergte, ihr Reitkleid heraus. Als sie dasselbe mit seinen reichen Schleppfalten angelegt; als sie um ihre schlanke Taille das Mieder zugeknöpft, dessen lange Schöße über ihre wenig vorspringenden Hüften reichten, da mußte Louise sich sagen, daß sie, groß und schlank wie sie war, in diesem Anzuge eben so elegant als würdevoll erscheine. Dann nahm sie ihren kastanienbraunen Strohhut mit doppelter Krämpe und einer langen schönen Feder und setzte ihn auf und zwar so tief, daß man von ihrer Stirn nur die glänzend schwarzen Augenbrauen wahrnahm, die ihrem bleichen Teint einen so seltenen Zauberreiz verliehen. Als sie sich dann zum ersten Male in dem ganzen Anzuge genau betrachtete, war sie fast selbst über ihr reizendes Aussehen entzückt.

Zur bestimmten Stunde hörte Louise die Tritte von zwei Pferden. René kam selbst mit dem Bedienten, der ihr das Pferd brachte. Veronika und Herr Meunier betrachteten alle Vorbereitungen mit sichtlichem Staunen. Meunier war sehr verstimmt, aber er nahm sich vor, nächstens Rache zu nehmen, obwohl er noch nicht wußte wie. Als Louise bereit war aufzusteigen, sagte sie zu René:

„Warum geben Sie mir denn das größte Pferd; mir scheint, das würde besser für Sie passen."

„Das Pferd, welches ich ritt, war die Ursache des

Geisbub.

Unfalls, welcher Madame Saucour getroffen; dadurch wurde ich mißtrauisch und ich biete es Niemandem mehr an."

"Ist es scheu?"
"Keineswegs."
"Gut, geben Sie mir's; wir werden bei dem Tausche Beide gewinnen."

René fügte sich dem Willen Louisens; die Sättel wurden gewechselt und bald darauf ritten Beide nach dem „Schlößchen", um daselbst Madame Saucour abzuholen.

Viel kleiner als Louise, untersetzt, wenn auch nicht unschön, machte Lucia zu Pferd eine minder graciöse Figur; aber was ihr in dieser Beziehung abging, ersetzte sie durch eine Lebhaftigkeit, ein Feuer und ein Ungestüm, die die Aufmerksamkeit ihrer Gesellschaft nothwendig besonders auf sich ziehen mußten. Sie trug ein einfaches Sammtmützchen, unter welchem ihre grauen Augen hervorleuchteten.

René, obgleich jeden Augenblick von seiner unruhigen Nachbarin gestört, beobachtete dennoch heimlich seine Louise. Sie zeichnete sich immer aus, ohne zu blenden; sie ritt trefflich, ihre Haltung war tadellos; aber auch hier fehlte ihr, wie überhaupt, jenes Feuer, welches so leicht und so rasch zündet und alles im Sturme mit sich fortreißt.

(Fortsetzung folgt.)

Der Geißbub*).
(Hierzu die Bilderbeilage.)

Flüsterndes, säuselndes Glockengeläute, ineinander verschwimmend, bald fern vom Winde verweht und ersterbend, verstummend, dann plötzlich wieder laut anschwellend, im gaukelnden Durcheinander eine akkordlose Harmonien-Fülle, strömt von der Höhe hernieder. Nun tönt einsam, hohl, aber doch auch von den Lüften weich modulirt und abgerundet ein Hornruf dazwischen, — der kommt und geht, bald nah und grell an's Ohr schlägt, dann wieder weit, weit hinein in's Schluchten-Gewirr der Felsen sich verkriecht, ein neckischer Kobold, der Verstecken zu spielen scheint. Du stehst und lauschst diesem geisterhaften Klangspiel, das zauberisch und unbestimmt daher weht, und Dich gefangen hält, in einer neuer, wunderbarer Reiz der Alpenwelt. Es ist der Geißbub, der droben an den Flühen seine genäschige, neckische, kletternde Herde weidet. Er hat uns erblickt und ein freude-schmetterndes „Juzu" sendet er uns als kernigen Alpengruß herüber.

Der Geißbub ist ein Attribut der Gebirgswelt wie der Lawinendonner und das Alpenglühen, wie der Gemsjäger und das fliehende, pfeifende Murmelthier. Er ist ein Schmuck der Berge, ein jovial die hohen Fluhtossen und Felsenwüsten belebendes Element. Wohin kein Senn die schweren Thiere treiben darf, weil Weg und Steig verschwinden und die Kräuterdecke nur wie zerzauste Flocken am vermitternden Gesteine hangt, da klettert der braune, fröhliche Knabe mit der meckernden Ziegenschaar hinaus und träumt sich größer und reicher und seliger als Ordens-Komthure und Kapitel-Regenten.

Und doch ist's gewöhnlich der ärmste Bube des Dorfes, oft vaterlos oder ganz verwaist, der nicht die Jugendfreude anderer Kinder kennen lernte, nicht am elterlichen Herde Schutz und Nahrung und Frieden fand. Damit er nicht der Gemeinde zur Last falle und früh sein Brod verdienen lerne, wies ihn die Vormundschaft hinaus in die Einöde des Gebirges, wo sonst keines Menschen Fuß weilt. Dort ist sein Aufenthalt vom beginnenden Frühling bis spät hinaus in's Jahr; dort zieht Mutter Natur an ihrem Busen ihn groß und tränkt ihn mit reinem Aether und macht ihn groß und stark zum gefährlichen Beruf, den er spielend und mit Freude erfüllt. Aber er liebt sie auch, die nährende Mutter, und der wie ein wildes Reis aufgeschossene, halb verwilderte Knabe schwelgt in Genüssen, die wir bedürfnißvollen Thalmenschen kaum zu ahnen vermögen.

Der Bergbauer theilt die große reiche Tafel, welche die Alpen seinem Viehstande darbieten, nach seiner Konvenienz, nach der Möglichkeit: den größten Nutzen aus den Weideplätzen zu ziehen, in verschiedene Klassen ein. Was drunten in der Nähe der menschlichen Wohnungen und in den „Vordern Berggütern" liegt, das schneidet die Sense für die winterlichen Vorrathskammern, für die aromatischen Heustöcke ab. Weiter hinauf, was sanft genetzt als flächenhalde oder Hochmulde sich ausdehnt, ist zu Kuhalpen „gerechtsamt und verbrieft" und wird nach den verschiedenen Staffeln mit einer bestimmten Anzahl Vieh „bestoßen" und „abgeätzt". Was darüber hinausliegt, steil und steinig wird, wo nur ganz kurzes Futter wächst, das steht im „Alprodel" als „Schafalp" verzeichnet und wird in Tirol und Graubünden an die Bergamasker Hirten verpachtet oder, in anderen Gegenden, sonst vom „Schäfler" abgeweidet. Und jene Parzellen endlich, die dann noch wilder und zerklüfteter sind, wo nur Leglöhen und Alpenrosengesträuch den kleinen Kräuterwuchs überwuchern, — oder die Holzschläge und „Forst-Stocketen", in denen eine reichfarbig-blühende Flora prangt, nach der das große Milch-Vieh aber wenig Gelüsten zeigt, — diese gehören dem Geißbuben und seiner Herde an.

Es ist ein ganz anderes, lebensfrischeres, bestimmteres Naturell, das aus solch' einem Geißbuben herausschaut, als das träge, verschwommene Element des strumpfstrickenden Schäfers in der norddeutschen Heide, oder des halb stumpfsinnigen, platt vegetirenden Dorfhirten in den Agrikultur-Distrikten. Hier ist Elasticität, Festigkeit, Race, — wenn auch noch so roh und naturwüchsig. Durch das tägliche Verweilen in der Wildniß und bei steter Uebung werden diese 12 bis 16jährigen Knaben so vertraut mit allen anwendbaren

---
*) Aus den „Alpen in Natur- und Lebensbildern" von H. A. Berlepsch, Leipzig 1861, mit besonderer Erlaubniß des Verlegers Herrn Hermann Costenoble.

Vortheilen im Felsenklettern, daß man ebensowohl über ihre eminente Gewandtheit als naturalistische Gymnastiker, wie über ihre seltene Unerschrockenheit und ihren resoluten Ueberblick, mit welchem sie den rechten Pfad ausspähen, erstaunt. Da, wo man wähnt, es könne kaum eine Maus auf dem schmalen Felsenkarnies vorüberschlüpfen, geschweige denn eines Menschen Fuß Raum für Tritte finden, späht der Geißer Wege für sich und seine Ziegen aus. Pfeifend und johlend kriecht er wie eine Katze an den Abhängen herum, denn er hat ein Kletterbedürfniß in den Gliedern, das ihn nicht ruhen läßt. Schwindel ist ein Ding, das nicht in seinem Begriffs-Vokabularium steht. Als J. G. Kohl auf seinen Alpenreisen einen Gotthards-Bergbauer fragte, ob denn sein Bube keine Furcht habe, an den Zacken herumzuklettern, antwortete dieser ihm: „non ha paura di cervello" d. h. er hat keine Gehirnfurcht (Schwindel); „als Säugling ist er mit Ziegenmilch genährt worden, und das gibt Berggeschick und Klettermuth." Das ist der gleiche Volksglaube wie mit dem Gemsenblut, von dem ältere Alpenbeschreiber faseln, daß die Jäger es warm tränken, um den Schwindel zu verlieren.

Und adlerartig scharf bildet das Auge sich aus, eine Kräftigung der Sehorgane, die an's Märchenhafte grenzt. So ein Bube zeigt uns auf stundenweit entfernten Höhepunkten Gemsen, beschreibt ihre Bewegungen und specialisirt das Terrain nach seinen kleinsten Formverhältnissen, wo der Ungeübte nur eine große, unbelebte Gesammtmasse erblickt. Aus solchen Buben werden dann in der Regel auch die verwegensten Wildheuer, die furchtlosesten und leidenschaftlichsten Gemsenjäger. Ich habe Geißbuben gesehen, die den Ernst eines in der Schule des Lebens gestählten Mannes hatten; unter der braunen, verwitterten Wildheit des Antlipes schaute etwas von der kalten Energie jener Marmorgesichter hervor, welche die Helden alter Zeiten auszeichnete. O! Exemplare solcher Jungen gibt's, die, wenn sie auf einem in der Weide liegenden Felsenbrocken stehen, trop der zerlumpten Lodenhose und dem formlosen, alten Filzdeckel etwas Diktatorisches in ihrem ganzen Wesen haben; in dem ruhig beobachtenden Blicke, in den jugendlich entschlossenen Mienen des verbrannten Gesichtes, in der breitten, ungezwungenen Haltung, liegt das ausgeprägte Bewußtsein: „Hier bin ich Herr!" — Und er ist's im vollsten Maße, er ist Alleinherrscher in dem von ihm betriebenen Gebiete. Gehen wir hinauf auf die Hochalp in die Steinriesele oder in die Sacht, wo der Geißer haust! Er, der vorhin uns mit einem elektrischen „Juchzger", wie man ihn weit und breit in den Bergen nicht mehr hört, bewillkommnete, hält uns nun, wo wir ihm näher kommen, keines Grußes werth. Keck schaut er uns in's Gesicht, als ob er fragen wollte: „Und nun?" Es liegt etwas Herausforderndes in dem messenden Blicke, und dabei spielt ein verschlagenes Lächeln, wie fernes Wetterleuchten, um die Mundwinkel. Nun gut! grüßen wir ihn zuerst und richten wir irgend eine Frage an ihn. Die seinem Ohre fremden Laute müssen ihm unendlich komisch klingen, denn das Lächeln nimmt einen leicht höhnenden Ausdruck an; es zuckt über die Stirn, als ob er sagen möchte: „Ich! Ihr Rode-Mannli, was wollt euch Ihr da in meinem Revier?" Nöthigen wir ihn endlich zu einer Antwort, so fragt es sich noch sehr, ob's nicht eine ziemlich abweisende, wenn nicht gar tropige ist. Er betrachtet es eben als absolut überflüssiges Unternehmen, da in die Wildniß zu ihm herauf zu steigen, und man darf es solchen in dieser Einöde aufgewachsenen, fern von allem geselligen Umgange abgeschnittenen, urnatürlich entwickelten Knaben nicht verübeln, wenn Mißtrauen gegen fremde Leute in ihm wohnt. Eine Ausnahme davon machen die Appenzeller Buben; das Bedürfniß, in einem derben, ungesuchten Witze ihren Anschauungen und plötzlichen Launen Luft zu machen, der im ganzen Volke tiefwurzelnde Hang zur Spöttelei, tritt bei diesen Buben schon drastisch zu Tage, und es bedarf eines recht gemüthlichen, durchaus nicht empfindlichen Eingehens auf den angeschlagenen Ton, um sie zu einiger Vertraulichkeit zu bewegen. Hat man dies Ziel erreicht, dann ist solch' ein Knabe aber mitunter auch ein wahrer Goldseri voll frischer, urwüchsiger Gedanken, wie eine flott gewurzelte à la prima-Skizze eines genialen Malers. Aug. Corrodi schwärmt (in seinen genialen Alpenbriefen) mit Recht für den Hanslischli (Johann Baptist) auf der Ebenalp.

Aber den Gefahren gegenüber sind solche Buben völlig Herren ihres Reviers; von der Vermessenheit ihres Muthes, von ihrer spannfertigen, nervigen Schlagbereitschaft, von ihrer momentanen Entschlossenheit, macht man sich kaum einen Begriff. Sie sind gleichsam auf der Mensur großgewachsen, haben von Jugend auf den feindlichen Elementen tropen lernen, und darum überrascht sie auch durchaus Nichts. Wehe dem Räuber, der ein Herdestück anzugreifen wagt, — er hat's mit einem hartnäckigen, besonnenen und entschlossenen Kämpfer zu thun. Am meisten haben's die Buben auf die großen Raubvögel abgesehen; wissen sie das Nest, so schon, so ist's um die junge Brut geschehen. Beispiele von den frechsten Wagestücken, um Nester von Stoßvögeln auszunehmen, gibt's in den Alpen allenthalben. Aber auch den Alten gegenüber stellen sie ihren Mann. Ein Bravourstück jüngster Zeit möge hier Plaß finden. Gegen Ende des Juli 1859 befand sich der vierzehnjährige Knabe Janu Suter auf einer Schafalp im Gemeindegebiete von Klosters (Prätigau), da wo es „im Hasen" heißt. Schon früher hatte er einigemale einen großen Raubvogel in den Lüften über seinem Weideplatze kreisen sehen und war deshalb besonders aufmerksam. Eines Tages sieht er plößlich seine Thiere aufgeschreckt auseinanderfahren, und in der nächsten Sekunde stürzt ein völlig ausgewachsener Adler hernieder und verfolgt ein in die Legtöhren sich flüchtendes Lamm. Der Knabe, rasch entschlossen, springt mit seinem eisenbeschlagenen Bergstecken zu dem Gebüsch, in welches der Raubvogel sich so völlig verstrickt hatte, daß er von den Flügeln keinen Gebrauch machen konnte; hier hämmerte nun der Knabe so lange energisch auf den Adler ein, bis dieser tödlich getroffen erlag.

Nicht mindere Besonnenheit, Muth, Ausdauer

und Gewandtheit entwickeln die Geißbuben, wenn eines ihrer Thiere sich verstiegen oder „verjuckt" hat, d. h. durch einen Sprung auf einen Felsensatz gekommen ist, von dem es weder vor noch zurück kann. Denn wo nur irgend eine grüne Stelle lockt, klettern die Ziegen wie die Schafe hin, erblicken dann von der Höhe unter sich abermals neue Rasenbänder und springen von Absatz zu Absatz, oft klafterhoch, hinab, bis sie nicht weiter können. Da wird es dann Aufgabe des hütenden Knaben, das gefangene Thier zu lösen. Unser Illustrator Rittmeyer hat auf dem beigegebenen Blatt einen solchen Moment dargestellt. Das ist ganz die zähe, unnachgiebige, störrische Natur eines echten Vollblut-Geißbuben. Beide, Thier und Knabe, sind wie aus einem Stück gegossen. Droben schweben die Adler, die durch das Klagegeschrei der Ziege aufmerksam gemacht, diese, ohne des Buben Erlösung, durch Flügelschlag in die Tiefe gestürzt und als Beute zerfleischt haben würden. Und kämen sie noch jetzt, eher ließe sich der Bube mit in den Abgrund niederschmettern, als daß er seine Geißmutz losließe. Eine Schrotladung ihm in den Rücken gegeben, würde das harnäckige, starrsinnige Wesen des Buben nicht brechen.

Im Hochgebirge bleiben die Schafe oft Monate lang sich selbst überlassen und nagen die sporadisch an den Felsen hangenden Rasenstellen ab. Es genügt dann, daß der Eigenthümer vom Thal oder von seiner Hütte aus (wo er mit dem Großvieh weilt) täglich einigemal durch's Fernrohr seine Schafe beobachtet und überzählt. Entdeckt er nun, daß sich einige derselben verstiegen haben, so steigt er auf die Höhe des Gebirges, von der aus er glaubt senkrecht von oben herab den Schafen beikommen zu können. Der Entschlossenste, meist ein Bube unserer Zeichnung, wird dann am Seil hinabgelassen. Da begegnet's denn, daß die Thiere scheu gemacht durch die von oben herniederschwebende Erscheinung, diese wahrscheinlich für einen Raubvogel halten, sich zu flüchten suchen, und sämmtlich in den Abgrund stürzen. Dann aber kommt's auch wieder vor, daß man die genaue Richtung verfehlt hat und der Bube noch über manches Rasenband oder, längs glatter Felsenwände, an denen er fast nur wie eine Schwalbe klebend sich zu halten vermag, weiter klettern muß. Hat er dann wirklich die Thiere erreicht, dann kommt erst das eigentliche Lebensgefährliche der Aufgabe. Auf schmaler Felsenkante muß er das Thier ergreifen, nach sich ziehen oder Angesichts des oft schaurigen Abgrundes das Thier sich über den Kopf heben und so belastet, nur mit einer freien Hand zum Anklammern, den Rückweg antreten, bis er das Seil erreicht, an dem dann das wiedergewonnene Herdenhaupt gebunden und emporgezogen wird. Dieses Manöver setzen solche Buben drei, vier und mehrmal fort, bis sie ihren Zweck erreicht haben. Sie sind durch Nichts abzuschrecken, und es ist oft vielleicht weniger der eigentliche Werth, um den es sich hier handelt, als das eigenwillige, starrköpfige Durchsetzen eines einmal gefaßten Entschlusses. —

Und dann der Lohn aller dieser Gefahren, Entbehrungen und Widerwärtigkeiten? — Betrachten wir die Lebensweise dieser originellen Halbwilden im Kulturlande ein wenig näher. Der Geißer treibt gewöhnlich Morgens sehr früh vom Thal aus eine große Menge Milchgeißen in's Gebirge hinauf. Er hat sein näschiges, neugieriges, überall hin excurstrendes Hornvölklein gut in Ordnung und kommt mit demselben viel rascher in die Höhe hinauf, als man glauben sollte; ehe die Sonne nur einigermaßen hoch steht, ist er schon mehrere Stunden weit von seinem Dorfe. Dort überläßt er die Herde ihrem bon plaisir, legt an einem ihm bequemen Platze sich nieder und verträumt im Ideenkreise seiner Geißbudenphilosophie den Tag. Hat er Hunger, so muß ein Stück hartes, trockenes Gerstenbrod und etwas Käse ihm zur Sättigung dienen, — hat er Durst, so zieht er die erste beste Ziege herbei, legt sich unter ihre Euter und melkt in den Mund hinein, daß es schäumt. Rückt dann der hohe Mittag heran, der mit sengender Gluth die Felsenwände erhitzt, dann sucht der Knabe für sich und seine Herde ein schattiges Plätzchen, wo alle zusammen Siesta halten. So auch für einbrechende Hochgewitter hat er Höhlen oder Felsenbuchten, in die er sich flüchtet. Ist's aber ein kalter, regnerischer Sommer, dann hat der arme, barfußlaufende Tropf höchstens einen alten Sack über die Schulter zum Schutz gegen die Nässe. Dessen ungeachtet ist er fröhlich und scheint die Unbilden der Witterung wenig zu fühlen. Abends dann treibt er heim, hat seinen Hut mit Alpenblumen geschmückt, und kehrt so frisch und kräftig in's Dorf zurück, als er am Morgen auszog. So geht's vom frühen Frühjahr bis in den Spätherbst. Der Bekenntniß nach Lohn erhält er für's Stück jährlich zwei bis drei Batzen. Es gehört eben Geißbudenstoff zu solch' einem Menschen.

Aus Kroatien.

Das Kronland Kroatien-Slavonien zieht sich als Streifen vom Quarnerobusen am adriatischen Meere nach der Save hinüber und füllt im Ganzen das weite Gebiet zwischen Save, Drave und Donau. Da sich im Süden aber die Militärgrenzgebiete als Saum hinziehen, so berührt die Save das Kronland unmittelbar nur eine kurze Strecke weit, wogegen ihr Zufluß, die Kulpa Kroatien von der Militärgrenze viele Meilen lang scheidet. Auch die Donau bildet nur einige Meilen weit die Ostgrenze, nämlich von der Mündung der Drave bis zum Einfluß der Theiß. Im Ganzen enthält das Kronland 333 Quadratmeilen mit nahe an einer Million Einwohner, von denen zwei Drittheile kroatischen, ein Drittheil serbischen Stammes sind, unter denen die kleineren Kolonien der Deutschen, Magyaren und Italiener leben. Dem Bekenntniß nach gehören die Bewohner der katholischen oder griechischen Kirche an.

Zwar ist die Industrie und der allgemeine Wohlstand noch mancher Verbesserung fähig, da es der Fabrikate wenig gibt und der Handel sich auf Rohprodukte und auf das Betterschaften der eingeführten Waaren beschränkt, aber dennoch ist die Bevölkerung fleißig, religiös und zeichnet sich durch ein patriarchalisches Familienleben aus, welches sich manche hochcivilisirte Nation zum Muster nehmen könnte. Mit Wenigem ist der Kroat zufrieden, und dabei noch stets bereit, mit dem Armen das Wenige zu theilen. Nach der Arbeit erheitert er sich gern durch ein frohes Fest. Vater und Mutter, so wie ältere Personen, behandelt er mit Ehrfurcht, gehorcht ihren Ermahnungen, nimmt sich deren Rath zu Herzen und ist bereit zu darben, damit die Eltern nicht Mangel leiden. Nicht selten bewohnen mehrere Familien ein und dasselbe Haus und wählen den Erfahrensten zum Oberhaupt. Dieser ordnet ihre Arbeiten, nimmt den Gewinn derselben in Empfang, damit er Allen zu Gute kommt, und hält auf Verträglichkeit und Eintracht, so daß sich nach alttestamentlicher Weise ein reines, einfach patriarchalisches Leben entwickelt. Selten wird man einen Kroaten oder Slavonier betrunken, noch weniger andern Ausschweifungen sich hingeben sehen, dagegen war sein Volk seit alten Zeiten stets bereit, für Kaiser und Vaterland mit Freuden in den Tod zu gehen; denn seinen Kaiser betrachtet der Kroat als das Oberhaupt der ganzen Volksfamilie.

Hat der Kroat die Woche über gearbeitet, so schmückt er sich am Sonntag auch gern einmal und vergnügt sich am Tanz oder bei einem öffentlichen Volksspiele. Dann kleidet sich die Kroatin in schöne Farben. Das Mädchen legt das mit Goldstickereien bedeckte Mieder an, welches panzerartig die Brust umschließt, und flicht in die Zöpfe, welche lang den Rücken hinunter hängen, bunte Bänder ein. Die Frau dagegen bedeckt den Kopf mit einer großen Haube, von welcher hinten lange Gewebe mit reichen Stickereien und Spitzenbesatz niederfließen. Wohl aber hüten sich Mädchen und Frauen, die schönen Schuhe ohne Noth zu beschmutzen, weshalb sie Schuhe und Strümpfe in der Hand tragen, bis sie in's Dorf oder vor die Kirche gekommen sind. Dort erst bekleiden sie ihre Füße.

Auch die Männer tragen einen Brustlap, den bunte Stickereien in Blumengestalt schmücken, und ziehen dann über denselben einen eng anliegenden Spenser, den mehrere Reihen blanker Knöpfe und Schnüre verzieren. Ein breitkrämpiger Hut bedeckt den Kopf, auf dem Hute aber schwanken große Büsche von Blumen und Straußfedern. Ein solcher Busch ist der Stolz des Kroaten. Der kriegerische Uebermuth treibt wohl den Einen oder Andern, nach dem Gottesdienst auf den Dorfplatz mit einer hohen, langen, goldig schimmernden Pfauenfeder am Hute hinzutreten, um durch diese Trotzfeder einen Muthigen zum Faustkampfe herauszufordern. Bald hat sich ein solcher gefunden, das Raufen beginnt, aus dem Faustkampf wird ein ernster Zweikampf, Hefer und Neider mischen sich ein; der Zweikampf artet zur Schlägerei aus, die draußen auf dem Felde zu Ende gebracht wird, wenn die Ortspolizei die Streitenden vertreibt.

Kaum erkennt man hier den anspruchslosen Kroaten wieder. Harmloser ist er beim Tanz, bei feierlichem Empfang seines Monarchen oder eines von dessen hochgestellten Dienern, oder wenn er einem Sänger lauscht im Wirthshaus hinterm Krug rothen Weins. Da schaut Lebenslust froh aus den dunklen Augen, da bricht seine Freude in lauten Jubel aus, da öffnet sich sein tiefes Gemüth und fühlt er sich poetisch angeregt! Der Sänger erscheint, alte Erinnerungen aus der Heldenzeit der Türkenkämpfe erwachen in der Zuhörer Seele, dazwischen aber besingt der Guslakünstler die Anmuth ländlichen Stilllebens, so wie Begebenheiten des friedlichen Dorflebens in einfachen Volksliedern.

Kroaten und Slavonier beschäftigen sich mit Getreide- und Weinbau, erziehen aber auch zahllose Schweineherden, weiden Schafe, Pferde und Rinder, oder pflegen in anderen Gegenden Maulbeerbäume der Seidenkultur wegen, oder besäen weite Strecken mit Flachs, und haben unabsehbare Waldungen von Pflaumenbäumen angelegt. Hunderttausende fruchtbeladener Bäume ziehen sich an Berglehnen und über breite Gründe hin, so daß der grüne Boden bei der Ernte zollhoch mit blauen eirunden Pflaumen bedeckt ist. Wie klappert und prasselt es, wenn die Bäume geschüttelt werden, so daß Körbe und Wagen sich füllen und letztere häufig wiederkehren müssen, ehe sie den Erntesegen heimbringen können. Dann aber beginnt große Geschäftigkeit im Hofe, die Hände regen sich, die Pflaumen zu säubern, sie auf die Dörröfen zu schaffen, um sie zu trocknen und dann als Waare weit auszuführen. Andere entfernen die Pflaumen, zerquetschen und destilliren die Masse, mischen hierauf etwas Branntwein bei, und erzeugen den weitverbreiteten wohlschmeckenden Pflaumenbranntwein Sliwowiza. Bei keinem Fest im slavischen Ungarn darf der Sliwowiza fehlen, den Gast empfängt man mit einem Glas dieses feurigen Getränkes und selbst in fernen Kronländern versorgt sich der Hausherr mit einigen Flaschen slavonischen gebrannten Pflaumensaftes, um bei festlichen Gelegenheiten sich daran zu erquicken.

Kommt der August heran, so ziehen Jung und Alt in die Eichenwälder, um Knoppern oder Galläpfel zu suchen, mit denen ein bedeutender Handel getrieben wird, weil Gerber und Färber sie brauchen. Aufmerksam schauen die Suchenden nach den Eichenzweigen, an denen die eckigen, regellos gestalteten, fast stachligen Knopper-Auswüchse sitzen. Wie die Galläpfel auf den Blättern, entstehen die Knoppern aus den Samenblüthen durch den Stich eines Insekts, weshalb in solchen Jahren, wo viel Knoppern sich finden, nur wenig Eicheln sich zeigen. Die Galläpfel wie die Knoppern beherbergen die Eier des Insekts, aus denen sich Maden, Puppen und zuletzt die vollständigen Gallwespen bilden. Bald füllen sich die Säcke und Körbe der Slavonier mit Knoppern, welche zum Kaufmann geschafft werden, damit er sie nach Fiume und Triest, oder nach Fünfkirchen, Oedenburg und Pest schafft. Ueber 200.000 Preßburger Metzen solcher Knoppern, welche besonders zum Schwarzfärben verwendet werden, versendet allein Ungarn.

Die Hofburgbelagerung.

Ein dunkles Blatt aus Wiens Vorzeit.

Von Emil Dieze.

Man schrieb das Jahr 1461. Nicht Wien allein, das ganze, eben erst zum Erzherzogthum erhobene Oesterreich gährte in wilder Aufregung. Unzufrieden mit dem energielosen Regimente Friedrichs, des Dritten seines Namens auf dem deutschen Kaiserthrone, hatten schon seit dem Beginn seiner Regierung die häufigen Kämpfe zwischen ihm und seinem Bruder, der Erbschaft wegen, keineswegs dazu dienen können, Liebe für ihn zu erwecken. Schon einmal, als er eben von seiner Vermälung aus Italien heimkehrte, hatten ihn viertausend seiner Unterthanen zu Neustadt ernstlich bedroht, und hätte nicht der tapfere Andreas Baumkirch ihm kräftig beigestanden, es würde vielleicht schon damals ein anderes Ende genommen haben. Eben jetzt aber war der Unwille gegen ihn noch höher gestiegen. Die Fehden mit seinem Bruder Albrecht und dem Erzherzog Sigismund, wie mit seinen Unterthanen hatten ihn von Geld gänzlich entblößt. Die Zölle waren bereits erhöht worden, neue Mauthen errichtet und die im Umlauf kommenden Münzen so werthlos, daß sie das Volk spottweise Schinderlinge nannte und zwölf Gulden erst den Werth eines einzigen erreichten.

Alle diese Maßregeln, zu denen der bedrängte Herzog seine Zuflucht genommen und die so schwer auf seinen Unterthanen lasteten, fruchteten so gut wie nichts, und die Gläubiger begannen ungeduldiger zu werden und immer heftiger zu drängen. Wie aber sollte er sich seiner Schulden entledigen? — er sah kein anderes Mittel als seinen Schuldherren das Recht zu ertheilen, Schinderlinge zu prägen. Wie es sich wohl voraussehen ließ, erwies dies aber alle eine der unseligsten Maßregeln. Das hin und wieder noch vorhandene gute Silber verschwand im Auslande und die Preise der Lebensmittel, von denen ohnedies eine Steuer erhoben wurde, stiegen zu einer ungläublichen Höhe. Dabei gab es Münzen in Ueberfluß, nur, daß sie so unbeachtet waren, daß die Kinder damit spielten, wie heute kaum mit Rechenpfennigen.

Auf solche Weise entfremdete sich Friedrich die Zuneigung seines Volkes mehr und mehr.

Waren auch inzwischen die Waffen zwischen den beiden Brüdern in Folge einer Vermittlung Georg Podiebrads auf die Dauer von zehn Monaten in die Scheide gesteckt worden, so gewann das Volk dadurch doch nur wenig. Alle Klagen, alle Bitten um Abhülfe wurden von Friedrich mit Vertröstungen beantwortet. Zu dem blieb Albrecht auch nicht unthätig. Er forderte ebenfalls Steuern, die Friedrich zu entrichten sofort untersagte. Das Uebel wuchs dadurch, daß Niemand wußte, wer eigentlich Herr war.

Zu allen diesen Drangsalen gesellten sich indeß noch neue. Die von beiden Parteien ohne Sold entlassenen Kriegsknechte zogen raubend und plündernd durch das Land. Unter Gespött und rohem Lachen trieben sie erbarmungslos das letzte Stück Vieh aus dem Gehöfte des Landmanns oder trugen seinen einzigen Probleib davon. Die Kirchen waren die Zufluchtsstätte der Räuber, die selbst der Kinder nicht schonten, um ein Lösegeld zu erpressen, und die in ihrem Uebermuth Frauen und Jungfrauen schändeten. Niemand wehrte ihnen und es konnte daher kaum anders kommen, als daß die Beraubten selber zu Räubern wurden.

So standen die Sachen im Erzherzogthum Oesterreich, und es war sehr Zeit, daß eine Aenderung zum Bessern eintrat. Da gelang es endlich einigen einsichtsvollen Räthen, die beiden Brüder zu einem Landtage zu bewegen, welcher über den Streit der zwei Fürsten entscheiden und ihn beenden sollte.

Nun spaltete sich aber die Hauptstadt Wien in zwei Parteien; die eine, kleinere, hielt sich zu dem Kaiser, die andere, größere, zu Albrecht. Dem Magistrat, der, wie sich wohl von selbst verstand, kaiserlich war, lag ernstlich daran, Ruhe und Ordnung wieder herzustellen, und mehr wie einmal hatten die Rathsherren ihrem Oberherrn feierlichst zugesagt, nichts zu unternehmen, was diesem oder der Stadt Nachtheil bringen könne; im Gegentheil mit allen Kräften dahin zu streben, das immer weiter um sich greifende Uebel in seinem Laufe zu hemmen. Daß sie einen schwereren Kampf zu bestehen hatten, sahen sie nur zu wohl ein, denn das ganze mißvergnügte Volk, dem der thatkräftige und bis zur Verschwendung freigebige Albrecht weit besser zusagte, stand ihnen gegenüber, und es war ihnen auch nicht fremd, daß man den greisen Bürgermeister Brenner, den man als das Haupt ihrer Partei betrachtete, zu stürzen trachtete.

Dem entgegenzuarbeiten wurde insgeheim eine Versammlung im Augustinerkloster angeordnet; allein das Vorhaben war doch nicht so geheim geblieben, daß es nicht Einigen aus dem Volke bekannt geworden wäre, und so drängte sich, als eben Bürgermeister und Rathsherren die Sitzung eröffnet hatten, ein Volkshaufe, meist loses Gesindel und Handwerksbursche in das Gemach und machte durch sein Lärmen und Toben jede Verhandlung unmöglich. Ganz dieselbe Scene wiederholte sich bei einer zweiten Versammlung, die am folgenden Tage bei den Franciskanern stattfand. Die Pöbelrotte erschien diesmal noch zahlreicher und ungestümer, und unter Schmähungen und Vorwürfen mußten sich die Magistratspersonen flüchten. Im Anstiften dieser Unruhen war Niemand eifriger als der Münzmeister Ulrich Holzer. Sein Vater hatte im Viehhandel ein beträchtliches Vermögen erworben und der spekulative Sohn es durch eigene Thätigkeit bedeutend vermehrt. Dessenungeachtet besaß er unter seinen Kollegen an der Magistratstafel nur wenige Freunde; seine Zunge war spitz und seine Rede scharf, er that ihr selten Zwang an; und unter denen, die er in früherer Zeit zu seiner Privatbelustigung geißelte, stand Graf Cilly oben an. Spottreime und Zerrbilder auf diesen, wie sie zu Dutzenden in der Stadt im Umlauf waren, wurden ihm zugeschrieben. Holzer erwarb sich dadurch allerdings Freunde im Volke, aber auch eben so erbitterte Feinde bei Hofe; er fiel in Ungnade und wurde bei Cilly's Rückkehr auf dessen Betrieb wegen seiner Schmähungen zur Rechenschaft gezogen. In Folge davon verlor er nicht allein seine Freiheit, sondern auch sein Vermögen. Als ihm beides später wieder zu Theil wurde, ging er als unversöhnlicher Feind Friedrichs aus dem Gefängnisse hervor, und er machte seinem Hasse in lauten Worten Luft. Als einer der beredtesten und kühnsten Straßenredner wurde er schnell ein Liebling des Volkes, und mit einem schlauen Geiste begabt, wußte er diesen Umstand wohl zu nutzen und von einer Staffel der Ehre zur anderen zu steigen. Zu der Zeit, in welcher unsere Erzählung spielt, war er Hubmeister der Stadt, Münzmeister und Rathsherr, lauter Aemter und Würden, die ihm einen nur um so größeren Einfluß möglich machten.

Holzer war es auch vornehmlich gewesen, der durch seine Beredsamkeit des Volkes Haß gegen Kaiser Friedrich vermehrte. Gleichgesinnte hatten sich ihm bald als Freunde zugesellt. Friedrich Westendörfer, Professor Haselbach, der Priester Obenacker und der Medikus Kirchheim waren seine Vertrauten, die nicht minder eifrig auf den Sturz des treu an seinem Kaiser hängenden Bürgermeisters Brenner hinarbeiteten, und sie waren es gewesen, welche die Störung der Rathsherren-Versammlung veranlaßt hatten. Nur wenige Stunden waren seitdem erst vergangen als Kirchheim der Medikus an der Spitze von sechzig Bewaffneten durch die Straßen zog und sich dem Rathhause zuwendete, in welchem sich die Magistratspersonen beisammen befanden. Mit der Gewalt ihrer Waffen drangen sie in den Saal, und Alle, die eben anwesend waren, der Bürgermeister Christian Brenner, Oswald Reichwolf, Stephan Kiesling, Nikolaus Teschler, Johannes Ungerfelder, Thomas Tank, Simon Rotti, Ulrich Karner und einundzwanzig Andere, deren Namen die Chronik nicht aufbewahrt hat, wurden zu Gefangenen gemacht. Diese Menge würde aber doch die Gefängnisse zu sehr gefüllt haben, deshalb ließ man die ledig, welche versprachen, nichts gegen die Aufrührer zu unternehmen und die Rathsstube nicht ferner zu betreten.

Holzer, ein ehrgeiziger Mann, war dem, wonach er trachtete, etwas näher gerückt; das dankbare Volk ernannte ihn noch an dem selben Tage zum Beschützer der Gemeine und zum obersten Zunftmeister.

Ein neuer Rath wurde gebildet und durch diesen selbst der Kaiser, der sich damals schon seit einem Jahre zu Neustadt aufhielt, von Allem, was vorgefallen, in Kenntniß gesetzt. Die Herren entschuldigten sich und luden ihn ein nach Wien zu kommen, um die noch schwebenden Zerwürfnisse zu schlichten.

Da verbreitete sich mit einemmale die Nachricht, Kaiser Friedrich habe die Boten des Rathes enthaupten lassen. Alles gerieth in Bewegung und die Aufregung steigerte sich in bedenklicher Weise. Den kaiserlichen Räthen, welche Friedrich voraus kamen, verweigerte man den Einlaß, erst ihrer Versicherung, daß Niemand ein Leid widerfahren sei, verschaffte ihnen eine geneigtere Aufnahme. Indeß ließ sich der Argwohn der Wiener nicht so schnell beschwichtigen, und als es gar bei der Annäherung des Kaisers hieß, er komme mit einem großen Heere die Stadt zu züchtigen, dachte man ganz ernstlich an Widerstand.

Das Gerücht hatte nicht gelogen. Friedrich stand wirklich mit viertausend Söldnern bei St. Marr. Sofort griff Alles zu den Waffen. Holzer blieb nicht müßig, er verstärkte die Posten, ließ Geschütz aufführen und nahm vierhundert berittene Söldner Herzog Albrecht's in die Burg.

Am andern Morgen — es war der des 23. Septembers — sandte er zwar ein Entschuldigungsschreiben an den Kaiser, der mit seiner Gemalin auch seinem kleinen Sohne Maximilian vor dem Thore harrte, und schob die Schuld des verweigerten Einlasses darauf, daß noch keine genügenden Vorbereitungen zu seiner Aufnahme getroffen seien. Der Kaiser nahm die Botschaft halb scherzend, halb vorwurfsvoll auf und versicherte den Ueberbringern, es sollte Niemand etwas von ihm zu fürchten haben. Das Volk zeigte sich da wie umgewandelt, es fiel vor ihm auf die Kniee und jubelte ihm zu; dessenungeachtet vergingen volle zwei Tage mit Unterhandlungen, ehe der Kaiser seinen Einzug in die Stadt halten konnte, und eine der Hauptbedingungen, unter denen es geschah, war die unverzügliche Entlassung seines Kriegsvolkes. Niemand fühlte sich durch diesen Beweis von Schwäche mehr gekränkt als Friedrichs Gemalin; sie überhäufte den Kaiser mit Vorwürfen und sagte zu ihrem Sohne: „Wenn ich wüßte, daß Du dereinst eben so handeln könntest, wie Dein Vater, ich würde bedauern, Dich für einen Thron geboren zu haben."

Um weiteren Unruhen vorzubeugen veranstaltete Friedrich alsbald eine Rathswahl und ernannte Sebastian Siegelhauser zum Bürgermeister. Dieser war aber keineswegs der Mann, den das Volk wünschte; Holzer, der selbst nach dieser Würde strebte, stachelte den Unmuth der Menge noch mehr an und diese machte sich endlich in lauten Beschwerden Luft, daß bei dieser Wahl der Stadt Gesetze und Gewohnheiten nicht beachtet worden seien. Siegelhauser wurde aufs schmachvollste verunglimpft und angefeindet, bis er selbst für gut fand seine Würde niederzulegen und sie Ulrich Holzer zu überlassen.

Das war es, was Holzer, das war es, was sein Anhang beabsichtigt hatte. Der Kaiser, zu schwach zum Widerstande, forderte nur, daß ihm Holzer und die übrigen Stadtobern schwören sollten, und kaum war diese Förmlichkeit vollzogen, als er, um jeden weitern Argwohn zu beseitigen, seine steirischen Reisigen entließ.

Gab es irgend etwas, was neue Unruhen herbeizuführen im Stande war, so war es diese Maßregel, denn die Krieger waren — ohne Sold heimgeschickt worden und Raub und Plünderung häuften sich von Tag zu Tag. Die schwer heimgesuchten Wiener beschwerten sich bei Friedrich nachdrücklicher als zuvor. Allerdings hätte er selbst gern dem Unwesen ein Ende gemacht, aber er war von allen Hilfsmitteln entblößt. Um den Wünschen der Bürger willsahren zu können, forderte er ein Anlehen von sechstausend Gulden, eine Forderung, die der Bürger böses Blut aufs Neue in Wallung brachte.

Gerade zu dieser Zeit begnadigte Friedrich einen Mann, der vom Magistrat um irgend eines Vergehens willen zum Tode verurtheilt worden war. Der Kaiser bestand auf der Freilassung, der Magistrat auf seinem Urtheil. Friedrich, der sein kaiserliches Ansehen so mißachtet sah und gleichwohl nachdrückliche Schritte scheute, entzog dem Rath den Blutbann. Sich dafür zu rächen, legten die Bürger die Gefälle in Beschlag, stießen die Anhänger des Kaisers aus ihrem Kollegium, und da des Raubens noch immer kein Ende gemacht wurde, ja als es dem Volke schien, als ob Friedrich die Räubereien begünstige, rissen sie die kaiserlichen Abgesandten, die vermittelnd eintraten, von den Stühlen, schleppten sie nach dem Kerker und drohten ihnen mit dem Tode. Dem Kaiser aber sandten sie — es war am Erichtage nach Michaelis 1462 — folgenden Absagebrief:

„Aller durchlauchtigster Kaiser, allergnedigster Herr, — Wir der Bürgermeister, Richter, Räthe, Genannte und die ganze Gemain der Stadt zu Wien haben Ew. Kais. Gnaden mannichmalen umb merklich groß anliegend Nottursst schristlich und mündlich als das wissentlich ist, verkündt und zu erkennen gegeben, und bei Berdern, darin wir vor der Zeit sein her, der Vormundschaft unsers Herrn Königs Ladisloi seel. und nochmals Euer Erbl. Regiments, mannichfaltiger Weiß kommen sein, darüber uns Ew. Kais. Gn. allweg gar gnediglichen schrift- und mündlich vertröstet hat, uns Gewalt und Unrechts, von der Feind wegen des Lands, und in ander weg vor zu sein, dem aber noch unzher notturftiglich nie nachgegangen worden ist, sondern das Land und wie für und für nur in mehrer Schäden und Verderben kommen sein und noch täglich kommen.

„Allerdurchl. K. Nun haben wie und das vergangene Jahr als die Feinde um Königstetten lagen auf Ew. K. Gn. und auf Euer Räth Bertröstung hoch und vast angegriffen worden und seind aus uns die besten und mannhaftigsten, mitsammt der Gemein auf solch Euer Kais. Gn. Bertröstung und Hilf gegen den Feind gezogen und haben dazumal von Ew. K. Gn. solcher Hilf erwartet, daß uns aber gar Niemand ist kommen, also daß wir flüchtiglich, nachdem uns der Feind zu stark worden, mußten abziehen, uns und der Stadt zu großer Kostung und Schmach auch Schande. Und von derselben Zeit haben wir fertiges merkliches und groß dargelegen auf Söldner zu Roß und zu Fuß in der Stadt zu widerstehen den Feinden zu Günthersdorf, Mödling, Berchtoldsdorf, Kusdorf und auf Schloß Kahlenberg, auf dem Tabor, daselbst zu Bursersdorf, unzher gestan, das wir doch Ew. K. Gn. von Rechtswegen nicht schuldig seind gewesen zu thun, sondern Ew. K. Gn. und ein jeder Landsfürst ist den Seinen schuldig sie vor Gewalt und Unrecht zu schützen und zu schirmen, darum nimmt er ihm des Landes Nuz und Renten ein.

„Wir haben von Ew. K. Gn. von guten Willen und wahren Gehorsam mit unsern großen Schaden und Mehnigem viel Jahre her gethan, das unser Vorfordern Euern Vorfordern nie gethan haben.

„Item haben wir auch bei den Zeiten unserer Vorfordern, Regierern, Bürgermeistern und Räthe viel wenig und ungewohnlich Anschlag gedult und sein jetzt am nechsten zu widerstand Euern Gnaden Feinden eins sondern merklichen Anschlags und Sidsteuer überein worden nach großem und unsern merkl. Verderben, und hätten gehofft, daß uns solcher unser williger Dienst und schwer Darlegen, die wir Euer kais. Gn. unverdrossentlich gethan, unzher zu gut nit sollten vergessen werden, davon aber Ew. K. Gn. sein benügen noch aufhören gehabt, sondern als sich jetzt Ew. K. G. gewilliget, die Söldner zu bezahlen an uns vorvor begehrt hat, Ew. Gn. zu Hilf zu geben 6000 Gld., daß doch dieselb Ew. Gn. wohl versteht, daß wir unser Söldner nicht zu bezahlen haben.

„Allerd. K. und Herr. So wir nun solcher Hilf nicht vermügen, hat Ew. Gn. einen andern Weg erdacht und meint den Söldnern etliche Schloß, mit Namen Marchegg, Potenstein und das Kastenamt hier zu Wien bei dem Rothenthurm, mitsammt den Nutzen und Renten, als wir vernehmen, zu verschreiben. Sollt das beschehen, so war demnach kein Landfried dadurch beschlossen und sie würden uns und das Land gar verderben, wie sie nun jetzt anheben, uns unsere Frucht einzuführen, das wir das ganze Jahr leben sollten, fahen, schätzen und morden, die Leut nehmen, die Roß, Wägen und ander Gut, schlagen den Meisch vor den Weingärten auf die Erde metten und sothan sich aller Bosheit. Solches Gewalts und Unrechts Ihr als doch als Landsfürst gnediglich und v. K. w. sollet vor sein. So sehen wir aber lauter und merken, daß kein Erbarmen, sondern nur Verderben dabei ist.

„Allerd. Kaiser. Sollt aber lieb und Gnad gehn uns erschinnen sein, die wir doch wohl gröblich verdient hätten, solch Verderben war längst wohl und sänftlich niedergelegt worden, das sich jetzt wohl erschienen hat, aus dem, das Euer K. Gn., zu den dreien Parteien, noch in den Landsfrieden, der mit Ihren aufzunehmen gewesen wäre, nit hat kommen können, wiewohl wir Ew. K. Gn. solches, da wir um Rath gefragt sein, treulich gerathen haben und doch Euere K. Gn., ohn die vier Parteien und solchen Landsfrieden kein redlicher Gehorsam nimmermehr geschehen mag.

„Allerd. K., nachmalen haben wir Euer Kais. Gn. auf den aufgenommenen und gerusten Frieden ersucht, Euer Gnad ihre Söldner ihres Solds entrichten, sie aus dem Land abfertigen wollten, dadurch solcher Frieden desto füglicher gehalten und unser Früchte, der wir uns das ganze Jahr in unserm Nothdurften betragen müssen, herein in die Stadt bringen sollen, seither aber das nit beschehen und Ew. Gn. Land und Leuten, auch uns selbst nichts bessers ist, denn der Fried, das wir an Ew. K. Gn. nicht erlangen mögen, und darum sein zu besorgen, das wir arm Leut von Ew. K. Gn. so gar veracht und gering geschätzt werden, und unser arme Dienst so wenig Gedächtniß würdig ist, auch ein Uebelthäter höher fürgenommen wird, denn fromme Leut und wir doch nie übel an Ew. K. Gn. gethan, sondern uns allezeit in demüthiger Gehorsam beweiset haben. Aber uns das alles nicht hilft und sich Euer Kais. Gn. als unser Herr und Landesfürst, zu thun schuldig ist. Nachdem und wir doch Euern K. Gn. unser, als Unterthanen gegen unsern Herrn und Landsfürsten zu thun schuldig sein, gethan.

„Und so wir dann Ew. K. Gn. und Ew. Gn. Erben und Söhne mit Eiden und Gelübden verbunden seind, so erlauben und müßigen uns wir von Ew. K. Gn. und Euer Gn. Erben und Söhne, von solchen Eiden und Gelübden allen, wie wir die Euern Gnaden gethan haben, es sei zu erblicher Huldigung Burgermeister, Richter, Räthe, Genannten und die ganze Gemeinde und aller Aemter, Eiden und Gelübden, wie die genannt sein, meinen und wollen auch Euch hiefür keinerlei Gehorsam, von Ehren und Rechtens wegen darum nichts pflichtig noch schuldig sein zu thun, noch auch fürbaß weder um Geld, Mauth, Bürgersteuer, noch keinerlei Rente reichen und geben lassen, so lang das wir mit den dreien Parteien eindsgeworden seind, dadurch wir als der vierte Stand vereinlich, Ew. K. Gn., als unserm Herrn und Landesfürsten gehorsam sein und gedienen mögen, als wir dann zu thun schuldig sein und von Alter beschehen und herkommen ist.

„Allerd. K. Nun soll Ew. K. Gn. ohne allen Zweifel sein, daß wir solcher unser Eid und müßigen so vor berühret ist; nicht gern thun, Ew. K. Gn. Gemahl und Sohne unser Herrschaft zu Leib schaden, zu Schmach noch zu keinerlei Widerwärtigkeit. Es soll auch das in aller Wahrheit an uns nicht erfunden werden, sondern als wir zu Gott hoffen und Zutrauen haben, es soll für Ew. K. Gn. und Ew. Gnad Gemahl und unserm jungen Herrn als unser, das wir getrauen, gnedig Herrschaft dazu für Land Leut und in kein Unbilligkeit noch unziemliche Widerwärtigkeit nit, und Ew. K. Gn. wolle das in keinerlei Meinung von uns zu beschehen sein, nicht glauben, und wollen darauf noch dem Landsfried selber trachten, wenn durch den Landsfrieden Ew. K. Gn. auch Land und Leut aufnehmen und wollet zu den 3 Parteien und Ständen treten und uns mitsammt Ihnen den Landsfrieden geben, von daraus kommt, Land und Leut wieder in altes Wesen und gewöhnlich Herkommen und aus dem Landsfrieden geht, das Landsrecht und dasselbige schupft und schirmet den Landsfrieden und männiglich von Gewalt und Unrecht, dadurch dann Ew. K. Gn. als unseren Herrn und Landsfürsten, besto bas gedienet werden mag. Mit Urkund der Geschrift zu Ende bewahret mit unserm gemeinen, fürgeheisten Stadt Insiegel. Geben zu Wien am Erichtag nach Michaelis A. D. 62."

In der Burg herrschte nach Empfang dieses Schreibens nicht geringe Bestürzung. Friedrich war nahe daran, den Kopf zu verlieren. In seiner Bedrängniß sendete er den eben in Wien anwesenden Hauptmann von Güns und seinen getreuen Friedrich Zenger nach Neustadt und an andere Ortschaften, um die ihm treugesinnten Landeshauptleute und Kriegsobersten zum Beistand aufzufordern; auch befahl er seinen Räthen augenblicklich, die Burg mit Lebensmitteln und Kriegsmunition zu versehen. Leider wurde es dazu zu spät, denn schon am folgenden Tage kündigten ihm die Bürger in aller Form den Krieg an, erklärten sich als des Kaisers offene Feinde und schnitten alle Zufuhren ab.

(Fortsetzung folgt.)

Herbstlich sonnige Tage.

Herbstlich sonnige Tage,
Mir beschieden zur Lust,
Euch mit leiserem Schlage
Grüßt die athmende Brust.

O wie waltet die Stunde
Nun in seliger Ruh'!
Jede schmerzende Wunde
Schließet leise sich zu.

Nur zu rasten, zu lieben,
Still an sich selber zu bau'n,
Fühlt sich die Seele getrieben,
Und mit Liebe zu schau'n.

Und so schreit' ich im Thale,
In den Bergen, am Bach,
Jedem segnenden Strahle,
Jedem verzehrenden nach.

Jedem leisen Verfärben
Lausch' ich mit stillem Bemüh'n,
Jedem Wachsen und Sterben,
Jedem Welken und Blüh'n.

Selig lern' ich es spüren,
Wie die Schöpfung entlang
Geist und Welt sich berühren
Zu harmonischem Klang.

Was da webet im Ringe,
Was da blüht auf der Flur,
Sinnbild ewiger Dinge
Ist's dem Schauenden nur.

Jede sprossende Pflanze,
Die mit Düften sich füllt,
Trägt im Kelche das ganze
Weltgeheimniß verhüllt.

Schweigend blickt's aus der Klippe,
Spricht im Quellengebraus;
Doch mit heiliger Lippe
Deutet die Muse es aus.

Vier Fakultäten.

Ein Genrebildchen.

Es wird in diesem Jahre, erzählt der Verfasser des Renommisten, wieder einmal jährig (zum wie vielten Male, — das ist mein Geheimniß), daß sich, ein Sohn der Mark, aufmachte, um ernstliche und specielle Untersuchungen darüber anzustellen, ob die Provinz meiner Heimat den Namen „des lieben Gottes Streusandbüchse" auch wirklich verdient.

Ich stelle nicht in Abrede, daß es in der Mark auch Sand gibt, im Gegentheil, ich pflichte denen bei, die da behaupten, es gebe viel Sand in der Mark. Diejenigen aber fordere ich vor die Feder, alias Lanze, die deshalb gleich über die ganze Mark den Stab brechen.

Oft hat's mich gekränkt, wenn ich, ein harmloser Märker, im Coupé saß und nun rechts und links über meinen Heimatgau hergezogen wurde, daß einem braven Kerle, der die Scholle liebt, auf welcher er zuerst laufen lernte, die Faust gewaltig jucken mußte.

Und Geibel hat recht, wenn er singt:

O Heimatliebe, Heimatlust,
Du Born' der Sehnsucht unergründet,
Der jedem einst in seiner Brust
Vom Himmel selber ward entzündet.
Gefühl, das wie der Tod so stark
Uns eingesenkt ward bis in's Mark,
Das und das Thal, da wir geboren,
Mit tausendfarb'gem Schimmer schmückt,
Und wär's im Steppensand verloren,
Und wär's vom ew'gen Schnee gedrückt. zc.

Stellt den einfachen Wüstensohn an den Strand Andalusiens, die Wunder der Erde ringsumher, die Wunder des Meeres dort ostwärts, wohin er den Blick kehrt, und er wird Euch sagen: Gott ist groß und die Erde ist schön und schön das Meer. Aber die Wüste, mein Heimatland mit seinem flimmernden Sande, seiner flimmernden Luft, seinen Kameelen und seiner Fata morgana, ist doch tausendmal schöner. Wann werde ich dich wiedersehen mein schönes, mein geliebtes Heimatland!

Ich also ballte im Coupé die Faust und entgegnete nichts. Man sieht nicht gern gegen Blindwüthigen, wenn man nicht eine sympathetische Verwandtschaft zu dem ehrenfesten Ritter von La Mancha fühlt! Und die Herren, die meinen Heimatgau besudelten, gehörten zu Denen, die in fashionabelster Kleidung, wie am Musterkasten unterm Arm, auf den Straßen der Städte umherlaufen, und die ich nur in einigen wenigen Exemplaren, die mir lieb und werth geworden sind, goutieren kann. Es blieb in meiner Ecke ruhig sitzen und las den Roman „Ein Sohn der Mark", der in den märkischen Kreisen viel Aufsehens machte und den ehemaligen Hauptmann Karl Gustav von Berneck, damals in Frankfurt a. O. (erst ich nicht Adjutant, zum Verfasser hatte. Allen meinen Lesern ist dieser liebenswürdige Schriftsteller als Bernd von Guseck bekannt.

Führt man die Leute, welche der Mark spotten, allerdings mit ausgesuchter Raffinerie in die Steppen der Mark, nun, dann sehen sie freilich nur Steppen. Wir haben aber auch recht hübsche Oasen.

Auf einer dieser Oasen hause ich jetzt, in der Nähe meines freundlichen Oderdorfes Tschicherzig. Rings um mich her auf dem Sandhöhenzuge, der die Oder treulich ein gut Stück Weges begleitet, grünt und blüht und zittert im spielenden Winde der Weinstock; von vielen Hügelkuppen schauen freundliche Villen in die gelben Oderwellen. Und dort vor mir das ganze lachende Oderthal. Vorn Wiesen und belebte Triften, bazwischen wieder Eichenwälder und Dörfer, und blinken kiefernbewachsene Höhen Schlesiens, als Anhepunkte für's Auge.

Glaubst Du nicht, lieber Leser, daß man hier sehr gut wohnen kann, glaubst Du nicht, daß man hier manche andere schöne Gegend des Vaterlandes vergessen kann, zumal wenn noch ein neuer Reiz hinzukommt, die Nähe der Heimatstadt z. B. und die Nähe vieler Wesen, die dem Herzen theuer sind.

Hier, guter Leser, sind auch die meisten dieser Skizzen, Betrachtungen und Genrebildlein aufgezeichnet worden, wie denn auch hier, in den Oder-Weinbergen, meine geistreiche Kollegin Julie Burow einige ihrer bekanntesten Romane geschrieben hat, „den Arzt in einer kleinen Stadt," „Aus dem Leben eines Glücklichen", und die gekrönte Preisnovelle „das Pfarrhaus in Rathangen".

Ich also saß im Coupé und ließ mich von der Lokomotive durch das reizend gelegene Frankfurt nach Podelzig bugsieren und war desselben Abends per Postgelegenheit in Briezen, woselbst ich in den letzten Jahren, der Nähe des freundlichen Bades Freienwalde wegen, einige Wochen des Sommers zuzubringen pflegte.

Ein Vetter von mir, Bürgermeister in Briezen, war mein liebenswürdiger Wirth, ein angesehener Arzt der Stadt wurde mir ein väterlicher Freund, und ein zum Besuch anwesender Kandidat der Gottesgelahrtheit schenkte mir bei Spaziergängen die Ehre seiner Begleitung. Ich vertrat ein Weniges die Philosophie.

Freienwalde wurde so bald als möglich besucht. Die tüchtigen Renner des Arztes trugen uns auf der wohlkonservierten Chaussee in einer kleinen Stunde nach der Perle der Mark. Im Hôtel Bellevue, unserm gewöhnlichen Standquartier, wurde eingekehrt, und das liebliche Bad mit seinen Sehenswürdigkeiten dann abgesucht. Am Brunnen besuchten wir den Professor Kiß, den genialen Bildhauer, dessen Amazonengruppe vor dem Museum in Berlin meinen Lesern bekannt ist, und der es liebt, die erquickliche Sonnenluft Freienwaldes den Staubwolken Berlins vorzuziehen.

Wir klommen den Kapellenberg hinan und machten dann den ziemlich weiten Weg über den Monte Caprino nach dem königlichen Schlosse mit seinen prächtigen Gartenanlagen. Den Sandalenberg mit seinen paar einsamen Föhren verschmähten wir heute. Der Weg ist zu langweilig jetzt, nachdem die Väter der Stadt Freienwalde den Berg abholzen ließen, weshalb die Legion pensionirter Offiziere, welche in Freienwalde, der Billigkeit und Annehmlichkeit des Aufenthaltes wegen,

Quartier genommen hat, den wundersamen Namen Bondalenberg ersann.

Vor Hôtel Bellevue saßen wir nun also bei einer Flasche trinkbaren Rothweines (es ist auch möglich, daß es mehrere gewesen sind) und verkürzten die Zeit durch lehrreiche und lustige Anekdoten. Die vier Fakultäten kamen der Reihe nach an's Erzähleramt. Der Sanitätsrath als Alterspräsident begann:

Es ist eine geraume Zeit vergangen, wie Ihr mir wohl glauben könnt, Herrschaften, daß ich das bunte Band und Mützchen des Studenten trug und acht Semester länger ist es her, daß ich die alma mater bezog, um an den Brüsten der Weisheit zu saugen.

Von jeher hatte ich viel Neigung für die Wissenschaft, der ich nun ein treuer Jünger bin. Ich skalpirte schon in früher Jugend todte Ratten und Katzen und entsinne mich, als Sextaner ein allerliebstes Mäuseskelett hergestellt zu haben, indem ich eine verwirrte Maus in einem Glaskästchen ausstellte und dieses nebst Inhalt einem Ameisenhaufen zur Belustigung gab.

Meine Neigung für die Medicin wuchs aber zur Leidenschaft, nachdem ich als Sekundaner den Faust gelesen hatte. Kann es auch wohl was Schöneres geben, als Mephisto's Worte:

<blockquote>
Der Geist der Medicin ist leicht zu fassen;
Ihr durchstudirt die groß und kleine Welt,
Um es am Ende gehn zu lassen
Wie's Gott gefällt.
</blockquote>

Das klingt doch für ein Sekundanerherz erfreulich. Der Geist der Medicin war nach der Meinung des Biedermannes Mephisto leicht zu fassen und schließlich fällt doch noch all' und jede Verantwortung auf den lieben Gott. Ich kann mich auch nicht enthalten, die andern schönen Verse anzuführen, obgleich Ihr sie alle schon kennt; in der Erinnerung schweigt sich's so schön und ein ganzes Panorama schöner Jugendscenen entwickelt sich vor meinen Augen, wenn ich die Worte citire. Vater Goethe kannte die Welt und die Gefühle der Jugend. Welchen angehenden Mediciner müssen nicht Wonneschauer durchrieseln bei den Worten:

<blockquote>
Ihr seid noch ziemlich wohlgebaut,
An Kühnheit wird's euch auch nicht fehlen,
Und wenn ihr euch nur selbst vertraut,
Vertrauen euch die andern Seelen.
Besonders lernt die Weiber führen.
Es ist ihr ewig Weh und Ach,
So tausendfach
Aus Einem Punkte zu kuriren.
Und wenn ihr halbweg ehrbar thut,
Dann habt ihr sie all' unterm Hut.
Ein Titel muß sie erst vertraulich machen,
Daß eure Kunst viel Künste übersteigt;
Zum Willkomm' tappt ihr dann nach allen Siebensachen,
Um die ein andrer viele Jahre streicht,
Versteht das Pülslein wohl zu drücken
Und fasset sie mit feurig schlauen Blicken
Wohl um die schlanke Hüfte frei,
Zu sehn wie fest geschnürt sie sei.
</blockquote>

Welche herrliche Aussicht vor meinen feurig schlauen Blicken. Und täglich jubelte ich mit meinem Kollegen, dem Schüler:

Das sieht schon besser aus! Man sieht doch wo und wie?

und Mephisto, der schon mein Mann war, wurde es noch immer mehr durch seine geniale Weisheitsregel:

<blockquote>
Grau, theurer Freund, ist alle Theorie
Und grün des Lebens goldner Baum.
</blockquote>

Drei Jahre später machte ich ein erträgliches Abiturientenexamen und stand nun als Mulus an den Pforten des Paradieses.

Das medicinische Studium hat aber nicht den Vorzug großer Billigkeit und mein Wechsel hatte nicht den bedeutenden innern Werth. Ich mußte Alles daran setzen, einige Stipendien oder sonstige Bevorzugungen zu erlangen. Jedenfalls mußte um möglichste Erlassung respektive Stundung der Kollegiengelder petitionirt werden. Manchmal waren es unangenehme Gänge, die sich leider auch nur in seltenen Fällen als erfolgreich erwiesen. Einen dieser Gänge will ich erzählen.

Der Professor F las über Anatomie und seine Kollegien zu belegen fiel meinem Geldbeutel außerordentlich schwer. Hier mußte also eine Petition versucht werden. Ganz denselben Gedanken mußte auch ein Kollege mosaischen Glaubens gehabt haben, denn wir Beide trafen uns in dem Flur der professorischen Wohnung. Das Jüdlein war nicht unbemittelter Eltern Kind, gedachte aber ebenfalls seinen Wechsel durch Privatspekulationen noch zu erhöhen. Ich wußte, daß der Professor es nicht leiden konnte, wenn mehrere gleichzeitig sein Zimmer besuchten, und den angestrengtesten Bemühungen gelang es auch, Herrn Markus zu bereden, meiner draußen zu harren, damit ich erst die Stimmung des wetterwendischen Mannes da drinnen erkunden könne.

Allerdings war ich nicht aufrichtig gegen den Kollegen, da in meines Herzens tiefster Tiefe etwas wie eine Ahnung schlummerte, daß nur einer von uns Beiden so glücklich sein würde, seinen Zweck zu erreichen. Und ich wollte dieser Glückliche sein.

Als ich aber die Thür öffnete, schlüpfte auch Herr Markus mit hinein. Wahrscheinlich hatte er den moralischen Katzenjammer wegen seiner Nachgiebigkeit bekommen. Und um mir nun ganz den Rang abzulaufen, trat Herr Markus auch zuerst mit seinem Anliegen hervor.

„Wie heißen Sie?" fragte der Professor.

„Josef Markus," erhielt er zur Antwort.

„Ihr Vater?"

„Auch Markus," sagte der Sohn verblüfft.

„Das will ich nicht wissen," entgegnete der Professor ungeduldig; „sondern welch Standes Ihr Vater ist."

„Ein armer Handelsmann, Herr Professor."

„Wie viel Geschwister?"

Frechheit hilf! mochte der Kollege denken. Ich wußte, daß er nur eine Schwester hatte, aber trotzdem antwortete er: „Vierzehn, Herr Professor."

Und siehe da, ihm wurde die Hälfte der Gelder erlassen.

Nun kam ich an die Reihe.

Dasselbe Examen begann. Da ich der Wahrheit gemäß den ärztlichen Stand meines Vaters nannte, erfreute ich mich eines Seitenblicks vom Professor, der fast wohlwollend genannt werden konnte. Gleich darauf aber schrieb der Professor weiter.

„Wie viel Geschwister?"

Einen Augenblick schwankte ich, ob ich nur meinen Bruder und meine Schwester nennen, oder dem Schöpfer vorgreifen und, ähnlich dem Kollegen, meine Familie selber vermehren sollte. Von der nöthigen Unverschämtheit hing aber manches Goldstück ab und so stammelte ich denn:

„Sieben, Herr Professor!"

Kaum aber war mir die Mittheilung geworden, daß mir ein Drittel erlassen sei, als der Handelsgeist in meinem Kollegen rege wurde und er mir in's Ohr raunte: „Aber, Mensch, warum sagen Sie nicht einundzwanzig, er hätte Ihnen das Ganze erlassen."

Die Situation wurde mir nun doch zu komisch. Nolens volens brach ich in ein homerisches Gelächter aus, Markus fiel mit ein und hinaus stürzten wir, den erzürnten Professor zurücklassend.

Natürlich konnte weder Markus noch ich von der Güte des Herrn X Gebrauch machen.

Ein anderer Professor, der über Psychologie und Physiologie las, gab uns einst eine Erklärung der vier Fakultäten, ihrem Benehmen bei gewissen Krankheitsfällen nach. Da ich aber nur von der Eigenthümlichkeit der Erklärung erzählen will, so erlaube man mir jene Krankheitsfälle in einem noch viel mehr verbreiteten, abnormen Zustand zu übersetzen, in die Geldbeutelschwindsucht. Von besagtem Professor war bekannt, daß er den Studiosen gern half mit Rath und That.

Es klopft. „Herein!" Ein schmächtiger Jüngling mit langen Haaren tritt herein. Die Spuren verschiedener durchwachter und durchschwelgter Nächte, die deutlichsten Symptome der Geldbeutelschwindsucht, sind auf seinem Gesicht verzeichnet.

„Der Friede Gottes sei mit Ihnen, Herr Professor!"
„Ich danke."

„Werke der Liebe und Werke der Barmherzigkeit, von denen ich zu sprechen nur hier vor Ihnen, unter vier Augen, wage, da man das Gute thun soll still und verborgen, Werke des Erbarmens also haben meinen Geldbeutel in jüngster Zeit so sehr angegriffen, daß ich gekommen bin, Sie um liebevolle Hilfe, das heißt um ein Darlehen zu bitten, wofür Gott der Herr, unser Vater, Ihnen mit seinem reichsten Segen lohnen wird."

Wer mit diesen Worten Geld zum Verknelpen borgt, ist ein Theologe.

Es klopft.
„Guten Morgen, Herr Professor."
„Guten Morgen."

„Bestrebt in meiner Bibliothek das zu ersetzen, was im Laufe der Zeit durch Verborgen mir abhanden gekommen ist, und eingedenk des Goethe'schen Wortes: ‚der Mann, der recht zu wirken denkt, muß auf das beste Werkzeug halten,‘ erlaube ich mir, Sie ganz gehorsamst um ein Darlehen zu bitten, da mir gerade jetzt Gelegenheit zu einem vortheilhaften Büchereinkaufe geboten ist."

Wer auf diese Weise sich Geld verschafft ist natürlich Philologe.

Heißt es aber: „Guten Morgen, Herr Professor. Ich muß schon wieder einmal stören, aber nach Ihrer eigenen Theorie braucht der Mensch verschiedene feste und flüssige Substanzen, durch deren Genuß er sein Leben fristen kann. Mich hungert barbarisch und Geld habe ich nicht. Leihen Sie mir, bester Herr Professor, nur diesmal noch etwas."

Aus dieser Rede guckt der Mediciner heraus.

Kommt aber ein lustiger Bruder, der noch auf dem Korridor sein Butterbrod und Leberwurst, juchheidi, juchheida ꝛc. singt, so weiß man in der Regel schon im Voraus, wer sich dem Zimmer naht.

„Schönen guten Morgen, Herr Professor. Sie sind zwar Mitglied des Senats, aber doch wenigstens ein vernünftiger Mann, der sich daran erinnert, daß er auch einmal jung gewesen. Ich bin in der nichtswürdigsten Verlegenheit von der Welt. Manichäer belagern mit seltener Konsequenz mein Haus und ich witter das Schlimmste, wenn Sie mir nicht diesmal aus der Patsche helfen. Pumpen Sie mir, verehrtester Herr Professor, nur diesmal noch zehn Thaler. Ich cedire Ihnen meinen Monatswechsel als Sicherheit und bekomme das Uebrige dann heraus."

Der so Sprechende ist Jurist natürlich: er pumpt, der Mediciner leiht, Philolog und Theolog bitten um Darlehen. Der Philosoph schwankt selbstverständlich zwischen Medicin und Philologie.

Das wollte ich Ihnen erzählen und nun, Bürgermeister, sind Sie an der Reihe.

Der Sanitätsrath schwieg und mein Vetter begann die Geschichte von einem Nachgramen.

Es war vor Achtundvierzig. Wir gingen damals unsrer fünf hoffnungsvolle Referendarien in's dritte Examen und mir war keineswegs hoffnungsfroh zu Muthe. Leider Gottes hatte ich viel zu spät den vernünftigen Gedanken gefaßt, die Fachwissenschaften zu kultiviren und erst vor gar nicht langer Zeit den Dilettantenmalerpinsel fortgeworfen, um nun dem Corpus juris abzuliegen.

Lieber Gott! Ich wußte wohl, daß es mit der dicken schweinsledernen Schwarte allein nicht abgethan sei, und gerade freundlich sahen mich die alten, seit langem vernachlässigten Lettern auch nicht an. Aber ein Feld muß doch einmal vorzüglich bebaut sein, damit sein Glanz auf die ganze Wissenschaft strahle. — Wir machten unsre Visiten und schon hier, wenn ich die Sicherheit meiner Kollegen sah, konnte man mir mit Recht zurufen: it ei jam podex cum glacie fundamentali, ein jedenfalls eben so passender wie eleganter lateinischer Stammbuchvers.

Als wir den Präsidenten des Ober-Tribunals, Doctor, verlassen hatten, konnte ich nicht umhin, meinen Kollegen für die Sicherheit, mit welcher sie dem alten Herrn nicht nur entgegen getreten waren, sondern ihm Gottes gesagt hatten, meine Bewunderung auszusprechen. Nun, diese Sicherheit hat sich bestraft genug, irre ich nicht, so schleppten sie sich nur mit Mühe und Noth durch's Examen.

Mich ritten die Herren Examinatoren auf eine wahrhaft unverantwortliche Art und Weise. Landrecht und Corpus juris, Corpus juris und Landrecht. Und darin war ich zu meinem Glücke, Gott sei Dank, fest und sicher. Das Resultat besagte, daß ich mit „gut", die übrigen Herren mit „hinreichend" bestanden hatten.

Nach dem Examen trat Herr Präsident Coctor auf mich zu, gratulirte und ersuchte mich dann, ihn am nächsten Tage Nachmittags zu besuchen.

„Herr Präsident haben zu befehlen, um welche Zeit?"

„Bitte, Herr Assessor, nur zu bitten. Wenn es Ihnen recht wäre zu einem Schälchen Kaffee?"

„Wird mir eine unschätzbare Ehre sein."

Jetzt erst fiel mir das Herz vollständig in die Stiefel. Jene Tasse Kaffee hatte damals juristische Berühmtheit, wurde doch mit ihr stets ein durchaus nicht geringes Nachexamen verbunden. Freilich war ich glücklich durch, aber als eben erst fertig gewordener, neugebackener Assessor blamiert man sich wirklich nicht gerne.

Herr Coctor hatte, wenn ich nicht sehr irre, damals nochmals geheiratet und erfreute sich des Besitzes einer wirklich netten und liebenswürdigen Frau. Vielleicht konnte ich durch sie von den Schrecken des Nachexamens entbunden werden. Als ich mich also pflichtgetreu eingestellt hatte, suchte ich um Alles in der Welt die gnädige Frau in ein interessantes Gespräch zu verwickeln, denn auf dem Balkon bemerkte mein zuckendes Herz die nöthigen Kaffeegeschirre und den mir wohlbekannten schweinslederenen Folianten.

Ich war gewiß an dem Tage groß in Allem was Kunst, Wissenschaft, Literatur, ja sogar Mode betrifft, was aber nützten alle Kunststücke, Herr Präsident Coctor forderte mich bald auf, freundlichst nach dem Balkon zu kommen.

„Aber gnädige Frau werden uns doch die Ehre Ihrer Gesellschaft schenken?"

„Ach, was die Herren da verhandeln, davon verstehe ich nichts," meinte die niedliche Frau und verschwand mit einem anmuthigen Knix. Diese Grußart war nämlich zu jener Zeit noch nicht aus der Mode gekommen.

Da saßen nun Herr Präsident Coctor und ich. Wir tranken Kaffee, sprachen über juristische Problemata und kramten im alten Corpus juris herum. Der hinkende Bote des Examens kam wirklich nun erst nach. Schon einige Male war ich bedeutend in die Enge getrieben worden und hatte triumphirende Blicke des Präsidenten zu ertragen. Eben war ich wieder auf dem besten Wege in die Klemme zu gerathen, als ein Ereigniß eintrat, das mich rettete, Herrn Coctor allerdings aber zwei Paar Tassen kostete.

Ich hatte damals einen reizenden Pudel von der Größe eines mittelmäßigen Kalbes. Das treue Thier konnte ich zu meiner Visite unmöglich mitnehmen und hatte es deshalb in meinem Zimmer gelassen. Stambul, so hieß mein Pudel, mußte aber Mittel und Wege zur Befreiung gefunden haben, meiner Spur gefolgt sein und draußen auf dem Korridor nach Hundeart um Einlaß gebeten haben. Irgend eine mitleidige Hand hatte die Thür geöffnet, und nun stürzte mein Stambul mit freudigem Gebrüll durch das Balkonzimmer nach dem Altane, sprang aber dermaßen ungeschickt auf der Tischseite an mir in die Höhe, daß zwei Paar Tassen ut dixi an der Erde lagen, man wußte nicht wie.

Der Präsident, welcher mit einer allzugroßen Dosis natürlichen Muthes nicht begabt sein mußte und den Hund wahrscheinlich für toll hielt, sprang erbleichend und mit dem Ausrufe: „Schlagen Sie die Bestia todt!" hinter den Tisch.

Ich hatte Mühe, den Pudel und den Präsidenten zu beruhigen und war nach den heutigen Vorfällen glücklich, das Examen gestern bestanden zu haben, denn „daß du ihn schwach gesehen vergibt er nie!"

Meines Bleibens war allerdings nun nicht mehr und ich empfahl mich, um in den nächsten Tagen nach Frankfurt als Assessor abzugehen. Dies meine Historie.

Nun kam der liebenswürdige Kandibal an die Reihe, der wie bei Pastoren seltene Kunst besaß, zur rechten Zeit heiter, zur rechten Zeit ernst zu sein und im Leben stets nach dem horazischen medium tenuere beati handelte.

Ich war Hauslehrer in --berg in der Neumark bei einer Juristenfamilie, die sich aus alter Anhänglichkeit in das kleine Restchen zurückgezogen hatte. Der Mann hatte sich selbst als Rechtsanwalt pensionirt und lebte von den Zinsen des erworbenen Vermögens, die Frau half ihm dabei und war eine höchst gebildete, liebenswürdige Tante.

Man machte ein ziemlich angenehmes Haus, stand mit den Gutsbesitzern der Umgegend auf Hospitzkommen und sah oft die Kavallerie-Officiere der kleinen Garnison bei sich.

Eines schönen Tages ward eine Landpartie von den Officieren arrangirt, man gab sich mit den Kameraden der Nachbarschaft ein Rendez-vous in einem allerliebsten Eichenwalde. Natürlich fehlte die justizräthliche Familie nicht unter den Eingeladenen und wie immer wurde der Informator als Anhängsel auch mit geschleppt.

Draußen war ein fröhliches, bewegtes Leben, fehlte es doch eben so wenig an jungen Herren als jungen Damen. Unsere Justizräthin galt stets als Anführerin der jungen Damenwelt.

So wurde denn Alles unternommen, was auf Landpartien unternommen zu werden pflegt. Gesungen, gesprungen, Fanchon gespielt und der Dritte abgeschlagen, hingefallen, geschäkert, geneckt und zuletzt im Freien soupirt. Was aber nicht immer auf Landpartien einzutreten pflegt war eingetreten: in einem erst kürzlich in die Nachbarschaft versetzten jungen Officier entdeckte die lebenslustige Justizräthin einen chez cousin.

Natürlich, daß der Cousin bei allen Göttern der alten und neuen Zeit schwor, die Cousine schon morgen zu besuchen, und eben so natürlich, daß man dem Besuch mit Freude entgegen sah.

Der andere Morgen kam, und richtig, zur geeigneten Visitenstunde trabte der Cousin vor das Haus.

Ueber der sogenannten guten Stube des Justizraths hatte aber ein eigenthümliches Ungemach geschwebt, das düstere konventionelle Gewitterwolken heraufbeschwor.

Karlchen, des Justizraths jüngster Sohn, war auf eine, bisher unaufgeklärte Weise, in die gute Stube gelangt. Hier war ihm plötzlich in den Sinn gekommen einer von der Natur gebotenen Nothwendigkeit zu folgen, die uns Sterbliche von der Wiege bis zum Grabe verfolgt, nur daß die Kindheit das Vorrecht hat, ohne Menschenfurcht und Scheu dem Naturgebote ö f f e n t l i ch folgen zu können.

Karlchen machte diesmal wenn auch nicht von der Oeffentlichkeit, so doch von einem gewissen Vorrechte und dem Teppich vor dem Sopha Gebrauch. So eben stand der kleine Uebelthäter da und staunte mit Gewissenhaftigkeit und Seelenruhe das Resultat seiner Bemühungen an, als die Justizräthin mit dem Coufin in's Zimmer trat, natürlich den unvermeidlichen Informator im Gefolge.

Die junge Frau gewahrte mit schnellem Blick sofort das Vergehen, das sich zugetragen, und warf rasch gefaßt das Taschentuch auf's Corpus delicti. Der Cousin aber eilte als galanter Mann das Taschentuch aufzuheben.

Sei es nun, daß durch die Erschütterung des Rittes, die nachwirkte, sei es durch die niedergebeugte Stellung, kurz im Innern des Cousins setzte sich jene eigenthümliche Saite in Schwingungen, auf welcher der Mensch nur an stillen, abgelegenen Orten, überhaupt nur wenn er allein ist, spielen soll.

Die junge Frau konnte nicht anders glauben, als der Officier habe Alles gesehen und in seinem Manöver einen Akt der Rache üben wollen. Sie faßte das erhobene Mouchoir mit zwei Fingern und sagte pikirt: „Ich habe nicht geglaubt, daß der Blüthe auch die Frucht gleich folgen würde."

„Aber, Kandidate, Kandidate," rief nun der Sanitätsrath, „auf welchen Wegen ertappt man Euch."

Der Cousin empfahl sich und ward nicht mehr gesehen.

„Nennen Sie mir ein Wort in meiner Erzählung, das Anstoß erregt und ich widerrufe Alles."

Wir lachten und setzten uns in den mittlerweile vorgefahrenen Wagen.

Ein Brief aus Galizien vom Jahre 1846.

Der „Landsknecht", beim jetzigen Zusammenstoß und Kampf der Nationalitäten in Oesterreich entschieden auf Seiten der Altrechtler, die geschichtliche Ueberlieferungen im Volksleben für heiliger und naturgerechter erachten, denn alle papierenen, nach abstrakten Principien gegebenen Verfassungen, hat ein neues Bändchen „Antediluvianische Fidibusschnitzel" (ein sechstes Fascikel) als Handschrift für Freunde drucken lassen. Es enthält Blätter seines Tagebuches über die Ereignisse in Galizien vom Jahre 1846 und kurze Erinnerungen an den Sonderbundskrieg in der Schweiz von 1847. Der Verfasser war bei beiden Ereignissen ein thätiger Zuschauer, ein mithandelnder Agent. Seinen Standpunkt in der Sache der Nationalitäten außer Betracht lassend, finden wir namentlich in Bezug auf Galizien Blicke, Winke und Züge, die uns die Tiefe der Bewegung, wo nicht schildern, doch andeuten. Der angebliche Brief eines Reisenden auf jenem Schauplatz, den wir im Folgenden mittheilen, ist um so interessanter, da Polen, selbst auf preußisch-deutschem Gebiet, heute von Neuem Zuckungen verräth, die den alten Satz: „Polen ist noch nicht verloren", d. h. noch nicht besiegen, wenn auch hundertfach in sich selbst verloren und erstickt, abermals bethätigen. Ein Volk stirbt langsam und es nimmt seine langen Todeskrämpfe oft für Zeichen neuen Lebens. Jener Brief in des Landsknechts Papieren beginnt im März 1846 seine Schilderungen wie folgt:

„Werthester Freund, Sie verlangen ‚einfache Wahrheit', nichts als ‚einfache Wahrheit', wie Sie sagen, über die Ereignisse in Galizien und die Scenen, denen ich auf meiner Reise durch dies Land als Zeuge beizuwohnen Gelegenheit hatte. „Wahrheit!" — und wissen Sie denn, was Sie damit von mir fordern? — Wissen Sie denn nicht, daß gerade an die Wahrheit kein Mensch glaubt, eben weil er überhaupt nicht daran glauben will, und daß insbesondere in leidenschaftlichen, erregten Verhältnissen derjenige, welcher sie ausspricht, schon eo ipso als Lügner paffirt?

Wer in einer Kneipe unter Betrunkenen, die sich streiten, die Wahrheit predigen will, bekommt gewöhnlich die meisten Schläge und wird über die Schwelle hinausgeworfen. Wer für Völker und Generationen die Wahrheit lehrt, wandelt sicher zur Schädelstätte, auf welcher Pharisäer und Sadducäer ihn an das erst für die Nachwelt heiligende Marterholz heften.

Also Wahrheit! — Gut, ich will sie Ihnen über die besagten Ereignisse geben, obschon ich überzeugt bin, daß eben, weil es die Wahrheit ist, kein Mensch, vielleicht auch Sie selbst nicht, mir dieselbe glauben wird.

Den von dem Komité in Paris abgesendeten Emissären war es gelungen, die Elemente polnischer Nationalität, welche durch die milde und gerechte Hand der österreichischen Regierung, besonders in Galizien, erhalten worden waren, zu benutzen, einen großen Theil des Adels, welcher stets beinahe ausschließlich das polnische Nationalprincip darstellt, in eine umfassende Konspiration zu verwickeln. Ueber das ganze Land dehnte sich die weitverzweigte Verbindung aus. In Posen und in Galizien hatte sie sich am meisten ausgebreitet und befestigt; — am wenigsten im ehemaligen Königreiche, — leider kein günstiges Resultat der Schonung und Milde — während Rußlands eiserne und consequente Strenge desto zweckmäßigere Wirkungen hervorbrachte. Man stand auf einem schon seit Jahren unterminirten vulkanischen Boden, und schon nahte die Stunde der Eruption, nämlich eine polnische Vesper, in welcher alle deutschen und polnischen Abtrünnigen, Soldaten und Beamte niedergemacht, die Fahne der Empörung überall im Lande gleichzeitig erhoben und somit das polnische Reich proklamirt werden sollte.

In Posen, Krakau und Tarnow, in Lemberg und Rzeszow und andern Orten sollte der Ausbruch zugleich erfolgen, die verhaßten Unterdrücker mit Schwert, Feuer, Gift und Dolch in einer Nacht niedergemacht werden. Die Ereignisse in Posen und Krakau verwirren die Fäden des großen Planes, doch kommt er theilweise zur Ausführung. Da ergreift das Landvolk, gewarnt, aber wegen Mangel an disponiblem Militär auf sich selbst reducirt, Dreschflegel und Mistgabel, beantwortet die Ermunterungen und endlich die terroristischen Zwangsversuche der Aufwiegler mit Mord und Todtschlag, und die projektirte polnische Vesper verwandelt sich in eine Bartholomäusnacht gegen den insurgirten Adel und die Anhänger des Polenthums. In drei Tagen ist im Tarnower, Bochnier, Rzeszower, Wadowicer und Jasloer Kreise alles, was dieser Partei angehört, theils erschlagen, theils gefänglich eingebracht; auch im Sandecer und Sanoker Kreise steht das Landvolk noch mehrere Tage in Waffen und verfolgt die Verdächtigen. In den östlichen Kreisen, wo die Elemente der Bewegung weniger entschieden auftraten, ist auch die Reaktion weniger heftig, wenn auch ebenso drohend.

Mittlerweile versuchen die Insurgenten aus Krakau einen Freischarenzug über die Weichsel, in der Hoffnung, ihre Anhänger zu ermuthigen und an sich zu ziehen; — das den Truppen entblößte Wieliczka steht ihnen offen. Theils durch Gewalt, theils durch Ueberredung verstärken sie sich dort mit ein paar hundert Zuzüglern, worunter kein einziger Bauer aus den Galizischen, sondern lediglich junge Studenten oder Handwerksburschen, und rücken bis Gdow, auf der Straße nach Bochnia, zwei Meilen von Wieliczka, zwei Posten von Krakau vor. Der Oberstlieutenant und Generalkommando-Adjutant Benedek, welcher vom Landesgouverneur abgesendet worden war, um die militärischen Maßregeln in jenen Gegenden einzuleiten, war inzwischen in Bochnia angelangt. Er zaudert keinen Augenblick, setzt sich an die Spitze einer aus einigen schwachen Kompagnien Infanterie und fünf Zügen Chevauxlegers bestehenden Truppenabtheilung, verstärkt sich durch eine Schar Grenzjäger unter dem Befehl des Grenzkommissärs Janiczewski, und bietet die Bauern der Umgegend auf. In wenigen Stunden stellen sich deren über tausend zu seinem Befehl.

Mit dieser Macht rückt er den Insurgenten entgegen, trifft sie in Gdow, greift sie unerwartet an, zersprengt sie nach geringem Widerstand, verfolgt die Flüchtigen über Wieliczka bis Podgorze, wo sich der Rest der Freischaren über die Weichsel nach Krakau rettet, während mittlerweile die den Nachtrab bildenden Bauernhaufen die zurückbleibenden Insurgenten ohne Gnade niedermetzeln, trotz der Bemühung der Linientruppen, die Gefangenen zu schonen.

Ein gleichzeitiger Angriff auf Podgorze von Wadowice her, bringt dieses wieder in die Hände der Kaiserlichen. Unmittelbar darauf rücken russische und preußische Truppen in den Freistaat, und in wenigen Tagen erfolgt die unblutige Besetzung von Krakau und somit das Ende der Insurrektion. Alles kehrt in die Ruhe zurück, und es erübrigt der Regierung nur noch, die lediglich zu ihren Gunsten erhobene Bewegung zu beschwichtigen, die Gemüther zu beruhigen, und nach und nach die Wunden zu heilen, welche diese unglücklichen Ereignisse dem Lande geschlagen haben.

Es steht also das Faktum fest, daß — trotz der ausgebreiteten, vielverzweigten Verbindung, die ihr Lebensprincip nur in den Kreisen der Güterbesitzer und ihrer Abhängigen und eines Theiles der Levitas (so nennt man in Spanien alle bürgerlich oder modisch Gekleideten) fand, dieselbe nicht allein im Landvolke durchaus keinen Anklang finden konnte, sondern vielmehr an dessen entschiedenem Widerstand scheiterte — daß der Dreschflegel des Bauers den schon gezückten Dolch des Verschworenen nebst dem Arme, der ihn führte, und dem Kopfe, der ihn leitete, zerschmetterte. Es steht fest, daß von den zahlreichen Bataillonen, welche gegen die Insurgenten zogen, sämmtlich eingeborene Landeskinder der Regimenter Nugent, Haynau, Fürstenwärther, Hohenegg nicht ein einziger gemeiner Mann zum Feinde überging; sondern vielmehr alle Urlauber der besagten Regimenter und der dazu gehörigen Landwehrbataillone freiwillig zu ihren Fahnen schaarenweise herbeieilten; es steht fest, daß diese gesammte, früher auf dem Lande zerstreute und sich selbst überlassene Mannschaft allen Verführungskünsten der Verschworenen trotzte, und gerade sie am offenbarsten ihre Anhänglichkeit an das Kaiserhaus und ihre entschiedene Abneigung gegen die sogenannten nationalen Umtriebe an den Tag legte, welche somit ihren eigenen Untergang durch jene Werkzeuge fanden, die sie am allermeisten zu ihren Zwecken zu benutzen hofften, und die Reaktion, welche sie hervorriefen, als weit mächtiger erscheinen ließen, als das Princip, welches einen Umsturz des Bestehenden beabsichtigte.

Diese Erscheinungen werden Jenen, welche Polen, Galizien und die österreichische Regierung überhaupt nur aus Journalen kennen, und die Resultate abstrakter Theorien auf die ihnen unbekannten praktischen Verhältnisse und Zustände anwenden wollen, ein Räthsel scheinen.

Wer aber mit leztern vertraut ist und sich nicht durch vorgefaßte Meinungen, oder wenn auch edle und poetische, aber nichts destoweniger irreleitende Sympathien und Antipathien blenden und täuschen läßt, wird den Faden leicht finden, an dem er zur Lösung dieser scheinbaren Widersprüche gelangt.

Es gehört zu der Eigenthümlichkeit des polnischen Charakters, daß er alles glänzend anfängt und wenig konsequent durchführt. Während die kleinen Gutsbesitzer, fast durchgängig auf die Bewegung eingehend, keine Kosten, keine Aufopferung scheuten, um ihre Zwecke vorzubereiten, vergaßen sie gerade das Wichtigste, nämlich das Werkzeug dazu — den Bauer zu gewinnen — welches, wenn sie seit einigen Jahren ihre Aufmerksamzeit darauf verwendet hätten, wenigstens bis zu einem gewissen Grade, eine Katastrophe, wie die stattgefundene, unmöglich gemacht haben würde. Aber, obgleich sie wußten, daß sie seiner bedürfen würden, dauerte die Bauernschinderei fort, und gab den Kreisämtern beständige Gelegenheit, die dankbare Rolle des Beschützers gegen die Bedrückungen der Gutsherren und Verwalter zu spielen.

Bemerkenswerth ist die Ordnung, die Disciplin, welche das Landvolk in seiner Reaktion, besonders anfänglich beobachtete. Während der vier oder fünf Tage, in welchen die erste und größte Aufregung vorwaltete, und Scharen von Bauern — oder zu ihren Regimentern ohne irgend eine militärische Aufsicht wandernden Urlaubern — die Straßen überfüllten, war der Anblick eines Betrunkenen eine höchst seltene Erscheinung. Bei diesen blutigen und traurigen Exekutionen wurde zwar der Verdächtige erschlagen, vielleicht hier und da auch ein Unschuldiger, wenn er als „untreu dem Kaiser" bezeichnet war, aber Weiber und Kinder durchgängig geschont, Raub und Brandlegung fielen anfangs gar nicht vor; erst später, als sich der Bewegung schon bösartigere Elemente anschlossen, oder wenn sich die Bewohner der Edelhöfe hartnäckig vertheidigten, wobei auch einige Frauen thätigen Antheil nahmen, traten Ausnahmen ein, es wurde dann Feuer angelegt, geplündert, und bei solchen Veranlassungen sind auch, wiewohl höchst selten, Frauen mißhandelt worden.

Graf R. flüchtete mit seiner Frau und seinem Knaben. Auf der Landstraße hielten ihn die Bauern an, hießen ihn aussteigen, und als sie in ihm einen der Hauptinsurgentenführer erkannt hatten, wurde er mit Dreschflegeln todtgeschlagen, sammt Kleidern, Uhr und Börse wieder in den Wagen hineingelegt, und dem Kutscher geheißen weiter zu fahren. Die Bauern hatten vortreffliche Notizen. Sie hielten nach Erstürmung eines Edelhofes ordentlich Gericht über „die Getreuen oder Ungetreuen".

Beim Grafen L., einem ehemaligen Officier und dem Kaiserhause bekanntermaßen sehr ergebenen Kavalier, schirmten seine Unterthanen dessen Person, Familie und Vermögen, erschlugen aber vor dem Hause zwei seiner polnischen Beamten, und richtig, es fanden sich in deren Wohnungen Vorräthe von Waffen und Munition.

Bei M. wurde der Grundherr G. verschont, aber der Pfarrer und Schenkwirth erschlagen, und hier fand sich auch das für die im Dorfe stationirte Militärmannschaft bestimmte Gift.

Auf dem von deutschen Beamten nach Recht und mit Humanität verwalteten Gute Tuszow des Herrn v. E. (Bankier in Wien) bewachten die Gemeinden die herrschaftlichen Vorräthe und verübten nicht den geringsten Unfug, ebenso auf jenem Freiherrn von R. Dasselbe geschah auf den Gütern des Grafen L., in Boznicz beim Grafen S. und bei mehreren andern durch ihre Anhänglichkeit an Oesterreich und ihre humane Behandlung der Unterthanen bekannten Grundherrschaften, und zwar gerade im Tarnower, Bochnier und Rzeszower Kreise, wo sich das Landvolk am aufgeregtesten

zeigte. Die Gemeinden, durch ihre Ortsrichter mit Beiwirkung ausgedienter Kapitulanten geleitet, hatten sich ganz militärisch geordnet, hielten streng Wache, machten Patrouillen, und man hörte bei Nacht von Dorf zu Dorf das Blasen der Wächter mit dem Kuhhorn, auf der Straße das Feldgeschrei der mit Dreschflegeln und Mistgabeln bewaffneten Bauern. Und eben diese Bauern, an deren Dreschflegeln und Mistgabeln noch das Blut klebte, ließen sich von jedem dazu gesendeten Beamten, von einem Korporal oder Gefreiten folgsam leiten, befehligen und von jeder Ausschweifung abhalten. Leider war es nicht möglich, schnell genug überall Regierungsorgane hinzusenden, um jedes Uebergreifen der einmal entwickelten Bewegung zu hindern, dieselbe in den Schranken der Nothwendigkeit zu erhalten und dadurch manches traurige Ereigniß zu verhüten.

In Lulagora bei Tarnow fiel der Schuß, welcher zuerst Dreschflegel und Mistgabel in Bewegung setzte. Dieses ungefähr eine Meile von Tarnow befindliche Dorf war einer der vier Hauptsammelplätze, an welchen sich die vier zum Angriff auf Tarnow bestimmten Sturmkolonnen vereinigen sollten. Tarnow war als der Hauptpunkt ausersehen, welcher zum Foyer der Bewegung im westlichen Galizien dienen sollte. Nach dem anfänglichen Plane sollte dort ein Ball veranstaltet werden, dem alle Civil- und Militärbehörden beigewohnt hätten. Die Damen sollen die Aufgabe übernommen haben, die Officiere durch Aufforderung zum Tanz zu entwaffnen. Bei einem gegebenen Zeichen sollten dann die anwesenden Polen über die Waffenlosen herfallen und sie niedermachen. Zu gleicher Zeit wären die Truppen und die wenigen zurückgebliebenen Officiere in ihren Quartieren überfallen und vereinzelt, ohne Führer leicht bewältigt worden, während die in der Sturmkolonnen durch das Aufsteigen einer Rakete vom Gelingen des Anschlages in Kenntniß gesetzt, auf Tarnow losgerückt wären und es besetzt hätten. Den andern Tag hätte die Installirung der revolutionären Regierung mit dem Blutgerichte begonnen, als dessen Opfer zunächst die obersten Regierungsbehörden, der Kreishauptmann und die anderen übrig gebliebenen Beamten im voraus bezeichnet waren, die am nächsten Morgen als die ersten Früchte am blühenden Freiheitsbaume aufgeknüpft werden sollten. Dann sollte das neue Gouvernement in Funktion treten. In Bochnia, Rzeszow, auch in Lemberg, Stry, Tarnopol sollte nach demselben Plane gleichzeitig die Bewegung auf dieselbe Art losbrechen und sonach mit einem Schlage die politische Administration und die militärische Gewalt in ganz Galizien vernichtet werden.

Allein durch vielfache Andeutungen aufmerksam gemacht, und durch die Ereignisse in Posen gewarnt, hatte die Regierung, deren Milde und Gerechtigkeitsliebe bis jetzt jede gewaltsame Präventiv-Maßregel zuwider war, mehrere Arrestationen vornehmen zu müssen geglaubt, und die Verschworenen beschlossen daher, die Ausführung ihres Planes zu beschleunigen, um den Behörden keine Zeit zu lassen, sich auf den projektirten Angriff vorzubereiten.

Einige von ihnen begaben sich zuerst nach Pilsno, wo sie den als der österreichischen Sache ergeben bekannten Bürgermeister ermordeten, Postpferde requirirten und sich dann nach Lysagora, wo eine größere Anzahl bewaffneter Insurgenten, Edelleute mit ihrem Anhange, Verwalter und einige Geworbene sie erwarteten, wendeten. Dort waren auch die Bauern unter dem Vorwande irgend einer Dominikal-Leistung in Masse hinbestellt. Aber schon im Vorhinein durch diese bereits länger dauernden Umtriebe beunruhigt, und durch die Plünderung und Mord fürchtenden Juden angestiftet, hatten die Landleute sich nach Tarnow begeben und um Schutz und militärische Assistenz gebeten. Die Zahl der Truppen aber war zu gering, um Tarnow zu entblößen, und es wird den Bauern der Bescheid gegeben: „nach Möglichkeit sich von allen diesen Umtrieben fern zu halten, und im Nothfalle es zu versuchen, gewaltsamen Maßregeln mit Gewalt sich zu widersetzen." Die Aufrührer versuchten Anfangs die versammelte Masse des Landvolkes durch Ueberredung und Versprechungen von Aufheben der Dominikal-Leistungen und sonstigen Lasten zu gewinnen und zur Mithilfe zu bewegen. Eben so fruchtlos wandten die anwesenden Geistlichen ihren Einfluß an, im Namen der, nach ihrer Aussage unterdrückten Religion, die Bauern in Bewegung zu setzen. Ein paar ausgediente Kapitulanten und einige Ortsrichter nahmen das Wort und verweigerten im Namen ihrer Genossen jede thätige Mitwirkung zu einem Aufstande gegen „den guten Kaiser" — da wollten die Insurgenten terroristische Maßregeln anwenden, und einer derselben (ich glaube, es war Graf B...) zog die Pistole aus dem Gürtel und schoß den „Raisonneur", wie er ihn nannte, vor den Kopf. Ein anderer Beschworner feuerte sein Doppelgewehr auf den Bauernhaufen ab. Das war das Signal zu der Reaktion. Die Bauern, statt sich erschrecken und imponiren zu lassen, fielen über die Verschworenen her, erschlugen ihrer sechsundzwanzig auf dem Flecke und trieben die andern in den Edelhof, wo sie sich vertheidigten, indem sie aus den Fenstern herausfeuerten. Bald aber erschien die von Tarnow entsendete Eskadron des Grafen Thurn von Kaiser-Chevauxlegers und nahm die noch verschonten Insurgenten in Empfang. Die Todten und Verwundeten wurden auf Wagen geladen und von den Bauern selbst nach Tarnow gebracht.

Erlauben Sie, daß ich Ihnen einige Züge anführe, welche, wie die Schattenstriche in einem Gemälde, vielleicht am meisten dazu dienen, die eigenthümliche Physiognomie dieser Begebenheit zu bezeichnen.

In Pilsno sah ich einen Haufen Bauern stehen. Bei meiner Annäherung (ich war in Uniform) grüßten sie mich ehrerbietig, und wären nicht die Dreschflegel in ihren derben Händen gewesen, man hätte sie für ganz friedliche Supplikanten gehalten, welche irgend eine Gemeinde zur Abhaltung einer Pachtlicitation abgesendet haben dürfte. Auf meine Frage, was sie eigentlich da machten, antworteten sie: „Wir haben Polen gebracht" (Polakow). — „Wie das — Polen," erwiederte ich; „was seid denn Ihr?" — „Wir, wir sind keine Polen, wir sind kaiserliche Bauern." — „Wer sind denn also die Polen?" — „Ah, — Polen! — Das sind die Herren, die Verwalter, die Schreiber, die Gelehrten, die wohlgekleideten Herren, — wir aber sind Bauern (Chlapy), kaiserliche Bauern!" — Ist dieses Gespräch nicht schon an und für sich die Charakteristik des ganzen Vorganges?

Bei Badowice begegnete ich einem Transporte Arrestanten, welche bei Podgorze in Gefangenschaft gerathen waren. — Es waren an dreißig, meist junge Geistliche und Kleriker darunter; — einer antwortete auf meine Frage: warum sie sich der aus Krakau herbeigekommenen Freischar angeschlossen hätten? „Um für die unterdrückte katholische Religion zu beten, und im Nothfalle zu fechten!" — Nun sehen Sie, werther Freund, ich begreife, daß in einer polnischen Brust ein polnisches Herz schlägt, und dieses Blut im mächtigen Zulschlage durch den Arm strömt, und ihn zum Kampfe zuckt. Ich würde, wenn auch auf mein eigenes Geheiß die Kugel diese Brust durchlöchert, das Herz in derselben achten! — Aber dieser Geist der Lüge, welchen man auch das Heiligste zum untergeordneten Mittel eines fremden Zweckes zu machen strebt, dieses berauschende Opium-Gift, welches man der Jugend einträufelt, das empört mich!

Als ich in Tarnow mich aufhielt, fand eine Kirchenparade statt. Mehrere Bataillone, aus kaum eingerückten Urlaubern bestehend, und eine Abtheilung des sich während dieser bewegten Epoche durch Tapferkeit, Ausdauer, Haltung besonders auszeichnenden leichten Reiter-Regiments „Kaiser" paradirten vor Sr. kaiserlichen Hoheit dem Landes-Gouverneur. Außer diesen Reitern, welche deutsches Volk sind, und dem siebenbürgischen Regimente Graf Leiningen, bestanden alle anderen Truppen durchaus aus Polen, und gerade diese Truppen zeigten die größte Kampfbegierde — und Tag und Nacht sah man in den Quartieren die neu eingerückten Urlauber ihre Waffen putzen, säubern, und Montur und Rüstung so schnell als möglich in guten Stand setzen. Als die Truppen mit klingendem Spiele, mit der Hymne: „Gott erhalte den Kaiser" defilirten, was mußten da die Gefangenen hinter ihren Gittern fühlen und denken? Wohl hatten sie Stoff und Muße, die Unhaltbarkeit der wahnsinnigen Täuschung zu betrauern, in Folge deren sie diese Masse von Trauer, Leid und Schmerz über ihr Land verhängt hatten. Aber die, welche es angezettelt, sitzen nicht hinter diesen Gittern, sondern schmausen, kritzeln, kritteln und intriguiren in Paris und London und spotten vielleicht der unglücklichen Verirrten, die hinter Riegeln oder auf dem Schmerzenlager schmachten! —

Eine eigenthümliche Stellung in Galizien behauptete das Judenthum. Die armen Juden waren in großer Angst. Der Sieg der Revolution hätte ihr Leben und Eigenthum gefährdet. Die Juden in Galizien repräsentiren eigentlich den Mittelstand, denn in einer socialen Organisation, wo es nur zwei Elemente, den kriegenden Edelmann und den arbeitenden Fröhner gab, fiel Alles, was in der Mitte liegt, Handel und Wandel, Industrie und Geldgeschäft, — wohl auch Intelligenz und Geschäftssinn in ihren Bereich. Durchaus der Regierung zugethan, aber doch zu furchtsam zu einer positiven Handlung, wußten sie doch den Maßregeln der Regierung durch ihren Einfluß viel Vorschub zu leisten und jenen der Verschworenen zu hemmen. Das Judenthum in Galizien ist eine mächtige Potenz, — es ist durchaus konservativ, und hat das Bewußtsein, daß die sogenannte Juden-Emancipation, wenn sie mit allen ihren Folgen durchginge, die Macht des israelitischen Princips in Galizien durch innere Auflösung mehr schwächen, als eine Verbesserung herbeiführen würde.

Es wurde in meinem Beisein ein Frachtwagen angehalten und von den Grenzjägern visitirt, — die eröffneten Fässer zeigten schöne Orangen in Schichten gepackt. Schon war man Willens die Fässer wieder zu schließen, als ein dabei stehender Israelit kläglich wimmerte: „Haben Se den Kern nit gesehen, — der macht Geimen (Schmerzen)!" Dadurch aufmerksam gemacht, untersuchte man genauer, und — siehe da — unter den Orangen funkelten bald die geschliffenen Sensenklingen heraus.

In Krakau fand ich lebhaftes Truppengewimmel. Der Tscherkesse und Kosak, der preußische Uhlan oder Landwehrmann, der österreichische Reiter und Musketier wanderten wieder, was seit dreißig Jahren nicht geschehen, neben einander, und ihre Posten lösten sich mit derselben Parole ab. Ob es von den Polen klug war, sich zum Magnet zu machen, der die Lanzenspitze des russischen Kosaken, das preußische Bajonnet und den österreichischen Pallasch wieder in einen gemeinsamen Eisenring schmiedet, lasse ich Sie selbst beurtheilen.

Krakau sprach mich wehmüthig an. Der Eindruck, welchen ich empfand, war jenem ähnlich, der mich in Venedig befängt. Hier und dort stehe ich an Riesengräbern der Zeit. Auch Krakau ist eine Königswiege und ein Heldensarg, — ja! der Sarg eines ganzen Volkes! Ich begreife den wehmüthigen Blick des Venetianers, der vom Palazzo Mocenigo und von der Piazza St. Marco hinausstreift auf die Lagunen! — ich verstehe das gesenkte Haupt des Polen in der Gruft, wo Sobieski's, Kosciusko's und Poniatowski's Heldenasche ruht! — Jedes Volk, wie jeder einzelne Mensch denkt laut oder an die geheiligte Asche der Vergangenheit, die er selbst begraben hat! — Aber eben deßhalb muß man von den Gräbern wieder hinaufblicken in das grünende, wogende Leben, und seine Thatkraft nicht in Mausoleen und in Nekropolen verdorren lassen.

Ich stieg auf das Krakauer Schloß, einige verpallisadirte Tambours und die auf die Stadt gerichteten Geschütze machten die alte Jagellonen-Burg zu einem Zwing-Krakau. Dies ist die Sühne für unsere, im Krakauer Freigebiete hinterlistig überfallenen und meuchlerisch gemordeten Soldaten und den tapfern Lieutenant Begg von Kaiser-Chevauxlegers, der nach heldenmüthiger Gegenwehr von dem Blei der Mörder fiel. — Sein Kamerad, Lieutenant Berndt, gleichfalls meuchlerisch überfallen, hatte noch Zeit sein Roß zu besteigen, und nachdem er mit Pistolen und Säbel sechs seiner Angreifer erlegt hatte, gelang es ihm, trotz eines Schusses durch den Unterleib — mehrere Kugeln hatten Mantel, Sattel und Helm durchlöchert — sich durchzuhauen, den langen Ritt bis Krakau — etwa drei deutsche Meilen, trotz seiner zahlreichen Verfolger, glücklich zurückzulegen, und als er von den Letztern beinahe schon umringt, den vorgezogenen Schlagbaum am Krakauer Thore erreicht hatte, durch einen kühnen Sprung denselben zu übersetzen, und auf dem Platze sich der aufgestellten Infanterie anzuschließen, wo er aber, durch Anstrengung und Blutverlust erschöpft, vom Pferde sank.

Vom Krakauer Schlosse bot sich eine weite Aussicht dar. Mein Blick folgte dem krummen trägen Laufe der Weichsel, die zwischen schlammigen Ufern nach dem Norden sich wälzt. Gegen Südost stiegen über die Karpathen dichte Nebel auf, und im Westen war die Sonne längst hinabgestiegen am trüben Horizont, und kaum ein fahler röthlicher Schimmer bezeichnete, daß sie dagewesen!

Da blickte mein Auge zu den Sternen, die eben heraufstiegen und durch die Nebel blinkten.

Und ich erkannte, daß nur der, welcher aufrichtig emporschaut, aus all' diesem Schlamm, Moder und Nebel nach dem ewigen Himmel, dort Beruhigung und die Lösung jener Probleme findet, welche ohne diese Beleuchtung in der Geschichte der Völker, sowie in jener der einzelnen Menschen für Verstand und Herz stets ein dunkles unauflösbares Räthsel bleiben würden."

(Suc.)

Der Kamin im Justizpalast zu Brügge.

Die alte Stadt Brügge bewahrt eins der schönsten Denkmäler der Holzschnitzerei, und zwar ist dies ein Kamin, der sich in dem seit 1722 zum Justizpalaste umgewandelten Schlosse der Grafen von Flandern befindet. Man muß die Mannigfaltigkeit und den Reichthum dieses außerordentlichen Werkes selbst sehen, um sich eine richtige Vorstellung machen zu können, welcher Vollendung die Kunst der Holzschnitzerei überhaupt fähig ist. Der Kamin hat einen Flächenraum von hundert Quadratellen. Statuen in Lebensgröße, einige von kolossalen Verhältnissen; Karyatiden, Medaillons, Säulen, Ornamente, Kranzleisten und Wappenschilder sind sämmtlich aus Eichenholz geschnitten und nur die vier Basreliefs, welche die Geschichte der Susanna darstellen, bestehen aus weißem Marmor. Das Kunstwerk wurde im Jahre 1529 zu Ehren Kaiser Karls des Fünften errichtet, dessen Statue auch den Mittelpunkt des Kamines einnimmt. Zu seiner Linken erblickt man Karl den Kühnen, Herzog von Burgund, und Margaretha von York, dessen Gemalin, zur Rechten erhebt sich das Standbild des ritterlichen Kaisers Maximilian des Ersten und der schönen Maria von Burgund. Die Wappen von Spanien, Burgund, Brabant und Flandern umgeben das Ganze.

Keine Inschrift meldet der Nachwelt, wie sich der Meister nannte, dessen Hand dieses bewundernswürdige Werk schuf, dennoch ist sein Name nicht der Vergessenheit anheim gefallen, eine rührende Erzählung knüpft sich an ihn und sein Kunstwerk, und durch sie erfahren wir, daß er André geheißen und als Wittwer mit einer kleinen Tochter und einer achtzigjährigen Tante, die gelähmt und fast erblindet war, in Brügge lebte.

André war ein Künstler im vollsten Sinne des Wortes, für ihn gab es kein anderes Streben, als die Vervollkommnung in seiner Kunst, äußere Glücksgüter waren ihm gleichgiltig und wenig kümmerte es ihn, daß sie ihm nur spärlich zu Theil geworden. Sein bescheidener, liebenswürdiger Charakter bei so vieler wahrer Größe machte ihn allgemein beliebt und er hatte keinen Feind, als Jacques Bander Pitte, einen Bildhauer, der es André nicht verzeihen konnte, genialer und geschickter zu sein, als er. Je höher der Ruhm des Meisters stieg, um so bitterer wurde der Haß seines Nebenbuhlers.

Es war um das Ende des Jahres 1527. Der Geburtstag von André's kleiner Tochter Marie sollte durch ein kleines häusliches Fest gefeiert werden, ein Geschäft hatte André von Hause abberufen und während die beiden Frauen seiner Rückkehr warteten, fand sich ein Fremder bei ihnen ein, der nach dem Hausherrn fragte, mit welchem er ein wichtiges Geschäft zu verabreden habe. Die alte Frau, welche nach der Sprache und dem Benehmen des Herrn einen vornehmen Gönner ihres Neffen vermuthete, bat ihn einen Augenblick zu verweilen, da André sogleich nach Hause zurückkehren müsse, und unterhielt ihn während dieser Zeit von dem, was sie zumeist erfüllte, den Geschicklichkeit und dem Ruhme ihres Neffen. Jedes Wort bohrte sich gleich glühenden Pfeilen in das Herz des neidischen Jacques Bander Pitte, denn niemand anders war der unbekannte Gast, und endlich seiner nicht mehr mächtig, sprang er von seinem Size auf, riß einen an der Wand hängenden Dolch herunter und stieß denselben mit den Worten: „Nehmt dies als Dank für Eure Erzählung!" der alten Frau in die Brust. Mit einem halberstickten Schrei fiel sie zu Boden, während der Mörder entfloh.

Unmittelbar nachdem die grausige That geschehen, kehrte André zurück, fand seine Tante in ihrem Blute schwimmend und Marie vergebens bemüht, die Wunde zu verbinden. Das Geschrei des armen Kindes hatte bereits die Nachbarschaft in Aufruhr gebracht, das kleine Zimmer füllte sich mit Menschen, die voll Entsetzen auf die sterbende Frau, voll Argwohn auf den Künstler blickten. Wer hatte die That begangen? Der Dolch gehörte André, niemand außer Fremden in das Haus treten sehen und es war bekannt, daß die alte Frau Vermögen besaß und über dasselbe zu André's Gunsten testamentarisch verfügt hatte. Gründe genug, den einmal erregten Verdacht zu vermehren. Dazu kam

noch die fabelhaft klingende Erzählung von der Erscheinung eines unbekannten Mannes, der ohne jede erklärliche Veranlassung ein so furchtbares Verbrechen begangen haben sollte. Der Künstler ward verhaftet und trotz allen Betheuerungen seiner Unschuld zum Tode verurtheilt, die Vollstreckung des Richterspruches aber noch ein Jahr hinausgeschoben, damit er während dieser Zeit erst den von ihm begonnenen Kamin im Palaste des Grafen von Flandern vollenden könne. Die Väter der Stadt versprachen ihm, für sein Kind zu sorgen, wenn das ihm anvertraute Werk treu von ihm ausgeführt würde.

Unter diesen seltsamen Verhältnissen wurde der Kamin im Justizpalast zu Brügge verfertigt. Jeden Morgen führte man André aus seinem Kerker in die Werkstatt, wo er, während das Beil über seinem Haupte schwebte, sein größtes Meisterstück schuf — einen verkörperten Schwanengesang. Er hatte bis jetzt nur Werke der Holzschnitzerei geliefert, zum ersten- und letztenmal beschloß er, sich auch in Marmor zu versuchen, und führte aus diesem Material die vier Basreliefs aus. Er sah in der falschen Beschuldigung der Susanna eine Aehnlichkeit mit seinem eigenen Schicksale; aber wo war der Daniel, dessen weises Urtheilsspruch seine Unschuld an den Tag brachte?

Je näher das Werk seiner Vollendung kam, je näher rückte der Tag seines Todes, er war wie ein Verurtheilter, der sich selbst sein Grab graben muß, und dennoch schuf er ausgezeichnetes. Staunend standen die Kenner und Kritiker vor dem Meisterwerke, zollten dem Schöpfer desselben die höchsten Lobsprüche; was kümmerten sie ihn noch! Er hatte geleistet, was er sich und seiner Künstlerehre schuldig war, mit dem Leben hatte er abgeschlossen, Lob und Tadel der Menschen waren ihm gleichgiltig, denn morgen sollte sich die dunkle Pforte hinter ihm schließen, durch die weder das eine noch das andere bringt. Nur ein Band war da, das ihn an das Leben fesselte — sein Kind. Er hielt es auf seinem Schooße, spielte mit seinem goldenen Haar und trennte sich erst von ihm, als die Schatten der Nacht hernieder sanken, welche für ihn die letzte sein sollte.

In dieser Nacht wurde ein Priester zu einem Sterbenden gerufen, dessen letzte Beichte zu vernehmen. Jacques Bander Pitte legte ein vollständiges Bekenntniß des an André's Tante begangenen Mordes ab, nannte Neid und bis zum Wahnsinn gesteigerte Eifersucht als die Motive desselben und ermächtigte den Geistlichen, sein Geständniß sofort der weltlichen Obrigkeit mitzutheilen.

Es war keine Zeit zu verlieren, denn am frühen Morgen sollte die Hinrichtung vollzogen werden. Der Priester begab sich sofort zu dem Vorsitzenden des Gerichtshofes, diesem die Beweise von André's Unschuld zu überbringen und Beide gingen alsdann in die Zelle des Verurtheilten, ihm Leben und Freiheit anzukündigen. Er schlief. Das Mondlicht fiel durch die vergitterten Fensterscheiben und beleuchtete die Züge des Schlafenden, der mit halbgeöffneten Lippen, einem Lächeln

24*

Der Vorschub.

Kommissär: „Was will Er hier mit den Stiefeln?"
Wanderbursche: „Bitte schönstens, gnädiger Herr, um einen Vorschub, sonst kann ich nicht weiter reisen."
Kommissär: „Bin ich denn ein Schuster? Marsch hinaus."
Wanderbursche: „Aber gestrenger Herr Kommissär, hier heißt es doch ausdrücklich: auf Vorweisung dieses Passes werden alle Behörden aufgefordert, mir den nöthigen Vorschub zu leisten."

auf dem Antlitz, ein Bild des tiefsten Friedens und eines guten Gewissens, dalag. Sie berührten ihn, riefen seinen Namen — vergebens! Er hörte und bewegte sich nicht, der Tod hatte ihn sanft hinweggeführt, ehe die Mächtigen dieser Erde Hand an ihn legen oder ihn befreien konnten.

Dem todten Künstler wurde ein prächtiges Leichenbegängniß zu Theil, die Stadt ließ seine Tochter auf ihre Kosten erziehen und stattete sie reich aus. Sein Meisterwerk erlangte eine Weltberühmtheit, und wird noch heute, nach drei Jahrhunderten, mit Staunen und Bewunderung betrachtet. Als ein zum Tode verurtheilter Verbrecher hatte es André verschmäht, seinen Namen an seiner Arbeit anzubringen, sein Kunstwerk sollte auf die Nachwelt kommen, er selbst wollte der Vergessenheit anheim fallen; wer aber den Kamin zu Brügge betrachtet, dem wird der Name des Schöpfers genannt und dessen traurige Geschichte erzählt.

(Baj.)

Feuilleton.

Gemeinnütziges.

Einzelne Gemeinden Belgiens haben den Gebrauch der Hunde zum Ziehen, der in Belgien sehr verbreitet ist, ganz verboten, andere, wie Brüssel, den Gebrauch auf einen Hund auf ein Gefährt beschränkt. Wenn es auch nicht unwahrscheinlich ist, daß die Tollheit der Hunde eine ihnen eigenthümliche, von selbst entstehende Krankheit ist und nur durch Ansteckung verbreitet wird, so ist doch thatsächlich, daß, wo die Hunde zum Ziehen benutzt werden, Ausbrüche der Tollheit weit häufiger vorkommen.

Die Wiener Polizeidirection hat eine Kundmachung erlassen, welche die allgemeinste Nachahmung verdient: sie hat nämlich das Fensterputzen bei eingehängten Fenstern in Halb- oder höheren Stockwerken streng untersagt. Zum Behufe des Putzens müssen die Fenster immer von verläßlichen männlichen Personen erst ausgehängt werden.

Lebensquelle. In Ivanda (tarantaler Komitat Ungarns) ist eine Quelle von Bitterwasser, die als specifisches Heilmittel gegen Milzanschwellungen nach Wechselfiebern mit Erfolg gebraucht wird. Diese Krankheitsform tritt in jenen Gegenden häufig auf und wohlthätig hat die Natur auch die Arznei dagegen unmittelbar nahe gelegt. Aerzte von Ruf in Wien und Pest verordnen jetzt dieses Wasser häufig bei solchen Leiden.

Statistisches.

Vom Jahre 1800 bis 1849 sind in Spanien von sogenannten politischen Verbrechern 188 gehängt, 206 erdrosselt, 30 erschossen und 36 auf marterlvolle Weise hingerichtet worden, zusammen 460.

Der Verbrauch der Melonen war in diesem Jahre in Frankreich ein außerordentlich großer. So hat ein einziger Ort, das Städtchen Cavaillon im Departement Vaucluse, heuer 1.063.033 rothe Melonen, 4.205.776 grüne und 168.828 Wassermelonen verkauft. Da dieselben im Durchschnitt 2½ Frcs. das Dutzend verkauft werden, gibt dies eine Summe von 1.132.847 Frcs.

Professor Ansted hat eine Statistik der Erdbeben herausgegeben, in welcher er nachweist, daß die Zahl der Erderschütterungen seit dem sechzehnten Jahrhundert das Vierfache von dem beträgt, was für die früheren Jahrhunderte festgestellt ist. In den jüngsten Jahren hat man 730 Erdbeben beobachtet, so daß allemal eins auf den neunten Tag fällt. Dabei ist es jedoch tröstlich, daß die Heftigkeit dieser Naturerscheinung abgenommen hat, während die Häufigkeit größer geworden ist.

Die erste deutsche Sprachlehre schrieb Valentin Ackelsamer im sechzehnten Jahrhundert unter dem Titel: Deutsche Grammatika, daran einer von ihm selbst mag lesen lernen.

Die erste deutsche Monatschrift erschien durch Christian Thomasius unter dem Titel: Freimüthige, jedoch vernunft- und gesetzmäßige Gedanken über Allerhand, fürnehmlich über neue Bücher auf die Jahre 1688 bis 1690. Halle 1690.

Auflagezahl der Wiener Zeitungen. Die in Wien erscheinenden Zeitungen haben dermal folgende Auflagen: Presse 29.000, Morgenpost 12.600, Fremdenblatt 10.000, Vorstadt-Zeitung 1800, Wiener Zeitung 6000, Neueste Nachrichten 4000, Wanderer 3400, Allgemeine medicinische Zeitung 3000, Ostdeutsche Post 2800, Volksfreund 2800, Medicinische Wochenschrift 2400, Gerichtshalle 1900, Fortschritt 1801, Gegenwart 1600, Militärzeitung 1100, Tribüne 1000, Donau-Zeitung 750, Kirchenzeitung 700, Austria 610, Ost und West 550, Theaterzeitung 300, Volkswirth 280.

Die größte aller Residenzen dieser Welt muß ohne Zweifel der Vatikan in Rom sein, der nach Angabe fast aller Quellen nicht weniger denn 11.000 Säle, Zimmer rc. enthält.

Ein wahrer Gegenstand des Neides für jeden eifrigen Bibliothekar muß die Bibliothek des britischen Museums sein. Ihr jährlicher Zuwachs an Büchern beträgt 20—30 Tausend Bände. Rings um den Lesesaal ist ein eisernes Gehäuse aufgeführt, welches 1.400.000 Bücher jeden Formates aufnehmen kann. Im heurigen Jahre sind für Anschaffungen von Büchern 10.000 Pfd. St., von Handschriften 2600 Pfd. St., für das Einbinden von Büchern 7500 Pfd., für das Einbinden von Handschriften 900 Pfd., für Bücherkästen 6030, für Handschriftenkästen 190 Pfd., für den Druck von Bücher- und Handschriftenkatalogen 500 Pfd. ausgelegt. Abgesehen von diesen riesigen Dotationen, wie sie wohl keine zweite Bibliothek der Welt besitzt, erhält das Museum noch besondere Summen, so oft sich Gelegenheit bietet, irgend eine werthvolle Sammlung zu kaufen. Die Bücher, alle solid, mitunter prächtig eingebunden, stehen theils in Glaskästen aus Mahagony mit Messingleisten, theils in eisernen Kästen; alle Bretter, auf denen sie stehen, sind mit Leder beschlagen, damit die Einbände beim Herausnehmen nicht leiden, und alle Bücher im Innern des Hauses werden auf niedrigen Wagen transportirt, die ebenfalls mit Leder gefüttert sind. Die Diener dürfen nie mehr als einen Band in der Hand tragen, damit sie die Bücher nicht fallen lassen können. Eigenthümlich ist die Art der Aufstellung, die Bücher werden nämlich nicht nach Klassen und Inhalt, sondern nur nach dem Datum des Einreichens und dem Format gestellt — weil dadurch angeblich bei sorgsamer Führung des Katalogs das Auffinden erleichtert wird.

Humoristisches.

In den meisten Menschen sind Egoismus und Mildthätigkeit wie Essig und Oel, immer getrennt, und wenn auch eine plötzliche Rührung sie einmal vermischt, so geben sie doch sofort wieder auseinander.

Die Frau eines Landedelmannes stürzte während eines Spazierrittes vom Pferde und verlor dabei ihr Leben. Der Nachbar des Wittwers, welcher eine böse Frau hatte, fragte Letztern, ob er ihm das Pferd nicht abtreten wolle. — „Thut mir leid," antwortete dieser, „ich gedenke mich selbst wieder zu vermählen."

Was würdest Du thun — fragte ein flotter Junggesell den andern — wenn Du eine Glatze bekämst? — Ich würde meine ausgehenden Haare zu einer Perücke umwandeln lassen, um meiner Frau sagen zu können, daß ich mein eigenes Haar trage.

Ein Richter sagte zu einem Verbrecher: „Ihr seid nunmehr zum Tode verurtheilt und ich hoffe, daß Euch dies zur Warnung dienen wird."

Es ist erfreulich, eines Mannes Gesicht geröthet zu sehen, aber es ist ein übles Zeichen, wenn sich die Röthe auf der Nase koncentrirt.

Jemand erzählte, daß er einst dabei gewesen sei, wie ein Wallfisch von achtzig Centner Schwere gefangen worden sei, der mindestens neunzig Centner Thran geliefert habe.

„Meine Herren," sagte ein nichts weniger als gelaufig vortragender geistlicher Professor zu seinen Hörern in einer moralischen Vorlesung, „verschließen Sie Ihr Ohr üblen Reden!" Die Studenten hielten sofort ihre Ohren zu.

Eine Dame tadelte gegen eine Bauersfrau die fleckige Farbe ihrer Butter, welche auf Verfälschung zu deuten schien. „Ganz natürlich, Madamchen," sagte die Bäuerin, „die Butter ist ja von einer fleckigen Kuh." Hierauf gab sich die Dame zufrieden.

Vermischtes.

Naivetät eines Bänkelsängers. Unter den vielen Leierkastenmännern und Absingern von Mordgeschichten, die sich alljährlich auf der Dresdener „Vogelwiese" einstellen pflegen, versammelte diesmal ein aus Berlin hergekommener Barde ein besonders zahlreiches Auditorium um sich. Der Mann sang aber auch gar zu schön und seine Lieder waren klassisch in ihrer Art. So schilderte das Eine die Geschichte des baierischen Hiesele und darin kam wörtlich folgender Vers vor:

„Er hatt' auf dieser schönen Welt
Nicht einen einzigen Dreier Geld.
Darum erschlug er diesen Mann,
Ein Jeder nahrt sich, wie er kann."

Es ist noch gar nicht lange her, daß in Deutschland ein Beamter, der seinen Bart nicht nach Hofvorschrift schnitt, seine Stelle verlieren konnte. Aber vom größten Einfluß war wohl ein Bart einst in Frankreich. Die geistlichen Fürsten eiferten einst so lange gegen das Tragen langer Bärte und der Bärte, daß Ludwig der Siebente sich aus verkehrter Frömmigkeit entschloß, sich Bart und Haupthaar scheren zu lassen. Seine Gemahlin, die schöne Eleonore von Guyenne, liebte jedoch den vollen Bart des Königs und verspottete Letztern nach der Rasur dermaßen, daß Ludwig sich von ihr scheiden ließ. Eleonore heirathete nun Heinrich von der Normandie, dem sie ihre großen französischen Besitzungen zubrachte, und als Heinrich bald darauf den englischen Thron bestieg, fielen die schönsten Provinzen Frankreichs an England.

Vor Kurzem war in Berlin plötzlich ein drei Jahre altes Kind gestorben, dessen Todesart von zwei herbeigerufenen Aerzten und der Mutter nicht hatte angegeben werden können. Bei der Obduktion stellte sich heraus, daß das Kind einen Sophanagel mit einer kurzen Spitze und einem breiten Kopfe verschluckt hatte, und daß dieser Nagel die Todesursache sei.

Am 11. August ist in Brüssel im israelitischen Krankenhause ein Arbeiter, Namens Pollad, in einem Alter von 113 Jahren gestorben.

Der Eisenbahnzug von Wesel hatte kürzlich die Lippebrücke passirt und brauste mit großer Schnelligkeit daher. Als er sich eben dem Dorfe Spellen gegenüber befand, bemerkt der Zugführer auf der Bahn ein Kind, welches etwa zwei Jahre alt war. Augenblicklich gibt er das Zeichen zum Bremsen; allein es gelingt nicht, den Zug sobald zum Stehen zu bringen. Das Kind fällt zwischen die Schienen und der Zug fliegt über dasselbe hin. Bald nachher hält derselbe. Man eilt zu dem Kinde, welches man vermalmt am Boden zu finden glaubt, und kommt in demselben Augenblick bei demselben an, als es sich ganz unversehrt vom Boden erhebt.

Eine merkwürdige Aeußerung über die ersten Eisenbahnprojekte in England theilt das „Panorama" aus dem „Quarterly Review" vom Jahre 1825 (einer der anerkanntesten wissenschaftlichen englischen Zeitungen) mit: „Wir sind nicht die Bestürworter phantastischer Institute, welche sich auf nützliche Institute beziehen. Wir verspotten die Idee einer Eisenbahn als praktisch unausführbar! Gibt es etwas Absonderes und Lächerlicheres, als die angegebenen Projekte einer Lokomotive, welche zweimal so schnell gehen soll, als die Post? Eher ließe sich erwarten, daß sich die Bevölkerung von Woolwich (wo die Laboratorien für die englische Artillerie zu finden) auf Congreve'schen Raketen fortfeuern läßt, als daß sie sich der Gnade einer mit solcher Geschwindigkeit gehenden Maschine übergibt." — Leider hört man derartige voreilige Urtheile noch heutzutage über neue Ideen, wichtige Fortschritte, unerwartete Erfindungen 2c., weil der beschränkte Verstand der Menschen in ihrer Mehrzahl deren Bedeutung und Tragweite nicht sogleich zu begreifen vermag. Hüte man sich darum, über große Fragen abzuurtheilen, bevor man zum Urtheile wirklich befähigt ist.

Es soll sich bestätigen, daß die Stadt Mendoza am 8. Juni durch ein Erdbeben völlig vernichtet worden ist. Von 20.000 Bewohnern sollen nur 400 die Katastrophe überlebt haben, aber auch meist verwundet.

Kürzlich schwang sich in Wien ein Gauner, als Kondukteur verkleidet, rückwärts auf einen Omnibus und forderte von den Passagieren das Fahrgeld. Nachdem er die „Zehnerln" einkassirt hatte, verschwand er eben so schnell wieder, als er gekommen war. Natürlich verlangte der Kutscher von den Aussteigenden abermals die Taxe, wodurch sich erst die ganze Gesellschaft überzeugte, daß sie von einem „fahrenden Industrieritter" geprellt worden.

Im Gefängnisse zu Lucenebrunch in England befindet sich ein Schuldgefangener, der im Jahre 1814 in Haft gebracht wurde und also seit 47 Jahren sitzt, weil er kein Geld hat, seine Gläubiger zu bezahlen!

Bei Gelegenheit der Begründung des protestantischen Gustav-Adolf Vereines in Wien dürfte es interessant sein, daran zu erinnern, daß in der Lorettokapelle in der dortigen katholischen Augustinerkirche unter den vielen Opfergaben, welche sich daselbst befinden, der Ring aufbewahrt ist, welchen der bei Lützen in der Schlacht gebliebene große Schwedenkönig Gustav Adolf am Finger trug und welchen Kaiser Ferdinand II. zum ewigen Gedächtniß an einer goldenen Kette dem marianischen Gnadenbilde in dieser Kapelle mit nachstehender in einer goldenen Tafel eingegrabenen Inschrift anhing: „Diesen Ring hat gehabt Gustavus, König in Schweden, so den 16. November 1632 in der Schlacht bei Lützen von der kaiserlichen Armatur geblieben."

Die Wiener „Medicinische Zeitschrift" erzählt, daß die neugeborenen Kinder im Wiener Gebärhause als Findlinge verpflegt werden; aber nur katholische Mütter dürfen ihre Kinder dort sehen: einer Jüdin wird das Kind weggenommen und, selbst gegen deren Willen, getauft, worauf sie es nie wieder sehen.

Kossak entwirft in seinen „Berliner Federzeichnungen" folgendes satyrisches Bild der Gasthofprellereien, denen heutzutage die Reisenden ausgesetzt sind: „Die Reisewuth der Residenzler ist in fortwährendem Wachsthum begriffen. Es soll sich daher schon ein Verein von Gasthofsbesitzern in mehren vielbesuchten und leicht zu erreichenden Gegenden gebildet haben, der, aus Angst vor Ueberfluthung und aus Besorgniß, die gerechten Wünsche der Gäste deshalb nicht befriedigen zu können, diese Reisewuth auf ein bescheidenes Maß zurückführen will. Da es sich für Hôtel-Besitzer nicht schicken würde, anlangende Fremde mit dem Bekenntnisse, sie nicht mehr anständig beherbergen und bewirthen zu können, von der Thür wegzuschicken, so haben diese verständigen Männer ein feines Mittel ersonnen, die unbekommenen Touristen von ihrer Epidemie zu heilen. Mit der größten Bereitwilligkeit nehmen sie Jeden auf, der bei ihnen anklopft, und müssten sie ihn hinter dem Schornstein, in der Speisekammer, auf dem Billard oder im Hühnerstall unterbringen. Aus ihren Gesichtern spricht der beste Wille, den Gast gut zu behandeln, aber im Hinterhalte lauert die weise Absicht, ihm eine Lehre zu ertheilen. Er wird auf eine jämmerliche Weise beköstigt, getränkt und gebettet, Niemand bekümmert sich um ihn, und läutete er selbst Sturm oder risse er die Klingelschnur in Fetzen; naht aber der Moment der Rechnungslegung am Morgen, so suchen sie ihn auf den Grund seines Geldbeutels zu langen. Die erwähnte Liga von Hôtel-Besitzern legt es darauf an, einen Touristen, der sich für eine Zeit von Reisewochen eingerichtet hat, schon nach acht Tagen auf den Sand zu setzen. Für schlechte Stearinlichter, für Bedienung, die gar nicht hat blicken lassen, für elenden Cichorienkaffee mit einigen Bissen Weißbrod werden förmliche Strafgelder angesetzt, als hätte der Gast durch Genuß und Gebrauch dieser Kostbarkeiten ein Gesetz des Staates verletzt. Zuletzt müssen ihn noch mehre Bettler von Hausknechten und Kellnern mit trinkgeldgierigen Gesichtern bis an den Wagentritt verfolgen, wobei der Beelzebub lacht der kaltsalonige Oberkellner dem gezüchtigten Touristen nach. Diese Philosophen haben es wirklich im Laufe des Sommers dahin gebracht, daß ihre Hôtels in diesem Jahre vor einer Ueberfüllung mit Reisenden vollkommen sicher sein werden."

In den Alpen der gräfl. Arco'schen Domäne Tarvis in Kärnthen zeigen sich seit einiger Zeit ungewöhnlich viele Lämmergeier. Man sieht sie mit freiem Auge ober den Felsen haufenweise in den Lüften kreisen. Bereits ein halbes Hundert Schafe soll von denselben niedergestoßen worden sein. Man veranstaltete daher eine Jagd, wobei zwei der riesigsten Stücke erlegt wurden. Jedes wog 18 Pfund und hatte eine Flugweite von 9 Schuh.

In Liverpool wurden im St. Georges Dock neulich gelungene Versuche mit einer neuen Art von Schwimmapparaten gemacht. Zwei Personen, die einen Schwimmrock anhatten, sprangen in's Wasser und hielten sich darin, Cigarren rauchend und Bier trinkend, eine halbe Stunde auf. Ein Dritter setzte sich auf einem kleinen Polster zur Gesellschaft und saß auf demselben wie auf einem Stuhle. Der Vorzug dieser Apparate soll darin bestehen, daß sie nicht aufgeblasen zu werden brauchen. Ein Schwimmrock nimmt auf dem Leibe des Schwimmenden nicht mehr Raum ein, als ein gewöhnliches Kleidungsstück.

Vom Geschwornengericht zu London wurden kürzlich zwei achtjährige Knaben verurtheilt, die ein zweijähriges Kind an einen abgelegenen Ort gelockt, dasselbe nackt ausgezogen und es langsam getödtet hatten, um — — zu sehen und zu hören, wie ein Kind zappele und weine, wenn es Todesschmerzen leide! Die jugendlichen Mörder erhielten zwei Monate Gefängniß und fünf Jahre Correctionshaus.

In Minizan (in Frankreich im Departement des Landes) wird Folgendes gemeldet: Als sich vor Kurzem mehre Damen am Ufer des Meeres badeten, kam plötzlich eine mächtige Woge, welche sechs von ihnen wegriß und in das offene Meer hinausführte. Auf ihre verzweifelten Angstrufe stürzte sich ein Herr Milhas, welcher in der Nähe gebadet hatte und dessen Frau sich unter den Fortgerissenen befand, in das Wasser. Kaum hatte er sich der verhängnißvollen Stelle genähert, als er sich von einer der Frauen mit der letzten Kraft der Verzweiflung an beiden Armen gepackt sah, und nur mit der größten Mühe gelang es ihm, wieder Herr seiner Bewegungen zu werden. In demselben Augenblicke fühlte er einen Körper unter seinen Füßen durchschwimmen. Rasch tauchte er unter das Wasser, und es gelang ihm auch, noch eine andere Dame zu ergreifen. Herr Milhas befand sich jetzt in einer verzweifelten Lage; er wußte, daß seine Frau mit fortgeschwemmt worden war, und doch konnte er die beiden Damen, welche er in den Händen hatte, nicht ihrem Schicksal überlassen. Da, plötzlich, sieht er seine Frau ganz in seiner Nähe zum Vorschein kommen, rasch greift er nach ihr und ist so glücklich, sie zu fassen. Er versuchte nun, mit seiner dreifachen Last an's Ufer zu schwimmen, aber da dies unmöglich war, so ließ er eine der Damen an einer etwas geschützteren Stelle zurück und rettete die beiden übrigen. Kaum aber waren sie am Ufer angekommen, als eine zweite Woge die zurückgelassene Dame wieder in das offene Meer hinausführte. Der inzwischen herbeigeeilten Hülfe gelang es jedoch, letztere zu retten; von den übrigen drei verunglückten Damen war keine Spur mehr aufzufinden.

Vor 41 Jahren, am 15. August, waren drei Führer von Chamouny, welche eine Besteigung des Montblanc versuchten, verunglückt. Am 15. August des heurigen Jahres fand man die Leichen dieser Unglücklichen auf dem Bossonsgletscher. Einige Theile derselben waren durch das Eis, in welchem sie so lange gelegen, ganz gut erhalten.

Um den Parisern die Mühe zu ersparen, eine Reise nach der Meeresküste zum Gebrauch der Seebäder zu unternehmen, hat man eine am Pont-Royal vor Anker liegende Fregatte in eine See-Badeanstalt umgewandelt. Das Seewasser wird jeden Morgen durch die Westbahn direct von der Meeresküste nach Paris gebracht und in der Nähe der Fregatte in ein großes Reservoir geleitet. Röhren führen das Wasser von dem Reservoir nach den elegant eingerichteten Kajüten der Fregatte. Auch befindet sich ein sogenannter „Einathmungs-Saal" auf dem Schiffe. In diesem Zimmer wird durch sinnreiche Vorrichtungen eine salzhaltige Luftströmung hervorgebracht, mit der Atmosphäre an der Seeküste bei einer vom Meere herwehenden Luft ganz gleich ist.

Eine echte Redacteursredacteuzeit wurde am 12. d. in Prag gefeiert. Der Bräutigam ist Redacteur (Herr Emanuel Melis, Red. des „Dalibor"), die Braut ist Redakteurin (Frl. Antonie Körschner, Red. der „Lada"), die Trauung vollzieht ein Redakteur (Sr. Hochw. Kanonikus P. Stulz, Red. des „Lucor"), der Brautführer ist ein Redacteur (Dr. Jul. Gréger, Red. der „Národni Listy") und die Trauungszeugen sind Redakteure (J. U. C. Wawra, Redakteur des „Čas", und Med. Dr. Geeger, Redakteur der „Živa").

Londoner Reklamenmacher. Es werden auch bei uns in Deutschland alljährlich viele Tausende für Zeitungsannoncen und gedruckte Anpreisungen aller Art verwendet; wir möchten z. B. blos wissen, mit welcher Summe für derlei Reklamen das Budget des „Braumeisters" Hoff in Berlin, des „alleinigen Eigenthümers des Hoff'schen Malz-Extraktes," beschwert ist — so toll, wie in England, verfährt man hier zu Lande aber doch noch nicht, und unsere deutschen Reklamenmacher verhalten sich zu den englischen, wie Geizhälse zu Verschwendern. Man höre nur was Dr. Bynter in seinem „Curiosities of civilisation" erzählt. „Professor" Holloway, der Pillenfabrikant, verbraucht Jahr aus Jahr ein für Zeitungsannoncen 20.000 Thaler, der Schneider Nicholls, Erfinder der „Patenthose", kommt nicht unter 30.000 weg; bei Heal und Sohn, den Bettstellenfabrikanten, steigt die Summe sogar auf 40.000 — das Alles jedoch will noch kaum Etwas sagen gegen das Beispiel von Moses und Sohn, den Besitzern des größten Modemagazins in London, ferner von Rowland und Sohn, den Macassarölfabrikanten, sowie von Dr. de Jongh, dem Verfertiger des gereinigten Leberthrans. Jede dieser drei Firmen gibt im Jahre durchschnittlich 70.000 Thaler für Inserate aus. Man kann daraus entnehmen, wie enorm ihr Absatz sein mag, aber auch wie gering die Herstellungskosten ihrer Fabrikate im Verhältniß zu dem Verkaufspreis sein müssen.

Seit Aufhebung der Leibeigenschaft in Rußland haben viele große Grundbesitzer daselbst Versuche gemacht, deutsche Kolonisten und Arbeiter einzuführen, die ihnen anstatt ihrer unzuverlässigen Leibeigenen die von denselben bisher geleisteten Robotdienste verrichteten. Leider haben diese jedoch, wie zahlreiche Beispiele gelehrt haben, anstatt der versprochenen goldenen Berge dort das entsetzlichste Elend gefunden und sind völlig entäußert, krank und hungernd, zum Theil nur durch die Beiträge der öffentlichen aufgerufenen Mildthätigkeit in die Heimat zurückgeführt worden. Wir erinnern nur an die westphälischen Bergleute. Noch schmachten im Innern Rußlands, namentlich in der Nähe Kalugas, zahlreiche deutsche Landsleute, von gewissenlosen Agenten verführt, in der größten Noth und Abhängigkeit, ohne Hoffnung auf Hilfe und Erlösung aus ihrer Lage. Um jedoch ähnlichen Vorkommnissen für die Zukunft möglichst vorzubeugen, sind jetzt, wie man hört, in Preußen die Behörden angewiesen worden, nicht nur durch öffentliche Warnung auf diese von ihnen gemachten doch gemachten bitteren Erfahrungen aufmerksam zu machen, sondern auch Diejenigen, welche sich nach Rußland verdingen haben, vor Aushändigung ihrer Reisepapiere vor den Gefahren zu warnen, denen sie dort entgegengehen, da die Behörden gänzlich außer Stande seien, sie dann ihrem selbstverschuldeten Unglück zu entreißen.

Tom Pouce †. Wer hatte nicht den großen Admiral Tom Pouce gesehen — groß, weil er der Kleinste seines Jahrhunderts war — den Tom Pouce, der in Barnums Memoiren eine Rolle spielt und Zeit seines Lebens vielen gekrönten Häuptern huldvoll Audienz gewährt hat, der, ein nimmer müder Wanderer und echter „Vagabund" in Hoffet'schem Sinn, die Welt auf und nieder zog und dessen Name an der Donau, Rhein und Elbe ebenso bekannt war, wie an der Themse, Seine und Newa? Der arme Tom Pouce ist nun todt! Er war einst reich und glücklich, zuletzt aber gar arm und elend! Sein ganzes Vermögen hatte er verloren, Krankheit hatte seinen kleinen, zarten Körper ergriffen, und so starb er denn, sich vielleicht das Ende herbeisehnend, in einem der Pariser Spitäler, welches ihm mitleidig die Thore geöffnet hatte.

Das unvorsichtige Wegwerfen brennender Fidibusse hat abermals einen beklagenswerthen Unglücksfall nach sich gezogen. Die sechs Jahre alte Tochter eines Instrumentenmachers in Wien wurde am Sonntag Nachmittag von ihrem Vater in eine Tabak-Trafik geschickt, wo eben einige Burschen Cigarren anzündeten und die brennenden Fidibusse wegwarfen. Die Kleider der Kleinen fingen Feuer, und erst gelöscht werden konnte, als die schwersten Brandwunden entstanden waren. Das Fleisch des linken Armes ist bis zur Achsel verkohlt, dennoch war das unglückliche Kind am Montag Mittag noch am Leben, aber bewußtlos.

In einem französischen Blatte theilt ein Hofjournalist mit das Lieblingspferd des kaiserlichen Prinzen sei eine Schecke; dies sei auch die Farbe des Schlachtrosses des großen Inceruue gewesen. Einen Knaben von fünf Jahren mit Inceruue zu vergleichen — der Mann verdient fünf Jahre Einzelhaft in Mazas.

Am 3. September d. J. gastirte Hr. Wachtel im „Postillon von Lonjumeau" auf dem Friedrich-Wilhelmstädter Theater in Berlin. Mitten in der Vorstellung mußte dieselbe unterbrochen werden aus einer Ursache, die wohl selten vorkommen mag. Ein wolkenbruchartiger Regen prasselte mit solchem Geräusch auf das Metalldach des Theaters, daß die Töne auf der Bühne und selbst das gewaltige hohe C des beliebten Gastes dem Publikum unhörbar blieben. Es blieb nichts anderes übrig, als den Vorhang niedergehen zu lassen. Nachdem der Regen vorüber war, nahm die Vorstellung wieder ihren Fortgang. Der Sänger, der den Intendanten spielte, erschien mit dem belustigenden Impromptu vor dem Publikum: „Entschuldigen Sie, daß ich nicht früher gekommen; der heftige Regen hat mich aber abgehalten."

Des Deutschen Wandertrieb. In den Deutschen stecke von jeher ein großer Wandertrieb. Aeneas Sylvius sagte im fünfzehnten Jahrhundert von ihnen: ist es wahr, wie man zu sagen pflegt, daß da, wo Handel ist, auch viel Geld ist, so müssen die Deutschen sehr reich sein, denn der größte Theil derselben ist mit Gelderwerb und Handel beschäftigt und zieht auf Handelsreisen in der Fremde umher, fliehend vor der Armuth, mit Horaz zu reden, über Klippen, durch Meere und Gluthen, kehren sie nicht eher nach Hause zurück als bis sie reich geworden sind.

Die beiden Knaben des Generals Hoyl, der zwölfjährige Heinrich und der sechzehnjährige Louis, hatten einst neben des Vaters Zimmer Unterricht; die offene Thür ließ ihn hören, daß die Geschichte des Mucius Scävola, der die Hand in's Feuer steckte, erzählt wurde. Nach der Stunde sprach der Vater mit den Knaben von Mucius Scävola und dessen Heldenmuth, und fragte sie, was sie wohl in ähnlichem Falle thun würden? Sie erwiederten: „Dasselbe." — „So soll es versucht werden," sagte der Vater. Es ward ein Blatt Papier zusammengeballt. Heinrich mußte die Hand ausstrecken — er würde sich vor dem Vater geschämt haben, es zu verweigern — der Papierballen ward darauf gelegt, angezündet und Heinrich ließ ihn, so sehr es auch schmerzte, niederbrennen bis in die Hand. Nun wurde Louis noch einmal gefragt; mit Thränen in den Augen blieb er bei seinem Wort. Es ward eine Papierkugel ihm in's Händchen gelegt und angezündet und auch er hielt ruhig aus, bis sie verbrannt war.

Der preußische Minister des Innern hat befohlen, daß die körperliche Züchtigung in Strafanstalten immer nur ganz ausnahmsweise angewandt werden soll, und zwar nur in ganz erheblichen Fällen. Doch darf sie allein gegen solche Sträflinge in Anwendung gebracht werden, die ihre bürgerlichen Ehrenrechte durch rechtskräftiges Erkenntniß verwirkt haben.